KR117865

대변환 시대의
한국 외교

대변환 시대의 한국 외교

이백순 지음

포스트 팍스 아메리카나와 우리의 미래

21세기북스

한국이 직면한 문제에 대한 진정한 대처

우리는 최근 한국 외교에 있어서 도전적인 시대에 들어섰다. 한국인이 다른 나라와의 관계를 유지하고 있는 많은 기본적인 가정의 국제 관계 내 본질은 엄청난 속도로 변하고 있다. 미국의 고립주의적인 감정의 고조든 과학·교육·외교의 중심적 존재로 중국의 갑작스러운 출현이든 한국인은 충분한 준비가 되어 있지 않다.

그러나 유일하게 이백순 대사는 한국이 직면한 진정한 문제에 과감하게 대처하고, 의미 있는 분석을 통해 구체적이고 효과적인 제안을 할 것이다. 제도적 맥락에서 벗어나지 않으면서, 그는 공상에 한정되는 것이 아닌 체계적이고 집중적으로 접근해야 진정한 변화를 실현할 수 있다고 시사한다. 이러한 관점에서 『대변환 시대의 한국 외교』는 모든 수준의 시민·정책 입안자·외교관을 위한 가이드로서 충분하다. 바로 이 순간에 우리에게 필요한 책이다.

We have entered into a challenging era for Korean diplomacy these days. Many of the basic assumptions that Koreans hold about relations with other nations, and the very nature of international relations, are shifting at a tremendous speed. Whether it is the growing isolationist sentiment in the United States or the sudden emergence of China as a central player in science, education and diplomacy, Koreans are not well prepared.

But 이백순 대사 uniquely, fearlessly addresses the true problems that Korea faces, puts forth a meaningful analysis and makes concrete and effective suggestions. He manages to do so within the context of existing institutions, suggesting that real change is not something limited to fantasy but rather something that can be realized through a focused and systematic approach. In this respect, his book stands alone as a guide for citizens, policy makers and diplomats at every level. It is precisely what we need at this moment.

임마누엘 페스트라이쉬 Emanuel Pastreich(아시아인스티튜트 이사장)

한국의 활로 모색을 위한 통찰력

'미·중 전략 경쟁'의 시대가 도래했다. 기존 국제 질서는 크게 끽음을 내면서 흔들리고 있다. 감각으로는 잘 느껴지지 않을 수도 있으나 이미 격변激變을 넘어 격난激亂의 시대에 들어섰다. 미·중을 제외한 세계의 거의 모든 국가가 어찌할 바를 모르고 당황하고 있다. 미·중 사이에서 선택을 강요당하면서. 한 번의 판단이나 정책 실수는 이제 국가와 기업의 존립마저 위협할 수 있다.

이백순 대사는 대한민국의 최정예 엘리트 외교관이다. 공담이 많은 국제 정치 이론을 넘어서서 현실 국제 정치를 온몸으로 체화한 인물이다. 북미 국장을 역임했고 현재 호주 대사로 역임 중이다. 그는 바쁜 일정에도 불구 하고 600페이지를 넘는 방대한 『대변환 시대의 한국 외교』를 저술했다.

이백순 대사는 2006년에 『신세계 질서와 한국』이라는 국제 정치 개설서 를 저술한 바 있다. 그는 그 책에서 시대를 앞서서 이 '대변환 시대'의 도래 를 예견한 바 있다. 대다수 학자의 예견보다 더 빠르게 당면한 국제 정치가 '정글의 시대'로 돌아가고, 국제 질서를 유지할 헤게모니 국가마저 부재한 G-제로 시대가 다가오자 그는 어느 전문가보다 빠르게 『대변환 시대의 한 국 외교』를 들고 나왔다.

지구상 최악의 지정학적 조건을 갖춘 나라 중 하나인 한국에게 미·중 전략 경쟁과 지정학의 부활은 마치 저주의 사신死神과도 같이 다가오고 있다. 한국은 그 길목에 외로이 서 있다. 이백순 대사는 이 혼돈 속에서도 흔들리지 않고 냉정함을 유지하면서 비범하게 한국의 미래를 위한 방책을 제시하고 있다. 안경 너머로 예리하게 보이는 냉철한 눈빛과 고고한 선비 같은 풍모가 이 책의 구석구석에 서려 있다.

그는 안보는 미국에, 경제는 중국에 대한 의존도가 너무 높은 '이중적 의존성' 딜레마를 안고 있는 한국의 처지를 정확히 설파하고 있다. 그는 미·중 전략 갈등이 본격화되는 시기부터 새로운 질서의 출현까지 주어진 시간에 주목한다. 이 시간의 간격이 주는 '전략적 공간'을 잘 이해하고, '강국'에의 편승에 몰두하기보다는 중견국으로서의 외교와 새로운 국제 질서형 안보 관계를 설정할 기회로 활용하라는 제안을 담고 있다. 자주적인 안보 역량의 강화, 국익 기반의 외교, 원칙이 있는 외교, 국제 규범에 입각한 질서 추진으로 한국의 활로를 모색하자고 제안한다.

읽다 보면 이 책이 단순한 국제 정치 이론서가 아니라는 것을 곧 깨닫는다. 현실적인 분석과 사례 그리고 구체적인 사안들이 지니는 미묘함과 복잡성을 잘 통찰하고 있다. 한번 읽기 시작하면 손을 놓기 어렵다. 현장감이 와닿는다.

대한민국호를 삼킬 듯이 다가오는 이 격랑은 일부 집단만이 감당하기에는 너무 벅차다. 이론을 넘어 현장감을 겸비하고 보수와 진보의 이분법을 넘어선 최상의 집단 지혜를 추구해야 한다. 이 책은 이러한 집단 지혜를 모색할 통찰력과 토론의 풍부한 토양을 제공한다. 정책 결정자나 기업가는 물론이고 일반인들도 이 난국에 시간을 내어 읽어볼 가치가 충분히 있다. 느끼는 자만이 활로를 찾을 수 있다.

김흥규(아주대학교 정치외교학과 교수, 중국정책연구소 소장)

대변환 시대 전략이
국가의 생존을 결정한다

『신세계 질서와 한국』(21세기북스, 2006)이라는 제목의 국제 정치 개설서를 출간한 지 13년이 흘렀다. 이 책을 발간할 때 나는 21세기에는 20세기와 다른 방식으로 국가 간의 관계가 전개될 것이며 미국의 상대적 퇴조로 인해 국제 역학 관계가 변화될 것이므로 우리의 외교·안보 전략과 방향도 이에 맞춰 재검토해야 함을 주장했다. 13년이 지난 지금, 첫 책을 펴낼 때 예상했던 것보다 국제 역학 관계의 변화 폭은 훨씬 커지고 그 변화의 속도는 더 빨라지고 있다. 그 결과 첫 책에서는 국제 역학 관계의 변화 정도로만 예측했던 것이 이제는 국제 질서 자체가 변하는 상황을 예견할 정도가 됐다. 2차 세계대전 후 70년 동안 국제 사회를 지배했던 미국 주도 국제 질서, 즉 팍스 아메리카나 질서가 점차 그 막을 내리고 있다고 해도 과언이 아니다.

 나는 이러한 문제의식, 즉 국제 역학 관계가 변하는 정도가 아니라 국제 사회를 떠받히는 기본 틀과 국제 질서 자체가 변하고 있으며 그 결과 우리는 패권국의 지위가 변할 수 있는 대변환의 시대에 접어들고 있다고 본다. 이러한 대변환 시대에 외교 전략과 방향을 잘못 설정한 나라는 큰 대가를 치르게 될 것이라는 사실을 역사가 증명하고 있다. 이러한 인식하에 우리의 외교 전략과 방향을 제대로 설정하기 위해 국제 질서의 변화 요인을 체계적으로 분석하고 앞으로 다가올 국제 질서는 어떠한 모습일지를 전망해보고자 『대변환 시대의 한국 외교』를 펴내기로 마음먹었다.

미국 주도의 국제 질서가 막을 내리게 되면 앞으로 국제 사회가 직면할 질서는 어떠한 질서가 될 것이며, 그 질서 속에서 국가 간 관계는 어떠한 양상으로 전개될 것인가를 정확히 예측하기는 힘들다. 그러나 역사 속의 여러 질서에 대한 분석을 토대로 전망해볼 수는 있겠다는 생각으로 이 책을 집필했다. 그러므로 이 책에서는 앞으로 다가올 개연성이 가장 높은 국제 질서와 그 질서의 작동 메커니즘을 알아볼 것이다. 이 메커니즘이 제대로 안정적으로 작동하려면 국제 사회가 같이 노력해야 할 일이 무엇인지도 알아볼 것이다. 그 과정에서 우리나라가 해야 할 역할은 어떤 것인지를 궁구해보고자 한다.

이런 분석적 예측을 하려면 국제 사회에 존재했던 여러 유형의 국제 질서들을 하나씩 분석해보고 그 국제 질서들이 원만하게 작동하는 데 기여한 요인들, 즉 국제 질서 안정 요인들을 찾아내 앞으로 다가올 국제 질서가 안정적일지 아닐지, 안정적이지 않다면 안정성을 높이기 위한 방법은 무엇이 있을지를 모색해보는 것도 의미 있는 일이 될 것이다. 특정 국제 질서가 막을 내리는 데 기여한 불안정 요인들도 찾아서 현 '팍스 아메리카나' 질서가 막을 내리려 한다고 전망하는 것이 타당한지 아닌지도 짚어보려 했다. 국제 문제 전문가들 사이에서 미국 국력의 상대적 퇴조와 중국의 급부상이라는 현상이 발생하고 있다는 것은 모두 인정하지만 이러한 세력 전이가 미국의 패권적 지위를 변경시킬지는 아직 의견이 나뉘고 있기 때문이다.

역사적 사례를 살펴보면 국제 질서의 변화, 즉 패권국의 교체 과정은 전쟁을 통해 이뤄졌기 때문에 앞으로 닥쳐올 국제 질서의 변화도 무력 충돌을 수반하면서 패권 교체가 진행될지를 예측해보는 것도 중요하다. 전쟁을 통한 패권 교체는 국제 사회가 겪어야 할 가장 큰 충격이며 그 여파는 모든 국가에게 미칠 것이기 때문이다. 아니면 패권 교체까지는 가지 않고 패권국과 패권 도전국 간의 다른 형태의 교착 상태로 갈 것인지 혹은 미·중 이외 여러 다른 세력도 같이 부상하면서 다극 체제의 질서로 들어갈지 여부도 짚어볼 필요가 있다. 이 같은 국제 질서의 양태에 따라서 국가 간의 관계도 달라질 것이고 그 질서를 안정화하는 방법도 차이가 날 것이므로 이를 전망해보는 것은 여러 측면에서 유의미하다.

『신세계 질서와 한국』에서 한국은 국제 역학 관계만 변하는 21세기 초반 중에 국제 정세 변화에 기민하게 대응하는 모습을 보여주지 못하고 남북한 관계에만 매몰돼 있어, 자칫하다가는 구한말 겪었던 역사적 불행을 되풀이할 가능성이 있다고 경고한 바 있다. 그런데 작금의 상황 전개와 이에 대응하는 우리의 대응 역량과 방식은 이러한 우려를 더 증폭시켰고, 『신세계 질서와 한국』에서 가능성이 있다고 경고했던 상황이 현실화될 가능성이 더 높아지는 방향으로 나아가고 있다. 『신세계 질서와 한국』에서 우리는 주변국 사이에서 5차 방정식을 풀면서 우리의 진로를 모색해야 할 정도의 어려운 과업을 안고 있다고 했다. 현재는 주변국 간의 세력 전이가 빠르게 진행되고 있고 기존 질서도 변하고 있어 이 방정식의 난이도가 더욱 높아지고 있다. 우리에게 닥친 도전은 더욱 벅차다.

이런 대변환의 시기에 우리가 앞날을 제대로 읽지 못하고 대응 방향을 잘못 잡는다면 우리의 외교·안보 환경이 더 힘들어질 뿐 아니라 민족의 운명마저 위태로워질 가능성이 있다. 우리는 정세 변화를 잘 예측하고 복합적인 대응을 위한 다차원적인 사고를 해야 한다. 역사로부터 배운다는 것은 과거 실책으로 인해 국권을 잃거나 전쟁을 당한 뼈아픈 경험의 고통을 생생히 기억하고 이를 근거로 철저히 현실주의적 선택을 해나가는 것을 말한다. 그러나 100년 정도 세월이 흐르면 과거의 교훈이 후대에 전해지지 않고 인류는 비슷한 과오를 되풀이하는 경향이 있다. 그리스인들은 지혜롭게도 비극 문학을 발전시켜 후대에게 실책의 아픔을 비극으로 일깨워주었다고 한다. 미국 주도의 국제 질서에 익숙해 역사상 존재했던 대변환의 경험을 망각한 채 위험에 빠질 수 있는 우리 모두의 경각심을 일깨우자는 것도 이 책의 집필 동기 중 하나다.

이런 상황에서 변하는 국제 질서를 내다보며 우리의 외교·안보 진로를 모색하는 것이 나의 역량을 넘어서는 과업일 수 있지만, 누군가는 이 길을 모색해야만 한다. 직업 외교관으로 35년 동안 근무한 지식과 경륜을 쏟아부으면 미흡하나마 지적 모색을 유도할 수 있는 발판은 마련할 수 있겠다는 생각이다. 이 책이 나의 외교관 생활을 정리하는 의미 있는 마지막 작업이 될 것 같아 주호주대사관 근무 기간 중 시간을 짜내어 여러 저작을 읽고 생각을 정리하면서 썼다.

국제 질서 변동의 메커니즘을 동적으로 정확하게 짚어내지 못했을 수도 있고 앞으로 다가올 질서도 정확성을 가지고 예측을 했다고 자신할 수 없다. 아직 국내에서는 이런 시도조차 하지 않고 있으며 날로 정세가 급변하고 있다는 생각에 더 늦기 전에 초판을 내고 부족한 부분은 개정판에서 보완하겠다는 마음이다. 급변하는 세상에서 이 책이 국제 질서 변동 파악에 도움이 되기를 바란다.

2020년 2월 이백순

차례

1부 대변환 시대가 온다

2부 국제 체제의 성립과 질서 유지

3부 국제 체제는 어떻게 변화했는가

4부 국제 질서는 왜 흔들리는가

5부 팍스 아메리카나는 역사 속으로

6부   국제 질서의 안정화 방안

7부   앞으로의 국제 질서와 전망

8부　대한민국은 어떻게 나아갈 것인가

1부

___

대변환 시대가
온다

반드시 파악해야 할
대변환기 국제 정세

큰 폭풍이 닥치기 전에 우리는 몇 가지 기상 변화로 폭풍이 다가오고 있다는 전조를 알 수 있다. 처음에는 고요하던 대기가 급히 움직이면서 바람이 일고 그 바람이 점점 거칠어지면서 나뭇가지들이 바람에 휘날리다 부러져 떨어지기도 한다. 구름이 짙어져 주위가 어두워지고 큰 천둥, 번개와 함께 소나기가 쏟아질 때 우리는 폭풍을 온몸으로 느끼게 된다. 기상 변화에 예민한 사람들은 처음 몇 가지 전조만 보고도 폭풍이 불어올 것을 예견하기도 하고 서둘러 하던 일을 멈추고 폭풍에 대비해 집 단속에 나서기도 한다.

국제 정세도 큰 변화가 오기 전에 힘의 흐름의 방향이 바뀌는 전조가 나타나고 곳곳에서 갈등의 마찰음이 들린다. 지금 우리는 이러한 현상, 즉 국제 정세 변화의 조짐을 여러 현상을 통해 보고 있다. 앞으로 이런 조짐이 더 강화돼 주요국 간 간헐적인 힘의 대결이 발생하다가 더 큰 충돌이 발생할지는 아직 불확실하다. 확실한 것은 국제 정세에 불안정성이 더 커질 것이라는 점과 우리가 대비를 해야 한다는 점이다. 아니면 거친 폭풍 속에 혼자 내던져서 온몸으로 비를 맞거나 폭풍이 물러나고 나면 새 하늘을 보듯이 진짜 대변환이 일어나서 우리가 전혀 겪지 못한 새로운 질서에 맞닥뜨리게 될 것이기 때문이다.

이런 국제 질서의 대변화를 진단해보려면 최근 발생하는 단편적인 현상들을 미시적으로 분석하기보다는 긴 호흡으로 역사 속에 존재했던 다른 국제 질서, 즉 시대별로 국제 사회를 지배했던 질서의 유형을 살펴보고 이런 질서들이 어떤 과정과 요인에 의해 변화됐는지 거시적으로 파악하는 노력이 필요하다. 이를 통해 앞으로 국제 질서가 변할 만한 충분한 요인들이 축적되고 있는지 그 결과에 따라 다가올 미래 질서는 어떠한 형태일지 예측해보는 것은 우리 민족의 장래를 위해 중요한 일이다. 우리는 국제 질서의 중요한 변환기에 국제 정세 파악과 예측을 잘못해 민족적으로 큰 대가를 치른 아픈 경험이 있다. 이번에는 국제 정세 변화를 잘 읽고 정확히 앞을 내다보려는 노력을 해야 할 것이다.

유사 이래 인류가 공동체를 만들어 살기 시작한 때부터 한 공동체, 즉 사회가 존재하게 되면 그 사회에는 사회를 지탱하는 하나의 질서가 존재해왔다. 그 질서는 공동체 구성원이 상생하기 위해 암묵적인 사회적 계약을 맺고 그 계약에 근거해 수립하는 것이다. 각 구성원은 공동체의 존속을 위해 그 질서에 순응해야 하는 의무를 진다. 그 보상으로 공동체는 구성원에게 생명의 안전과 거래 관계의 안정성을 보장해준다. 이러한 공동체는 씨족 공동체부터 시작해 부락 공동체, 고대 국가 순으로 확장돼오다가 중앙 집권제 왕정을 거쳐 근대 국가 형태로 발전했다. 한편 국제적으로는 20세기 들어서야 국제 사회라는 개념이 구체적으로 성립됐다 할 수 있지만, 그전에도 로마 시대부터 근대의 국제 사회와 유사한 형태의 사회, 즉 여러 정치체가 병립하는 사회가 존재했다.

인류 사회나 국제 사회라고 말할 때, 이는 하나의 국가가 아니고 나수의 국가나 정치체Political entity를 말한다. 예를 들면 공국, 도시국가, 제후국 등을 포함해 국제 사회의 성원으로 볼 수 있는 독립적인 주권과 왕권을 가진 성격의 공동체들이 공동으로 존재해 서로 관계를 맺는 경우다. 이러한 국제 사회의 개념은 로마 시대 이후로 존재해왔다. 로마 시대 이후 국제 사회는 여러 번의 대변혁을 겪으면서 오늘날 같은 현대 국제 사회를 만들었다.

역사 발전 과정에서 우리는 구질서와 체제를 지탱해오던 패권 국가의 힘이 약해지고 새로운 기술 문명이 진보하면서 이를 잘 활용해 국력을 증강시킨 새로운 패권 도전 국가가 나타나는 것을 목격했다. 이 두 세력 간의 경쟁은 국제 사회에 혼돈과 불안정성을 야기시키면서 국제 사회는 대변혁의 시대로 돌입하곤 했다. 이러한 대변혁 시기는 대부분 무력 투쟁을 수반했기 때문에 그 기간에 국제 사회는 더 혼란해지고 엄청난 인명 손실과 심지어 문명 파괴를 동반하기도 했다. 이 과정을 거치면서 새로운 패권 국가가 등장하고 새로운 국제 질서와 체제가 성립했다.

500여 년 동안 세계사에서는 세 번에 걸쳐 힘(권력)의 분포를 결정적으로 바꾼 대변혁이 일어났다. 이 대변혁을 통해 세계 질서가 바뀌고 세계 질서의 변화는 각국 간의 관계 변화, 즉 기존 질서 변화를 불러왔다. 이 대변환을 통해 기존에 존재했던 힘의 중심이 다른 곳으로 옮겨가는 세력 전이Power shift 현상이 발생했다. 세력 전이 과정에서 이전 질서의 중심인 기존 패권국과 새로운 패권 도전국 간에 무력 충돌 없이 힘의 중심이 넘어가기도 했고 세계대전이라는 전쟁을 통해 힘의 중심이 옮겨지기도 했다.[1]

첫 번째 힘의 이동은 서방 세계의 부상이었다. 이는 15세기경에 시작돼 18세기 말 산업혁명 등을 거치면서 굳어졌다. 기술 문명의 진보와 더불어 서방 세계의 패권이 더욱 강화됐다. 이 서방 세계의 부상과 이에 수반한 국제 질서는 오늘날 우리가 살고 있는 현대 국제 체제의 기본 틀을 제공하게 된다. 우리는 이 시대를 서방 세계의 시대Age of occidentalism라고 부를 수 있다. 이때 유럽과 대서양이 모든 힘과 새로운 혁신의 발신지였다.

두 번째 힘의 이동은 19세기를 마감하면서 일어났던 대변혁이다. 미국이 부상하면서 여태까지 유럽의 어떤 나라보다 강력한 국가가 되면서 로마 제국에 비견될 정도로의 강대국이 됐다. 그 후 미국은 20세기 전반에 걸쳐 전 세계를 정치·경제·군사·문화 모든 면에서 압도하는 세계의 중심 국가가 됐다. 미국이 주도해 만든 국제 질서와 체계 속에서 미국은 세계를 이끌어왔다. 물론 냉전 시대 구소련이 동구권을 지배하고 있어 이 공산 진영 내에서는 미국의 주도권이 통하지 않았지만 1990년 동구권이 몰락하고 난 후에는 오히려 미국이 전 세계 유일의 초강대국으로 등장해 전 세계는 냉전 시 존재했던 양극 체제에서 국제 질서가 단극 체제로 넘어가는 것을 목격했다.

그러나 미국이 유일한 초강대국인 단극 체제는 약 20년을 지속하지 못했다. 이제 우리는 세 번째의 엄청난 힘의 대이동을 경험하고 있다. 이것은 제1세계로 지칭되던 서방 세계가 아닌 나머지 국가들, 서방 세계의 식민지였던 국가들이 부상하는 현상을 말하는 것이다. 이것을 '나머지의 부상The rise of the rest'으로 부를 수 있다.[2] 물론 나머지의 부상이라고 해서 미국이나 서방 세계의 우월적 지위가 당장 역전되는 것은 아니지만 힘의 분포가 서방 세계, 특히 미국에 압도적으로 몰려 있던 것에 비해 힘의 중심이 전 세계적으로 확산되면서 미국의 상대적 지위가 이전에 비해 하락하는 것을 의미한다. 특히 힘의 전이가 서양에서 동양 방향으로 이뤄지고 있다는 것은 여러 통계를 통해서도 입증되고 있다.

미국의 경제력은 2차 세계대전 이후 전 세계 총생산량GDP의 50% 정도를 담당하던 압도적 지위를 누렸지만 그 후 점유 비율이 하락해왔는데 1980년경 일본·독일의 급속한 부상으로 미국의 점유율이 25% 수준으로 하락하면서 미국의 패권이 상대적으로 하락했다. 이후 구소련의 붕괴로 미국의 정치·군사적인 지위는 유일 초강대국으로 격상되는 듯 보였으나 미국의 GDP 점유율은 중국의 급성장과 함께 더 하락하는 양상을 보이고 있다.

이제는 세계가 단극 체제에서 다극 체제로 옮겨가는 듯한 양상을 보이고 있다. 약 1세기 기간이 팍스 아메리카나Pax Americana 체제라고 불릴 정도로 미국이 주도했던 국제 질서와 체제가 바뀌는 과정에 있다. 새로운 국제 질서나 체제는 제대로 형성되지 않았기에 우리는 불안정성이 증대되는 혼돈의 대변혁기에 접어들고 있다.

1990년 이후 약 30억에 가까운 인구가 시장과 교역을 통해 글로벌 경제 체제에 편입되면서 글로벌 경제 규모는 1990년 약 23조 달러에서 현재는 62조 달러 규모로 약 3배 정도 증대했다. 이 성장의 절반 이상이 그 이전 글로벌 경제 체제에 속하지 못했던 중국·인도·아세안 같은 신흥 시장 국가에 의해 창출되기 시작했다.

그 결과 지리적으로 보면 1세기 전만 해도 세계 교역의 대부분이 대서양 중심이었던 것이 이후 미국과 아시아권의 부상으로 아시아-태평양 연안으로 교역의 중심지가 이동했다. 중국의 부상으로 동아시아가 세계 경제의 엔진 역할을 한다는 평가도 있었다. 이제는 인도 등 서남아 지역이 글로벌 경제 체제로 들어오면서 앞으로는 인도-태평양 시대가 본격적으로 열릴 것이라고 한다. 이처럼 세계 경제의 중심축이 대서양의 좁은 지역에서 인도-태평양 전체로 확산하는 것처럼 힘의 중심도 전 세계 여러 곳으로 분산되는 다극 체제 시대로 향하고 있다.

이 같은 국제 질서와 체제의 변화는 보통 현존하는 질서를 만든 패권국과 새로운 질서를 만드는 데 주역을 담당하는 도전하는 패권국 간의 알력과 갈등으로 인해 국제 사회의 불안정성과 혼돈을 증대시킨다. 대개 전쟁 등 무력 투쟁을 통해 패권이 교체된다. 그리스 역사학자 투키디데스는 『펠레폰네소스 전쟁사』에서 신흥 패권 도전국인 아테네에 대한 패권국인 스파르타의 두려움이 전쟁을 야기했다고 주장했다.[3] 따라서 앞으로 미래를 슬기롭게 헤쳐나가려면 대변혁기에 접어든 국제 사회가 어떤 과정을 겪으면서 어떻게 변해나갈지 역사적 사례를 참고해 미리 전망해볼 필요가 있다.

우리나라 같은 중견국의 입장에서는 이 같은 패권 교체기가 중요하다. 특히 미·중 간의 경쟁은 우리의 국익과 나라의 장래에 심각한 영향을 끼친다. 가급적 이 두 국가 간의 경쟁이 격화되지 않고 공존할 수 있는 방안이 무엇인지도 모색하고 우리가 기여할 바가 있으면 기여하고, 이것이 가능하지 않으면 국익을 최대한 지켜가면서 이 대변혁의 시대를 슬기롭게 적응해가는 방안을 찾아내야 할 것이다.

우리는 역사적으로 이 같은 역사의 변곡점, 즉 패권의 전환기라는 중요한 시점에 힘의 전이 방향을 제대로 읽지 못해 외침을 자초해 전 국토가 유린되거나 국권을 상실한 뼈아픈 과거가 있다. 그렇기에 이러한 역사적 과오를 되풀이하지 않기 위해서도 지금 전개되고 있는 국제 질서 변환의 추이를 면밀히 분석하고 장래를 내다보면서 우리가 대비해야 할 위험 요소를 착실히 대비해야 할 것이다. 지금 패권의 전환기가 도래했다고 말하기는 이르나 기존의 패권이 도전을 받는 것은 확실하다. 거대한 체스판에 변화가 일어나고 있다. 따라서 게임의 운영 방식에 변화가 필요하다는 것은 분명한 사실이고 종국에는 체스판이 장기판으로 바뀔 수 있다. 그때는 룰 자체가 달라질 수도 있을 것이다.

전 세계적으로 우리나라처럼 지정학적으로 어려운 지점에 위치하고 있는 나라도 역사적으로 찾아보기 힘들다. 한반도는 주변에 항상 강대국들이 존재해 그 틈에서 생존을 모색해야 했다. 게다가 반도라는 전략적 특성은 항상 대륙 세력과 해양 세력의 힘을 불러들이는 곳으로 열강의 각축 현장이 되기 쉬운 운명이었다. 이에 더해 현재 진행되고 있는 패권 경쟁은 우리의 동맹인 미국과 우리의 이웃인 중국 간에 전개되고 있어 우리로서는 피해갈래야 피해갈 수 없다. 운명의 외다리 길이 우리 앞에 놓여 있는 셈이다. 이 길을 어떻게 잘 지나가느냐에 우리 민족의 장래가 걸려 있는 것이다.

우리와 유사한 지정학적 불리함이 있는 나라로 폴란드·헝가리·스위스·이스라엘 등을 꼽을 수 있다. 폴란드와 헝가리는 독일과 러시아라는 전통적 강국 사이에 끼인 지리적 위치로 인해 역사적으로 나라가 두 번이나 지도상에서 사라지는 고통을 겪었다. 스위스는 열강 간 각축의 대상이 되는 것을 피하기 위해 영세 중립국 선언을 했다. 그럼에도 외침에 대비해 전 국민이 군사 훈련과 민방위 훈련을 하며 전쟁에 대비하고 있다. 이스라엘은 수많은 적대적인 이슬람 국가에 둘러싸여 있지만 뛰어난 국방 기술력과 국민의 총력전 의지로 국가를 보전해가고 있다. 스위스와 이스라엘은 고슴도치, 다른 나라가 공격할 경우 피해를 가한다는 전략으로 생존을 도모해가고 있다.

그러나 우리가 처한 지정학적 불리함은 이 국가들보다 훨씬 더 심각한 데다 국토는 분단돼 있고 북한은 핵무기를 보유하고 있다고 선언한 상황이다. 일단 주어진 상황만 놓고 봐도 우리의 안보를 유지하려면 5차 방정식을 풀어야 하는 고난도의 작업이 필요한 데다 이 방정식의 함수들이 계속 변하는 상황이니 그 해답을 찾기는 지난한 일이 되고 있다. 방정식의 함수만 바뀌는 것이 아니라 방정식 자체가 바뀌는 과정, 더 나아가서는 국제 질서 자체가 변하는 과정에서 우리의 생존 방정식은 더욱 복잡해지고 해법을 찾기는 더 어려워질 것이다. 이런 대변환의 시대에 생존 활로를 모색하려면 그 어느 때보다 예민한 주의력, 유연한 지혜, 고도의 집중력, 결단력이 우리 모두에게 요구된다.

2부

—

국제 체제의 성립과
질서 유지

무정부 상태부터
국제 사회까지

체제 또는 사회라는 개념은 그 체제나 사회를 이루는 구성원이 약육강식 같은 무질서한 상황을 회피하기 위해 일정한 규범과 합의에 따라 공동체를 구성하기로 했을 때 존재한다. 국제 사회에서는 영국 철학자 홉스가 말하는 '만인의 만인에 대한 투쟁'이 전형적으로 적용되는 무정부적인 상황이 오랜 기간 지속돼왔으므로 체제나 사회란 공동체적 개념은 아주 생소한 것이었다.

인류는 이 같은 홉스적인 무정부 상태로 있을 때 빈번히 발생하는 전쟁, 폭력, 약탈의 약육강식 상태에 대한 불안을 벗어나기 위해 사회 공동체를 구성하는 것이 모두에게 유리하다는 판단을 하게 된다. 이에 따라 씨족, 부족 사회부터 공동체의 우두머리를 세우고 그의 지휘하에 구성원은 일정한 규범에 따라 개별적인 폭력의 사용을 제한하고 폭력과 강제력의 사용 권한을 지도자 또는 공동체 대표

기구에 이양하게 된다.

홉스는 '만인에 대한 만인의 투쟁' 상태에서는 폭력이 일상화되는 공포 속에 살아야 하므로 만인이 두려워하는 '공통의 힘'을 만들어 이 힘이 만인을 통제해야 평화가 유지된다고 봤다.[1] 폭력의 사유화를 금지하고 이를 공유화한 이후 공동체 구성원은 각자의 생업에 평화롭게 종사하는 것이 개인이나 공동체 모두에게 이익이라는 점을 인식하고 이를 점점 발전·제도화시킨 것이 인류의 공동체 발전 역사, 근대 국가 체제의 형성 과정이다.

이렇게 국내적으로 로크가 말하는 '사회 계약론'에 따라 공동체 사회를 구성함으로써 무정부 상태가 종식되고 씨족 사회와 부족 사회, 고대 국가, 봉건 체제, 절대 왕정 시대를 거쳐 근대 국가와 현대 국가로 사회 체제가 발전해오면서 헌법 등 각종 법률과 기본 인권, 중앙 집권제, 중앙 상비군제 등의 제도도 더불어 발전하게 된다. 그 결과 국내적으로는 장구한 세월을 거쳐 홉스적 사회에서 로크적 사회로 진화하면서 공동체 사회가 거의 완벽하게 제도화됐다. 현대 사회의 각 구성원은 이제는 이것을 처음부터 주어진 기본 여건으로 여길 정도로 당연시하게끔 됐다.

반면 국제 사회라는 개념이 도입된 것은 19세기 중반 칸트 같은 선각자들에 의해서다. 칸트는 『영구 평화론』에서 "민주주의, 국제기구, 세계 시민 의식의 확산으로 인류는 전쟁을 버리고 국제 사회를 구축하기 시작했다"고 설파했다.[2]

하지만 국제 사회라는 개념이 널리 받아들여진 시기는 20세기 이후 들어서다. 그 개념이 정착된 것은 1차 세계대전 이후 국제연맹을 결성한 이후다. 국제연맹 체제하의 국제 사회는 유럽 국가 위주이며 일본 등 일부 아시아와 라틴아메리카 국가들이 참여하는 형태로 그 범위가 제한적이었다. 하지만 2차 세계대전 이후 UN이 세워지고 그후 식민지에서 해방된 신생 국가들이 UN에 참여함으로써 그 범위가 전 세계적으로 확장돼 명실상부한 국제 사회가 출현하게 됐다.

따라서 국제적으로 사회라는 개념은 인류의 역사에서 최근까지 존재하지 않았다. 일반적으로 사회가 존재하려면 구성원이 존재해야 하고 구성원의 관계는 개념적으로는 독립적이고 평등해야 한다. 구성원은 그들 간의 관계를 미리 합의된 규범에 따라 규율하기를 원해야 하고 그들 간의 관계에 문제가 발생했을 경우 폭력 및 무력, 아니면 전쟁에 호소해 해결하기보다는 구성원이 권한을 위임한 상위 기관 또는 상호 간의 협의체에 의해 해결하기를 선호해야 사회 공동체가 존립할 수 있다. 사회가 잘 작동되려면 구성원 공통의 이해관계, 즉 공동체의 존속에 대한 목적을 공유해야 하며 필요한 경우 이를 위한 비용을 지불할 용의가 있어야 한다.

이 같은 사회의 성립 필요 요건은 국내적 상황에는 잘 부합해 예로부터 원시 씨족 공동체에서 시작해 현대 국가까지 많은 형태의 국내적 정치체가 발전해왔다. 그러나 국제 사회는 구성원이 다수이며 평등한 관계로 존재하기 시작한 시기가 얼마 되지 않았다. 국가 간 무력의 사용, 즉 전쟁을 회피하려 하고는 있으나 이를 아직 정책의 마지막 수단으로 간주하는 경향은 여전히 국가 간에 존재하고 있다. 구성원 간 갈등, 즉 주권국主權國 간의 갈등을 권위적으로 해결해주거나 폭력 사용을 막거나 주권국의 행동을 강제할 권한을 가진 상위 기관도 존재하지 않는다. 이런 점에서 현대 국제 사회마저 어느 정도 사회로서 필요 요건은 갖추었으나 국내 사회와 비교했을 때 여전히 불완전한 사회라고 말할 수 있다. 따라서 불안정성이 상존하는 상태가 지속되고 있다고 할 수 있다.

국제 사회는 아직 그 발전 정도가 미약해 국내적인 관점에서 비교해보면 현대 국내 사회와는 거리가 멀다. 오히려 사회 발전의 초기 단계인 씨족 공동체와 그 구성 및 운영 형태 면에서 유사한 측면이 많다. 씨족 사회 및 국제 사회 모두 모든 물리적 강제력과 법적 강제력을 독점하고 있는 강력한 중앙 권력이 존재하지 않는다. 사회 구성원 간의 관계를 규율하는 잘 정비된 법률이나 규범이 존재하지도 않다. 그러나 그 사회 구성원은 상호 간에 폭력의 사용을 통한 약육강식의 상태가 발생하는 것을 원하지 않는다는 점에서 양 사회는 공통의 인식을 공유한다.

그러나 씨족 사회와 국제 사회를 비교하면 약육강식의 경향성에 대한 차이점도 분명하다. 씨족 사회에서 개인은 체격 차이가 아주 크지 않지만 국제 사회에서 국력의 차이는 훨씬 커서 약육강식이 훨씬 쉽게 유발될 수 있다. 게다가 씨족 사회에서는 최소한의 도덕을 지키려는 사람이 다수이지만 국제 사회에서 국가들 정치 집단들은 비이성적으로 이기적인 세력 확장을 추구하는 경우가 많다.[3]

국내 및 국제 사회에서는 사회 구성원 간에 서로 관계를 규율하는 일정한 패턴과 규칙이 있고 이런 패턴과 규칙들은 사회 구성원이 서로 소통할 때 또는 관계를 설정하고 청산할 때 공통적으로 적용된다. 사회의 발전 수준이 높아지면 이 같은 패턴과 규칙은 일정한 형태로 고착되고 법 형식으로 명문화될 수도 있으나 발전 수준이 낮을 때는 경우에 따라 다소 변형돼 적용되기도 하고 구전 등 비명문화된 형태로 전승돼 내려오기도 한다. 사회가 형성되기 이전 원시 시대에서는 중국 전국 시대 사상가 묵자가 말하듯이 "사람마다 자기의 의가 있고 사람이 100명이 있으면 100가지 다른 의가 있다".[4] 그러나 사회가 형성되는 과정에서 이렇게 각자 다른 의들이 경합하고 융합되는 과정에서 사회에 보편적으로 통하는 규칙과 패턴이 형성된다. 이것이 법률 형태로 발전하게 되는 것이다.

씨족 공동체는 그 사회의 족장이나 정치적으로 유력한 그룹에 의해, 국제 사회에서는 그 사회의 질서를 유지하는 데 가장 중심적인 국가나 그룹에 의해서 이러한 패턴과 규칙의 일관성이 담보된다는 점에서도 양 사회는 서로 유사하다. 씨족 공동체는 구성원이 같은 인식 문화를 배경으로 한다는 점에서 규칙과 패턴의 지속성이 담보되지만 국제 사회는 나라별로 세계를 보는 인식, 즉 세계관이 다르고 문화적 배경도 다르므로 패턴과 규칙이 지속적일 수 없다. 당대의 패권국이 옹호하는 패턴과 규칙이 일정 기간 지배하다가 그 패권국이 바뀌면 그 패턴과 규칙도 바뀐다.

씨족 공동체는 사회 구성원 간에 혈연적인 관계로 인해 서로 동질적인 측면이 강하다. 외부 씨족 공동체에서 물리적 위협이 오면 모든 구성원이 일치단결해 외부 위협에 공동 대응한다는 측면에서 국제 사회와 다소 차이가 있다. 국제 사회에서 각 국가 간에는 긴밀한 친족 의식이 존재하지 않지만 국제 사회 내부를 들여다보면 그 안에 몇 개의 다른 국제 시스템이 존재하고 있다. 이 국제 시스템은 내부적으로 문화나 종교 아니면 이념적 동질성이 있다. 따라서 한 국제 시스템은 이런 동질성을 공유하지 않고 오히려 이를 위협하는 다른 국제 시스템이 존재할 경우 씨족 공동체처럼 그 구성원이 연대해 대항하는 경우 발생한다.

씨족 공동체와 국제 사회 양쪽 모두에 패턴과 규칙 이외 양 사회를 지탱하는 또 다른 요인이 작동한다. 사회 질서의 붕괴에 대한 두려움, 축적된 관행의 힘, 관성의 힘 등이 존재한다. 이들이 대개 사회의 지속성을 뒷받침해준다.[5] 이 같은 사례를 국제 사회에서 찾아보면 동서양에 공통 적용되는 세력 균형Balance of power 원칙, 동양의 사대주의에 입각한 조공 제도 등이 사회의 지속성을 담보하는 부가 장치로서 이에 해당한다.

이 세력 균형 원칙은 국가 간의 합의에 의해 성립된 원칙은 아니지만 구성 국가들이 자신의 안전을 보장하고 국제 사회의 질서를 유지해가기 위해서 세력 균형의 원칙을 지키는 것이 모두의 이익에 부합한다는 인식을 갖게 되면서 자연스레 이 원칙이 국제 사회에서 작동하게 되는 것이다. 세력 균형을 국가 간의 원칙으로 규정한 중앙 세력은 없다. 특정 국가에게 세력 균형에 의거해 행동하라고 요구하는 세력이 없더라도 각국은 세력 균형 원칙에 따르게 된다. 이렇게 하는 것이 자국에 유리하다는 것을 알기 때문이다. 통상 국제 사회에서 어느 한 국가가 그 사회 내에서 지나치게 강력해지면 자연히 급부상하는 국가를 견제하기 위해 두 번째로 강한 세력을 중심으로 다른 나라들이 뭉치거나 서로 이익을 공유하는 국가들끼리 연대를 구성하게 된다.

동아시아에서도 중국을 중심으로 국가 간에 조공 제도를 오래 유지했다. 중국이 조공 제도를 특별히 강요했다기보다 각국 간의 관계를 조공 관계를 통해 이어가는 것이 서로에게 이익이 된다는 판단이 있었기에 이 제도가 오랜 관행으로 자리 잡게 된 것이다. 이 조공 제도는 중국과 다른 국가 간 관계뿐 아니라 다른 국가 간의 관계에도 원용돼 중국 청 왕조가 19세기 말 서양 세력에 의해 몰락할 때까지 관성의 힘에 의해 유지돼왔다.

국제 사회에 관한 앞의 설명은 국제 사회를 정치·사회적 관점에서 분석한 것이다. 그런데 미국의 사회학자 임마누엘 월러스타인은 경제적인 관점에서 세계를 하나의 '세계 체제World system'라고 새롭게 규정했다. 이 시스템이 성립하려면 각 경제체가 독립된 영역을 가지고, 다수의 경제체가 존재해야 하며, 거래와 관련된 합법적 규정이 있어야 하며, 모든 경제체가 그 시스템을 유지하려는 결집력이 있어야 한다고 분석했다.

시스템 내에는 중심부, 반주변부, 주변부 등 세 종의 경제체가 있다. 이 세 종의 경제체 사이에는 분업 체제가 이뤄지며 부와 자원은 주변부에서 중심부로 이동하는 경향이 있다고 설명했다. 시대마다 상이한 세계 체제가 존재하며 각 시스템은 고유의 생명 주기가 있다. 각 시스템 내 분업이 잘 이뤄지지 않고 부와 자원이 잘 유통되지 않으면서 시스템을 유지하려는 결집력이 와해될 때 그 시스템의 수명은 다하고 다른 시스템이 이를 대체하는 것이 인류의 역사라고 봤다.

국제 사회 이론이나 세계 체제 이론은 세계 공동체의 성립 조건에 대해 시각이 유사하다. 역사가 변하는 과정 및 그 동력을 설명하는 데 있어 전자는 전쟁 등 정치·사회적 대변혁을 거론하고 있고 후자는 경제적 순환 과정의 실패를 주요 요인으로 본다. 그 강조점을 달리하고 있다는 점에서 구별된다.[6]

일반적으로 국제관계학에서 국제 시스템은 국가 간 시스템System of states을 말한다. 이 시스템하에서 다수의 국가가 충분한 상호 교류를 하고, 그 교류로 서로의 행동과 결정 방식에 영향을 끼친다. 각 구성

원이 전체의 한 일부분이라고 인식하고 있을 때 시스템이 존재하는 것이다.[7]

국제 사회는 국가 간 시스템보다 더 큰 구성원을 포괄하는 개념이다. 국제 사회 내 다른 국가 간 시스템이 존재할 수 있다. 로마 시대에 범세계적인 국제 사회가 존재하지는 않았지만 팍스 로마나Pax Romana가 존재할 때 동아시아에는 중국이 주도하는 팍스 시니카Pax Sinica가 존재했다. 두 시스템 사이에는 별다른 접촉이나 관계가 없이 병존한 셈이다. 국제 사회나 국제 시스템하에서는 병렬적으로 존재하는 다수의 구성원이 존재해야 한다. 현대사에서는 팍스 아메리카나 시대에 그 하부에 냉전 체제, UN 체제라는 하위 체계가 존재했다.

유럽에서는 국가 간 시스템이 존재하다가 없어질 뻔한 경우가 두 번 있었다. 처음은 나폴레옹 치하의 프랑스가 유럽 국가 체제를 무너뜨리고 프랑스 제국을 세우려고 한 때다. 두 번째는 히틀러 치하의 독일이 유럽 전체를 독일의 세력권으로 만들려 2차 세계대전을 일으켰을 때다. 만약 이런 시도가 성공했다면 국가 간 시스템은 사라지고 그 자리에 제국이 들어섰을 것이다. 세계 체제 이론을 개발한 임마누엘 월러스타인도 세계 체제 내에 '세계 경제World economies'와 '세계 제국World empire' 두 종류가 존재한다고 봤다.[8]

일부 학자는 국가 간 시스템은 일정 규칙이나 패턴에 따라 상호작용하는 국가들이 존재하는 것 자체를 넘어 같은 시스템 내의 국가들이 동일한 종교나 문화를 기반으로 어느 정도 공동 가치, 공동 이익을 공유하는 경우에 국가 간 시스템이 존재한다고 보기도 한다. 이런 개념의 국가 간 시스템의 표본 사례로는 그리스 시대 도시국가 간 시스템과 독일이 통일되기 이전 독일 영역 내 존재했던 도시국가

나 공국 등 다양한 정치 공동체 간의 시스템 등을 들 수 있다.[9]

국제 사회나 국가 간 시스템 내에서는 구성원 간의 관계를 규율하는 일정한 규칙이나 패턴이 있어야 한다. 즉 국제 사회나 시스템하에서는 일정한 질서가 존재한다. 같은 질서와 시스템 내에 존재하는 국가, 구성원 간에는 정해진 규칙과 패턴에 의해 관계가 유지되기 때문에 모든 것이 순조롭고 구성원 간 관계 유지 비용이 저렴하나 이와 다른 질서나 시스템과 교류할 때는 마찰이 생기고 비용이 증가하기 마련이다. 질서와 시스템 내부에서도 기존 방식을 따르기보다는 이를 자신이 원하는 방식으로 변경하려는 세력이 등장할 경우 그 질서 내에 긴장이 발생하게 된다.

국제 사회나 세계 시스템(체제)과는 다소 다르지만 유사한 개념으로 세계 질서란 개념이 있다. 이 개념은 위의 두 개념처럼 분석적이지는 않지만, 일정한 시기에 그 시기에 맞는 적절한 세계 질서가 존재하며 그 질서 속의 각 정치체는 주어진 질서에 순응해 존재하며 그러한 질서의 존속을 희망한다면 일정한 형태의 질서가 존재하는 것으로 본다. 즉 로마 제국 시대에는 로마가 주도하는 팍스 로마나가 있었으며 역사적으로 오랜 기간 동아시아에서는 중국이 주도하는 팍스 시니카, 즉 중화 체제라는 질서가 존재했다.

이러한 질서 속에서는 주도국인 로마와 중국의 영향력이 압도적이어서 다른 구성원이 동등한 자격이 아닌 것은 물론 비슷한 조건으로 참여하는 것이 아니라는 점에서 이들을 국제 사회나 체제로 보기는 힘들다. 그러나 그 질서 안에서는 나름대로 구성원 간의 관계가 일정한 형태를 통해 유지되고 안정을 유지한다는 측면에서는 하나의 질서가 존재했다고 말할 수 있다.

근대에 들어 유럽에서 베스트팔렌 체제가 수립되면서 새로운 국제 질서가 형성됐다. 이 질서에서는 구성원이 동등한 자격으로 참여하는 것을 전제로 했으며 구성원은 기독교 문명과 왕정이라는 공통의 기반 위에 유사한 방식으로 국가 간 관계를 규율하는 데 컨센서스Consensus를 이루게 된다.

힘의 균형은
영원하지 않다

국제 사회나 체제 속에는 국제 질서를 지탱하는 힘의 집중과 균형의 기제가 존재했다. 그 질서 내에 참여하는 국가나 정치체들은 이런 기제를 고안해내고 이를 유지하기 위해 인위적인 노력을 기울이며 체제 내에 공통 적용되는 규범도 존재하는 것이 일반적이다. 이에 반해 세계 질서는 이렇다 할 기제가 존재한다기보다 당시의 가장 지배적인 세력, 즉 패권국이 자신의 무력과 영향력을 전 세계에 투사하고 질서 유지와 교역로 확장 등 공공재를 제공함으로써 여타 피지배 세력들이 자발적으로 지배 세력의 패권에 복속하도록 하고 지배 세력의 제도·문화를 수용토록 함으로써 시대적 평화가 유지되는 현상이 존재한다. 그러나 일정한 기간이 경과해 그 질서가 구성원 간의 힘의 전이 등으로 발생한 정통성의 변화 등을 적절히 수용하지 못할 경우, 그 질서의 존속에 대한 저항이 발생하게 된다. 마침내 어느 시점에서는 기존의 질서가 새로운 질서로 대체되는 현상을 설명할 때 세계 또는 국제 질서의 교체라는 개념이 사용된다.

세계사에는 라틴어로 평화를 의미하는 '팍스Pax'와 특정 시기에 세계 질서와 평화를 주도한 국가의 이름과 결합한 팍스 로마나, 팍스 히스패니카Pax Hispanica, 팍스 브리타니카Pax Britanica, 팍스 아메리카나 등 특정 국가가 주도했던 평화의 시대가 존재한다. 이 평화의 시대에는 각기 당시 존재하던 정치체Polity나 국제 사회 구성원이 공유하는 안정적인 세계 질서가 존재했다. 로마 평화 시대에는 "모든 길은 로마로 통한다"라는 말처럼 로마가 가장 강력한 국가이고 세계의 중심이며 모든 법령과 제도는 로마에 의해 만들어지고 다른 민족이나 국가들은 이를 잘 준수하기만 하면 나라 간의 관계가 평화롭고, 질서 있게 유지될 수 있었다.

로마 시대에는 로마의 군사력이 압도적이어서 로마 통치 영역 내 다른 민족·소국가는 감히 로마의 무력에 저항하며 도전할 엄두도 내지 못했다. 로마가 정해준 틀 내에서 로마가 인정한 범위 내의 권한을 위임받아 자기 지방을 관할하는 속주의 역할을 맡는 데 만족해야 했다. 혹 어느 일부 지방, 민족이 정치체 간 관계에 전쟁, 침략, 반란 등을 통해 변경을 시도함으로써 질서를 어지럽히면 로마가 군대를 파견해 이를 진압하고 다시 질서를 회복시키는 역할을 했다.

이러한 속주들의 복종에 대한 반대급부로 로마는 통치 영역 내에서 안정적인 경제 활동 유지에 필요한 질서를 제공하고 로마 제국 영역 내 교역이 활발해질 수 있도록 도로망과 연락 체계 등을 건설하는 역할도 맡았다. 로마의 지배력이 확고한 시대에는 속주들과 이방 민족들이 로마에 일정한 세금을 내더라도 로마 지배에 확실히 자발적으로 복속했다. 이는 로마가 제공하는 공공재, 즉 질서와 도로망 등을 이용하는 것이 자신들에게도 이롭다는 것을 잘 알았기 때문이다.

이처럼 지배 세력과 피지배 세력 간에 이익이 부합해 자발적인 복속을 하면서 국제간 관계가 안정을 유지할 때 우리는 당시 그 나름의 세계 질서가 존재한다고 말할 수 있다. 이를 지배국의 이름을 따서 명명했다. 세계 역사상 크게는 5개, 더 세분하면 10여 개의 세계 질서가 존재했다고 본다.

한 시대를 주도하는 국가를 패권국Hegemon이라 한다. 본래 헤게모니는 그람시Gramsci라는 이탈리아 사회학자가 고안한 개념으로 사회 내에서 권력을 잡은 세력을 지칭한다. 그 세력은 구성원에 대한 지도력을 바탕으로 강압, 회유, 자발적 동의 등을 적절히 혼용하면서 구성원을 자신의 이익에 부합하도록 이끄는 능력, 즉 헤게모니를 가지고 있다고 본다.[10] 그러나 시간이 흐르면서 패권국의 위상과 힘이 점차 쇠락하면 이 패권국에 도전하는 패권 도전국Rising hegemon이 등장한다. 이 두 세력 간 갈등이 전개되다가 패권 도전국이 후퇴하기도 하고 패권 도전국이 패권국으로 등극하기도 하는데 이러한 패권 교체를 권력 이동Power shift이라 한다. 이런 교체기에 주로 전쟁이 발생했다.

패권국이란 개념이 본질적으로 억압적인 성격을 상정하는 데 비해 찰스 쿱찬Charles Kupchan 같은 학자들은 '핵심 세력Core power'이라는 더 유연한 개념을 제시했다. 현재 EU 내에서 지도적 국가 역할을 하는 독일과 프랑스의 사례를 근거로 하면서 앞으로 미국의 패권 시대가 저문 이후 등장할 국제 질서가 '선량한 핵심 세력Benign core power'에 의해 구축될 것을 희망하는 차원에서 이런 개념을 사용한 것이다. 이들에 따르면 '선량한 핵심 세력'이 자국의 국력을 선량한 방법으로 쓰고 스스로 힘의 행사에 제약을 가하는 동시에 국제 규범을 준수하면 주변국이 반발하거나 견제 세력을 규합하면서 세력 균형을 도모할 필요가 없다. 이런 국제 질서를 이상적인 상태로 간주했다.[11]

'선량한 핵심 세력'은 자국의 세력을 극대화하기보다는 적절히 관리하고, 착취적 이익을 취하기보다는 구성원 전체의 이익을 증대시키는 방향으로 행동한다. 상명하복 방식보다는 자발적 동의에 의한 질서 유지를 선호해 주변국의 이탈을 방지할 뿐 아니라 국가 간의 경쟁으로 인한 전쟁 발발 등을 회피하는 경향이 있다. '선량한 핵심 세력'은 국제 질서를 유지하기 위해 자신이 공공재를 제공하는 부담을 마다하지 않고 필요시 자국의 작은 이익을 희생하더라도 공동체가 준수하는 규범을 지키는 솔선수범의 모습을 보이기도 해야 한다. 다만 유럽이라는 지역적 차원에서는 사례를 찾을 수 있지만, 전 세계적인 차원에서 이런 사례가 존재하지 않아 실현 가능 여부는 더 지켜봐야 할 것이다.

역사적으로 많은 패권 국가가 존재했다. 패권국의 성격이 더 드러나기도 했지만, 역사가 발전하면서 2차 세계대전 이후 미국, EU의 독일과 프랑스는 '선량한 핵심 세력'의 모습에 더 가까운 측면이 있다. 역사가 더 진보한다면 미국의 패권이 퇴조한 후 새로이 등장할 국제 질서에는 '선량한 핵심 세력'이 더 많이 등장해 서로 지역을 기반으로 견제와 균형을 하면서 공존하는 이상적인 상황이 될 것이다. 그러나 역사는 선형적 상승 곡선을 늘 그리는 것은 아니다. 현재 국가 간 협조보다 경쟁의 기운이 더 증가하고 있어 장래의 국제 질서는 패권국도 선량한 핵심 세력도 존재하지 않을 가능성이 많다. 주요 세력 간의 경쟁으로 국제 정세가 불안정한 대격변기로 진입할 수도 있다. 국제 사회가 격변기로 진입하는 경우는 대체로 두 가지다.

첫째, 기존의 패권국 또는 질서 주도 국가의 국력이 쇠진해 기존 질서를 유지할 능력을 발휘할 수 없게 돼 질서 자체가 서서히 붕괴되면서 혼란이 각지에서 발생하는 경우다. 로마 제국이 쇠퇴하면서 로마에 대항하는 결정적인 도전국이 로마를 굴복시키고 다른 제국을 세운 일이 없음에도 불구하고 각지에서 왕국이나 도시국가가 등장하면서 로마 제국은 서서히 허물어졌다.

둘째, 기존의 패권국에 도전하는 도전 패권국이 등장하면서 둘 사이의 세력 경쟁이 심화돼 패권 전쟁이 발생하면서 패권국이 변경되고 새로운 국제 질서가 수립되는 경우다. 이는 영국의 국력이 크게 쇠퇴한 적이 없음에도 불구하고 독일과 미국의 국력 신장 속도가 영국보다 훨씬 빠르고 강해 독일이 영국의 지배 체제에 도전한 결과, 1차 세계대전과 2차 세계대전이 발생하고 그로 인해 세계 질서가 바뀌어 미국이라는 새로운 패권국이 등장한 것을 사례로 들 수 있다.

역사적으로 큰 전쟁은 대부분 국가 간 힘의 균형에 변동이 생길 때 일어난다. 특정한 패권국이 존재하지 않고 주요 강국이 서로 견제와 균형을 하면서 평화를 유지해오던 상황에서 특정 국가의 국력이 급격히 신장할 경우, 그에 대항하는 세력들이 결집해 신장한 국력만큼 상쇄할 만한 대항력을 만들지 못하면 세력 균형이 파괴되고 만다. 이로 인해 전쟁이 발생하는 경우가 많았는데 이런 전쟁을 '세력 균형 전쟁'이라 한다. 특정 패권국이 존재할 경우 이 패권국에 도전하는 도전 패권국의 국력이 단기간 내 신장해 두 국가 간에 국력 격차가 줄어들 경우 패권국이 패권 도전국을 견제하거나 응징하기 위해, 아니면 도전국이 패권국에 선제 공격을 일으켜 전쟁이 발발하

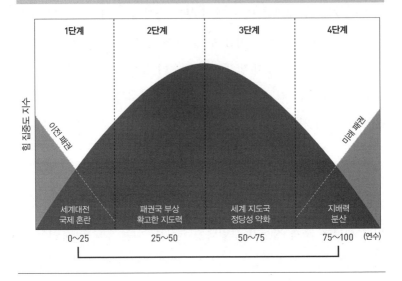

모델스키의 패권 경쟁 장 주기 이론

1단계	2단계	3단계	4단계

힘 집중도 지수

이전 패권

미래 패권

세계대전 국제 혼란	패권국 부상 확고한 지도력	세계 지도국 정당성 약화	지배력 분산
0~25	25~50	50~75	75~100 (연수)

는데 이런 경우를 '패권 전쟁'이라 부른다.

현재 국제 질서가 변혁기에 접어드는 배경으로는 지금과 같은 패권 질서에서는 패권국인 미국의 국력이 급격히 쇠퇴하거나 미국에 버금가는 국력을 가진 국가로 성장한 중국과 미국 간 국력의 격차가 줄어들어 중국이 미국에 도전하는 경우를 상정할 수 있다. 이런 패권국과 도전국 간의 힘이 격차가 줄어들면서 국제 질서에 불안정 요인이 발생하고 전쟁이 발발하면서 패권국이 변경되는 과정을 잘 설명하는 이론으로 오간스키의 '힘의 전이 이론Power Transition Theory'이 있다. 그에 따르면 산업화의 성숙기에 있는 패권국과 급속한 산업화를 진행시킨 도전국 간 힘의 격차가 줄어들수록, 즉 양국 간 힘이 균형점에 이르렀을 즈음 오히려 전쟁 발발 가능성이 높다고 봤다.[12]

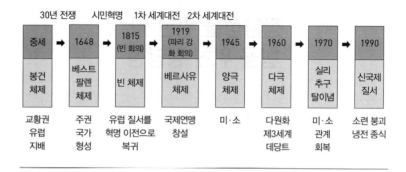

国제 체제 변화 과정

30년 전쟁	시민혁명	1차 세계대전	2차 세계대전				
중세	1648	1815 (빈 회의)	1919 (파리 강 화 회의)	1945	1960	1970	1990
봉건 체제	베스트 팔렌 체제	빈 체제	베르사유 체제	양극 체제	다극 체제	실리 추구 탈이념	신국제 질서
교황권 유럽 지배	주권 국가 형성	유럽 질서를 혁명 이전으로 복귀	국제연맹 창설	미·소	다원화 제3세계 데탕트	미·소 관계 회복	소련 붕괴 냉전 종식

자연적인 상태에서 만물은 흥망성쇠의 기복을 거치기 마련이다. 따라서 기존 질서가 있으면 이를 대체하려는 새로운 질서가 태동되는 것은 피할 수 없다. 한편으로는 주요국 간의 성장 속도도 서로 차이가 날 수밖에 없고 이러한 국력 성장 속도의 차이가 궁극적으로 갈등을 일으키고 전쟁의 결과에 따라 질서 변화를 가져오게 된다.[13] 역사적으로 몇 번의 패권 전쟁은 패권국을 변경하기는 했지만, 기존 국제 질서를 교체하지 못하기도 했다. 스페인과 네덜란드 간 전쟁과 영국과 네덜란드 간 전쟁의 경우가 그렇다.

반면 패권 전쟁의 결과 새로운 힘의 중심이 생겨나고 이 힘의 중심이 가지고 있던 사상과 비전이 전 세계에 전파되며 이 사상과 비전에 의해 구축된 규범과 질서를 통해 국가들이 서로 관계를 규율하게 될 경우 새 질서가 성립됐다고 말할 수 있다. 근대 이후 국제 사회에서 존재했던 국제 체제를 개괄적으로 살펴보면 그림과 같이 분류할 수 있다. 이 체제의 성격 및 이 체제를 안정시키는 요인과 변화를 가져오는 요인을 분석해보자.

정당성을 위한 힘,
힘을 위한 정당성

자연 상태에 살던 개인들이 혼자 힘으로 자연과 다른 인간들과의 관계를 해결할 수 없을 단계가 되면 사회를 구성하게 된다. 그 사회에 개인들의 힘과 의지를 넘겨주면서 사회는 집단 의지를 바탕으로 힘을 독점하게 되고, 개인들은 그 대가로 사회로부터 보호를 받으며 공동 작업을 통한 이익을 공유하게 된다. 사회는 개인들의 의지를 집합한 추상적인 일반 의지를 가지는 것으로 이해되고 이 일반 의지에 개인들은 일정 부분 구속받는다. 다시 말하면 각 개인이 처음 사회를 구성할 때 개인은 그 사회로부터 특정한 혜택을 기대하고 자신의 권리 일부를 사회에 넘기는 일종의 '사회 계약'을 하게 된다.[14] 이 사회 계약을 할 때 각 개인은 사회 내에 일정 질서가 존재함으로써 자신이 혜택을 받을 수 있을 것으로 기대한다. 개인들이 사회를 구성하는 이러한 방식은 국제 사회에도 적용할 수 있다. 각국도 국제 사회에 질서가 존재함으로써 혜택을 볼 것을 기대하면서 국제 사회의 일원으로 참여한다.

루소에게 자연 상태란 각 개인이 독립적으로 존재하고, 각 개인 간의 관계는 투쟁 관계이며, 각 개인의 분쟁을 심판해줄 공통된 상위 권력이 존재하지 않는 상태를 의미한다. 이런 상태에 대비되는 개념은 시민 사회다. 이 사회에서는 각 개인이 사회 계약을 통해 정치 공동체를 결성하고 그 안에서는 상위 권력에 의한 질서가 유지된다.[15] 보통 질서라고 할 때 우리는 어떤 미리 정해진 약속 혹은 암묵적으로라도 계속 반복되는 패턴에 의해 구성원 간의 관계를 규율받는 것을 상정한다. 따라서 질서가 있다면 구성원 간의 관계는 예측 가능하고 안정적으로 유지되는 것으로 볼 수 있다.

특정 질서하에서 구성원은 세 가지 목적을 추구한다. 첫째, 구성원은 폭력이나 전쟁으로부터 자신의 신체적·물리적 안전을 보장받기를 원한다. 둘째, 각 구성원은 명시적 혹은 묵시적 양해 속의 규칙·패턴에 따라 상호 간 약속을 하고 거래를 하면 존중되고 지켜질 것이라 기대한다. 셋째, 각 구성원은 자신의 소유물·소유권이 안정적으로 보장받고 예측 불가능한 방식으로 그 권리가 박탈되지 않는 것을 상정한다.[16]

이러한 세 가지 목적은 각 구성원이 사회를 구성하고 그 속에서 질서를 유지하려는 공동 노력을 하게 만든다. 같은 사회 내 각 구성원은 주어진 질서 내에서 서로 행동하고 관계를 맺으려 하게 된다. 이러한 세 가지 목적이 충족되지 않는다면 사회 내 질서가 흔들리는 것을 의미한다. 이것이 방치될 경우 사회 공동체 자체의 와해로 이어지는 것이다.

이 세 가지 목적을 국가 차원으로 확대해보자. 특정 질서하에 있는 국가들은 자국의 안전을 보장받기를 원한다. 전쟁이나 강국의 무력에 의해 자국이 침략받거나 멸망하는 것을 회피하는 것이 특정 질서하에 편입되려는 첫째 목적이다. 둘째, 국가 간의 관계를 서로 명시적·암묵적 합의에 의해 성립된 규칙이나 패턴에 따라 규율해나가기를 원한다. 국가 간 합의를 할 경우 이것이 준수되고 국가 간 거래도 일정한 방식에 따라 안정적으로 이뤄지기를 기대한다. 셋째, 자국의 영토, 국민과 재산이 자국의 동의 없이 일방적으로 몰수돼서는 안 되고 각국의 주권적 결정에 의해 자국의 중요 사항이 결정돼야지 다른 국가의 강요로 이를 강제당해서는 안 되는 절대 주권을 확보하기를 원한다.

이 세 가지 목적을 국제 사회 차원으로 확대해보자.

첫째, 국제 사회는 존립 자체를 유지하려 할 것이고 이것이 파괴되는 것을 방지하려 할 것이다. 그 국제 사회에 속한 구성 국가의 독립과 안전이 보장돼야만 국제 사회가 존속되고 안정을 기할 수 있으므로 구성 국가의 존립을 유지하려 할 것이다. 국제 질서는 한 국가가 다른 국가를 임의로 정복하거나 복속시키는 것을 방지하는 장치를 만드는 데서 출발한다고 할 수 있다. 국제 사회 각 구성원의 생존권을 보장하기 위해서 여러 방안이 존재할 수 있다. 예를 들면 최상위 지배자가 각 구성원의 안전을 보장하는 방법을 꼽을 수 있다.

둘째, 국제 사회는 통용되는 질서를 유지하려 할 것이다. 통상 국제 사회에는 특정 질서가 만들어지는 데 주도한 국가Guardian state가 있어 이 국가를 중심으로 특정 질서에 도전하거나 파괴하려는 세력에 공동 대항하는 경향이 있다. 시대의 변화에 따라 질서에 변경이 필요하더라도 주도국 중심으로 합의에 따라 점진적으로 통용되는 규칙이나 패턴을 변경하려 한다. 구성 국가 간 합의가 준수되기 위해 "국가 간 약속은 지켜져야 한다Pacta sunta servanda"는 로마 시대 금언이 지금도 국제법의 기초가 되고 있다.

셋째, 국제 사회가 자체적으로 보유하는 소유물은 없으나 구성 국가의 소유권이 보장돼야 하니 국제 사회는 전쟁 등 급변으로 인해 구성 국가의 소유권이 박탈·소멸되는 일이 발생하지 않도록 노력할 것이다. 그러려면 국제 사회에서 평화의 유지를 지향한다. 그러나 국제 사회 입장에서 평화 자체는 우선적 목표는 아니다. 국제 사회의 존립과 국제 질서의 유지를 위해 이에 도전하는 세력이 있을 경우 정당방위 차원에서 평화를 희생해서라도 이런 도전 세력을 제거하는 것이 더 우선적 목표가 될 수 있다.

이러한 세 가지 원인에 의해 질서가 유지되는 것을 국제 사회 구성원이 선호하는데, 국내 정치 공동체처럼 이를 위해 구성원이 세금 등 비용을 들이지 않는다. 오히려 '질서 주도 국가' 또는 '패권국'이 현 질서가 자국의 국익에 도움이 된다고 판단하고 질서 유지에 필요한 비용을 투입할 때 질서가 잘 유지된다. 반대로 질서 유지에 필요한 비용이 질서 유지를 통해 얻어지는 효용보다 크다는 판단을 하고 질서 유지를 위한 의무를 행하지 않을 때 이 질서는 붕괴된다. 패권국이 자국에 유리한 국제 질서, 즉 현존하는 질서 속에서 굳이 무력을 쓰지 않아도 안보·통상과 연성 국력 측면에서 국제 관계가 자국에게 유리하게 작동한다는 확신이 들 때만 질서 유지를 위해 필요한 공공재를 제공할 것이다. 그렇지 않다고 판단하고 공공재 공급을 축소하면 국제 사회의 질서는 동요한다. 지금 우리는 도널드 트럼프 대통령 지도하의 미국의 행태에서 패권국의 자신감과 패권국에 대한 신뢰가 약화되는 현상을 목격하고 있다. 이는 국제 질서의 동요로 이어질 것이다.

국제 질서라는 체제를 구축하지 않고 무력으로 많은 국가를 복속시킨 제국들은 주변 국가들의 국력이 신장해 제국에 대항할 때 이를 제압하지 못하면 제국이 멸망하는 운명을 맞게 된다. 이에 반해 패권국이 구축한 국제 질서는 이 패권국이 자신의 행동 자유권을 국제 질서를 유지하기 위해 유보하는 자기 억제Self-binding 행동이 자국의 이익에 부합하지 않는다고 판단했을 때 필요한 공공재를 공급하지 않기 시작함으로써 그 질서가 흔들리기 시작한다. 패권 도전국의 등장으로 무너지는 운명을 맞이하게 되는 것이다.[17]

국제 질서를 유지하는 데 필요한 것은 '힘'과 '정당성'이라는 두 요소다. 힘에만 의지하는 국제 질서는 단명하고 정당성이 가미됐을 때 그 질서는 더 오래 존속할 수 있다. 지금 미국은 힘과 정당성 양 측면에서 과거보다 약화되고 있다. 힘의 약화는 지도력을 통해 여러 국가와 연합 세력을 만들어 보완할 수 있지만, 정당성의 약화는 미국 주도 질서를 선호하는 국가들마저 미국을 경원시하게 만들어 힘의 약화를 가속화해 미국 패권의 종언을 재촉할 가능성이 높다.

3부

—

국제 체제는
어떻게 변화했는가

팍스 로마나

로마 평화 시대 절정기는 로마 제국의 가장 위대한 황제인 아우구스투스의 취임이 있던 기원전 27년부터 아우렐리우스 황제가 사망하는 기원후 180년까지 약 200년에 걸친 시기다. 역사학자들과 그 당시 로마 시민에게 이 200년의 평화는 기적과 같은 것이었다. 그전에 인류의 역사는 각국과 민족 간의 전쟁과 침략이 끊이지 않고 발발하는 것이 정상이었다. 그것이 자연적인 상태였기 때문이다. 로마 시민에게도 그 이전 200년 동안은 이민족과의 정복 전쟁으로 점철됐기에 이후 찾아온 200년 동안의 평화는 기적 같은 현상처럼 여겨졌다. 팍스 로마나의 절정이던 이 평화 시대를 넘어 로마 제국은 거의 1,000년을 더 존재했으나 로마의 패권은 그 후 점차 쇠락했다.

로마 평화 시대 로마 제국의 통치 영역은 이렇다. 서쪽은 영국부터 남쪽은 모로코, 동쪽은 이라크까지를 다다랐다. 인구 약 7,000만 명이 그 영역 내에서 생활했다. 로마 평화 시대는 로마 제국의 통치 영역 내에서만 존재했다. 로마 제국 통치 영역 밖에는 야만족들이 살고 있었다. 그 바깥세상에는 침략과 약탈·정복이 다반사로 일어나고 있었다는 점에서 로마 평화 시대는 시간적으로 한정됐을 뿐 아니라 공간적으로도 분리돼 있었다.

로마의 평화 시대와 로마 제국의 통치 영역은 미리 계획되거나 인위적인 방식으로 도입되고 유지된 것이 아니다. 계속된 정복 전쟁 끝에 로마 군대가 진출한 최변방까지 권역 내에 거주했던 모든 이민족과 국가가 로마군에게 패퇴한 후 로마의 지배를 자발적으로 받아들이면서 평화와 질서가 그 영역 내에 수립됐다.

로마는 하나의 도시국가에서 시작해 카르타고와 일대 결전을 벌여 승리를 거둔 후 강성한 국력을 바탕으로 이탈리아반도 내 모든 세력을 규합하고 복속시키면서 제국으로 발전해갔다. 아테네와 달리 단기간의 제국 형태를 띠다가 곧 몰락하지 않았다. 로마가 장기적으로 지속된 제국으로 발돋움한 요인의 하나는 피정복 세력에 대해 관대함을 보여줘 그들의 자발적 복속을 이끌어냈다는 점이다.

스파르타도 로마 못지않게 시민들의 애국심과 군사적 용맹성을 자랑했지만, 피정복 세력을 포용하지 못함으로써 항상 그리스 내부로부터 반란을 염려해야 했다. 그 결과 아테네와의 전투에서 승리했음에도 스파르타가 이끌던 펠레폰네소스 동맹은 와해돼버렸다. 이에 반해 로마는 갈리아나 게르만 같은 일부 야만적인 민족을 제외하고 일정 요건에 맞으면 이민족에게 로마 시민권을 후하게 부여했다. 정복 과정에서 피정복 세력을 초토화하는 대신 이민족의 귀족 계급까지 대우해줬다. 세력을 유지하도록 허용해줌으로써 내부 반란의

위험 없이 오히려 이들의 협조를 받아 외부 정복 전쟁을 계속하면서 제국을 확대시킬 수 있었다.[1]

로마 제국이 가장 강성하던 시기에 서쪽으로는 영국으로부터 남쪽으로는 오늘날의 마그레브(리비아, 튀니지, 알제리를 포함하는 아프리카 서북부 지역)와 동쪽으로는 예루살렘 지역과 이라크까지 넓은 영토를 그 영향력 아래 두고 있었다. 그렇다고 이 넓은 지역을 로마 제국이 직접 통치한 것은 아니다. 각 지역에 왕들과 부족장들이 자신의 지역을 자치하는 것을 허용했다.

단지 이 넓은 지역을 로마의 영향력 아래 관리할 수 있었던 이유는 로마의 막강한 군사력을 배경으로 각 속주에 파견돼 있던 집정관Proconsul이나 총독Praetor 또는 주기적으로 변방 지역을 순회하는 상원 의원Senator이 속주의 정세 동향을 면밀히 관찰하는 한편 속주의 권력자들을 복속시키고 로마에 저항하지 못하도록 단속을 했기 때문이다.

팍스 로마나 시대에 로마는 넓은 관할 지역을 직접 통치하지 않았다. 나름대로 국제 질서를 갖추고 그 국제 질서가 로마의 최소한의 개입만으로 유지될 수 있도록 했다. 팍스 로마나 시대 국제 질서는 로마 제국과 로마 제국에 협력하는 동맹국, 우호국, 변방국 순으로 로마에 대한 충성도에 따라 차별을 둔 다양한 국가로 구성됐다. 팍스 로마나 시대 국제 사회는 로마 제국 내 황제의 직접 통치를 받는 25개 주가 있었다. 그중 17개는 로마 황제가 직접 파견하는 원수Principe가 다스렸다. 나머지는 상원 의원들이 위임받아 수시 방문해 관할하는 속주의 형태였다.

로마 제국 자체의 병력은 많지 않았다. 특정 지역에 요새Garrison를 짓고 병력을 주둔시키는 일은 흔치 않았다. 로마에서 가까운 마케도니아에 주둔한 연대Legion의 병력도 1만 명을 넘지 않았다. 그보다 먼 지역의 주둔 병력은 숫자가 더 적었다.[2] 그래서 로마 제국은 속주의 반란이나 동맹국·우호국 간의 무력 분쟁에 무력으로 직접 개입하는 경우, 로마 제국의 안전에 직접적 위협이 될 경우로만 한정했다. 개입 시에는 잘 발달된 도로망을 통해 병력을 신속히 이동시킴으로써 군사적 위력을 발휘했다. 이 같은 로마군의 위력 때문에 로마 제국의 영향권 아래 있는 국가들은 분쟁을 무력으로 해결하기보다 로마의 상원에 호소해 자신에 유리한 판결을 받으려 했다. 따라서 로마 상원에 대한 로비 활동이 활발해질 수밖에 없었다.

로마 제국 외부에는 로마를 필요로 하는 고객 국가Pontus가 있었다. 여기에는 동맹국과 우호국이 포함돼 있다. 그 범위 밖에 존재하는 지역과 주민을 파르티아Parthia라고 불렀다. 여기에 변방의 속주와 적국들이 포함된다. 로마 제국 직접 통치 지역 밖에서 국가 간의 충돌과 전쟁이 종종 일어나기도 하며 어떤 속주에서는 로마에 대한 반란이 일어나기도 했다. 이런 일이 발생하더라도 로마군이 직접 무력 개입하는 경우는 드물었다. 각 전쟁 당사국에 대한 외교적 개입을 통해 로마가 특정국을 무력 지원할 것이라든지 반란 시에는 반대 정적을 무력 지원하겠다고 선언하는 것만으로도 전황이 바뀌어 자체 해결되도록 유도했다.

물론 이런 방법이 통하지 않을 경우나 로마 제국의 안위에 직접 영향을 미칠 수 있을 정도로 상황이 심각하다면 로마군이 직접 개입했다. 그러나 로마군이 멀리서 직접 원정을 와 무력 개입을 하게 되면 아주 잔혹한 섬멸 작전과 보복을 가함으로써 향후 다른 지역에서 이 같은 전쟁이나 반란이 재발하지 못하도록 본보기를 보여줘야 했다. 이를 통해 로마군이 어느 편을 위해 개입할 것이라는 소문만 돌아도 상대편이 전의를 상실하고 진로를 바꾸는 일이 잦았다. 로마는 직접 무력 개입이라는 엄청난 부담을 줄이고도 질서 유지가 가능했던 것이다.

BC 169년 마케도니아를 기반으로 한 셀레우코스 왕조가 프톨레마이오스 왕조를 침공했을 때 로마는 해를 넘기며 무력 개입을 지연하다가, 마케도니아에서 일어난 반란을 진압한 후 여유를 가지게 되자 상원 의원을 현장에 파견하게 된다. 파견된 상원 의원은 우위에 있던 셀레우코스 왕 안티오코스를 만나서 왕의 악수 요청도 거부하고 셀레우코스군의 즉각 철수를 요구하자 안티오코스는 참모들과 상의할 시간을 달라고 요청한다. 그럼에도 로마의 상원 의원은 가지고 있던 지팡이로 왕이 서 있던 주변에 원을 긋고 그 원을 벗어나기 전에 철수 결정을 하라고 압박해 이를 관철시킨다.

이 일화는 로마 군사력의 막강함과 이를 이용한 압박 외교가 다른 나라에 잘 통했음을 보여준다. 로마 사람들은 이날을 '엘레우시스의 날Day of Eleusis'이라 부르며 로마 제국의 자부심을 뽐내는 날로 삼았다.[3] 이 사례는 로마가 패권 국가로서 자국의 무력Hard power을 직접 사용하지 않아도 자국의 다른 나라들에 대한 영향력, 즉 연성 국력Soft power 만으로도 국제 분쟁을 해결할 수 있었다는 것을 보여준 셈이다.

이런 측면에서 로마의 지배 아래 있던 다른 왕국이나 속주의 입장에서는 로마의 영향력을 자신들에게 유리하게 행사토록 로마의 관심을 잡아둬야 했다. 따라서 각 왕국이나 속주들은 다른 세력들과 무력 분쟁이 발생하거나 국내 정세가 긴박하게 돌아갈 때 대표나 대사들을 로마에 급파해 로마 실력자들의 호의적 개입을 확보하는 것을 최우선 과제로 여겼다.

그들은 자신들의 지역과 오래전부터 인연을 맺고 있던 로마의 실력자들을 찾아가 호소하거나 실력자들에게 특별 선물을 제공하면서 그들이 자신들의 입장을 청취하고 자신들에게 유리한 로마의 개입 또는 판단을 하도록 노력했다. 로마 평화 시대에는 로마가 최상위에서 국제 질서를 유지하기 위한 결정을 내리기는 하나 로마 지역 내에서 각 왕조와 속주 관계에 항상 직접 개입하지 않았다. 자치적으로 관계와 질서가 이뤄지도록 방임하면서 간접적인 방식으로 체제의 질서를 유지하고 있었다.

각 지역 내의 정세도 평소에는 상세히 파악하지 않고 있다가 문제가 심각해져서 로마의 이익을 위협하거나 분쟁의 당사자들이 직접 로마에 와서 개입을 호소할 때야 정세를 파악하고 결정을 내렸다. 이를 보면 로마와 지배 지역 내 왕조와 속주 관계는 하나의 질서 체계에 속해 있지만 직접 지배·통치하지 않고 느슨한 상명하복 관계에서 공존하고 있던 형태로 볼 수 있다.

피지배 지역 내에서 로마의 시민이 살해되거나 로마의 이익이 침해됐을 때도 로마는 법률을 강제 적용하기보다 그 지역 대표나 대사가 탄원할 경우 현지 법률·관습을 우선 적용하는 일도 적지 않았다.[4] 이처럼 로마의 지배는 단일적인 법체계가 팍스 로마나 질서 전체 안에서 작동하는 것이 아니라 각 왕조와 속주의 법률과 관습도 존중될 수 있는 복합적인 법체계를 용인하는 유연성을 보인 체계였다.

물론 로마 제국은 제국 영토뿐 아니라 주변 속주 영역에도 여러 공공재를 제공함으로써 속주들이 로마에 대항하기보다 로마에 복속하며 로마가 주는 혜택을 누리는 것이 낫다는 판단을 하게 만들어 팍스 로마나가 지속될 수 있게 했다. 이러한 공공재의 대표적인 예로 로마 법전이 있다. 로마가 도시국가 시대부터 여러 법과 법 문화를 발달시켜오다가 로마의 활동 영역이 확대되면서 교역이 왕성해지자 외국과의 거래를 위한 상법 등의 체계를 구축하기 시작했다. 개인 간에도 로마 시민 간 관계에 적용되는 시민법, 여타 국가 시민과의 관계에 적용되는 만민법이 형성됐다. 이러한 로마의 법전들은 당시 세계 최고여서 여타 국가들이 이를 원용하는 경우가 많았다.

그 외에 로마는 세계 최고의 건축 및 토목 공학 기술을 보유하고 있어 도로와 교량을 건설하는 데 탁월한 실적을 남겼다. 그리하여 "모든 길은 로마로 통한다"라는 격언이 나올 정도로 로마 제국 내는 물론 속주와 연결하는 도로망을 발달시켰다. 이를 통해 교역이 왕성하도록 해서 이를 이용하는 속주들에게도 큰 경제적 혜택을 누리게 했다. 이것이 속주들이 로마와의 관계를 계속 유지하도록 유인하는 요인이 되었다. 로마의 교량 건축 기술도 세계 최고였다. 로마군은 이 교량 건설을 통해 전시에 신속한 진격을 할 뿐 아니라 평시에는 교역로가 잘 연결되도록 했다.

로마군들은 건설된 도로망 중간과 연결점 등에 요새를 짓고 주둔하면서 교역로상의 무역상들을 약탈하던 비적 세력들이 출몰할 경우 이를 격퇴하는 역할을 했다. 이런 로마군의 활약으로 교역로상 안전이 확보돼 각국 간 교역이 더욱 활발해지게 됐다. 로마 제국은 해상에서도 지중해에 수시 출몰하던 해적을 소탕했다. 해적을 내륙으로 이주시켜 살게 함으로써 해상 교역로의 안전도 확보했다.

로마 시대에 그 어느 때보다 넓은 지역 간 교역이 가능하자 교역을 위한 결제 수단을 통일할 필요가 생겨났다. 로마 제국의 화폐였던 데나리온이 광범위한 지역에서 공통 화폐로 통용됐다. 로마는 제국 경영을 통해 축적한 막대한 부를 바탕으로 데나리온 주화를 은으로 제조했다. 초기에는 은의 순도가 100%인 진짜 은화였다. 어디서나 보편적으로 거래되는 데 문제가 없었다. 그 후 로마 국력의 쇠퇴하면서 은의 순도도 떨어져 기축 통화로 기능을 상실할 때까지 데나리온은 팍스 로마나 시대를 떠받치는 중요한 통치 수단의 하나였다.

로마인들이 만든 원형 경기장, 공중목욕탕, 수도교水道橋, 수세식 화장실 등은 세계 최고의 문화 시설이다. 이러한 시설들을 개발한 로마인들은 세계인들의 존경을 받았다. 이런 시설들을 속주에 보급함으로써 속주들은 문화적으로도 로마에 의지하고 로마의 선진 문물을 수용하려는 열망을 더 강하게 할 수밖에 없었다. 덕분에 팍스 로마나는 더 쉽게, 더 오래 유지될 수 있었다. 이러한 선진 문화는 연성 국력으로서 막강한 무력과 함께 제국의 패권을 유지하는 두 축이 됐다.

로마 제국이 이 같은 공공재를 제공하자 많은 속주와 도시국가들은 로마의 지배 아래 있는 것이 자신의 안정과 번영에 도움이 된다는 것을 실감하게 되었다. 자발적으로 로마에 복속함으로써 장기간 로마에 의한 평화의 시대가 가능해진 배경이다. 로마도 속주와 도시국가들을 로마 지배 영역 외부에 있는 이민족의 침공으로부터 보호해줌으로써 속주의 경제가 발달하도록 도왔다. 반대급부로 로마가 이 지역으로부터 거둬들이는 경제적 이익은 로마의 경제적 번영을 뒷받침해주어 상호 이익이 됐다.

팍스 로마나는 로마의 흥망을 연구한 영국 사학자 에드워드 기번의 평가에 따르면, "로마 제국의 광대한 영토는 덕성과 지혜에 의해 인도되는 절대 권력에 의해 다스려졌다"라고 말할 정도였다.[5] 그 결과 로마 시대는 인류 역사상 가장 평화롭게 각국이 공존한 시기가 되었다. 로마 제국 몰락 후 세계는 다시 약육강식의 시대, 즉 각국이 각국에 대항해 전쟁이 끊이지 않는 시대이자 역사적으로 '암흑의 시대'라는 중세로 접어들었다.

로마는 기원전 2세기 동안의 공화정과 그 후 약 3세기 동안의 제국 시대가 번성하면서 패권국의 지위를 확실히 과시했다. 그러나 기원전 300년경부터 쇠락의 길에 접어들면서 패권국의 지위나 역할도 빛이 바랬다. 로마의 쇠락은 뚜렷한 다른 패권 도전국과의 경쟁에서 비롯된 것이 아니라 로마 내부 문제들이 축적되면서 로마가 패권국으로서 기능하지 못하게 된 데서 기인했다. 로마 초창기에는 영토 확장을 위한 끊임없는 정복 전쟁을 치르면서 한편으로는 외부 야만족으로부터 계속되는 침입도 물리치는 군사적 능력이 있었다. 그러나 로마 제국 후반부터 로마의 군사력이 야만족의 침입으로부터 제국 영토를 보호할 만큼 강하지 못해 서서히 영토를 잠식당하면서 몰락해갔다.

로마의 군사력이 이렇게 약화된 배경을 몇 가지 들어보겠다. 초창기에는 로마의 위세가 강해 속주나 정복된 땅에서 병력 충원이 수월했다. 변방 지역의 지배층들이 지원군을 보내주는 것은 물론이고 개인적으로도 많은 무장이 로마군에 복무함으로써 로마 시민권을 얻으려 하고 로마 영역에 들어와 사는 것을 동경했다. 로마의 경제, 특히 화폐 가치가 견고했을 때 로마 화폐로 병사 임금을 지급하는 것으로 쉽게 많은 병력을 충원할 수 있었다. 로마의 패권이 강할 때

속주나 변방으로부터 거둬들이는 세금과 공물이 풍부해 로마 제국의 재정이 군사력 확충을 든든히 뒷받침해주었다.

그러나 로마의 패권, 소프트 파워가 예전 같지 않자 로마 제국 변방에 있던 종족들이 로마 시민이 되기보다 자신들만의 정치체를 만들겠다는 생각을 갖기 시작했다. 변방의 게르만족이 로마와 접해 살면서 로마의 앞선 군사 기술과 문물 등을 모방하면서 힘을 키워오다가 로마의 지배와 견제에 전면 도전을 하게 된다. 로마군 3개 군단과 게르만족 병력이 접전을 벌인 '토이부르크 숲 전투'에서 로마군은 처음 전멸당한다. 한 역사가는 그 전투를 "로마를 멈춰 세운 전투"라고까지 표현했다.[6]

로마 초창기에는 야만족 침입이 있을 때 로마가 군대를 출동시켜 철저히 응징하는 전략을 취했다. 야만족이 로마 국경 너머로 침입을 할 엄두를 내지 못하게 한 것이다. 그러나 로마 후반기로 넘어가면서 이 같은 응징 전략 대신 로마는 영역 내로 들어오려는 야만족의 욕구를 수용하는 방식으로 정책을 전환해 일정한 영토를 주고 정착하게 했다. 이런 과정에서 야만족들은 로마의 앞선 문물과 기술을 습득하면서 자체 군사력과 생산력을 키울 수 있었다. 이는 결과적으로 로마에 대한 더 큰 도전 세력을 스스로 양육하는 결과를 초래하게 됐다.

또 하나 로마의 쇠락 원인은 로마 재정의 부실로 인해 로마 화폐인 데나리온의 가치가 계속 하락하면서 화폐로 지급하던 병사 봉급을 현물로 지급한 데서 기인한다. 현물을 조달해 먼 변방에 있는 군영까지 전달하기 힘들게 되면서 병력 충원이 원활하지 않자 로마군은 약화돼갔다. 로마 초창기에 군에 복무하는 것을 영광으로 여겼던 로마 시민군은 거의 사라지고 병사들을 대부분 용병으로 채우던 시기에 봉급을 제대로 주지 못하자 군사력이 약화될 수밖에 없었다.[7]

물론 이 같은 유화 정책과 군사력 약화 배경에는 로마 자체의 내부 정치 상황 혼란이 한몫했다. 로마는 3세기에 정치권력이 분화되는 격변기 속에 지배층들이 권력 쟁탈전을 벌이면서 수십 년 동안 내전 상황에서 국력이 급격히 쇠락해간다. 병력을 가진 군 사령관들이 변방을 지키기보다 권력을 쟁취하기 위해 병력을 쓰면서 30인의 권력자가 20년도 안 되는 짧은 기간에 나타나는 '30인 참주의 시대'를 맞게 된다.[8] 이러한 피비린내 나는 권력 쟁탈전 속에 제국의 중심으로서 로마의 권위는 사라지고 만다. 군사력도 약화되면서 속주와 변방, 야만족들의 봉기가 연이어 일어나 로마의 쇠락을 재촉했다.

로마의 사례에서 보듯이 제국의 몰락은 내부의 사회적 모순이 해결되지 않아 일어난 내부 분열에서 비롯된다. 이런 내부 분열로 인해 제국의 경제 체제가 제대로 작동하지 않게 되면서 더 국력을 약화시키고 이런 것들이 군사력 약화로 연결되는 악순환이 시작된다. 패권국 내에 이런 상황이 발생하면 외부의 패권 도전국이 있을 경우 도전을 받아 전쟁을 통해 패권이 바뀐다. 뚜렷한 패권 도전국이 없더라도 로마처럼 계속되는 외부 종족의 침략으로 인해 서서히 몰락해가기도 한다.

약 500년 동안 단일체로 존재했던 로마 제국은 5세기 말 몰락하고 만다. 로마 제국의 영역은 약 12개의 왕국으로 분열되면서 유럽은 암흑의 중세 시대로 들어간다. 이후에는 단일한 로마법, 단일 화폐인 데나리온, 단일 행정 체계 등이 없어지고 각 왕국이 서로 위계질서 없이 경쟁하면서 로마의 교황으로부터 통치의 정당성을 확보하기 위해 경쟁을 벌이는 시대가 된다. 한때 샤를마뉴 대제는 로마 교황으로로부터 황제의 칭호를 수여 받고 로마 제국의 영토, 즉 기독교 영토의 많은 부분을 회복해 관할하는 모습을 보였지만 오래가지 못했다. 이 중세 시대를 '신성로마제국 시대'라 부르지만, 프랑스 철학자 볼테르가 말했듯이 "이 체제는 신성하지도 로마적이지도 제국적이지도 않았다"라는 표현이 적합할 정도로 불분명하고 불안정적이었다.[9] 중세 시대에는 일관적이고 보편적인 국제 질서가 존재하지 않는 대신 문제가 발생하면 교황과 왕국의 국왕들, 중세 봉건 영주들 간에 사례별Case by case로 다른 방식을 적용해 임시 봉합을 해가며 질서를 유지했다.

베스트팔렌 체제

서양의 역사를 보면 약육강식이 일반 현상이었으나 2,000여 년 전 로마 제국이 성립되면서 전 유럽이 로마 제국의 관할 아래 편입되면서 정치적·종교적 단일체를 이루게 돼 로마 제국 외 별도의 국제 사회나 그 구성원이 존재할 여건도 존재하지 않았다. 로마 제국 몰락 이후 이를 대체할 다른 패권국이 없는 상태에서 신성로마제국이 형식상 존재함으로써 유럽 내에 있는 모든 개인이나 정치체는 기독교라는 종교를 기반으로 하는 로마의 신민이요 부속 조직으로 가끔 로마에서 오는 명령에 복종하는 형태만 취하면 돼 유럽 전체의 작동 원리가 오히려 현재의 단일한 근대 국가 형태에 가까웠다. 즉 별도의 국제 사회는 존재하지 않았다.

이렇듯 유럽 지역에서 로마 제국의 지배력이 서서히 약화된 이후 각 지역 봉건 영주 간에는 같은 문화와 언어를 쓰는 인접 영주와 약

육강식을 통해 가장 강한 영주가 통합된 동일 민족을 기반으로 세력을 확장하게 되면서 로마 교황에 반기를 들고 로마 제국으로부터 이탈하려는 움직임이 태동하게 된다. 이에 더해 독일에서 마르틴 루터가 불러일으킨 종교개혁의 불길로 인해 개신교가 태동하면서 세력을 얻자 가톨릭 교회를 기반으로 지배권을 행사해오던 로마 교황의 지위에 대한 도전이 더욱 거세어지게 됐다.

이 같은 두 정치적 움직임이 합쳐진 결과, 유럽은 개신교 세력과 민족 중심 왕조 세력이 결합해 로마 제국 체제에 도전하게 된다. 이는 결국 전 유럽을 30년 동안의 종교 전쟁(1618~1648)의 나락으로 빠져들게 한다.

30년 전쟁은 현 체코의 보헤미아 지방에서 개신교를 믿던 지방 영주가 루터 교회를 세우고 신앙의 자유를 표방하려 했으나 가톨릭을 믿던 합스부르크 왕가가 오히려 이 교회의 폐쇄를 명함으로써 양 종교 세력 간에 충돌하면서 일어났다. 이 불길은 유럽 전 지역으로 확산돼 유럽 전체가 종교 전쟁에 돌입하게 된다.[10]

30년 전쟁은 처음에는 종교적인 대결로 시작했으나 시간이 가면서 태동하던 민족을 기반으로 하는 왕정들이 자신의 이익에 기반해 종교적 차이를 넘어 합종연횡하는 모습을 보이면서 세력 쟁탈 전쟁으로 변질됐다. 그 결과 로마의 압도적 지배력 아래 별도의 국가가 존재하지 않고 신성로마제국의 신민을 자처하는 봉건 영주들만 존재하던 중세 시대가 저물고 근대 국가를 기반으로 하는 새로운 국제 사회가 태동하게 된다.

세계 역사상 백년 전쟁에 이어 가장 긴 전쟁 중 하나인 30년 전쟁은 간헐적이던 백년 전쟁과 달리, 30년 동안 전쟁이 지속된 것을 감안할 때 유럽에 막대한 피해를 남겼다. 들판에서 벌어지던 전투와 달리 30년 전쟁에서는 도시 중심으로 군대가 들어와 민간인도 학살하는 총력전Total war의 형태가 처음 나타났다. 그 결과 중세 유럽 인구의 4분의 1이 전투·질병·굶주림으로 사망하는 대참사가 발생했다.[11] 이런 막대한 피해에다 양 종교 세력과 세속 권력 간의 전쟁에서 아무도 승자가 될 수 없을 것이라는 인식이 퍼지면서 전쟁에 대한 피로감은 평화에 대한 열망으로 바뀐다. 그 결과 100여 개가 넘는 유럽의 모든 정치체가 참여하는 평화 회의, 즉 '베스트팔렌 평화 회의'가 1648년 개최돼 전후 국제 질서에 대한 국제적 합의를 이끌어낸다.

이 30년 전쟁의 결과 로마 제국으로부터 프랑스, 독일, 영국, 네덜란드, 스페인 등 여러 근대 국가가 분리돼 독립을 쟁취했다. 다수의 도시국가와 공국도 독립적인 정치체로 탄생했다. 독립된 각 정치체는 개신교와 가톨릭 중 자신에 맞는 종교를 선택할 수 있게 됐다. 로마 제국의 법통을 이은 합스부르크 왕조(오스트리아-헝가리 제국)와 새로이 독립된 각 민족 왕조 국가, 정치체 간에는 평등하고 상호주의적인 관계가 형성되었다.

이리하여 유럽은 로마 제국의 단일 정치체에서 다양하게 독립된 정치체가 분화돼 나와 국제 사회를 구성할 수 있는 기본 여건을 갖추게 된 것이다. 각 국가 또는 정치체 간에는 주권이 평등하게 존중되고 국가 및 정치체 간 관계는 국제 사회에 참여한 구성원이 합의하는 규범에 의해 규율되기 시작함으로써 국제법도 태동한다. 베스트팔렌 체제의 특징은 '분열과 다양성'이다. 다양한 정치체가 분열돼 서로 견제와 균형을 함으로써 한 정치체의 야욕이 확대되는 것을 방지하고 전쟁의 양상이 총력전으로 가는 것을 억제하게 됐다.

따라서 30년 전쟁을 마무리짓는 베스트팔렌 조약은 근대 국가 체제를 탄생시켰다는 점에서 국제 정치사에서 획기적이다. 국제 사회가 이때부터 태동했다는 점에서 1648년 이후 국제 체제를 베스트팔렌 체제라고 부른다. 이 체제는 지금 우리가 살고 있는 국제 사회의 원형이다. 베스트팔렌 체제 아래 국제 질서는 이전 유럽에서 존재했던 로마 체제와 다른 지역에 존재했던 중화 체제, 이슬람 체제와는 단일한 수직적 계층 질서가 아니라 다양한 수평적 평등 질서라는 점에서 근본적으로 다르다.

이때 처음 형성된 국제 체제는 지금까지도 어느 한 중앙 집권 국가처럼 권력이 아직 한 곳에 집중돼 있지 않고 구성원 간의 관계가 모두 정해진 규범에 입각해 관리되지도 않지만 적어도 유럽 내에서는 홉스적인 무정부 상태는 어느 정도 탈피할 수 있게 됐다는 점에서, 달리 말하면 체제 내에서 구성원 간 합의에 의해 안정적인 질서가 유지된다는 점에서 하나의 사회, 즉 국제 사회가 형성됐다고 말할 수 있다.

베스트팔렌 체제의 가장 큰 특징은 이 조약에 참여한 각 당사국에게 주권의 평등과 존엄을 인정했다는 점이다. 상세히 설명하면 베스트팔렌 체제는 국가 간 또는 정치체 간 관계에서 세 가지 원칙을 설정했다. 첫째, 각 정치체는 다른 정치체의 영토 주권을 인정한다. 둘째, 그 영토 내에 거주하는 신민에 대한 해당 정치체의 배타적 통치권을 존중한다. 셋째, 상대방의 내정에 간섭하지 않겠다는 데 동의한다. 그래서 '근대 민족 국가Modern nation state 체제' 성립이 가능하게 된 것이다.

이 같은 3원칙은 근대 국가 성립의 기초가 됐다. 근대 국가 존립의 3대 요건이 영토, 주권, 국민이라는 점에서 볼 때 베스트팔렌 조약을 통해 각 근대 국가 및 정치체가 3대 요건을 구비할 수 있는 기반이 조성됐다. 베스트팔렌 조약 이후 유럽에서 국가, 정치체 간의 경계는 더욱 분명해지고 각 국가, 정치체는 법적·제도적 발전을 하면서 근대 국가들은 이전 정치체보다 훨씬 강력한 단위 조직으로 응집되면서 국제 사회의 구성원을 형성한다.

베스트팔렌 조약에 의하면 조약 당사자들은 이후 조약 이행이나 해석에 이견이 발생하면 이를 무력으로 해결하지 않고 로마 제국 헌법이나 우호적인 제3의 협의체 또는 정의의 원칙에 따라 해결하는 의무를 부담하게 된다. 이로써 불완전하지만, 국가 간 또는 정치체 간의 갈등 관계는 무력이 아니라 원칙과 협의에 의해 해결한다는 인식이 처음 국제 사회 내에 자리 잡게 된다.

베스트팔렌 체제 성립 이후 국가 간에는 이견을 무력보다는 외교, 즉 협상과 회의를 통해 해결하려는 관행이 세워졌다. 이에 따라 국가 또는 정치체 간에 외교 사절을 파견하고 상주 외교 공관을 각국에 설치하면서 근대 외교의 싹이 텄다. 물론 그 후에도 국가 간 이견과 분쟁이 전쟁을 통해 해결되는 일이 많았으나 외교를 통한 평화적 해결에 방점을 두게 됐고, '외교적 방법이 소진됐을 때 무력은 최후 수단Last resort으로 사용하는 것'이 국제 사회의 일반 인식으로 자리 잡기 시작했다.

베스트팔렌 체제의 도입과 함께 국제 사회의 안정을 유지하는 원칙으로 '세력 균형'이라는 개념이 등장한다.[12] 세력 균형이란 국가 간의 관계에서 어느 특정 세력이 갑자기 강성해지면 여타 세력이 연합해 이 세력을 견제하면서 세력 간의 힘의 균형을 회복해 국제 사회의 질서를 유지하는 현상을 설명하는 개념이다. 세력 균형 체제가 자동으로 평화를 보장하는 것은 아니지만 이 체제가 작동하면 구성원 간 견제와 균형에 의해 분쟁 발생 빈도와 규모가 줄어든다. 질서의 근본적인 변화를 방지하고 점진적인 세력 조정을 유도하게 돼 기존 질서에 안정성을 부여하게 된다.

베스트팔렌 체제 이전에는 로마 제국의 유일한 권위를 바탕으로 하방 지향식 복종 관계와 위계질서가 전 유럽의 통일된 질서를 유지했다. 개신교 세력이 등장하면서 개신교와 가톨릭 그룹 간에 대립이 대두되는 한편 각 그룹 내에 결속력이 강화되면서 국가·정치체들은 종교를 바탕으로 피아를 구분하는, 즉 서로 대립하는 진영이 존재하는 것이 국제 사회의 일반 현상이 됐다.

따라서 '세력 균형' 체제 아래에서 국가·정치체 간의 관계는 위계질서 관계도 아니고 특정 이념이나 종교가 결속의 기반이 되는 것도 아닌, 오직 변하는 상황에 새롭게 규정되는 국가 이익만이 국가 간의 관계를 결정하는 주요 요소가 된다. 이로 인해 영국의 파머스턴 경Henry John Temple Palmerston이 말한 것처럼 국제 사회에는 "영원한 적도 없고 영원한 우방도 없다. 오직 우리의 국가 이익만이 영원할 뿐이다"라는 논리가 힘을 얻게 되었다.

이 논리가 더 발전되면서 '국가 이성Raison d'etat'이라는 개념이 등장한다. 이 개념은 국가는 국가의 생존 그 자체를 존재 목적으로 하며 이를 위해서 국가는 국민의 의사나 도덕적 기준과 관계없이 필요로 하는 모든 조치를 할 수 있는 권리가 있다는 냉혹한 현실주의적 정치관을 토대로 한다.

이 이후로 국가의 영속성 자체가 하나의 지엄한 목표가 되고 이를 위해서는 어떤 이념, 종교 심지어 국민의 희생까지 당연시된다는 국가 지상주의 사고가 확산된다. 이런 관념은 프랑스 재상인 리슐리외Armand Jean du Plessis Duc de Richeli가 "국가는 개인과 달리 영생과 구원을 얻을 수 없다. 국가 존립에 대한 구원은 지금 아니면 영원히 불가능하다"라는 유명한 경구에 잘 압축돼 있다.

베스트팔렌 체제가 성립했으나 그 체제의 불완전성으로 인해 유럽에서 전쟁이 완전히 없어질 수 없었다. 하지만 적어도 이후 종교 전쟁은 발발하지 않았다. 국가 간 또는 정치체 간 전쟁의 발발도 상당히 억제하는 효과가 있어 유럽은 그 후 프랑스 혁명이 유발한 나폴레옹 전쟁이 발생하기까지 150여 년 동안 비교적 안정적인 정세를 유지할 수 있었다. 이후부터 국제간의 관계는 종교 또는 정치적 동질성보다 국가 이성이 명하는 바에 따른 국가 이익에 따라 규율되는 현실주의적 세계로 들어간다. 따라서 국가 간의 유대 관계도 이익이 변하면서 바뀔 수 있는 유동적인 것이 됐다. 이는 세력 균형 체제가 작동할 수 있는 환경을 조성하는 밑거름이 됐다.

베스트팔렌 체제 수립 이후 유럽 국가 간의 가장 큰 규모의 무력 충돌은 스페인 계승 전쟁이다. 이 전쟁을 종결짓기 위해 유트레히트 조약이 체결됐다. 이 전쟁은 스페인의 카를로스 2세가 후계자 없이 사망하자 친족 관계에 있던 프랑스 부르봉 왕가의 필리프에게 계승권이 넘어가면서 발생한다. 이렇게 되면 강력한 두 왕조, 즉 프랑스 왕조와 스페인 왕조가 결합해 다른 세력들이 대항할 수 없을 정도의 강력한 연합 왕조가 등장한다. 다른 국가들이 이것을 좌시할 수 없어 이를 방지하기 위한 세력 균형 전쟁이 일어난 것이다.

스페인 계승 전쟁은 전형적인 세력 균형 원리가 작동돼 발발한 것이다. 영국, 사르디니아, 포르투갈, 네덜란드가 연합해 프랑스의 야욕을 좌절시킴으로써 유럽 대륙에서 프랑스 혁명까지 100여 년의 평화가 정착된다. 이 유트레히트 조약에서는 세력 균형을 유지하는 것이 조약 당사국들의 공동 목적임을 명시할 정도로 세력 균형은 유럽 질서의 안정을 보장하는 주요 원칙이자 기제였다.

20세기 들어와 1·2차 세계대전을 치르면서 세력 균형 기제가 전쟁을 일으키는 요인으로 지목되면서 세력 균형 이론 자체를 백안시하는 경향이 있었지만, 세력 균형 기제 자체는 기존 질서를 안정시키는 역할을 해왔다. 물론 세력 균형은 주로 무력의 균형을 말한다.

세력 균형은 항상 불안정하게 변동하므로 국가들은 끊임없이 주관적 판단에 의한 균형을 달성하기 위해 군비 경쟁을 하거나 합종연횡을 해야 하는 '세력 균형의 딜레마'를 안고 있다. 이것 때문에 이 기제가 잘못 작동하거나 구성원이 잘못 판단하면 세력 균형이 파괴된다. 따라서 쉽게 전쟁으로 이를 가능성이 있다.

세력 균형에는 단순 양자 세력 균형, 3자 세력 균형, 복합 세력 균형이 존재한다. 단순 양자 세력 균형은 2개 국가 또는 2개 집단이 경쟁 관계에 있을 때 작동한다. 양 세력 중 한 세력에 국력·군사력의 변동이 있으면 다른 세력은 이를 만회해 균형을 되찾기 위해 자신의 국력이나 군사력을 증강시킴으로써 자신에게 불리한 질서 변동을 방지한다.

3자 세력 균형에서는 3개 국가나 3개 세력 간에 국력이나 군사력 변동이 있어 우월적 세력이 등장할 경우, 약한 2개 세력이 결합해 우월적 세력을 견제해 자신들과 질서 자체를 보전하려는 선택을 한다. 복합 세력 균형은 3개 이상의 행위자가 존재하고 이들 간 국력·군사력이 차이가 날 경우 행위자들 간에 합종연횡을 해 각 세력 간 힘의 균형을 유지하는 경향을 보인다. 이로써 국제 체제 전체 및 질서를 보전하는 기능을 한다.

세력 균형 양태를 기능적인 관점에서 분류해보면 일반적 세력 균형, 부분적 세력 균형, 종합적 세력 균형으로 나눌 수 있다. 일반적 세력 균형은 국제 질서가 어느 특정 세력에 의해 단일 제국으로 변모하는 것을 방지하는 역할을 한다. 부분적 세력 균형은 보다 세분화된 특정 지역에서 세력 균형이 이뤄지는 경우다. 이를 통해 그 지역 강국이 주변 약소국을 흡수하거나 주권을 파괴하는 행위를 다른 강국들이 연합해 방지하는 역할을 한다.

종합적 세력 균형은 범세계적 세력 균형을 말한다. 그 산하에 일반적·지역적 세력 균형이 복수로 존재할 수 있으며 범세계적 세력 균형이 유지되면 전 세계적으로 국제 질서가 무력이 아니라 법·외교·원칙에 의해 유지될 수 있는 토양을 제공해준다. 그러나 복합적 세력 균형 질서는 패권 질서보다 안정성이 떨어진다. 합종연횡이 활발하면서 세력 균형이 유지되는 동안 안정적이지만 이 균형이 흐트러지면 더 복잡한 전쟁 양상이 펼쳐질 수 있다.

홉스나 루소의 사회 계약론에 따르면 시민들은 무정부 상태에서 발생하는 피할 수 없는 폭력 사태를 회피하기 위해 암묵적 심리 계약에 의해 자신의 폭력 사용 및 저항 권리를 국가에 양도하는 대신 국가가 제공하는 안전 및 치안을 보상으로 제공받는다. 국내적으로는 이러한 주권 이양으로 인해 국가가 무력과 권위를 독점하기 때문에 질서 유지가 평소에는 완벽하게 작동한다.

그러나 국제 사회에서는 국가 주권 절대주의와 국가 지상주의가 점차 강성해지는 가운데 국가를 통제할 수 있는 상위 기구가 없어 국내와 같이 안정적 질서가 장기적으로 유지되기를 기대할 수 없다는 약점을 안고 있다.

이러한 약점을 극복하기 위해 20세기 후반 들어 베스트팔렌 체제의 3원칙, 그중에서도 주권의 불가침성과 내정 불간섭의 원칙 등은 여러 관점에서 도전을 받는다. 더불어 베스트팔렌 체제를 태동시킨 유럽에서는 EU가 출범하면서 각 회원국은 절대 주권을 양보하고 EU라는 상위 기관에 주권 일부를 이양하는 등 근대 국가 체제를 탈피하고 있다. 이로 인해 베스트팔렌 체제의 적실성이 흔들리고 있다.

그러나 17세기 이후 베스트팔렌 체제가 아직까지 국제 사회의 기본 틀 역할을 하고 있다. 즉 팍스 로마나 체제처럼 로마라는 패권 국가가 존재하고, 이 패권국이 기본 질서를 만들고, 이 패권국의 무력과 영향력에 의해 국제 질서가 유지되는 형태가 아니라 국제 사회가 기본 원칙과 구성원 간 세력 균형 작용에 의해 질서가 유지됐다는 점에서 차이가 있었다.

빈 체제

1648년에 출범한 베스트팔렌 체제 아래에서는 세력 균형 기제가 작동하면서 세력 균형을 허물려는 요인이 등장하면 자연적으로 이를 억제하는 세력들이 결집해 견제함으로써 균형을 상당 기간 잘 유지할 수 있었다. 세력 균형은 이념과 가치 중립적이면서 기계적으로 물리적 균형을 추구하는 경향이 강하나 프랑스에서 민중 혁명이 일어나면서 혁명의 열정이 국제 질서에 개입하게 된 이후에는 세력 균형이 제대로 작동될 수 없는 상황에 직면한다.

왕정과 귀족 중심의 구체제를 타파하고 중산층 시민이 중심이 되는 새로운 국민 국가를 세우려는 프랑스 혁명의 열정이 밖으로 분출되면서 나폴레옹이 이끄는 프랑스가 유럽의 여타 국가를 침략한다. 그 결과 나폴레옹 전쟁이 발발하고 세력 균형에 의해 국제 사회 질서를 유지하던 베스트팔렌 체제는 유럽에서 붕괴된다. 자유와 평등을 앞세우는 공화정을 세우겠다는 혁명의 열기가 잘 작동했던 세력 균형 체제가 기계적으로 작동할 수 있도록 내버려두지 않아 전쟁이 전 유럽을 휩쓸었다.

나폴레옹의 유럽 정복 야심이 이에 대항하는 유럽 세력의 결집으로 인해 좌절됐다. 25여 년의 전쟁 끝에 워털루 전투(1815)에서 프랑스가 패전을 시인하자 유럽에 새로운 질서를 수립하기 위한 회의가 소집됐다. 바로 빈 회의다. 1814년부터 거의 2년 동안 진행한 회의에서 유럽에서 전쟁을 방지하고 새로운 질서를 수립하기 위한 구상들을 논의했다. 오랜 회의 끝에 쇼몽 조약(1814)과 파리 조약(1815)을 체결함으로써 전후 유럽의 신질서가 구축되고 이 새로운 질서를 '빈 체제'라 부른다.

빈 체제는 베스트팔렌 체제에 비해 영국과 러시아의 참여가 확대되면서 전 유럽이 한 질서 속으로 들어가게 됐다. 더욱 정교해진 세력 균형 체제가 전 유럽에서 질서를 유지하는 원칙으로 재확인됐다. 그간 강성해진 영국이 이 체제에서 유럽 대륙의 균형이 한쪽으로 기우는 것을 방지하는 '균형자Balancer'로 자리매김을 한다. 베스트팔렌 체제에서는 종교 전쟁 시 각종 세력의 전쟁터가 된 연유로 37개 공국으로 분열됐던 독일이 강성해진 프로이센을 중심으로 프랑스를 견제하기 위한 단일 세력, 즉 독일연합으로 결속하도록 허용했다. 빈 체제의 특이점이다. 다만 베스트팔렌 체제 아래에서 세력 균형이 잘 작동하려면 중유럽이 분열돼 이 지역이 세력 다툼에서 완충 작용을 하는 것이 중요했다. 독일연합의 출현으로 이런 완충 작용이 가능하지 않게 돼 빈 체제는 처음부터 세력 균형의 작동에 탄력성이 결여되는 단점을 안게 된다.

이 빈 체제는 프랑스 혁명으로 촉발된 국민 주권 의식이 여타 국가로 파급돼 왕정이 붕괴되는 사태를 방지하는 데 주안점을 두고 있었다. 따라서 그 성격이 보수적이며 현상 유지적이었다. 그런 맥락에서 각국은 여타 국가에 현상 타파 세력이 등장하면 이를 억제하기 위해 국내 정치에 개입할 수 있도록 3개 주요국 간 양해를 성립했다. 이 합의를 한 독일연합·오스트리아·러시아 간 협의체를 일컬어 '신성동맹Holy Alliance'이라 한다. 이 협의체는 빈 체제의 유지를 위한 중심축이 된다.

입헌 군주국이던 영국은 절대 왕정이던 신성동맹 3국과 국체가 상이하고, 절대 왕정 체제를 고수해야 할 공동 목표가 없었기에 이 동맹에 가담하지 않았다. 하지만 유럽의 질서를 공동 유지해야 하는 필요성에 의해 1815년 제2차 파리 평화 조약에 서명함으로써 4강 동맹Quadruple Alliance의 일원으로 역할을 했다. 영국의 참여로 세력 균형 체제는 전 유럽으로 확대됐다. 처음에는 패전국으로 견제 대상이던 프랑스도 차후 프랑스 없이 유럽의 질서 유지를 달성하기 어렵다는 인식이 커지자 1818년 '유럽 협조Concert of Europe'에 참여함으로써 '유럽 협조' 주체는 5강 동맹Quintuple Alliance으로 확대된다.

그 결과 빈 체제는 베스트팔렌 체제와 대비해 몇 가지 차이점이 나타났다. 우선 국민 주권 의식이 고양됨으로써 국가 주권 지상주의 개념이 약화되고, 국내 문제 불간섭 원칙이 완화된다. 신성동맹 4국 간 질서 유지를 위한 외교적 협의가 정례화·제도화되면서 '유럽 협조'라는 관행이 자리 잡게 된다. 유럽의 질서를 4개국이 책임지고 협의 아래 유지한다는 측면에서 이를 '유럽 협조 시대'라 부른다. 베스트팔렌 체제는 100여 개의 다양한 정치체가 자연스럽게 작동하는 세력 균형 기제에 수동적으로 의지해 질서를 유지한 반면, 빈 체제는 4개의 주요국이 목적의식을 가지고 능동적으로 질서 유지를 책임졌다.

'유럽 협조'는 국제 정치에서 다수의 참여자가 동등한 자격으로 국제 질서 유지라는 공동 목적을 달성하기 위해 모여 협의를 통해 목적을 달성한다는 점에서 외교사에서 모범적인 외교 모델이자 다자 협의체의 선구적 롤 모델 역할을 한 것으로 평가된다. '유럽 협조'는 처음에는 4개의 중심국과 프랑스가 합세해 국제 질서 유지에 동등한 책임감과 발언권을 가지고 정기 회합을 통해 의견을 조율하면서 국가 간의 분쟁과 급격한 정세 변화를 방지했다. 이런 관점에서 5개국 회의는 요즈음의 UN 안전보장이사회 상임이사국 회의와 비슷한 기능을 했다. 따라서 빈 체제를 '회의 시스템Congress system'이라 부르기도 한다.

빈 체제는 3개의 하부 기제에 의해 그 안정을 담보했다. 첫째 기제는 '5강 동맹'이다. 이 동맹은 유럽 내에서 영토적인 변경을 방지하는 역할을 맡았다. 둘째 기제는 '신성동맹'이다. 유럽 내에서 왕정 질서에 대한 국내적 도전을 억제하는 역할을 했다. 셋째 기제는 '회의 체제'다. 빈번하게 개최하는 다자 회의를 통해 유럽 국가는 공통의 질서 안정 목표를 확인하고 매번 발생하는 현안과 위기를 해결하는 방안을 공동 모색했다.[13]

베스트팔렌 체제에서도 세력 균형 개념을 도입하고 그 기제를 작동하기는 했으나 빈 체제만큼 정교하고 효과적으로 작동했다고는 볼 수 없다. 베스트팔렌 체제는 더 많은 참여자가 존재했다. 정기 회합을 하는 등의 제도화가 덜 이뤄졌으며 이를 총지휘하는 특출한 인물도 없었기에 세력 균형의 효율성이 정교하지 않았다. 빈 체제는 신성동맹 4개국이 국제 질서의 안정이 도전받는 주요 고비마다 국제 회의를 개최했다. 메테르니히라는 오스트리아의 걸출한 재상이 국가 간의 역학 관계를 조율하는 수완을 발휘함으로써 세력 균형 기제가 훨씬 정교하게 잘 작동할 수 있었다.

파리 조약에 따르면 5강은 정기적 기간Fixed term 내에 회의하기로 규정했다. 실제로 정기 회의 소집 기간 간격을 확정 짓지 못하고 어떤 사태가 발생했을 때 특정 국가가 회의 소집을 요구하면 그때마다 모이는 양상이었다. 비정기적이기는 하지만 유럽의 질서가 다자간 회의를 통해서 유지됐다는 점에서 빈 체제는 회의 외교의 서막을 열었다.

빈 체제는 1차 세계대전 발발 이전까지 유럽의 질서를 규정하는 틀이었다고 할 수 있다. 약 100년 동안 세력 균형의 기제를 통해 유럽에서 대규모 전쟁의 발생을 방지하는 데 일정한 역할을 한 것으로 평가된다. 그러나 '유럽 협조' 기제는 1848년 유럽의 혁명 기운이 다시 분출되는 시점을 계기로 이전만큼 잘 작동하지 않았다. 영국이 '영광의 고립' 정책을 채택하면서 유럽 대륙의 정세 변화에 깊이 관여하는 것을 기피한 것이 한 원인이었다. 프랑스 혁명 이후 강화되는 각국 내 민족주의 감정이 각국 간의 경쟁을 부추기면서 현상 유지를 주목적으로 하는 5강 간의 협치가 점차 어려워지게 된 것도 또다른 이유였다.

영국은 처음부터 신성동맹 3국의 절대 왕정의 전제 정치를 혐오했으나 프랑스가 강국으로 재등장하는 것을 방지한다는 관점에서 4강 동맹에 합류했다. 그래서 프랑스가 5강 동맹의 일원으로 동참한 후에 영국은 '유럽 협조'에 굳이 참여할 필요성을 느끼지 못했다.

특히 영국은 프랑스의 재등장 시 4강 동맹이 공동으로 이를 방지하기 위해 개입 조치를 한다는 데 동의했으나 각국의 내부 문제 개입에 반대함에도 불구하고 신성동맹 3국과 프랑스가 자국의 이해관계에 의해 여타 약소국의 내부 문제에 개입하는 것을 보고 '유럽 협조'에서 발을 뺐다. '유럽의 협조' 체제는 질서의 현상 유지에 중점을 두고 있었으므로 자유주의·민족주의에 입각한 약소민족이나 국가들의 요구는 3개 왕정 국가가 연합해 억제하는 경향을 보였다.

시대의 변화에 따라 각국 내부에서 왕정에 반대하는 자유주의와 민족의 자부심을 앞세우는 민족주의가 점차 발흥하는 것도 '유럽 협조'의 작동을 더욱 어렵게 했다. 각국은 협조 체제에서 동등한 자격의 일원으로 남아 있기보다는 자국의 세력을 좀 더 키우고 독자적인 자주권을 행사하는 것을 선호하는 경향이 우세해졌다. 그러나 유럽 내에서는 본격적인 세력 각축이 협조 체제라는 걸림돌에 부닥쳤다. 각국은 해외로 눈을 돌렸다. 그 결과 각국의 해외 식민지 개척 경쟁이 격화될 수밖에 없었다. 유럽을 벗어나 식민지 쟁탈전에서 전쟁도 불사해야 하는 5강 간의 경쟁심은 유럽 내에서의 협치를 더 힘들게 하고 말았다.

빈 체제가 출범한 지 30년이 지난 1848년, 유럽 전역에서 자유주의와 민족주의에 입각한 혁명의 열풍이 불면서 빈 체제에 첫 충격을 가했다. 50개에 달하는 국가와 정치체에서 중산층을 중심으로 한 봉기가 일어나 절대 왕정을 타파하고 국민 주권 아래 근대 국가를 수립하려는 움직임이 일었다. 네덜란드가 대의제 민주주의를 도입했다. 덴마크는 절대 왕정 아래 왕권이 제약을 받았다. 프랑스에서 일어난 혁명은 루이 필리프의 왕정을 종식시키고 제2공화국을 수립했다가 4년 후 다시 루이 나폴레옹을 옹립했다.

신성동맹 3국의 입장에서 많은 곳에서 혁명이 실패하고 일부 국가만 성공했다고 볼 수 있으나 일부 유럽 지역에서 일어난 부분적인 혁명의 성공을 막지 못했다는 것은 빈 체제의 균열이 생겼음을 의미한다. 이후 빈 체제가 본격적인 균열음을 낸 시기는 1853년 크림 전쟁(크리미아 전쟁)이 발발하고 난 후다. 크림 전쟁은 크리미아반도와 흑해를 통해 지중해 방향으로 진출하는 러시아의 남하 정책을 막기 위해 영국과 프랑스가 오스만 제국을 도와서 러시아와 벌인 전쟁이다.

이 전쟁으로 빈 체제의 중심축인 신성동맹의 단합에 균열이 생긴다. 러시아가 영국뿐 아니라 빈 체제 성립 시 견제 대상이던 프랑스와 전쟁을 벌이는 데도 프러시아와 오스트리아는 동맹국으로 지원을 제공하지 않아 신성동맹 자체가 유명무실해지고 만다. 이는 결국 빈 체제의 약화로 이어진다.

빈 체제가 약화되는 또 다른 원인은 5강 동맹 중 명목적으로 가장 크고 강해 지도적 국가로 여겨지던 오스트리아-헝가리 왕조가 크림 전쟁 이후 쇠락을 길을 걸은 탓이다. 빈 체제 성립 시 오스트리아 재상이던 메테르니히가 이 체제의 설계자나 다름없었다. 메테르니히가 공직을 떠나고 발발한 크림 전쟁에서 오스트리아는 러시아의 지원 요청을 거절하고 중립을 유지하겠다고 공언했다. 하지만 이는 러시아가 약해진 틈을 타 발칸에서 오스트리아의 입지를 넓히겠다는 술수에 의존한 것이다. 이 중립 정책이 추후 오스트리아의 약화를 자초한 원인이 됐다.

크림 전쟁의 승리로 강해진 프랑스가 오스트리아의 영향권 안에 있던 이탈리아 북부 지역을 프랑스령으로 편입하는 도발을 감행했을 때, 러시아는 크림 전쟁 시 당한 것을 복수하는 마음으로 방관자적인 태도를 보여 오스트리아는 이 지역을 잃고 만다. 그 후 철혈 재상 비스마르크가 이끄는 프러시아가 강성해져서 독일 언어 사용권 전체에 대한 헤게모니 장악을 둘러싸고 오스트리아에 도전장을 내밀었을 때 러시아는 오스트리아를 돕지 않았다. 오스트리아는 거듭 쇠락의 길에 접어든다.

이러한 오스트리아의 쇠락과 대조적으로 비스마르크가 이끄는 프러시아는 여러 작은 정치체로 분열돼 있던 독일계 인종들을 하나의 민족 국가로 묶어 1871년에 통일했다. 통일된 독일의 등장을 영국 수상인 디즈레일리는 "프랑스 제국의 출현보다 더 큰 정치적 사변이 될 것"이라고 예견했다. 비슷한 국력의 나라들이 모여 세력 균형 기제를 바탕으로 유럽의 안정과 평화를 도모하려 했던 빈 체제는 프러시아의 급부상으로 국가 간 힘의 균형을 잃었다. 세력 균형 자체, 그러니까 빈 체제 전체가 흔들렸다.

유럽 중앙부에서 통일된 강력한 독일이 등장한다는 것은 베스트팔렌 체제부터 은연중에 내려오던 기저 관념, 즉 유럽 중앙부의 독일계 인종들을 분열 상태로 두는 것이 힘의 완충 지대를 형성해 유럽의 안정에 도움이 된다는 생각이 흔들렸음을 알려주는 사건이다. 따라서 통일된 독일의 등장은 빈 체제뿐 아니라 베스트팔렌 체제의 근간까지도 흔든다.

통일로 강력해진 프러시아는 그해 프랑스를 전쟁으로 끌어들여 프랑스에 처참한 패배를 안겨주었다. 게다가 베르사유 궁전에서 독일 제국 성립을 선포해 프랑스 국민에게 씻을 수 없는 상처도 주었다. 양국은 서로 화친하는 것이 불가능한 적대적 감정을 가진 국가가 되고, '유럽 협조'는 종언을 고했다. 5강 동맹 중 러시아, 오스트리아, 프랑스가 각기 참담한 패전을 당하고 국력이 약해지는 동안 대륙에서는 프러시아가 독일 제국으로 부상했다. 동등한 국력의 5강이 협조해 질서를 유지하는 5강 동맹은 자연히 분해될 수밖에 없었고 빈 체제도 붕괴하면서 유럽은 새로운 질서를 모색한다.

유럽 국가 간에는 19세기 초 강력한 프랑스를 견제하기 위해 신성동맹을 만들고 빈 체제를 수립했듯이 독일 제국을 견제하기 위해 새로운 세력을 결집해야 했다. 이러한 국제 정세에서의 작용과 반작용의 원리를 간파한 비스마르크는 독일 제국이 끊임없이 반독일 연합 세력에 의해 견제를 받을 것이라는 '견제 연합의 악몽Nightmare of coalition'을 예견했다.

그리하여 비스마르크는 이런 악몽에 대비하기 위해 유럽 여러 국가와 합종연횡의 그물을 짰다. 비스마르크는 "5강이 존재하는 유럽에서는 항상 3국이 연합하는 편에 서는 것이 유리하다"는 단순한 명제를 실천하기 위해 다양한 방식으로 3국 연합을 결성한다.

강력한 독일 제국의 등장과 대천불구의 적대 국가가 된 프랑스의 처지는 베스트팔렌 체제와 빈 체제가 전제했던 5강 간 힘의 유연한 결합과 이완을 통한 세력 균형, 즉 신축성에 기반한 세력 균형 기제를 작동하지 못하게 하는 결과를 낳았다. 빈 체제가 지속된 약 100년 동안의 국제 질서는 다시 성격이 다른 2개 기간으로 구분할 수 있다. 전반기는 오스트리아 재상 메테르니히가 주역이 돼 설계한 질서, 후반기는 프러시아 재상 비스마르크가 주도해 설립한 질서다.

'유럽 협조' 시대라 불리는 전반기는 유럽 질서 유지에 참여한 주요 5개국이 각기 왕정 체제를 유지하기 위해 협조하자는 명분 아래 단결하는 경향이 뚜렷했다. 정례 회합을 통해 세력 균형 기제가 제대로 작동하는지 점검하고 세력 균형 기제가 이상 징후를 보이면 이를 신속히 보완했다. 메테르니히는 공통 문화와 인맥을 공유하는 유럽 왕조 간에 갈등보다 협력의 여지가 더 많다고 봤다. 따라서 유럽 왕조 전체를 한 묶음으로 한 질서를 유지해야 한다는 국제주의적 시각을 가지고 있었다. 메테르니히 본인이 독일에서 태어나 외교관인 부친을 따라 유럽 각지에서 살았으며 프랑스에서 교육받고 오스트리아 출신 부인과 결혼하면서 오스트리아 관직에 진출하는 경력을 통해 유럽 전체를 하나로 보는 시각이 있었다.

따라서 메테르니히는 유럽 전체의 질서를 유지한다는 이성과 명분 그 자체가 사소한 왕조 국가별 이익보다 우선할 뿐 아니라 세력 균형 기제도 이 같은 이성의 명령에 입각해 정확하게 작동하기만 하면 질서 유지는 자연히 따라오게 된다는 기계론적인 시각을 가지고 있었다. 이 유럽 협조 시대에는 유럽 5개 강국이 상호 견제해 어느 국가도 유럽에서 지배적인 위치에 서는 것을 허용하지 않았다. 한 나라가 강성해지면 다른 나라들이 연합해 이 나라를 견제하는 기제가 작동했다.

이 유럽 협조 체제에 중견국이나 약소국들은 참여할 수 없었다. 때로는 주요 강국 간의 힘의 균형을 유지하는 거래 과정에서 이런 중견국과 약소국들은 희생되기도 했다. 이 체제는 분열된 독일이 통일 강국을 만드는 과정에서 국가 간 일부 분쟁이 발생하기도 했으나 1차 세계대전이 발생하기까지 약 100년 동안 유럽 대륙에서 큰 전쟁이 발생하는 것을 방지하는 역할을 했다.

이 시기에는 주요 강국이 자국이 유럽에서 지배권을 확보하기 위해 팽창 정책을 구사했을 때 얻는 기대 이익보다 지불할 비용이 크다는 것을 알기 때문에 스스로 팽창 정책을 구사하지 않아 질서가 안정을 유지할 수 있었던 측면도 있었다. 이 유럽 협조 체제도 크게 보면 내부에 세력 균형 기제가 작동한 것이나 유럽 협조 체제에 참여하는 강국들이 질서 유지의 필요성에 대해 암묵적 합의를 하고 이를 지키기 위해 협조했다는 측면에서 기계적인 세력 균형 기제의 작동에 의존하는 베스트팔렌 체제와는 다르다. 기계적 세력 균형 체제 내에서는 체제 내 행위자 간에 경쟁이나 팽창을 감소시키는 의도적인 노력이 일어나지 않고 자동으로 힘의 균형이 한쪽으로 치우치면 다른 행위자들이 그 반대 방향으로 뭉쳐 견제력을 만든다는 점에서 협조 체제와는 다르다.[14]

이에 반해 비스마르크가 주도해 구축한 빈 체제 후반기는 프러시아를 비롯한 각국이 자국 이익을 유럽 왕조 질서 유지보다 우선시하면서 이성과 명분에 입각해 세력 균형을 조절하는 것이 아니라 각국 간 힘의 배분에 변동이 생기면 이를 보완하려고 의도적으로 세력 균형 기제를 작동시킨다고 봤다. 유럽 왕조 간의 우의와 친선을 통한 질서 유지라는 개념 틀은 개별 이익 우선 추구라는 새로운 명제 앞에 부서지기 시작했다. 국제 질서는 이성과 명분보다는 힘, 철저히 계산된 세력의 차이에 의해 좌우됐다. 따라서 기계적 정확성을 가진 전반기 세력 균형 체제가 약육강식이 당연시되는 다소 동물적인 세력 균형 체제로 변형됐다.[15] 유럽이 공통된 문화와 왕정이라는 유사한 정치체로 이뤄진 유럽인 공동의 집을 지켜야 한다는 개념보다 각국의 민족주의와 국가 이익을 우선해 고려하는 분위기가 번졌다.

이로써 유럽은 정세가 불안정해지고 무력 충돌의 가능성이 높아졌다. 비스마르크는 이를 방지하기 위해 국가 전략과 외교술을 발휘해 복잡한 3국 연합과 3국 동맹, 여타 비밀 조약을 만든다. 다시 말하면 빈 체제는 무너졌으나 비스마르크의 외교술이 이를 대체해 유럽에서 전쟁의 발발을 막는 역할을 상당 기간 한 셈이다. 비스마르크의 전략적 목표는 통일된 독일에 대항해 다른 국가들이 연합하는 '연합의 악몽'을 회피하는 것이다. 비스마르크는 "항상 3국 연합에 속하는 것이 좋다"라고 말했다. 이는 다른 두 나라가 독일에 대항해 연합하는 것을 방지하는 한편 독일이 3국 연합의 중심에 있으면 다른 국가들도 독일과 연합하고 싶어 할 것이라고 봤기 때문이다. 이에 따라 독일은 일부 중첩되기도 하고 서로 모순되기도 하는 연합과 동맹 체제를 만든 것이다.

1890년 비스마르크가 실각한 후 독일 제국의 빌헬름 2세와 후임 레오 폰 카프리비 재상은 비스마르크의 천재적이고 중첩적인 동맹의 그물망을 운용할 능력이 부족했다. 이로써 유럽 5강 간 외교력이 작용할 수 있는 공간이 더욱 축소되고 각국 간의 관계와 정세는 더욱 강퍅해진다. 그 위에 영국이 독일의 부상에 대응하기 위해 1869년부터 유지해오던 '영광의 고립'이라 불리던 정책을 포기하고 1905년 독일 제국에 대항하는 프랑스-러시아 동맹을 지원하기로 하면서 유럽 외교에서 신축성은 찾아볼 수 없게 된다.

영국이 그나마 세력 균형의 기제에서 균형자 역할을 하면서 유럽 대륙에서 일어나는 일에 덜 개입하고 어느 국가와 동맹이나 강한 안보 맹약을 맺지 않는 정책을 취해왔기 때문에 5강 간의 관계에서 외교가 작동할 수 있는 여지가 있었다. 그러나 '영광의 고립'[16] 정책을 포기함으로써 이마저 사라져버린다. 즉 영광의 고립 정책은 19세기 영국이 '빈 체제'의 작동 원리에서 어느 정도 벗어나 유럽 대륙에서 발생하는 일에 직접 개입하지 않고 세력 균형에서 균형자 역할을 하는 것이 정책의 핵심이었다. 프로이센을 중심으로 통일된 독일의 출현과 이를 큰 안보 위협으로 느끼고 독일을 적대시하는 프랑스의 외교 정책은 빈 체제의 세력 균형 기제에 경직성을 더해줘 이 체제가 잘 작동할 수 없게 만들었다.

넓은 의미에서는 이것도 세력 균형 게임의 일부이지만 영국은 세력 균형을 이루기 위해 어느 국가와 직접 손을 잡지 않고 관망하면서 세력 균형이 급격히 기울 때 개입해 세력 균형 게임에 간접적으로 개입하는 방식을 취해왔다. 그러나 독일의 급부상으로 유럽 내 지배 세력이 바뀔 형편이 됐을 뿐 아니라 독일의 해군력 육성이 영국의 해상 지배권에 도전이 되면서 영국은 '영광의 고립' 정책을 고수할 수 없었다. 영국이 독일을 견제하기 위해 1904년 러시아·프랑스와 함께 3국 연합Entente Cordiale 구성에 가담하자 세력 균형을 위한 마지막 신축성도 사라지면서 빈 체제는 끝나고 만다.

베르사유 체제

1차 세계대전 이전 20년 동안 프러시아의 급부상과 이에 따른 각국 간 각축, 제국주의 경쟁의 격화와 각국 내 분출하는 민족주의 경향 등으로 인해 100년을 유지해온 빈 체제는 본격적인 위기를 맞이하면서 서서히 그 수명을 다해간다.

　노회한 비스마르크가 전쟁을 방지하고 자국의 안전을 도모하기 위해 2중 3중으로 엮은 동맹 체제도 비스마르크가 떠나고 난 뒤 무용지물이 됐다. 이에 견줄 만한 안목과 능력을 겸비한 지도자가 등장하지 않는 가운데 전쟁을 방지할 성문의 빗장이 열린 셈이다. 1차 세계대전 직전의 유럽 각국 지도자들은 자국 내 분출하는 민족주의에 영합하고 도취돼 전쟁의 참화에 대한 숙고 대신 전쟁이 가져올 성취를 국민에게 부풀려 전하고 전쟁을 부추기는 분위기였다.

　1차 세계대전은 국가 자부심에 열광하는 대중과 제한적 목적을 띤 전쟁은 단기간 내에 영광스러운 결과로 끝날 것이라는 경솔하고 낙관적인 견해를 가진 지도자들에 의해 너무 쉽게 시작됐다.[17] 오스트리아 황태자 암살로 촉발된 위기를 외교적으로 수습하지 못하고, 독일이 프랑스와 러시아에 선전포고함으로써 1차 세계대전이 발발한다. 8월 초 전쟁을 시작했을 때 파리와 베를린, 모스크바에서 출정하는 병사들은 국민의 열광적인 환송을 받을 때만 해도 크리스마스에 승리의 월계관을 쓰고 귀향하리라는 희망을 안고 떠날 정도로 낙관적인 전망에 도취돼 있었다.

가볍게 시작된 전쟁은 거의 5년 동안 지속됐으며 유럽 전역의 국가를 전쟁으로 끌어들였다. 2,500만 명이라는 엄청난 인명 피해를 낳은 최대의 재앙으로 기록됐다. 과학 기술과 전쟁 무기의 발달로 전쟁의 양상이 이전과는 달리 전면전으로 달렸고 완전 승리를 지향했기에 결과는 더 참혹했다. 전쟁의 포연이 걷힌 후 감성에 취했던 유럽은 이성을 되찾았다. 무엇이 이처럼 끔찍한 전쟁을 불러왔는지 반성하면서 전쟁의 재발을 막아야 한다는 공감대를 형성하기에 이른다.

빈 체제는 힘에 의한 세력 균형과 유럽 질서 안정에 합의한 정당성, 이 두 요소에 기반해 질서를 유지했으나 말기에 정당성보다 힘에 더 많이 의존했다. 이 반성에 입각해 베르사유 체제 설계자들은 힘보다 정당성을 강화하는 방향으로 새 질서를 구축하려 했다. 유럽 지도자들이 새 질서를 모색하는 과정에서 전쟁의 원인이 세력 균형 체제의 원활한 작동을 전제로 한 빈 체제의 결함에 있다고 결론을 짓는다. 그래서 빈 체제의 원칙과는 다른 새로운 국제 질서를 구축하려 했다. 빈 체제의 기반이 됐던 세력 균형 기제는 원칙과 명분 없이 단기간 이해관계에 따라 국가 간에 이합집산하는 기회주의적 사고의 산물로 낙인찍혀 터부시됐다. 따라서 전후 새로운 질서는 이상과 명분, 원칙에 기반을 둬야 한다는 것이 베르사유 회의의 일반적인 믿음이었다.

1차 세계대전 후 전승국들은 패전국인 독일이 빈 회의 당시 패전국인 프랑스가 회의에 참석할 수 있었던 것처럼 새로운 질서를 논하는 베르사유 회의에 동등한 자격으로 참석하는 것을 허용하지 않았다. 빈 체제는 5대 강국이 주도하는 질서였다면 전후 체제는 민족 자결주의라는 새로운 시대정신과 원칙에 의해 탄생한 신생 동유럽 국가 등의 의사를 반영해 새로운 국제 질서를 수립해야 한다는 정서가 강했다. 게다가 패전국에 대해 부과했던 징벌적 조치인 영토 할양, 과다한 배상금 부과, 군비 제한 등을 취해야 할지 전승국 간에도 이견이 존재했다. 새로운 국제 질서는 항구적인 평화를 지향해야 하는데 징벌적인 조치로 국제 질서의 한 축을 담당해야 할 독일을 국제 사회에서 배제할 경우 국제 질서가 불완전할 뿐 아니라 향후 또 다른 분쟁의 불씨를 남기는 것이라는 우려가 있었기 때문이다.

빈 회의가 순전히 유럽 내 참여자들이 새로운 유럽 질서 구축을 위해 모인 자리였다면 베르사유 회의는 세계 최강국으로 부상한 미국, 일본, 중동 국가들도 참여해 새로운 국제 질서를 구축해야 한다는 소명을 가지고 모인 자리였다. 이전까지는 유럽 지역에 국한됐던 국제 사회가 처음으로 유럽을 벗어나 전 세계적인 차원에서 포괄적인 국제 사회를 형성한 것이다.

이러한 빈 체제의 결함에 대한 반성과 새롭게 변하는 국제 정세를 배경으로 전후 국제 질서를 구축하기 위한 전승국 간의 파리 강화 회의가 열린다. 이 회의는 파리 근교 베르사유 궁전에서 1919년 1월을 시작으로 1년 동안 이어졌다. 회의 결과, 패전국인 독일과 전승국 간의 강화 조약인 베르사유 조약을 비롯한 5개의 평화 조약을 체결하고, 국제연맹 설립 규약에 서명하는 등의 결실을 본다.

이처럼 중요한 6개의 조약을 기반으로 한 베르사유 체제는 출범 초부터 태생적으로 결함을 안고 있었다. 첫째, 전승국 간 새로운 국제 질서에 대한 명확한 비전을 공유하지 못했다. 둘째, 최대 강국으로 부상한 미국이 그 지위에 상응하는 책임 부담을 회피했다. 셋째, 현실주의와 이상주의 간의 적당한 타협이라는 시대정신이 베르사유 회의를 지배했다.

그래서 외교사의 대가인 헨리 키신저는 『세계 질서』에서 "베르사유 조약만큼 그 목적에 배치되게 작성된 외교 문서는 존재하지 않는다. 참가국 간 화해를 도모하기에는 징벌적이고 독일의 재기를 방지하기에는 관대하며 국력을 소진한 한 나라(프랑스)에게 독일과 러시아를 견제하면서 유럽의 질서를 유지하라는 과중한 책무를 부과한 이상한 조약"이라고 평가했다.[18]

이같이 태생적인 결함을 가진 베르사유 체제가 등장한 배경에는 당시 미국 대통령 윌슨으로 상징되는 이상주의적·국제주의적 사고방식이 하나의 시대정신으로 대두된 측면이 있다. 미국에서 선풍적이던 이상주의적 세계관에 따르면, 1차 세계대전은 유럽 국가들의 제국주의적 야심이 충돌해 발생한 것이므로 새로운 국제 질서는 유럽의 전승국 간의 이해관계를 반영·타협한 산물에 입각해서는 안된다는 것을 전제로 했다. 빈 체제를 작동·유지했던 대표 기제인 세력 균형 개념이 이 같은 전승국 간의 이해관계가 타협된 산물이며 인위적으로 작동되는 기제일 뿐 아니라 잘못 작동하면 전쟁을 더 유발한다는 관점에서 베르사유 회의에서는 세력 균형 개념 자체가 타기의 대상이 됐다.

그리하여 베르사유 체제는 인위적으로 힘의 균형을 조절하면서 작동되는 세력 균형 기제보다 추상적이고 객관적인 평화 조약이나 국제연맹 헌장 속에서 각국의 자의적 행동을 방지하는 법적 규제 장치를 도입하는 것이 국제 질서를 더 잘 유지할 수 있다는 관점에서 평화의 법률화·제도화 개념을 채택했다. 베르사유 체제에서 국제 질서는 주요 국가에 의해 유지되는 것이라기보다는 상위의 법률 문서와 국제기구가 평화와 안정을 보장하는 주 담보자가 된 것이다.

1차 세계대전으로 인해 독일 제국과 오스트리아, 헝가리 제국, 러시아 제국이 멸망함으로써 유럽의 모든 주요국에 왕정이 없어지고 공화정으로 대체됐다. 이로써 국가 간의 관계가 왕실 간 인맥·혼맥과 무관하게 전개될 수 있었다. 빈 체제 초기처럼 왕정 간의 공통 목표를 세워 국가 간 협조하는 방식은 기대할 수 없었다. 외교 관계는 왕의 자의적 판단과 재량에 의존하기보다 동등한 공화정 국가 간 관료 조직의 판단과 조약상 권리, 의무에 의존하게 됐다.

빈 체제가 유럽의 주요 5개국과 협의해 수시로 세력 균형을 조절하면서 국제 질서를 유지하는 방식이라면 베르사유 체제는 항구적인 성격의 법률 문서인 평화 조약과 국제기구인 국제연맹에 의지해 국제 질서를 유지하는 것을 상정했다. 그러나 추상적인 조약과 연맹 헌장 및 국제회의를 통해 질서를 유지한다는 이상주의적 비전에도 불구하고 현실에서는 질서 유지를 무력으로 담보하고 책임지는 국가의 존재를 무시하고 평화와 질서가 보장될 수 없었다. 베르사유 체제의 주 설계자인 윌슨 대통령은 "국제 질서는 세계 여론이라는 위대한 도덕적 힘에 의지해 유지될 것이다"라는 발언을 회의에서 했다.[19] 윌슨 대통령은 "1차 세계대전은 모든 전쟁을 끝내기 위한 전쟁"이라고 규정했음에도 불구하고 현실은 2차 세계대전까지 20년 정도의 휴지기를 확보한 데 불과했다[20]는 것은 국제 질서의 기반이 되는 이상과 현실 사이의 괴리가 있을 경우 평화가 보장될 수 없다는 점을 잘 보여준다.

베르사유 체제에서 빈 체제에서처럼 평화와 질서의 보장자가 될 5개 국가 그룹 같은 존재가 없다면 이를 대신할 가장 유력한 후보는 1차 세계대전으로 최강대국으로 급부상한 미국이었다. 미국은 이상주의적 세계관과 미국 특유의 고립주의의 영향으로 작게는 유럽의 질서, 크게는 세계 질서를 유지하기 위해 유럽 국가 간의 관계에 개입하는 것을 원하지 않았다. 윌슨 대통령은 국제 질서 유지를 위해 필요한 14개 평화 원칙을 제시하고 국제연맹을 만드는 데 주도적인 역할을 했지만, 미국 의회가 미국이 평화의 보장자 역할을 부담하는 것을 거부함으로써 윌슨이 제창해 창설한 국제연맹에 가입조차 할 수 없었다.

러시아는 국내 공산주의 혁명으로 소비에트연방으로 변모했다. 혁명 후 재건 및 국내 문제 정리에 몰두해 국외 정세에 주의를 기울일 만한 여유나 여력이 없었다. 그 결과 현실적으로 평화 보장자 역할은 영국과 프랑스에 남겨졌다. 영국도 전통적인 '영광의 고립' 정책으로 적극적인 개입을 회피함으로써 대부분의 책임이 프랑스에 떨어졌다. 프랑스는 전쟁에서 승리했으나 국력을 소진한 탓에 비록 패전했지만, 국력 상승기인 독일을 홀로 견제하기에는 역부족임을 조만간 드러낸다.

1차 세계대전이 막바지에 다다를 무렵인 1919년 1월, 윌슨 대통령은 의회 연설에서 항구적인 국제 평화를 구축하는 데 필요한 14개 항목을 발표하고 이 항목들이 파리 평화 회의 시 협상의 기초가 되기를 희망한다고 덧붙였다. 이 항목들은 국제연맹 설립을 촉구하는 14항까지 포함해 협상 과정에 꽤 반영됐다. 윌슨의 연설이 베르사유 체제의 도덕적 기반 혹은 원칙이 됐다 해도 과언이 아니다.

　그러나 이 '평화를 위한 14개 조항'은 새로이 부상하는 최강대국으로서 미국이 구대륙, 즉 유럽의 제국주의적 경쟁을 비판적 시각으로 바라보는 이상주의적 경향을 반영한 것이었다. 미국 입장에서 타당할지라도 유럽 입장에서 모두 수용하려면 현실적인 제약이 있었다. 엄밀히 말하면 유럽 주요국의 입장에서는 자국의 이익에 반하는 측면도 있었다. 그럼에도 14개 조항은 도덕적 우위를 점하고 전 세계에 호소력이 컸다. 파리 평화 회의 과정에서 어느 국가도 이를 정면 반박하지 못하고 수용할 수밖에 없었다. 그러나 현실과 괴리되는 측면이 있어 의도와 다르게 평화를 지속시키지 못하고 베르사유 체제를 단명하게 만드는 단초를 제공했다.

　윌슨 대통령의 이상주의적 관점과 신흥 최강대국 미국의 입장에서는 국가 간 비밀 조약을 맺지 말아야 하고, 외교 수행 방식은 밀실 외교가 아니라 공개 외교로 전환해야 한다는 조항의 삽입을 주장할 수 있다. 해양 항행의 자유와 모든 국가에 동등한 교역 조건을 부여해야 하고, 민족 자결권을 보장하고, 강대국과 약소국은 동등하게 대우받아야 한다는 조항 등은 식민지를 세력 기반으로 하던 유럽 국가들의 쇠락을 부추기는 효과를 발휘한다.

　14개 조항에 명시적으로 포함돼 있지는 않지만, 윌슨 대통령의 항구적인 평화가 가능하려면 패전국에게 가혹한 전쟁 배상금을 부과하지 말아야 한다. 이로 인해 프랑스는 윌슨으로 대변되는 미국의 이상주의에 대해 시각이 비판적이었다. 14개 조항이 발표되자 프랑스 수상이던 클레망소는 "맙소사, 하느님도 십계명밖에 안 가졌는데…"라는 냉소적인 반응을 보일 정도였다.[21]

파리 강화 회의를 시작했으나 지병이 있던 윌슨 대통령이 참석하지 못하자 프랑스 수상인 클레망소가 회의를 주도했다. 그 결과 베르사유 조약 231조에 '전쟁 유죄 조항'이 포함되고 이에 따라 패전국 독일에게 가혹한 전쟁 배상금 부과 등 징벌적 조치가 가해졌다. 전쟁 종전 후에 14개 조항과 미국의 이상주의적 입장에 다소 기대를 걸었던 독일 국민은 베르사유 조약 231조에 분개했다. 이는 독일 내 국가사회주의(나치즘)가 세력을 확장하는 원동력을 제공하고 말았다. 결국 베르사유 체제는 오래가지 못했다.

베르사유 체제가 출범 시부터 결정적인 결함을 가지게 된 이유는 무엇인가. 베르사유 체제의 도덕적 지침을 제공했을 뿐 아니라 세계 최강대국으로 부상한 미국이 체제의 질서 유지를 위한 역할을 하기를 거부하고 다시 전통적인 고립주의 입장으로 회귀한 데 있다. 베스트팔렌이나 빈 체제에서는 유럽 주요국이 책임을 지고 세력 균형에 기반해 서로 협조와 견제를 하면서 질서와 균형을 유지했다. 그러나 빈 체제에서 영국이 유럽 대륙에 대해 균형자 역할을 하면서 평화와 질서가 유지되도록 한 것처럼 베르사유 체제에서는 전 세계로 확장된 국제 질서가 안정을 유지하려면 미국이 균형자 역할을 해야 했었다. 그러나 미국이 거부함으로써 베르사유 체제는 출범 초부터 제대로 작동할 수 없었다.

베스트팔렌 체제와 빈 체제에서의 세력 균형 기제의 중요 요소는 유럽 중심부, 즉 지금의 독일 지역을 분열한 채로 놓아두는 것이다. 유럽 중심부에 강력한 세력, 즉 통일된 독일이 등장하면 이는 주변국 모두에게 위협이 될 뿐 아니라 이 국가로 인해 비슷한 세력의 여러 나라가 협조와 견제를 하면서 질서를 유지한다는 세력 균형의 기본 틀이 성립할 수 없기 때문이다. 즉 세력 균형 기제가 제대로 작동하려면 강력한 하나의 패권적 세력이 유럽에 존재해서는 안 되고 국력이 비슷한 여러 국가가 병렬하면서 세력 균형 유지에 동참하는 것이 전제돼야 하는데 이를 위해서는 분열된 독일이 필요했다.

순수 세력 균형론의 관점에서 볼 때 민족 통일로 강력해진 국력을 기반으로 1차 세계대전을 일으킨 패전국인 독일을 분열 상태로 돌려놓아야 차후 전쟁의 원인을 제거하고 평화를 보장할 수 있을 터인데도 베르사유 체제는 독일 영토를 보전하는 쪽을 선택했다. 영토는 보전해주면서 전쟁 배상 책임만 부과하니 독일 국민 감정을 격앙시키는 결과를 낳았다. 다시 상승하는 국력으로 자부심을 회복하려는 독일의 행동을 프랑스만의 힘으로 제어하기는 역부족이었다. 이로 인해 베르사유 체제는 출범과 함께 몰락의 길을 걸었다. '전쟁 간기간Interwar period'이라는 짧은 20년 동안 국제 질서의 안정을 제대로 도모하지도 못한 채 2차 세계대전을 향한 문을 열어두게 됐다.

빈 체제에서 세력 균형 기제가 작동하고 있었지만 19세기는 패권 이론 측면에서 본다면 산업혁명을 성공적으로 일으킨 영국이 유럽은 물론 전 세계 해양 수송로를 장악하고 막대한 해외 식민지를 보유한 '팍스 브리타니카 시대'로도 불린다. 빈 체제와 베르사유 체제를 거치면서 1세기 이상 세계를 주름잡던 대영 제국의 패권이 신흥 독일 제국의 도전에 맞서 이를 억누르다 일어난 전쟁이 1차 세계대전이기도 하다. 1차 세계대전은 미국의 개입이 없었다면 패권국인 영국이 패권 도전국인 독일에 의해 패배를 겪고 적어도 유럽에서의 패권은 영국에서 독일로 이전됐을 것이다. 유럽과 유럽이 장악한 식민지 지역에서는 세력 균형 기제에 입각한 새로운 질서가 수립됐을 것이다. 그러나 미국의 개입으로 독일이 오히려 패퇴하고 유럽의 구질서가 무너진다. 전 세계적 차원에서 베르사유 체제라는 신국제 질서가 성립하게 된 것이다.

규범과 국제기구에 의해 질서를 유지하려는 국제주의 성격을 띤 베르사유 체제는 독일 공화국과 일본, 이탈리아 등 여타 추축국樞軸國의 분출하는 국력을 효과적으로 억제할 수단이 없어 2차 세계대전이라는 참화를 맞이하게 됐다. 패권 이론의 관점에서 2차 세계대전은 새로이 패권국을 지향하는 독일에 대항해 실질적인 패권국으로 성장해 있었던 미국이 명목상의 패권국이던 영국을 대신해 전쟁을 주도적으로 수행해 독일의 패권 도전을 꺾어놓음으로써 명실상부한 패권국으로 등장한 계기다.

이로써 2차 세계대전 후의 국제 질서는 미국의 참여 아래 미국에 의한, 미국을 위한, 미국의 체제인 팍스 아메리카나 시대로 접어든다. 이 신질서는 베르사유 체제의 단점을 보완하면서 한 단계 높은 수준의 국제 질서를 구축했다. 팍스 로마나 시대 이후 전 세계를 압도하는 한 국가가 유지하는 질서를 선보이게 됐다.

2차 세계대전 전후
질서 체제

2차 세계대전 전후 질서를 구축하기 위한 노력은 전쟁 중에도 시도됐고 전후에도 이어졌다. 2차 세계대전 전후 질서는 과거처럼 어느 한 장소에서 열린 전승국 간 회의에서 결정이 난 것이 아니라 여러 회의를 거친 종합 결과물이 모여 전후 질서 체계를 구축한 것이다. 2차 세계대전에서 연합국이 승기를 잡자 연합국은 2차 세계대전의 종전 처리 문제와 전후 질서 구축 문제를 두고 여러 차례 정상급 및 고위급 회의를 했다. 그중 대표 회의들로 미국·영국·프랑스·소련·중국 등이 참여하는 얄타 회담, 포츠담 회담, 카이로 회담 등이 있다. UN을 출범시킨 덤버턴오크스 회의, 2차 세계대전 종전 처리를 마무리하고 서독·일본·이탈리아가 서방 진영으로 복귀한 샌프란시스코 회의도 중요하다.

일련의 회의를 거쳐 대두된 2차 세계대전 후 질서 체계는 전쟁 후 출현했던 여러 전후 체제와 여러 면에서 다르다. 어떤 특정 체제라고 명명하기도 어려운 면이 있을 정도로 다양한 측면을 내포하고 있다. 그래서 전후 질서 체계의 성격을 규정하려면 적어도 3개의 다른 체계를 그 하부 개념으로 삼아 설명해야 2차 세계대전 후 국제 질서의 전체적인 윤곽을 파악할 수 있다.

첫째는 팍스 아메리카나 체제다. 2차 세계대전 후 세계 최강대국으로 부상한 미국은 로마 제국처럼 압도적인 힘의 우위를 바탕으로 전 세계가 필요한 공공재를 공급하고 과학·기술·문화 분야에서 공통 표준을 수립했다는 측면에서 2차 세계대전 후 질서 체계는 팍스 로마나에 비견할 수 있는 팍스 아메리카나 체제다.

둘째는 냉전 체제다. 전쟁 동안과 전쟁 종료 후 당분간은 연합국의 일원이던 소련과 다른 서방 전승국 간에 큰 이견과 분열이 없었으나 공동의 적인 독일 등 추축국이 패배한 후 소련이 공산주의 이념을 바탕으로 자국의 영향권 내에 있는 국가들에 대해 '철의 장막'을 치고 서방 진영과 경쟁·대립 관계로 돌입하는 바람에 단일한 전후 국제 질서 체계가 채 생기기도 전에 세계는 양 진영이 대립하는 이분화된 냉전 체제가 된다.

셋째는 UN체제다. 역사상 처음 유럽을 벗어나 세계 각지의 신생 독립국을 포함하는 전 세계적 차원의 질서가 등장했다. 이들 국가 간의 관계를 법적·제도적 기반 위에 규율하는 UN 체제가 성립됐다. 예전에는 국가 간의 관계를 무력에 의해, 아니면 외교력에 의해 주로 조정·규율했던 데 반해 UN 체제에서는 여러 국제기구와 협약 체계가 국가 간의 관계를 처음으로 법적·제도적으로 규율한다.

마지막으로, 범세계적 체제다. 2차 세계대전 후 들어선 국제 체제는 역사상 처음으로 범세계적 체제라 할 수 있다. 이전의 국제 체제는 모두 국가가 기본 구성 단위라 할 수 있지만 2차 세계대전 후 전후 질서 체제에서는 국제기구, NGO, 다국적 기업, 심지어 개인도 국제 사회의 주요 행위자로 나설 수 있게 됐다. 이런 측면에서 2차 세계대전 후 질서 체제는 국가 간 체제일 뿐 아니라 여러 행위자를 포괄하는 범세계적 체제다.

팍스 아메리카나 체제

미국이 관여하지 않음으로써 강제력이 담보되지 않는 베르사유 체제를 새로이 부상하는 독일과 국가 전체주의를 기반으로 역시 새롭게 부상하는 일본, 이탈리아 등이 계속 유린하다가 2차 세계대전을 일으켰다. 독일은 견제하기 역부족이던 프랑스가 개전 초부터 밀리자 영국이 먼저, 곧이어 소련까지 가세했음에도 연합국 세력이 독일·이탈리아·일본이라는 추축국 세력을 막을 수 없었다. 추축국의 승기가 짙어지자 국제 질서가 추축국 위주로 재편될 위기에 처했을 때 미국이 다시 유럽 대륙 전쟁에 개입했다. 2차 세계대전은 결국 연합국의 승리로 종결된다.

2차 세계대전을 승리로 이끈 루스벨트 대통령은 1차 세계대전 후 윌슨 대통령과 달리 전후 국제 질서의 큰 그림을 미국 주도로 그리겠다는 생각이 있었다. 1944년 미국의 덤버턴오크스에서 연합국 대표들이 모여 UN 설립을 위한 청사진에 개략적 합의를 했다. 이후 얄타 회담에서 UN 안전보장이사회 표결 방식과 신탁 통치 방식에 합의했다. 1945년 샌프란시스코에서 50개국 대표가 모여 UN 헌장을 채택함으로써 UN이 출범했다.

이 팍스 아메리카나 체제는 유럽에 존재했던 3개 체제와 달리 미국의 압도적인 국력과 지도력을 바탕으로 전후 질서를 구축했다. 과거 체제는 국력이 비등한 유럽 주요국이 병존해 협조와 견제를 하면서 질서를 유지했다면 팍스 아메리카나 체제는 미국이 유일한 세계 초강대국으로서 질서 유지의 책임을 거의 전담하다시피 한다.

세계 어느 곳에서 내전이 발생했거나 정변이 발생하면 미국은 동향을 모니터하고 자국의 이익이 침해받는다고 판단되면 개입하는 것을 당연시한다. 따라서 많은 나라는 자국의 국내 정치가 급변할 때 미국에 설명하고 승인을 받으려는 경향을 띤다. 내전, 전쟁 등으로 인도주의적 참사가 발생하면 대개 미국은 이를 좌시하지 않고 개입해 인도주의적 참사가 확산하는 것을 막거나 그 참사의 책임이 있는 세력을 색출해 징벌하는 역할을 하기도 했다. 이러한 역할로 미국은 팍스 아메리카나 체제에서 '전 세계의 경찰'이라는 별칭을 얻었다. 세계 여론은 비정상적인 상태가 발생하면 미국이 개입하는 일을 당연히 기대하거나 촉구하기도 한다.

2차 세계대전 후 미국은 어떤 국제 분쟁에도 개입할 막강한 군사력과 모든 나라를 합친 것보다 더 큰 경제력, 자유 세계를 대표하는 소프트 파워까지 갖추고 있는 데다 전후 피폐한 경제를 재건하려는 유럽의 부흥을 위해 '마셜 플랜'이라는 거대한 투자·지원 정책을 펼만큼 국력이 여유로웠다. 한마디로 미국은 국제 질서 유지를 위해 단독 책임을 감당할 수 있었다.

게다가 국가 간 교역을 철저한 자유무역주의에 입각해 진행했다. 미국 시장을 자유 세계 거의 모든 국가에 개방함으로써 많은 국가가 미국 시장에 자국 상품을 수출해 획득한 외화로 자국의 경제를 재건하도록 도왔다. 미국은 경제 잠재력으로 볼 때 전 세계 생산량의 18% 정도를 담당하는 것이 적절함에도 불구하고 전 세계 생산량의 40% 이상을 담당했다. 이 막강한 경제력을 바탕으로 국가 간 '정正의 합산Plus sum'을 이루는 교역 체제를 보유하는 것이 국제 질서 안정에 도움이 된다는 신념 아래 개방·자유무역을 확산시켰다. 이때 '상품이 자유롭게 국경을 넘지 못하면 군인이 이를 넘게 된다'는 믿음이 있었다.[22] 그 결과 1950~2007년까지 세계 교역은 매년 6.7% 성장했다. 이는 1850~1913년까지 성장률 3.8%를 상회하는 수치다. 같은 기간 세계 GDP 성장률은 3.9%로 1820~1950년까지의 1.6%에 비해 괄목한 성과를 보여주었다.[23]

이렇듯 초강대국 미국이 국제 사회에 전면 등장해 국제 질서 유지에 단독 책임을 지자 베르사유 체제 이후부터 도덕적 관점에서 타기시되던 세력 균형 기제는 덤버턴오크스 체제에서 아예 작동하지 않게 되었다. 이런 환경에서 서유럽의 모든 국가는 안보와 번영을 미국에 의존해 해결하려는 경향이 현저해졌다. 그 결과 미국과 서유럽이 한 축이 돼 '대서양 동맹'이라는 개념을 성립하고 안보를 위해서는 미국의 보호 아래 북대서양조약기구NATO를 결성하기에 이른다. 경제적으로는 세계은행IBRD과 국제통화기금IMF을 창설했다. 국제 질서 유지를 위해서는 2차 세계대전 후 독립한 모든 신생국을 포함하는 UN이 출범한다. 국가 간의 교역 관계를 규율하기 위해 관세와 무역에 관한 일반협정GATT을 체결하고 GATT의 실행 등을 담당하기 위해 세계무역기구WTO를 설립했다.

2차 세계대전 후 미국 주도로 구축된 세계 질서는 근대 이후 존재한 어떤 국제 체제와 다르게 미국이란 한 국가가 제공하는 공공재에 의존해 움직인다. UN을 비롯한 다양한 국제기구가 국제 질서 유지의 한 축을 담당함으로써 법적·제도적 장치가 어느 한 국가의 노골적인 권력Power 행사나 남용을 견제하는 새로운 양상이 국제 정치에 대두된다. 이런 면에서 오히려 팍스 아메리카나 체제는 이전 국제 체제보다 2,000년 전 팍스 로마나 체제와 여러 면에서 닮아 있다.

국가 간의 분쟁이나 이견이 있을 때, 당사자 간 협상으로 해결 안 될 경우 무력에 의존해 해결하는 경향이 일반적이었다. 그에 비해 2차 세계대전 후 국제 사회, 특히 UN 헌장은 국가 간 분쟁 해결 과정에 대해 법으로 무력 사용을 금지하고 각국의 무력 사용은 자위권 발동에만 한정했다. 특정 국가가 세계 질서나 평화를 파괴한다고 UN이 판단할 경우 UN 회원국은 이 국가에 집단 무력을 행사할 수 있도록 한 집단 자위권을 규정했다. 이로써 국제 사회에서 처음 사적 자치와 무력 개별적 사용의 자유를 제한하고 무력 사용을 형식적으로 중앙 상위 기구에 위임하는 형식으로 발전했다.

이로 인해 국제 사회에서도 사상 처음으로 개별 국가의 주권 신성 불가침성이 제약을 받는다. 국제 사회가 만인의 만인에 대한 투쟁이라는 원시적 상태에서 벗어나 UN이라는 상위 기관에 형식적으로 세계 질서와 평화를 유지하는 책임과 권한을 이양하는 대가로 UN으로부터 안전을 보장받는 개념을 도입한 셈이다. UN에서 인류의 평화와 안전 문제를 논의하는 기관을 '안전보장이사회'라고 명명한 이유는 주권의 일부 이양에 대해 안전 보장이 반대급부로 제공된다는 것을 상정한 것이다. 각국 내에서 개인들이 사회 계약에 의해 개별적 무력 사용권을 포기하고 국가의 무력 독점 사용권을 인정하는 대신 국가로부터 안전을 보장받는 것과 동일한 개념이 국제 사회에 처음 도입된 것이다. 이 점에서 국제 사회 질서 유지 체계가 획기적으로 발전했다고 할 수 있다.

물론 이상적으로 설계한 UN도 이후 국제 사회가 이념으로 인해 자유 세계와 공산 세계 동서 양 진영으로 분리되면서 제대로 작동하지 못하기도 한다. 다시 양 진영 간 힘의 대결과 세력 균형으로 질서가 유지되는 냉전 시대로 들어간다.

2차 세계대전 후 전 세계를 대상으로 전후 질서를 구축해 팍스 아메리카나 시대를 열어가려 했던 미국의 의도는 얼마 있지 않아 공산 진영이 등장하면서 벽에 부닥쳤다. 세계 질서가 양분화되고 팍스 아메리카나 체제는 공산 진영이 1990년에 해체될 때까지 주로 서방 진영에 국한해서만 제대로 작동할 수 있는 정도였다.

미국은 서방 진영에 대해 전후 재건을 돕기 위해 막대한 경제적 지원과 원조를 제공하는 한편 자국의 시장을 개방해 서방 국가가 미국 시장에 저렴한 관세만 물고 수출을 하게 함으로써 많은 나라가 빠르게 경제 성장을 할 수 있도록 도왔다. 마셜 플랜은 서방 자유주의 국가에게만 제공했다. 공산 진영은 이에 대항해 경제상호원조회의COMECON를 만들어 소련이 주축이 돼 구동구권 국가들의 재건을 도왔다.

군사적으로도 미국은 서방 국가와 다양한 군사 동맹을 맺었다. 서방 국가가 다른 세력으로부터 공격을 받으면 미국의 군사력, 필요시 핵을 사용해 안전을 보장해주고 서방 국가가 국방비를 줄이고 경제 발전에 전념할 수 있게 해주었다. 2차 세계대전 후 미국은 세계 약 40개국과 군사 동맹 또는 협력 관계를 맺었다. 이는 미국이 건국 이후 200여 년 동안 지켜온 평시에는 어느 나라와도 동맹을 맺지 않는다는 고립주의 관행을 처음 무너뜨린 예다.

미국은 서유럽 국가들과는 NATO를 만들어 공산 진영 출현 이후 UN에서 작동하지 않는 집단 자위권을 NATO 회원국 간에 작동하도록 했다. NATO 회원국 간에는 상호 무력 사용을 금지하고 상위 기구인 NATO에 자국의 군사력을 배속시키고 NATO의 집단 자위권 발동에 회원국은 동참함으로써 자국의 주권 제약을 자발적으로 수용하는 대신 안전을 보장받는 길을 선택한 셈이다. NATO의 핵심 무력은 미국이 제공하고 있다. 따라서 NATO의 사령관직을 미국의 지휘관이 맡게 된다. 이로써 미국이 회원국 군대를 통솔하는 상하 관계를 형성하게 된다. 베스트팔렌 체제 이후 근대 국가 체제가 주권 국가 간 평등한 관계에서 작동하던 오랜 관행이 약화되고 팍스 로마나의 작동 원리와 유사한 면을 보여주기도 한다. 로마의 속주들이 자국의 안전을 로마에 대부분 의존했던 사례와 유사하다.

미국은 서유럽 외에도 한국, 일본, 이스라엘, 오스트레일리아 등 여러 국가와 개별 군사 동맹을 맺는다. 물론 여러 지역에서 중앙조약기구CENTO, 동남아시아조약기구SEATO 등 지역 동맹과 군사 협력 관계를 만들어 팍스 아메리카나 체제의 기둥으로 삼았다. 미국과 군사 동맹을 맺은 국가들은 NATO 회원국과 마찬가지로 자국의 안전을 미국으로부터 보장받는 대신 자국의 주권을 어느 정도 제약받으면서 미국의 주도권을 인정하는 '주권-안보 교환 모델'을 당연한 것으로 받아들였다.

팍스 아메리카나 시대와 냉전 시대가 중첩돼 미국이 소련의 견제를 받았음에도 불구하고 미국은 2차 세계대전 이후 여러 주요 전쟁에서 동맹국 군대나 연합군을 동원해 소련과 비교되지 않을 정도의 압도적 영향력을 입증했다. 한국 전쟁에서 미국은 21개 참전국을 UN 깃발 아래 동원하고 지휘하며 공산 세력을 격퇴하는 사례를 보인 것을 필두로 이라크 전쟁 및 아프가니스탄 전쟁에서도 다수의 서방 국가를 다국적군 형태로 결집해 미국의 지도력이 건재함을 보여주었다.

서방의 국가들이 미국의 군사력을 믿고 미국에 자국의 안전 보장을 위임할 수 있는 배경에는 막강한 군사력이 있다. 미국은 지금도 세계 최대의 국방비를 지출하고 있다. 미국 국방비는 2~10위까지 국가의 국방비를 합친 것만큼 될 정도로 막대하다. 이런 국방비를 바탕으로 미국은 전 세계에 자국의 군사력을 언제, 어디에나 전개할 수 있는 군사력 투사 능력을 보유하고 있다.

미국은 전 세계 대륙 및 대양을 지역별로 분담해 담당하는 지역 사령부를 6개나 두고 있다. 미국 항모 전단 하나의 공격력이 웬만큼 큰 나라의 공군력 및 전체 화력과 맞먹을 정도다. 이런 항모 전단을 6개나 보유하고 있다. 이는 세계 어느 지역에 분쟁이 발생하거나 적국이 존재하더라도 단시간 내 엄청난 병력을 전개해 공격할 수 있는 능력을 의미한다. 이 덕분에 서방 국가들은 미국의 안전 보장을 신뢰할 수 있다.

20세기 들어서면서 미국의 산업 능력은 급속하게 발전한다. 미국으로 부가 집중하면서 금 보유량도 급증한다. 미국의 화폐인 달러화의 가치도 지속 상승해 급기야 1차 세계대전 종전 이후에는 세계의 기축 통화였던 영국의 파운드화를 위협한다. 2차 세계대전 후 미국이 전 세계 유일 초강대국으로 부상하면서 달러화가 드디어 파운드화를 밀어내고 기축 통화의 지위를 차지한다.

2차 세계대전 후 달러화 지폐는 일정량의 금과 교환할 수 있는 금 태환제를 보장받아 가장 안전하다. 이외에 전 세계 교역이 미국 중심이므로 결제를 하려면 달러화를 쓰는 것이 편리해 달러화는 기축 통화의 역할을 잘 수행했다. 그러자 각국 정부들은 자국의 화폐의 안정성을 유지하기 위해 달러화에다 자국 화폐의 가치를 연동시키기도 하고, 중앙은행으로 하여금 달러화를 가급적 많이 비축하도록 했다. 이 과정에서 달러화의 기축 통화 지위는 더욱 향상될 수밖에 없었다.

세계 교역량이 확대되면서 교역 결제 수단으로서 달러화의 필요성은 점차 커졌다. 미국 연방은행BoA은 달러 수요를 감당하려고 발권을 늘려갔다. 달러화는 전 세계 통화의 유동성을 담보하는 수단이 됐고 미국의 지속적인 달러화 공급은 전 세계 교역 규모가 확대되는 데 기여했다. 이러한 국제 교역의 결제 수단으로서 달러의 지위, 즉 기축 통화로서 달러는 '트리핀 딜레마Triffin dilemma'라는 유동성 딜레마를 원천적으로 가지고 있다. 기축 통화국인 미국이 국제 유동성을 풍부히 제공하기 위해서는 무역 적자를 많이 기록하면서 세계에 달러를 많이 유통시켜야 하나 마냥 무역 적자가 누적된다면 달러의 가치가 하락해 기축 통화의 신뢰도가 떨어지는 모순을 겪게 된다. 이러한 딜레마는 대미 무역 흑자국들의 미국 국채 매입 등으로 달러가 미국 내로 다시 환류되거나 미국이 인위적으로 무역 적자를 완화하는 조치들을 취함으로써 일부 완화되기는 하나 장기적으로 달러 가치를 유지할 수 없어 국제 금융 체제의 불안 요인이 된다.

달러의 기축 통화 역할은 미국이 군사력 외에 팍스 아메리카나 시대를 이끄는 또 하나의 강력한 무기다. 제1기축 통화를 소유한 국가는 '시뇨리지 효과Seigniorage Effect'를 누릴 수 있다. 이는 화폐 발행을 통해 거둬들이는 경제적 이익을 말한다. '시뇨르Seigneur'란 프랑스어로 영주, 제후를 칭한다. 옛 영주가 재정이 바닥이 났을 때 이를 보충하기 위해 금화에 불순물을 넣는 화폐 사기를 벌이는 행위를 빗대어 '시뇨리지 효과'라고 했다. 현대에서는 기축 통화국이 화폐 발행을 통해, 즉 미국의 경우 달러화를 찍어내고 이 달러로 외국의 물품을 손쉽게 구매하는 동시에 이로 이해 발생하는 무역 적자를 계속 메꾸는 특권 행위를 말한다.

화폐가 금화나 은화에서 지폐로 되고, 미국은 달러화에 대한 금태환 제도[24]를 1971년 폐지한 후에 1달러를 발행하면 1센트의 인쇄비만 제외하고 99센트의 이익을 차지할 수 있게 되었다. 이 돈으로 미국은 다른 나라들이 힘들여 생산한 물품들을, 수고하지 않고 발행한 달러를 지불함으로써 자국에 그냥 수입할 수 있다. 이는 다른 나라의 재화를 거의 비용 지불 없이 자국으로 강제 이전시키는 것과 다름없다.

2010년 기준, 미국을 포함한 전 세계에 유통되는 달러 총액은 국채와 달러를 합쳐 28조 달러가 넘었다. 2015년을 기준으로 국제 교역에서 달러화 결제 비율이 여전히 45%에 달하고 있어 달러는 제1기축 통화임에 틀림없다. 미국은 약 28조 달러에 달하는 외국의 부를 자국으로 이전시킬 수 있는 능력을 화폐 발행을 통해 확보한 셈이다. 이 밖에 미국이 무역 적자를 많이 보고 있으며 중국과의 교역에서 매년 3,000억 달러의 무역 적자가 발생해도 중국이 무역 흑자를 통해 비축한 달러를 미국의 국채에 재투자해 달러가 미국으로 환류됨으로써 급격한 달러 가치 하락 없이 미국이 지속적인 무역 적자 구조를 유지할 수 있었다.

미국이 천문학적인 무역 적자를 보고도 버틸 수 있는 이유는 다른 나라들이 자국의 부의 가치 저장 수단으로 달러를 외환 보유고 형태로 가지고 있기 때문이다. 이로 인해 미국은 역설적으로 적자를 보고 있을 때 더 많은 달러를 발행해 달러의 가치를 하락시키면 명목 부채는 증가하나 인플레이션 효과로 실질적인 대외 부채는 줄어드는 효과를 누릴 수 있다.

즉 현재 중국이 약 4조 달러에 달하는 달러 보유고를 자랑한다고 하나 미국이 달러를 더 발행해 그 가치를 하락시키면 그냥 앉아서 보유한 외환의 실질 가치 감소를 당하게 된다. 더 나아가 중국이 보유한 4조 달러 외환 보유고의 대부분을 미국 국채 형태로 보관하고 있는데 중국-미국 간 무역 전쟁이 심하면 어떻게 될까. 중국이 미국에 대한 보복 수단으로 미국에 국채를 투매한다고 해도 미국이 달러를 더 발행해 이를 사들이면 국채 전체의 실질 가치가 떨어진다. 그러므로 이것은 효과적인 보복 수단이라기보다 자해 조치가 될 수 있어 중국도 선뜻 실행에 옮길 수 없다.[25] 중국이 보유한 미국의 국채는 1조 달러를 상회하는 것으로 알려졌다. 이는 전 세계 미국 국채 시장 규모가 약 11조 달러인 점을 감안하면 미국에 위협일 만큼 결정적이지는 않다. 따라서 중국이 투매하더라도 나머지 국가들이 미국 국채를 가치 저장 수단으로 생각하고 매입하면 미국에 피해를 주는 것이 아니라 오히려 중국에 자해적인 조치가 될 수 있다.

달러화가 기축 통화가 돼 미국이 가지게 되는 또 하나의 이점은 서방의 국가는 물론 미국과 적대 관계인 국가들까지 제3국과 거래 시 달러 결제가 가장 편하고 안전함을 알고 선호하기 때문에 미국은 이들 국가 간 거래를 금융망을 통해 파악하고 차단하거나 제재할 수 있는 능력을 보유하게 된다는 것이다.

국가 간 달러 결제는 현금으로 직접 주고받는 소규모 거래가 아니면 뉴욕 연방준비위원회와 금융 결제망을 거칠 수밖에 없다. 모든 거래가 미국에 노출된다는 말이다. 미국이 이를 추적·감시하면 특정 거래의 결제를 차단할 수 있다. 미국이 제재 대상에 올린 국가나 단체의 달러 결제를 도와주는 제3국의 은행·금융 기관은 미국 행정부가 제재를 가하면 미국과의 달러 거래를 금지당할 수 있어 이를 회피하려 한다. 따라서 미국의 국익에 반하는 사업을 하는 기업의 금융 거래를 맡아줄 은행이 없게 돼 미국은 달러를 도구로 삼아 전 세계 많은 국가를 좌지우지할 수 있는 권력을 가지고 있다.

미국이 국제 금융에 큰 영향력을 행사할 수 있는 배경은 달러화의 기축 통화 성격도 있지만 은행 간 송금 결제 시스템인 '국제 은행 간 통신 협정SWIFT'이란 제도 때문이다. SWIFT는 1973년 유럽과 북아메리카 240여 개 금융사가 구축했다. 지금은 전 세계 1만 1,000개 은행 및 금융 기관이 가입하고 있다. 은행 간 송금 시 각 은행은 고유의 SWIFT 번호를 써야 하며 국제 송금 현황은 SWIFT 시스템 내에서 파악할 수 있다.

이를 통해 미국은 미국이 일방적으로 부과한 제재, 즉 이란이나 북한에 대한 제재를 어기고 이들 국가와 거래하는 외국 기업을 파악할 수 있다. 이들이 미국 금융 기관과 거래를 하지 못하도록 제재도 할 수 있다. 이를 '세컨더리 보이콧Secondary Boycott'이라 한다. 제3국 기업에 대한 미국의 제재 가능성으로 인해 미국 법을 제3국에 적용한다고 해서 다른 나라들의 불만이 내심 높으나, 국제 금융 시장에 대한 미국의 지배력 때문에 공식적으로 이 문제를 제기하지 못하고 있다. 이로 인해 유럽 국가들을 중심으로 SWIFT 시스템을 대체하는 독자적인 국제 은행 간의 결제 시스템을 구축하자는 논의가 시작되고 있다.

하여간 이 달러의 특수 지위로 인해 많은 국가가 미국의 영향력 아래 있을 수밖에 없다. 역설적으로 경제 운용을 잘해 달러 보유고가 많아진 경제 대국일수록 미국의 화폐 정책과 달러화 가치 변동에 민감하게 반응하게 된다. 따라서 미국과 미국의 정책에 더 순응하게 된다. 한마디로 달러는 미국의 패권을 유지하고 패권 운용을 수월하게 하는 데 중요한 도구다.

미국은 이 달러화를 1913년경 태프트 대통령 시절부터 외교 정책의 중요한 수단으로 써서 '달러 외교Dollar diplomacy'라는 명칭을 얻었다. 미국의 영향력을 뒷마당이던 라틴아메리카에서 공고히 하기 위해 주로 미국이 라틴아메리카에 달러화로 큰 자금을 빌려주고 이 국가들을 미국의 영향력 아래 두는 것이 주목적이었다. 미국 기업이나 자본이 미국 정부가 대여하는 자금을 따라 이들 국가에 진출함으로써 미국의 경제적·상업적 이익도 확대됐다. 이러한 미국의 달러 외교는 2차 세계대전 종전 후 좀 더 본격화됐다.

2차 세계대전 후 미국은 전쟁으로 피폐해진 서유럽의 재건을 돕고 이들을 미국의 영향력 아래 두기 위해 마셜 플랜 같은 대규모 지원 정책을 펼쳤다. 1947년 미국 국무장관이던 마셜은 유럽의 재건을 위해 미국이 130억 달러의 원조를 제공하겠다는 구상을 발표했다. 당초 계획에는 유럽 내 전 국가를 원조 대상으로 했으며 소련도 이 계획에 참여할 것을 권고했다. 그러나 소련은 미국의 대규모 원조는 미국과 경제 협력을 전제로 함을 간파하고 원조를 받는다면 미국과의 관계를 정리할 수 없다는 관점에서 폴란드나 체코가 마셜 플랜에 참여하는 것을 막았다.

그러나 소련이 동유럽 쪽으로 자신의 영향력을 확대해 나오면서 동유럽에 위성국가를 세우기 시작하자 미국의 원조는 이들 국가에는 제공되지 않았고 이를 빌미로 소련은 미국이 전쟁 기간 중 2배 이상 증가한 국부를 바탕으로 전쟁으로 피폐해진 국가들의 자산을 헐값에 사들이려는 야욕을 가지고 있다고 비난하고 동유럽에서 미국이 이러한 달러 외교를 하지 못하도록 견제했다.[26] 이로 인해 미국의 달러 외교가 통할 수 있는 대상은 서방 진영 국가로 한정되었다.

미국의 압도적인 국력과 지도력을 바탕으로 유지되던 팍스 아메리카나 시대에 미국의 영향력은 군사력·산업력으로 대표되는 하드 파워뿐 아니라 소프트 파워에서도 타의 추종을 불허한다. 2차 세계대전 후 지금까지도 미국은 학문과 과학·기술 분야에서 전 세계를 리드하고 있다. 경영학이란 새로운 학문 분야를 개척해 전 세계에 보급하는 등 미국의 교육 체제는 밴치마킹 대상이 됐다. 전 세계 우수인재가 미국의 대학으로 유학 와서 교육을 받고 출신국으로 돌아가 미국식 교육과 학문 방법론을 전파하고 있다.

그 외에 언론, 영화, 대중가요 등 문화 분야에서 미국의 영향력이 지대하다. 미국의 표준이 세계 표준이 되는 현상이 일반적이다. 지금 인류가 쓰는 컴퓨터와 관련 IT 기술 등은 미국에서 발명하고 창안했다. 지금도 미국은 계속 혁신적인 표준을 만들고 있다. 이러한 월등한 소프트 파워로 미국은 전 세계를 리드하고 있다. 한때는 미국에서 생산한 뉴스가 전 세계에 공급되기도 했다. 전 세계는 이 뉴스를 그대로 수용했으나 세월이 지나면서 미국적 세계관과 미국 국익을 반영한 것이 알려지면서 다른 세력들도 독자적인 뉴스 공급망을 구축하기 시작했다.

팍스 아메리카나 시대에 미국은 자국의 건국 시절부터 중시하는 가치인 자유와 평등, 인권과 민주주의뿐 아니라 최강 경제 대국으로서 자유무역주의와 개방된 시장 경제의 가치를 지키고 전파하려고 노력했다. 미국의 양 정당의 경향이지만, 민주당과 이를 지지하는 미국인들은 미국이 전 세계에 이를 전파하는 메시아적 소명이 있다고 생각할 정도로 집착했다.

물론 일부 비판적 시각에서는 미국이 이 같은 가치를 널리 전파하는 것이 자기 국익에 유리하고 일부 개발도상국을 이 같은 가치를 빌미로 압박해 정권을 교체하는 수단으로 악용한다고 보기도 한다. 반대로 현실주의적 관점에서 미국의 국익에 단기적 역효과가 날 수 있음에도 불구하고 미국은 이런 가치를 국가 간 관계에서 앞세울 일이 많을 정도로 외교 정책의 주요한 근간으로 삼았다. 미국의 이러한 가치와 이념에 입각한 대외 정책은 미국을 서방 세계의 지도 국가로 오랜 기간 남게 했다. 미국의 소프트 파워는 냉전 시대 서방의 국가들을 결속시키는 데 적지 않은 역할을 했다.

팍스 아메리카나 질서는 전후 70년이 지난 지금까지 세계의 기본 질서로 작동하고 있다. 이 기간에 전 세계 경제 규모는 전례가 없을 정도로 급속히 팽창했고, 전 세계를 하나의 지구촌으로 만들 정도로 세계화가 널리 진행됐다. 그 결과 인류는 70년 이상이라는 긴 기간 동안 주요국 간 전쟁이 발생하지 않는, 역사상 경험하지 못한 긴 평화 시대를 누리고 있다.

냉전 체제

냉전 체제 이전 역사에 존재했던 국제 체제들은 자연 상태의 약육강식 체제를 제외하고 계속된 정복 전쟁 승리를 통한 강력한 제국의 출현으로 성립하거나 전쟁 후 새로운 전후 질서를 구축하기 위한 전승국 간의 회의 결과 등 적극적인 행위에 의해 만들어졌다. 이에 반해 냉전 체제는 미국을 정점으로 하는 서방 진영과 소련을 정점으로 하는 동구 진영 간 양극화가 이념 대립으로 자연스럽게 이뤄지고 서로 견제와 대립 관계를 유지함으로써 2차 세계대전 후 40년 동안 소극적으로 지속되었다.

냉전 체제는 의도적으로 창출된 질서가 아니므로 양 진영의 지도 국가인 미국과 소련은 오히려 이 냉전 체제를 완화하기 위한 방법의 하나로 '데탕트'라는 형태의 외교 노력을 전개한 적도 있었다. 2차 세계대전 후 새로이 국제무대에 등장한 신생 독립국들은 이 양 진영 간의 대립 구도에 편입되지 않기 위해 의도적으로 비동맹 운동을 전개하며 제3의 진영을 만들기도 했다.

냉전 체제는 이처럼 의도적으로 창출된 질서는 아니지만 2차 세계대전 후 40여 년 동안 국제 정치를 지배하는 질서 체제였으며 그 기간은 어느 국가도 냉전 체제의 영향력에서 벗어나 독자적인 외교를 전개할 수 없었다. 냉전 체제는 양 진영 간 관계를 규율하는 여러 하부 체계를 생성하면서 두 진영 간 대규모 충돌, 즉 열전을 방지하는 기능을 했다는 면에서 하나의 질서 체계라 할 수 있다.

냉전 체제가 두 진영이 서로 다른 이념, 즉 한쪽은 자유민주주의 및 자본주의 체제를, 다른 쪽은 인민민주주의 및 공산주의 체제를 신봉하고 이 다른 이념 체계를 전 세계에 널리 전파하는 경쟁을 했다는 점에서, 국제 사회는 베스트팔렌 체제 이전의 상황으로 돌아간 듯한 양상을 보였다. 베스트팔렌 체제 성립 이후 300여 년 만에 다시 종교·이념 같은 관념적인 것을 기준으로 국가 간의 관계가 형성되고 이 관념적인 이상을 위해 전쟁까지 불사하겠다는 상황이 도래하게 된 것이다. 따라서 냉전 체제에서는 양 진영 간에 이념 대결과 체제 경쟁이 벌어지고 핵무기의 개발로 전쟁이 발발할 경우 양 진영이 전멸한다는 공포를 공유했기에 열전은 발생하지 않았다. 그래도 양측이 방송, 문화 등 다양한 수단을 동원해 자기 이념과 체제의 우월성을 홍보하는 경쟁은 전쟁처럼 치열해졌다.

단지 자신의 이념과 체제를 홍보하는 정도를 넘어서 상대측에 이념과 체제를 주입시키기 위해 끊임없는 심리전도 전개했다. 상대측을 내부에서 허물기 위한 스파이 공작 등도 서슴없이 감행했다. 이 같은 양 진영 간의 체제 경쟁은 과학과 기술 분야까지 이어져 1950년대 양국은 핵무기 및 운반 수단 개발 경쟁을 거쳐 1960년대에는 우주 경쟁으로까지 과열됐다. 그리하여 미국은 소련이 지구 밖 정지 궤도에 유인 우주선 스푸트니크를 먼저 쏘아 성공시키자 이를 '스푸트니크 쇼크'라 불렀다. 이후 미국도 과학 및 우주 탐사에 천문학적 비용을 투입해 마침내 달에 미국 우주인이 처음 발을 디디는 쾌거를 이뤄내 '스푸트니크 쇼크'를 극복했다.

냉전 동안에는 총탄이 난무하는 열전은 벌어지지 않았지만, 눈에 보이는 물리적 무력이 아니라 눈에 보이지 않는 선전·홍보·심리전을 동서 양 진영이 격렬하게 주고받아서 '냉전'이라고 불렀다. 이런 격렬한 경쟁과 양 진영 간 적대감으로 두 진영에 속한 국가 간에는 인적·문화적 교류마저 거의 단절돼 한 국제 사회 내 2개의 다른 체제가 존재하는 형국이 됐다.

냉전 체제의 국제 질서 속에는 3개의 주요 행위자 그룹이 있다. 서방 진영, 동구 진영, 비동맹 그룹이다. 양 진영 간에는 힘에 의한 균형, 특히 핵무기를 고려할 경우 '공포의 균형'을 이루고 있어 양측은 물리적·군사력 충돌을 하면 자멸한다는 인식을 갖고 서로 견제·대결은 하지만, 공존이 가능하기도 했다. 비동맹은 양 진영의 대결 구도에 편입하는 것을 처음부터 거부하고 독자 중립 노선을 추구하면서 양 진영 사이에 능동적인 균형자 역할을 하지는 않았다. 오히려 수동적으로 중립 노선을 표방했기에 양 진영의 선전 및 홍보전의 대상 또는 양측 진영의 대리전의 전장이 되기도 했다.

양 진영의 힘의 균형을 지키기 위한 첫 수단은 각기 구축한 진영 내 군사 동맹이다. 서방 진영에서는 이를 NATO, 동구 진영에서는 바르샤바 조약 기구라고 했다. 각자 조약 기구 내 한 회원국에 대한 외부의 무력 공격은 전체에 대한 무력 공격으로 간주하고 집단 자위권을 발동하도록 규정했다. 이전 역사에서는 사례를 찾아볼 수 없을 정도의 대규모 군사 동맹 블록을 형성한 것이다. 동맹의 규모가 커서 양 진영 간 전쟁이 억제되는 반면, 한번 사소한 무력 충돌이라도 발생하면 전 회원국이 참전해 3차 세계대전을 피할 수 없는 위험한 힘의 균형을 유지했다.

양 군사 동맹은 대등한 국가 간의 동맹이라기보다 미국과 소련이라는 양대 강국이 동맹 군사력의 대부분을 담당하고 나머지 국가들은 회원국으로서 의무 및 발언권을 확보하기 위한 수준의 군사력만 제공하는 정도였다. 따라서 이 군사 동맹은 미국과 소련이 보호자Patron, 나머지 국가는 수혜자Client라는 수직적 관계를 맺게 돼 미국과 소련의 주도권이 확실했다. 어찌 보면 불평등 관계에서 주권의 제약을 받지만 다른 회원국들은 자국의 국방비를 아껴 경제 개발 등에 쓸 수 있어 실리적으로 더 나은 측면도 있었다. 이런 현상을 회원국들이 자국의 안보를 동맹에 편승해 보장받는다는 측면에서 무임승차Free riding한다고도 볼 수 있었다.

동맹의 불평등한 관계는 과거 국제 체제에서는 잘 존재하지 않았다. 그러나 이런 동맹이 될 수밖에 없었던 이유는 미국이나 소련의 군사력이 압도적이어서 다른 국가들은 미국이나 소련 둘 중 하나에 의존하지 않고는 자체적으로 국가 안보를 담보할 수 없었기 때문이다. 미국과 소련의 군사력은 재래식 전력에서만 압도적일 뿐 아니라 핵 전력도 압도적이어서 불평등한 관계를 심화시켰다. 미국과 소련은 자기 진영 안에서는 별도의 패권국 역할을 했으므로 냉전 시대에는 두 체제 속에 2개의 패권국이 존재했다고 할 수 있다.

냉전 체제에서 유례없을 정도로 큰, 양 진영의 대규모 군사 동맹이 충돌하지 않고 40여 년 동안 질서를 유지할 수 있었던 두 가지 이유가 있다. 첫째, 엄청난 양의 핵무기를 양측이 보유해 질서 변화를 시도하다 전쟁이 발발하면 양측이 공멸한다는 인식 아래 '공포의 균형'을 유지했다. 그래서 냉전 체제가 안정적이었다. 힘의 균형이 아니라 공포의 균형이 질서 안정을 기했다는 말은 물리적인 힘에서는 서방 진영이 동구 진영보다 월등하나 소련과 중공의 핵무기로 인해 양 진영 간 공포의 균형을 이룸으로써 전쟁 발발을 막았다는 것이다.

둘째, 양 진영이 블록화돼 교류·협력하는 일이 없고 외교 관계가 없어 사소한 마찰이나 충돌이 일어날 가능성이 적었다. 교류가 있어야 이익 충돌이 생기고 분쟁으로 이어지지만 양 진영은 격리돼 이런 가능성이 원천봉쇄돼 있었다.

냉전 중에 양 진영 간의 교류가 거의 없고 끊임없는 대치와 경쟁만 지속하고 어떤 협조 기제도 없었지만, 미국과 소련이 상호 협상하고 양측 간 관계를 규율하는 유일한 법적 기제로 군축 관련 회담과 전략 무기 감축 협정START, 전략 무기 제한 협정SALT 같은 조약이 있었다. 이 같은 군축 회담과 조약이 가능했던 이유는 양측이 끊임없는 군비 경쟁 속에서 지구 전체를 수십 번 폭파하고도 남을 2만여 기의 핵탄두를 보유하게 됨으로써 서로에 대한 확실한 파괴, 즉 상호 확증 파괴MAD 능력을 보유하게 된 이후 실질적으로 다량의 핵무기 보유는 필요없다는 인식이 공유됐기 때문이다.

미국에서는 핵무기에 대한 혐오와 공포가 거센 반핵 운동으로 번지고 있었다. 소련에서는 자국의 경제가 피폐해지고 막대한 비용이 드는 핵 전력을 계속 유지할 자신이 없었다. 결국 SALT에서 양측이 보유하는 핵탄두는 2,000기 이하, 대륙간 탄도 미사일ICBM은 1,000기 이하로 줄이기로 합의했다. 냉전 절정기 대비 80% 정도 감축해 양 진영 간 긴장 완화에 기여했음은 물론이다.

양 진영이 예민하게 대치하는데도 약 반세기 동안 냉전이 열전으로 비화되지 않은 이유 중 또 하나는 소련 측에서 먼저 제시한 '평화 공존'과 그 필요성을 서방 진영도 인식하고 있었기 때문이다. 소련은 바르샤바 조약 기구 회원국을 중심으로 공산주의 진영을 구축하고 서방 진영에 대해 심리전과 스파이전을 계속 전개했지만, 진정으로 서방 진영을 무력으로 공격해 승리를 쟁취하겠다는 의지와 실력이 부족하다는 것을 인식하고 있었다. 그러므로 소련은 1950년대 초부터 "각국이 무력으로 현상을 변경하지 말 것이며 상대 진영의 내정에 간섭하지 않는다"라는 평화 공존의 원칙을 서방 진영과의 관계에서 적용하기를 원했다. 양 진영 간의 전쟁 발발은 인류의 종말을 의미할 수도 있다. 이러한 공산 진영의 필요성을 서방 진영도 수용해 미·소 간에는 '평화 공존'이 하나의 운영 방식Modus operandi이 돼 미·소 정상 간 회동 시 이 원칙을 재확인했다. 이로 인해 양 진영은 약 반세기 동안 직접 충돌 없이 국제 관계를 관리할 수 있었다.

1950년대 마오쩌둥이 지도하던 중국은 공산주의 혁명 사상의 순수성을 지켜야 한다는 이념적 경향이 강해 소련이 자본주의 국가인 미국 등 서방국들과 평화 공존 정책을 취하는 것을 수정주의라 비판했다. 이러한 중국의 비판은 소련과 장기간 갈등 관계를 초래하는 원인을 제공했다. 중국은 국내적으로 대약진 운동과 문화혁명을 진행하면서 혁명 이념의 비타협성을 강조하고 평화 공존을 계속 거부했으나 중국은 양 진영 간의 평화 공존을 흔들 만한 독자적인 국력을 보유하지 못해 국제 정세에 영향을 끼치지 못했다.

그러나 중국도 미약한 국력을 인식하고 수세적·방어적 외교 정책을 전개했다. 이런 차원에서 양 진영에 속한 강대국과 그 동맹국들의 간섭을 배제하고 독자적인 외교 노선을 추구하려는 인도, 미얀마 같은 비동맹국과 손을 잡고 '평화 공존 5원칙'을 주장했다. 5원칙이란 상호 존중, 상호 불가침, 내정 문제 불간섭, 상호 이익을 위한 협력과 평등, 평화 공존을 의미한다. 이 원칙은 70여 개 이상의 비동맹국가 간의 관계에만 적용할 뿐 아니라 양 진영도 이 원칙에 입각해 비동맹국을 대해달라고 요구했다. 이 원칙은 냉전 시대를 규율하는 또하나의 운영 방식이 됐다.

경제마저 같은 진영 내에서만 교역이 발생할 뿐 진영을 넘나드는 관계는 존재하지 않아 양측이 거의 자급자족하는 경제권을 형성해 독립적으로 움직였기에 경제적 이익 충돌이 발생할 소지는 없었다. 서방 진영은 GATT 체제에서, 동구 진영은 코메콘COMECON, Council for Mutual Economic Assistance 체제에서 교역을 했다. 양 진영에서는 서로 다른 진영에 전략 물자 수출을 할 수 없도록 통제도 했다. 서방 진영에서는 '대공산권 수출통제기구COCOM'가 이를 어기는 서방 국가 소속 기업들을 제재하기도 했다.

냉전 초기 미국의 국력이 강성했을 때 미국 시장을 서방 진영 국가에게 개방함으로써 수출 주도형 경제 정책을 채택해 잘 이용하는 독일·일본·한국 같은 국가들이 빠른 경제 성장을 할 수 있도록 도왔다. 소련도 동구권 및 공산 국가들에게는 시혜적인 교역 구조를 유지했다. 소련의 농산물과 천연자원, 무기들을 저렴한 교역 조건으로 진영 내 국가들에게 제공하고 동구권에서 생산한 기계, 의약 제품 등을 수입했다. 이러한 시혜적 교역 구조는 장기적으로 소련의 경제 체제를 약화시켜 소련의 붕괴로 이어진다. 이러한 시혜적 무역 구조는 미국에게도 막대한 무역 적자를 안겨주었다. 미국은 기축 통화인 달러화의 역할과 국제 금융 제도를 자국이 운용하는 연성 국력을 바탕으로 이를 극복한 셈이다.

그러나 냉전 체제의 양 진영 간 공포의 균형에 의한 안정성이 유지된 반면, 양 진영 주변부로 가면서 양 진영이 자기 체제와 유사한 국가군을 더 확장시킬 의도로 양 진영을 부추기는 대리전이 더 많이 발생했다. 따라서 베스트팔렌 체제 이래 3세기 동안 세계 전쟁의 근원지였던 유럽에서는 전쟁이 발생하지 않았다. 그러나 한반도, 그리스, 인도차이나반도, 아프리카 등 중심부가 아닌 주변부에서 미국과 소련의 지원을 등에 업은 전쟁이 연이어 발생하고 이로써 주변부의 질서는 어지러워지고 만다.

2차 세계대전 종전 후 냉전과 관련해 발생한 국가 간 분쟁, 내전 또는 쿠데타 등 모든 무력 충돌에 대해 살펴보자. 1945년에 발생한 그리스 내전, 한국 전쟁과 베트남 전쟁 같은 전면적이고 국제전 성격의 대규모 장기전부터 이스라엘과 중동 간의 6일 전쟁 같은 단기·소규모 전쟁, 미국의 파나마 침공이나 소련이 헝가리 침공같이 미·소가 직접 개입한 전쟁까지 100여 건이 넘었다.[27] 미·소 간 직접 충돌로 인한 세계 대전은 발발하지 않았지만, 소규모 전쟁은 이전보다 더 증가한 셈이다.

냉전 체제에서 서방 진영의 기본 전략은 공산권 봉쇄 정책이다. 동구 진영이 소련을 위시해 중국, 동구 국가 등 유라시아 대륙 내에 대부분 위치하고 있어 이들이 해양을 통해 다른 대륙에 공산주의를 전파·이식하는 활동을 차단하는 데 주목적이 있었다. 이러한 서방 진영의 봉쇄 정책에 대항해 공산 진영은 서방 진영의 봉쇄망을 돌파·교란하면서 진영의 영역을 확장하는 것을 기본 전략으로 삼았다. '봉쇄Containment 정책'은 소련의 팽창주의적 야욕을 예견한, 소련에 주재했던 미국 외교관인 조지 케난이 처음 외교 정책으로 구상했다. 트루먼 대통령이 연설에서 이 정책을 공식 채택하면서 트루먼 독트린의 핵심 내용이 됐다. 이 전략은 공산주의의 팽창 정책을 적극 막아 이전의 경계로 돌려보내는 '원상복귀Roll back 전략'보다 소극적인 셈이어서 냉전 체제에서 양 진영 간의 경계선을 잘 관리해 냉전 체제가 안정될 수 있도록 했다는 평가를 받는다.

이러한 냉전 체제는 성립 시에도 어느 세력의 적극적인 노력으로 설계하거나 만든 것이 아니다. 이념 대결의 결과 자연스레 발생한 체제인데 냉전 체제 와해 시에도 외부의 공격이나 전쟁이 아니라 공산권 내부 모순에 의해 스스로 붕괴했다. 국제 질서에서 특이한 양태인 냉전 체제는 40년 동안 지속되면서 국제 관계를 경색하고 항상 긴장하게 하는 효과와 주요 세력 경쟁 블록 간에 큰 분쟁이 발생하지 않도록 억제하는 효과를 보여 국제 정세 안정에도 기여했다.

2차 세계대전 후 형성된 국제 질서 속에서 냉전 체제는 40년 동안 지속했으며 이 시기에 팍스 아메리카나 체제의 하부 체제로 존재했다. 이 체제는 세력 균형 체제의 변형이라고도 볼 수 있다. 엄밀한 의미에서 세력 균형 체제처럼 힘의 균형이 양 진영 간에 유지됐다기보다 공포의 균형에 의해 전쟁이 방지되는 특이성을 보였다.

냉전 체제가 세력 균형 체제라는 점을 간파한 닉슨 대통령은 소련의 도전에 대항해 중국을 미국 편으로 끌어들이는 대담한 외교 행보를 보였다. 이는 냉전이 이념에 기반한 양 진영 간의 대립이라는 고정관념을 깨고 국가 이익에 기반한 지정학적 균형 추구가 이념에 우선한다는 것을 보여준 사례다. 닉슨은 미국이 끊임없이 변하는 국제 정세에서 유일한 패권국이나 균형자가 아니라 세력 균형 체제의 일원이라고 규정하고 이에 따른 균형 유지 또는 견제 게임을 벌였던 것이다. 2차 세계대전 후 성립된 국제 질서의 세 하부 구조 중 팍스 아메리카나 체제나 UN 체제는 원칙과 이상에 입각해 미국의 유일 패권을 전제로 했다면 냉전 체제는 현실주의에 입각해 미국을 국제 질서 구성원의 하나로 간주했다는 점에서 상호 모순되는 면모를 보이면서 질서 유지를 해나가는 데 각기 기여했다.

냉전 기간 중 양 진영 간에 대규모 전면전은 발생하지 않았다. 대신 주변부에서 대리전이 다수 발생했다. 세계대전이 발생하지 않고 평화를 유지했다고 할 수 있으나 많은 전쟁이 발생해 양 진영 간 '차가운 전쟁'이 계속됐다는 표현이 잘 들어맞는 시기였다. 이는 세력 균형 게임이 중심부가 아니라 전면전 비화 위험성이 적은 주변부에서 전개됐다는 말이며, 냉전 체제가 세력 균형 체제라는 점을 반증하는 사례다. 그러나 냉전 체제의 세력 균형은 빈 체제의 세력 균형 기제처럼 힘의 전이를 수시로 반영해 양 진영 간 균형점을 찾아가는 유연성을 보일 수 없었다. 장시간 안정을 유지하는 듯 보이다가 어느 순간에 체제가 붕괴되고 말았다.

이는 냉전 체제가 양 진영 간 이념 경쟁으로 인해 완전히 분리돼 정보를 차단한 채 세력 변동 추이를 알 수 없는 상황에서 계속 대치하고 군비 경쟁을 하는 경직된 세력 균형 기제였다는 사실에 기인한다. 소련이 강력한 군사력을 과시했지만, 경제력의 기반은 날로 쇠퇴하고 있었다. 이념의 장벽으로 약화하는 세력을 다른 국가와 연합해 보충하지 못하는 상황에서 중국마저 미국과 연합해 무게 중심을 미국에 기울게 했으니 동구 진영의 몰락은 어느 정도 예견된 일이다. 그러나 그 체제의 경직성으로 중간에 세력 균형을 조정할 과정을 거치지 못한 채 한순간에 체제가 붕괴할 줄 전문가들조차 예견하지 못했다.

UN 체제

2차 세계대전 후 출현한 국제 질서가 이전 국제 질서와 확연히 다른 점은 UN을 비롯한 많은 국제기구가 등장하고 많은 조약과 국제 협약을 체결하면서 이러한 국제기구와 법체계가 국제 질서를 지탱했다는 것이다. 새로이 등장한 국제기구와 법체계가 협약 당사국의 자발적 동의에 의해 주권 국가의 주권을 일정 부분 제약하면서까지 국제 질서를 만들었다. 특히 국제기구 내에서 의사 결정을 역사상 처음으로 회원국의 다수결에 따라 했다는 점이 이전 체제와 다르다.

1차 세계대전 후에도 국제연맹을 설립해 국제기구라는 제도적 기반과 조약이라는 법적 기반을 바탕으로 국제 질서를 만들고 규율하려는 시도가 있었지만, 자국의 주권을 국제기구에 의해 제약받기를 싫어하는 미국을 위시한 강대국들이 가입하지 않거나 나중에 탈퇴해 국제연맹은 짧은 기간 내에 무력화돼버렸다. 국제연맹 시대에 의사 결정은 개별 국가의 주권의 절대성을 훼손할 수 없다는 생각에서 다수결이 아니라 컨센서스로 이뤄졌다.

1차 세계대전 전승 5개국이 막후에서 협상을 통해 작성한 후 다른 나라에 사후 공개하고 이를 수락할 경우 가입을 허용한 국제연맹 규약Convention에 비해 UN 헌장Charter은 2차 세계대전 후 거의 모든 국가가 참여했다. 50여 개국이 모인 샌프란시코 회의에서 채택한 UN 헌장은 국제연맹 규약의 단점을 보완해 UN이 실질적으로 작동하는 기구가 되도록 했다. 국제연맹은 다분히 이상주의적인 의사 결정 방식을 채택했을 뿐 아니라 전쟁 수행과 관련해 각국의 주권 행사를 억제하지 못하고 제한만 했다. 국제연맹이 자체 무력을 가지고 분쟁을 저지하거나 분쟁에 개입해 평화를 확보할 수단을 가지지 못했다는 얘기다.

국제연맹은 어떤 결정을 내리려면 회원국 모두가 찬성하는 컨센서스를 택해 국가 간에 분쟁이 생기거나 이견이 있으면 합의를 도출할 수 없어 무기력한 기구가 될 수밖에 없었다. 이에 반해 UN은 처음부터 전승 5국에 국제 평화 유지의 실질적인 책임을 지우고 이에 상응하는 결정권을 부여하는 것이 현실적이라는 인식 아래 15개 회원국으로 구성된 안전보장이사회를 별도로 만들었다.

전승 5강국은 영구적으로 상임이사국을 맡았다. 또한 상임이사국에게 거부권(비토권)을 허용해 어느 강대국의 일방적 행동으로 분쟁이 발생하는 것을 방지할 뿐 아니라 이들이 합의할 경우 강력한 조치를 할 수 있게 했다.

총회도 2차 세계대전 후 계속 등장하는 신생 독립국까지 포함했다. 그야말로 UN은 전 세계적인 기구가 됐다. 총회는 만장일치 대신 다수결로 의사 결정을 해 국제 질서에 처음으로 주권 국가들이 1국 1표라는 주권 평등의 원칙에 따라 투표를 했다. 다수결에 의한 투표 결과에 따라 회원국들은 주권을 국제기구의 결정에 기속시키는 현상이 발생해 UN의 효율성과 투명성을 증대시켰다. 1국 1표주의는 이전의 어떤 국제 질서에서도 상상할 수 없었던 주권 평등을 실질적으로 국제 사회에서 구현한 것이다. 이로써 국제 질서는 소수 강대국 간의 양해에 따라 질서를 유지하는 행태에서 벗어나 다수 국가의 참여 속에 다수결로 결정하는 민주적인 질서로 바뀌었다.

이 같은 의사 결정 방식은 국제 질서가 처음으로 국내 질서의 유지 방식과 비슷한 양상을 보인 것이다. 각국은 자국의 경제력에 비례해 국제기구 운영을 위한 의무 분담금을 납부하지만, 경제력이 큰 나라나 작은 나라나, 인구가 많은 나라나 적은 나라나 평등하게 한 표를 행사하면서 의사 결정에 참여하게 된 것이다. 이 의사 결정 방식은 국내 사회에 비해 사회 계약 개념이 훨씬 희박한 국제 사회의 성숙도를 감안할 때 획기적인 변모다. 그러나 국내 사회처럼 구성원이 의무 사항을 이행하지 않으면 강제력을 집행하는 최종 상급 기관이 없는 국제 사회에서 이 같은 민주적인 의사 결정 및 의무 부담 방식만 채택한 데 대해 UN 체제의 운영 과정에서 강대국들의 불만이 쌓였다.

다수결로 선출된 중앙 정부를 둔 국내 사회에서는 다수결의 원칙이 모든 구성원을 강제할 수 있지만 세계 정부도 아닌 국가 간 연합체인 UN에서 약소국들이 다수결로 정한 결정으로 강대국의 행동을 구속하는 데는 한계가 있다. 종종 총회의 다수결에 의한 결정은 국제 사회의 역학 관계를 반영하지 못하기도 한다. 따라서 이런 다수결 결정 제도에서 일부 강대국들은 UN이나 산하 국제기구들이 자신의 국익과 배치되는 결정을 하면 분담금을 납부하지 않거나 지연함으로써 불만을 표출하기도 했다.

UN은 국제연맹과 달리 회원국이 자진 탈퇴하는 것을 상정하지 않고 있다. 실제로 UN 회원국은 창설 이래 증가해 51개국에서 193개국이 됐다. 어떤 국가도 중도 탈퇴한 적이 없다. 1972년 중공이 대만을 대체해 중국의 합법 정부로 UN에 가입할 때 대만이 유일하게 회원국 지위를 상실했을 뿐이다. UN은 명실상부한 범세계적 기구다. 회원국 지위 상실 자체가 큰 불이익이라서 국제연맹 때와 같은 탈퇴 행위가 일어나지 않았다. 일본·이탈리아가 자국의 침략 행위를 국제연맹이 비난한 것에 불만을 품고 탈퇴를 대응 수단으로 여겼던 것과 같은 일이 발생하지는 않고 있다는 얘기다. 한마디로 UN의 권위와 강제력은 더 높아졌다.

국제연맹에서는 회원국의 전쟁 수행권을 완전히 금지하지 않았다. 회원국 간 이견이 있어 분쟁이 발생하는 경우, 회원국은 이 문제를 중재 위원회에 제소해 중재안을 구해야 한다. 하지만 중재안을 도출하지 못하거나 이 중재안이 자신의 국익에 반한다고 판단하면 각국은 이를 무시하고 마지막 수단으로 전쟁에 호소할 수 있었다. 따라서 일본·독일·이탈리아 같은 팽창주의적 야욕이 있는 나라들이 전쟁을 일으키는 것을 제도적으로 막지 못했다. UN은 이러한 국제연맹의 단점을 간파하고 회원국에게 원칙적으로 개별 무력 사용을 허용하지 않는다. 이것은 국내 사회가 근대 국가 체제로 발전하면서 사적 자치에 의한 개인의 무력에 의한 자력 구제를 금지한 것은 물론 봉건 체제 아래 영주들 간의 무력 분쟁을 하지 못하게 중앙 정부에 권력을 집중한 것에 비견될 수 있다.

개별 국가들은 자국의 국익 신장을 위해 무력을 사용할 수 없다. 오직 침공을 받았을 때만 자위권을 행사할 수 있다. 이것도 UN이 행동을 취하기 전까지 잠정적으로 허용하는 것이다. UN은 개별 국가의 전쟁 수행권보다 집단적 자위권이 우선하도록 했다. UN이 어떤 국가의 행동이 '평화에 대한 파괴'라는 판단을 하면 UN군을 구성해 집단적으로 평화에 대한 파괴 행위를 응징할 수 있다. 오직 개별 국가는 UN의 집단적 자위권이 발동할 때까지 한시적으로 개별적 자위권을 행사할 수 있다.

UN 역사상 UN이 집단적 자위권을 행사한 일은 소련 대표가 불참한 가운데 총회에서 한국 전쟁에 대해 '평화를 위한 단결' 결의안을 채택한 것이다. 한국 전쟁이 발발하자 UN은 남한에 대한 북한의 침공을 평화에 대한 파괴로 규정하고 이를 격퇴하기 위해 UN군 창설을 결정했다. 이 결의안에 따라 최초로 UN군을 창설했다. UN 회원국 중 16개국이 병력을 파견하고 5개국이 여타 의료 및 군수 지원에 참여했다. UN이 UN군의 깃발 아래 참전한 것은 한국 전쟁이 처음이자 마지막이었다. 한국 전쟁이 아직 휴전 상태이므로 한국에는 여전히 UN군 사령부가 존속하고 있을 뿐이다. UN의 집단적 자위권은 국제 사회가 동질적 국가로 구성된 것을 전제로 한 것인데 2차 세계대전 후 공산 진영이 대두하고 냉전이 시작되면서 이질적으로 변화된 국제 사회 내에서는 안전보장이사회 내 거부권 행사로 인해 이 집단적 자위권이 발동될 수 없었다.

이후 UN은 분쟁의 방지나 해결에 적극 개입하는 대신 세계 각지에서 발생하는 무력 분쟁을 예방하거나 확산하는 것을 방지하기 위한 소극적 조치를 취하는 데 만족해야 했다. 분쟁이 발생했을 경우 UN은 안전보장이사회 결의에 따라 UN 평화유지군PKF을 구성한다. PKF를 분쟁 지역에 보내 분쟁 당사자 사이에 배치하고 양측 간 무력 분쟁이 격화되는 것을 방지하는 역할을 하고 있다. PKF는 한국 전쟁에서 UN군처럼 침략을 무력으로 적극 격퇴해 평화를 회복하는 것이 아니라 자위권 외는 무력을 쓰지 않은 채 분쟁 당사자 사이에 배치돼 분쟁 발생만 방지하는 소극적인 역할을 한다. 그래도 국제 질서 유지에 적잖은 기여를 하고 있다.

UN 체제가 국제연맹 체제보다 국제 질서에 더 큰 영향력을 행사할 수 있는 이유는 UN이 자신을 모 기구로 해 휘하에 전문 기구를 기능별로 두고 있는 덕분이다. 게다가 UN은 IMF나 IBRD 등 특별 기구와 협조를 하고 있다. 산하에 다양한 기능을 하는 집행 기관들을 거느리고 있어 국제 사회에서 인간 활동의 거의 모든 영역을 관장하고 있다 해도 과언이 아니다. UN은 산하에 평화를 담당하는 안전보장이사회, 경제·사회 문제를 담당하는 경제사회이사회ECOSOC, 국가 간 분쟁을 법적으로 해결하는 국제사법재판소ICJ 등을 거느리고 있다. 그 외 모든 국제적 이슈에 대한 판단을 하고 결정을 내리는 총회가 있다. 국제 사회에 발생하는 일들이 모두 UN의 소관 업무 아래 있다고 볼 수 있다.

기후, 환경, 개발, 노동, 식량, 인권, 난민, 인구, 아동 복지, 문화·교육, 보건, 통상 등 인간 활동 전 영역에 걸친 분야의 전문 기구들이 각 영역에서 회원국 간의 협조와 공동 행동을 이끌어내는 기능을 하고 있다. 이는 마치 각국 정부 내 해당 부처들이 병렬해 분야별로 기능을 하고 있는 것과 흡사하다. UN은 세계 정부의 원초적 형태라 할 수도 있을 정도로 그 영향력이 광범위하다. 다만 UN 기구들의 활동 영역은 정부 부처처럼 기능적으로 세분화돼 있으나 책임과 권한은 크지 않다. 결국 결정 사항의 이행 여부는 개별 회원국 책임으로 환원되는 한계가 있다. UN 기구들은 개별 국가들의 종합체이지 그 자체가 별도 권능을 가진 독립된 정치체로서 독자적인 집행력을 보유하지 않는다는 한계가 있다.

이 기구들 외 UN은 세계적으로 중요한 현안이 발생하면 전 회원국이 참여하는 협상·회의를 개최한다. 협약을 도출하고 그 분야에서 국가 간 관계를 규율하는 법체계를 만드는 역할도 한다. 예를 들면 국가 간 해양 경계가 불명확해 분쟁이 자주 발생하자 UN은 해양법 협약 회의를 개최해 약 10년 동안의 협상을 거쳐 '해양 법 협약UNCLOS'을 채택했다. 향후 국가 간 해양 경계선이나 해양 개발 분쟁이 발생하면 해양재판소에서 해결하도록 했다. 기후 변화 문제가 심각한 현안으로 대두되자 UN 기후 변화 협약 회의를 개최해 도쿄 의정서와 파리 의정서 등을 채택해 각국이 이 의정서에 따라 자국의 배출 가스량을 감축하도록 했다.

이같이 UN의 국제 규범 창출 기능으로 인해 국제 사회는 이전과 전혀 다르게 국가의 행위를 법적 기반에 의거해 규율할 수 있다. 따라서 국제 사회도 국내 사회와 유사하게 많은 조약과 협약 등 법적 장치에 의해 그 사회 구성원의 행동을 규율하게 돼 국가 간의 분쟁을 임의로 해결하기보다 법적으로 해결한다. 그 결과 국제 사회에서 법적 안정성이 증가하고 있다. 따라서 국제 관계에서 분쟁보다 화해, 무력 해결보다 법적 해결이 더 지배적인 기조가 되었다.

UN이 UN 헌장이 상정하는 만큼 국제 정치의 중심으로 평화와 안전을 담보하지 못한 면도 있고, 회원 수가 증대하면서 의견 수렴 과정이 비효율적인 면이 있어서 미국 등 선진국의 관점에서는 관료화돼 예산 대비 성과가 적은 기구라고 비판하는 것도 어찌 보면 합당하다. 그러나 UN이 존재해 국제 사회가 사상 처음 공동체 개념을 가지고 각 회원국이 국제 사회의 일원으로서 책임과 의무를 다해야 한다는 관념이 자리 잡게 된 것은 국제 사회 발전을 위한 큰 진전이다.

UN이 설립된 이래 각국이 다른 국가의 이익과 상충할 때 이를 양자 차원에서 해결하거나 무력 분쟁으로 해결하려던 방식에서 점차 벗어나게 됐다. UN 체제에서 다자적 차원에서 국제법에 기반을 두고 분쟁을 해결하려는 경향이 지배적인 것도 국제 사회가 국내 사회를 좀 더 닮아간다는 측면에서 적지 않은 발전이다. 1991년 미국이 테러와의 전쟁의 일환으로 이라크를 침공했을 때를 상기해보자. 미국이 UN의 결의 없이 전쟁을 벌이는 것을 부담스러워하면서 그 대신 다국적 연합군Coaltion of willings를 구성해 정당성을 확보하려 한 것만 봐도 UN의 존재 자체가 자의적인 무력 행사를 방지하는 역할을 한다는 것을 알 수 있다.

UN 및 산하 전문 기구들은 선진국으로부터 의무 분담금이나 부유한 개인, 단체로부터 기부금을 받아 개발도상국이나 사회적 약자를 위해 지원 활동을 펼치고 있다. 국제 사회에서도 국내 사회와 유사하게 인도주의적 구호 활동이 가능해진 것이다. 미미한 수준이지만 부의 재분배 또는 자원의 선순환을 촉진하는 역할을 한다는 측면에서 UN은 국제 사회의 발전에 기여하고 있다.

물론 UN 창설 이래 70여 년 동안 5,000억 달러라는 예산을 매년 집행하면서 UN이 국제 사회를 근본적으로 변화시킨 것은 없다. 창설 시 이상처럼 주요 분쟁의 발생을 방지하지도 못했다. 지금도 UN은 물론 산하 전문 기구들이 언론의 주목을 받고 상대적으로 용이한 난민·아동 지원·상수도 같은 이슈에는 중복해 기금 확보와 사업 시행 경쟁을 하면서도 본질적이고 어려운 문제 해결에는 머뭇거린다는 비판을 받는다. UN은 내부의 관료주의적 경직성이 심하고 비효율적이며 문제보다는 위원회 수가 더 많다는 비판이 있을 정도로 옥상옥屋上屋 형식의 조직도 비일비재하다.

그러나 이러한 비효율은 UN이라는 국제기구의 특수한 문제라기보다 그 구성원인 회원국 전체의 문제다. 어떤 범세계적 이슈에 대한 대응 방안을 놓고 190여 개 회원국 간 토의를 벌일 때 그 결정이 쉽게 날 리가 없다. 이 경우 엄청난 회의와 토론에도 불구하고 한 해의 회기를 종료하는 쉬운 방법은 전문가들로 구성된 위원회, 패널을 구성해 더 검토토록 하는 결정을 내리는 것이다. 그리하여 생겨난 위원회와 패널에서 소수의 전문가가 자주 만나서 머리를 맞대 효율성이 있을 것으로 생각되지만 그 전문가 자체가 회원국 내 다양한 이해관계를 반영해 균형 있게 선발되므로 그들 간에도 의견 수렴이 쉽지 않아 위원회와 패널도 시간을 오래 끌며 존속하게 되는 것이다.

이런 단점에도 불구하고 UN이 창설된 이후 국제 사회의 각 구성원인 회원국들이 거의 모든 인간 활동 영역을 관장하는 전문 기구별로 총회가 열리면 전체가 모여 토의를 거쳐 결정을 내려가는 관행이 정착된 것만 해도 국제 사회 발전에 크게 기여한 셈이다. UN은 국제 사회의 약자인 소수민족, 약소국, 사회적 약자들의 목소리가 전 세계에 퍼지도록 기회의 장을 제공한 것만으로도 인류 역사의 발전을 한 단계 끌어올리는 역할을 한 셈이다.

UN이 주요 분쟁을 방지하거나 해결하지는 못했더라도 전염병 퇴치, 난민, 아동, 여성의 인권 신장 등에 앞장선 것은 분명하다. 이 분야에서 특히 많은 약자가 UN의 혜택을 입었다. UN이 없었더라면 적어도 1,000만 명 이상의 목숨이 아무런 도움을 받지 못하고 사라졌을 것이다. 2차 세계대전 이전에는 이러한 사회적 약자들에 대한 지원도 각국이 자국의 국익에 맞춰 필요한 경우에만 제공했다. UN 창설 이후에는 인도주의적 위기가 발생했을 때 정치적 고려 없이 순수 인도주의적 차원에서 지원한다.

UN이 있었기에 UN을 통해 법제화하고 축적한 관행들로 인해 국제 사회는 '규칙에 기반한 질서Rule based order' '법치Rule of law' '원칙과 규범에 입각한 사회Principle and norm based society'를 당연하게 여길 수 있게 됐다. 물론 이러한 규범에 입각한 국제 사회는 투명성이 높고 안정성이 높은 사회가 됨으로써 국제 질서가 그 어느 때보다 장기적으

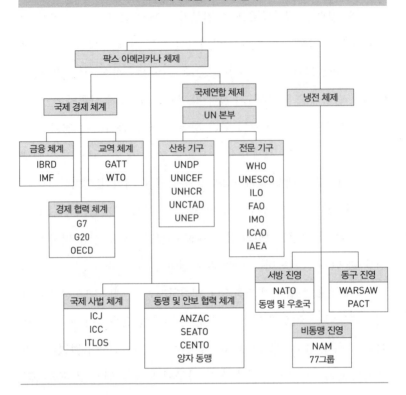

2차 세계대전 후 국제 질서

- 팍스 아메리카나 체제
  - 국제 경제 체계
    - 금융 체계
      - IBRD
      - IMF
    - 교역 체계
      - GATT
      - WTO
    - 경제 협력 체계
      - G7
      - G20
      - OECD
  - 국제연합 체제
    - UN 본부
      - 산하 기구
        - UNDP
        - UNICEF
        - UNHCR
        - UNCTAD
        - UNEP
      - 전문 기구
        - WHO
        - UNESCO
        - ILO
        - FAO
        - IMO
        - ICAO
        - IAEA
  - 냉전 체제
    - 서방 진영
      - NATO
      - 동맹 및 우호국
    - 동구 진영
      - WARSAW PACT
    - 비동맹 진영
      - NAM
      - 77그룹
  - 국제 사법 체계
    - ICJ
    - ICC
    - ITLOS
  - 동맹 및 안보 협력 체계
    - ANZAC
    - SEATO
    - CENTO
    - 양자 동맹

로 안정적일 수 있게 됐다.

 살펴본 바와 같이 2차 세계대전 후 세계 질서는 '팍스 아메리카나 체제' '냉전 체제' 'UN 체제'라는 세 체제가 병존하며 상호 작용하면서 질서를 유지했다. 냉전 체제에서 미국은 소련과 양강 구도를 이루며 자국의 영향력 행사에 상당한 제약을 받았지만 그래도 세계 최강국으로서 2차 세계대전 직후 국제 질서를 주도적으로 설계하고 이끌어왔다. 소련 및 동구 진영은 이에 대해 수세적으로 대응한 것으로 봐야 한다. 말하자면 팍스 아메리카나 체제 아래 냉전 체제와

UN 체제라는 다른 성격의 두 체제가 포함돼 있었다. 냉전 체제에서는 서방 진영·동구 진영·비동맹 세력이 별도의 하부 체제를 이루고 있었다.

미국과 소련은 UN 창설을 주도한 국가다. UN 창설 후 그 자체 추진력으로 발전하면서 미국과 소련도 안전보장이사회에서는 거부권을 행사하는 특별 지위를 누리고는 있지만, 그 외 다른 약소국처럼 1국 1표주의에 따라 1표의 투표권만 행사할 수 있어 자국의 주권이나 권위가 제약받는 것을 감수해야 했다. 그로 인해 미국 같은 나라는 다수결에 의해 움직이는 UN 체제에 기속받는 것을 기피하려 한다. 마침내 '국제연합 교육 과학 문화 기구UNESCO' 같은 기구에서 탈퇴하고 의무 분담금 납부도 지연하면서까지 UN에 대한 불만을 토로하기도 한다. 그러나 UN의 유용성을 부정할 수는 없어 선택적으로 UN 활동에 참여하고 있다.

미국이 설계하고 창설한 UN이지만 창설 후에는 자체 생존력을 갖는 별도의 국제 체제가 됐다. UN은 국제 질서를 창출하고 유지하는 데 중요한 일익을 담당한다. 이렇게 2차 세계대전 후 국제 질서는 3개의 체제가 병존·상호 작용함으로써 70년 이상 주요 국제 분쟁이 발생하지 않도록 국제 정세를 안정적으로 관리하고 있다. 지난 70년은 '최장의 전쟁간 기간Longest inter-war period'이라고 불릴 수 있다. 그러나 각국의 자국 우선주의 경향이 점증하고 있는 상황에서 UN 체제가 이전과 같은 기능을 계속 발휘할 수 있을 것인가, 아니면 그 기능이 쇠퇴하고 국제 질서는 다시 주요 행위자 간 세력 균형과 타협에 따라 유지하는 과거 체제로 돌아갈 것인가는 두고 봐야 할 일이다.

2차 세계대전 후 미국이 건설하고 주도한 체제 속에서 우리가 살고 있는 국제 체제와 질서를 쉽게 파악하려고 개략적으로 다음 페이지에 도표화했다.

2차 세계대전 후 질서 및 체제의 기본 틀은 팍스 아메리카나 체제다. 이 체제는 주로 미국이 만들고 지탱해온 것이다. UN 체제도 존재한다. 이 체제는 미국이 주도해 만들었지만 주도하는 것은 아니다. UN 출범 직후 회원국이 증가해 총회에 의해 운영된다는 점에서 팍스 아메리카나 체제와 교집합 부분이 있지만, 별도 체제로 봐야 한다. 냉전 체제는 패권국 미국과는 관계가 없다. 오히려 미국에 대항하는 소련 등 동구 진영이 수동적으로 만들었다는 점에서 2차 세계대전 후 질서 속에서 45년 동안 존재했던 하부 체계였지만 팍스 아메리카나와는 별개의 체계였다.

이제 냉전 체제는 해체된 지 30년이 지났다. 팍스 아메리카나 체제도 여러 측면에서 그 질서가 허물어지고 있다. 미국이 이전처럼 적극 참여하지 않아도 UN 체제는 지속할 수 있는 자생력이 있다. 비자유주의적 질서, 세계화에 대한 반감 등을 강화하면 이 체제마저 약화돼 현 국제 질서 자체가 현저히 불안정해질 가능성이 높다.

중화 체제

국제 체제 이론이 서양의 경험을 중심으로 형성해온 까닭에 국제 체제의 유형 분류에서 동양의 중화 체제는 별 주목을 받지 못했다. 동양에서는 중화 체제가 오랜 기간 국제 질서를 유지하는 기능을 했다. 최근세를 제외하고 역사적으로 동서양 간에 교류와 접촉이 거의 없어 서양에서 존재했던 국가 및 정치체 간의 질서와는 별도로 동양에는 동양만의 국제 질서가 존재했다. 동양은 고대로부터 중국이 절대 강자이자 광대한 영토를 소유한 국가라서 서양과는 다른 세계관과 세계 질서 개념이 성립하는데 이를 중화 체제라 한다. 중화 체제는 독특한 체제이지만 어떤 의미에서는 서양의 중세 이전의 로마 제국 체제와 유사한 점이 많다.

양 체제에서 구성 국가나 정치체 간의 관계가 평등한 것은 아니다. 중국 황제나 로마 황제, 로마 제국 후기 교황을 정점으로 하는 수직적인 위계질서가 있었다. 중국의 황제나 서양의 교황은 하늘로부터 권위를 직접 수여받은 절대 지존이었다. 황제나 교황은 신을 대리하는 지위이므로 다른 군주들과 동격에 있을 수 없고 모든 세계질서의 정점에 있었다.

따라서 중화 체제에서는 국가나 정치체 간의 대결이나 갈등은 관념적으로는 존재해서는 안 된다. 이는 신을 대리한 황제에 대한 항거이기 때문이다. 역으로 황제는 하늘 아래 모든 것을 조화롭게 다스리고 관계를 조정하는 역할을 자임하므로 분쟁이 있는 곳에 평화를 가져다줘야 했다. 황제는 모든 정치 세력 위에 군림한다. 이러한 황제의 지도력에 순응하는 세력은 보상을 받고 저항하는 세력은 징벌을 받았다.

중국인의 세계관은 유교 사상을 기반으로 한다. 유교 사상의 기초를 닦은 공자는 전국 시대 사람이다. 세력 균형을 국가 간 관계의 작동 원리로 삼은 그 시기에는 국가 간의 전쟁이 끊이지 않았다. 백성의 삶은 전쟁으로 도탄에 빠졌다. 공자는 국가 간 전쟁이 빈발하는 이유는 국력이 비슷한 국가들이 병존하면서 서로 경쟁을 하는 데 있다고 봤다. 따라서 주周나라처럼 천하를 제패하는 국가가 있으면 이런 분쟁이 일어나지 않을 것이라고 생각했다. 그래서 주나라의 질서를 복원하는 것을 질서 유지를 위한 해답으로 봤다. 국가 간의 관계도 그렇고, 인간 간의 관계도 그렇고, 서로 상대를 존중하고 덕을 베푸는 '인仁의 정치'를 펴면 분쟁이 발생하지 않을 것이라 보았다. 이를 모든 행위자 간의 관계에 적용하자고 설파했다.

유교 사상에 입각한 국제 관계는 상하 위계질서가 존재한다. 오직 주나라에만 제왕이 존재하고 그 밑으로는 왕·공·제후들이 서열

별로 크기에 맞는 지역을 통치한다. 그들 간에는 주나라가 정한 규율을 따라서 평화로운 관계를 유지하는 것을 상정하고 있다. 따라서 국가 간의 전쟁은 주나라의 허락 없이 발생할 수 없다. 오직 주나라만 전체 질서에 위배되는 행동을 하는 국가를 치거나征 섬멸伐하는 전쟁을 수행할 권리가 있다.

주나라 같은 대국은 자국의 이익만 챙겨서는 안 된다. 작은 나라들을 보살펴야 한다. 작은 나라들은 큰 나라를 섬기는 '자소사대字小事大'가 국제 질서의 근본이 되어야 한다. 이러한 중국인의 세계관은 주권 평등의 원칙에 입각해 많은 나라가 동등한 자격으로 국제 사회에 참여하는 근대 국가 체제의 틀과는 맞지 않는다. 중국인들은 자국이 대국으로서 핵심 이익Core interest이라고 주장하는 것을 이웃 국가가 존중할 때 지역 내에 평화가 존재할 수 있다고 생각했다.

중화 체제Sino centric world order는 기원전 236년(서한)부터 중국이 서양 세력에 굴복하는 아편 전쟁 때까지 2,000여 년 동안 동아시아 지역의 지배적인 질서였다. 서양에서는 약 2,000년 동안 국제 체제와 질서가 여러 번 바뀌었다. 동양에서는 같은 기간 동안 여러 번 중국의 왕조가 바뀌어도 그 체제의 운영 주체만 바뀔 뿐 운영 방식은 같은 중화 체제 하나였다. 새 왕조가 들어서면 왕(천자)과 제후 및 주변 조공국 간의 관계를 새로이 정립하는데 그 방식은 서한 시대부터 내려오던 방식을 원점부터 다시 시작하는 것에 불과했다.

중화 체제라고 해서 중국이라는 한민족만으로 이 체제를 유지한 것은 아니다. 몽고 제국이 세운 원나라, 만주족이 세운 청나라 때도 동일하게 유지했었다. 한때 중국의 조공국에 불과했던 이민족이 중원을 차지하고 나면 이들도 중화 체제를 그대로 수용해 국제 관계에

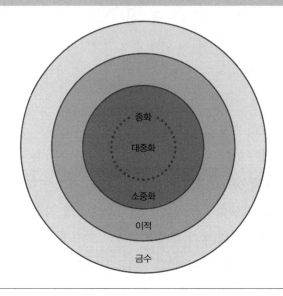

중화

대중화

소중화

이적

금수

적용했다. 그래서 약 2,000년 동안 동양에서 국제 질서의 근본적인 변화는 일어나지 않았다.

따라서 중화주의 세계 질서에서는 국가 간의 관계가 베스트팔렌 체제 이후 서양에서 통용되던 각국의 절대 주권에 기반한 평등한 관계가 아니었다. 중국을 정점으로 해 중국의 문화와 제도를 얼마나 수용하느냐에 따라 인접 제후국, 외방 교린국, 이역 야만국(오랑캐) 순으로 서열화한 수직적 관계를 유지했다. 한편 중화 질서는 화이華夷 질서라고도 할 수 있다. 이는 국제 사회 구성원을 문명의 중심인 중국과 중국의 문명을 수용한 주변 조공국을 포함한 중화권, 그 문화를 수용하지 못한 야만권 소속국으로 분류해 차별 대우하는 질서다.

화이 질서 아래에서 천자가 직접 통치하는 중원, 천자가 파견한 제후 또는 지방관이 통치하는 군현 또는 변방, 파견 관리가 순회하며 간접 통치하는 소수민족 자치 지역, 그 외에 이번원理藩院이 관할하는 이민족 직접 통치 지역이 있다. 중국의 중앙 조정과 관계를 맺지 않는 화외 지역도 있다.[28] 화이 질서의 개념에 따르면 국제 질서는 문명적인 관점에서 중앙의 중화 문명으로부터 지리적으로 멀어질수록 중화 문명과 동질성이 희박해지면서 동심원적 형태를 그리는 계층적 관계다. 동심원의 중앙엔 중화中華가 있다. 바깥 원에 소중화小中華, 그 밖은 이적夷狄, 가장 바깥은 상대하지 말아야 할 금수禽獸가 있는 것으로 분류했다.

중국은 세계 질서의 중심으로서 주변국에게 문화적·경제적·군사적으로 압도적 우위를 유지하면서 그들에게 이를 통해 자발적 복종심이 생기도록 하는 한편 조공·책봉 관계 등을 통해 문화적·경제적 시혜를 베푸는 방식으로 주변 이민족을 관리해왔다. 책봉 관계는 한나라 이래 중국의 중요한 대외 관계 유지 수단이었다. 직접 통치가 불가능한 이민족을 중국의 영향력 아래 두기 위해 이민족이 자체적으로 선출한 수장에게 왕 또는 높은 관직을 수여하고 명분상의 군신 관계를 설정해 간접 통치하는 것이다.

이러한 책봉 관계는 중국 중심의 중화주의 세계관이 수직적 상하 차등 관계를 전제로 하고 있음을 반영한 것이다. 이후 유교 사상을 가미하면서 중국과 주변국 간 관계를 군신 관계로 상정했다.[29] 유교 사상에 따르면 이러한 군신 관계는 부자 관계보다 상위에 있으면서 가족 공동체적인 관념이기 때문에 중앙 조정의 천자天子와 변방의 제후, 조공국의 왕은 혈연적인 가족은 아니지만 관념적인 가족 관계이므로 은덕과 충성으로 관계를 맺어야 하는 것으로 봤다. 따라서 이들 간에는 이론상 분쟁이 있을 수 없다. 평화만 있어야 한다. 이 관계를 파탄 내면 하늘의 도리를 거스른 역성혁명으로 간주하는 관념 체계라서 이를 통해 중화 체제의 지속성을 유지하려 했다.

　중화 체제에서는 유교의 가르침에 대한 사상적 헌신을 중원 조정의 지배 계급에만 요구한 것이 아니다. 제후국이나 조공국 지배 계급에도 요구했다. 그들에게 중원 조정에 있는 천자의 권위에 대한 복속, 천자와의 군신 관계에 대한 충성 등을 요구했다. 천자의 승인 아래에서만 제후국이나 조공국 내에서 지배 질서도 이론적으로 성립하는 것이다. 중화 체제의 유교 사상에 대한 헌신, 유교 관념의 우월적 보편성을 강조하는 이유는 중원 조정의 위력이 중원에서 멀어질수록 약해지고 무력을 통한 지배가 가능하지 않은 지역에서 유교적 지배 이데올로기를 통해 다스리고 질서를 유지하는 기능을 해왔기 때문이다.[30] 우리나라 조선 시대도 새로운 왕이 등극하면 중국으로부터 책봉과 고명을 받는 것이 국가의 대사였다. 중국은 이를 근거로 조선의 왕권을 제한하고 통제하려 했다.

　유교 사상은 '모든 인간은 하늘의 아들인 천자의 통치 아래 공동체를 이뤄 조화롭게 사는 것'을 이상으로 삼았다. 그래서 가장 작은 공동체 단위인 가족부터 국가, 천하의 질서까지 동일한 원리인 대동大同 사상을 적용해야 한다고 봤다. 대동 사상은 자신의 타고난 소질에 따라 군·신·백성이 돼 맡은 바에 따라 공동체에 봉사하고 공동체는 구성원을 보호하며 강자가 약자를 배려하고 보호하는 조화로운 세상을 만드는 것이 인간의 도리라고 봤다. 이 대동 사상을 국제 관계로까지 연장해보자. 중화 질서에서 군君은 중국이어야 한다. 제후국과 조공국은 수직적 질서에 따라 신臣으로서 각자 맡은 역할이 다르되 전체가 하나의 공동체를 이뤄 조화롭게 지내야 하므로 서로 분쟁을 일으킬 이유가 없다.

역으로 천자로부터 책봉을 통해 정치적 승인을 받고 복속하기를 자원한 제후국·조공국에 대해 천자는 이들을 보호하고 안전을 보장할 의무를 진다. 주변국 간 무력 분쟁이 발생해도 중화 질서를 유지하는 데 어느 방편이 유리한지를 판단의 기준으로 삼아 중앙 조정이 군사적 원조를 특정 국가에 제공함으로써 분쟁 해결과 질서 유지에 주도적 역할을 한다. 그러나 주변 제후국과 조공국 간의 관계 변화 또는 무력 분쟁이 중원의 통치에 영향을 미칠 경우가 아니라면 이들 간의 관계에 중원 조정은 직접 개입하지 않는 것이 일반적이다.

이러한 중앙 조정의 군사 지원의 대표 사례는 임진왜란 때 일본의 한반도 침공에 대응해 명나라가 조선에 원군을 파병한 데서 찾아볼 수 있다. 일본이 조공국의 지위를 거부하고 명나라와 직접 대등한 위치에서 관계를 수립하려 하자 명나라가 이를 거부했다. 일본이 이를 빌미로 "명나라를 정벌하겠으니 조선이 길을 내어달라征明街道"라고 요청하면서 임진왜란이 발발했다. 명나라 조정은 일본을 막기 위해 조선을 지원하는 것이 유리하고 중화 질서상 의무에 합당하다 여기고 파병을 한다. 반면 몽골과 만주족 간의 분쟁, 류구(왜구)와 일본 간의 분쟁, 네팔과 티베트 간의 문제 등은 사안이 시급하지 않으면 명나라 조정이 간섭하지 않는 것을 원칙으로 했다.

중국 조정의 군사 지원에 대한 반대급부로 제후국과 조공국들은 중원 조정이 내란에 휩싸이거나 이민족의 침공을 받을 때 거병을 해 중원으로 달려가 중원 조정을 지원할 의무가 있다. 중국이 거란과 만주족의 침공을 받았을 때와 원나라 말기 내란이 일어났을 때 중원 조정은 한반도를 통치하고 있던 왕조인 고려와 조선의 조정에 각기 파병 지원을 요청했다. 고려와 조선의 조정은 이에 응해 실제로 출병을 했다. 조선 중기 중국이 명·청 교체기에 접어들었을 때 명나라 조정은 조선에 지원병 출병을 요구했다. 이때 조선 조정이 임진왜란 때 명나라의 출병에 보은하는 차원에서 병력을 기꺼이 파병한 것도 같은 맥락에서 봐야 한다.

이러한 배경을 가진 중화 질서 속에서 주변국 간에 분쟁이 발생하는 경우는 드물었다. 오히려 중국 내부에서 내란이 일어나 왕조가 바뀌는 경우가 빈번했다. 몽골·거란과 만주족의 침공, 서양 세력이 침공했을 때 왕조가 바뀐 일이 있었다. 긴 역사에서 왕조의 부침에도 불구하고 단극 체제를 표방하는 중화 질서는 유지됐으나 19세기 말 청나라가 몰락하면서 평등한 주권 국가가 다수 존재하는 다극 체제의 국제 질서, 즉 베스트팔렌 체제가 처음 동양에 등장했다.

중화 질서에서 정치적 승인을 의미하는 책봉 제도와 함께 연계돼 있는 조공 제도는 경제적 교통을 의미한다. 이는 춘추 시대부터 중앙 왕조가 지방 제후국을 다스리는 방법이었다. 제후국에게 충성의 표시로서 예물을 중앙 왕조에 바치고 왕조를 참배하게 한 데서 유래한다. 중앙 왕조는 예물에 대한 답례로 하사품을 풍족하게 제공했다. 이런 관행이 나중에는 조공 무역으로 발전했다. 이 같은 제도가 한나라 때 주변국과의 관계에 적용돼 동양에서 국제 관계를 규율하는 하나의 질서로 발전했다.

중국은 조공국을 서구 근대 국가 체계에서 평등한 주권을 가진 외국으로 보기보다 로마 제국 시대의 속주에 가까운 대우를 했다. 따라서 조공국을 중국의 외곽을 지키는 울타리로 간주하는 경향이 있었다. 중화 질서는 베스트팔렌 체제 이후 성립된 근대 국가 체계가 갖춘 주권 평등과 불간섭 원칙을 적용하지 않고 상하 차별과 내정 간섭을 정당한 것으로 간주했다. 하지만 현실적으로는 어느 조공국의 내정에 문제가 발생해 내분에 휩싸인 조공국에서 중원 조정에 권력의 정당성을 인정받기 위해 판단을 요구하는 경우 외에는 내정 간섭을 거의 하지 않았다.

책봉 및 조공 관계로 대변되는 중화 질서에서 국제 질서의 특징은 세 가지로 설명할 수 있다. 첫째, 종주국인 중국이 조공국인 주변국에게 군사적 지원과 안전 보장을 제공한다. 둘째, 조공국의 예물을 받지만 종주국은 답례 하사품을 제공해 조공국에게 교역상의 이익과 문화 전수의 혜택을 베푼다. 셋째, 중국을 매개로 여러 조공국이 교역할 수 있는 좋은 상업적 기회를 제공한다. 이 조공 제도와 실크로드를 통해 극동 지역이 중앙아시아는 물론 중동과 유럽까지 연결될 수 있었다.[31] 중화 체제가 서양의 국제 체제와 별도로 발전해왔음에도 국제 체제를 유지하는 기본 요소인 패권국의 존재, 패권국의 공공재 공급, 패권국의 교역 중심지화 현상, 교역로의 안전 보장 등은 서양의 국제 체제와 중화 체제에 공통으로 나타난다.

조공 관계도 의무적으로 조공국에게 강제하는 것이 아니다. 조공국이 조공을 하려고 중원에 오지 않았다 해서 탓하지 않고, 빈번하게 와도 막지 않았다. 조공과 관련해 조공 사절단이 중원 조정에 머무는 동안 드는 접대비 등 경비와 답례품이 대부분 더 컸다. 따라서 조공 제도는 중원이 경제적 이익을 보려는 교역 제도가 아니라 경제적 희생을 감수하면서도 중화 체제를 유지하는 하나의 방편으로 활용됐다고 봐야 한다. 이런 조공 제도를 축소하면 밀무역이 성행하거나 중국 변방에 이민족들의 침탈이 자주 일어나기도 했다.

조공 제도는 중국의 황제에게 진기한 산품들을 진상하며 신하의 예를 표하는 의전적인 측면도 있으나 이 조공 사절단에 많은 상인이 동행해 교역적이고 상업적인 측면도 존재한다. 황제가 주는 답례 하사품은 조공국에서 구할 수 없는 서책, 문화 상품, 기술적 선진 문물까지 들어 있었다. 조공국 입장에서는 일종의 특혜 무역이었던 셈이다.[32] 따라서 중국 조정에 조공을 바치는 것이 굴욕적인 일이 아니라 특혜를 받는 것이기에 조공국들은 조공의 기회가 더 많기를 원했다. 오히려 중국 조정에서 이를 제한하기도 했다. 조공 제도는 동양에서 국가 간 교역을 활성화하는 한 방편이었다.

중화 질서에서도 중국이 중원을 장악하고 동방과 서방을 연결하는 실크로드 같은 교역로를 잘 확보해 주변국들 간 교역이 원활하도록 함으로써 주변국들이 중국의 존재 자체가 자국의 경제적 이익에 도움이 된다는 인식을 갖게 하여 중국의 지배력에 자발적으로 복속함으로써 안정적인 국제 관계를 유지할 수 있었다.

역으로 중국이 중원을 장악하고 주요 물자의 교역을 통제할 수 있는 위치에 있어 중국은 제후국이나 조공국에 다른 주변국에서 나는 전략적 수출 물자, 예를 들면 뛰어난 화살을 만드는 물소 뿔, 폭발력이 큰 검은 화약을 만드는 유황, 의복 혁명을 일으키는 목화 등이 유입하는 것을 막음으로써 이들 국가의 국력이 강성해지지 못하도록 견제하기도 했다. 중국의 견제 활동으로 주변국 간 교역이나 연대가 활발하지 못하고 국력이 강성해질 기회를 놓치곤 했다. 중국의 지배권에 주변국들이 집단 도전하는 일은 상상할 수 없었다.

중화 체제는 중원의 조정, 즉 중국의 힘이 매우 막강했을 뿐 아니라 책봉 제도와 조공 제도가 국제 관계를 관리하는 데 유용했던 데다가 국가 간의 관계에 유교적인 질서 개념까지 더해 안정적인 질서를 오랫동안 유지해왔다. 게다가 중국이 아시아의 중앙에 워낙 큰 면적을 차지하고 있었다. 주변국들을 지리적으로 분리시키는 효과가 있어 주변국 간 분쟁이 발생할 여지가 적었던 것도 국제 관계가 비교적 안정적으로 유지될 수 있었던 또 다른 요인이다.

중화 체제를 현대의 국제 체제 이론의 시각에서 분석해보면, 중화 체제는 중국이라는 패권 국가를 중심으로 수직적인 위계질서를 가진 체제다. 중국이 유교 사상과 중화 문명이라는 소프트 파워를 가지고 주변국들을 안정적으로 관리할 수 있었던 체제이기도 하다. 주변국들이 중국의 패권에 도전하는 것을 방지하기 위해 주변국들을 이이제이以夷制夷라는 분할 통치 및 세력 균형 방식을 통해 관리했다.

중화 문명에 복속한 제후국·조공국들과 군신 관계에 입각한 상호 군사 지원을 함으로써 일종의 동맹 체제도 유지했다. 나아가 중국이 실크로드를 개척·유지하고 조공 제도를 활용함으로써 중화 체제 내 구성원 국가들이 교역상의 혜택을 누리게 해 중화 체제의 질서 유지를 담보했다는 관점에서 중국은 패권국의 공공재 제공을 담당했다. 이처럼 중화 체제는 독특한 동양의 국제 질서이지만 서양의 일반적인 국제 체제와 속성 면에서 유사점이 많다.

이슬람 체제

서양의 국제 체제 이론에서는 간과하고 있지만, 중동에서도 하나의 국제 체제가 존재했다. 이 체제도 작동·유지되기 위한 요소가 있었다. 바로 종교이다. 635년경 마호메트가 알라의 계시를 받고 메카에서 이를 전달하는 설법을 하면서 이슬람교를 창시했다. 이후 이슬람교는 지금의 사우디아라비아를 중심으로 사방으로 전파돼나갔다. 이슬람교의 흥왕과 함께 중동의 정치적 결집력이 강해지면서 우마이야 왕조, 아바스 왕조 같은 강력한 왕조가 탄생했다. 이슬람의 영향력은 사방으로 확대해나갔다.

우마이야 왕조가 아바스 왕조에게 멸망당할 때 참화를 피해 서쪽으로 도망간 왕자가 현재 스페인 안달루시아까지 갔다. 그곳 이슬람 공동체로부터 왕으로 옹립돼 세운 안달루시아 왕조부터 현재 아프가니스탄 서북부 지역에 들어선 가즈니 왕조까지 한때 이슬람 제국은 동서 약 7,000킬로미터에 걸쳐 펼쳐진 큰 세력이다. 그 후 아바스 조 통치 기간 동안 왕조 호위 부대로 불러들인 터키 용병들이 이슬람으로 개종하고 세력을 키우다가 급기야 아바스 왕조를 무너뜨리고 셀주크투르크 왕조를 세웠다. 이 무렵 이집트 지역에서는 파티마 왕조가 생겨나 이슬람 질서의 외적 영역을 크게 확장했다.

아바스 왕조 시대에 아랍 왕들은 왕조를 통치하기 위해 필요한 지식인 그룹으로 페르시아계 학자들을 등용했다. 이들이 점차 세력을 공고히 하면서 수상의 자리를 차지하고 급기야 수상의 자리를 세습 직으로 바꾸었다. 이렇게 되자 아바스 왕조를 좌지우지하던 세력은 페르시아계 부이 가문이 됐다. 페르시아계 수상은 아바스 제국의 전체 영토를 통치할 수가 없었기에 부이 가문은 먼 지역에서는 그곳에서 가장 힘이 센 실력자가 통치하도록 방치하고 가까운 지역에는 총독을 파견했다. 시간이 흐르자 지방에서는 파견된 총독이 작은 왕처럼 행동했다. 이들도 투르크계 용병을 호위 부대로 썼는데 시간이 지나자 이 호위 부대에 의해 조종당하거나 왕위를 찬탈당하게 된다.

이슬람 종교를 기반으로 하나의 공동체를 형성했던 이슬람 체제는 한때 스페인에서 아프가니스탄까지 하나의 질서를 만들어 유지하고 있었다. 그 체제는 600여 년 동안 중동에서 잘 작동했다. 현재도 그 유산이 존재하고 있으며 이 질서를 회복하려는 세력의 활동도 더 왕성해지고 있다. 이슬람 체제 말기에 중앙 통제가 약해진 아바스 왕조의 국경을 북방의 투르크계 유목민들이 끊임없이 침입해 들어와 문명화된 이슬람 세계에 대혼란을 일으켰다. 이는 로마 시대 로마 국경 북쪽을 침입해오던 게르만족을 막다가 로마가 약해졌던 상황과 유사하다.[33]

중동에서는 이슬람교 등장 이후 여러 왕조의 부침이 있었지만 각 왕조 간에 공통으로 이슬람 종교관을 기반으로 하는 이슬람 체제가 존재했다. 지금도 일부 이슬람 근본주의자들은 중동의 질서뿐 아니라 세계 질서를 이슬람 체제로 변경시켜야 한다는 믿음을 가지고 세계를 상대로 투쟁을 벌이고 있다. 이 체제의 세계관에 의하면 전 세계는 이슬람의 알라신을 믿는 최초 선지자인 마호메트의 적통을 이어받은 영적 지도자가 이슬람 교리를 바탕으로 세계를 평화롭게 하나로 통일해 다스리는 것이 정상이라고 본다. 이러한 정상적인 세계 질서가 이뤄지지 않은 상태에서는 다른 세계 질서를 거부하고 이에 도전함으로써 이슬람 체제가 조속히 이 땅 위에 다시 펼쳐지도록 노력해야 하는 것을 과업으로 간주한다.

이슬람 체제, 즉 움마라고 불리는 이슬람 공동체에서는 민족마다 다른 국가를 세우는 것이 아니라 모든 민족이 이슬람 공동체로서 동일한 종교·제도·율법에 따라 평화롭게 공존하는 것을 이상으로 본다. 비이슬람 지역으로 이슬람을 전파해 이슬람 공동체를 확대하는 것을 종교적 의무로 여기기에 이슬람 체제는 이질적인 다른 세계 질서와 충돌을 야기하기 쉬우며 대외적으로 확장주의적 경향을 띤다.

이슬람교도들에게 세계는 '다르 알 이슬람'과 '다르 알 하르브'라는 서로 배타적 영역, 즉 '평화의 영역'과 '전쟁의 영역'으로 나뉜다. 이슬람 공동체는 혼란과 증오로 가득 찬 전쟁의 영역으로 둘러싸여 그 한가운데 존재하는 '평화의 오아시스'라고 여겨진다. 따라서 '평화의 영역'을 확장하려면 '전쟁의 영역'을 축소해야 하고 이를 위해 유혈 충돌 사태가 발생하더라도 관철해야 한다. 이는 이슬람 종교를 위한 것이니 명분이 있다고 간주했다.[34] 이슬람 세계관의 궁극적인 목표는 '전쟁의 영역'을 축소해 '평화의 영역'으로 만드는 것이고 이를 통해 팍스 이슬라미카 질서가 전 세계를 지배하는 것이다.

따라서 지하드라고 불리는 정의로운 사회 공동체 건설을 위한 투쟁은 모든 무슬림의 당연한 의무다. 이는 서방에서 생각하듯 정복 전쟁이나 성전을 의미하지 않지만, 이슬람 공동체를 방어하고 확장하는 데 필요한 정당한 무력 사용이다. 이슬람 종교가 중동에서 창시돼 북아프리카와 서남아 및 동남아 일부 지역까지 급속히 전파되는 이유는 무엇일까. 하나는 7세기 중반 마호메트가 창시한 후 12세기 아바스조까지 무슬림 왕조들이 세력권을 팽창했기 때문이다. 또 하나는 팽창해간 지역에서 현지 복속된 민족에게 이슬람 개종을 강요하지 않고 서로 싸우지 않고 평화롭게 사는 공동체 정신을 강조하고 이를 피복속 민족이 좋게 받아들여 자발적으로 개종했기 때문이다.

이슬람 정복 공세는 빠르게 진행됐지만, 정복과 개종은 별개의 문제다. '칼에 의한 개종', 즉 강요된 개종은 없었다. 무슬림은 정치권력을 장악했지만 종교를 강요하지는 않았다. 대신 무슬림 군대가 지나간 곳이라면 어디서든 문화 전파가 뒤따랐다. 이슬람이 퍼져나간 곳은 주요 바닷길과 물길을 따라가는 고대의 교역로에 위치했다. 이 교역로에 위치한 도시 간에는 사람들의 왕래와 정보 소통이 빈번했다. 따라서 이슬람 공동체의 장점과 무슬림의 경건함이 좋은 본보기로 널리 전파되기 쉬웠다.[35]

이슬람 체제는 종교 창시자인 마호메트 때부터 이슬람 종교가 전파된 지역에서 별도의 국가와 왕을 인정하기보다는 종교의 탄생지인 메카를 정점으로 모든 이슬람 지역이 수직으로 연결돼 있다. 이슬람 전파 지역에는 마호메트나 그 후 이슬람 종교의 수장이 직접

임명하거나 인정한 자들이 그 지역의 총리 형식으로 파견돼 그 지역을 관장하는 형식을 선호했다. 이슬람에 복속하는 지역들은 동등한 질서 구성원으로 간주하지 않았다. 이슬람 질서 아래 세계 평화는 동등한 세력 간의 균형에 의해 유지되는 것이 아니라 하나의 단일한 정치체에 모든 구성원을 통합시키는 것에 달려 있다고 본다. 따라서 '평화의 영역'의 확산은 일방향적이고 불가역적인 사명이다.[36]

이슬람 체제는 오스만 제국 시기 그 영역을 가장 널리 확대했다. 메메드왕은 콘스탄티노플을 점령하고 동유럽은 물론 중앙아시아까지 이슬람을 전파하면서 각 점령지는 심복들을 파견해 다스리도록 했다. 국가 간의 관계는 소멸되고 이스탄불이 정점이 돼 모든 이슬람 전파 지역을 관장하는 형태를 취했다. 결국 오스만 제국은 로마 제국과 유사한 국제 질서를 유지했다. 다만 로마 제국은 교권을 가진 자가 정치권력도 향유한 반면 오스만 제국은 정치권력을 가진 자가 교권을 능가했다.

무슬림은 움마 공동체 안에서는 분쟁을 일으키면 안 된다는 교리에 따라 내부적인 결속과 평화를 잘 유지할 수 있었다. 이슬람 종교 창시 이전에는 끊이지 않던 부족들 간의 무력 투쟁, 전쟁이 줄어들면서 아랍 지역이 '평화의 영역'으로 바뀌는 양상을 보였다. 내부의 안정을 통해 비축된 힘을 제국 외부로 흘려보내는 수단으로 지하드라는 개념을 이용해 공동체 외부의 부족·국가들과 무력 투쟁을 지속하게 됐으며 이로써 '평화의 영역'과 '전쟁의 영역'이라는 개념 구분은 실제적으로 더 공고하게 됐다.

초기 마호메트가 메카에서 쫓겨나 메디나로 옮겼다가 다시 메카를 찾는 과정에서 병력 면에서 절대적 약세였음에도 불구하고 마호메트 추종 세력이 뜻밖의 승리를 몇 번 거두자 '지하드를 하면 알라의 가호가 함께한다'는 믿음이 무슬림 가슴에 깊이 박힌다. 이런 믿음을 바탕으로 무슬림이 이슬람 공동체 확장을 위해 나섰을 때 승리를 거두면서 영토가 넓어지는 한편 이런 승리가 종교적 믿음을 더욱 강고하게 해 상호 선순환을 이루면서 이슬람 질서와 신념 체계를 널리 확산하는 계기가 됐다.

무슬림이 일정 영토를 차지하면 그 지역 절대 군주를 몰아내고 군주가 보유했던 보물을 해방된 백성에게 분배해주고 세율을 대폭 낮춰주었다. 피복속 민족은 자신들이 절대 군주 압제 아래 있을 때보다 이슬람 통치 아래 있는 것이 유리하다는 판단을 했다. 그래서 중동 지역 유대인들과 기독교인들도 이슬람 군주들이 동로마 제국(비잔티움 제국)과 전쟁을 벌일 때 동로마 제국보다 이슬람 군주들을 더 지원하기도 했다.

이슬람은 하나의 종교로 시작했지만, 시작부터 정치적이었다. 이슬람은 고립된 개인의 구원에 초점을 맞추기보다 '정의로운 공동체 건설'이라는 프로젝트를 제시했다. 이슬람 체제는 세계 다른 지역, 다른 시대의 어떤 국제 체제와 비교해도 종교가 그 체제의 질서 유지와 관리의 중심이 됐다. 로마 제국처럼 종교와 정치를 분리해 교황이 별도로 존재하는 것이 아니라 정치권력을 잡은 왕이 이슬람 세계를 대표하는 칼리프의 역할도 했다. 그래서 정치와 종교가 분리되지 않고 집중돼 더욱 확장주의적 경향을 보일 수 있었다.

이슬람 체제가 메카에서 시작해 서쪽으로는 스페인의 안달루시아 지방, 동쪽으로는 아프가니스탄의 가즈니 왕조와 더 멀리는 말레이시아, 필리핀 남부까지 전파됐지만 전 이슬람 지역이 한 왕조에 의해

(정교한 관료 체제에 의해) 중앙 통치적으로 다스려진 적은 없었다. 그러나 이슬람 영향 아래 있던 각 왕조는 서로 전쟁을 벌이는 경우가 거의 없었다. 이슬람 공동체 정신에 따라 이슬람을 향한 외부의 공격에 공동 대응했으며 내부적으로 상하 지배적인 계층 구조가 아닌 대등한 위치에서 서로 관계를 형성했다. 지금도 이슬람 협력 기구OIC에 속한 57개국은 정례적으로 회합하고 이슬람 문제는 상당한 결속력을 가지고 공동 대응하고 있다.

이슬람 체제에는 움마 공동체라는 느슨한 개념이 있다. 그 속에 각 정치체 간의 관계는 이슬람 율법인 『코란』에 따라 규율해야 한다는 관념이 있어 여타 국제 체제들과는 상이하다. 종교의 율법이 정치체 간의 관계 기준이 되므로 이슬람 영역 내 정치체 간 분쟁은 관념적으로 용인되지 않았다. 즉 공동체 내에서는 '평화의 영역'이므로 서로 평화를 고수해야 한다. 공동체 외부는 '전쟁의 영역'이므로 단합해 강력한 지하드를 전개해야 한다. 이것이 이슬람 체제를 관통하는 국제 질서의 근본이었던 셈이다.

그러나 지하드가 이슬람 세계 안에서 항상 충만하게 존재했던 것은 아니다. 이슬람 세계가 확장되고 무슬림이 사는 곳에서 변방, 즉 '전쟁의 영역'까지 거리가 멀어지다 보니 이슬람권이 외부 세계와 투쟁하며 '평화의 영역'을 지켜야 할 일이 없어졌다. 이슬람 영역 내에서도 하나의 정치적 통일체가 아니고 여러 분열된 왕조가 병립하면서 이들 간 갈등과 투쟁도 빈번해져 이슬람이 단결해 외부 세계와 투쟁해야 한다는 생각보다 이슬람 내부에서 자기 권역을 더 공고히 하는 일이 급선무가 되면서 지하드 개념은 무슬림의 인식에서 희미해졌다.

11세기 이슬람 영역 내에는 셀주크투르크와 아바스 왕조, 이집트 근처의 파티마 왕조가 병렬돼 각기 서로 항쟁하고 있었다. 무슬림 내부는 시아파와 수니파로 양분돼 서로 갈등하고 있었다. 자신들만의 신비주의에 입각한 무슬림 공동체 설립을 추구하는 아사신 조직은 각 왕조의 지도자인 세속적 지도자들에 대한 끊임없는 공격, 즉 테러를 자행해 '평화의 영역' 내 평화가 존재하는 것이 아니라 오히려 분쟁이 만연하게 된 적도 있다.

이런 상황에서 로마 교황의 통치 아래 있던 서유럽의 영주 영역 내에서 생산력이 증대되고 기사들을 양산했고 종교적 열정을 앞세우지만 여러 목적을 가지고 예루살렘으로 성지순례를 가는 무리가 늘어난다. 무슬림의 지배하에 있던 예루살렘에서 서방에서 온 일단의 무리는 문화적으로 열등한 종족으로 여겨졌다. 따라서 모멸과 푸대접을 감수해야 했다. 심지어 신체적 위협이나 공격도 당하기 일쑤였다.

예루살렘으로 성지순례 가는 유럽인에 대한 무슬림의 비우호적 태도는 기독교인 전체의 공분을 일으킬 만했다. 우르바누스 2세는 이교도에 대항한 기독교인들의 단결과 성지 예루살렘의 회복을 외치는 무리의 선두에 선다. 이때부터 200년 동안 기독교 세계와 이슬람 세계는 크게는 3번, 작은 규모까지 합치면 8번의 무력 충돌을 하는 십자군 전쟁에 돌입한다.

서유럽 십자군 원정대의 진군 앞에서도 무슬림은 단결하지 못했다. 십자군을 각자에 유리하게 활용해 이슬람 영역 내 다른 왕조나 경쟁자들을 제거하려 했을 뿐 지하드 개념을 발휘할 엄두도 내지 못했다. 그러나 십자군들이 점령지에서 잔인한 약탈과 살인을 하고 이슬람 영역 내에서 십자군 국가를 네 군데나 세우자 무슬림은 이것

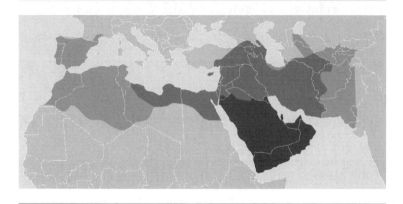

15세기 이슬람 영토 최대 확장기

을 종교 간의 대립으로 인식하기 시작했다.

이슬람 영역이 세상의 전부라 생각하고 지하드를 생각할 필요 없이 살다가 프랑크인들의 침입을 하나의 사건으로만 여겼지만 십자군의 규모가 커지고 장기화되자 이를 종교전쟁으로 보기 시작한 것이다. 다시 지하드를 외치는 지도자들이 나타난다. 셀주크투르크계인 살라딘이 이집트 파티마 왕조를 손에 넣은 뒤 이집트에서 메소포타미아에 이르는 레반트 지역 전체로 통치 영역을 넓히는 데 성공했다. 이슬람 영역에서 십자군에 맞서 지하드를 이끌 지도자로 부상한 것이다.

그의 지휘 아래 이슬람 세계는 단결해갔다. 십자군에 저항하고 수차례 전투를 치르면서 예루살렘을 다시 회복했다. 이로써 두 국제질서 간 충돌, 즉 기독교를 기반으로 한 로마 제국과 이슬람교를 기반으로 한 중동의 여러 왕조 간의 연합 세력은 십자군 전쟁을 통해 처음 충돌했다. 이후 200년 동안에 걸친 양측의 투쟁에도 불구하고 국제 질서는 큰 변동 없이 다시 원상회복하는 선에서 마무리됐다. 이후 역사 속 더 큰 충돌 가능성을 배태한 채 일단락한다.

프랑크 전쟁이 잦아들 즈음 이슬람 세계는 또 다른 세력에 의해 유린당하기 시작했다. 몽골에 밀려 내려온 투르크족과 그 뒤를 따라온 몽골족이었다. 이들은 이슬람 세계를 철저히 유린하고 파괴해 이슬람 영역이 하나의 정치체, 즉 왕국으로 통합되는 것을 방해했다. 이슬람 지역마다 다른 칼리프 체제, 토후 체제가 분열하며 들어서도록 했다. 몽골에 의한 약 200년 동안의 유린 시대가 종말을 고할 무렵에야 소아시아 아나톨리아에 오스만 부족이 일어나 주변 지역을 정복하면서 오스만 왕조를 세웠다.

15세기 중반 오스만 왕조에 술탄 메메드가 등장하면서 오스만 제국으로 성장한다. 그는 소아시아에서 오스만의 영토를 넓힌 후 보스포루스 해협 건너편에 있는 로마 제국의 수도 콘스탄티노플을 공략하기로 하고 힘겨운 공성전 끝에 이 수도를 함락했다. 약 2,000년을 버텨온 로마 제국을 무너뜨린 것이다. 오스만 제국의 번성기에는 아시아와 유럽 양쪽에 영토를 가지고 세계에서 가장 복잡하고 정교한 사회·정치 제도로 제국을 통치했다. 그 결과 이슬람의 영역은 중동은 물론 동유럽과 중앙아시아, 인도를 넘어 동남아시아에 걸쳐 광대하게 펼쳐져 세계에서 가장 강력한 세력이 됐다.

오스만 제국이 강성해지자 초기 이슬람 제국처럼 전 세계적인 이슬람 질서의 확립이라는 사명감이 대두되기 시작했다. 오스만 제국 황제는 '지상에서의 신의 그림자'로 간주됐고 세계 평화를 책임지는 전 세계의 지배자라는 사명감을 가졌다. 따라서 합쳐봐도 오스만 제국보다 영역이 좁은 유럽 속의 유럽 개별 국가들을 동격으로 간주하지 않았다. 유럽 왕을 술탄 밑의 총리급으로 간주했다. 이슬람 칼리프를 중심으로 하는 수직적 질서의 세계관이 다시 재현된 것이다.[37]

한때 강성했던 오스만투르크 제국은 18세기 유럽이 과학 기술과 항해술의 발달을 기반으로 세력이 왕성해지면서 경제적으로 쇠락의 길을 걷는다. 그 결과 정교함을 자랑하던 사회·정치체는 정교한 시계에서 태엽이나 나사 한 곳만 고장나도 시계가 멈추듯 작동하지 않게 된다. 근근이 명맥을 유지해오던 오스만투르크 제국은 1차 세계대전이 발발하자 추축국 편에 가담했다가 패전국이 되면서 몰락했다. 1차 세계대전 참전 시 오스만 제국은 이슬람 세계관을 포기하고 베스트팔렌 질서 아래 스스로를 동급의 한 근대 국가로 간주하고 다른 유럽 국가와 동맹을 맺는다. 이로써 이슬람 영역은 다시 구심점이 없이 지역별로 분열하고 유럽 제국의 식민지로 전락했다.

식민지 지배에 있던 이슬람 영역들은 2차 세계대전 후 많은 독립국으로 국제 사회에 재등장했다. 이 독립국들은 이슬람 영역 내에서 자연스러운 경계가 아닌 식민지 세력에 의해 부자연스럽게 구획된 경계를 따라 성립됐기 때문에 그 뒤로 분쟁의 씨앗을 내포하고 출범한 셈이었다. 20세기 전반은 서방 세계의 영향력이 압도적이었다. 서방의 과학 기술을 활용해 신생 독립국들을 근대화시키려는 열망을 가진 지도자들과 정치 세력이 득세하면서 이슬람 영역 내에 세속주의가 득세했다.

2차 세계대전 후 약 30년 동안 세속주의와 서양 영향력의 지배 아래 있던 이슬람 영역의 기층 저변에는 이슬람 종교의 순수성, 즉 초기 칼리프 왕조의 이상향을 그리는 민중의 열망이 되살아나기 시작했다. 서방의 가치와 문화를 배격하고 이슬람 공동체의 재건을 원하는 민중의 열망을 이슬람 종교 근본주의자들이 잘 활용해 정치권력을 획득하려는 시도를 계속하고 있다. 이집트에서는 1950년대 초 '무슬림 형제단'을 발족했다. 이를 따르는 세력이 각국의 세속 정권을 공격하고 있고, 이란에서는 종교에 기반을 둔 혁명이 1979년 일어나 신정 정권을 수립했다. 그 후 다른 이슬람 국가에서도 종교 근본주의 세력이 득세하기 시작했다. 이들이 세속 정권에 대한 도전을 계속하고 있어 이슬람 영역 내 내전의 발발 원인이 된 것이다. 이 근본주의 세력들은 외부 이단 세력으로부터 이슬람 공동체의 순수성을 지키려면 무력 투쟁도 불사한다는 '지하드(성전)' 개념을 일깨워 알카에다, IS 같은 급진 무장 테러 조직들도 발호하게 했다.

1,300년 이상 지속해온 이슬람 체제는 흥망성쇠를 거듭했지만, 종교를 기반으로 하고 있어 생명력이 강해 현재도 진행형이라는 점에서 역사 속에 명멸해간 다른 국제 질서나 체제와는 다르다. 지금 OIC에는 18억의 인구를 가진 57개국이 가입하고 있다. 국제 사회에서 숫자로는 가장 큰 국가 연합체다. 이 국가 간에는 연대감을 공유하고 국제 사회에서 이슈별로 공동의 목소리를 내는 경우가 적지 않다. OIC 회원국 중 많은 국가가 세속주의 이슬람국이지만 이들 내부에 근본주의를 지향하는 세력들이 힘을 키워가고 있는 것도 사실이다.

이슬람 근본주의자들은 전 세계 무슬림은 힘을 합쳐 이슬람 종교의 순수성을 지켜야 하며 초기 이슬람 공동체인 움마를 재건해야 한다고 생각한다. 그리고 이를 실천에 옮기고 있다. 이들에게 국가나 민족은 중요한 것이 아니다. 종교가 가장 중요하다. 종교의 이름으로 무슬림은 하나로 통합될 수 있다고 믿고 있다. 그들은 이슬람 공동체를 전 이슬람 영역에서 건설한다면 이슬람 영역 내에선 분열과 갈등이 없는 '평화의 영역'을 재건할 수 있다고 믿는다. 이런 구상을 방해하는 세력은 서방의 세력과 문화다. 이를 향한 지하드를 전개하더라도 이슬람 공동체를 건설해야 하고 이런 의미에서는 조셉 나이가 말한 '문명 간의 충돌'이 불가피하다고 보고 있다.

물론 이슬람 내에서도 수니파와 시아파의 갈등, 민족·종족 간의 갈등의 골도 매우 깊어 근본주의자들이 주장하는 이슬람 공동체 건설은 쉽지 않다. 그러나 이들의 종교적 신념이 점차 확산하고 있어 이슬람 체제가 일정 범위 내에서 복원될 수도 있다. 아니더라도 이들 세력의 신념과 행동은 다양한 방식으로 국제 정세에 영향을 끼칠 것이므로 국제 질서에 한 변수로 계속 작용할 것이다.

이슬람 영역 내의 국제 체제는 수평적 체제가 아니라 수직적 체제다. 수평적 체제의 성격도 물론 가지고 있다. 이슬람 영역 내에서는 칼리프나 임만을 정점으로 중심 부족이나 국가가 존재하고 그 밑으로 중앙에서 파견한 총독이나 종교 지도자들이 지역 부족체나 정치체를 맡아서 관리한다. 중앙의 강력한 집권 세력이 약해지면 각 지역에 산재한 세력이 수평적인 관계 속에서 하나의 독립적인 정치체로 존재했다. 중앙에 강력한 집권 세력이 있을 때는 이 세력의 통제력에 의해서 질서를 유지했다. 그렇지 않을 경우 독립적인 정치체 간에 움마 공동체의 정신이 작동해 서로 '평화의 영역'에서 공존함으로써 질서를 유지했다.

이슬람 체제에서는 종교가 체제를 떠받치는 기둥 역할을 한다. 율법인 『코란』이 국가와 개인 간의 관계를 규율하는 준거가 돼 그 영역 내에서 국가 및 정치체 간의 관계는 안정적이고 충분히 예측 가능한 상태였다. 어느 국제 체제이든 체제를 지탱해주는 정신적 사고 체계가 존재하면 그 국제 체제는 사고 체제와 수명을 같이하기도 한다. 그 이전에 해체되기도 하지만 그런 사고 체계 없이 존재하는 국제 체제보다는 더 오래 존속한다. 특히 그 국제 체제 구성원이 그 사고 체계를 모두 공유하고 있을 경우 체제의 안정성이 더 높아진다. 유럽에서 로마 시대나 베스트팔렌 체제, 빈 체제에는 기독교가 그 역할을 했다. 중화 체제에서는 유교 사상이 그 역할을 했다. 2차 세계대전 후 팍스 아메리카나 시대에는 자유주의와 국제주의가 그 체제를 지탱하는 정신적 사고 체계 역할을 했다.

이슬람 체제가 융성할 때 전 세계의 주요 교역로를 이슬람 상인들이 장악하고 있었는데 이슬람 영역이 필리핀에서 스페인 남부까지 뻗어 있어 그 내에서 교역 활동을 했다. 이들의 교역 활동을 촉진시키는 요인은 이 영역 내에서 보장하는 교역로상의 안전과 공통 화폐, 상거래에서 준용되는 『코란』의 가르침 등이 일종의 공공재 역할을 한 셈이다. 이들 공공재를 잘 활용해 이슬람 상인들은 인도 등에서 구한 향신료와 중국 등에서 들어오는 비단, 도자기 등을 유럽에 중개 무역을 함으로써 막대한 부를 축적했다. 이슬람 영역 내에는 물론 영역 밖의 지역에도 경제력이 신장하는 것을 촉진했다.

이슬람 체제의 번성기는 그리 오래가지 못했다. 유럽의 군주들이 대양 항해의 모험을 시작해 인도로 가는 해상 운송로를 발견하면서 동양의 물산들을 직접 배로 운송하는 바람에 중개 무역을 하던 이슬람 영역은 쇠퇴기를 맞는다. 유럽의 대항해 시대가 시작되면서 새로운 해상 수송로가 열렸다. 이 수송로를 이용하면서 이슬람 상인들이 중개 무역 활동을 할 수 없게 되자 이슬람 체제 자체가 와해되기 시작한 것이다. 그리하여 로마 시대부터 내려왔던 육상 교역로의 안전 보장은 의미가 없어지고 말았다. 해상 교역로를 장악하고 그 교역로의 안전을 보장하는 해양 세력이 새로운 패권 국가로 부상하게 됐고 그 현상이 지금까지 이어지고 있다.

이슬람 체제도 서양에서 발생한 국제 체제보다는 로마 제국이나 중화 체제와 유사한 성격을 공유하면서 이슬람 영역 내에서 1,300년 동안 명맥을 유지해왔다. 상황에 따라서 다시 범아랍주의 운동 같은 정치적 운동을 주도하는 정치 세력과 움마 공동체 운동이 연계될 경우 중동에서 하나의 국제 체제로 복원될 가능성도 배제할 수 없다.

이슬람 체제는 하나의 패권 세력을 정점으로 그 구성원이 수직적인 관계를 맺고 『코란』이란 종교적 경전을 체제 내 정치체 간 관계의 기본 규범으로 삼으며 외부의 적에서는 공동 대응하고 내부적으로 평화를 유지하는 패턴을 가지고 있다는 점에서 다른 국제 체제와 공통점이 있다. 물론 교역로상 안전이 보장돼 동서양을 이어주는 중개 무역을 할 때, 즉 경제적 공공재를 제공했을 때 이슬람 체제는 가장 번성했다. 이슬람 체제가 무너진 것은 대항해 시대 이후 왕성해진 서양의 경제력과 군사력에 대응하지 못한 데다 1차 세계대전에서 전략적 선택을 잘못했기 때문이다.

4부

——

국제 질서는
왜 흔들리는가

질서에는
나름의 원칙이 있다

지금 국제 질서와 국제 체제가 변하는 과정에 들어서고 있다. 이 시점에서 우리는 1부와 2부에서 여러 국제 체제가 작동하는 방식과 체제가 변하는 과정을 체제별로 살펴본 것을 바탕으로 국제 질서를 변화시키는 요인은 무엇이며 이 질서를 안정시키는 요인은 무엇인지 도출해볼 필요가 있다. 그리고 도출된 변화 요인과 안정 요인을 현 국제 상황에 대입해 앞으로 국제 질서가 얼마만큼 변할지 전망해볼 것이다. 변화한 국제 질서에서 국제 체제를 안정시킬 수 있는 방안은 무엇인지 살펴보려 한다.

공동 이익

특정 국제 질서를 안정적으로 유지하려면 그 질서에 편입해 있는 국가들 사이에서 그 질서를 계속 유지하는 것이 개별적·집단적 이익에 부합한다는 인식이 널리 공유돼야 한다. 첫째, 모든 국가는 자국의 존립, 즉 물리적 폭력과 군사적 무력으로부터 자국의 안전을 보장하는 것을 최고의 국가 목표로 간주한다. 따라서 특정 국제 질서 속에 편입해 있으면 특정 국가나 세력이 갑자기 다른 나라를 무력 공격할 가능성이 적고, 공격을 가할지라도 억제할 수 있는 시스템이 그 질서 내에 존재하면 모든 국가는 이 질서 속에 가급적 오래 편입돼 있으려 한다. 또한 이 질서의 유지·존속을 위해 여타 국가와 함께 힘을 보태려 할 것이다.

특정 국제 질서 속에서 주도적 국가 또는 주요 세력이 주요 교역로의 안전을 보장해줄 경우 여타 국가들도 범위가 확대된 교역권 내의 교역로상에서 교역을 방해하는 특별한 위협 요인이 발생하지 않을 것이라는 기대를 가지고 교역에만 더욱 집중한다. 그럼으로써 각국 간 교역이 더 활발해져서 그 질서 내에 속한 전체 국가들의 경제적 이익이 증대할 것이다. 그 질서에 편입한 국가들은 이 질서를 더욱 잘 유지하려 할 것이므로 국제 질서는 안정적으로 될 것이다.

교역로의 안전뿐 아니라 교역 시 발생하는 분쟁을 해결하는 공통 기준의 존재 여부, 즉 공통 법전 및 법정이 존재하거나 중재를 할 수 있는 권위 있는 기관이 있는지와 교역 시 널리 통용할 수 있는 공통 화폐의 존재 여부 등도 특정 질서 내 경제 체제가 안정적으로 작동하는지를 결정짓는 요소다. 이런 안정적 요소들이 존재하면 그 질서 내 구성원은 이 경제 질서를 계속 유지하는 것이 공동 이익이 된다는 인식을 공유할 것이다. 이는 전체 국제 질서를 안정적으로 유지하는 요소가 되기도 한다.

특정 질서권 내에서는 그 질서에 맞는 정신적 체계, 즉 세계관·문화·이념 등이 구성 국가 간에 공유돼 존재하기도 한다. 그 질서권 내에 편입한 국가들은 대개 이런 세계관·문화·이념 등을 공유한다. 따라서 각국 간의 관계는 공통적인 정신적 기반 위에서 이뤄지므로 이들 간에는 별다른 저항이나 마찰이 존재하기 힘들다. 이러한 정신적 기반과 다른 이질적인 정신적 기반을 가진 국제 질서가 외부에 병존한다면 이 질서에 속한 국가들은 정신적 기반을 공동 수호하는 것이 자신들의 개별적·집단적 이익에 부합한다고 생각하고 지키려 할 것이다. 이는 내부적으로 질서 유지를 위한 안정적 요인으로 작용한다. 특정 질서 내 구성 국가 간에 공유하는 세계관·문화·이념으로 인해 서로 유대감을 느끼는 반면, 이를 공유하지 않은 외부 세력은 이질감 또는 적대감을 느낀다. 이런 외부 세력과 갈등·충돌에서 밀리면 영토, 자산 등을 잃을 뿐 아니라 고유한 정신 체계도 잃을 것이라는 데까지 생각이 미치면 외부 세력과는 절충적인 해결책을 찾기 어려울 수밖에 없다. 내부적으로 질서 수호에 더 매진하는 계기가 된다. 따라서 외부 세력에 의해 고유한 정신 체계, 세계관, 종교, 문화 등을 버리고 새로운 가치 기준을 받아들일 수밖에 없을 때까지 기존의 정신 체계를 지키는 것이 그 질서 구성원의 공동 이익이 되므로 이 정신 체계는 질서의 안정적 유지 요인이 된다.

특정 질서에 편입해 혜택을 보고 있는 국가들은 이 질서를 지키는 것뿐 아니라 이 질서에서 자국이 배제당할 경우 독자적으로 생존하거나 여타 질서와 관계를 맺는 것이 매우 불리해질 수 있어 이 질서에서 배제당하지 않으려고 노력한다. 따라서 이 질서에서 배제당하지 않는 것이 유리하다는 것이 질서에 편입된 국가들의 공동 인식이 될 때 이 질서를 유지시키는 것이 구성 국가들의 공동 이익이 되고, 질서를 유지하는 동력이 생기는 셈이다. 어떤 국가가 특정 질서에서 배제돼 다른 질서로 쉽게 편입할 수 없는 환경에서는 그 질서에 잔류하는 것이 구성원의 공동 이익이 될 것이다. 외부에 이질적인 질서나 이질적인 패권 도전국이 부상하면 이는 구성원이 현 질서에 잔류하는 것을 선호하게 되므로 현 질서 유지를 위한 안정 요인이 된다. 패권 교체기는 대부분 전쟁을 수반하지만, 전쟁 없이 패권이 교체되면 패권국과 패권 도전국이 유사한 질서와 세계관을 공유하기 때문일 수 있다.

규칙

특정 질서가 좀 더 발전하고 공고해지면 구성 국가들이 막연한 공동 이익을 중심으로 질서를 유지하는 데 힘을 합해 나가다가 질서를 더 잘 유지하기 위한 구체적인 규칙이 생기게 마련이다. 그 질서에 속한 구성 국가들은 이 규칙에 따라 국가 간 관계를 맺으면서 이 규칙을 지키려는 경향을 더욱 보인다. 따라서 특정 질서 내에 명문화된 규칙이 존재할수록 그 질서의 발전 수준은 높은 것이며 그 질서의 지속성은 높아진다.

명문화된 규칙은 여러 발전 단계를 거쳐 만들어진다. 특정 질서 내에서는 처음에 국가 간의 관계가 서로 묵시적으로 합의한 방식으로 상당 기간 진행된다. 이 관계 방식은 특정 국가가 먼저 선도함으로써 만들어진다기보다는 특정 질서가 기반으로 하는 공통 문화·세계관·이념 등에 따라 국가들이 자연스럽다고 생각하는 방식으로 점진적으로 형성된다. 처음에 공통적인 관계 방식이 도출되면 이를 시험 삼아 적용해본다. 이후 하나의 행동 규칙Operational rule으로 굳어지고 명시적인 규칙으로 인정받는다.

국가들이 상당 기간 행동 규칙을 지키면 이 규칙이 하나의 관행으로 발전한다. 이 관행이 쌓여서 좀 더 내용이 상세해지면 명문화한 규칙으로 진화한다. 그다음 명문화한 규칙이 국가 간의 합의에 따라 조약이나 협약으로 더 상세하고 법적 구속력이 있는 방식으로 발전하면 국제 사회의 법 규범을 형성한다.

특정 질서에는 그 나름의 원칙이 존재한다. 그 원칙은 행동 규칙, 관행 및 법 규범을 관통하는 정신 또는 구성 국가에게 당연한 것으로 받아들여지는 기준이다. 현대 국제 사회를 예로 들면 주권 평등의 원칙, 민족 자결의 원칙, 내정 불간섭의 원칙 등이 모든 국가가 공통 수용하고 국가 간의 관계에서 가장 기본적인 기준으로 삼는 원칙들이다. 각국이 이 원칙들을 준수함으로써 국제 질서를 안정적으로 유지하는 측면이 있다. 어느 국가가 이 원칙을 훼손하면 다른 나라들이 이를 개전 사유Casus belli라 생각할 정도로 그 자체가 도발이나 전쟁을 억제하는 측면도 있다.

이러한 원칙을 지키려면 그 질서에 참여하는 국가들은 대체로 자국의 권리나 일방적 행동권을 스스로 제약하는 데 동의한다. 자국의 일방적인 행동으로 원칙, 즉 질서의 안정성이 손상되는 것을 일반적으로 회피하는 경향이 있을 뿐 아니라 자국의 일방적 행동이 여타 국가들로부터 집단적인 제재나 보복을 유발할 것을 우려하는 측면도 있어 자제하고 이러한 자기 억제를 다른 국가들에게도 상호주의적으로 기대한다. 이러한 자기 억제와 이에 따른 타국에 대한 상대적 기대는 질서 내 '동료 간 압력Peer pressure'이 돼 질서의 안정 요인으로 작용한다.

헨리 키신저는 『세계 질서World Order』에서 "모든 성공적인 세계 질서는 정당성Legitimacy과 힘Power 사이의 적절한 균형 유지에 달려 있다"고 했다. 여기서 정당성이란 "한 국가의 행위가 허용될 만한 범위 내의 행위인지를 결정하는 널리 받아들여진 규칙의 묶음"에서 주어진다고 봤다. 힘은 "이런 규칙이 무너지거나 훼손됐을 때 이를 회복시킬 수 있는 강제력"을 의미한다고 했다.[1]

이러한 규칙이 존재하지 않거나 규칙이 있어도 이의 준수를 보장하는 강제력이 없다면 국제 질서의 안정성은 쉽게 손상될 것이다. 규칙과 원칙은 관계 방식에서 상호주의가 적용되는 것을 전제로 하는데 상호주의를 전제해야만 규칙과 원칙은 질서 내에 법적 안정성을 부여받을 수 있다. 대부분의 구성원이 규칙과 원칙을 준수하나 일부가 자의적으로 위반하면 위반 행위자는 질서의 안정성을 해치면서 개별 이익을 추구하는 셈이다. 이런 규칙과 원칙에 입각한 질서Rule and principle based order를 자의적으로 유린하는 몇몇 행위자가 등장하면 다른 행위자들도 추종하려 하면서 질서 안정 요인으로서 규칙과 원칙의 기능은 급격히 저하할 것이다.

제도

특정 질서가 더욱 발전해 그 자체로 자기 추동력이 생기면 그 질서를 지속적으로 유지하기 위한 제도화의 단계로 진입한다. 제도화는 여러 차원에서 이뤄질 수 있다. 낮은 단계에서는 그 질서 속에서 생성된 규칙들의 보편적 적용, 일상적 적용을 담보하는 것을 지칭하는 것일 수 있다. 개별 규칙이 아니라 많은 규칙이 항상 누구에게나 적용하는 것이 확실하면 이는 제도화로 나아간 것이다. 국제 사회에는 규칙의 일상적·보편적 적용을 담보하는 중앙 권력이 있는 것은 아니지만 구성 국가들이 단체로 이를 담보하면 구성 국가 그룹의 존재도 제도화의 중요한 요소가 되는 것이다.

더 나아가 특정 질서 내 구성 국가들이 질서를 지속적으로 유지하기 위해 정례적으로 공동 행동을 하거나 정기적으로 회의체를 구성·운영한다면 이것도 제도화의 한 단면으로 볼 수 있다. 예를 들면 질서 유지에 일차적 책임을 지는 주도적 국가들이 공동으로 특정 질서에 긴요한 교역로를 방어하기 위한 군사적 조치를 하거나 정기 회합을 하면서 질서에 위협을 주는 요인들을 식별하고 이를 제거하려고 공동 노력을 한다면 이는 교역로 안전 유지가 제도화의 단계로 나아간 것으로 볼 수 있다. 베스트팔렌 체제나 빈 체제도 그렇고 UN 체제에서도 세력 균형을 파괴하거나 기존 법 규범을 파괴하는 행위에 대해 구성 국가가 회의체를 통해 집단으로 이를 제재하려는 의지가 표출되면 질서 유지를 위한 제도화를 진전했다고 볼 수 있다.

한 걸음 더 나아가 국가 간의 관계를 규율하는 규칙이나 법 규범이 복잡해져서 행정적으로 잘 관리해야 할 뿐 아니라 법 규범의 해석에 관해 국가 간 이견이 있다면, 이를 유권 해석하고 법 규범이 상황과 시대에 따라 변할 필요가 있을 경우 국가들이 모여 회의를 하고 새로운 합의를 도출할 필요성이 있다. 이러한 필요성에 대응해 국가들은 특정 법 규범이나 이슈를 전담하는 회의체를 운영하거나 상설 사무국을 두어 법 규범을 행정적으로 관리하기도 하고 규범의 유권 해석, 구 규범 개정 및 신규 규범 작성 등을 한다. 이는 높은 수준의 제도화가 국제적으로 이뤄진 것으로 볼 수 있다.

높은 수준의 제도화의 실제 사례로는 해양법 협약을 도출해낸 해양법 회의체, 전쟁 범죄와 반인도적 범죄를 다루는 국제형사재판소 ICC, 원자력 관련 이슈 및 국가 간 관계를 규율하는 국제원자력기구 IAEA 등이 있다. 다양한 국제기구들이 국제 사회에서 제도화의 가장 높은 수준을 구현하고 있는 셈이다.[2] 이런 높은 수준의 제도화가 이뤄지면 국가 간에 이견이 발생하거나 이익이 충돌할 경우 양자 간에 무력으로 해결할 필요가 없다. 기존의 조문화된 법 규범에 따라 문제를 양자 간 해결하거나 여의치 않으면 사무국이나 상설 중재 기구, 재판소에 문제를 회부해 해결한다. 이렇게 제도화된 틀을 이용해 분쟁을 해결하면 국제 질서의 안정성이 크게 높아진다.

회의체나 사무국 같은 물리적인 실체가 있는 것만 제도화가 이뤄졌다고 할 수 있는 것은 아니다. 국제 사회에서 구성 국가들이 준수하는 '행동 양식'이 존재한다면 이것도 일종의 제도화로의 진전이라 할 수 있다. 국가 간의 관계 설정과 유지에서 중요한 두 가지 협약이 있다. 하나는 '외교 관계에 관한 빈 협약', 다른 하나는 '영사 관계에 관한 빈 협약'이다. 이 협약의 내용은 보편적으로 수용할 수 있어 별다른 해석이 필요하지 않다. 모든 국가는 이 협약에 근거해 국가 간 외교 관계와 영사 관계를 규율한다.

따라서 이 협약들은 협약의 수준을 넘어 하나의 제도화의 단계에 이르렀다고 볼 수 있다. 그 밖에 국가 간의 관계에 적용하는 의전이나 외교 관행도 널리 받아져서 사용되므로 제도화의 단계에 달했다고 말할 수 있다.

국제법

국제 사회의 질서를 안정시키는 요인의 하나로 규칙의 필요성을 설명했다. 규칙이 인류 역사적으로 국가 간의 관계에서 형성돼온 약속들을 개괄적으로 지칭하는 것이라면 국제법은 규칙이 더 정교화되고 집합화돼 생성된 것으로 19세기 이후 주로 형성되기 시작했다. 그 후 20세기 후반부터 국제법은 본격적으로 축적되고 이용이 활성화됐다. 물론 국제법의 아버지로 불리는 휴고 그로티우스가 17세기 『전쟁과 평화의 법』을 통해 국가 간의 관계를 전쟁이나 무력을 통해 규율할 것이 아니라 자연법에 기초한 국가 간의 합의에 따라 규율해야 한다고 주장한 바 있다. 이것이 베스트팔렌 조약 체제 수립에 기여한 당시로 국제법의 연원이 거슬러 올라간다.

국제 사회에서는 국내 사회처럼 권력이 중앙에 집중돼 권력을 독점하는 기관이 존재하지 않기 때문에 국내법처럼 법을 위반했을 경우 중앙 권력 독점 기관이 법 위반자를 처벌할 정도의 집행력을 국제법은 가지고 있지 못하다. 따라서 국제법에서는 강행 규범Jus cogens, 즉 당사자의 의사에 반해 강제로 집행할 수 있는 법적 근거가 드물다. 국제 사회가 역사적으로 발전하는 과정에서 형성된 일반적인 원칙 또는 규칙 중 모든 국제 사회 구성원이 인정하는 '주권 평등' '주권 존중' '자위권 행사' '내정 불간섭' 등은 보편적 원칙이므로 강행 규범의 성격을 띤다. 이 원칙들을 침해하는 국가들에 여타 국가가 공동 제재를 가해 침해된 타 국가의 권리를 회복시켜야 한다는 데 공통 인식이 존재한다는 측면에서는 이 원칙들을 준수 강행할 인식적 토대는 마련돼 있다.

이 경우에도 법 준수를 강요하거나 물리력을 집중해서 행사할 수 있는 주체가 없기에 UN에서의 만장일치 결의로 UN군을 동원하는 경우가 아니면 국제법 위반 행위는 피해국이 직접 바로잡아야 하는 자력 구제 원칙이 국제 사회의 일반 현상이다. 침해된 권리를 구제하기 위한 행동은 각국의 개별적 판단과 능력에 좌우된다. 피해국의 보복 행동이 뒤따르지 않으면 국제 사회는 가해 국가에 국제적인 비난이나 아주 심각한 경우 외교 단절 등의 손해를 가할 수 있을 뿐이다.

이는 국제 사회가 아직 미성숙한 사회라는 것을 반증하는 것이다. 미성숙하다는 것은 각국이 자국의 생존·안전 보호를 최우선 목표로 하지만 이것을 넘어 다른 국가들의 생존이나 안전·이익이 위협받을 경우 공동으로 어떤 행동을 취해야 하는지 공감대가 없다는 것을 말해준다. 어떤 형태의 국제 질서를, 이를 지탱하는 국제법을 어떤 기준으로 지켜야 하는지 공감대가 없다는 것을 의미한다. 이런 현상은 주요 강국 간의 갈등이 더욱 노골화돼갈 장래 국제 질서에서는 더 심해질 것이다. 현재 작동하고 있는 질서와 국제법이 서양의 이해와 인식을 반영한 것이라는 생각으로 도전하는 세력이 있을 때 이런 혼란은 더욱 증폭될 것이다.

그래서 20세기 후반 들어와 국제법이 발전하고 국가 간에 합의한 협정, 협약, 조약, 의정서 등 다양한 형식의 법 문서들이 합쳐져서 국제법 체계를 이루고 있다. 하지만 이것들은 개별 국가들의 자발적인 합의를 전제로 한 기술적인 분야에서 국가 간의 권리와 의무를 규정하는 정도에 그칠 뿐이다. 따라서 기술적인 분야, 즉 국가들의 이익이 수렴하는 분야에서는 국제법 준수 정도가 높으나 서로의 이익이 충돌하기 쉬운 안보·정치 분야에서는 국제법의 이행 정도가 낮다.

국제법이 발달한 현 국제 사회에서도 전체를 하나의 공동체로 생각하고 그 공동체의 존속을 보장하는 한편 그 사회의 모든 국가의 안전과 번영을 강행적으로 보장해주는 국제법 체계는 존재하지 않는다. 오히려 21세기 들어와 기존의 국제법 체계가 다양한 도전에 직면하고 있다. 첫째, 팍스 아메리카나 체제 내에서 국제법의 이행을 지탱해오던 미국의 지도력이 쇠락하고 있다. 둘째, 국제 사회 내에서는 미국과 다른 문화적·종교적 배경을 공유하는 국가군들이 부상해 현 국제법 체계의 정당성에 의문을 제기하고 있다. 셋째, 새로 부상하는 패권 도전국이 미국이 지탱해온 현 국제법 체계에 대해 도전하고 있다. 넷째, 패권국인 미국의 자국 중심주의로 인해 국제법을 경시하고 있다. 이런 점들이 현 국제법 체계의 안정성을 의심하게 하는 부정적 요인들이다.

　그러므로 국제법은 같은 가치와 신념 체계를 공유하는 국가 사이에서는 그 집행의 유효성이 높아지는 데 반해 가치와 신념 체계가 다른 국가 간에는 유효성이 점차 줄어든다. 가치와 신념 체계가 다른 여러 국가군이 존재한다면 국제 사회는 다시 국제법 발전 초기 상태로 후퇴해 국제 사회에서 통용되는 아주 기본적인 원칙들만 국가 간에 적용 가능할 수 있게 될 것이다.

　이처럼 국제법이 국제 질서를 안정적으로 유지하는 데 기여할 수 있는 정도는 국제 사회 구성 국가들이 국제법에 얼마나 자발적으로 순응할 의사가 있느냐와 밀접하다. 그만큼 국제법은 기술적 분야에서는 정교하게 발전을 이뤄 상세한 법체계들이 존재하나, 특정 국제 질서의 존속과 개별 국가들의 안전과 번영의 보장이라는 근본적이고 정치적인 문제에 봉착하면 여전히 씨족 공동체 수준의 발전 단계에 불과하다. 한마디로 법적 안정성이 아주 취약하다.

국제법 내 여러 법체계를 기능적인 측면에서 분석해보자. 첫째, 국가들의 안전·생존 자체를 보장해주는, 즉 국가 간의 공존·상생이 가능하도록 하는 법체계들이 있다. 이는 '주권 평등' '주권 존중과 불가침'의 가치를 지키려 하고 이를 위해 개별 및 집단 자위권, 정당방위의 개념을 인정하는 법체계를 말한다. 이 같은 법체계는 어느 국가가 주도적으로 성안한 것은 아니다. 근대 국가 체제의 역사적 발전 과정에서 이 같은 원칙이 형성돼 나왔다. 국제법에서는 존재하는 원칙을 인정하고 이를 법적으로 편입하는 과정만 거쳤으므로 '인정의 국제법International law of recognition' 또는 '공존의 국제법'이라 분류한다.

둘째, 개별 국가 간이나 다수의 국가 간에 어떤 특정 사안을 합의하고 이 합의한 법체계에 따라 국가 간의 관계를 규율하는 것이 상호 이익이 된다는 인식을 바탕으로 계약을 체결하고 권리·의무를 나누는 과정에서 국제법 체계가 형성되므로 '합의의 국제법' '이익의 국제법'이라 분류할 수 있다.

셋째, 국가 간에 지켜야 할 기본 원칙이나 당사자 간의 합의를 준수하지 않아 분쟁이 발생하면 무력이 아니라 법적인 해결 방식을 고민하는 '해결의 국제법' 또는 '중재의 국제법'으로 분류할 수 있다.

넷째, 국제 사회가 발전하면서 모든 국가가 심각하게 느끼는 문제들이 더 악화되는 것을 방지하기 위해 고민하는 과정에서 형성된 법체계가 있다. 전쟁에서 반인도적인 행위를 금지한 전쟁법, 인간의 기본 인권을 국제적으로 보장하는 법, 기후 변화나 인류 주요 유산 보호 등이 있다. 이 법체계는 개별 국가의 이익을 뛰어넘어 인류가 공동으로 지켜야 하는 가치와 원칙을 담고 있다. 대다수 국가가 협력해 준수해야 하므로 '보편의 국제법' '협력의 국제법'이라 분류할 수 있다. 국제 사회가 발전할수록 국제법 체계도 발전한다. 국제법이 발전하면 국가 간의 관계를 법에 따라 규율하므로 훨씬 안정적이고 예측 가능해 국제 질서를 안정적으로 유지하는 데 기여한다. 불과 100년 전의 제국주의 시대만 하더라도 강대국이 약소국을 자기 국익이 향하는 바에 따라 침략해 식민지화하는 것이 당연했다. 심지어 강대국 간에 식민지 쟁탈전이 경쟁적으로 벌어져도 국제 사회가 제재를 가하지 않았다. 이에 반해 국제법이 발전한 20세기 후반 이후로는 가장 강력한 패권국인 미국이라도 다른 국가와 무력 분쟁·전쟁을 하면 최소한 국제법적으로 명분이나 근거를 확보하려고 노력한다. 이것만으로도 국제법이 각국의 자의적 행동을 얼마나 억제하는 효과를 발휘하는지 가늠해볼 수 있다.

이 네 종류의 다른 기능을 가진 국제법 체계 중 두 번째 이익과 합의에 의한 국제법 체계를 제외한 나머지는 국제 질서가 변하고 질서 내에서 세력 전이가 발생하더라도 영향을 덜 받고 비교적 잘 준수될 수 있다. 그러나 이익과 합의에 의한 국제법 체계는 세력 전이 현상이나 질서 변동 요인이 발생하면 국가 간 이익을 계량하는 기준이 다르고 합의에 대한 구속력을 덜 느낄 것이다. 나아가서는 기존의 합의를 허물고 새로운 자기 세력에 더 유리한 합의를 도출하려는 노력을 전개할 수 있다.

두 번째 법체계는 어느 수준까지 국제 질서 안정 요인으로 작용하지만, 변화의 동인이 축적되면 어느 순간부터 이 법체계 자체가 타기의 대상이 될 것이다. 이를 둘러싸고 지키려는 쪽과 부수려는 쪽 간의 갈등이 격화되어 역설적으로 질서 불안정 요인으로 작동하기 시작할 수도 있을 것이다. 지금 여러 나라와 체결한 FTA 또는 이란의 핵합의포괄적공동행동계획, JCPOA 등을 자국의 국익에 부합하지 않은 협정이라고 규정하고 이를 파기하려는 행동은 이 협정을 지키려는 국가들로부터 반발을 초래할 것이다. 양측 간의 갈등 요인으로 작용하면서 국제 사회 불안정성을 증폭시킬 수도 있다.

질서 주도국

특정 국제 질서에는 그 국제 질서 창설을 주도했고 지속하는 것이 국익에 부합하지만 다른 국가들이 그 국제 질서를 지속하도록 담보해줄 것을 기대하므로 질서의 존속을 위해 노력하는 국가가 있다. 이런 국가를 질서 주도국이라 지칭할 수 있다. 우리가 국제 질서를 특정 국가의 이름을 붙여 팍스 로마나, 팍스 시니카, 팍스 브리타니카, 팍스 아메리카나라고 할 때 로마, 중국, 영국, 미국 등이 질서 주도국이다. 이들은 특정 질서 내에서 다른 국가들과 비교가 안 될 정도로 막강한 국력을 보유하고 있다. 다른 국가들에 끼치는 영향력 또한 지대하므로 이들은 단순히 강대국이라기보다 초강대국Super power에 더 잘 부합한다. 이들의 종합적인 국력은 그 질서 내의 다른 나라의 국력을 합한 것을 능가하거나 비슷한 정도는 돼야 질서 주도국 또는 초강대국의 자격을 인정받을 수 있다. 국력 중 경제력도 중요하지만, 군사력이 다른 국가들을 압도할 정도가 되어야 한다. 자국을 방어하거나 국제 질서를 방어하는 데 다른 국가들의 도움을 받지 않고 독자적으로 해결할 수 있는 능력이 있어야 초강대국이다.

질서 주도국 또는 패권국의 자격을 인정받으려면 강한 경제력·군사력에다 특정 질서를 주도적으로 창설했을 뿐 아니라 그 질서를 지키기 위한 의지를 보유해야 한다. 이런 역할을 또한 다른 나라들이 인정해줘야 한다. 나폴레옹 시대의 프랑스, 히틀러 시절의 독일은 경제적·군사적으로는 다른 나라에 비해 압도적으로 강했지만, 특정 질서를 창출하거나 유지하려는 구상이 없었다. 단지 기존 질서를 뒤엎고 유럽을 정복하려는 의도만 보여서 질서 주도국이나 패권국이라 분류하기 어렵다. 국제 질서를 어느 특정 국가가 유지하기도 하지만 주요 강대국이 병립하면서 이들 간의 협조로 유지하기도 한다. 베스트팔렌 체제와 빈 체제 시절에 유럽에는 다수의 유럽 강대국들이 협조하면서 그 질서를 유지했다. 이때 질서 유지에 동참하는 능력이 있는 국가들은 강대국Great power이라 지칭할 수 있다. 베스트팔렌 체제에서는 프랑스, 영국, 스페인, 네덜란드가 이런 지위를 보유했다. 빈 체제에서는 영국, 프랑스, 프로이센, 러시아, 오스트리아-헝가리 제국이 유럽의 협조를 이끄는 주요 강대국이었다.

이런 질서 주도국이나 서로 협조하는 주요 강대국들이 있으면 그 국제 질서는 안정을 유지하면서 장기간 존속 가능하다. 이런 국가들의 존재 자체가 국제 질서 유지와 안정에 기여하는 것이다. 질서 주도국, 즉 질서와 규범을 만드는 나라Rule setter가 있으면 질서 추종국, 즉 만들어진 질서와 규범을 지키는 나라Rule follower가 있다. 이들 간의 관계는 암묵적으로 합의된 원칙이나 규칙에 따라 규율되므로 국제 관계가 단순하고 순조롭다. 이런 체제에서는 특정 상황이 발생할 때마다 해당 국가 간에 문제 해결을 위한 관계 방식을 매번 협의해 결정하는 것이 아니라 국가 간에 널리 받아들여진 방식을 적용·준용해 해결하므로 결정이 쉽고 순조로워 지속적으로 이뤄질 수 있다.

질서 주도국과 추종국 간에는 현격한 국력 격차가 있어 질서 추종국이 주도국에 다소 불만이나 이견이 있더라도 쟁점화하기보다 순응한다. 그 결과 규범들을 주도국에 유리한 방향으로 해석하고 해결하므로 국가 간의 갈등 소지가 더 줄어든다. 질서 주도국은 질서 관리국이라고도 할 수 있다. 질서 추종국들 간에 이견이 발생해 분쟁의 여지가 있을 때 해결하지 못하면 질서 관리국이 개입해 권위적인 결정을 내려줄 때가 많아 국제 질서가 더 잘 관리된다.

질서 주도국과 주요 강대국의 국제 질서 안정을 위한 역할을 좀 더 구체적으로 분석해보자.

질서 주도국과
질서 추종국

질서의 기본 틀 유지

특정 질서는 그 질서 창출을 주도한 국가나 국가들의 합의로 이뤄져 이 국가들은 질서의 구도를 유지하려고 공동 노력한다. 시간이 지나면서 국제 정세도 변하고 세력 균형을 다소 재조정해야 하는 문제가 발생하면 이들 질서 주도국이나 주요 강대국들이 합의해 질서 추종국들의 이익을 다소 희생하면서 부분 조정은 하더라도 질서의 기본 틀은 유지하려 한다.

질서 주도국들은 서로 식민지를 주고받거나 약소국들의 국경을 재조정하거나 세력권의 범위를 조정하면서 변하는 세력 간의 균형을 맞추고 특정 질서의 기본 틀을 지키려 노력한다. 그러나 기본 틀을 무너뜨리려는 강력한 패권 도전국이 등장하고 여타 강대국들이 힘을 합쳐도 이 도전국을 제어하지 못하면 국제 질서는 진통을 겪으며 재편의 길로 접어든다. 그때까지는 적어도 질서 주도국들은 질서를 유지하려 공동 노력한다.

20세기 초 새로이 부상하는 독일의 팽창 욕구를 수용하려고 영국과 프랑스는 아프리카 식민지 쟁탈전에서 독일의 진출을 어느 정도 허용하기도 했으나 독일의 야심을 잠재울 수 없자 1차 세계대전이 발발했다. 그 후에도 독일·이탈리아·일본의 팽창 정책을 국제연맹이 제지하지 못하고 어느 정도 기정사실화하면서 추축국들을 회유하려 했다. 이를 통해 국제 질서의 기본 틀을 지키려 했으나 이들의 욕구가 도를 넘어서면서 추축국과 이들을 막으려는 연합국으로 나뉘져 2차 세계대전 발발로 이어진다.

20세기 후반 질서의 기본 틀을 유지하려는 노력은 NPT 체제에서 찾아볼 수 있다. 2차 세계대전 후 핵무기를 보유한 5대 강국은 다른 나라들이 핵무기를 개발하거나 보유하는 것을 막는 데 공동 이익이 있으므로 협의해 NPT 체제를 수립한다. 핵무기 보유국의 특별한 지위는 UN에도 반영해 이 5대 강국은 안전보장이사회의 상임이사국이 된다. 자신들의 국익에 반하는 UN의 결정은 거부권을 행사하면서까지 보호하기로 상호 간 합의도 했다. 다른 나라들이 관련 문제들에 대해 합의해서 결정을 내리고 강제할 권한이 있다. 5개 상임이사국은 UN의 대주주로서 권익을 보호하는 기본 틀은 거부권을 통해 유지하면서 UN을 자기들 간의 합의로 운영하려는 것이다.

미국은 2차 세계대전 후 자국이 설계한 국제 질서의 기본 틀을 유지하려고 주도적 노력을 기울였다. 우선 자유주의와 국제주의에 입각해 구축한 팍스 아메리카나 체제를 허물려는 공산 진영의 침공에 대해 그리스 내전·한국 전쟁·베트남 전쟁에 직간접으로 개입함으로써 격퇴했다. 항행 자유의 원칙과 해상 수송로 안전 보호를 위해 세계 최강의 6개 함대를 구축하고 함대별로 담당 해역을 배분해 그 해역에서 제해권을 장악하도록 했다.

IBRD를 통해 개발 원조가 자유민주주의를 확산하는 데 도움이 되도록 활용했다. IMF를 통해 금융과 통화 운용의 자유, 개방화가 진전되도록 외환 자금을 지원했다. 미국이 구축한 전후 국제 질서를 허물려는 노력을 계속한 구소련에 천문학적 군비 경쟁을 통해 재정을 감당할 수 없도록 함으로써 몰락을 부추겨 냉전 체제를 와해시킬 수 있었다.

전면전 발생 방지

질서 주도국들이나 주요 강대국들은 자신들 간의 직접적인 무력 대결이 벌어지면 심각한 결과를 초래할 뿐 아니라 대규모 분쟁으로 인해 기존 국제 질서 자체가 붕괴될 수 있어 전면 분쟁을 가급적 회피하려 한다. 국가 간 세력 경쟁을 계속하고 세력 균형이 끊임없이 변하는 과정에서 주도국 간의 전면 분쟁을 회피하려는 노력 덕분에 주도국들이 모여 있는 중심 지역에서는 분쟁이 억제된다.

그러나 세력 팽창을 둘러싼 경쟁은 주변부 지역에서 다른 국가들이나 세력들을 대신 사용한 전쟁이나 분쟁의 형태로 변화돼 나타난다. 이를 대리전Proxy war이라고 한다. 제국주의 식민지 경쟁 시대 및 미·소 간 냉전 시대에 이런 현상이 상당했다. 미국의 영향력 아래 있는 국가나 세력과 구소련의 영향력 아래 있는 국가나 세력이 미·

소 간의 세력 확장 다툼에서 양측을 대신해 전쟁을 한 것이다. 한국 전쟁도 북한은 '민족 해방 전쟁'이라 칭하지만 엄밀한 의미에서 구소련을 위한 대리전의 성격이 있었다. 이 전쟁으로 우리 민족은 참담한 피해를 입었는데 그 상처는 아직 아물지 않고 있다.

주요 강대국 간에는 전면전은 회피하더라도 우월적 위치에 서고 싶어 하는 경쟁은 지속하므로 종종 군비 경쟁이 일어난다. 이는 더 강력한 군사력을 과시함으로써 상대방에 대한 기선을 제압하고자 하는 심리 기제가 발동한 결과다.

서로 더 강력한 군비를 갖춤으로써 우월적 지위에 서고 싶어 하지만, 상대국도 동일한 노력을 기울이므로 군비 경쟁을 계속하다가 격화되면 전쟁으로 이어지기도 한다. 그렇지만 질서의 기본 틀을 지키고 전면전을 회피하려는 개념이 없었던 시기에 주요 강대국은 군비 경쟁 대신 신속하게 경쟁의 종지부를 찍으려는 경향을 보였고 이는 전쟁으로 이어졌다.

강대국 간 분쟁이 발생하는 것을 원천적으로 회피하는 경향이 있지만, 우연히 또는 계산 착오로 직접적 대결이 발생하면 강대국들은 핫라인이나 긴급 협의체를 통해 분쟁을 조기 종결하거나 지역적·규모적으로 제한하려 한다. 핵무기를 보유한 5대 강국, 특히 미·소·중은 수많은 핵무기 중 어느 하나라도 서로를 향해 쏠 수 없다는 것을 잘 알기에 핵 군비 경쟁을 하다가도 핵 군축 협상에 돌입하고 핫라인을 가동하는 것도 이 같은 기제가 작동한 결과다.

1962년 쿠바 미사일 위기도 미·소 간에 긴장이 고조됐지만 직접 충돌할 경우 파국적인 결과를 잘 인식하고 있었기에 극적으로 합의해 군사적 대치가 전쟁으로 비화되기 직전에 차단한 사례다. 그로 인해 냉전이라는 기본 틀은 30여 년 더 지속할 수 있었다. 냉전 시대 미·소 간 치열한 세력 경쟁을 벌이면서도 냉전이 열전으로 비화하지 않은 이유는 양측이 전면전을 회피하려는 심리가 작용했기 때문이다. 이 같은 심리는 양측의 국력이 비슷하면 더 잘 작동한다. 양측이 핵무기로 무장한 상황에서 전쟁이 발발하면 MAD를 통해 엄청난 손실을 입을 것을 알기에 전면전을 더욱 회피하려 한다. 이 같은 핵의 공포의 균형을 통한 핵 무장국 간 전쟁 회피 양상은 앞으로 미·중 간의 갈등에서도 대체로 적용될 것이다.

전쟁 발발 시 확대 방지

강대국 간의 직접 대결을 회피하기 위한 노력의 일환으로 세력권 아래 있는 국가·세력 간의 무력 분쟁이 발생했을 때도 이 분쟁이 강대국 차원으로 비화되기 이전에 지역적·규모적으로 제한전Limited war이 되도록 유도한다. 강대국이 직접 그 분쟁에 개입하더라도 처음부터 그 목적과 수단을 제한적으로 설정하고 그 개입으로 다른 강대국과 총력전Total war이 벌어질 위험성을 회피하려는 것이다. 강대국 간 총력전이 발생하면 국제 질서의 기본 틀이 변형될 수밖에 없다. 강대국들이 이를 원하지 않으면 주변 지역에서 분쟁은 대부분 제한전으로 종결된다.

제한전을 전제로 하면 전쟁의 목적이 상대방의 무조건 항복 또는 완전 파괴를 상정하지 않으며 무기도 상대방을 초토화시킬 정도의 위력을 발휘하는 것은 쓰지 않는다. 분쟁의 범위도 제한적인 지역으로만 국한하고 그 밖의 지역으로 비화되지 않게 관리한다. 이러한 제한전은 세력 균형의 관점에서 수행한다. 세력 균형이 일정 부분 흔들렸을 때 그 균형을 회복 또는 조정하려고 전쟁을 일으키지만, 전쟁을 시작하는 국가도 세력 균형 전체의 틀을 바꿀 생각이 없기에 제한적으로 진행하는 것이다.

한국 전쟁이 이러한 노력의 대표 사례다. 남침을 사주한 구소련은 물론 미국이 개입하자 참전한 중공도 남한을 적화하기 위해 미국과 전면전까지 불사할 생각은 없었다. 미국도 이승만 대통령이 주장하는 북진 통일, 즉 한반도의 자유 통일을 위해 구소련과 중국을 상대로 3차 세계대전을 감수할 용의는 없었다. 그런 상황에서 UN군 사령관인 맥아더 장군이 중공군의 개입을 막으려면 중국 본토인 만주 지역을 공격해야 하고, 필요하다면 핵무기라도 써야 한다고 주장했을 때 이 주장은 미국의 제한전의 범위를 넘어서는 것이었다. 그 결과 맥아더 장군의 의견은 트루먼 대통령 등 미국 전쟁 지도부의 의견과 정면 배치돼 해임될 수밖에 없었다.

한국 전쟁이 2년을 넘어서면서 장기전으로 가려는 기미를 보이자 이 현상도 제한전의 범위를 벗어나는 것이 되었다. 참전 서방 16개국 및 중국은 참전국의 국력에 상당한 부담이 될 것임을 우려할 수밖에 없었다. 이로 인해 남한 이승만 정부의 결사 반대에도 불구하고 강대국들은 한국 전쟁을 휴전이라는 방법으로 서둘러 마무리지으려 한 것이다.

3년 동안의 전쟁과 수백만의 인명 희생, 한반도 전체가 파괴되는 손실을 겪고도 전쟁 발발 이전 상태로 회귀하는 선에서 전쟁을 마무리했다. 양측 모두 아무런 소득도 세력 변동도 발생하지 않은 채 끝난 한국 전쟁은 전형적인 제한전이었다.

국지적 세력 균형 유지

국지적 세력 균형이란 주요 강대국이 자국이 소재하는 인근 지역 내에서 지역 질서 형성 및 유지에 주도적인 역할을 할 뿐 아니라 그 지역 내 질서 추종국 간의 관계가 세력 균형을 이룰 수 있도록 균형자 역할을 하기도 해 지역 질서가 안정성을 유지하면서 지속될 수 있도록 역할을 할 때 성립한다.

국지적 세력 균형을 유지하는 데 균형자 또는 조정자 역할을 하는 국가들의 사례를 보면 유럽에서는 영국, 라틴아메리카에서는 미국, 중동에서는 러시아, 동북아에서는 일본이 그 역할을 하고 있다고 봐야 한다. 이런 나라들은 해당 지역 내에서 세력 균형에 변화가 생기면 균형이 기우는 반대쪽의 진영에 가담함으로써 균형이 다시 회복되도록 돕기도 한다. 이때 국가가 균형자 역할을 한다고 본다.

그 지역 내의 질서 유지를 위한 지배적인 역할을 하는 국가들은 지역 패권국Regional hegemon이라고 한다. 이런 국가들은 그 지역 내에서 질서 추종국들의 주권을 일부 제약하거나 무력을 써서라도 역내 질서 추종국 간 분쟁이 발생하는 것을 방지하는 대신 그 지역 내 국가들의 안전이 역외 다른 강대국에 의해 위협받지 않도록 보호막을 제공한다. 안전 보호막 제공에 대한 반대급부로 질서 추종국들은 지역 패권국의 다소 일방적인 결정이나 불평등한 거래 관계 등을 수용한다.

미국의 먼로 대통령의 먼로 독트린과 루스벨트 대통령의 선린 외교 정책Good neighbor policy, 구소련 시대 브레즈네프 수상의 브레즈네프 독트린 등이 역내 추종국에 대한 안전 보호막을 제공해줄 것을 천명한 대표 사례다. NATO도 표면적으로는 주권 평등을 기반으로 하는 서방 국가들의 군사 연합체라 할 수 있다. 그러나 미국의 압도적인 군사력으로 다른 회원국의 안전을 보장해주는 보호막, 즉 핵우산 등을 미국이 제공하고 다른 국가들은 최소한의 기여만으로 누리기만 하는 관계다. 대신 NATO 회원국 간에는 미국의 지도력이 압도적이어서 국가 간 분쟁이나 이익 충돌이 발생하지 않는다. 발생하더라도 평화적으로 해결돼 국지적 세력 균형은 잘 유지된다.

이러한 주도-순응 관계에서 역내 질서는 주도국이 추종국 간의 분쟁 발생을 허용하지 않거나 분쟁 발생 시 강제로 개입해 정리하는 등 주도국 중심으로 국지적 세력 균형을 유지할 수 있다. 이로써 각 지역 질서가 안정을 누리면 전체 국제 질서의 안정에도 기여한다.

이러한 국지적 세력 균형이 잘 작동하려면 강대국 간에는 상대 강대국이 누리는 세력권의 범위를 서로 인정하고, 상대 강대국이 자신의 세력권 안에서 국지적 세력 균형을 이루기 위해 취하는 행동들을 묵인해야 한다. 그렇지 않고 특정 강대국이 상대 강대국의 세력권으로 간주하는 지역에서 일어난 분쟁 등에 국지적 세력 균형 회복 조치들을 무력으로 개입해 저지하려 하면, 국지적 불안정이 지속될 뿐 아니라 강대국 간 분쟁으로 비화될 가능성이 있어 국제 질서의 불안정 요인이 된다.

세력권의 인정 및 유지

질서 주도국이나 주요 강대국들은 자국의 국력과 영향력을 해외로 팽창시키려는 속성이 있다. 여러 강대국이 경쟁적으로 국력과 영향력을 해외로 투사하기 시작하면 해외에서 이 세력 간의 충돌이 불가피해진다. 따라서 국제 질서 자체가 흔들린다. 이러한 국제 질서 판 자체가 흔들리는 것을 방지하기 위해 주요 강대국은 서로 세력권의 개념을 인정하고, 세력권의 외연선이 겹치거나 충돌하지 않도록 관리한다.

세력권Sphere of Influence을 일단 설정하면 다른 나라가 인정해야만 하나의 권리로 생각하는 국가도 있고, 세력권 내에서 강대국이 실제적으로 영향력을 행사할 수 있는 능력을 갖추고 그런 믿음을 다른 국가들에게 주었을 때 세력권이 존재하는 것으로 보는 시각도 있다.

식민지 쟁탈전 시절 영국과 프랑스 간 중동에서 서로의 세력권을 인정해준 사이크스·피코 협정(1916), 아프리카에서 영국과 프랑스 간에 같은 목적으로 체결한 1889년 협정, 영국과 독일 사이 맺은 1986년 협정 등이 명시적으로 그 세력권의 범위를 인정한 경우다. 반대로 2차 세계대전 후 미국과 소련 간에서처럼 세력권 범위를 양국 간의 명시적 합의보다 묵시적으로 상호 인정하기도 했다. 동독을 기점으로 중·동유럽과 흑해에서 보스포루스 해협까지는 소련의 세력권으로, 라틴아메리카 일원은 미국의 세력권으로 인정받았다. 따라서 자유 진영과 공산 진영 간의 대리전은 이들 세력권으로 인정받은 지역을 제외한 다른 지역에서 주로 발생했다.

상대방의 세력권에 대한 대립 세력의 상호 존중은 국제 질서의 안정을 주는 반면 이를 존중하지 않으면 국제 사회의 불안정한 요소가 된다. 이 같은 사례는 소련이 쿠바에 미사일을 설치하려 했을 때 미국 정부는 소련의 노력이 자국의 세력권을 허물어뜨리려는 의도로 간주하고 단호한 대응을 해 쿠바 위기라는 전쟁 직전의 상황까지 간 데서 찾아볼 수 있다.

강대국들의 세력권은 다른 나라가 존중하고 있다. 세력권 내에서 발생하는 소규모 분쟁이나 이익의 충돌은 그 세력권을 향유하는 강대국의 군사력이나 정치적 조정력을 통해 그 발생을 억제받거나 발생한 경우 신속히 해결하므로 세력권의 존재는 국제 질서의 안정 요인이라고 볼 수 있다. 아직 특정 강대국의 세력권에 속하지 않은 지역은 선점 분쟁이 발생할 수 있다. 양 세력권이 접하는 지역은 마찰로 인해 분쟁이 발생할 가능성이 높다. 이런 지역들을 지정학적으로 분쟁 촉발지Flash point라 한다. 한반도가 이러한 위치에 있다.

현재 미·중 간의 갈등 원인도 중국의 세력권을 미국이 인정하지 않는 데서 기인한다. 국력이 급신장하면서 중국은 자국을 미국에 버금가는 세력, 즉 G2의 일원으로 생각하고 있다. 이를 반영한 신형 대국 관계를 수용하길 바랐으나 미국이 거절함으로써 양국은 갈등 관계로 접어들고 말았다. 이러한 중국의 지위 상승 욕구는 세력권의 확장이라는 방식으로 나타나고 있다. 구체적인 사례가 남중국해(남지나해)에 대한 중국의 배타적 권리 주장이다. 중국은 미국이 카리브해를 자국의 뒷마당으로 여기듯이 남중국해는 자국의 앞마당임을 주장하고 있다. 미국이 이를 인정하지 않으면 양국 간에 긴장이 조성되고 이는 국제 질서의 불안정 요인으로 작용하는 것이다.

주요 행위자 간 세력 균형 및 합의

국제 질서가 안정을 유지하면서 지속 가능하려면 그 질서 내에 존재하는 주요 행위자들이 그 질서가 지속되는 데 대해 공동 이익이 있다는 것을 인식하고 현상 유지를 선호해야 한다. 물론 팍스 로마나 시대와 같이 로마가 다른 세력에 비해 압도적으로 강하고 다른 정치 세력이나 정치체들이 로마의 권력 아래 복속해 있으면 다른 주요 행위자들 간의 합의가 불필요할 수 있다. 그러나 팍스 로마나 다음으로 최강국의 지도력을 갖춘 팍스 시나카 혹은 팍스 아메리카나 시절에도 중국이나 지금의 미국이 다른 주요 행위자들과 협조 아래 국제 질서를 유지할 수 있기에 주요 행위자 간의 세력 균형과 합의를 유지하는 것이 국제 질서 안정성 유지에 중요하다.

주요 행위자 간의 세력 균형은 베스트팔렌 체제나 빈 체제에서 살펴봤듯이 주요 국가 중 어느 국가 또는 국가 그룹의 국력이 급신장해 지배 세력이 되는 것을 방지하기 위해 다른 국가들이 단독으로나 그룹을 만들어 대항 세력을 형성함으로써 유지한다. 세력 균형을 유지하는 한 한 세력이 다른 세력을 마음대로 좌지우지할 수 없게끔 두 세력 간의 힘의 견제와 균형이 늘 이뤄진다. 주요 행위자들은 균형의 향배에 항상 주의를 곤두세우고 균형이 흐트러지지 않도록 노력 또한 게을리하지 않는다. 국제 질서 내에서 힘의 중심의 이동이 생기는 경우Power shifting 반대 세력에서는 힘의 균형을 회복하기 위한 조치, 즉 반대 균형 조치Counter balancing를 한다. 그래서 국제 질서는 균형을 깨지 않고 계속 유지되는 것이다.

힘의 균형을 회복시키는 조치들은 상대편이 군사력을 증강시키면 반대편도 군사력을 동등하게 증강해 계속 힘의 균형을 유지하는 방안이 있다. 상대편이 외교를 통해 동맹이나 세력 규합을 더 크게 하면 반대편도 같은 외교적 노력을 통해 자기 진영의 세력을 더 키우는 방안도 있다.

기계적이고 유기적인 세력 균형 메커니즘이 잘 작동할 수 있어야 하는데 현실은 힘의 이동이 일어나는 것을 즉시 파악하기 힘들어서 세력 균형 메커니즘이 잘 작동하지 않는다. 힘의 균형이 무너지고 난 뒤에 반대편에서 이를 뒤늦게 인식하거나 반대 균형 조치를 하는데 시간이 경과해 그 균형을 쉽게 회복하지 못함으로써 질서 안정의 타이밍을 놓치기도 한다. 역으로 힘의 중심의 이동, 즉 세력 전이의 발생에 대해 민감하게 계측하고 세력 전이 현상이 발생하는 것을 방지하려 하면 양 국가나 진영이 같은 노력을 계속함으로써 군사력 측면에선 심각한 군비 경쟁, 동맹이나 세력 규합 측면에선 치열한 외교 경쟁을 전개한다. 오히려 질서 유지에 부정적인 영향을 끼치는 불안정한 요인으로 변할 수 있다.

따라서 이론적으로 보면 세력 균형 이론은 너무 잘 작동해도 경쟁이 치열하게 전개돼 질서 유지에 불안정한 요인이 될 수 있다. 잘 작동하지 않아도 어느 순간 세력 격차가 갑자기 확대돼 한 세력이 자기가 원하는 방향으로 국제 질서를 개편하려 하므로 질서 안정에 방해 요인이 된다는 평가를 받기도 한다.

주요 행위자들 간의 이 같은 지속적인 힘의 균형 유지 노력은 소모적일 수 있다. 주요 행위자들 간에 자신의 지도력이 잘 미치는 범위 내의 지역을 하나의 세력권으로 정하고 이를 주요 행위자들이 서로 존중해준다면 미시적인 세력 균형 유지 노력을 하기보다는 거시적인 차원에서 안정적으로 질서를 유지할 수 있다. 이러한 주요 행위자 간의 각자 세력권에 대한 암묵적인 인정 및 이 권역에 대한 불개입·불간섭 태도는 국제 질서를 안정적으로 유지할 수 있게 해준다.

그러나 세력 전이, 즉 힘의 이동이 급격하게 일어나고 상대 세력에서 이를 회복하기 위한 반대 균형 조치를 하지 않으면 힘이 확대된 국가나 세력은 상대방의 세력권을 인정하지 않고 이에 도전을 감행해 현상 변경을 시도하면 국제 질서가 요동치는 변환기로 접어든다. 지금 미·중 간에 벌어지는 세력 경쟁도 중국의 국력이 급신장하면서 자국의 세력권을 확대하려는 과정에서 힘의 균형이 중국 쪽으로 급격히 이동하는 것을 방지하려고 미국이 반대 균형 조치를 취하고 있는 것이다.

미국은 이 시점에 중국으로의 힘이 이동, 즉 중국 국력의 신장세를 차단하지 않으면 미·중 간의 힘의 격차가 없어질 수 있다. 중국이 미국의 세력권이나 주도권을 인정하지 않으려는 상황이 도래하기 전에 미리 차단하려는 것이다. 중국은 미국의 이번 반대 균형 조치에 대해 현재로서는 국력의 격차가 있으니 일정 부분 감수할 것이나 이를 극복하기 위한 지구전으로 돌입하려 하고 있다. 미국의 반대 균형 조치를 짧은 시간 내 극복하고 중국이 지구전을 거쳐 미국과 대등한 국력으로 성장한다면, 국제 질서는 급격한 변환기로 접어들면서 정세가 요동치거나 전쟁의 위기를 맞이할 것으로 전망된다.

공공재 공급의 원활

역사적으로 질서를 안정적으로 유지해온 국제 체제를 분석해보면 그 체제 구성원이 필요로 하는 공공재를 패권 국가가 공급하거나 주요 행위자들이 합의해 공급하는 경우다. 국제 체제 또는 국제 사회 구성원이 필요로 하는 공공재는 시대에 따라 다를 수 있다. 모든 시대에 공통되는 것은 구성원에 대한 안전 보장이다.

어떤 체제 또는 국제 사회 구성원은 그 체제에 편입해 있으면 홉스적 약육강식의 사회와 달리 자신보다 무력이 좀 강한 나라들이 자국을 마음대로 유린하지 않고 어느 정도 안전이 보장된다는 믿음을 가져야 그 체제의 구성원으로 존속하기를 원한다. 그 체제 및 질서가 오래 유지되는 것을 구성원 모두의 공동 이익으로 여겨 이를 위해 공동 노력함으로써 체제와 질서의 지속성이 증대된다.

안전 보장을 위해 로마나 중국 같은 최상위국 아니면 중동에서의 칼리프 제후국, 현대 미국 같은 패권국 등 공공재를 공급하는 존재가 필요하다. 이 패권 국가들은 다른 국가들과 비교되지 않을 정도의 압도적인 국력이 뒷받침하는 군사력을 가지고 자국이 주도하는 국제 질서 내에서 약육강식의 상황이 발생하지 않도록 하고 있다. 국가 간 무력 분쟁이 발생해도 적절히 개입해 질서의 안정을 해치는 수준으로 확전되지 않도록 조절함으로써 질서 안정이라는 공공재를 공급한다.

특정 질서나 체제 내에 막강한 유일 패권국이 없다면 그 체제 내의 주요 행위자 국가들이 주요국 간 협조 체제나 세력 균형 메커니즘을 통해 국제 질서가 급격히 변동하고 체제 내에 약육강식의 상태가 발생하는 것을 방지해준다. 물론 이런 협조 체제나 세력 균형 메커니즘에 의해서 다른 보통 행위자 국가들의 안전을 보장하는 것은 패권국의 일방적 결정에 의해 보장하는 것보다 그 보장 정도가 약하거나 작동이 잘 안 될 수 있다. 물론 패권국이 모든 행위자를 무차별적으로 안전 보장을 해주지 않고 자국의 이익에 반하거나 대항하는 국가는 군사적 침공을 가한다는 점에서 패권국과 여타국 간의 관계는 여전히 약육강식의 관계가 존재한다. 이런 의미에서 어느 한 패권국에 의한 안전 보장의 수준이 오히려 협조나 세력 균형 체제보다 못할 수 있다. 이 안전 보장은 보편적이거나 기계적인 것이 아니고 패권국의 주관적 판단에 의존하기 때문이다. 따라서 보통 행위자 국가의 입장에서는 한 강국의 보장보다 주요 행위자 국가들이 집단으로 안전 보장을 문서로 담보해주는 경우를 선호한다.

하나의 국제 질서와 체제를 유지하기 위해 안전 보장 다음으로 중요한 것은 그 체제 내에서 안전하고 원활한 교역을 보장하는 것이다. 질서나 체제의 구성원이 질서의 장기적 안정을 원하는 이유는 그 안에서 안정적인 교역 및 생산 활동을 지속하고 싶기 때문이다. 전쟁이 계속돼 생산 시설이 파괴되거나 전쟁 중이 아니더라도 교역로의 안전을 보장받지 못해 생산한 물품들의 이동로가 차단되거나 생산품이 이동하다가 수송로에 해적을 만나고, 육로에서 비적이나 기타 무장 단체가 출몰해 이 생산품을 탈취하는 것을 경제 주체들은 아무도 원하지 않는다. 이러면 교역 관련 수송 및 위험 비용이 가파르게 증가하고 교역 규모는 전체적으로 위축될 것이다.

교역이 원활하려면 물리적인 안전 외에도 교역 당사자 간 분쟁이 발생했을 때 중재해 해결해줄 권위 있는 기관이 필요하다. 대규모 교역 거래를 손쉽게 할 수 있으려면 각 경제 주체들이 공통 사용하는 화폐가 존재하면 더욱 좋다. 이런 조건은 협조나 세력 균형 체제보다 패권국 중심 체제에서 더 원활할 수 있다. 대체로 패권국의 화폐가 국제 결제 화폐 역할을 하니까 말이다. 통상 국제 교역에서 분쟁이 발생하면 패권국이 정한 법 절차에 따라 분쟁을 해결한다. 패권국 화폐를 국제적으로 통용해 패권국은 국제 교역에 필요한 공공재를 제공해 교역이 원활하도록 돕는다.

따라서 체제나 질서를 오래 유지하려면 원활한 교역을 위한 물리적 안전과 제도적 안전도 필요한데 이런 것이 국제 사회나 체제가 필요로 하는 공공재다. 이를 위해 로마 시대부터 로마는 자기 영향력 내 모든 지역에 군대를 파견하지는 않았지만, 자국의 영향력이 미치는 범위 내에서 경제 주체들 간의 교역에 지장이 발생하지 않도록 주요 수송로 안전 확보에 필요한 병력을 요소마다 배치했다. 이런 교역로 질서 유지 역할은 중화 체제나 이슬람 체제, 팍스 브리타니카를 거쳐 팍스 아메리카나 시대에도 동일하게 패권국들이 담당했다. 물론 수송로의 안전은 다른 경제 행위자들을 위해 필요하기에 공공재로 불리지만 패권국과 패권국 내 주요 경제 행위자들에게 더 필요한 것이었다.

특정 질서나 체제는 그 질서나 체제를 뒷받침하고 지탱하는 시대정신이나 가치가 있기 마련인데 패권국이나 주요 행위자는 이 같은 시대정신이나 가치를 창조 또는 재창조해내고 전파하며 지키는 역할도 해야 한다. 이런 정신이나 가치 체계에서 국가 간의 관계를 규율하는 여러 패턴이나 관행이 발전해서 규범이나 규칙이 도출돼 나오기도 한다. 이러한 정신·가치 체계·관행·규범·규칙은 체제나 질서를 오랫동안 지속하도록 엮어주는 그물망 같은 역할도 한다. 따라서 이런 것을 그 질서나 체제 구성원이 공동으로 필요로 하는 공공재라 할 수 있다.

로마 제국부터 신성로마제국까지는 기독교 신앙과 믿음 체계가, 중화 시대에는 유교 사상이, 이슬람 체제에서는 이슬람교가, 베스트팔렌 조약 이후 유럽에서는 근대 국가론과 세력 균형론과 합리주의적 정신이 이런 역할을 했다. 현대에는 국제 협력주의와 자유주의가 팍스 아메리카나 체제를 떠받치는 정신적 지주 역할을 했다. 이런 시대 정신은 패권국이 주로 주창하고 전파하지만 국제 사회 구성원도 이에 동조하고 이 정신을 유지하는 데 같이함으로써 보편성을 확보한다.

따라서 패권 국가나 주요 행위자들은 이 같은 시대정신이나 가치 체계를 전파·확산하기 위해 노력하며 이에 도전하는 세력으로부터 지키는 보호자 역할을 하기도 한다. 로마 시대 이래 유럽은 기독교 사상과 정신을 여타 지역으로 전파하려고 노력했다. 이슬람 체제도 이슬람교·이슬람 정신을 전파하려고 분투했다. 그러므로 유럽과 이슬람 영향권이 만나는 스페인과 발칸 지역에서는 이런 신앙과 사상을 둘러싼 충돌이 자주 발생했다.

서양의 국가들이 동양으로 진출할 때도 기독교 전파를 위한 선교사들이 먼저 건너왔으며 한·중·일 3국에서는 상당 기간 기독교를 반대하고 탄압했다. 새로운 정신·가치 체계를 이방 세력이 전파하면 이방 세력의 물리력이 따라올 것이고, 이 물리력은 현존하는 질서를 무너뜨릴 것이라는 점을 미리 내다본 것이다.

시대정신이나 가치 체계, 신앙이 어떤 지역에 새로이 전파된다는 것은 그 지역이 새로운 질서나 체제에 편입된다는 것이고 그 지역도 같은 시대정신과 가치 체계라는 공공재를 공유하는 것을 의미한다. 시대정신과 가치 체계를 공유하면 국가 간의 관계가 잘 조화되고 순조로워지는 효과가 있다. 반대로 이를 받아들이면 기존의 정신과 가치 체계는 사라지는데 한 질서나 체계가 무너지는 것을 의미한다. 19세기 말 동양 각국에서 기독교에 대한 민중의 저항 운동과 정부 차원의 박해가 동시에 일어났는지 이해할 수 있는 대목이다. 기독교를 받아들이면 기독교를 상징하는 서양 문명과 가치 체계를 받아들이는 것이고 기존의 중화 체제, 유교적 사회는 붕괴되는 것을 의미한다. 이는 기존 왕조와 지배 계급의 몰락으로 이어지기 때문이다.

2차 세계대전 후 미국은 덤버턴오크스 회의와 브레턴우즈 회의를 통해 각기 UN 및 산하 기관이라는 범세계적 기구 체제와 IBRD와 IMF라는 금융 체제를 완성했다. 이 두 체제의 초기 운영에 필요한 자금 및 투자금은 미국이 세계 최대의 분담금 기여국으로 충당하고 나머지 국가들은 적게 내고 미국이 만든 두 체제에 참여해 혜택을 공유할 수 있었다. 교역 분야에서 미국 정부는 처음부터 국제무역기구ITO를 설립해 자유무역 기조를 확산시키려 했다. 미국 의회의 반대로 ITO는 만들지 않고 대신 GATT를 설립해 국가 간 교역을 기구가 아닌 회의와 규범을 통해 관리하려 했다. 그 뒤 세월이 흘러 1994년이 돼서야 우루과이 라운드UR 출범과 함께 초기 구상했던 ITO에 버금가는 WTO를 출범했다.

이런 국제기구들을 설립하는 것은 국가 간의 관계가 각 분야에서 자유를 더 확대하는 방향으로 진행하고, 국가 간 협조를 통해 예측 가능성이 높은 것을 담보하므로 다른 나라의 입장에서는 미국이 공공재를 제공한 것으로 볼 수 있다. 미국의 주도적 노력과 비용 분담이 없었으면 국제기구를 통해 주요 국제 이슈들을 잘 관리하고 국가 간 협조를 그 틀 내에서 하기 힘들었을 것이다. UN 본부가 뉴욕에 있는 이유도 미국이 UN 출범 당시 본부를 건립할 부지를 제공하고 건설비 대부분을 감당해 UN에 기증했기에 가능했다. UN이라는 국제기구, 전 세계 모든 국가가 회원국이 된 최대 유일의 국제기구 설립이라는 공공재를 미국이 제공한 것이라 할 수 있다.

기축 통화인 달러화의 가치를 지키면서 달러화의 공급을 국제 교역의 증대 규모에 맞춰 적절히 늘리는 것도 미국의 중요한 기여다. 기축 통화로서 달러를 대체할 다른 화폐가 없다는 측면에서 달러화 유동성 공급은 공공재라 할 수 있다. 2차 세계대전 후 전 세계 교역 규모가 약 5배 증가했다. 이렇게 불어난 규모의 교역이 실제로 일어나려면 거래의 지불 수단으로서 달러가 거의 증가된 교역 규모만큼 늘어나야만 했다. 달러의 공급을 늘리는 바람에 달러를 금으로 바꿔주는 금태환제는 폐지될 수밖에 없었다. 하지만 달러는 가치를 잃지 않고 기축 통화로서 역할을 잘 수행해 현 국제 사회에서 국제 거래를 위한 공공재가 되고 있다.

미국은 전 세계 해양을 구역별로 분담해 방위하는 6개의 함대를 통해 전 세계 해상 수송로의 안전을 책임지고 있다. 해상 수송로 중 수로의 폭이 좁아 안전이 취약하거나 해적이 자주 출몰하는 특정 수로에 미국의 해군력은 집중적으로 주의를 기울여 해상 운송이 원활하도록 노력한다. 파나마 운하, 수에즈 운하와 믈라카 해협, 홍해 입구와 호르무즈 해협, 지브롤터 해협 등이 해양 수송로의 요충지다. 이 인근이 미국에 적대적이거나 국제 해상 운송을 방해하는 세력에게 넘어가지 않도록 관리하고 있다. 미국 해군의 국제 해상 운송로 관리는 수송로의 안전을 보장한다. 이는 수송로를 이용하는 다른 교역국에게도 꼭 필요한 만큼 국제 사회의 공공재라 볼 수 있다.

2차 세계대전 후 미국은 세계 경찰의 역할을 해왔다고 평가받는다. 물론 미국이 분쟁에 무력으로 개입할 경우 그 대부분은 자국의 국익과 밀접한 연관이 있을 때다. 하지만 항행의 자유가 침해받거나 인도주의적 재난이 발생하거나 쿠데타로 인해 민주주의 정부가 전복되고 공산 정권이나 독재 정권이 들어서는 경우 미국이 개입하기

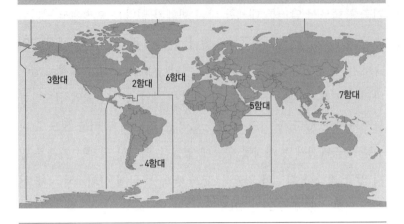

미국 함대별 담당 해역

도 한다. 이때 미국의 세계 경찰로서 역할이 부각된다. 미국은 수에
즈 운하를 이집트가 국유화 선언한 이후 이에 불만을 품은 영국과
프랑스가 연합해 수에즈 운하를 점령한 이집트 병력을 몰아내고 다
시 운하 통제권을 되찾으려 했을 때 미국이 반대해 결국 영국과 프
랑스가 운하 통제권을 이집트 측에 넘겨줘야 했다.

미국은 수단 내전, 보스니아 내전 등 인도주의적 재난이 발생하는
경우 직접 지상군을 현장에 투입해 민간인 희생자가 많이 발생하지
않고 내전이 조기 종결하는 데 기여해왔다. 직접 지상군을 투입하
지 않으면 비행 금지 구역No Fly Zone 등을 설정해 정부군이 공군력 등
압도적인 무력으로 반군이나 민간인을 대량학살하지 못하도록 했
다. 라틴아메리카에서 쿠바 혁명이 일어났을 때 미국은 직간접적으
로 쿠바 반군을 지원하고 특수 부대를 직접 파병해 돌이키려다가 실
패했다. 그러나 니카라과·코스타리카에서는 독재 정권을 몰아내고

민주 정부가 들어서는 데 막후 지원을 했다. 한국, 파키스탄 등 쿠데 타로 군사 정부가 집권할 경우 집권 세력이 친미파라 할지라도 초기 에는 외교적·정치적 압박을 가하면서 가급적 민주주의 세력을 보호 하려고 했다. 이런 행동들이 미국의 패권 세력 행사로 보일 수 있지 만, 민주주의와 인도주의라는 공공재를 더 확산시키려 한 노력의 일 환으로 볼 수 있다.

반대로 아프리카 르완다에 후치와 투치 부족 간 내전이 발생했을 때 미국 등 서방 국가들이 인도주의적 개입을 하지 않아 민간인 희 생자가 발생하자 국제 사회에서는 미국이 개입하지 않은 데 대한 비 판 여론이 들끓었다. 보스니아 내전 시 미국은 유럽에 비해 군사 개 입을 주저했으나 민간인 피해가 급증하고 'CNN 효과'에 여론이 들 끓자 마지못해 개입했다. 시리아 내전도 미국이 독재 정권인 집권 세 력의 공군력에 타격을 가하기 위해 순항 미사일 공격은 감행했지만, 지상군 투입 또는 공군의 직접 폭격 등 적극적인 개입을 하지 않아 시리아 난민이 국경을 넘어 탈출하기도 했다.

이처럼 미국이 전 세계에 인도주의적 재난이 발생할 때마다 자국 의 이익에 반하면서도 인도주의적 재난을 방지하기 위해 개입하기 를 기대하는 것은 과도하지만 전 세계 여론은 미국이 개입해 인도 주의적 재난을 방지하거나 완화해주기를 기대한다. 미국은 이런 기 대에 부합하는 선택을 해왔다. 미국은 역할과 개입으로 인해 세계의 경찰이라 불리기도 한다. 이로 인해 세계에 자유주의적 질서, 즉 민 주주의와 인권이 좀 더 증진되는 측면이 있었다. 그러나 앞으로 미 국이 미국 우선주의를 내세우면서 자국의 국익에 직결되지 않은 분 쟁에 개입하기를 꺼려 할 가능성이 높아지고 있다. 미국을 대신해 세계 경찰 역할, 즉 공공재 공급을 담당할 국가는 당분간 없을 것이다. 세계는 비자유주의적 질서가 점차 만연해질 것으로 보인다.

문화·교육 분야에서도 미국이 전 세계를 선도하면서 미국 방식이 전 세계 기준이 되는 현상이 일어났다. 2차 세계대전 후 전 세계의 능력 있는 대학생들에게 미국 유학은 필수 코스였다. 미국은 매년 전 세계에서 약 100만 명의 유학생을 유치하고 있다. 이들을 미국 내 대학에서 미국식으로 교육시켰다. 덕분에 미국의 학문적 사고방식과 미국의 학제 등이 전 세계의 표준처럼 통용될 수 있었다. 이는 영어가 전 세계의 공용어로 부상하는 데 기여한 부분이기도 하다.

미국이 자국의 표준을 처음부터 공공재로 생각하고 공급한 것은 아니다. 미국의 수준이 뛰어나고 표준 설정력이 강해 미국이 정하면 다른 나라들이 거의 따라오게 마련이다. 미국의 기준이 세계 표준이 되고 나면 그 순간부터 이 표준이 공공재가 돼 미국은 이와 관련된 여러 부속 공공재를 공급하는 혜택을 덤으로 누린다.

예를 들면 미국의 학제·국제 송금 절차·기술 표준을 다른 국가들이 모방하고 이를 기준으로 거래를 하거나 제품을 제작하면서 미국은 자국의 연성 권력을 더 확대할 수 있었다. 여타 국가들은 미국 방식과 표준을 택하면 국가 간 교역 등에서 표준이 맞지 않아 발생하는 번거로움이나 혼잡을 회피할 수 있다. 미국 표준을 쓰는 것이 서로에게 도움이 되므로 미국 표준이 공공재 역할을 하는 것이다.

질서 유지를 통한 개별 국가들의 안전 보장, 교역로의 안전 유지, 국제 결제 통화 제공, 국제 분쟁 해결 메커니즘 제공, 국제 표준 같은 연성 파워 제공, 시대정신과 가치 체계 제공 등은 패권 국가나 주요 행위자들이 담당해야 할 공공재 공급을 말한다. 이런 공공재를 충분히 공급하면 국가 간의 관계는 윤활유를 뿌린 듯 원만하게 흐를 것이고, 그렇지 않으면 마찰이 생기고 국제 질서는 불안정할 수밖에 없다. 공공재를 제대로 공급하지 못한다는 것은 패권국의 지위가 그만큼 약해졌음을 의미하는데, 공공재 공급을 잘하지 못할수록 패권국 지위는 더 빨리 약해진다. 그 결과 국제 질서는 불안정해지고 다른 도전 패권국이 부상해 새로운 공공재를 공급할 때까지 국제 사회는 변화기를 거치게 된다.

구성원의 공동 인식 및 동의

국제 사회도 국내 사회와 정도 차이가 있지만 구성원 간에 그 사회를 지키고 유지해야 하는 필요성에 대한 공감대를 바탕으로 사회적 합의 또는 계약을 관념적으로 맺고 있다고 봐야 한다. 즉 특정 국제 질서 속에는 어느 사회·공동체에서와 마찬가지로 구성원 간의 힘의 차이가 나고 권력은 불균등하게 배분해 있다. 국제 사회 내에서도 그 질서를 주도적으로 창설한 패권 국가나 주요 강국이 존재하는 동시에 이들이 창설한 질서에 순응·편승해 지낼 수밖에 없는 중견 및 약소국가도 존재한다.

이렇게 다양하게 국력의 차이가 나는 국가들이 모인 국제 사회는 자연히 수직적인 위계질서가 존재할 수밖에 없다. 이런 자연 상태를 방치하면 홉스적인 약육강식의 상황이 빈발하고 질서나 체제 자체가 안정적일 수 없다. 이런 상황에서 패권국이나 주요 강국이 힘을 임의로 쓰는 것을 자제하겠다는 보장을 중견 및 약소국가에 하면 중견 및 약소국들은 이 안전 보장을 담보로 패권국이나 주요 강국의 지도력 행사나 특권을 인정함으로써 사회적 합의 또는 계약이 성립한다. 어느 사회이든 그 구성원이 사회의 질서와 체제를 유지하는 것이 이익에 부합한다는 공동체 의식이 있다. 그 체제와 질서의 지속을 위해 무분별한 이익 추구를 일정 부분 자제하고 주어진 사회계약 범위 내에서 합의한 공동체 규범을 준수해야만 그 질서는 잘 작동하고 유지할 수 있다.

14세기 아랍의 사상가 이븐 할둔은 사회 구성원이 공동체 의식을 바탕으로 일치된 행동을 할 수 있는 역량을 '아사비야Asabiya'라고 불렀다. 이 아사비야가 강할수록 공동체는 지속 가능성이 높고, 약해지면 공동체 내 갈등이 깊어진다고 했다. 이 역량은 정태적인 것이 아니라 역동적이어서 상황의 변화에 따라 증가하기도 하고 감소하기도 한다. 이 역량이 최고조에 달하면 소수의 집단·민족이라도 제국이라는 큰 공동체·질서를 만들어낼 수 있다고 봤다.[3]

아사비야는 사회 구성원이 그 사회 내 질서와 체제를 유지하는 것이 모두의 이익이 된다는 것을 인식하고 이것이 잘 유지될 것이라는 신뢰를 받을 때 높아지며 이런 인식과 신뢰는 선순환적으로 그 질서와 체제가 더 잘 유지될 수 있도록 도와준다. 이런 아사비야가 인식 차원을 넘어서 구조적으로 유지되기 위해서 사회 구성원은 그들 간의 관계 방식을 규범화해 그 규범에 따라 모두가 행동하게 함으로써 관계의 예측 가능성을 높이려 한다.

이 규범에 강자를 포함한 모든 구성원의 행동 범위의 제약, 구성원 간 거래 방식, 분쟁의 평화적 해결 방법, 공동 이익의 관리, 규범 변경 필요시 합의 방법 등이 포함돼 있으면 약자인 구성원은 안정감을 느끼고 그 질서 및 체제에 신뢰를 보내며 체제 유지를 동의한다.

국제 사회에서는 약자인 중견국 및 약소국들이 이런 규범을 더욱 발전시켜 제도화하기를 원한다. 규범이 국제기구의 헌장 또는 협약 등을 통해 제도화되면 강자인 패권국이나 주요 강국의 자의적 행동을 제약할 수 있는 구속력이 더 생기기 때문이다. 사회적 합의·규범에 대한 동의는 편무적일 수 있으나 이것이 제도화되면 쌍무적이 돼 서로 양보와 보상이라는 거래가 성립한다. 다시 말하면 패권국이나 주요 강국은 자신들의 힘의 사용을 자제하고 특별 의무, 즉 공공재 공급 같은 의무를 수행할 것을 약속하는 대신 중견 및 약소국들은 강국들의 특권과 지도력을 인정하고 질서에 순응한다는 동의를 제공함으로써 거래가 성사되는 것이다.[4]

사회 전체의 공동 이익을 위해 구성원 개별적 이익을 희생하는 것이 사회 질서 유지의 기본이다. 이 공동 이익의 기반 위에 모든 구성원이 서로 협력하는 것이 사회생활의 토대가 된다. 나아가 이러한 협력이나 의무를 다하지 않고 형성된 질서에 무임승차하려는 구성원을 처벌하거나 협력을 잘하는 구성원에게 보상함으로써 협력을 장려하면 질서 유지 촉진 요인을 더욱 강화할 수 있다. 국제 사회에서도 합리적 선택론이 주장하듯이 모든 구성원이 이익 극대화를 위해 행동을 선택하는 것이 아니라 공동 이익을 지킴으로써 자신의 이익도 증대되는 방향으로 상호 이타주의가 작동할 수 있는 것으로 봐야 한다. 상호 이타주의는 사회 구성원의 수가 적을 때, 즉 베스트팔렌 체제나 빈 체제처럼 유럽이란 지역적으로 국한된 국제 체제에서는 잘 작동할 수 있다. 이때는 소수의 합리적 행위자가 상호 작용이 반복되는 상황에서 상대방의 의도와 행위를 알 수 있다. 따라서 혜택을 주고받는 메커니즘을 유지할 수 있다.

그러나 사회 구성원의 숫자가 늘어나면 구성원 간 의도와 행위를 잘 알 수 없고 이기적 행위를 하더라도 눈에 띄지 않을 것이라 믿기에 구성원 간의 협력 메커니즘이 무너지고 다수가 무임승차를 하려는 경향을 보인다. 따라서 이런 체제에서는 체제 내 처벌과 보상 메커니즘이 필요하고 규범의 제도화를 시도한다. 규범을 제도화하면 처벌과 보상이 따르지 않더라도 그 규범을 준수해야 한다는 사회적 압력이 존재하게 돼 구성원은 이 압력에 자발적으로 동의하고, 그 질서와 체제의 안정성을 더 잘 유지할 수 있다. 이러한 현상은 2차 세계대전 후 팍스 아메리카나 체제에서 볼 수 있다.[5]

체제 내 선순환

국제 사회도 패권국이나 주요 강국이 공공재를 공급하고 그 대가로 특권과 지도력을 발휘하는 것을 중견 및 약소국들로부터 용인받고, 중견 및 약소국들은 안전과 체제의 안정을 보장받는 대신 국제 사회의 위계적 질서를 인정하고 자신의 행위에 일정 제약이 있는 것을 용인해야 한다. 이런 쌍무적인 사회적 합의를 하면 그 질서 및 체제는 안정적으로 지속할 수 있다.

국제 사회의 안정을 위한 기본 구도는 이같이 형성된다. 그 구도 내에서 실제적인 혜택이 쌍무적으로 일어나 사회 구성원 모두가 질서 및 체제의 지속을 위해 공동 노력하면 체제 내 선순환이 이뤄진다. 구체적인 사례를 들어보자. 안전 보장과 관련해 패권 국가는 독자적으로 특정 질서 및 체제를 보존할 만한 능력이 있고 노력도 하지만 다른 구성 국가들과 동맹이나 안보 조약을 맺어서 중견 및 약소국가들의 안전을 보장하는 동시에 안보 체제를 통해 체제의 안정성을 더 보강하는 선순환적인 효과를 누릴 수 있다.

이러한 선순환적인 안보 체제는 그리스 시대부터 존재했다. 도시국가 중 최강자인 스파르타는 군사 강국이었지만 펠로폰네소스 동맹을 통해 다른 도시국가들의 안전을 지켜줄 뿐 아니라 외부의 더 큰 세력의 침략하면 동맹 내의 전 국가들이 연합해 대항하는 메커니즘이 있었다. 이 동맹을 통해 동맹 소속 도시국가들은 페르시아와의 전쟁을 잘 넘기고 아테네를 맹주로 하는 델로스 동맹과의 전쟁을 치른다. 동맹 전체의 안전이 자신의 안전과 직결된다고 여긴 것이다. 맹주인 스파르타의 지도력에 순응하며 전쟁 시 전체 군사력을 결집해 공동 대항하는 선순환적인 구조를 이루게 됐다.

로마 시대부터 팍스 아메리카나 체제까지 각 국제 질서와 체제 내에는 안전 보장과 관련한 이 같은 선순환 구조가 존재했다. 패권국이나 주요 강국은 여타 구성 국가들에게 외부의 침략에 대한 포괄적 안전 보장, 즉 안보의 우산을 씌워주었다. 패권국이 감당하기 힘든 외부 침략이 있다면 안전 보장을 제공하는 데 대한 반대급부로 동맹국들의 군사적 협력을 요구하고 동맹국들은 이 협력을 기꺼이 제공함으로써 체제의 지속성을 유지시키려 한다.

팍스 아메리카나 체제를 보자. 미국은 유럽에서는 NATO 동맹을 결성하고 회원국에게 외부 침략 시 미국의 자동적 군사 개입과 소련의 핵 공격에 대비한 미국의 핵우산을 제공함으로써 미국이 이라크전이나 아프가니스탄 전쟁에 돌입할 때 동맹국들의 참전 지원을 받을 수 있었다. NATO 회원국들은 미국이 테러와의 전쟁을 독자 수행하다가 국력 소진으로 팍스 아메리카나 체제가 흔들리는 것보다 같이 참전해 조기에 종속시키는 것이 명분상이나 실리적으로 이득이라는 판단 아래 참전한 것이다. 이런 결정은 체제의 지속성 유지에 도움이 된다.

체제 내 선순환은 안전 보장 외에 교역 및 경제 분야에서도 발생한다. 로마 시대부터 팍스 아메리카나 시대까지 패권국들은 자신의 세력권 내에서 교역로, 특히 해상 수송로의 안전을 담보함으로써 그 영역 내에서 교역과 경제 활동이 별다른 지장을 받지 않고 원활한데 기여했다. 자국의 화폐가 그 영역 내에서 공통 화폐로 널리 통용되고 교역 분쟁이 발생하면 그 분쟁을 권위적으로 해결해줄 수 있는 메커니즘이 있었다. 패권국은 넓고 높은 구매력이 있는 시장을 그 영역 내 모든 국가에 제공함으로써, 주변국들은 패권국의 시장에 자신의 상품들을 수출함으로써 경제적 혜택을 누린다.

팍스 아메리카나 시대에 미국은 다른 나라의 해군력을 합한 것보다 더 강한 해군력으로 전 세계 바다를 지배하면서 주요 해상 수송로의 안전을 담보했다. 원유와 곡물, 철광석 등 천연자원들이 중동이나 남부에서 북반부에 있는 공업 국가로 잘 흘러 들어가게 하고 공업 국가에서 생산한 제품들이 전 세계 시장에 잘 유통되도록 하기도 했다. 2차 세계대전 후 40년 만에 전 세계 교역량이 약 3배 증가하는 데 기여한 것이다.

달러화를 기축 통화화해 현재 국제 교역의 70% 정도를 달러로 결제할 정도다. 한마디로 달러화는 대표적인 국제 결제 수단이 된 것이다. 세계 교역량이 증대하면서 달러화의 수요도 늘어나 미국은 세계 경제의 유동성을 확보하기 위해 달러화의 공급을 더 늘렸다. 달러화가 국제적으로 통용되고 그 가치를 인정받으면서 유통 수단뿐 아니라 가치 저장 수단으로 쓰이고 있다. 그래서 각국의 중앙은행뿐 아니라 개인들도 달러화를 금에 버금가는 가치 저장 수단으로 선호 하면서 수요는 더 높아졌다. 더 많은 국가·은행·개인이 달러화로 부를 바꿔 보관하고 있을 정도다. 달러화의 가치 안정이 모두의 공동 이익이 되니 모두가 협력하는 선순환 체제를 구성할 수밖에 없다.

팍스 아메리카나 체제에서 교역 활동을 활발하게 하다가 교역 당사국이나 당사자들 간에 분쟁이 발생하면 어떻게 되는가. 이 분쟁은 2차 세계대전 직후부터 GATT의 무역 구제 제도를 따라 해결한다. 이 분쟁 해결 준거로 GATT 이행 협정 및 반덤핑 협정, 상계 관세 협정, 보조금 협정, 세이프 가드 협정 등이 있다. 이 협정들은 1995년 WTO가 출범하면서 분쟁 해결 규범 속으로 편입되었다. WTO 내 분쟁 해결 패널을 구성하고 분쟁에 대한 구속력 있는 보고서를 채택해 분쟁을 해결토록 했다. 이로써 WTO는 국제 교역 체제를 더욱 안정적이고 예측 가능하게 만들어 각국이 더욱 활발하게 교역할 수 있도록 했다.

게다가 미국은 자국의 시장을 개방해 외국산 제품이 거의 장벽 없이 들어올 수 있게 하고 있다. 처음에는 독일·일본 같은 2차 세계 대전의 적국들도 경제를 재건하는 데 성공할 수 있도록 했다. 그 후 에는 아시아의 네 마리 호랑이라 불리던 한국, 대만, 홍콩, 싱가포르 등의 비약적인 경제 성장을 가능하게 했다. 최근까지는 잠재적 도전 국이 될 수 있는 중국도 미국 시장에 집중 수출하도록 허용해 중국 이 본격적 경제 개발을 위한 자본력을 축적할 수 있게 했다.

팍스 아메리카나 체제에서 초기 미국 주도 경제 체제에서 배제된 구동구권 국가들만 제외하고 거의 모든 국가가 미국 주도 경제 체제의 수혜자들이었다. 그 혜택을 입고 경제력을 신장했으며 심지어 잠재적 도전국인 중국까지 현 경제 체제의 기본 틀을 유지하는 것이 공동 이익이라고 간주하고 있을 정도다. 그러니 전 세계 교역 규모가 늘면서 미국도 이익을 보지만 여타 국가들이 받는 혜택도 상당하다. 모든 구성 국가가 이 체제에서 선순환적인 혜택을 누리므로 이 체제를 유지하기 위해 공동 노력을 기울일 수밖에 없다. 이런 서방 국가들의 경제적 성공은 미국 제품을 수출하는 데 도움이 됐을 뿐 아니라 서방 진영의 결속력을 더욱 튼튼히 해 냉전에서 서방 진영에게 승리를 안겨주었다는 측면에서 체제 내 선순환 사례로 볼 수 있다.

그러나 패권국의 경제력이 공공재를 공급하는 것이 부담스러워질 정도로 약해져 이 역할을 기피하면 체제 내 선순환 체계에 문제가 생긴다. 패권국이 부담하던 역할과 비용을 체제 내 다른 구성원에 전가하려 하고 다른 구성원이 이를 부담스러워하면 선순환 체계는 더욱 약해진다. 모두가 혜택을 입었던 공공재가 부족하면 질서는 어지러워지고 체제 내 구성원은 이 체제를 더 유지할 필요성에 확신이 없어진다. 지금 국제 사회에서 우리는 미국의 역할이 축소되면서 선순환 체계가 약해지고 있는 현상을 직접 보고 있다.

시대정신에 대한 시민 복종

특정 국제 체제가 존재하면 그 체제를 관통하는 질서가 있기 마련이다. 그 질서의 바탕에는 패권국이 주도하던 시대정신이나 이념이 존재한다. 그 질서는 이 시대정신이나 이념의 영향을 받아 형성된다.

서양에서는 로마 제국 이후부터 기독교가 서양을 지배하는 종교와 정신이 됐으며 국가 간의 관계나 행동의 패턴 등이 기독교의 영향을 받아 형성됐다. 기독교와 여타 종교 간에는 단층선이 존재한다. 이 단층선에서 이슬람교와의 충돌이 발생하곤 했다. 기독교 내에서도 가톨릭과 개신교 간에 분파가 생겼다. 이 분파가 전쟁으로 이어졌다. 동유럽 지역은 그리스정교가 그 지역을 하나로 묶어주는 정신적 지주 역할을 했다. 이처럼 한 국제 체제나 질서 안에서는 대부분 그 구성 국가나 정치체를 하나로 묶어주는 공통된 시대정신이나 종교 또는 이념이 존재했다.

동양의 중화 체제에서는 유교가 지배적인 철학이자 지도 이념이었다. 국가 간의 질서 및 관계도 유교적인 관점에서 대체로 형성됐다. 이처럼 기독교와 유교가 각기 시대정신이자 이념이어서 공유하지 않는 국가들과는 관계를 거의 맺지 않고, 각자의 문명권 또는 영향권 밖에 있는 것으로 간주했다. 서양에서는 로마 제국 이후로 신성로마제국이나 베스트팔렌 체제, 빈 체제에서도 각기 기독교를 국가 간 질서의 공통 기반으로 삼았다. 기독교를 지키는 것을 국가나 군주의 의무로 여긴 셈이다. 이러한 기독교 수호 의무 의식이 중세 초에는 예루살렘 성지 회복을 목표로 십자군 원정 형태로 나타나 이슬람 세력과의 충돌을 불러일으키기도 했다.

동양에서도 유교라는 지배 이념을 국가의 주권만큼이나 소중하게 생각해 중국이나 조선은 서양 세력의 진출을 유교적 세계관에 대한 도전으로 받아들였다. 처음에는 국제 관계에서 유교적 관계를 적용해달라고 서양 세력에게 요구했으나 서양 세력이 강성해지면서 이 요구가 받아들여지지 않았다. 오히려 서양의 세계관을 동양에 이식하려 했을 뿐이다. 그러자 서양적 세계관, 특히 기독교에 대한 배척

운동이 벌어지고 만다. 청나라 말기의 의화단 운동이나 조선 말기의 동학 운동 등은 서양적 세계관에 대항하는 민중의 자발적인 이념적 대항 조치라 볼 수 있다. 지식인들과 민중 운동 참여자들은 왕조의 존폐보다 시대정신이나 이념이 서양 세력의 것으로 대체되는 데 극렬히 저항한 셈이다. 민중 차원에서 극렬한 저항 운동이 불붙은 이유는 서양적 이념과 시대정신이 들어오면 동양에서 유지해온 기존 질서 및 국가 간 관계 등이 무너지고 가치관과 생활 방식이 서양적인 것으로 바뀌게 될 것이란 것을 알았기 때문이다.

미국이 주도하던 팍스 아메리카나 시대의 시대정신과 이념은 자유주의와 민주주의 및 시장 경제, 규범에 입각한 질서Rule based order라 할 수 있다. 달리 표현하면 팍스 아메리카나 시대의 공통 가치Shared value다. 미국은 이런 가치들을 확산하려고 줄기차게 노력했다. 아직도 이러한 가치들을 국내 정치적 이유로 수용하지 않는 국가가 있으나 이 가치들은 보편 가치로 대다수의 세계 시민에 의해 현 국제 사회를 지탱하는 가치들로 인정받고 있다.

미국이 특정 국가와의 관계에서 항상 이 가치를 자국의 이익보다 우선했다고 말할 수는 없지만, 꾸준히 이런 가치들의 확산을 위해 노력해왔다. 미국과 동맹국이거나 군사 요충 국가들에게 이런 가치를 국내적으로 수용하도록 대부분 압박을 가해왔다. 이런 측면에서 일부 국가들은 미국의 압력을 내정 간섭이라 반발하고 요구를 수용하지 않으려고 미국과는 거리를 두었다. 그래서 가치와는 상관없이 자국을 지원하겠다고 나서는 중국이나 러시아와 가까워지려는 나라들도 나타났다.

이러한 시대정신과 이념은 특정 국제 질서의 패권국이나 주도국들이 먼저 수호하려 하고 그다음에는 그 질서에 속하는 여타 국가나 정치체들이 수호 노력에 동참하지만, 그 질서 속 모든 구성원인 시민들까지 수호하려는 노력을 보일 만큼 영향력이 지배적이어서 구성원을 하나로 묶는 결속력이 있다. 이런 시대정신과 이념이 위협받을 때 국가 및 지배 세력은 이를 대중에게 직접 호소해 특정 질서 및 체제 유지를 위한 대규모 대중 동원을 기도할 수 있다. 대규모 대중 동원이 가능할 정도로 체제 존속에 대한 불안감이 대중에게 파급돼 있으면 체제 변혁기에 들어갔다고 봐야 한다. 대중 동원을 통한 전면적 투쟁이 벌어져 위기를 극복하지 못하면 새로운 국제 질서나 체제가 들어서는 변혁기로 진입한다. 이에 반대하던 국가들도 새로운 질서와 체제에 편입해 들어가는 것이다.

30여 년 동안 과학·기술과 교통·통신의 발달과 더불어 국제 사회에서 세계화가 빠른 속도로 진행되고 있어 국가 간 장벽과 경계가 급속히 낮아지고 있다. 그로 인해 어느 한 국가에서 발생한 일이 다른 나라에 쉽게 전파되고 영향을 끼치게 되는 등 국가 간 상호 연계성이 크게 증대했다. 이전에는 지리적 이격이나 위치가 교역이나 소통에 장해가 됐다면 세계화 시대에 접어들면서 지리적 요인이 장해가 되지 않는다는 것에 대해 시사 평론가인 토머스 프리드먼은 "지구가 평평해졌다"고 표현했다.[6]

평평해진 지구에서 사람들과 상품의 교류는 활발해지고 있다. 전 지구적 수준에서 분업이 진행되고 있기도 하다. 어느 곳의 유행이 다른 곳으로 동시에 전파되는 현상을 세계화라고 부른다. 이 세계화는 거스를 수 없는 시대적 대세이며 시대정신으로 여겨졌다. 이에 따라 국가의 외교 정책이나 기업의 경영 방식을 세계화 추세에 맞춰 재조정하고 있는데 그 결과 정책과 경영 방식의 변화는 세계화를 더욱 촉진하고 있다.

세계화가 가속화되자 각 국가 내의 소득의 양극화 현상이 나타나고 있다. 이민자들이 대거 유입되고 있으며, 주요 제품을 해외에서 생산하는 바람에 선진국 근로자들의 일자리가 줄어들고 세계화에 대한 반감이 확산되는 계기가 됐다. 세계화에 대한 반감은 이를 가능하게 한 자유주의에 대한 불신으로 이어지고, 이는 전후 국제 질서에 대한 대중의 지지를 약화시키고 있다. 이로 인해 선진국 내에서 불만 세력들의 목소리를 대변하는 극우주의 정당들이 등장하면서 세계화는 최근 심각한 도전을 받고 있다.

일반 시민 사이에서 세계화를 과학·기술의 발전에 따른 불가피한 현상으로 보지 않고 지배 계층에 유리한 정책으로 보고 이를 되돌리려는 움직임이 일고 있다. 세계화가 시대정신으로 보편적 지지를 받지 못하게 된 것이다. 이처럼 한때 시대정신으로 간주됐다가 상황이 바뀌면서 시대정신으로 간주되지 않기도 한다. 따라서 세계관·종교·이념같이 근본적이고 질서의 기반이 되는 것들은 생명력이 긴 시대정신이라 할 수 있으나 세계화 같은 사안처럼 시대적 현상인지 시대정신인지가 시간이 지나면서 판명되는 것도 있다.

5부

—

팍스 아메리카나는
역사 속으로

미국 패권의 퇴조

장래 국제 질서에 대한 전망과 관련해 가장 중심적인 변화는 미국의 패권이 약화되는 것이라 말할 수 있다. 이는 미국의 국력이 절대적으로 쇠퇴한다기보다 다른 주요국의 부상으로 인해 상대적으로 축소돼 보이는 것을 의미한다. 2차 세계대전 후 미국의 주도권을 약해지게 만든 국가들로는 구소련·독일·일본·EU·중국을 들 수 있다. 중국은 어떤 나라보다 다른 척도로 미국에 강한 도전을 하고 있어 명실상부한 패권 도전국으로 여겨지고 있다. 이러한 미국의 상대적 국력 쇠퇴, 즉 힘의 전이가 일어나고 있는 것이 국제 정세의 가장 큰 불안정 요인, 질서 변화의 요인이다.

　미국의 팍스 아메리카나 시대가 저문다는 것은 미국의 세계적 역할에 대한 미국인들의 인식이 근본적으로 변한 데서 그 근거를 찾을 수 있다. 미국은 건국부터 구대륙 유럽의 왕정들이 영토적 야심이나 세력 확장을 하려고 전쟁을 벌이는 것을 경멸해 구대륙에서 벌어지는 일에 개입하기를 꺼려왔다.

미국은 구대륙과 달리 청교도 정신에 입각해 자유를 추구하는 자유 시민이 모여 건국한 나라다. 구대륙과 거리를 두고 원칙과 이상을 지향하는 '언덕 위의 빛나는 도시' 같은 국가가 돼야 한다는 것이 미국인들의 신념이었다.[1] 이런 미국인들의 사고를 반영해 독립 후 먼로 독트린을 발표했다. 미국이 구대륙의 일에 개입하지 않을 것이니 유럽도 신대륙의 일에 개입하지 말 것을 주문하면서 대서양을 하나의 차단막으로 간주했다.

미국의 전통적인 세계관은 20세기 초 시어도어 루스벨트 대통령 시절부터 변한다. 루스벨트는 신장한 국력을 바탕으로 전통적 고립주의를 벗어던지고 세계 세력 균형을 미국의 국익을 더욱 촉진하는 방향으로 바꾸도록 개입해야 한다는 주장을 설파했다. 그는 영국이 유럽에서 역외 균형자 역할을 했듯이 미국이 전 세계적으로 확장된 세력 균형 체제에서 역외 균형자 역할을 자임하고 유럽이나 아시아에서 지배적인 패권 국가가 등장하는 경우를 방지하기 위해 미국이 개입해야 한다고 생각했다. 그 후 역외 균형자로서 선택적 개입을 하려는 미국의 세계관은 1·2차 세계대전에서 유럽과 아시아의 세력 균형이 독일과 일본에 의해 붕괴될 조짐이 보이자 개입해 회복시킴으로써 그 진가를 발휘했다.

미국은 국력이 압도적인 우위를 보이면서 역외 균형자 역할을 탈피하고 명실상부한 세계 패권국 역할을 자임하면서 2차 세계대전 후 국제 질서를 주도적으로 설계했다. 이후 이 질서를 유지하기 위해 세계 경찰 역할도 도맡아 수행해왔다. 팍스 아메리카나 체제는 윌슨 대통령의 이상주의적 세계관, 즉 법과 원칙이 지배하는 세계 질서를 반영하고 있었다. 케네디 대통령은 취임 연설에서 "미국은 자유의 성공을 위해 어떤 대가도 치르며 어떤 부담도 질 것이며 어떤 고난도 맞설 것"이라고까지 했다.[2] 70여 년을 이러한 신념에 입각해 세계 경찰 역할을 해오던 미국이 트럼프 대통령이 집권하면서 그 역할을 하지 않을 것을 천명하고 있다. 미국 조야에서도 패권국보다 역외 균형자 역할을 하는 것이 국익에 더 부합한다는 주장이 대두하고 있다. 이처럼 1세기 만에 미국의 세계관, 그에 따른 대외 역할이 변화함으로써 포스트 팍스 아메리카나 시대가 도래할 것이라는 전망이 대두되고 있다.

미국이 세계 최강국으로 부상한 시기는 1차 세계대전 종전 후다. 미국은 100년 동안 세계의 패권을 유지해왔다. 미국이 세계 패권국으로 무대의 전면에 등장한 시기는 2차 세계대전 후다. 곧바로 냉전이 시작돼 구소련이 미국에 대항해 표면적으로 양극 체제가 40년 정도 지속된 것처럼 보였어도 2차 세계대전 후 등장한 국제 질서는 미국이 주도해 설립했고 그 질서를 범세계적으로 유지했다. 앞으로 상당 기간 미국이 세계 최강국으로 존재하겠지만 70년 동안 해왔던 패권국으로서의 역할을 충실히 하지 않을 것이라 예견되고 있다. 아마도 중국의 패권 도전이 거세지면서 팍스 아메리카나 시대는 지속하지 않을 것이다.

최근 국제 사회에 일어나는 여러 현상에서 팍스 아메리카나 시대, 즉 미국이 패권 국가로서 책임감을 가지고 국제 사회에 필요한 공공재를 부담하면서 국제 질서를 자국의 주도하에 유지하던 시대는 저물어가고 있다는 사실을 볼 수 있다. 미국이 상대적 쇠퇴를 겪는 이유를 미국의 정치역사학자 폴 케네디는 '패권 국가의 딜레마'에서 찾고 있다. 폴 케네디에 따르면, 모든 질서 주도 국가는 특정 질서를 창설할 때는 막강한 경제력에 의존하지만, 그 후에는 군사력에 의존하는 경향이 있다. 패권 국가가 군사력에 의존해 질서를 유지하면 엄청난 재원을 군비 증강에 쏟아부어야 하고 제국주의적 과도 팽창 상태에 이른다. 주도 국가가 자원을 낭비하는 동안 다른 추격 국가는 경제 발전에만 집중해 경제력을 신장시켜서 주도국과의 경제력 격차를 줄인다. 이러한 힘의 전이는 정세 불안정과 전쟁을 거쳐 패권 국가의 교체를 불러오고 새로운 국제 질서를 만든다. '패권국의 딜레마'로 인해 주요국들은 흥망성쇠를 겪고 패권국과 국제 질서는 주기적으로 교체된다.[3]

이런 현상은 미국의 상대적인 쇠퇴에 따라 의지가 있더라도 능력이 부족해서 못하는 측면도 있지만, 중국, 러시아 등이 부상해 이 국가들과의 알력에다 EU와의 관계 약화 등으로 발생하는 것이다. 다른 나라들이 미국의 주도권이나 일방주의적 행동을 받아들이지 못하고 미국이 이 국가들과 연대할 수 없어 미국의 의지가 있더라도 능력을 발휘할 수 없는 측면도 있다. 어떤 면에서는 팍스 아메리카나 체제가 약화되는 이유가 그 체제의 결점보다 장점 탓이라는 지적이 있다. 팍스 아메리카나 체제에서 미국의 우방국들은 물론이고 비우호적인 국가들까지 이 체제가 제공하는 혜택을 입고 국력을 신장시켜 미국과 권력을 분점하고 있어 권력 지형에 변화가 생겼기 때문에 포스트 팍스 아메리카나 시대로 들어간다고 보기 때문이다.[4]

미국 국제정치학자 로버트 코헤인은 "팍스 아메리카나 시대에는 미국이 2차 세계대전 후 구축한 국제 질서의 플랫폼이 안정적이고 효율적이어서 모든 국가가 그 플랫폼 내에서 관계를 맺을 경우 대부분 예측 가능성이 높았다. 거래에 드는 비용이 줄어들고 신뢰도가 높아 서로에게 '파레토 최적'에 이를 수 있는 상황이 가능했다. 이때 국제 질서 내 플랫폼은 특정 결과를 일률적으로 강요하기보다는 해당 국가들이 자국의 이익을 이 플랫폼과 같은 방향으로 협상하면 합의 도출이 쉽도록 '매개 변수'의 역할을 한다"[5]고 봤다.

포스트 팍스 아메리카나 시대로 들어간다는 것은 미국이 이 플랫폼을 떠받칠 힘과 의지가 부족해 국제 질서 내에서 매개 플랫폼이 없어진다는 것을 말하는 것이다. 그러면 국제 질서가 불안정해지고 혼돈과 충돌이 자주 발생할 것이다. 국가 간 거래가 객관성보다는 주관성을 띨 것이다. 따라서 국가 간 거래 비용이 증가할 것이다. 미국 시사평론가 토머스 프리드먼이 『세계는 평평하다World is Flat』라는 책을 발간할 정도로 동질화가 진행됐던 세계는 이질화가 심화되는 단계로 나아갈 것이다. 세계는 분절화될 것이며 다시 국가 간 굴곡진 또는 기울어진 운동장이 많이 생길 것이다. 보편적인 규범과 가치가 국제 사회에서 통용되는 것이 아니라 서로 다른 가치와 규범이 우위를 다투면서 충돌하는 일이 다반사가 될 것이다. 인류 공동체로서 '우리 전체'라는 개념이 희박해지면서 '우리나라' 우선이라는 개념이 강해질 것이다.

개방적 시장 경제와 세계화의 확산에 더해 전 세계적인 분업이 이뤄지면서 괄목하게 성장했던 교역량은 위축하고 있다. 각국의 경제는 저성장의 고통을 같이 겪을 것이다. 세계의 거대 공장이 된 중국의 엄청난 생산량과 최근 산업화에 가속도가 붙는 아세안 국가들, 인도 등의 생산 시설이 본격 가동하면서 전 세계적으로 공급 과잉 현상을 겪을 것이다. 선진국에서는 자국 생산 근로자 불만과 실업률 등으로 보호주의 정책을 취하고 이로 인해 선진국 시장이 닫히면서 교역량이 줄어들 것이다. 세계화와 전 세계적 분업 대신 지역화와 지역 분업 체제가 왕성해지면서 교역은 더 위축될 것이다. 이런 현상은 세계적 불황을 가져올 것이다.

팍스 아메리카나 체제는 미국 및 서방국 지도층들이 절실히 깨달았던 전쟁의 참상을 되풀이하지 말아야 한다는 각성과 이전 국제 질서가 무너지고 전쟁의 원인이 됐던 것에 대한 기억을 잃으면서 포스트 팍스 아메리카나 체제로 들어가고 있다. 아직 미국 국력이 강하기에 미국이 실패 원인을 상기하면서 구축한 팍스 아메리카나 체제를 유지하려는 지도력을 발휘한다면 포스트 팍스 아메리카나 시대의 도래를 지연시킬 수도 있을 것이다. 그러나 미국 지도층이 실패의 교훈, 즉 '강대국의 약소국 침입을 방관한 것, 민주적 가치를 수호하지 못한 것, 보호주의로 인한 통상 전쟁을 방지하지 못한 것, 지도력의 공백은 분쟁을 초래한다는 사실을 망각한 것' 등을 잊고 이를 되풀이하려는 데 문제의 심각성이 있다.[6]

한편으로는 미국 사회가 이완되는 현상과 미국 정치가 갈수록 통치력Governability의 한계에 부딪히면서 정치 세력이 분열·대립하는 현상이 심화하는 데서 미국의 쇠퇴의 원인을 찾을 수 있다. 의회 정치는 예전에 비해 심하게 대립하고 있다. 의회 내에서 초당적인 개혁 합의를 이끌어내기가 거의 불가능해졌다. 이 같은 미국의 쇠퇴 현상을 연구한 미국의 경제학자 맨커 올슨은 '집단 행동의 딜레마'라는 개념을 통해 그 원인을 설명하다. 국부를 재분배하는 문제를 두고 서로 경쟁하는 이익 집단이 난립해 이들이 정치적 결정에 영향을 미치면 개혁적 결정을 하기가 어렵고, 국력의 성장은 한계에 봉착한다는 것이다. 미국 같은 장기적 안정을 누린 사회일수록 이런 딜레마 현상이 심각해진다. 이로 인해 한때 패권국들이 내부적 문제로 국력이 하향 곡선을 그린다고 분석하고 있다.[7]

미국의 패권이 퇴조하면서 나타나는 포스트 팍스 아메리카나 시대의 우울한 풍경과 그 배경을 개략적으로 요약해보았다. 이 같은 잿빛 전망을 불러오는 구체적인 논거들을 하나씩 설명하고자 한다.

규범 기반 질서의 약화

2차 세계대전 후 미국이 질서 주도국으로 등장하면서 윌슨 대통령이 선견지명을 가지고 시도하다가 의회의 동의를 받지 못하면서 구축하지 못했던 '규범에 기반한 국제 질서'를 본격적으로 구축하기 시작했다. 규범에 입각한 국제 질서는 다수의 하부 구조를 바탕으로 구축했다. 가장 중요한 하부 구조로는 19세기부터 형성·적용하기 시작한 국제법을 들 수 있다.

국제법은 유럽에서 18세기 초부터 싹을 틔우기 시작했다. 유럽 국가 간에 적용하다 유럽 국가가 다른 대륙으로 세력이 진출하면서 미국·아시아·중동에도 널리 퍼졌다. 19세기 중반 중국에서는 '만국공법'으로, 일본에서는 '국제법'이란 용어로 정착했다.

유럽 국가를 중심으로 형성해오던 국제법은 2차 세계대전 후 전 세계 각 지역의 신생 독립국들도 국제 사회가 참여해 국제법 형성에 관여하면서 처음 범세계적으로 적용할 수 있게 됐다. 국제법이 가장 먼저 발달한 분야는 국가 간의 관계를 규율하는 외교·영사 영역이다. 국제 사회는 1964년 176개국이 참여해 '외교 관계에 관한 빈 협약'과 '영사 관계에 관한 빈 협약'을 각각 체결했다. 물론 외교·영사 분야 외에 국제법이 더 필요한 분야는 전쟁이 발발했을 때 국가 간의 전쟁 수행 방식을 규정하는 '전쟁법', 즉 '전시 국제법'이다.

1914년 헤이그에서 각국 대표들이 모여 전쟁법에 대한 긴 회의를 거친 끝에 '교전 규범' '중립국 지위' '포로의 처우' '전쟁 범죄의 처리' 등에 대한 각국의 의견을 수렴했다. 그러나 1·2차 세계대전에서 이 전쟁법이 강제력을 가지고 집행되지 못했다는 비판과 전후 전쟁 양상이 계속 변하면서 포괄적인 전쟁법을 법제화하는 데 대한 어려움이 있었다. 국제 사회는 전쟁법 관련 별도 협약을 체결하지는 못했으나 전쟁법에 대한 기본 인식은 국제 사회가 공유하고 있다.

규범 기반 질서에서 국제법 다음으로 중요한 하부 구조는 국제기구다. UN을 정점으로 국제 전문 기구, 산하 기구들을 설립하고 이 기구에서나 국제 규범을 생성하거나 별도 전문법을 법제화하기 위한 국제회의를 소집해 각 분야에서 국제법을 채택하기도 한다. 이렇게 채택한 법들이 그 분야에서는 각 주권 국가들을 규율하는 강행 규범 성격을 가지게 돼 각국은 이 국제법에 따라 자국의 행동을 제한하고 자국의 위법 행위에 법적 책임을 지면서 국제 사회의 예측 가능성과 안정성 증대에 큰 기여를 했다.

전문 분야 국제법 사례는 UNCLOS, 보편적 인권 협약, 우주법(우주 공간의 평화적 이용 협약), 전쟁 및 인도적 범죄 관련 협약, 다양한 국제 환경 관련 협약 등을 들 수 있다. 이런 국제법들은 각 전문 분야에서 각국의 행동을 제한하고 규율해 특정 국가가 임의대로 행동하거나 인류 공유 공간을 독점 이용하거나 파괴할 수 없게 했다. 경제·통상 분야도 WTO 같은 국제기구를 설립해 이 기구에서 통상 관련 규칙을 생성하고 있다. 대규모 국제회의를 통해 '우루과이 라운드'나 '도하 라운드DDA' 같은 통상 규범을 채택해 각국 간의 통상 절차를 규율했다. 통상 문제 관련 각국 간 분쟁이 발생하면 이를 중재하는 '국제 상사 중재법'을 활용하고, 조약에 관한 이견이 발생하면 '조약에 관한 빈 협약'을 준용해 국가 간 분쟁의 평화적 해결에 기여하고 있다.

미국의 주도로 설립한 국제기구들을 통해 생성된 이 같은 국제법과 규범 이외의 국가에 보편적으로 받아들여지는 원칙이 국제 관계를 규율하는 주요한 준거가 된다. 이 원칙들은 국제법과 같이 상세하게 성문화하지는 않지만 국제 사회에 일반적으로 받아들여지는 원칙이다. 그 내용은 현 국제 사회에서는 자명한 것으로 간주해왔다. 예를 들면 '조약 준수 원칙' '금반언 원칙' '주권 존중 원칙' '내정 불간섭 원칙' '자국민 불인도 원칙' '항해 자유의 원칙' '차별 금지 원칙' '정경 분리 원칙' 등도 규범에 입각한 질서를 구축하는 한 축을 담당하고 있다.

그러나 도널드 트럼프 대통령이 집권한 이후 '미국 우선주의'를 내세우면서 규범에 입각한 국제 질서를 경시하는 경향을 보이고 있다. 미국은 2018년 6월 캐나다에서 개최한 G7 정상 회의의 결과 문서인 공동 성명 내용 중 "규범에 입각한 국제 질서Rules-based international order"라는 표현을 포함하는 것을 거부해 전 세계를 놀라게 했다. 70년 동안 규범에 입각한 국제 질서를 주도하고 지켜온 것이 미국이었다. 바로 그 미국이 이러한 질서를 거부하겠다고 천명한 것이다.

'규범에 입각한 질서'에서는 강대국의 행동도 규범과 원칙, 국제기구의 규약 등에 의해 제약을 받는다. 따라서 각국의 행동이 예측 가능해 국제 질서 안정 요인으로 작용해왔다. 그런데 미국이 이를 무시한다는 것은 자국 행동에 제약 없이 원하는 대로 행동하겠다는 것을 의미한다. 이는 국제 질서의 불안정 요인이 되기에 충분하다. 다른 나라들에는 큰 우려가 될 수밖에 없다.

미국은 이전 행정부가 체결하거나 가입한 국제 협약을 일방적으로 탈퇴하거나 무시하는 조치들을 취하고 있다. 이를테면 오바마 행정부 시절 장기간의 힘든 협상 과정을 거쳐 타결한 '기후 변화에 관한 파리 협약' 참여를 거부하기로 했다. UN 산하의 인권위원회에 참여도 중단했다. 멕시코·캐나다와 체결한 북미자유무역협정NAFTA의 일방 폐기를 위협하면서 멕시코와 캐나다가 양보하게 해 NAFTA의 내용을 미국에 유리하게 변경했다. 그리고 USMCA라는 새로운 이름으로 이 협정을 출범시키는 일방적 행동을 보였다.

미국은 UN 안전보장이사회 이사국 전원과 독일이 참가해 오랫동안 이란과 협상을 벌인 끝에 2015년 타결한 JCPOA를 잘못된 합의로 규정하고 일방 탈퇴했다. 구소련과 체결한 '중거리 핵 전력 조약INF'도 일방 파기해 유럽에서 미국과 러시아 사이, 아시아에서는 미국과 중국 사이에 새로운 군비 경쟁이 발생할 가능성을 열어놓았다. 이 같은 미국의 행위는 '조약 준수 원칙' '금반언 원칙'에 위배하는 것이다. 강대국이 이전에 약속하거나 체결한 조약도 이후 자국의 이익에 부합하지 않거나 불리하다면 언제든 폐기할 수 있다는 나쁜 선례를 남기고 있다. 이 선례는 다른 나라들에도 영향을 끼쳐 유사한 행위를 할 수 있게 문을 열어줌으로써 규범에 입각한 질서를 심각하게 위협하는 사안이 될 수 있다.

중국도 자국의 '핵심 이익'에 대해서는 미국의 이러한 행위에 비견될 정도로 일방주의적이고 국제 규범을 무시하는 행위를 하고 있다. 중국은 남중국해 영유권 문제와 관련해 2017년 국제해양법재판소에서 내린 판결을 무시하고 자국의 영유권을 계속 주장하고 있다. 남중국해 내 군사화 조치도 더욱 강화하고 있다. 한국과의 사드 배치 갈등 과정에서 볼 수 있듯이 중국은 자국의 이익에 배치된다고 판단할 때는 타국의 국내 조치나 제3국과의 관계에 대한 사안에도 보복 조치를 한다. 비동맹의 맹주로서 옹호해오던 '주권 존중 원칙'과 '내정 불간섭 원칙'을 무시하는 행태를 보였다. '정경 분리 원칙'을 훼손하면서 군사 문제를 외교 교섭으로 해결하는 것이 아니라 군사와 연관 없는 통상과 인적 교류 분야에서 보복 조치를 해 타국에서는 전례를 찾아볼 수 없는 행태를 보이고 있다.

중국은 자국과 밀접한 관계를 맺고 있는 북한을 돕기 위해, 탈북자들을 중국 내에서 발각하면 북한에 송환할 경우 사형을 포함한 심각한 불이익을 받을 것을 알면서도 북한에 강제 송환시키는 조치를 하고 있다. 이것도 국제 사회에서 일반적으로 수용하는 '난민 불송환 원칙Principle of non-refoulment'을 무시하는 처사다. 북한의 핵 개발과 관련해 UN에서 대북한 제재 결의안을 채택·시행하고 있어도 북한이 심각한 타격을 받지 않고 버티는 이유는 중국이 이 제재를 회피해 북한에 필요한 물자를 공급해주는 생명선 역할을 하고 있기 때문이다. 이러한 행태도 UN 안전보장이사회 결의안 준수가 회원국의 의무라는 일반 원칙을 저버리는 것이다.

중국은 다른 나라들에도 자국의 핵심 이익을 건드리면 비대칭적인 보복 조치를 하고 있다. 이를테면 스웨덴이 중국 인권 운동가에게 노벨상을 수여하거나, 타국이 달라이 라마를 초청하거나, 필리핀이 남중국 영유권 분쟁으로 비타협적일 때 어떻게 했는가. 중국은 이들 나라가 수출하는 주요 품목의 수입을 금지하거나 통관을 지연시키는 방법을 사용해 굴복시키는 것을 서슴지 않았다. 외교적 이견이 생기면 원칙을 무시하고 자국이 보유한 보복 수단을 가리지 않고 사용해 상대를 굴복시키는 강압주의적 행태도 보이고 있다.

중국은 현 국제 통상 체제에서 유리한 교역 조건을 확보하려고 WTO에서 '시장 국가 지위Market economy status'를 얻고자 상당한 노력을 기울였다. 이 지위를 획득하지 못하면 중국 상품 수입국이 중국 수출품에 대해 반덤핑 조사를 할 경우 중국의 생산 가격 기준이 아닌 비슷한 경제 발전 상태에 있는 제3국의 가격과 비교해야 한다. 이 경우 중국 수출품들은 반덤핑 관세를 받을 가능성이 높다. 그래서 중국은 시장 국가 지위를 획득하려 하고 있다. 중국은 양자 협상을 통해 한국을 비롯한 오스트레일리아, 칠레, 뉴질랜드 등으로부터 이 지위를 획득했으나 미국, EU 등 서방 국가로부터는 획득하지 못하고 있다.

중국은 시장 국가 지위를 한국으로부터 인정받았으므로 한·중 양국은 상호 시장 국가로서 일반 관행에 입각해 교역 거래를 해야 한다. 사드 배치 후 중국의 보복적 경제 조치에서 보듯이 중국은 양국 간 교역을 시장 자율 기능에 맡기는 것이 아니라 정부가 개입해 교역을 통제할 뿐 아니라 관광객 등 인적 교류까지 교묘하게 통제하는 모습을 보였다. 이는 시장 국가로서 해서는 안 되는 반시장적 행위다. 이같이 외교·안보적 문제에 대한 보복 조치로 경제적 수단을 즐겨 쓴다. 최근 들어 민간 기업에 정부의 통제권을 더 높이는 조치,

즉 '민퇴관진民退官進' 정책을 추진해 정부 출자를 늘려 민간 기업의 지배 구조를 정부가 장악하려는 시대 역행적이고 반시장적인 행태를 보이고 있다. 그럼에도 중국은 시장 국가 지위를 받아야 마땅하다고 주장하고 있다. 이는 자국에게 유리할 경우 규범을 내세우고, 불리하거나 자국 이익을 관철시키기 위해 규범을 무시하는 이중적 행태를 보여주는 대표 사례다.

세계에서 가장 강력한 2대 행위자인 미국과 중국이 자국 이익 우선주의에 입각해 국제 규범을 무시하거나 자국에 유리한 규범을 취사 선택하는 행태를 보이는 것은 앞으로 규범에 입각한 국제 질서가 심각하게 약화될 수 있다는 전망을 가능하게 한다. 중국은 아세안 지역과 일대일로 선상에 위치하는 국가들과 관계를 강화하면서 이 국가들에는 자국의 경제적 영향력 등을 동원해 중국 위주의 새로운 규범 체계를 구축할 조짐마저 있다. 이 경우 국제 규범이 없어지는 것은 아니지만 보편적으로 적용하는 규범이 사라지고 미국 위주, 중국 위주, 유럽 위주의 규범 체계 등 몇 개의 다른 체계로 분절되고 다른 체계 간의 마찰이 발생할 가능성도 배제할 수 없다.

'보편적 가치Universal value', 즉 민주주의, 인권, 개방적 시장, 법치주의 등은 자유주의적 질서이자 현 국제 질서의 초석이다. 이 가치는 전 세계에서 수용하는 것으로 여겨져왔다. 그러나 중국이나 러시아 등은 보편적 가치가 서방 국가의 이해를 반영한 것으로 보고 이 개념에 이견을 제기해왔다. 앞으로 전 세계 모든 국가에 통용되는 보편적 가치는 존재하지 않을 전망이다. 대신 중국은 '중국 특색 사회주의'를 성공시켜 중국식 가치를 개발도상국들에 전파하려는 의도가 있어 앞으로 규범 체계의 분절화를 더욱 심화시킬 것으로 전망된다.

4부에서 질서 안정 요인으로 '질서의 기본 틀 유지'와 '구성원의 공동 인식 및 동의'라는 두 요소를 설명했다. 현재 규범에 입각한 질서가 약화된다는 것은 '질서의 기본 틀 유지' 노력과 '구성원의 공동 인식 및 합의'에 의한 행동이 흔들리고 있다는 것을 말하는 것이다. 이 요소들을 유린하는 세력이 다름 아닌 현재 국제 사회에서 가장 큰 양대 세력인 미국과 중국이다. '질서와 규범을 만드는 나라'가 이 질서와 규범을 흔들면 '질서와 규범을 따르는 나라'가 이 질서와 규범을 지켜가기 쉽지 않다는 말이다. 국제 사회에는 아직 중앙 권위체가 존재하지 않기 때문에 강대국들이 질서와 규범을 존중하는 모범을 보여야만 이 질서와 규범이 관행으로 고착할 수 있다. 마치 깊은 숲속의 큰 동물들이 자주 다니는 곳에 길이 나는 것과 같은 이치다. 이제 미국과 중국이 자기만의 길을 별도로 만들어 각기 다른 길로 간다면 숲속에는 여러 갈래의 길이 생길 것이다. 중견·약소국들은 어느 길을 따라가야 할지 몰라 당혹스러울 것이다. 국제 질서는 당연히 더 불안정해질 것이다.

비자유주의적 질서 확산

'비자유주의적 민주주의Illiberal democracy'는 미국의 시사평론가인 자카리아가 《포린 어페어Foreign Affairs》(1997)에 같은 제목의 기고문을 실으면서 자주 인용되기 시작했다. 현재 헝가리의 총리인 오르반이 2014년 창당한 피데스당의 정체성을 비자유주의적 민주주의와 결부시키면서 더 널리 확산됐다. 자카리아는 서방 국가들을 제외하고 전 세계에서 선거라는 절차적 민주주의와 시민의 자유가 양립하지 않은 경우가 많다는 것을 지적하기 위한 개념으로 비자유주의적 민주주의를 도입했다. 개발도상국에서 민주적 절차를 통해 지도자를 선출하는데도 선출된 지도자들이 권위주의 행태를 띠고 개인의 자유를 제한하는 경향이 증대되고 있음을 자카리아가 지적한 것이다.

헝가리의 오르반 총리는 아예 자신의 정당은 집권하면 자유주의적 질서의 기본 요소인 보편적 가치, 법의 지배, 개방된 경제 등은 존중하겠지만 다수 국민의 의사를 중시하고 소수의 의견을 억제하며, 견제와 균형 원칙보다는 효율성을 중시하고 개인보다는 국가를 중시하는 정책을 펴겠다고 공약하고 당선되었다. 오르반 총리가 집권한 후 헝가리는 권위주의적 정부를 갖게 됐다. 이 헝가리 선거를 기점으로 2014년부터 세계 각지의 정치에서 국가주의적이고 극우적인 목소리들이 분출하고 각국에서 이에 편승한 극우 성향의 정당이나 지도자들이 정치 전면에 등장했다.

서방 국가들의 국내 정치에서 비자유주의적 정서가 분출하고 있는 것은 자유주의적 질서하에서 도출된 경제적·사회적 성과들이 불공평하게 분배돼 사회 내 양극화를 심화시킨 데 대한 반발이 작용하기 때문이다. 현 정치·경제 체제를 상당히 개혁하지 않으면 이런 경향을 되돌릴 수 없다는 데 문제의 심각성이 있다.

1992년 미국의 정치역사학자인 프랜시스 후쿠야마가 '역사의 종언'과 자유주의의 역사적 승리를 선언한 후 얼마 지나지 않아 이러한 근본적인 도전이 제기될 줄 예견하지 못했으나 이 도전은 문명사적인 변화를 초래할 가능성을 내포하고 있다. 역사학자 토인비가 "어떤 위대한 문명도 외부 힘에 의해 없어지지 않고 내부 힘에 의해 자살하는 것이 일반적"이라고 말했듯이 서방 문명이 수백 년 동안 역사 발전을 통해 이룩한 자유주의적 질서가 내부 모순으로 지금 근본적인 도전에 직면해 있다.[8]

팍스 아메리카나 체제에서 확장해왔던 자유주의적 질서를 비판하고 이에 도전하는 움직임들이 세계 곳곳에서 발견되고 있는 것이 지금의 실상이다. 미국은 팍스 아메리카나 체제 유지를 위해 민주주의 확산이 중요하다고 생각하고 이를 위해 노력한 결과

1970~2000년에 전 세계의 자유 선거 민주주의 국가 수가 39개국에서 120개국으로 대폭 늘어났다. 그러나 2006년까지 정체를 보이던 이 숫자는 2007년 이후 감소세를 보이고 있다. 프리덤 하우스 통계에 따르면, 113개국에서 자유 지수가 하락하고 있다.[9]

이 같은 국내외 정치 환경의 변화를 반영해 주요 국가에 '대중 영합주의Populism'를 기반으로 하는 선동가형 지도자들 또는 강한 카리스마를 가진 '스트롱 맨'들이 선거에 승리하고 지도자가 되는 현상이 빈번해지고 있다. 이런 지도자들은 국제 사회에 자유주의를 기반으로 한 국제 협력을 무시하고 자국 우선주의를 내세우는 경향이 있다. 이런 현상을 두고 비자유주의적 국제 질서가 확산하고 있다고 진단한다. 비자유주의적 국제 질서가 확산한다고 해서 국제 사회가 현실주의적, 홉스식 질서로 회귀한다는 것은 아니다. 자유주의적 질서를 유지하려는 현상 유지 세력과 이를 변경하려는 세력 간의 갈등이 혼재하는 하이브리드적 질서가 대두할 수 있고 이런 상태에서는 국제 사회에 갈등과 불안정성이 증대될 것으로 전망된다.[10]

2014년을 기점으로 비자유주의적 국제 질서가 확산하고 있는 배경이 무엇인지 짚어볼 필요가 있다. 비자유주의적 경향은 국내 정치에서 시작해 국제 사회로 전이되고 있다. 하지만 국내 정치에 그런 동인을 제공한 것 역시 국제 사회의 자유주의 질서 자체라는 역설적인 관계가 존재한다.

첫째, 자유주의 질서가 세계화 과정을 타고 20년 동안 확산되는 과정에서 각국에 국내적으로 적지 않은 부작용을 배태한 점이 국내 정치에서 자유주의와 세계화를 배격하는 우익 세력이 득세하는 토양을 만들어준 셈이다. 이런 상관관계에 대해 미국의 국제 정치학자 미어샤이머는 "자유주의 국제 질서 자체가 붕괴의 씨앗을 잉태하고 있었다"고 주장했다. 미어샤이머는 미국이 주도한 중동에서의 무모한 민주주의 확산 노력, 극단적인 시장 세계화 등이 부작용을 낳을 수밖에 없었고 이 부작용인 이민 유입, 중산층의 몰락 등이 자유주의에 대한 반감을 부추겼다고 진단한다.[11] 이런 국내 자유주의 피해자들의 불만을 부추기며 집권한 정치인들이 자유주의 질서 허물기에 앞장서고 있으며 대표적인 예가 미국의 트럼프 대통령이다. 도널드 트럼프에 의한 "'미국 우선주의'와 '자유주의적 국제 질서'는 양립 불가능하다. 따라서 자유주의 국제 질서는 조종을 울렸다"고 리처드 하스 미국외교협회 회장은 진단하고 있다.[12]

세계화가 본격화하던 1980년대 초부터 세계화를 주도하던 G8 정상 회의, G20 정상 회의, IMF 총회 등이 열릴 때마다 이 세계화의 진전을 반대하는 세력들은 회의장 인근에서 격렬한 시위를 하면서 반대 의사를 표명하곤 했다. 이 같은 시위대의 목소리는 전 세계적인 경제 호황에서 관념적이고 때 이른 반대라고 치부됐다. 따라서 세력화가 크게 되지는 못했다. 하지만 세계화가 진전되고 세계적 분업이 이뤄지면서 각국의 경제적 양극화가 현실이 되고 해외로 일자리가 이전되면서 이들은 목소리를 더 높였다. 세계화의 진전으로 서방 국가들의 중산층 이하 가구들의 실질 가처분소득이 줄어드는 현상을 피부로 느끼자 이들의 반대 의사가 정치권에 바로 투영됐다. 자유주의와 세계화를 지지하던 세력보다 이를 반대하는 세력이 국내적으로 다수가 되는 현상이 발생하는 것이다.

둘째, 경제적 양극화 이외 자유주의 확산을 통해 국가 간 인적 이동이 완화된 결과, 서방 국가들에 이민자 수가 급증하면서 사회적 갈등을 불러일으키고 이것이 비자유주의적 경향을 촉진하고 있다. 갈등 원인은 이렇다. 맨 먼저 이민자들이 서방 국가 중산층 이하 계층의 일자리를 잠식한다는 불만이 존재한다. 그다음 이 이민자들 중 무슬림이 다수 있는데 이들이 주류 사회에 융화되지 못하자 문화적 갈등이 표면화되고 있다. 마지막으로 이들 중 급진 이슬람주의에 감염된 청년층들이 테러를 자행함으로써 이민에 대한 반감이 더욱 커졌다. 이런 배경에서 자유화 추세에 따라 이민의 문호가 낮아진 것에 반감을 품고 불법 이민자들을 단속하고 이민의 장벽을 높이자는 극우파의 주장들이 정치권에서 득세하고 있다.

셋째, 국내적 불만을 바탕으로 집권한 도널드 트럼프 대통령을 위시한 각국의 우선주의 지도자들은 자유주의적 질서 중 자신의 정치 지지 세력의 관점에 불리한 것들을 폐기하거나 변경하려는 노력을 공공연히 천명하면서 자유주의적 국제 질서는 더 위기를 맞고 있다. 70년 동안 자유주의적 국제 질서를 구축하고 이를 수호하는 데 앞장서오던 미국이 먼저 이 질서를 자국 이익에 맞춰 취사선택하거나 선별적 폐기를 하려 하고 있어 자유주의적 질서 전반에 대한 신뢰가 심각하다. 유럽 내에서 국가 간 자유주의적 질서를 확산시키는 데 기여를 한 EU마저 경제 정책과 이민 정책 등을 둘러싸고 회원국 간에 이견을 노정하고 있다. 급기야 브렉시트가 영국 국민투표를 통과하면서 유럽 내에서 자유주의적 분위기도 급격히 침체하고 있다.

넷째, 미국의 상대적 쇠퇴와 더불어 중국과 러시아가 미국의 패권에 도전하는 차원에서 미국이 주도했던 자유주의적 질서에 도전하고 있는 데다 시리아·이란·사우디아라비아·터키로 이어지는 중동에서 권위주의적 정부가 득세하는 것도 비자유주의 질서를 부추기고 있다. 중·동구 국가들에서도 헝가리처럼 국가주의에 회귀하는 경향이 나타나는 것도 비자유주의적 추세를 강화하는 데 기여할 것이다. 미국의 자국 우선주의에 반발해 EU가 미국과 대립적인 자세를 점차 취하게 된 것도 비자유주의 확산에 기여할 것으로 전망된다. 여태까지 미국이 자유주의의 수호자 역할을 주로 했지만, 영국과 독일을 필두로 EU도 미국에 합세해 서방 국가 간 '뜻을 같이하는 연합Coalition of the willing'을 구성하고 행동 보조를 함께한 적이 많았기에 서방 국가 전체가 자유주의의 수호자 역할을 했다고 봐야 한다. 그러나 미국과 EU 간에 간극이 생기면서 이제 "서방The West은 공허해지고 도덕성이 결여되고 지도국이 없어 겁먹고 뜻을 같이하지 않은 연합이 돼버렸다"는 지적까지 나온다.[13]

자유주의적 질서라는 개념은 독일 철학자 헤겔과 관련이 깊다. 헤겔은 "인간의 기본적인 물질적 욕구를 충족하면 인간은 자유라는 정치적 욕구를 추구하기 마련"이라고 봤다. 경제가 일정 수준 발전하면 자유주의적 질서는 피할 수 없는 것이 될 것이라 예견한 것이다. 이러한 사고는 미국 정치역사학자인 프랜시스 후쿠야마에게 이어졌다. 후쿠야마는 냉전 종식 이후 자유주의적 질서가 승리했으며 이로써 역사 발전은 필요하지 않다고 분석했다.

그러나 이러한 사상가들의 예측은 지금 비자유주의적 질서가 형성되면서 큰 도전을 받고 있다. 국제적으로 중국과 러시아는 자유주의적 현 질서를 잘 이용해 경제적으로 성장하고 국력을 증대시켰지만, 국내적으로 통제는 더욱 강화하고 있다. 이 국가들은 서방 국가 중심의 자유주의 질서를 인정하지 않고 국내적으로도 정치적·경제적 자유를 허용하지 않으면서도 자국의 경제를 계속 발전시킬 수 있다고 생각하고 있다.

중국은 자유주의적 국제 질서에 무임승차해 경제력을 성장시키면서 한편으로는 현 자유주의적 질서를 무시하거나 약화시키려는 생각을 가지고 '권위주의적 자본주의Authoritarian capitalism' 노선을 택하고 있다. 시진핑 주석은 표면적으로는 현 국제 질서를 옹호하면서 현재의 세계 통치 구조Global governance의 개혁을 주장하고 있다. '더 나은 세계 파트너 관계'와 '세계 운명 공동체' 구성을 천명하면서 또 다른 자국 중심의 국제 질서를 구축하려는 야심을 드러내고 있다. 이런 야심을 가진 중국과 러시아의 부상은 기존 자유주의적 질서에 대한 심각한 도전이 되고 있다.[14]

중국이 주도하는 국제 질서가 성립하면 그 질서권 내에서는 중국의 국가 이익이 국가 간 관계를 규정짓는 기준이 될 것이고 국가 간의 관계는 불평등해질 것이다. 이렇게 되면 중국은 자국이 꼭 필요하지도 않은 일을 손쉽게 할 수 있는 반면, 다른 나라는 꼭 해야만할 일도 하지 못하는 상황이 발생할 것이다. 이런 상황에서는 중국의 경제적 이익을 증진할 겸 군사력을 동원할 수 있다. 이는 1차 세계대전 이전 미국이 라틴아메리카 국가에 행했던 포함 외교Gunboat diplomacy, 즉 유나이티드 프루트 컴퍼니United Fruit Company의 이익을 지키려고 군함을 동원했던 것과 유사한 상황이 재연될 수 있다.[15]

2차 세계대전 후 미국 주도로 형성된 팍스 아메리카나 질서의 특징은 자유주의적 질서라 할 수 있다. 미국은 그전의 패권 국가들도 그랬듯이 자국의 막강한 경제력을 바탕으로 전 세계 해외 시장에 손쉽게 진출하기 위해 국제 질서 자체에 개방성·자유성·투명성을 부여하려고 했다. 그 결과 팍스 아메리카나 체제에서는 이전 세기처럼 '해양을 지배하는 자가 세계를 지배한다'는 명제에 따라 미국이 해양 항해 자유의 원칙을 강력히 수호해왔다.

이러한 해양 수송로의 개방성과 항해 자유는 막강한 미국의 해군력이 뒷받침해주었다. 이를 통해 미국의 상품과 상선들이 전 세계로 거침없이 나갈 수 있었다. 개발도상국들은 자국의 영해 주권을 조금이라도 더 확장하기 위해 영해 기선을 더 늘리길 원했으나 미국을 위시한 해양 강국들의 반대로 12해리(22.2킬로미터)로 고정돼 있다. 항해 자유가 보장되는 공해High sea의 면적을 더 넓게 확보한 셈이다.

교역에서도 미국은 자유무역주의의 강력한 옹호자였다. 각국 간의 교역 물품에 대한 관세를 지속적으로 낮추는 방향으로 미국은 압력을 행사해왔다. 2차 세계대전 후 미국을 제외한 다른 주요국의 산업 기반이 파괴된 가운데 미국만이 주요 공산품을 경쟁력 있게 공급할 수 있는 나라였다. 미국의 제품은 낮은 관세 장벽을 비집고 들어가 전 세계 시장을 상당 기간 석권했다.

1차 세계대전 발발 시 미국의 수입 관세율은 평균 약 25%였으나 대공황이 닥쳤을 때 30%로 상승했다. 2차 세계대전 후 미국이 유일 초강대국으로 부상하면서 GATT를 주도적으로 창설하고 이를 중심으로 모든 국가가 관세를 지속적으로 인하하도록 했다. 그리하여 1994년 GATT 체제에서 모든 회원국이 참석한 회의와 협상을 통해 일곱 차례 관세를 인하해왔다. 마침내 1994년 우루과이라운드를 통해 WTO를 창설하고 WTO는 국가 간 교역에 부과하는 관세율을 가급적 축소해 거의 철폐하는 것을 목표로 활동했다.

이러한 관세 인하 노력은 1994년 우루과이 푼타 델 에스테에서 사상 최대로 123개국이 참가한 GATT 다자간 협상 8차 회의에서 큰 결실을 맺었다. 이 회의에서 그간 국가 간 첨예한 이해관계 대립으로 관세 부과 품목에서 제외됐던 농산품과 서비스를 관세를 내면 교역의 대상으로 포함하기로 했다. 이 회의에서 국제 교역 질서를 규율하는 기관인 WTO를 설립하기로 참가국들이 합의했다. 이 회의를 통해 공산품 관세는 더 인하하고 관세 대상 교역 품목은 더 확대해 교역의 자유화를 더 촉진했다.

이러한 다자간 교역 체제를 통해 관세 인하에 한계가 있다고 느낀 국가들은 더 나아가 양자 간 협상 또는 소수 국가 간 협상을 통해 FTA를 체결한 다음 자국의 산업 이해 관계가 첨예하게 걸린 몇 품목을 제외하고 대부분 교역 품목의 관세를 철폐해 교역이 자유롭게 했다.

미국은 인접국인 캐나다·멕시코와 세계 최초로 FTA를 체결했다. 민감한 아주 소수의 품목을 제외하고 양국 간 교역의 관세를 철폐하는 것을 목표로 했다. 이후 국가 간의 FTA는 다른 지역으로도 확산해 지역별 자유무역 지대를 형성하는 배경이 되었고 그 외의 많은 국가가 양자 차원에서 FTA를 체결하는 현상이 널리 퍼졌다.

이에 따라 대외 무역 의존도가 세계에서 가장 높은 나라 중 하나인 한국도 많은 나라와 FTA 체결을 추진하고 있다. 현재 EU와 아세안 회원국을 포함하면 52개국과 자유무역 관계에 있다. 현재 협상을 진행하고 있는 '역내 포괄적 경제 동반자 협정RCEP'이나 '포괄적·점진적 환태평양 경제 동반자 협정CPTTP'을 타결하면 한국의 FTA 체결국은 더욱 늘어날 전망이다. 무역 자유화의 혜택을 충분히 받고 성장한 한국은 FTA를 가장 많이 체결한 국가군에 속한다.

이처럼 국제 무역 체제는 2차 세계대전 후 자유화를 확대하는 방

향으로 발전했으나 최근 들어 다자간 교역 협상 회의 및 주요 교역
국 사이에 반대 기류가 흐르고 있다.

우루과이 라운드의 성공을 발판으로 농산물 관세를 더욱 축소하
고 교역 대상 품목을 투자·공공 조달·국영 기업 분야로까지 확대
하려는 목적으로 2001년 개시한 도하 라운드 다자간 협상은 현재까
지 합의하지 못하고 있다. 도하 라운드 협상의 실패 원인으로 무엇인
가. 농산물 수출 대국과 농업 보호국 간 갈등과 선진국과 개발도상
국 간의 갈등을 들 수 있지만, 교역 자유화 정책과 세계화가 전 지구
적으로 확산하면서 부의 양극화 및 노동자의 삶의 질 저하, 세계 환
경의 급속한 악화 등에 대한 위기의식이 무역 자유화를 향한 국내
적 지지를 잠식했기 때문이다.

교역 자유화 추세에 대한 가장 강력한 제동력은 역설적으로 2차
세계대전 후 자유주의에 기반한 국제 질서를 주도한 미국에서 나오
고 있다. 이는 미국의 국력 전반이 쇠퇴기에 들어간 것을 반증하는
것이다. 미국은 자유무역주의 대신 보호무역주의 카드를 들고 쇠퇴
하는 미국의 경제 경쟁력을 회복시키려 하나 오히려 장기적으로 경
제 기반을 더 약화시킬 것으로 보인다.

예를 들어보자. 최근 미국이 외국 세탁기에 반덤핑 관세를 30%
부과하자 미국 내 세탁기와 건조기 가격이 15%씩 상승했다. 제조업
체들이 상승한 관세 폭만큼을 소비자들에게 전가하는 결과로 이어
지고 말았다. 한꺼번에 30% 인상이 부담스러우니 세탁기와 같이 구
매하는 건조기에도 가격 인상을 분담한 것이다. 수입 철강의 관세
부과도 미국 내 자동차 강판 가격을 상승시켜 미국 기업이 생산한
자동차의 수출 경쟁력을 약화시키고 있다. 중국 수출품의 일괄적 관

세 10% 추가 부과 조치도 미국 소비자 물가 상승을 불러올 우려가 있다. 미국 행정부는 최근 이의 시행을 연기하기로 했다. 이처럼 보복 관세는 미국 경제에도 큰 타격을 가하는 자해적인 조치이기에 그 남용은 미국 경제 쇠퇴를 장기적으로 가속화하는 길이다.

미국이 자유무역 기조를 버리고 보호무역 기조로 전환한 시기는 1970년 이후 경제력의 상대적 쇠퇴와 맞물려 있다. 미국 국력의 쇠퇴 조짐이 최초로 나타난 시기는 1971년 닉슨 대통령 시절 달러에 대한 금 태환 정지를 선언해 닉슨 쇼크를 불러일으켰을 때다. 2차 세계대전 후 미국 주도로 설립한 브레턴우즈 체제는 영국이 세계 패권을 장악할 때부터 시행해오던 금본위제에 입각하고 있었다. 이는 세계 경제의 기축 통화인 달러의 가치, 즉 국제적 신뢰도를 높이기 위해 35달러를 금 1온스와 무조건 교환하기로 미국이 약속한 제도다. 미국의 금 보유고가 줄어들고 달러 발행액은 늘면서 둘 사이의 벌어지는 간격을 메울 수 없자 미국 정부가 달러와 금의 교환을 정지한다고 선언한 것이다. 이 선언으로 달러 가치가 폭락해야 하나 달러는 세계의 거의 유일한 결제 수단이었을 뿐 아니라 모든 경제 주체의 가치 저장 수단이어서 달러 가치의 하락을 모두가 원하지 않아 그 가치를 유지할 수 있었다.

미국 국력의 두 번째 쇠퇴 조짐은 1985년 자국의 국제 경쟁력을 유지하기 위해 국제 환율을 미국의 압력으로 인위적으로 조정한 플라자 합의 때다. 수출 경쟁력이 높은 달러 가치와 산업 생산성 저하로 위기를 맞자 미국은 주요 수출 경쟁국인 독일·일본·영국·프랑스 재무장관들을 뉴욕 플라자호텔로 불러들였다. 회의를 통해 독일 마르크화와 일본 엔화의 가치를 10% 정도 절상하고 달러화의 가치를

30% 정도 절하하는 데 합의했다. 이 합의는 일시적으로 미국의 막강한 국력을 배경으로 한 외교적 승리로 평가할 수 있지만, 일본과 독일의 대미 수출 물량을 별로 줄이지는 못했다. 장기적으로 일본과 독일은 미국 수출로 더 많은 달러를 벌어들일 수 있어 미국의 무역 적자는 더 커졌다.

플라자 합의를 통해 미국은 그 후 무역 적자의 폭을 줄이는 데 성공했지만, 산업 생산력이 저하된 미국의 실물 경제는 진정한 회복 효과를 보지 못하고 있다. 미국의 경제 중심은 생산업에서 금융업으로 이전 현상을 보이고 있다. 1990년 이후 미국 경제는 무역 적자와 재정 적자라는 쌍둥이 적자에 시달리고 있다. 현재 미국 국가 부채는 20조 달러를 돌파해 GDP의 100%를 넘어서는 위험한 상황으로 치닫고 있다. 국가 부채에 따른 이자 지불액만 해도 한 해 한국의 정부 예산과 맞먹을 정도다.

미국은 2018년 약 5,600억 달러의 무역 적자를 기록해 2008년 다음으로 역대 최대치를 기록했다. 미국이 엄청난 규모의 무역 적자를 내고도 몇십 년 동안 버텨오는 이유는 기축 통화인 달러화의 발행권을 쥐고 있는 덕분이다. 미국은 무역 적자액을 달러를 찍어 외국에 지불하면서 메꾸고 있다. 이는 달러화의 가치를 국제 사회가 인정하는 순간까지만 가능한 일이다. 만일 달러화에 대항한 다른 대안 국제 결제 수단이 등장하는 순간 달러화는 폭락할 것이다. 그렇게 되면 미국 경제의 몰락으로 이어질 뿐 아니라 세계 경제 자체는 큰 혼란에 빠질 것이다.

이러한 위험성을 인식하고 미국의 대중 무역 적자를 줄이기 위해서뿐 아니라 미국으로부터 엄청난 무역 흑자를 시현하면서 미국의 도전국으로 부상한 중국을 견제하기 위해 2017년 트럼프 대통령이 취임한 후부터 행정부는 보호무역 조치를 본격화하고 있다. 미국은 자국이 주도해 만든 WTO 규정에 위배되는 줄 알면서도 패권 도전국인 중국은 물론 우방이자 동맹국에도 1962년 제정한 무역 확장법 232조(국가 안보 예외 조항)를 이용해 25% 보복 관세를 부과하고, 수출 물량 자율 규제를 요구하는 등 심각한 보호주의적 무역 조치들을 취하고 있다.

미국의 일방적인 보호무역 조치에 대항해 다른 국가들은 유사한 방식으로 미국의 수출 제품에 대한 보호주의 장벽을 경쟁적으로 높이고 있다. 이러한 상호 보복적인 관세 부과 조치는 세계 교역량을 위축시키고, 세계 경제 GDP를 감축시킬 것이다.

미국이 자유주의적 통상 질서에서 암묵적 원칙인 정경 분리의 원칙을 파괴하고 이민 문제라는 통상과 관계없는 문제를 해결하기 위해 멕시코에 관세 부과라는 보복 수단을 협상 카드로 쓰고 있다. 이러한 미국의 행태를 모방해 중국은 물론 자유무역 질서의 큰 수혜자인 일본까지 정경 융합 조치, 즉 경제의 정치화 조치를 하고 있어 더욱 우려스럽다. 보호무역주의는 미국의 일자리를 지키려고 시작했지만 이후 여러 정치적 목적이 결부되면서 무역을 축소하고 일자리 감축이라는 정반대의 결과를 가져올 공산이 크다.

70여 년 동안 자유무역주의가 전 세계에 지배적인 풍조가 되면서 세계 경제는 지속적인 확장기를 구가했다. 세계 경제 총생산에서 교역이 차지하는 비중이 7% 정도에서 28%로 상승했다. 그러나 세계 경제의 활력이 떨어지고 미국의 쌍둥이 적자를 감당할 여력이 바닥날 무렵 이러한 보호무역 조치들을 각국이 경쟁적으로 펼치면 세계 경제는 더욱 위축될 것이다. 따라서 각국은 국내 일자리와 상업을 위한 보호조치를 더욱 강화하는 악순환이 발생해 세계 경제는 심각한 위기에 봉착할 수 있다. 통계적으로 총생산에서 무역의 비중, 즉 무역 집중도가 1995년 21%에서 2008년 28%로 증가했다가 2017년에는 23%로 감소했다.[16]

자유무역주의가 미국 주도로 급격히 보호무역주의 방향으로 선회하면서 교역 분야에서 비자유주의적 질서가 한동안 지배적인 경향으로 자리 잡을 전망이다. 미국이 보호무역 조치를 촉발한 배경에는 중국 등과의 교역에서 겪고 있는 심각한 무역 적자가 있다. 현재와 같이 다국적 기업들이 국경을 초월하면서 협력하는 상황에서 한 국가의 국경을 통과하는 수입과 수출의 통계만 가지고 유불리를 판단하는 것은 부정확할 수 있다. 미국이 수출하는 것의 2배 이상의 가치를 미국의 기업들이 해외에서 창출해내고 있고 미국 내에서 외국 기업이 제조하는 제품의 가치가 미국 수입액의 2배에 달하기 때문이다.[17] 그러나 국내 일자리 창출과 무역 수지 개선에만 집착하는 트럼프 대통령은 이 같은 복잡한 교역 생태계에 관심이 없다. 오직 관세라는 비장의 무기를 사용해 단기적으로 통계 수치상의 개선을 달성하는 것이 최대의 관심사다. 그러니 보호무역주의 경향은 당분간 이어질 수밖에 없다.

자유무역주의가 상품과 서비스의 국가 간 자유로운 이동을 촉진하는 것이라면 70년 동안 국제 사회에서는 국가 간 인적 이동에 더 많은 자유를 부여하는 정책들을 늘려왔다. 세계 경제가 확장기를 거치면서 높은 생산력을 보유한 경제 선진국에서 노동력 부족 현상을 겪자 이를 타개하기 위해 값싼 해외 이주 노동자를 데려와 인력을 보충하거나 공장을 해외로 이전해 생산하고 있다. 이러한 경제적 필요에 따라 국가 간 인적 이동은 더 늘어나고 정책은 이를 촉진하는 방향으로 설정되고 있다.

유럽이나 아세안, 라틴아메리카 같은 곳에서 지역 협력체가 생겨나자 지역 공동체 내 국민은 공동체나 협력체 회원국 국가를 비자 없이 입국하거나 이전보다 쉽게 입국할 수 있도록 자유주의적 조치를 했다. 경제 발전으로 소득 수준이 높아지면서 해외여행객 수도 전 세계적으로 대폭 늘고, 각국은 관광객 유치를 위한 무비자 입국 제도를 채택한 결과 이 제도는 국경을 넘는 인적 이동을 수월하게 하는 대표적인 자유주의적 정책이 되었다.

인권 문제에 대한 국제적 인식이 높아지고 인도주의적 지원 필요성에 대한 국제적 공감대를 형성하면서 내전으로 고통받아온 전쟁 난민들과 생계를 유지할 수 없어 모국을 떠나 해외로 향하는 경제적 난민들을 각국이 수용하는 경우가 점차 많아졌다. 이러한 수용주의적 정책은 난민들의 해외 이주를 더욱 장려하는 효과를 낳았다. 이들 대부분은 유럽으로 유입됐다.

20여 년 동안 확대해오던 국경 간 인적 이동의 자유주의적 경향은 최근 세계 경제가 위축되고 인적 이동에 수반되는 사회적 부작용으로 심한 역풍을 맞고 있다. 앞으로는 국가 간 인적 이동을 제한하고 국경의 장벽을 높이는 방향으로 정책들을 형성할 개연성이 높다. 트럼프 대통령은 취임 이전부터 대선 공약으로 미국과 멕시코 간 국경에 물리적인 장벽을 설치해 불법 이민의 유입을 막으려 했다. 미국 내 불법 체류 중인 외국인을 색출해 강제 추방하겠다고 공언했는데 지금 이 조치들을 시행하고 있다.

미국이 촉발한 이 같은 반이민 조치들은 불법 이민 및 난민을 받아들인 다른 국가에서도 노동자들이나 중산층 이하 국민과 극우주의적 인사들의 호응이 좋다. 이 비자유주의적 조치가 호응이 좋은 배경을 들여다보자. 각국의 경제는 후퇴 조짐을 보이고 있는데, 각국 내 고용 불안감이 확산하는 것이 첫째 원인이다. 이민과 난민이 증가해 벌어지는 사회적 문제인 범죄, 테러, 인종 간 알력 증가가 두 번째 원인이다. 특정 종교 인구가 증가해 겪는 사회 정체성 혼란 등이 세 번째 원인이다.

이민이나 난민의 증가가 실업률 증가나 범죄율 증가로 직결되지 않는다는 보고서가 있지만, 그 조사 결과가 타당하더라도 일반 대중은 상관관계가 있다고 인식하고 있다. 따라서 이민이나 난민 유입을 억제하는 정치인이나 정책이 대중의 지지를 받을 수밖에 없어 여러 국가에서 극우 정책을 표방하는 정당들이 더 많이 집권한다. 이로 인해 인적 이동의 자유를 제한하는 비자유주의적 조치를 하는 것이 당분간 전 세계적인 추세가 될 것이다.

인적 이동의 자유를 제한하는 분위기를 조성하는 또 다른 배경은 경제 침체로 인한 일자리 경쟁뿐 아니라 난민을 가장하고 유입한 무슬림 테러리스트들이 자행한 테러 공격이 이들을 받아들인 국가의 국민을 공포에 몰아넣고 있기 때문이다. 무슬림 테러를 모두 난민이 저지른 것은 아니다. 자생적 테러리스트나 선진국 출신이면서 이슬람 근본주의에 경도돼 IS에 가담하고 시리아 내전 등에 참전했다가 귀국한 자국민들이 테러를 저지르기도 한다. 대중적 인식은 테러 용의자들을 주로 난민 무슬림에게서 찾으려고 한다. 실제로 그런 사례가 종종 있어 편향적 인식 확증 현상이 일어나 많은 나라에서 무슬림 등 여타 난민들의 유입에 대한 태도가 부정적이다.

이러한 비자유주의적 조치들은 교역이나 인적 이동에서 상호 악순환적인 연쇄 반응을 몰고 올 수 있다. 교역 정책에서 보호무역주의가 '인근 궁핍화 정책Begger thy neighbor policy'으로 알려져 있듯이 자국의 산업과 일자리를 보호하는 것이 주목적이므로 인근 국가들에 경제적 타격을 끼친다. 그러나 인근 국가들도 가만히 앉아서 피해를 당할 수는 없는 노릇이다. 보복 조치를 하기 마련인데 이런 상호 보복 조치가 상승하면 초기에 기대했던 것처럼 자국의 경쟁력이 회복되고 경제가 좋아지는 것이 아니라 세계 경제가 위축되면서 모두가 피해자가 되고 만다.

인적 이동의 자유가 제한을 받으면 전 세계적으로 인적 자원을 적재적소에 배분하지 못할 것이다. 우수한 두뇌를 가진 고급 인력이 개발도상국에 머물면서 일자리를 찾지 못하고, 개발도상국의 값싼 노동력이 유입하지 않으면 선진국의 경제는 임금이 상승해 고비용 구조로 갈 수밖에 없다. 보호무역주의로 값싼 외국산 제품을 수입하지 못하면 물가는 상승하고 개발도상국은 수출을 하지 못해서 생산력을 감축해야 한다. 실업 또한 늘어날 것이고 전 세계적으로 생산력과 복지는 감축할 수밖에 없다. 따라서 전 세계 경제 규모는 축소되면서 하향 균형점을 찾아갈 것이나 그 과정에서 각국 간의 경쟁과 알력은 심화될 것이다. 하향 균형점을 찾지 못하면 전 세계 경제가 1차 세계대전에서 2차 세계대전 사이 영국에서 미국으로 패권이 이전되던 시기에 경제 대공황을 겪었던 일을 되풀이할 가능성도 배제할 수 없다. 비자유주의적 질서가 만연하면 국제 사회가 부담해야 할 비용은 국제 질서가 불안정해지고 대공황을 겪는 데까지 이를 수 있음을 역사는 말해주고 있다.

국제 사회에서 비자유주의적 행태가 더 만연해질 조짐은 미국과 중국이라는 최고 강대국들이 70년 동안 형성해온 자유주의적 국제 질서·국제 규범을 경시하거나 준수하지 않으려는 데서도 나타난다. 미국은 자신이 주도해 세운 UN을 경시한 지 오래다. 이제 UN 산하 기관에서 손을 떼는 행보를 보이고 있다. 유네스코에서 탈퇴한 지는 오래됐다. 2017년 6월 파리 협정을 탈퇴하고, UN 인권이사회 참여도 거부했다. 자국의 이익에 도움이 된다면 WTO 규정을 위반하는 것은 큰 문제로 여기지도 않는다. NATO나 한국, 일본 등과 맺은 군사 동맹의 의무까지 가볍게 여기고 있다. 동맹 의무를 미국 편의에 따라 지키지 않을 수 있다거나 상대국이 훨씬 부담을 많이 질 경우에만 지속하겠다는 입장을 반복하고 있다. 이러한 태도는 팍스 아메리카나 체제의 특징인 다자 기구 및 다자·양자 간 규범·제도에 따라 작동하는 국제 질서의 기반을 뒤흔들 것이다.

중국도 뒤질세라 '평화 굴기'라는 기조 아래 조용히 국력을 신장하던 것을 시진핑 주석의 권력 강화 이후 '중국몽' 실현을 국가 목표로 바꾸면서 기존의 '규범 추종자Rule follower'에서 '규범 창설자Rule setter'로 변신하려 하고 있다. 따라서 자국의 이익에 부합하지 않으면 기존의 국제 규범을 무시하려 하고 자국의 이익에 부합하는 새 규범을 만들려는 의도를 보이고 있다. 이러한 중국의 시각은 남중국해 이슈에서 잘 드러난다. 아세안 국가들과 영유권 분쟁을 둘러싸고 국제중재재판소의 중재 결정이 자국에 불리하다고 받아들이지 않는 것은 국제 규범과 제도를 자국이 편의적으로 취사선택하겠다는 입장을 보여주는 사례다.

중국은 자국의 거대한 시장을 무기로 자국의 이익에 부합하지 않는 행동을 하는 다른 국가들에게 가차 없는 경제적 보복 조치를 하는 것을 당연시하고 있다. 외교적 문제가 발생하면 이는 외교적으로 해결하는 노력을 기울이는 것이 관행이다. 이제 중국은 외교적 문제를 경제 문제와 연계시켜 압박함으로써 정경 분리라는 시장 경제의 암묵적인 원칙을 허물고 있다. 중국의 이 같은 외교 문제에 대한 경제적 보복 조치 행태를 잘 보여준 사례는 한국이 주한 미군의 사드 배치를 허용했을 때 부지를 제공한 롯데그룹 등의 중국 내 사업장에 영업하지 못하도록 방해한 조치를 들 수 있다. 중국의 정경 연계 보복 조치는 전 세계에 중국의 또 다른 면모를 알리는 계기가 됐다. 이 일로 반중국 경계심이 세계 각지에서 생겨났다.

중국뿐 아니라 미국도 최근에 자국의 무역 적자를 시정하고 일자리를 국내에서 더 만든다는 명분 아래 경쟁국 및 우방국을 가리지 않고 보복 관세를 부과하거나 양자 간 외교 협상 등에서 미국이 요구하는 조건을 일방적으로 맞춰줄 것을 강요하다시피 하고 있다. 이로써 외교적 현안과 교역의 문제가 별개의 트랙에서 움직이던 것이 이제는 상당히 연계되는 현상을 보이고 있다.

2019년 6월 미국은 멕시코에 엄청난 관세를 부과하겠다는 엄포를 놓았다. 멕시코가 미국과 멕시코 국경에 군 병력을 배치해 불법 이민자들의 월경을 막겠다는 약속을 받고 관세 부과 조치를 연기한 것도 정경 연계 현상을 보여주는 사례다. 미·중이 이런 태도를 보이면 국제 교역 환경에 자유주의적 요소는 없어지고 제품이나 서비스가 정치와 관계없이 예측 가능성을 가지고 쉽게 움직이던 이동성Mobility에 제약을 받을 것이다.

이 같은 비자유주의적 질서가 확산되면 국가 간 관계를 규율하는 기본 틀이 손상하면서 국가 간의 관계를 조율하는 데 불가측성이 증가한다. 국가들은 보편적 원칙보다 자국 이익을 우선시함으로써 국가 간 갈등이 증대할 것이다. 국가 간은 물론 개인 간에도 관용과 화합, 공존의 정신보다 증오와 대결, 제로섬적인 경쟁이 더 팽배할 것이다. 우리는 70년 동안의 비교적 안정적이고 예측 가능한 국제 질서를 뒤로하고 불안정적이고 예측 불가능한 국제 질서 속으로 들어가는 중대한 분기점에 놓여 있다.

　이러한 비자유주의적 질서가 계속 확산될 것인지 아니면 어느 정도 확산하다가 그 부작용을 경험하고 나서 각국이 다시 자유주의적 질서를 재건하는 방향으로 나아갈지 현재로서는 전망하기 어렵다. 자유주의적 질서를 회복하려면 이전처럼 미국이 이 질서의 수호자로서 지도적 역할을 해야 한다. 이것도 쉽지 않아 보이고 다른 국가들이 미국을 대체해서 그 역할을 할 것이라고 예측할 수조차 없다.

　미국·중국·러시아 같은 군사 강국들이 자유주의적 질서를 존중하지 않는다면 어찌해야 하는가. 이 질서의 혜택을 입어왔고 이 질서를 현상 유지하는 것이 유리하다고 생각하는 국가들인 영국·독일·프랑스·일본·오스트레일리아·한국·캐나다 같은 '유사 입장국Like-minded group'이 나서야 할 필요성이 있다. 이들이 미·중은 물론 모든 국가 간에 이 질서에 입각해 관계를 규율하고 군사 강국에게 이 질서를 존중할 것을 요구하면서 자유주의 질서 수호자로 나서는 경우도 상정해볼 수 있다.

　그러나 이러한 국가들이 연합하더라도 군사 강국들이 무시한다면 어떻게 해야 하는가. 군사력을 동원하면서까지 강제할 만한 실력과 의지를 이 국가들이 집단적으로나 개별적으로 보유할 것으로 예상할 수 없다. 유사 입장국들이 자유주의적 질서의 수호자가 될 가능성은 현실적으로 희박하다. 1차 세계대전 후 '국제연맹'을 창설하고 나서 영국, 프랑스 등 서방 국가 전체가 독일·일본·이탈리아 3국의 일탈 행위를 견제하거나 제약하지 못하고 방치함으로써 2차 세계대전에 이르도록 한 선례가 입증해준다. 비자유주의적 질서가 확산하면 세계는 '1·2차 세계대전 중간 기간Inter-war period'과 유사한 상황에 직면할 것이다. 질서의 수호자는 존재하지 않고 주요국이 자국의 이익에 따라 행동하면서 세계는 거대한 충돌을 향해가는 형국이 될 것이다.

신냉전 가능성

20세기 후반은 팍스 아메리카나 시대라지만 한편으로는 냉전의 시대라고도 할 수 있다. 냉전은 소련의 붕괴로 말미암아 1991년경에 마감했다. 그 후 미국의 단극 체제가 들어서 팍스 아메리카나 시대가 좀 더 연명하고는 있지만 20세기 후반은 냉전의 시대였다. 2차 세계대전 후 소련이 동유럽의 국가들을 위성국으로 삼으면서 공산권 진영을 구성하고 서방 세계에 대항해 '철의 장막'을 치면서 냉전은 시작됐다.

그리하여 50여 년 동안 이어진 냉전은 동서 양 진영이 블록화되도록 했다. 양 진영 간에는 적대적 관계가 형성되고 경제 교류는 물론 학술 교류와 인적 이동까지 하지 않을 정도로 장벽을 높게 쌓았다. 양 진영의 경제 체제·정치 이념은 각기 자본주의와 공산주의에 근거를 두고 있다. 공산주의 이론에 따르면, 자본주의는 자체 모순에 의해 붕괴하거나 그전에라도 자본주의 국가 내 노동자들의 해방을 위해서 붕괴시켜야 하는 체제로 규정됐기 때문에 양 진영 간에 피할 수 없는 적대 관계가 형성될 수밖에 없었다.

그러나 이 양 진영이 직접적인 무력 충돌 없이 이념 경쟁·체제 경쟁·군비 경쟁만 지속하면서 평화를 유지해왔다. 이런 특이한 형태의 국제 질서를 냉전이라 부른다. 냉전 상태를 지속할 수밖에 없는 배경은 핵무기라는 가공할 살상 무기에 있다. 양 진영은 각기 핵으로 무장하고 있었다. 진영 내 국가 간은 군사 동맹 관계라서 일부 국가 간에 충돌이 생기더라도 동맹이라는 인계철선을 통해 핵무기를 사용한 3차 세계대전으로 이어질 공산이 컸다. 따라서 일단 무력 충돌하면 양 진영이 거의 상호 핵 공격을 통해 전멸을 각오해야 하는, MAD가 가능한 상황이므로 이것을 회피하려는 노력이 지속적인 냉전 상태를 초래했다. 50년 동안 이어진 양 진영 간의 '구냉전' 체제에서 공산 진영 중 가장 강한 두 나라는 소련과 중공이었다. 중공은 1972년 닉슨 대통령과의 미·중 수교 교섭을 타결하자 적대 관계를 청산하고 미국 등 서방 세계의 지원을 받아 경제 개발의 길로 들어선다. 소련은 구공산주의 중앙 계획 경제 체제를 고수하면서 미국과 냉전 체제를 20여 년 더 지속하지만 한번 무너진 경제 기반을 회복하지 못하고 붕괴하고 만다.

소련은 미국의 군사력에 필적할 만한 강력한 군사력을 보유한 것으로 알려졌다. 소련의 경제력과 생산력이 군사력을 뒷받침할 만한 기반이 취약함에도 불구하고 군사력 증강에 재원을 상당히 투입하다 보니 여타 분야 경제는 약해지는 악순환에 돌입했다. 소련의 종합적 국력은 미국을 상대할 수준이 아니었음에도 군사력만 내세우며 미국에 도전함으로써 G2의 위상을 누리기는 했다. 실질적으로 경제 생산력이 취약해 소련은 미국의 진정한 적수가 되지 못하는 종이호랑이_{Paper tiger}에 불과한 것으로 나중에 판명됐다.

미국의 패권에 도전하고 있는 중국은 소련과 여러 면에서 다르다. 중국은 인구 면에서 구소련보다 5배, 러시아보다 거의 10배, 현재 미국보다 4배 정도 많다. 게다가 30년 동안의 성공적인 개방 정책으로 소련과 달리 서방의 자본과 기술을 이용해 급속한 경제 발전을 했다. 현재는 막강한 생산력과 엄청난 규모의 경제를 과시하고 있다. 군사력 측면에서는 소련이 미국에 거의 필적한 수준을 유지한 데 비해 아직은 열세지만 국방비를 늘리면서 군사력 확장에 집중하고 있다. 머지않아 재래식 군사력 면에서도 미국과의 격차를 상당히 좁힐 것으로 보인다. 현재 중국의 핵무기 관련 공격 및 방어 능력은 미국보다 뒤떨어진다. 소련처럼 미국과 비등한 수준에서 MAD 능력을 보유하지 못하고 있어 핵에 의한 공포의 균형을 이루지는 못하고 있다. 따라서 중국은 러시아와 전략적으로 긴밀히 협조하며 반미 전선을 구축하고 있어 러시아의 지원을 전제로 하면 구냉전 시대 양 진영의 공포의 균형을 달성할 수 있다. 그런 맥락에서 지속적인 냉전의 가능성은 열려 있다.

현재 미·중은 구냉전 같은 고착적인 냉전 구조로 돌입하지는 않았지만, 트럼프 대통령 집권 이후 미국에 대한 중국의 도전 능력을 그 기반부터 허물려는 노력을 미국이 하고 있다. 이에 중국도 물러서지 않는 대응 조치를 하고 있어 양국 간 일종의 냉전 기미를 보이고 있다. 이 신냉전은 구냉전과 달리 이념과 정치 체제에 따라 구분되는 형태는 아니다. 미·중 간에 경쟁이 격화되면서 양국은 서로 자국과 동맹을 맺거나 우호 관계를 유지하는 국가를 경쟁적으로 더 확보하려고 노력할 것이다. 구냉전 시대 진영처럼 강고하지는 않더라도 미·중의 세력권이나 영향권은 형성될 것이고 이 양 세력 간이 대립할 가능성은 있다.

이 세력권이 구냉전 시대의 양 진영과 어떤 다른 모양을 띨 것인지는 미지수다. 우선 세력권 형성 경쟁을 해나갈 것으로 보인다. 구냉전 시대에도 소련과 동구 진영은 유라시아 대륙을 지배했고 미국을 필두로 서방 진영은 주로 유라시아 대륙 외곽을 둘러싸는 해양 및 연안 지역을 장악한 모양새였다. 아프리카, 중동 및 일부 남미, 동남아시아 지역들이 주변부로 남아 있으면서 양 세력 간의 대리전을 치르는 각축장이 되곤 했다. 중국과 러시아가 각기 공을 들이면서 세력을 확장하려 하는 상하이 협력 기구scο나 아시아 협력 회의cica 가 중국 세력권 형성의 발판을 할 것으로 보인다.

신냉전 시대도 중국이 유라시아 대륙 동쪽을 점거하고 있고 자국을 중심으로 세력권을 넓히려 할 것이므로 구냉전과 마찬가지로 대륙 세력과 해양 세력으로 구분될 가능성이 높다. 중국은 일대일로 정책bri을 통해 유라시아 경제권을 활성화하면서 그 외연을 가능하면 중유럽까지 확대하려 할 것이다. 해양으로는 인도양 일원 국가는 물론 동남아를 거쳐 남태평양 군도까지 그 영향권을 넓히려 할 것이다. 이 같은 중국의 야망은 2019년 4월 개최한 제2차 일대일로 정상회의를 37개국 정상을 포함해 150개국 대표단을 초청한 가운데 성대히 막을 올린 사실에서도 찾아볼 수 있다. 미국의 참여 만류에도 불구하고 참가국 수가 증대하면서 일대일로 회의체의 국제기구화도 점쳐지고 있는 상황을 감안하면 중국 중심의 세력권 대두가 가망이 없는 일은 아니다.

중국에서 네덜란드 로테르담까지 이르는 철도·도로 연결망을 '일대'라고 한다. 텐진에서 시작해 상하이, 미얀마 짜익퓨, 인도 콜카타, 파키스탄 과다르, 스리랑카 함반토바 등을 거쳐 마다가스카르까지 항구와 해상 수송로를 연결하는 '진주 목걸이' 형태를 '일로'라고 한다. 여기서 나아가 최근 중국은 일로의 범위를 더 넓히려 하고 있다. 수에즈 운하를 거쳐 그리스 아테네항과 이탈리아 베네치아항을 통과해 로테르담까지 진주 목걸이를 늘려 해상 수송로인 일로가 이르면 베이징에서 달려온 일대의 철도 길과 마주친다. 일대는 고속철 건설의 형태로 말레이시아를 거쳐 싱가포르까지 남방으로 도달하려는 구상도 있다. 여기서부터 다시 남태평양 도서 국가로 연결하는 일로를 구축하는 노력을 하고 있다

북쪽 대륙을 가로지르는 일대[18]와 남쪽 해양을 연결하는 일로의 타원형 내부에는 약 62개국이 있다. 중국의 BRI 프로젝트가 지나가는 국가는 49개국이다. 중국이 이 국가들에 BRI 수행을 위해 제공하는 인프라 개발 차관의 규모가 엄청나다. 이 차관을 받은 국가들은 아무래도 중국의 영향권으로 편입할 가능성이 높을 것이다. 이런 맥락에서 중국의 BRI 영향력이 남태평양 국가로까지 확산하는 것을 미국과 오스트레일리아가 강력히 저지하고 있다.

중국의 전 세계적 세력권 확산의 야심은 아프리카와 남태평양 지역까지 펼쳐지고 있지만 거기서 끝나는 것이 아니라 북극과 남극까지 이어진다. 중국은 구소련이 남극에 1개의 기지를 두었던 것과 달리 벌써 기지를 4개 설치하고 추가 설치 움직임을 보이고 있어 미국 등이 제동을 걸고 있다. 또한 북극 조약 당사국이 아니면서도 북극

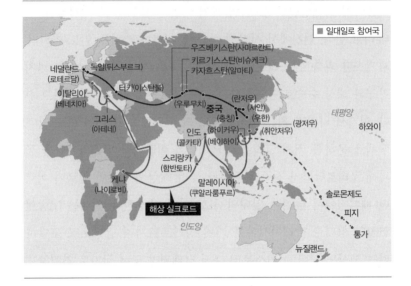

중국의 일대일로

■ 일대일로 참여국

우즈베키스탄(사마르칸트)
키르기스스탄(비슈케크)
카자흐스탄(알마티)

네덜란드
(로테르담)
독일(뒤스부르크)
이탈리아
(베네치아)
터키(이스탄불)
(우루무치)
그리스
(아테네)
중국
(충칭)
란저우
(시안)
(우한)
(광저우)
태평양
하와이

인도
(콜카타)
하이커우
(베이하이)
(취안저우)

스리랑카
(함반토타)

케냐
(나이로비)
말레이시아
(쿠알라룸푸르)

솔로몬제도

피지

통가

해상 실크로드

인도양

뉴질랜드

탐사 활동을 시도하고 있다. 미국은 중국이 북극을 면하고 있는 북극해 국가가 아니기에 자격이 없다는 관점에서 중국의 활동을 저지하고 있다. 중국은 북극 수송로를 이용해 유럽으로 물류를 수송하는 데 관심이 있다. 실크로드 복원에 이어 빙하로드를 추구한다는 평을 들을 만하다.

이 같은 BRI는 중국이 필요한 물자의 수송 보급로를 확보하고 중국의 영향권을 확대하는 것보다 더 큰 지정학적인 의미를 내포하고 있다. 만약 성공적으로 추진한다면 중국의 BRI는 역사상 처음 유라시아 대륙을 하나로 연결해낼 수 있을 것이다. 이때 지정학의 창시자인 헬포드 맥킨더가 언급한 "유라시아 대륙은 세계의 섬이며 세계의 섬을 지배하는 국가가 전 세계를 지배하게 된다"는 명제가 현실로 다가오면서 유라시아로 세계 권력과 경제 활동의 중심이 이동할 것이다. 중국은 BRI 정상회의를 통해 개발도상국은 물론 유럽 국가와도 BRI 관련 협력 협정을 맺으면서 세력권을 넓히고 있다. BRI 정상회의도 해를 거듭할수록 참가국 규모가 더 커지고 있다.

세력권을 넓혀가는 중국과 대비가 되게 미국은 최근 자국의 동맹국과 우호국에게도 교역상의 일방적 요구를 하며 소외시키는 경향을 보여 양측 간의 세력 격차는 더 줄어들 가능성이 있다. 중국은 아직 군사 동맹을 맺은 나라가 없다. 미국은 많은 나라와 군사 동맹을 맺고 있고 이 나라가 중국을 에워싸고 있는 형국이어서 전략적 지형상 미국이 유리하다. 그러나 세력의 팽창과 축소를 예견하려면 현재의 상태보다도 변화 추이의 변곡점을 봐야 한다. 미국은 하향 변곡점을 지나고 있고 중국은 상향 변곡점을 지나고 있다.

중국의 일대일로에 맞서 미국도 인도-태평양 전략을 제시하고 있다. 이는 인도, 태평양 연안국과 도서국들을 연계해 중국의 해양 진출을 억제하는 한편 중국을 해양 방면에서 크게 둘러싸는 일종의 봉쇄망을 형성하겠다는 의도가 있다. 따라서 미국의 영향권은 연안국 및 도서국 위주로 형성될 것이다. 신냉전에서도 여전히 대립의 단층선은 유라시아 대륙과 인도-태평양 해양 간에 형성될 것이다. 이 단층선상에서 여러 형태의 세력 다툼이 전개될 공산이 크다. 구냉전 시대와 마찬가지로 신냉전 시대에도 중동 지역과 아프리카 및 남미 지역은 주변부로 존재하면서 간헐적으로 이 지역에서 영향권 확대를 위한 쟁탈전이 벌어질 것이다.

"부를 쌓고 싶으면 먼저 길을 닦아라要致富 先修路"라는 속담을 중국은 지금 BRI를 통해 착실히 이행하고 있다. 부만 아니라 세력권도 구축하고 있다. 미국이 서방국과 개발도상국에게 한 것처럼 중국 시장이 그들의 수출품을 받아주는 '지주 경제Anchor economy'의 역할을 하겠다고 공언하고 있다. 중국의 내수 시장 규모는 6조 달러 수준이다. 미국과 서유럽을 합친 것보다 크다. 중국과 신흥 시장국 간 교역은 20년 동안 11배 증가했다.[19] 아프리카 대륙에는 중국 기업이 1만 개 정도 진출해 있다. 이 기업들은 현지인을 대량 고용하고 있는데 덕분에 일부 아프리카 국가는 '중국식 모델'을 경제 성장 전략으로 채택하기도 한다.

중국은 미국이 주도해 구축한 2차 세계대전 후 세계 경제 체제와 질서 틀 안에서 혜택을 누리며 급성장했다는 점에서 구소련과 근본적으로 다르다. 따라서 중국은 자국에게 유리한 새로운 국제 경제 질서를 모색은 하겠으나 현 국제 경제 질서를 붕괴시키거나 과격하게 변경시킬 의사는 없을 것이다. 미국으로서도 급성장하는 중국이라는 거대 시장과 저렴한 생산 기지를 쉽게 포기하고 양측 간 교역의 장벽을 견고히 쌓을 가능성은 적다. 양측 간 교역의 장벽을 구축하면 모두 손해 볼 것이다. 양측이 합리적이라면 신냉전을 전개하더라도 양측 간의 교역은 일정 분야에서 적정 규모로 진행할 수밖에 없을 것이다. 하지만 여러 분야에서 마찰음은 계속 발생할 것이다.

그러나 미·중 간의 무역 전쟁이 더 격화되면 미국은 중국을 WTO 체제에서 탈퇴시키려 공세를 펼 가능성이 있다. 중국은 미국의 부시 행정부 시절인 2001년 WTO에 가입하면서 15년 내 비시장 경제 지위를 탈피해야 한다는 조건을 받아들였는데 아직까지 중국의 경제 구조는 충분히 시장 경제 체제라고 할 수 없다. 중국 정부는 최근 들어 IT 기업을 포함한 거대 기업을 민영화하기는커녕 정부의 지분율을 강화하는 방향으로 정책을 추진하고 있다. 중국 기업들은 독자적인 시장 원리에 의해 움직이는 것이 아니라 중국 정부의 지침에 따라 움직인다고 봐야 할 것이다. 따라서 미국을 비롯한 서방 국가들은 중국의 무역 공세가 격화되고 중국이 외교 문제와 교역을 연계시켜 타국에 압박을 가하는 빈도가 높아지면 비시장 경제 지위 미탈피를 근거로 삼아 중국을 WTO에서 탈퇴시키려 하거나 WTO 자체를 무력화시키려 할 것이다.

만약 중국이 WTO에서 탈퇴당하면 중국도 가만있지 않을 것이다. 자국이 주도해 설립한 아시아 인프라 투자 은행AIIB과 '역내 포괄적 경제 동반자 협정RECP'을 기반으로 일대일로 인근 국가들을 규합해 자국이 주도하는 새로운 교역권을 설립하려 노력할 것이다. 이렇게 되면 세계 교역 체제는 구냉전 시대처럼 서방 경제권과 COMECON이 별 거래 없이 별도 공존했듯이 두 경제권으로 재편될 수도 있다. 특히 일대일로 선상에 있으면서 중국과 교역·투자 관계가 긴밀한 국가들을 묶어 WTO를 대체할 다자간 협정을 준비하고 있다는 관측도 있다. 단, 앞으로 두 교역권이 존재하더라도 전통적인 상품 거래는 일부분 양 교역권에서 할 가능성은 있을 것이다. 앞으로 주요국의 경제 발전 정도가 비슷해지고 개발도상국이 발전하면 전 세계적인 분업은 축소되면서 각국은 자국에서 생산한 것을 더 많이 소비하게 될 것이라는 전망이 있다. 따라서 두 교역권 간의 상품 이동이 축소되는 것은 자연스러운 현상일 수 있다.

그러나 전통 산업 분야를 넘어선 첨단 기술이 필요한 분야에서는 양측 간에 향후 세계 경제의 기술적 표준을 선점하려는 경쟁이 치열해지면서 서로 거래를 하지 않고 상대를 자국 통신 시스템이나 기술 생태계에 들어오지 못하도록 할 개연성이 높다.

지금 미·중 간에 벌어지는 무역 전쟁의 배후에는 4차 산업혁명 시대의 패권 핵심인 표준 경쟁에서 중국의 도전을 뿌리치겠다는 미국의 전략이 자리 잡고 있다. 지금 각국에 설치하는 5G 통신망을 예로 들어보자. 5G 기술과 미래 통신 기술은 4G까지의 기술과는 데이터 처리 속도 및 연결 규모 면에서 차원이 다르다. 통신망의 보안이 이슈다. 5G 시대에는 대부분의 사물과 사회 인프라 등이 인공지능AI으로 연결돼 통신망을 통해 제어할 수 있으므로 통신망 내 정보가 외부로 유출되면 피해는 말할 수 없을 정도일 것이다. 상대편에서 이를 역으로 이용해 통신망을 통해 사회 기반 시설 전체를 교란하는Disruption 타격을 가할 수 있다.

그러므로 향후 신냉전 경계선은 교역권과 이를 위한 육상·해상 수송로를 따라 전개될 뿐 아니라 눈부신 속도로 발전하는 IT, AI 및 통신 기술 세 분야의 표준 기술 및 장비 사용 지역을 따라서도 전개될 것이다. 향후 4차 산업혁명 시대 융복합 기술 세계에서 하나의 표준 기술과 장비로 서로 연결된 지역들은 계속 그 기술과 장비로 서로 연결될 것이다. 이와 다른 표준 기술과 장비를 쓰는 지역과는 단절될 것이다. 현재 5G 통신망부터 미국과 중국 위주의 통신망이 분리되면 앞으로 두 통신망을 별도로 쓰는 국가 간에도 상당한 단층선이 생길 것이다.

인터넷이 단지 서로를 연결하는 기능으로 세계화를 촉진한 면이 있지만 5G 이후의 통신 세계에서 모든 데이터는 AI를 통해 가공된 후 네트워크를 따라 광속으로 공유되고 개별 사물은 물론 스마트 도시를 통째로 관리·조절할 것이다. 따라서 치명적인 취약성을 가진 통신 네트워크는 서로 우호적인 국가 간에는 공유할 수 있지만, 적대적인 국가와는 공유할 수 없는 성질의 것이 될 것이다. 자연히 두 진영은 서로 다른 통신 표준 기술과 장비를 써서 단절이 심해질 수 있다.

핵심 서방국이며 구냉전 시대부터 긴밀한 대공산권 정보 공유 활동을 통해 공산권을 감시하는 '5개의 눈Five Eyes'인 미국·영국·캐나다·오스트레일리아·뉴질랜드 중 미국과 오스트레일리아는 2018년 8월 신규 설치 중인 5G망에 화웨이 같은 중국 업체들이 장비를 납품할 경우 그 장비를 통해 자국의 핵심 정보나 데이터들이 중국에 넘어갈 것을 우려해 납품을 불허하는 결정을 내렸다. 나머지 3개국도 이와 관련한 기술적 검토를 진행하고 있다. 신중한 입장이기는 하지만 중국 제품 사용에 일정한 제한을 가하는 것은 불가피해 보인다. 이 같은 조치는 앞으로 다가올 서방 세력권과 중국 세력권 간의 신냉전의 전초가 될 수 있다. 정보와 통신 장비를 공유하는 한쪽 진영과 이를 공유하지 않고 오히려 배척하는 다른 진영으로 나눠져 진영별 별도 네트워크가 형성될 가능성이 크다.

미국은 화웨이의 장비를 5G 네트워크에 쓰지 말라는 압력을 우방국들에 넣고 있다. 이는 첨단 통신 기술 면에서 중국에 선두를 뺏기지 않으려는 조바심이 작용한 면이 있다. 하드웨어와 소프트웨어 간의 역할 분담이 명확하지 않고 시스템을 향상하려면 소프트웨어를 자주 최신화해야 하는데 네트워크 장비들을 경유하는 정보가 외부로 유출되거나 외부에서 네트워크를 조작할 가능성이 기술적으로 높아졌기 때문이다.

화웨이 설립자는 중국군 통신 장교 출신이다. 회사 이름은 '중국을 위해華爲'라는 뜻을 담고 있다. 회사 주식을 전 직원에 분배한다지만 노동조합이 대주주다. 실질적 주인은 없다. 경영이 중국 당국의 영향력 아래 있다는 사실만으로도 화웨이 제품의 신뢰도가 떨어졌다. 2017년 제정한 중국의 새로운 정보통신법에 따르면, 통신 정보 관련 회사들은 중국 당국이 협조를 요청하면 영업 중 획득한 정보를 당국에 제출해야 한다. 이런 제반 사정을 감안할 때 서방 국가들이 화웨이 장비를 쓰는 데 보안상 취약성이 있다고 보는 것은 일리가 있다. 따라서 5G망 건설을 하면서 양 진영 간 분리 상태인 신냉전 사태는 심화할 조짐이 있다.

중국은 경제가 제대로 성장하기 전인 2000년경부터 '하늘로 쏘아 올린 나침반'이라고 불리는 위성 항법 장치GPS를 독자 개발하는 데 천문학적인 투자를 시작했다. 독자적인 GPS를 보유하지 못하면 군사적으로나 경제적으로 미국에 의존할 수밖에 없고 중국의 중요한 동선 정보가 미국 측에 넘어가는 것을 막을 수 없다는 것을 알기 때문이다. '베이더우北斗'라는 독자 GPS를 구축하려고 위성을 계속 발사하고 있다. 지금의 통신 위성망으로도 중국 본토는 물론 동아시아 지역을 커버할 수 있다. 40개의 위성을 모두 쏘아 올리는 2020년경에는 전 세계를 커버한다. 그 후에는 미국의 GPS에서 완전히 분리된다. 그때 중국은 '베이더우'를 자국 세력권에 있는 나라들에게 쓰도록 권유할 것이다. 이것이 현실화되면 GPS 체계도 미·중 간의 세력권을 구분하는 장벽이 될 것이다.

현재 진행 중인 4차 산업혁명 시대에는 빅데이터 처리 기술과 AI 기술이 연결되면서 기업들의 생산품이나 서비스가 전 세계적으로 표준화되는 것이 아니라 지역별로, 심지어는 구매자별로 차별화될 수 있을 것이다. 이런 상황에서 중국이 AI와 빅데이터 산업에 엄청난 투자를 하고 있다. 중국 고유의 플랫폼을 개발하고 이를 중국 경제권 안에 하나의 공통 플랫폼으로 확산시키려 할 것이다. 일단 중국 중심의 플랫폼이 형성되면 자연히 미국 등 서방 진영이 쓰는 플랫폼과 연동하기 힘들 것이다. 나머지 국가들은 이 두 플랫폼 중 하나를 선택해서 써야 하는 상황에 당면할 수 있다. 빅데이터는 그 표현처럼 데이터 크기가 클수록 유용성이 높다. 큰 데이터를 집적한 쪽으로 수요가 더 몰릴 것으로 전망하기 때문이다.

구냉전은 서로 다르고 적대적인 정치 이념과 경제 체제 간의 경쟁이었다. 두 진영 간 대립의 강도가 강했으나 신냉전은 이념과 체제 경쟁이 노골화할 소지가 적어 신냉전이 성립되더라도 양 진영 간의 구분이 명확하지 않을 것이고 대립의 긴장도 예전만큼 강하지 않을 것이다. 중국 중심의 진영과 서방국 중심의 진영 간 장벽은 존재하겠지만 구냉전 시대처럼 강고하지 않을 것이고 양 진영 간의 부분적인 협조는 어느 정도 진행할 수도 있다. 따라서 구냉전 시대 서방이 공산 진영에 가했던 확실한 봉쇄 정책도 현실성이 없을 것이다. 이를 채택하더라도 효과는 적을 것이다.[20] 그래도 중국이 점차 현존하는 국제 질서와 이 질서 속에서 인정하는 보편적 가치들에 의문을 제기하고 있어 이념 경쟁은 아니더라도 서방 가치와 중국적 가치 간의 갈등은 야기될 것이므로 양 진영 간 갈등은 불가피할 것이다.

중국은 일반 국가에 적용하는 '민족 국가Nation state' 범주가 아니라 독특한 '문명 국가Civilization state'의 범주에 속하는 유일한 국가다. '중국 특색 사회주의'의 우월성을 전 세계에 홍보하고 있다는 점에서 중국과 서방 세계 간에는 문명·문화적인 측면에서 단층선이 생길 개연성이 있다. 최근 중국은 미국 등 서방의 자국에 대한 비판을 아시아적 가치에 대한 비판으로 인식하는 경향을 보이면서 미국에는 서양 문명 우월론에 입각한 문명 개조론을 중국 측에 설교하지 말 것을 경고하고 있다. 이를 위해 2019년 5월 중국은 '아시아 문명 대화 대회CDAC'를 47개국의 정상을 포함한 고위급 대표단을 초청해 개최했다. 이 CDAC를 통해 중국은 서방 문명에 대항해 아시아 문명의 주도국이 되려는 의지를 드러내고 있다.

미국은 이에 대해 2019년부터 중국 유학생을 미국의 유수 대학에 받아들이는 것을 제한하는 조치를 하고 있다. 스탠퍼드대학, MIT 등 일류 공과대학에서는 중국 유학생을 1명도 받아들이지 않기로 했다. 미국 정부는 미국 내 설립한 112개 공자학원 중 10개를 폐쇄했다. 앞으로 더 축소하라는 행정 명령을 발동해 양국 간 갈등에 문명적 대결의 측면을 더하고 있다. 이에 대항해 중국에서는 미국 여행이나 방문을 자제하자는 반미 애국심 고취 운동을 벌이고 있다. 앞으로 양국 간 인적 교류는 상당히 축소될 전망이다. 미·중 간의 신냉전은 발생하더라도 구냉전과 달리 인적 교류 등은 일정 부분 지속돼서 변형된 냉전, 정부 간 냉전이 될 것으로 전망하나 지금 같은 추세가 더 심각해지면 인적 교류 장벽이 강해질 수 있을 것이다.

중국은 미국 등 서방에 대항하는 자국 세력 내 냉전 진영국을 확보하는 노력을 할 것이다. 아시아 문명을 공유하는 나라들을 규합해 그 맹주가 되려는 모습을 보이고 있다. 대표 사례로 CDAC를 개최하고 있다. 이를 발판으로 미국 등 서방과의 대결을 문명 간의 대결로 규정지으려 할 가능성이 있다. 이에 더해 미국 등 서방에 반감이 있는 다른 문명권의 나라들을 포섭해 냉전 진영의 외연을 더 넓히려 할 것으로 보인다. 이슬람 국가들과 서방국의 식민지 경험이 있는 국가들이 대상이 될 것이다. 이런 상황이 발생하면 새뮤얼 헌팅턴이 예견했던 '문명의 충돌'과 유사한 양상이 향후 전개될 것이다.[21]

중국은 현재 공산주의 정치 체제와 개방적 시장 경제 체제를 결합한 특유의 방식으로 급속하게 발전하고 있다. 이러한 독특한 체제 결합을 중국식 모델로 내세우고 이를 다른 나라에 전파하려 할 것이다. 중국식 모델은 만성적으로 정치 상황이 불안정하고 경제 성장률이 저조한 개발도상국에 서구식 민주주의보다는 매력적인 대안으로 보일 수 있을 것이다.

게다가 중국은 막대한 외화 보유고를 사용해 개발도상국에 엄청난 개발 원조나 지원금을 정책적으로 제공할 수 있다. 오직 시장 경제 원리에 따라 수익성이 있는 나라에만 투자와 진출을 하는 미국보다 영향권 확대 경쟁에 있어 중국이 더 유리할 수 있다는 얘기다. 미국은 라틴아메리카 등 자국의 세력권에 있는 국가라도 반민주주의 정책이나 독재적인 정권에는 지원하지 않는 데 반해 중국은 특정 국가의 국내 정치 문제에는 관여하지 않는 가치 중립적인 자세다. 어느 국가, 어느 정권이든 중국에 우호적이고 자국 세력권에 편입될 수 있다고 생각되면 무조건적 지원을 할 수 있으므로 세력권을 확대하는 데 중국이 유리한 측면이 있다.

중국은 자국의 영향력을 확대하기 위해 자국과 연대하려는 국가가 있으면 경제성 여부에 상관없이 대상 국가가 원하는 만큼의 경제적 지원을 제공할 수 있다. 이는 중국 정부뿐 아니라 중국 대기업의 50%가 국가 소유 기업SOE이기 때문이다. 이들 기업은 중국 정부의 의지에 따라 통신, 철도, 인터넷망, 광케이블 등 기간 시설 구축을 지원해줄 수 있다. 덕분에 미국에 비해 훨씬 쉽게 중국의 세력권을 확대할 수 있다. 중국 정부가 기업의 국가 소유를 강화하는 '국진민퇴國進民退' 정책을 지속한다면 기업을 자국 영향력 확대의 전위 부대로 사용하는 사례가 더욱 증가할 것이다. 중국은 개방·개혁 40주년이 되는 2018년을 기점으로 민간 기업에 부여했던 자율권을 회수해 중앙에 권한을 집중시키고 있다. 186만 개 민간 기업의 70% 이상에 공산당 조직이 자리를 잡았다. 더 나아가 공산당원이 3인 이상 있는 사기업 조직에도 공산당 조직을 만들라는 조례를 내려보냈다. 그간 민간 기업 성장을 통해 축적한 국력을 국가가 통제하며 국제적으로, 특히 미국과의 패권 경쟁에 이들을 쓰기 위한 구상을 현실에 옮기고 있다고 봐야 한다.

중국의 영향권은 전 세계의 약 5,000만 화교 및 해외 이주 중국인을 통해서도 확대할 수 있다. 현재 중국이 다시 세계 중심 국가로 부상하는 '중국몽'을 국내 중국인뿐 아니라 전 세계에 산재해 있는 모든 중국계 후손들이 공유해야 하는 꿈이라고 주장하고 있다. 이런 주장이 화교 및 재외 거주 중국인의 공감을 얻고 있다. 이 '중국몽'을 지지하는 중국인 및 중국계 후손들이 집단 거주하는 해외 지역에는 중국의 영향력이 쉽게 확산할 수 있다고 봐야 한다. 따라서 중국 화교가 집중 거주하는 동남아 국가, 그중에서도 대륙에 연접한 미얀마, 캄보디아, 라오스, 태국, 말레이시아 같은 국가들은 중국의 영향력이 용이하게 확장될 수 있는 지역이다. 중국의 영향력이 확대될 수 있는 지역들에서 미국 등 서방 국가들은 중국의 영향력 확대를 상쇄할 수 있는 조치들을 취할 것이다. 따라서 이들 지역은 신냉전이 전개될 단층선이 될 수 있다.

한편 미국과 중국 간의 신냉전이 전개될 또 하나의 전선은 금융·

통화 분야다. 미국은 기축 통화 발행국으로서 세계 금융 시장을 달러화를 무기로 지배하고 있다 해도 과언이 아니다. 아직도 세계 교역의 70% 정도를 달러로 결제하고 있으므로 세계의 모든 은행이 외환 거래를 하기 위해 미국의 주요 은행들과 거래 관계를 맺는다. 세계의 모든 대규모 달러 거래는 뉴욕의 금융 전산 시스템을 거쳐야 한다. 가치 저장 수단으로서 금이 부족하기에 각국은 달러화를 금 대신 가치 보장 수단으로 활용하고 있어 달러화의 가치 안정이 모든 나라의 이슈다.

이렇듯 달러화의 성격이 특수하므로 미국은 달러화 및 달러화 결제 자체를 팍스 아메리카나 체제 유지를 위한 중요한 수단으로 쓰고 있다. 미국과 관계가 원만하지 않은 국가들에게 미국은 양자적 차원에서 달러화를 쓰는 국제 거래 등을 중단하는 강제적 조치를 할 수 있다. 이런 특권은 '국제 은행 간 통신 협정SWIFT'과 미국이 감독하는 달러화 글로벌 결제 시스템에서 미국의 이익에 반하는 이 금융 기관들의 거래를 차단하는 데서 기인한다. SWIFT는 벨기에에 소재한 국제 기관이다. 각국이 출자해 세운 기관이며 은행 간의 결제에 신뢰할 만한 신호를 제공하는 역할을 하나 미국 달러의 위상으로 인해 SWIFT에 대한 미국의 영향력이 지배적이다.

어떤 국가가 다른 나라를 침략하거나 국제 질서를 파괴하는 행동을 할 때 국제 사회는 UN을 중심으로 이런 나라를 단체로 제재함으로써 특정 국가의 일탈 행위를 방지하고 국제 질서의 안정성을 유지하고 있다. UN이 할 수 있는 가장 실효적인 조치가 안전보장이사회 결의를 통한 UN 제재다. 이 조치는 그 국가의 핵심 인물들의 이동 자유, 즉 해외여행 제한, 특정 품목의 교역 제한, 선박이나 항공기의 이동 제한 등을 할 수 있다.

그러나 UN 제재는 UN이 직접 나서서 하는 것이 아니다. UN 회원국이 회원국의 의무로서 제재 조치를 대상국에 시행해야 하나 각국마다 양자 간 특수 관계가 있을 수 있고 제재를 엄밀히 시행할 법 집행 능력이 부족할 수 있어 철저하게 집행하지 못할 수 있다. UN 회원국이 UN에 제재 이행 보고서를 제출했는데 제재 이행 미흡 사항을 발견하더라도 회원국에게 다른 벌칙을 가할 수는 없다. 따라서 UN 제재가 실효적으로 작동해 제재 대상국이 제재를 심각히 받아들이게 하는 데 한계가 있다. 반면 기축 통화인 달러를 무기로 한 미국의 양자 제재가 오히려 제재 대상국에 훨씬 심각한 효과를 낳는다. 미국 금융 당국은 달러의 흐름을 통해 제재 대상국과의 거래를 감시할 수 있다. 불법 거래를 하는 경우 이 거래를 시도한 국가의 특정 기업이나 사업가에게 미국과의 거래를 중단시킬 수 있다. 아직까지 전 세계 대부분의 경제 주체는 국제 거래 시 달러 사용 비율이 높다. 따라서 미국과 금융을 비롯한 다른 거래가 중단되면 국제 교역 업무를 할 수 없다고 봐야 한다.

경제 주체들은 UN 제재보다 미국 제재를 더 두려워하고 있다. 미국의 이 같은 제재를 받더라도 달리 대항할 수단이 없어 미국이 제재를 해제하기를 기다리는 수밖에 없다. 이러한 미국이 기축 통화 발행권을 통해 누리는 여러 특권인 부수적 권력을 '시뇨리지'라고 한다. 미국의 패권 도전국인 중국도 미국의 이 권력을 이용한 제재 등에는 대항력이 거의 없다. 따라서 전 CIA 국장 마이클 헤이든은 미국의 적대 국가와 금융 거래를 하는 제3국이나 제3자 기업에게 제재를 가하는 '세컨더리 보이콧'을 "21세기의 정밀 유도 병기"라고 말할 정도다. 최근 트럼프 행정부가 시도하는 제재는 적군과 아군을 구별하지 않고 무차별로 폭격하는 '클러스터 폭탄'과 같다는 비유도 있다.[22] 이에 반발해 미국의 동맹국들이 많은 EU마저 유럽 전용 결제 시스템인 INTEX라는 시스템을 개발하고 이를 시험하는 단계다.

중국도 위안화를 국제 결제 수단으로 쓰도록 사용 범위를 확대해서 새로운 기축 통화 또는 달러와 양립하는 통화로 가치를 끌어올리려 하고 있다. 중상주의 시대에는 "바다를 지배하는 국가가 세계를 지배한다"는 금언이 있었지만 전 세계 경제가 복잡다기한 교역 체제로 묶여 있는 현시대에는 "금융을 지배하는 국가가 세계를 지배한다"는 말이 적실성이 있다. 중국 당국은 미국의 달러화 체제를 약화하려고 또 다른 시도를 하고 있다. 이는 블록체인 기술을 발전시켜 비트코인 등 가상 화폐의 유통을 중국이 앞장서서 활성화하려는 노력을 말한다. 이런 노력을 통해 중국은 일거양득할 수 있다. 다가올 가상 화폐 시대의 기술을 중국이 선도하는 것과 미국의 달러 패권을 약화시키는 두 가지 목적을 달성할 수 있다.

산업과 상업 분야에서는 미국을 빠른 속도로 추격할 수 있는 중국이지만 금융 분야에서 미국과 필적하기에는 아직도 많은 시일이 필요하다. 어찌 보면 중국이 현 체제를 변경하지 않는 한 불가능할 수도 있다. 금융의 기본은 신용이며 개방성이다. 기축 통화의 생명은 신뢰성과 가치 보전성이다. 중국이 공산당 체제를 유지하는 한 중국의 금융은 관치 금융이 될 수밖에 없다. 따라서 개방성과 투명성이 높아질 수 없을 것이다. 화폐 가치는 시장의 자율 조정 기능에 따라 가치를 인정받아야지 당국이 개입해 가치를 조작할 수 있다면 해당 통화의 신뢰성은 의심받을 수밖에 없다.

그런데도 중국은 미국의 화폐 발행권의 특권에 대항하기 위해 위안화의 기축 통화화를 국가적 목표로 추구하고 있다. 지금 중국이 BRI를 통해 수많은 개발도상국에 위안화로 자금을 융자해주며 인프라 건설을 지원하는 것도 이런 노력의 일환이다. 중국은 미국의 제재 대상국인 이란 같은 국가들과 위안화를 통한 교역을 시도하고 있다. 다른 개발도상국에도 가급적 위안화를 통한 거래를 권유하고 있다. 많은 국가와 통화 교환 협정을 체결하고 금융 위기 시 위안화를 긴급 대출해줄 준비도 하고 있다. 중국이 막대한 자원을 외국으로부터 수입하고 그 대금을 위안화로 지불하는 관행을 늘리면서 위안화의 국제적 위상을 높이고 있다.

중국이 위안화를 기축 통화로 만들기 위해 무역 대금의 위안화 결제 규모를 최대한 늘리려 하고 있고 위안화 결제 비율이 빠른 비율로 늘고 있지만, 아직 달러화에 비해 역부족이다. 2015년 기준, 국제 무역에서 달러화 결제 비율은 45% 수준인데 위안화 결제 비율은 2.7%로 16분의 1에 불과하다. 이를 극복하기 위해 중국 정부는 약 5,400만 해외 화교들의 네트워크를 활용하려 한다. 약 6,500만에 이르는 자국 부유층들의 해외여행 시 위안화 사용을 적극 장려도 한다. 해외 기업이 중국에 수출하면 대금을 위안화로 지급하는 것을 조건으로 내걸기도 한다.[23]

미국은 중국의 이러한 기축 통화로서 달러화의 지위에 대한 도전을 심각하게 받아들일 것이다. 이 노력이 본격화되면 미·중 간에는 금융 분야에서도 신냉전의 전선을 형성할 것으로 보인다. 미·중 간에 패권 경쟁이 격화되면서 여태까지는 미국이 설립한 국제 질서의 혜택을 누리고 미국과 협조하면서 성장한 중국에게 미국이 경계심을 갖고 혜택을 누리는 것을 차단하기 시작함으로써 양국 간에 신냉전의 기류가 벌써 형성되고 있다.

미국이 구축한 국제 질서와 세력권에서 중국을 밀어내려 하면 중국은 미국에 굴복하거나 도전해 자체의 질서와 세력권을 구축하는 두 가지 방법밖에 없다. 중국 지도부는 장기적으로 후자를 택한 것으로 보여 신냉전 체제의 도래는 거의 불가피할 것이다. 그러나 현재의 국제 정세는 20세기 후반 미·소 냉전 시대의 역학 관계와 달라서 구냉전과 신냉전의 양상은 달리 전개될 것이다.

미·중 간의 신냉전은 정치적 이념에 따라 단층선이 분명하게 존재했던 구냉전 시대와 달리 경제적 의존도나 정치적 편익에 따라 단층선이 그어질 것이다. 그 단층선은 수시로 변경될 수 있어 양 진영 간의 경계가 명확하지 않을 것이다. 미국을 비롯한 서방 국가들은 중국이 서방이 구축한 자유주의적 경제 질서를 최대한 이용해 국력을 급속히 증강한 후 서방권의 가치에 도전하고 있다는 것을 알게 됐다. 게다가 중국이 패권국이 되려는 야심을 드러낸 2015년 이후 미국에는 중국과의 경제적 상호 의존성을 축소 또는 차단하려는 움직임이 있다. 미국은 2018년 말 NAFTA를 개정하면서 캐나다와 멕시코에 미·중 어느 쪽과 경제 협력을 강화할지 선택을 요구하는 '독소 조항Poison pill'을 삽입한 것으로 알려졌다. 미국은 앞으로 다른 주요 교역 상대국에도 이 같은 조항을 부과할 것이다. 미·중 각각을 중심으로 한 경제 블록이 등장할 가능성도 크다.[24]

70년 동안 미국이 세계 경제의 견인차 역할을 하고 세계 최대 소비재 시장이었을 때 거의 모든 국가는 미국에 수출해 외환을 벌어 자국 경제를 발전시키는 방식을 취했기에 미국 경제의 의존도가 높았다고 할 수 있다. 그러나 미국의 경제가 상대적으로 쇠퇴하고 중국 경제가 부상하면서 동아시아를 중심으로 역내 국가들의 수출품의 최종 소비처가 미국이 아니라 중국으로 역전하고 있다. 동아시아 역내 국가들의 역내 교역 의존도는 50%를 초과했다. 미국, 유럽 등 서방 국가 의존도는 40%에 머물고 있다.[25]

이미 동아시아의 경제·교역 측면에서는 서방 국가들과의 탈동조화(디커플링) 현상이 일어나고 있다. 2008년 시작된 중국의 내수 진흥 정책이 본격화되면 이런 분리 현상은 더욱 심해질 수 있다. 세계 총생산 중 최종 소비처에 대한 중국의 점유율이 2000년 6%에서 2017년에는 20%로 급성장했는데 이 수치는 앞으로 더욱 늘어날 것이다. 중국의 총생산에서 수출 의존도는 2006년 36%에서 2017년 20%로 감소했다.[26] 따라서 동아시아 역내 국가들이 중국 경제 의존도가 높아진다면 중국은 이 국가들에 매서운 경제 보복 조치를 무기로 중국의 세력권 내에 편입하기를 종용할 것이다. 한번 중국 세력권 내에 편입하면 미국 등 서방 국가들과의 연계는 유지하기 힘들 것이다. 결국 경제 블록이 분리되고 양 블록 간 신경제 냉전이 벌어질 것으로 보인다.

특히 중국과 동남아의 산업화가 더욱 진전되면 이 국가들이 자체 생산 및 소비 체제를 갖추면서 아시아권이 자체적으로 충족할 수 있는 교역 체계를 갖출 가능성이 높다. 전 세계적으로 분업의 세계화가 분업의 지역화로 전환되는 과정에 있다. 소비처 근처에 공장을 세우는 '넥스트 쇼어링Next shoring'이 유행하고 있는데 보호주의와 신냉전 추세가 더 강화되면 이런 경향은 더 강화될 것이다. 이는 결국 교역권의 분절화 현상을 촉진하는 요인이 될 것이다.

미·중 간의 신냉전이 어디까지 전개될 것인지, 장기적 대결 구도로 갈 것인지, 단기적 갈등 이후 적당한 타협을 할 것인지는 불확실하다. 양국 간 갈등의 성격이 이전 미·소 간의 갈등과 강도가 달라서 신냉전이라기보다 '긴장 속의 평화Cold peace'라고 불러야 한다는 주장도 있다. 양국이 상호 의존성이 있어 미·소 간 관계처럼 완전한 단절은 어려울 것으로 보기 때문이다. 그러나 미·중 간의 경제적 패권을 둘러싼 전략적 경쟁은 계속 진행될 것이므로 양국이 이전처럼 '상하 분업적인 상호 의존 관계'로 돌아가기는 힘들 것으로 보인다.

미국은 중국이 현 국가 자본주의 시스템을 유지하는 한 미국의 경제적 패권을 추월할 날이 닥칠 것이라 예견하고 중국의 국가 자본주의 체제 해체를 목표로 미·중 간 무역 전쟁을 벌이고 있다. 중국은 무역 전쟁 관련 협상에서 대미 수출액이 감소하고 관세 부과를 받아들이는 한이 있더라도 정부와 기업과 인민군이 일체가 돼 경제 발전을 밀어붙이는 현 체제를 포기할 생각은 추호도 없어 보인다. 중국 공산 혁명군의 주축인 팔로군이 먹던 좁쌀의 이름을 딴 샤오미小米가 2019 신경영 계획 발표장에 '지구전持久戰'이란 휘호를 쓴 큼지막한 배경막을 건 데서 미국과 장기적인 냉전 체제 돌입을 감수하겠다는 중국 지도부의 의지를 엿볼 수 있다.[27]

지정학적 패권을 둘러싸고서도 중국은 단기적으로 미국과 대등한 관계, 건국 100주년 후에는 미국을 넘어서는 천하제일 국가가 되겠다는 야심이 있으므로 장기적으로 양국의 전략적 공존 관계는 성립하기 힘들어 보인다. 중국의 공세적인 굴기는 미국과의 경쟁적 관계를 격화시켜 미국이 받아들일 수 없을 뿐 아니라 중국의 굴기로 영향을 받는 주변 국가들의 경계 심리로 국제 정세는 전면 충돌은 회피하더라도 냉전적인 성격은 피할 수 없을 것으로 보인다. 중국이 '조화로운 세계관'을 내세우며 주변국을 회유하더라도 지정학적으로 미국과 달리 약 30개국과 국경을 접하거나 남중국해를 공유하고 있어 이 국가들로 하여금 팽창을 억제하려는 반대 세력 균형 자세를 취하게 만들 수밖에 없을 것이다.

현시점에서 미국이 중국에 압력을 가해 산업 고도화를 지연시켜 미국의 기술과 군사력의 패권을 연장하려는 노력이 성공하면 '긴장 속의 평화'가 찾아올 수 있고, 실패하면 '신냉전'이 전개될 것이다. 중국은 이번 고비를 넘기면 더욱 강한 패권 도전국이 돼 거세게 미국의 패권에 저항할 것이다. 국제 정세는 장기간 더욱 불안정해질 것이 뻔하다. 그러나 중국이 미국의 패권을 단기간 내 넘겨받을 수 없는 내재적 결점이 있다는 분석도 있다.

근거는 다음과 같다. 첫째, 중국이 해양으로 팽창하려면 주위의 많은 국가에 둘러싸여 있어 지정학적으로 불리하다. 둘째, 중국은 에너지 수입국인 데 반해 미국은 수출국이다. 셋째, 미국의 동맹 및 군사적 협력국은 70개국인데 중국에 우호적인 국가는 소수라서 세가 불리하다. 넷째, 달러화에 비해 위안화는 중국 공산당 집권이 강화될수록 기축 통화 역할에 부적합하다는 딜레마가 있다. 다섯째, 미국이 AI, IT 분야에서 기술 우위를 지속할 가능성이 크다.

이런 관점에서 2012년 시진핑 집권 이후 중국의 확신에 찬 행보, 중국의 미국에 대한 은근한 도전, 신형 대국 관계 수립 등의 요구는 섣부른 자만심의 발로였다. 이로 인해 미국 및 서방 세계의 경각심을 불러일으켜 신냉전을 자초해 중국의 장기적 발전에 역효과를 불러왔다는 분석도 있다. 최근 중국은 '조화로운 세계'라는 슬로건을 가지고 국제 사회에 경계심을 완화하려 하고 있으나 중국 자체의 엄청난 규모만으로도 굴기는 경계심을 일으킬 수밖에 없다. 중국의 비중과 성장 속도만 놓고 보더라도 이 두 요소가 결합해 만드는 충격은 현 국제 질서에 유례없이 클 것이다. 중국의 지도부가 이를 의도하지 않았더라도 굴기 그 자체만으로 기존 질서에 변화를 가하는 것이므로 중국이 현 질서의 한 구성원으로 소음 없이 끼어들기는 어려운 면이 있다.

미국의 상대적 쇠퇴,
공공재 공급 중단

공공재는 경제학적 용어다. 공공재는 사회 전체의 질서 유지를 위해 필요하며 공동 이익을 증진시키는 서비스다. 이 서비스는 어떤 개인이 제공하는 것이 아니라 공공 기관이 제공하면서 모든 사람이 공유할 수 있다. 이 서비스의 사용은 사회 구성원 일부가 독점할 수 없고 일부가 사용한다고 해서 다른 구성원에 대한 서비스가 줄어들지 않는다. 국내적으로 이런 공공재의 대표적인 예로서 경찰 치안 서비스, 소방 서비스, 도로 같은 공공 인프라 등을 들 수 있다. 국내 사회와 마찬가지로 국제 사회에도 이 같이 국제 체제 유지를 위해 국제 사회 자체 및 그 구성원에게 필요한 공공재가 존재한다.

3부에서 살펴봤듯이 미국은 2차 세계대전 후 성립된 국제 체제의 질서 유지를 위해 필요한 공공재를 도맡아 공급해왔다. 세계 최강의 군사력, 특히 해군력을 가지고 전 세계 해양을 지배하고 주요 해양 수송로의 안전을 담보하는 역할을 해왔다. 모든 경우는 아니지만, 대부분의 국제 분쟁이나 인도적 재난이 발생한 곳에 미군을 파견해 사태가 조기에 종식되도록 노력해왔다. 물론 일부 국제 분쟁은 미국이 원인을 제공하기도 했고 미국이 개입할 경우 미국의 이익을 보호하는 측면도 있었지만, 미국이 분쟁을 방치하는 것보다 해결하는 것이 국제 정세 안정에 도움이 된 것은 사실이다.

미국은 주요 동맹 체제를 통해 서방 자유 진영에 속한 국가들의 안보를 책임지는 역할을 했다. 이를 위해 미국은 동맹국에 미군을 주둔시킬 뿐 아니라 핵우산 등 안전 보장 조치를 제공하고 연합 군사 훈련 등을 통해 안보 공약을 재확인하는 조치를 취해왔다. 미국은 동아시아 및 유럽에 미군을 주둔시켜 구소련이나 중국이 자국 인접 지역으로 세력권을 확장하려 하거나 무력 도발하려는 시도를 원천적으로 차단하는 세력 균형자의 역할을 함으로써 국제 질서 안정에 기여해왔다.

만약 미국이 1차 세계대전 후처럼 2차 세계대전 후에도 유럽이나 동아시아에서 미군을 철수시켜 본국으로 귀환하는 고립주의 정책을 취했더라면 어떻게 되었을까. 이 행동을 미국의 불개입 정책으로 오인하고 구소련이나 중국이 자국 인접 지역에서 훨씬 무모한 군사적 도발을 감행했을 것이다. 이렇게 되면 각 지역의 세력 균형이 파괴되거나 미국이 뒤늦게 개입해 미국과 구소련 및 중국 간에 3차 세계대전이 일어났을 것이다. 이러한 오해나 불상사가 발생하지 않도록 미국은 중국과 러시아 인근 지역까지 미군을 전진 배치하고 있다.

미국은 이스라엘-팔레스타인의 분쟁 및 영국과 북아일랜드 간의 분쟁, 영국·프랑스와 이집트 간의 수에즈 분쟁 등과 관련해 국제적 신인도와 미국의 군사력을 담보로 이들 분쟁을 평화적으로 해결할 수 있도록 중재자의 역할을 수행해왔다. 이스라엘-팔레스타인 문제는 몇 번의 평화 협상을 타결하도록 미국이 주선하기도 했으나 미해결 상태다. 여타 문제는 미국이 개입해 원만하게 해결하기도 했다. 이처럼 미국이 분쟁 해결을 위한 중재자 역할을 하는 것도 국제 사회 입장에서는 미국이 제공하는 공공재로 볼 수 있다. 미국이 이런 노력을 기울지 않으면 양 당사자 간의 불신이 깊어 문제 해결보다 무력 충돌이 발생할 가능성이 크기 때문이다.

미국은 인도주의적 재난이 발생하는 곳에 개입해 재난을 완화하는 역할을 자주 해왔다. 이는 국가 간 분쟁이나 국가 내 내전의 발생 등 무력 충돌로 인해 민간인 대량 학살 또는 대량의 난민이 발생하는 경우를 말한다. 이를테면 수단에 내전이 발생해 무정부 상태가 되면서 대량의 난민과 민간인이 살상당하는 일이 발생하자 미군을 파견해 내전 상태를 종식하려고 했다. 이 시도는 영화 〈블랙 호크 다운 Black Hawk Down〉(2001)에서도 알 수 있듯이 성공을 거두지 못했다. 미군 측에 사상자가 발생하자 미군은 단기간 내 수단에서 철수하고 만다.

세르비아에서 내전이 발생해 코소보 무슬림계 시민들이 희생을 당하자 미국은 유럽 국가들과 연계해 이 내전에 개입했다. 민간인 대량 살상 사태가 발생하는 것을 방지하고 분쟁의 당사자 간 평화 협상이 타결되도록 주선했다. 이라크의 쿠웨이트 침공 시 미국은 영국 등 서방 국가들과 국제적 연대군 International Coalition Forces을 구성하고 병력을 쿠웨이트에 투입해 이라크군을 몰아내고 쿠웨이트의 독립을 회복하는 역할을 도맡았다. 반면 르완다 후투-투치 양 부족 간에 내전이 발생해 대량 난민 사태와 민간인 학살이 벌어졌을 때 미국이 개입하지 않았다. 이 일은 미국 국내는 물론 국제적으로도 비난의 화살을 피할 수 없었다. 이러한 비난은 국제 사회가 미국이 인도주의적 개입이라는 공공재를 공급하는 것을 당연시함을 반증하는 것이다.

미국은 인도네시아 아체 지역의 쓰나미 사태, 일본 후쿠시마 원자로 융해로 인한 대형 인도적 재난이 발생했을 때 맨 먼저 미국 병력과 장비를 동원한 구호 작전을 수행함으로써 이 지역 주민의 재건과 복구를 도왔다. 미군은 지원 물자를 수송기로 운송하는 것은 물론 공병대, 병원선, 발전선 등을 재난 지역에 보내 재난을 신속하게 복구했다. 이처럼 2차 세계대전 후 미국은 막강한 군사력을 바탕으로 전 세계 어디서든 위기 상황이나 분쟁이 발생하면 2개의 도전을 대처하는 능력을 패권국 미국의 필수 요건으로 간주하고 유지해왔다. 그러나 그간 지속적으로 국방비를 감축해 트럼프 대통령 취임 이후 첫 발간한 『2018 국가 방어 전략』에서 '2개 전쟁 동시 수행 전략'을 유지하기 어렵다는 것을 인정했다.[28] 이는 미국이 제공하는 안보 공공재를 축소함을 의미하는데 많은 국가에 미국 안보 공약의 공신력에 의문을 품게 했다.

미국은 2차 세계대전 이후 줄곧 개방된 자유무역주의를 옹호해왔고 국가 간 교역이 자유롭도록 주요 해상 수송로의 안전을 책임지는 역할을 해왔다. 이를 위해 미국은 세계 최강의 해군력을 유지했다. 미국 해군은 430여 척의 군함으로 구성한 6개 함대를 보유하고 있으며 각 함대는 해양에서의 제해권을 장악하고 수송 안전을 책임진다. 미국의 7함대는 서태평양 일대, 3함대는 동태평양, 5함대는 중동 지역에 함대 본부를 두고 주로 배속된 해역에서 해양 수송로의 안전을 위협하는 요인들이 적성 국가에 의한 것이든 해적들에 의한 것이든 불문하고 제거한다.

미국이 시장을 개방해 2차 세계대전 후 많은 국가가 미국에 자국 상품을 수출함으로써 경제 발전의 토대를 닦을 수 있었다. 국제 교역과 관련해 미국은 자유무역주의 아래 개방한 시장 경제 체제를 유지할 수 있도록 노력해왔다. 세계 경제 규모를 확대하는 만큼 더 필요해진 유동성 증가를 충족할 수 있도록 기축 통화인 달러의 안정성을 유지하고 공급도 증대시켰다. 또한 UN 및 WTO 등의 국제기구, 즉 다자주의 체제의 확산을 주도했다. 그 결과 규범에 입각한 국제 질서를 형성하는 데 기여했다. 시대정신으로서 민주주의와 자유주의가 확산할 수 있게 이를 미국 외교 정책의 주요 우선순위로 삼았다.

미국이 이러한 공공재를 공급하는 이유는 자국에 이익이 될 뿐 아니라 팍스 아메리카나 체제를 구축한 패권국으로서 이 체제에 공공재를 공급하는 것이 체제 유지를 위한 조건이자 의무일 수 있기 때문이다. 게다가 이런 공공재를 공급함으로써 미국의 국제적 지위, 즉 연성 국력이 확장돼 미국의 패권에 대한 국제 사회 구성원의 지지나 신인도가 높아지는 이점도 있다. 그러나 미국의 국력이 상대적으로 쇠퇴하는 경향을 보이면서 패권국으로서 미국은 공공재 공급 역할을 최근 들어 부담스러워하고 있다. 트럼프 대통령 당선 후 노골적으로 공공재를 혼자 공급하지 않으려 하고 다른 나라에 부담을 전가하려고 하고 있어 앞으로 미국이 공공재 공급을 줄일 것으로 전망된다. 이는 국제 질서 불안 요인으로 이어질 것이다. 미국의 지도력이 쇠퇴하고 공공재 공급 능력이 부족하게 되면 여태까지 여러 분야에서 당연하게 여겨졌던 무상 공공재 제공이 희소한 것이 되고 Uncommon of global common 이를 자체적으로 확보하기 위한 각국 간의 경쟁과 갈등으로 국제 정세는 더 불안정해질 것이다.[29]

미국의 공공재 공급 축소의 배경에는 미국의 정체성과 결부된 근본적인 사상이 연관 있다. 건국 초부터 미국은 유럽과는 다른 건국 이념을 세운 나라라는 자부심이 있었으며, 유럽의 국제 관계 행태를 구대륙의 낡은 행태로 치부했다. 이러한 미국인들의 사고는 대외 정책에서 미국이 다른 나라들과는 기준이 다르다는 '미국 예외주의 Exceptionalism', 국력이 전 세계를 리드할 만큼 충분치 못하면 '미국 고립주의Isolationism', 트럼프 대통령이 주장하는 것처럼 '미국 우선주의 America First'로 나타나기도 한다.

미국인들은 미국을 '언덕 위의 빛나는 도시Shining city on the hill'[30]라고 생각하며 미국이 다른 나라에 모범이 되고 다른 나라들이 따라 배울 나라로 생각하는 뿌리 깊은 전통이 있다. 미국의 힘은 행동이 아니라 영감을 일으키는 데 있으며 다른 나라에 미국 방식을 강요하는 것이 아니라 다른 나라들이 스스로 따라 배우도록 해야 한다는 사고가 1821년 애덤스 국무장관 시절부터 전해져 내려왔다.[31] 미국은 초기 청교도 순례자들의 선교적 열정으로 건국된 나라이므로 미국인의 정신과 헌법 속에는 미국이 전 세계를 계몽하고 교화하는 '명확한 운명Manifest destiny'으로 건국했다는 신념이 투영돼 있다.

따라서 미국의 국력이 강성하고 전 세계가 팍스 아메리카나 체제 아래 움직일 때 미국의 민주당 지원 세력, 즉 국제주의를 지향하는 세력들은 미국이 전 세계에 미국의 가치와 민주주의를 확산시키는 의무가 있다고 생각하고 이런 관점에서 국제법상 내정 불간섭의 원칙을 무시하고 인도주의적 개입을 시도하기도 했다. 물론 미국이 모든 개발도상국의 민주주의 신장을 지원하지는 않았다. 일부 왕정 및 독재 국가들에도 미국의 국익에 부합하는 경우 지지를 한 사례도 다수 있다. 그러나 미국만큼 대외 정책에서 가치를 중심으로 움직인 나라의 사례는 찾을 수 없다. 개발도상국에서 정권이 바뀌는 경우 이것이 민주주의 확산에 부합하는지를 기준으로 새로운 정권 세력의 인정 여부를 결정하는 경우가 많았다.

그러나 미국은 대서양과 태평양 덕분에 외부 침략으로부터 본토를 공격받을 가능성이 희박한 지리적 축복을 타고난 데다 건국 초기 구대륙의 압제로부터 탈출한 세력이 나라를 건국했으므로 구대륙의 국제 정치로부터 격리하려는 성향과 고립주의적 성향이 있다. 미국인들은 미국이 세계무대에서 정치적 혹은 경제적 개입을 자제하고 고립된 요새처럼 존재해도 자급자족할 수 있고 안보의 문제가 없다는 '요새화된 미국Fortress America'이라는 사고방식을 가지고 있다.

미국인들은 국경 너머의 세계에 관심이 없거나 거의 무지하다. 영어 외 다른 외국어를 구사할 필요성을 느끼지 않고 외국의 사례를 참조하기보다는 미국의 것이 세계의 표준이 돼야 한다는 사고방식을 가지고 있다. 퓨 리서치 센터Pew Research Center가 조사한 세계 47개국 국민의 태도 평가에서 미국민들이 자유주의 무역 필요성에 대해 지지도가 가장 낮은 것으로 나타났을 정도다.[32] 다국적 기업과 이민 태도에서도 미국민은 오히려 개발도상국 국민보다 시각이 부정적이다. 개발도상국들은 종속 이론 등의 영향으로 다국적 기업들을 중심부 세력의 수탈 착취의 전위 부대로 생각했을 정도였으나 세계화로 다국적 기업 진출이 경제 성장과 소득 증대에 기여한다는 사실을 안 후 시각이 바뀌었다. 그래서 개발도상국에서는 이민 유입 등 인적 교류에 개방적인 태도이지만 오히려 미국민은 반대 방향으로 가고 있다. 모든 이슈에 개방적이고 자유적인 태도를 보였던 미국민들이 이제는 성난 방어적 태세로 몸을 웅크리고 뒷걸음치고 있다.

이러한 미국의 건국 배경을 바탕으로 한 심리 저변에 흐르는 고립주의 경향이 최근 미국 국력의 상대적 쇠퇴와 맞물리면서 미국민들은 미국이 대외적으로 개입하고 공공재를 혼자 공급하는 것에 반감을 갖게 되었다. 미국은 현재 매일 국가 부채 이자액 등의 비용 지불에 14억 달러를 쓰고 있다. 이는 선진국 중 미국을 제외한 경제 규모 2위 국가가 지불하는 하루 부채 비용의 10배에 해당하는 금액이다.[33] 그 결과 미국은 2차 세계대전 후 공들여 구축해온 다자 협력주의 체제에서 스스로 발을 빼는 양상이다. 미국은 주도적으로 세워서 뉴욕시에 본부를 유치한 UN에 대해서도 비판적이다. 이에 대한 불만의 표시로 미국이 내야 할 의무 분담금을 몇 년씩 지체하기도 한다. 여타 UN 산하 기관에서도 개발도상국들이 미국을 비판하는 것에 거부감을 느끼고 소극적으로 참여하다 유네스코에서 탈퇴한 지 오래되었고 최근에는 UN 인권이사회 참여도 중단했다.

미국이 민주주의를 확산시키고 미국의 정책과 이미지를 해외에서 홍보하는 역할을 맡은 미국 공보원USIS을 해체하고 국무부 내 공공외교 부문에 통합한 것도 해외에서 미국의 연성 권력을 하나의 공공재로 열심히 공급하겠다는 의사가 없음을 반영한다고 하겠다. 트럼프 행정부에서 이런 경향은 더 심해져 국무부와 국제개발처USAID의 예산을 30% 감축하고 이를 국방비 증액으로 전환했다. 소프트 파워 예산을 하드 파워 예산으로 전용한 것인데 마티스 국방장관은

"국무부의 공공 외교 예산이 줄어들면 국방부의 탄약 구입 예산을 늘리는 수밖에 없다"고 통찰력 있게 말했다.[34]

트럼프 행정부 집권 이후 미국은 2차 세계대전 후 전 세계 경찰 역할과 동맹국들의 안전을 보장해주는 역할을 부담스러워하고 있다. 심지어 미국의 안보 공약이 자국의 국익에 부합하지 않는 것으로 판단하면서 동맹국들에게 자국의 방어는 자국이 책임지든지 미국에 맡긴다면 미국이 부담하는 군사 비용을 동맹국들이 더 분담하라고 요구하고 있다. 이러한 태도는 미국과의 동맹을 안보의 중심축으로 생각해온 나라가 미국 안보 공약을 덜 신뢰하게 되고 자구책을 강구할 수밖에 없게 한다. 그 결과 EU는 자체 집단군을 만들어 미국에 대한 안보 의존을 줄이겠다고 나서고 있다. 오스트레일리아 등 일부 국가들은 미국과의 동맹 이외 지역 국가들과 안보 협력을 강화해 위험을 분산하려는 정책을 취하고 있다.

각국의 이 같은 각자도생을 모색하는 경향은 2019년 중반 미국과 이란 간 조성된 위기 속에 트럼프 대통령이 "걸프 해역을 통과하는 유조선의 안전을 미국이 보장하지 않을 것이며 이 해역을 통해 석유를 수입하는 국가들이 그 해역의 안전을 책임져야 할 것"이라고 발언함으로써 더욱 강화될 것으로 보인다.

현재 미국은 미국 다음으로 국력이 큰 전 세계 8개국이 부담하는 국방 예산의 합계와 버금가는 비용을 부담하고 있지만, 미국의 국방비는 GDP 대비 2차 세계대전 후 30여 년 동안은 4%를 상회하다가 최근 2%로 하락해왔다.[35] 군사비 축소 동향은 미국이 전 세계 해양 수송로를 보호하고 동맹국 안전을 담보하는 것을 부담스럽게 만들었다. 다른 나라들에 수익자 부담 원칙에 따라 비용을 분담하자고 요구하게 된 배경이다. 이는 70여 년 동안 미국이 제공한 안보 공공재를 축소하고 있음을 반증한다.

미국은 여태까지 국가 간 분쟁이나 내전에 협상 중재자로 개입하거나 직접 군사력을 투입해 해결함으로써 분쟁이 국제 사회의 안정을 해치는 것을 방지하는 역할, 즉 또 다른 안보 공공재를 공급해왔다. 그러나 앞으로 미국은 이러한 분쟁들은 지역의 국가들이 자체 해결하도록 방관할 가능성이 있다. 미국의 태도는 국제 정세를 불안정하게 하는 요소가 될 것이다. 국제 교역과 통상 분야에서도 미국은 70여 년 동안 줄기차게 자유무역주의를 확산하고 옹호해온 장본인이었으나 이제는 보복적 관세·차별 관세를 부과하는 국가가 돼 보호주의 무역을 앞장서 추진하고 있다. 최근 국제회의, 특히 G7 같은 다자 정상 회의에서 보호주의 무역에 관해 미국과 나머지 전 국가들이 대립하는 양상을 보이고 있다. "보호주의를 배격한다"는 문안을 회의 결과 문서에 넣는 것을 미국 혼자서 반대하고 있기 때문이다.

이로써 미국은 자유무역주의라는 공공재를 공급하기는커녕 오히려 공공재 공급의 중단을 외치는 국가가 돼버렸다. 이러한 미국은 WTO가 중국 등 일부 국가들의 불공정 무역 관행을 막지 못한다고 이 기구의 존재 의의를 부정하는 태도를 보이면서도 이 기구의 규정에 어긋나는 보복 관세·차별 관세를 부과하고 무역을 자국 입장 관철의 도구로 쓰고 있다. 심지어 WTO를 탈퇴하겠다는 언사도 서슴지 않는다. WTO가 미국이 원하는 방식으로 개편되지 못하면 이것이 언젠가 현실이 될 수도 있다.

다자 협력주의와 규범에 입각한 국제 질서를 주도해온 미국이 트럼프 행정부 집권 이후 전 세계 국가들이 오랜 협상 끝에 겨우 성안한 '파리 기후 변화 협약'에서 탈퇴를 천명하고 기존 많은 국가와 체결한 FTA 폐기를 전제로 일방적으로 재협상을 요구하는 등 다자 협력주의와 규범에 입각한 질서를 무시하는 태도를 공공연히 보이고 있다. 이 분야에서 미국이 공급하는 공공재는 오히려 없어지고 미국은 원칙이 아닌 국익에 따라 규범을 취사선택하는 모습을 보여 공공재 시장을 혼란에 몰아넣고 있다. 한국 전국경제인연합회(전경련)가 2019년 4월 개최한 '미 투자 환경 변화와 진출 전략 세미나'에서 발표한 내용에 따르면, 미국의 보호무역 조치는 9년 동안 139건에서 1,666건으로 12배 증가했다.[36]

교역·통상 분야에서 미국의 이러한 자의적인 태도는 다른 나라들이 미국의 지도적 역할을 의심하게 하고 있다. 따라서 미국에 의존하지 않은 자구책을 찾도록 강요하고 있다. 그 결과 중국과 EU는 미국이 기축 통화인 달러의 이점을 이용해 자국의 경제를 흔들 가능성에 대비해 달러 의존도를 줄이고 자국 화폐에 기축 통화로의 기능을 부여하기 위해 노력하고 있다. 이렇게 되면 달러의 기축 통화로서의 역할, 즉 공공재로서 역할은 축소될 것이고 달러의 약화는 미국의 경제적 권력 약화로 이어질 것이다.

미국은 패권 국가로서 일종의 책임감과 의무감을 가지고 국제 사회에 인도주의적 재난이 발생하면 이를 막아야 한다는 여론이 일어 제3국의 내전에 개입하는 경우가 적지 않았다. 소말리아나 르완다같이 미국이 제대로 개입하지 못해 패한 경우도 있지만, 코소보 사태나 세르비아 내전은 미국이 개입해 민간인의 대량 살상을 방지하고 양 무장 세력 간 휴전을 이끄는 성과도 거두었다. 이처럼 세계 평화와 질서, 특히 2차 세계대전 후 구축된 국제 체제와 동맹 관계를 유지하기 위해 비용을 감수하고 개입해 문제를 해결하려는 미국을 '제도적 미국Institutional America'이라고 한다면 거래 상대국과 특별한 원칙에 입각하지 않고 국익을 증진하는 방향으로만 협상해 절충하면서 상대방의 세력 범위도 인정해주는 앞으로의 미국을 '거래적 미국 Transactional America'라 할 수 있다.[37]

이런 '거래적 미국'은 국제 사회가 필요한 공공재를 가급적 제공하지 않거나 다른 국가에 부담을 전가하려는 노력을 할 것이다. 특히 '인도적 재난' 상황이 발생해도 원칙에 입각해 개입하지 않을 가능성이 높다. 이런 미국의 불개입 정책이 증가하면 미국의 전략적 관심이 있는 지역을 제외한 다른 지역에서는 인도적 재난이 발생하는 등 더 불안정해질 것이다. 시리아 내전의 민간인 참살을 막는 목적 등으로 시리아 북부에 주둔했던 미군 1,000여 명을 트럼프 대통령이 주둔 비용을 이유로 철수시키자 내전 중 미군을 도와 참전했던 쿠르드족이 터키군에 의해 공격당한 일은 미국이 공공재 보급을 중단하려는 경향과 그로 인한 부작용을 여실히 보여주고 있다.

트럼프 대통령이 주도하는 미국의 거래주의적 외교 행태는 당장은 미국의 비용을 다른 동맹국들이나 우방국에 전가해 미국의 정부 재정 지출을 줄임으로써 미국에게 단기적인 이익이 될 것이다. 그러나 트럼프 대통령이 직접 언급했듯이 미국 국익을 우선하기 위해 다른 동맹국들의 국익을 강박하는 행태는 결국 패권국으로서 미국의 대외 신뢰도를 약화시키게 되고 미국의 대외 세력권을 축소시키는 결과를 가져와 장기적으로 미국의 국익에 손실이 될 것이다. 방위 분담금을 동맹국들에게 한꺼번에 5배나 인상할 것을 강박하는 것은 패권국으로서 권위를 스스로 내버리는 것이고 동맹국이나 우방국으로 하여금 동맹의 가치를 재고하게 하고 동맹이 주는 손익 계산을 하게끔 만들 것이다. 미국이 거래적 행태를 보이면 다른 나라도 결국 거래적 행태를 보임으로써 확실하지 않는 미국의 방위 공약을 믿고 많은 비용을 지불하려 하지 않을 것이다.

패권국은 공공재를 공급함으로써 비용 부담을 감내하지만 이를 통해 국제 질서를 자국 중심으로 유지하면서 장기적인 이득을 챙기는 것이다. 봉건 영주가 자신의 신민들에게 적절한 세금을 부과하지만, 안전과 질서를 보장해줌으로써 외부의 공격이 있을 때 신민들이 병사로 전투에 자진 참여하는 충성심을 확보할 수 있는 것이다. 그러나 시장의 질서를 유지한다는 명목으로 시장 상인들에게 돈을 갈취하는 폭력 조직들이 있다면 시장 상인들은 더 강한 조직이 등장하는 순간 돈을 상납할 상대를 변경하는 것이 세상 이치다. 즉 미국의 거래적 행태는 국제 질서를 약화시킬 뿐 아니라 서방 세계의 결속력을 약화시켜 궁극적으로 미국과 중국 간의 경쟁에서 미국에 불리하게 작용할 가능성이 있다.

중국의 부상,
미·중 갈등 격화

중국이 개혁·개방 정책을 채택하고 국제 사회에 자국을 개방하기 시작했을 때 미국을 비롯한 서방 국가들은 중국의 개혁·개방이 세계 경제에 새로운 활력소를 제공할 수 있으리라 보았다. 그뿐 아니라 중국이 서방 세계와 더 깊은 관여를 통해 상호 의존성이 높아지고 중국의 경제 수준이 발전하면 중국의 민주화가 촉진돼 중국이 서방 국가에 우호적인 '책임 있는 이익 상관자Responsible stakeholder'가 될 것이라고 예측했다.[38] 이러한 예측이 미국을 비롯한 서방 국가들의 지난 40년 동안 대중국 정책의 근간이 되었다. 그 결과 중국의 경제적 발전을 촉진하는 데 크게 기여했다. 그러나 중국의 경제 발전이 일정 수준에 이르고 중국의 국력이 성장하자 중국은 서방 국가들의 기대와는 다른 방향으로 움직이기 시작했다. 2008년 세계 금융 위기를 잘 넘긴 중국은 이 금융 위기를 서방 경제 체제의 약점에 기인한 것이라 보았고 이후 미국의 국력이 더욱 쇠락할 것이라는 전제하에 더욱 '확신적인 대외 정책Assertive diplomacy'을 펼친다.

이런 현상은 2012년 시진핑이 지도자로 선출되면서 더욱 강화되기 시작했다. 2013년 중국 당 문건 9호는 '서방 입헌 민주주의'의 위험성을 경고하고 '보편적 가치'의 수용은 중국의 약화를 초래하는 것이라는 결론을 내고 중국이 독자적인 길을 갈 것임을 천명했다.[39] 중국이 본격적인 대미 대결 자세를 보이기 시작한 것은 시진핑이 당내 권력 투쟁 과정에서 리커창 총리를 제치고 1인 집권 체제를 강화하면서 더 두드러지게 나타나고 있다. 이러한 중국의 대담한 변신을 목도하면서 서방 국가 내 중국 전문가들 간에는 대중국 정책의 전제, 즉 중국의 '긍정적 변화에 대한 기대'에 대한 재검토가 필요하다는 자성이 일고 있다.

중국 공산당은 1949년 건국 이후부터 중요한 계기마다 미국을 비롯한 서방 세계의 기대를 저버려왔다는 것이 오히려 역사적 사실에 부합한다. 2차 세계대전 후 미국은 마셜 장관을 특사로 중국에 파견해 중국 국민당과 공산당 간의 화해, 즉 국공합작이 가능할 것으로 보고 이를 시도했지만 실패했다. 그 이듬해 한국전이 발발했을 때 미국은 중공이 건국 초기이기에 압록강을 건너 한국전에 개입할 여력이 없을 것이라 판단했고 개입에 대한 경고를 중공 측에 보냈다. 그러나 미국의 기대와 달리 중공군은 한국전에 참전해 3만 4,000명에 이르는 미군의 희생을 강요했다. 닉슨 대통령이 1972년 중국과 전격전인 화해를 선언했을 때도 미국은 장기적으로 중국이 미국과 함께 소련을 고립시키는 전략적 선택을 하리라 전망했으나 현재 중국은 러시아와 연합해 미국에 전략적으로 대항하고 있는 것이 실상이다.

이처럼 중국의 전략적 선택은 늘 미국의 기대와 배치되는 방향이었다. 이런 미국의 기대는 중국의 실상을 잘 모르는 데서 기인하기도 하고 미국의 희망 사항Wishful thinking이 정책화된 데 기인하기도 하며 미국이 중국을 과소평가한 데도 기인했다고 볼 수 있다. 그러나 중국이 이런 속도로 급성장할 수 있다는 것을 30년 전만 해도 아무도 예상할 수 없었던 것도 사실이다. 미국의 경제 전문가들 간에는 중국이 미국의 생산 기지 역할을 하고 이로 인한 중국의 달러 보유 증대와 미국 국채 보유 증대 등은 미국과 중국 간의 경제 역할 분담이 잘된 결과이고 양국 경제는 상호 의존성이 깊어 이를 단절할 수 없을 정도라는 견해가 많았다. 이러한 견해는 2008년 미국 역사학자 니얼 퍼거슨Niall Ferguson 등이 '차이메리카Chimerica'라는 용어를 만들어낼 정도로 견고했다. 비슷한 시기 미국 경제학자 재커리 캐러벌은 『슈퍼 퓨전Super Fusion』에서 미국과 중국의 경제는 세계적 분업 과정을 통해 경제적으로 하나의 단위가 됐으며, 따라서 서로 분쟁을 일으킨다는 것은 양측 모두에게 불리하기 때문에 상상도 할 수 없는 일이라고 단언하기도 했다.[40]

불과 몇 년 전까지만 해도 미국 고위 정책 결정자들 사이에는 중국의 부상은 통제 가능한 것이고 중국이 미국의 심각한 패권 도전국이 되는 것은 불가능하거나 아주 먼 훗날의 일이라는 것이 중론이었다. 미국의 전략 연구소인 스트랫포Stratfor의 운영자 조지 프리드먼은 『100년 후The Next 100 Years』에서 아무리 세월이 흘러도 중국이 미국을 따라잡을 수 없다고 단정하기도 한다.[41] 이에 반해 『중국이 세계를 지배하면』이라는 책을 펴낸 마틴 자크 같은 학자들은 발전 경로에 특별한 문제가 발생하지 않으면 중국이 세계 최강국이 되는 것은

시간문제라고 보고 있다.[42] 그 밖의 많은 전문 기관이 중국의 GDP
가 2020년을 기점으로 미국을 넘어설 것이며 2045년경에는 중국의
1인당 생산량GNP이 미국의 1인당 생산량과 맞먹을 것이며 이때 양
국의 인구를 비교해봤을 때 중국의 국력이 미국 국력의 2배 정도 되
고, 중국이 세계 GDP의 40%를 담당할 것이라 분석하기도 했다.[43]

물론 많은 변수가 있어 이런 낙관적인 중국 지속 발전론이 실현
될지는 더 두고 봐야 하겠다. 그러나 거대한 국가인 중국의 경제 발
전이 탄력을 받고 있고 2014년 IMF 보고서에 따르면, 1인당 구매력
지수에서는 미국을 능가한다는 평가도 있을 만큼 중국은 강국으로
부상했고 양국 간의 전략적 경쟁은 시작됐다. 이로 인해 국제 질서
는 변혁기로 돌입해 앞으로 상당한 압력 아래 불안정성을 보일 것이
며 국제 사회의 모든 구성 국가는 이로 인해 이전과는 다른 불안과
고통을 겪게 될 것이다.

중국의 엄청난 인구 규모 등을 감안했을 때 경제학적으로는 '빈곤
의 함정'을 탈출하기가 불가능할 것이라는 전망이 얼마 전까지만 해
도 지배적이었다는 점을 염두에 두면 지난 30년 동안 중국의 눈부
신 속도의 부상은 기적에 가깝다는 분석들이 있다. 그러나 역사적
으로 중국이 세계 경제에 차지하던 비중 등을 보면 중국인들의 관
점에서는 이런 발전은 기적이라기보다는 회복, 즉 2세기라는 시간
간격을 두고 정상적인 지위로 어느 정도 회귀한 것으로 해석될 수
있다. 19세기 초까지만 해도 각국의 1인당 생산력은 별 차이가 없었
고 따라서 인구가 가장 많은 중국이 세계 경제력의 30% 정도를 담
당한 것은 자연스러운 현상이었다. 그러다 중국과 유럽의 경제력 차
이가 벌어진 것은 16세기 초부터라고 봐야 할 것이다. 그때 유럽은

대항해 시대가 열리면서 여러 국가가 앞다투어 신대륙과 신항로를 개척했고 이 새로운 대륙과 신항로를 통해 들어오는 물산으로 부를 축적했다.

이에 반해 중국은 정화 함대의 대탐험이 유럽 국가보다 먼저 이뤄졌음에도 불구하고 중국 조정이 해금 정책을 시행해 바다 진출을 막으면서 유럽 같은 영토와 부를 확장할 기회를 놓치고 말았다. 중국 조정은 환관들이 지배하고 있었으며 그들은 국내적으로 자신들의 기득권 유지가 중요했기에 무역을 통해 변방, 특히 해안 지방의 토호들이 강성해지는 것을 원치 않았다.[44] 유교 사상의 영향으로 상업을 경시하면서 무역을 통해 외국의 불순한 사상들이 유입돼 들어오는 것을 기피하는 경향도 이런 해금 정책의 배경이 됐다. 중국은 세계 제일 경제 강국으로 다른 나라와 교역을 통해 부를 더 축적해야 한다는 인식을 가질 필요가 없었던 것도 사실이다.

대항해 시대의 부의 축적을 거쳐 이후 영국이 산업혁명에 성공하면서 영국 국민 1인당 생산력이 급격히 향상되고 마침내 영국 한 나라의 GDP가 중국보다 많아지는 기술에 의한 격차가 발생하게 됐다. 급작스러운 기술 발전으로 1820년을 기점으로 2,000만 영국민 전체가 생산한 재화들이 3억 8,000만 중국민 전체가 생산한 재화보다 많아지는 현상이 벌어졌다. 이처럼 동서양 간에 10배 이상의 기술 격차가 나는 시기는 '대격차의 시대Age of Great Divergence'라 불린다. 그 결과 중국은 아편 전쟁을 계기로 영국에 무릎을 꿇고 연이어 여러 서방 국가에, 마침내는 청일 전쟁에서 일본에마저 패배를 당하는 치욕의 세기를 약 200년 동안 겪게 된다.

그러나 이런 치욕의 세기 끝에 지난 30년 동안 전 세계적으로 세계화가 진행되는 과정에서 중국은 시기를 잘 맞춰 개혁·개방 정책을 채택함으로써 세계화의 혜택을 집중적으로 향유할 수 있게 됐다. 중국은 서방의 자본 투자와 기술 이전 및 중국 내 공장 건설 등을 통해 서방국과의 기술 격차를 급속히 좁히는 '대수렴 시대Age of Great Convergence'의 혜택을 가장 집중적으로 받는 국가가 됐다. 그리하여 서방 국가들이 약 200년에 걸쳐 이뤄낸 산업화를 30년 만에 달성할 수 있게 된 것이다.[45]

중국이 단기간 내에 이 같은 기적적인 경제 성장을 이뤄낸 배경을 이론적으로 분석하면 다음과 같은 몇 가지 요인을 추출해볼 수 있다. 우선 중국 정부가 국가 주도의 개혁·개방 정책을 추진하면서 사회주의 정책 결정의 강점과 시장 경제의 효율성이 절묘하게 배합해 시너지 효과를 낸 것이 첫째 성공 요인이었다. 중국 정부는 다른 순수 시장 경제 국가에서는 할 수 없는 정책, 예를 들면 주요 기업의 60% 이상을 국영 기업으로 운영한다든지 주요 산업에 대한 정책 금융과 특혜 지원을 집중적으로 하는 방법 등을 통해 과감하게 산업을 전략적으로 육성할 수 있었다. 중국에 투자한 외국 기업들이 중국 기업에 기술 전수를 압박하고 일단 중국 기업이 자리를 잡고 나면 중국 기업을 보호하기 위해 외국 기업 등을 차별하는 정책들을 펼치기 시작했다.

둘째 요인으로는 1980년부터 시작된 세계화의 물결이 중국의 외자 도입을 통한 수출 주도형 경제 정책과 잘 맞아떨어진 것을 들 수 있다. 중국의 개방·개혁 초기 많은 서방 기업은 중국의 거대한 내수 시장을 선점하기 위해 앞다투어 중국에 공장을 건설하고 엄청난 투자를 했다. 2018년까지 외국 기업들의 중국에 대한 직접투자금 총

규모는 1조 6,000억 달러를 넘었으며 미·중 무역 전쟁이 진행 중인 2019년에도 직접투자 금액은 전년 대비 3.7% 증가하는 추세를 보였다.[46] 이런 엄청난 해외 투자를 받아들여 중국은 세계의 공장이 됐고 세계 제1의 수출국이 될 수 있었다. 그뿐 아니라 외국 투자 기업을 통해 빠른 기술 습득을 할 수 있게 됐고 기술 습득이 끝난 분야에서는 외국 기업의 철수를 압박하고 중국 기업이 시장을 장악하도록 하며 자국 산업을 전략적으로 육성했다.

셋째 요인으로는 13억 인구를 기반으로 계속해서 공급되는 풍부하고 저렴한 노동력을 들 수 있다. 웬만한 규모의 나라에서는 10%의 고도 경제 성장이 10년만 지속돼도 임금이 빠른 속도로 상승한다. 그러나 중국의 경우 엄청난 노동력이 농촌 등 배후지에서 연안지역 도시와 공업 지대로 계속 유입돼 임금을 오랜 기간 낮게 유지할 수 있었다. 이 또한 중국이 수출 경쟁력을 오래 유지할 수 있는 원동력이었다. 중국은 해안 지역을 선두로 경제 개발을 진행해 점차 서부 지역으로 그 발전 중심을 옮기고 있는데 서부 국경 지역까지 전 국토를 완전히 개발하기까지 국내 총 유효 수요를 계속 창출할 수 있고 값싼 노동력도 계속 조달할 수 있다는 측면에서 다른 나라와 다른 강점을 지니고 있다.

넷째 요인은 사회주의 국가라서 가능한 전 국민에 대한 의무 교육이다. 처음 초등에서 시작해 1980년대 중반에는 중학교, 그 후에는 고등학교까지 무상으로 시행되어 양질의 숙련된 노동력을 확보할 수 있게 되었다. 저임금을 기반으로 하는 개발도상국의 노동력중 이처럼 3단계 의무 교육을 받은 사례는 없다. 중국 노동력이 당연히 생산성이 높을 수밖에 없다. 게다가 중국은 현재 한 해 약 100만

명 이상의 양질의 대학 교육을 받은 이공계 졸업생들이 쏟아져 나오고 있는데 이들이 바로 산업 현장에 투입돼 산업 구조 고도화에 기여하고 있다. 또한 중국 공산당 지도부가 개혁·개방 정책을 추진해 나가는 과정에서 다른 나라들이 겪는 실패 사례들을 반면교사로 삼아 자국이 같은 실패를 겪지 않도록 신축성 있게 정책 방향을 수정해온 것도 지속적 고도성장을 가능케 한 중요 요인이 됐다. 예를 들면 개혁 초기 덩샤오핑은 구소련이 몰락한 원인은 경제 개혁을 하지 않아 물적 생산 기반이 계속 약화된 데 있다고 봤다. 그래서 중국은 개혁·개방을 통해 외국 자본을 대거 유입해 중국 내 물적 생산 기반을 확충하는 것을 국가 경영의 최고 우선 과제로 삼았다.

중국 지도부는 구소련 몰락의 또 하나의 원인을 고르바초프 서기장이 도입한 페레스트로이카 개혁 정책에서 찾았다. 이것이 공산당의 정치적 통제권을 약화시킴으로써 정치적 불안정을 자초한 것으로 분석하고 정치적 개혁을 결국 고르바초프 자신을 몰락시킨 부메랑으로 봤다. 그 결과 중국 지도부는 공산당의 정치적 통제권을 약화시키는 어떠한 조치도 허용하지 않았고 최근 들어 공산당의 통제력을 더욱 강화하는 현상을 보이고 있다. 이 같은 시장 경제와 공산당을 결합한 중국의 독특한 국가 경영 방식을《뉴욕타임스》논평가인 니콜라스 크리스토프는 '마켓-레닌주의'라고 적절히 묘사했다.[47]

중국 당국은 정부 통제권을 강화하기 위해 최근 자국민들 전체를 대상으로 IT와 AI 기술을 이용한 신원 확인 시스템을 전국에 걸쳐 보급하고 있다. 이를 통해 중국인들은 모두 자신이 움직이는 동선이 당국에 의해 다 파악된다는 사실을 인지해 행동이 위축된다. 중국 당국은 원하는 대상 인물의 움직임을 늘 추적하고 필요할 때는 언제든지 체포할 수 있는 능력을 보유하게 됐다. 게다가 지난 30년 동안의 경제 발전에도 불구하고 이념적으로 중국은 더 좌경화하고 있다. 그중 대표적인 사례가 시진핑 주석이 2013년 1월에 발표한 「중국 특색 사회주의 견지와 발전에 관한 몇 가지 문제」라는 논문을 주요 언론과 소셜미디어를 통해 확산시키고 있는 것이다.

이 논문에서 시 주석은 "자본주의가 필연적으로 사망하고 사회주의가 필연적으로 승리한다는 역사적 유물주의는 여전히 유효하다"고 선언하고 "구소련이 붕괴한 것은 역사 허무주의에 기대어 사상이 혼란해졌기 때문이다"라고 진단하고 있다. 시진핑의 사상은 문화혁명 때 마오쩌둥 사상처럼 9,000만 공산당원들과 당 조직을 통해 중국 사회 전체에 퍼져나가고 있다. 중국이 경제 발전과 더불어 민주화의 진전이 있을 것이라는 서방 전문가들의 전망은 완전히 빗나갔다. 중국은 지금 오히려 그 반대의 길을 가고 있다.

더 나아가 중국 지도부는 1998년경 아시아 국가들이 외환 위기를 겪을 때 아시아 국가들이 외국환 투기 세력들의 공격 앞에 속수무책으로 당하면서 자국 국부의 상당 부분이 유출되는 손실을 감수할 수밖에 없는 것을 보았고 중국이 이런 전철을 밟지 않기 위해 예방 조치를 했다. 그 결과 중국은 금융 시장 개방을 굉장히 더딘 속도로 추진하는 한편 위안화를 고정환율제로 운영하고 위안화를 거의 국제 거래가 되지 않는 화폐Non tradable currency로 만들어 외국 환투기 세력의 공격 대상이 되는 것을 회피하려 했다. 그 덕분에 중국은 2008년 전 세계 금융 위기 시에도 비교적 고비를 잘 넘길 수 있었다고 분석된다.[48]

중국은 다른 나라들의 실패 사례를 반면교사 삼아 내부적으로 공산당 지배 체제를 견고히 함으로써 안정적인 정치 환경을 조성했다. 이러한 안정적인 국내 정치는 급속한 경제 발전에 국력을 집중할 수 있게 했다. 즉 중국은 한국, 싱가포르 등에서 성공한 권위주의적 경제 개발 모델을 자국 경제 발전 과정에서 모방한 것으로 볼 수 있다. 중국의 경제 발전이 중산층을 양산하고 이는 민주화 진전으로 연결될 것이라는 서방 학자들의 예측은 시진핑 주석 집권 이후 잘못된 전망이라는 것이 명백해지고 있다. 중국 내 공산당원 수가 지속적으로 증가해 현재 9,000만 명을 돌파하고 있으며 이 중 40대이하 비율이 33%, 전문대 이상 고학력 비율이 50%가량 된다는 것은 중국의 미래는 공산당의 손에 계속 있을 것을 짐작하게 해준다.[49] 중국의 신흥 자본가와 기업 경영인도 자발적으로 공산당원이 되고 30인 이하 모든 작은 사업장에도 공산당 세포 조직이 설립된다는 것은 중국 인민들이 공산당이 중국몽 실현을 위해 불가결한 존재라는 인식하에 공산당에 충성을 보이고 있음을 반증한다.

중국이 물적 생산 기반을 급속하게 확충할 수 있었던 또 다른 요인으로는 엄청난 규모의 외국 직접투자 도입과 괄목한 수준의 높은 국내 저축률을 꼽을 수 있다. 중국은 개혁·개방 이후 전 세계로부터 1조 6,000억 달러 이상의 외국 직접투자를 유치해 2003년 미국을 제치고 세계 제1위 투자 유치국이 됐다. 이 금액은 일본이 2차 세계대전 후 유치한 외국 투자 규모의 10배를 넘는다. 또한 중국은 2000년을 전후해서 가계당 평균 저축률이 23.5%를 기록하면서 국내 총저축액이 GDP의 40%에 이르는 경이적인 수준에 도달했다. 이같은 엄청난 국내 저축액도 지속적 성장을 위한 좋은 연료가 됐다.[50]

중국의 고도성장 기록은 그 이전까지 존재하던 어떤 국가의 고속

성장을 능가하는 전무후무한 것이었다. 중국은 개방 초기 10년 만에 경제 규모를 2배로 성장시켰는데 산업혁명 시기에 영국은 경제 규모를 2배 성장시키는 데 58년, 미국은 47년이 걸렸다. 그 이전까지 한강의 기적이라 불린 대표적인 고속 성장 국가였던 한국도 11년이 필요했다.[51] 불과 25년 전만 해도 중국이 전 세계 경제에서 차지하는 비중이 2%에 불과했으나 오늘날에는 15%로 신장했고 그 비중은 점차 가파르게 커지고 있다. 게다가 세계에서 가장 높은 가치를 가진 20대 기술 업체들 가운데 중국 기업이 무려 9개나 포함돼 있다. 이는 중국이 양적으로 성장할 뿐 아니라 질적으로도 고도화되고 있다는 것을 반증한다.[52]

중국은 이런 고도성장 요인을 충분히 누리며 건국 70주년을 맞이했다. 2019년 10월 기준으로 과거 70년 동안 GDP는 1,300배, 무역액은 4,000배 증가했다. 개혁·개방 이후만 보더라도 30여 년 동안 연평균 10% 성장한 결과 GDP는 16배 증가했고 인구 성장률을 고려했을 때 1인당 소득은 12배 정도 증가하는 눈부신 기록을 달성했다. 수출액은 매년 17% 증가해 지금은 개혁·개방 초기인 1985년의 400억 달러의 60배에 해당하는 2조 3,000억 달러 정도를 기록하고 있다. 그 결과 중국은 2018년 무렵에는 그 어느 나라도 기록하지 못한 4조 달러에 이르는 엄청난 외환 보유를 자랑하게 됐다.

중국 정부는 이런 엄청난 외환 보유를 바탕으로 미국 재무부가 발행하는 채권을 사들이는 데 약 2조 달러 정도를 투입해 지속적으로 구매함으로써 미국에 대한 최대 채권국으로 부상했다. 이런 중국의 미국 국채 구매 조치는 미국이 중국에 대해 겪는 엄청난 무역 적자로 인해 유출된 달러가 다시 미국으로 환수될 수 있게 해 달러 유동성

위기를 회피할 수 있게 했다. 이러한 달러 순환 체계가 성립됨으로써 미국은 중국에 대한 무역 적자 누적에도 불구하고 중국 제품을 싼 값에 대량 구매할 수 있었고 이로 인해 국내 물가 상승을 억제하는 한편 미국 소비자들의 생활 수준을 높일 수 있었다. 중국의 저가 수출, 중국의 미국 국채 매입, 미국의 저금리 정책으로 인해 미국과 세계 경제가 호황 중에 큰 인플레이션도 없이 지속 성장한 사례를 두고 '골디락스 경제Goldilocks economy'[53]라는 별칭을 붙일 정도였다.

중국 정부는 이렇게 축적된 국부를 바탕으로 국내 인프라 건설에 집중 투자했다. 개혁·개방 초기 존재하지도 않았던 고속도로가 지금은 미국 전체 고속도로 길이보다 더 긴 총 12만 3,000킬로미터에 달한다. 고속철도의 길이도 세계 최장이다. 도로 사정이 개선되자 초기에 160여만 대에 달하던 차량이 최근에는 1억 5,000만 대 수준으로 비약적으로 증가했다. 이런 인프라 건설을 뒷받침하기 위해 중국은 세계 철강과 시멘트 절반을 생산하는 생산 능력을 갖추게 됐다.[54]

중국은 급성장한 경제력을 바탕으로 군사력도 괄목하게 신장시키고 있다. 중국은 지난 20년 동안 매년 국방비를 10% 이상 증가시켜 2018년 중국의 국방 예산은 한국 원화로 193조 원에 달한다. 미국의 국방 예산 789조 원과 비교하면 아직 4분의 1에 불과하나 중국 체제 특성에 따른 숨은 비용Hidden cost과 구매력 지수 등을 고려했을 때 그 실질 격차는 상당히 줄어든다고 봐야 한다. 중국은 약 200만 명의 정규군을 보유하고 있으며 이 밖에도 인민 무력 경찰과 민병대 등 준군사 조직도 있어 전시에 동원될 수 있는 인적 자원이 세계 최대다.

무기 측면에서는 전술 항공기가 약 2,000대 수준으로 미국의 3,500대에는 아직 못 미친다. 항공모함이 현재 1대인데 건조 계획 중인 것까지 합치면 총 4대로 미국의 11대에 비하면 적다. 이것들을 제외한 잠수함, 전투함, 공격용 헬기 등의 분야에서는 미국에 필적한 숫자를 보유하고 있다. 중국은 국방비 증액 추세로 봐 곧 명실상부하게 세계 2위의 군사 강국으로 발돋움할 것으로 전망된다.

중국의 군사력 증강 추이에서 특히 눈여겨봐야 할 점은 해군력의 증강이다. 중국은 1985년을 기점으로 구소련이 자국의 적수가 되지 못할 것이라 판단했다. 이에 따라 자국과 가장 긴 국경선을 공유한 러시아를 잠재적 적국으로 간주하지 않게 되면서 육군력 증강에는 관심을 줄이기 시작했다. 그 대신 1987년 해군 사령관인 류화칭 제독의 제안에 따라 '제1 도련선'과 '제2 도련선'을 방어하기 위한 해군력 증강에 집중하기 시작했다. 2012년 후진타오 전 주석은 중국의 미래는 해양에 있다면서 '해양굴기'를 선언하기에 이르렀다. 이후에는 전략 로켓군 사령부와 우주군 사령부를 신설하면서 인공위성과 우주 공간을 이용하는 전략적 능력 배양에 집중하는 등 미국을 염두에 둔 군사력 증강을 계속하고 있다.

해군력 증강 추세는 특히 두드러진다. 중국은 1985년 주요 수상함인 구축함과 프리깃함을 34척, 핵추진 잠수함을 2척 보유했고 항공모함은 1척도 보유하지 못했었다. 그러나 영국 국제전략문제연구소IISS에 따르면 중국은 지난 2015~2017년 동안 40만 톤의 해군 함정을 진수했다고 한다. 지금 중국 해군은 4,000톤급 이상 중대형 전투함을 110여 척 보유하고 있으며 4,000톤 이상 중대형 잠수함만 12척 보유한 것으로 나타나고 있다.[55] 막강한 전투력을 장착한 이지스 구축함을 2012년 처음 진수한 뒤 계속 건조해 조만간 30척을 보유할 것으로 알려졌다. 그 결과 2018년 기준 중국 해군은 총 702척

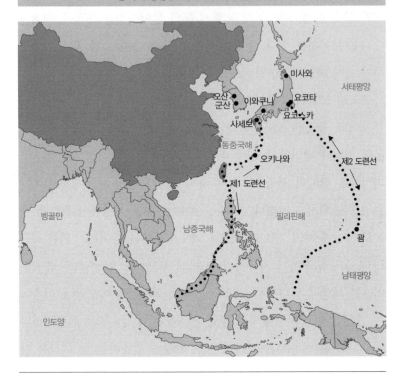

중국이 상정한 제1 도련선과 제2 도련선

의 함정을 보유해 척수 면에서는 미국의 518척을 능가한다.[56] 중국의 이 같은 급속한 해군력 증강은 독일과 일본이 보여준 해군력 증강을 무색하게 한다. 독일과 영국, 일본과 미국이 각각 벌였던 해군력 증강 경쟁은 결국 세계대전으로 이어졌다는 점과 역사상 패권 국가들은 해양을 지배한 국가였다는 점은 많은 시사점을 던져준다.

이러한 중국의 급부상에도 불구하고 중국과 미국 간에는 적대적 경쟁 관계가 형성되지 않을 것이며 중국과 미국은 강대국 간의 패권 경쟁 같은 경쟁 구도를 만들지 않고 협력하며 지내는 '신형 대국 관계'를 만들어 평화 공존할 수 있을 것이라는 주장이 2010년경 중국 측에서 자주 제기됐다. 따라서 중국이 부상하더라도 주변국에 위협을 가하지 않으면서 서서히 평화롭게 일어선다는 '평화적 굴기Peaceful rise'를 대외적으로 내세워 주변국의 의혹의 시선을 불식시키려 했다. 그러나 이제는 평화적 굴기보다 중국이 필요한 곳에서 해야 할 일은 할 것이라는 '유소작위有所作爲'를 넘어 영향력을 적극 행사하겠다는 '분발유위奮發有爲'가 중국을 이끄는 새로운 구호가 됐다.

또한 중국은 여전히 세계화된 현 국제 경제 체제와 미국과의 협조적인 관계가 필요하며 중국이 사회주의 국가이지만 대외 정책에서 이념을 추구하지 않을 것이고 강대국처럼 군사적으로 호전적인 팽창 정책을 취하지 않을 것이라는 주장도 강하게 제기됐다.[57] 불과 10여 년 전까지만 해도 '차이메리카'란 말이 유행할 정도로 많은 전문가가 두 나라의 경제적 동반자 관계가 21세기 초 세계 경제의 번영을 이끄는 원동력이 됐다고 평가하기도 했다.[58] 헨리 키신저 전 미국 국무장관은 『중국 이야기』에서 미국과 중국 양국 내 강경 대결주의자들을 비판하고 현실주의적 관점에서 미·중이 협력해 공진Co-evolution하는 것을 양국 관계의 유일한 대안으로 보고 이를 권고했다.

그러나 중국이 대외적으로 사회주의 이념을 바탕으로 팽창 정책을 취하지는 않겠지만 200년 동안 좌절된 중국 민족주의의 부활, 즉 민족의 자부심을 되찾겠다는 생각이 이념을 대신해 21세기 중국의 공세적인 대외 정책Assertive diplomacy의 지도 원칙이 될 것으로 보인다. 현재 중국의 천안문 광장 등 중국인들이 중시하는 건물이나 장소 어디에서나 중국의 지도 이념, 즉 중국 특색 사회주의의 핵심 가치 12항이 적혀 있는 것을 쉽게 볼 수 있다. 그런데 이 핵심 가치 중 가장 먼저 오는 것이 '부강富强'이다. 부강이란 제국주의 시대 국가들의 모토였던 '부국강병'의 준말이다. 이것을 공산당 지도하의 중국이 추구한다는 것을 통해 공산주의 이념 고수보다 중국이 옛 지위를 회복하는 데 더 주안점을 두고 있음을 알 수 있다.

정부 정책뿐 아니라 중국인 기질에도 공산주의 개념, 즉 마르크스식의 '새로운 사회주의 인간'으로 자신을 개조한다는 것은 생태적으로 맞지 않다고 볼 수 있다. 중국인들에게는 개인적인 부의 축적과 이를 위한 사회적 안정이 최대의 관심사다. 공동체 선을 위한 새로운 사회주의적 인간 유형으로 자신들을 변환시키는 것은 체질적으로 안 맞는다. 중국인들은 중앙 집권적 당의 통제를 단지 중국의 사회적 분열 현상을 방지하고 중국이 세계 강국으로 부상해 중국몽을 실현하는 도구로 사용하는 것이다. 대부분의 중국인에게 공산주의는 중국을 통치하는 당의 이름 속에서만 남아 있을 뿐이다. 현실 속에서 그 가치를 구현해야 하는 이데올로기는 아니다.

현재 '치욕의 세기' 동안에 심한 상처를 받은 중국의 자존심, 특히 중국의 위상을 세계 제일 국가로 다시 세우는 '신중화 민족주의'가 중국인들을 '단결시키는 구호Rallying cry'이며 중국 공산당 통치에 정당성을 부여하는 원동력이라고 볼 수 있다. 어찌 보면 중국 공산당 당료들은 21세기판 제국주의적 중국 고위 관료Imperial mandarins의 부활이라 볼 수 있고 세계를 통치하는 역사적 소명을 가진 중화 문명을 부활시키는 것이 그들의 공통된 목표다.[59]

대다수 중국인에게 공산당은 역사상 가장 큰 영토를 보유한 현재의 중국이 분열되거나 사회적 혼란을 겪는 것을 막아주는 방파제이면서 중국몽을 이뤄가는 정치 지도 세력으로 인식된다. 그래서 서방 전문가들의 예측과 달리 공산당의 통치에 아무런 반감이 없는 것이다. 오히려 중국 바이링허우 시대, 즉 1980년대 이후 출생하고 대학교육을 다 받은 중산층 이상 청년들이 공산당 가입을 열렬히 원하고 있고 그 입당 경쟁률이 상당히 높다는 것은 중국몽이 그 어떤 가치보다 앞선다는 점을 반증한다.

오히려 중국인들은 공산당이 약화되면 발생할 분열과 혼란을 더 두려워하는 것이다. 이런 면에서 덩샤오핑이 개혁·개방 정책을 처음 도입할 때 '백묘·흑묘론'을 펼치면서 경제 발전을 위해 공산주의 이념의 본령을 지키는 것이 중요하지 않다는 점을 지적한 것처럼, 지금의 중국인들은 중국몽을 실현해나가려면 공산주의 통치를 더 강화하며 자유와 인권이 좀 제한받는 것은 별문제가 되지 않는다는 실용적인 입장이다. 따라서 덩샤오핑 집권 이후 유지됐던 1인 권력 집중과 개인 숭배를 탈피하려던 지도 방침을 버리고 시진핑 리더십하에 권력 구조가 집단 지도 체제에서 오히려 1인 통치 체제로 바뀌어가는 중국 공산당을 지지하고 있다.

이는 중국 본토에 있는 공산 정권하의 13억 인구 이외 전 세계에 산재해 있는 중국계 화교들에게도 공유되고 지지받는 사고다. 중국이 다시 세계의 중심, 세계 최강국으로 되돌아가야 한다는 중국인들의 회귀 본능이 이를 뒷받침하고 있다. 이 핵심 가치는 시진핑 주석에 의해 '중국몽'이란 이름이 붙여지고 중국 인민은 물론 해외 중국계 동포들에게도 강한 호소력을 가지고 전파되고 있다. 이러한 중국의 옛 영광을 재현하려는 민족주의적 열망에 따른 공세적 대외 정책은 어쩌면 구소련이 가졌던 공산주의 이념에 근거한 팽창 정책보다 더 집요하고 강력할 수 있을 것이다.

미국의 소련 전문가 스나이더는 소련을 연구하면서 '전략적 문화 Strategic culture'라는 용어를 고안했다. 이는 국가의 어떤 정책 목표가 처음에는 정책에 불과했으나 그것이 지속되면서 그 구성원 간 사회화 과정에서 하나의 공통 태도·신념으로 받아들여지기 시작해 반고착적인 것으로 변형되고 나면 정책이 아니라 문화가 된다는 개념이다. 스나이더는 구소련 시대 핵무기에 대한 러시아인들의 인식 형성 과정을 그 예로 들었다.[60] 지금은 중국인들의 중국몽에 대한 태도가 이 '전략적 문화'의 범주에 잘 들어맞는 것처럼 보인다. 따라서 이러한 중국인들의 태도는 지도자가 바뀐다고 쉽게 바뀌는 정책과는 다른 수준의 지속력을 가질 것이라고 보는 것이 타당하다.

구소련의 전신인 러시아 제국은 역사적으로 유럽에서도 변방 국가, 2류 국가의 지위에 대부분 머물러 있었다. 공산주의 확산이라는 이념적 기치를 내걸었어도 그 대외 정책의 기저에는 자신의 국경 주변 국가들을 적화해 자국 안보를 위한 완충 지대를 넓히려는 전통적·지정학적 전략이 작동하고 있었기에 그 팽창 정책이 분명한 한계를 가지고 있었다. 구소련의 경제력이 미국을 넘볼 수준이 전혀 아니었기에 미·소 간의 냉전은 미국의 승리로 쉽게 결말이 날 것이라는 점을 예측할 수 있었다. 그러나 중국은 역사적으로 볼 때 기나긴 영광의 역사 속에서 200여 년이 '치욕의 세기 century of humiliation'라는 아주 짧은 예외적인 시기였다. 옛 영광을 재현하려는 중국인의 열망이 훨씬 강렬한 데다 그 경제력도 조만간 미국과 견주거나 앞설 가능성이 있다는 점에서 중국의 부상과 도전은 구소련의 수준과 비교할 성질이 아닐 수 있다. 일부 학자들은 시진핑 통치하의 중국몽을 추구하는 중국의 승리주의는 구소련의 사례보다 1930년대 히틀러 통치하 독일의 승리주의Triumphalism와 더 닮았다는 진단을 하기도 한다.[61] 따라서 그 도전의 정도와 지속성은 더 심각할 수 있다.

이러한 중국인들의 사고의 기저에 자리 잡은 '세계 최강국으로서 중국의 부활'에 대해 키신저 박사는 "21세기 중국의 정상을 향한 부상은 새로운 것이 아니며 역사적 패턴을 다시 수립하는 것일 뿐이다. 다만 특징적인 것은 중국은 문명의 계승자로서뿐 아니라 베스트팔렌 모델에 따른 현대 강대국으로 두 목표를 추구하는 것이다. 중국은 불안정한 21세기 중에 이 두 가지 목표의 합성, 즉 천하의 주인 개념과 현대 기술 강대국 목표를 추구하고 있다"고 진단했다.[62]

이 같은 중국인들의 사고는 중국의 대표적 첨단 기술 기업인 화웨이 런정페이 회장의 인터뷰 발언에서 잘 드러난다. 그는 "나의 신앙은 우리나라 중국이다. 미국·유럽·중국 3대 진영 중 중국이 분명 더 부상할 것이다"라고 했다. 그의 이런 신념은 화웨이를 첨단 기술 경쟁에서 중국이 서방을 넘어서는 전위 부대로 기꺼이 활용하게 했다고 봐야 한다.[63]

중국인들에게 현 국제 체제, 즉 베스트팔렌의 근대 국가 체제를 전제로 하는 질서는 역사적으로 생소한 것이다. 따라서 중국은 청나라 말기 서양에 의해 이 체제에 편입돼 들어가는 과정에서도 많은 저항을 하다가 마지못해 이를 수용했다. 중국이 이 체제의 형성 과정에 주체적으로 참여한 적이 없으므로 이 체제를 계속 유지시키는 데 중국이 기여할지 의구심을 가질 수 있다. 전통적으로 위계적인 국제 질서에 익숙한 중국인들이 평등한 주권 국가의 병존을 상정한 베스트팔렌 체제를 계속 옹호할 필요를 느끼지 못할 때가 올지 모른다. 오히려 현 중국의 지도층들과 지식인들은 근대 국가 중심의 평등 질서를 기반으로 하는 베스트팔렌 체제가 현 국제 사회가 안고 있는 많은 문제점의 근원이라는 사고를 가지고 있다.[64]

결국 중국은 자신이 중심이 돼 세계 질서를 자신들의 세계관에 맞게끔 재편하려는 생각을 가질 수 있다고 봐야 한다. 250여 년을 거쳐 세계 최강국이 된 미국도 자국은 다른 국가들과는 다른 대접을 받아야 한다는 '미국 예외주의'를 주장한다. 하물며 5,000년의 역사 가운데 항상 천하의 중심이자 국제 질서의 정점에 있다고 자신을 규정해온 중국이 '중국 예외주의'를 주장하더라도 전혀 이상한 것이 없다고 보는 것이 논리적으로 타당하다.

이런 관점에서 싱가포르 리센룽 총리는 2019년 샹그릴라 대화(제18차 아시아 안보 회의)의 개막 연설에서 "250년의 역사를 가진 젊은 제국 미국은 전 세계를 자기를 닮은 나라들로 만들려 하는 반면 5,000년 역사를 가진 늙은 제국 중국은 자국을 다른 모든 나라와 다르게 만들려 한다"고 표현했다. 이는 두 나라 모두 특별한 예외주의적 성향을 가지고 있음을 예리하게 지적한 것이다.

이러한 중국 현 지도부의 사고를 반영하면서 베스트팔렌 체제에 대항해 중국이 내놓고 있는 새로운 세계관이 중국 전통의 '천하' 개념이다. 현재 중국 집권층은 천하의 개념을 국제 사회가 겪고 있는 여러 문제를 해결해줄 수 있는 유토피아적 미래 세계관으로 각색하고 홍보하려 하고 있다. 중국 지도부는 인민들은 이기적이고 상쟁하기를 좋아하는 습성이 있으므로 덕망을 갖춘 공산당 지도층이 이들을 교화하고 이끌어가야 사회가 안정되고 단결을 유지할 수 있다는 관점을 가지고 있다. 이들은 이러한 사고를 국제 사회에도 확장해 적용하면 국제 사회도 중국의 지도하에 각국이 조화로운 세계를 만들어 현재와 같은 불안정한 측면을 제거할 수 있다고 본다.

이런 관점에서 '천하' 개념이 유용한데 천하 체제에서는 국가 간의 관계가 위계적이고 그 중심에는 항상 중국이 존재해왔기 때문이다. 중국을 중심으로 한 문화의 동질성은 동심원처럼 중심에서 멀어질수록 야만에 가깝다. 중화 문명권에 있는 국가들은 군신의 관계로 다스리되 오랑캐 영역에 있는 종족들은 무력으로 다스린다는 역학 관계를 설정하고 있다. 따라서 새로운 '천하' 질서하에서는 중국이 여전히 세계의 중심이자 최상부를 점해야 하고 중국의 세계관에 동조하는 나라들은 어느 정도 혜택을 받을 수 있지만 동화하지 않는 국가·민족들은 징벌의 대상이 돼야 하며 중국이 천하를 무력으로 장악할 때 천하의 안정이 유지된다고 본다.

이러한 중국의 새로운 '천하' 개념은 중국의 확실한 패권과 다른 국가들의 순종을 담보로 한, 관념적으로만 '조화로운 세상'이 될 공산이 크다. 새로운 '천하' 개념을 설파한 짜오 티양 교수는 "로마는 문명 전파, 영국은 백인의 책무, 미국은 자유 세계 건설을 각자 세계관의 바탕에 두었다면 팍스 시나카 시대의 비전은 '세계 문제에 대한 중국식 해결'이 돼야 한다"고 주장한다.[65]

중국 공산당 초기 마오쩌둥 시절 중국의 국력이 다른 나라에 비해 많이 약했을 때부터 중국은 물리적 힘, 즉 군사력과 경제력에 의해 국력을 평가하는 베스트팔렌 체제 관념을 거부하고 자국의 정신적·사상적 우월성으로 세계 강국이라는 자부심을 잃지 않았다. 당시부터 공산당 지도부는 중국의 세계 지도국으로서 위상을 회복시키려면 국내적으로뿐 아니라 국제적으로도 지속적인 혁명이 이뤄져야 한다는 사고를 간직하고 있었다.

그러므로 사회 내 불균형과 불안정을 지속시키는 것이 혁명의 긴장을 유지하는 데 필요하다고 보았다. 저우언라이 총리는 "천하 전부가 혼돈 속에 있는 것이 최상의 상태다. 중국은 이 혼돈 속에서 천하제일의 승자로 부상할 것이다"라고 설파했다.[66] 이런 중국인들의 세계관에 비춰보면 덩샤오핑 시대의 중국이 서방 중심의 국제 질서에 편입돼 이를 수용한 것처럼 보인 것은 자국의 극적인 변신을 도모하기 위한 임시방편적 조치였다고 볼 수 있다.

이제 중국의 국력이 충분히 신장한 만큼, 중국 지도부가 기존 규범과 제도를 바꾸어 중국이 중심적인 역할을 할 수 있도록 국제 질서를 변경해나가야 한다는 생각을 지닌 것으로 보는 게 논리적이다. 따라서 21세기 중국은 현존하는 국제 질서에 대해 계속 문제를 제기하면서 그 혼돈을 이용해 자국의 지위를 높여 천하 중심으로 복귀하려 할 것이다. 지금의 중국 지도부는 공산주의 혁명 이론과 중국 전통의 천하 개념을 교묘하게 결합한 국가 지도 사상을 가진 것으로 보인다.[67]

이러한 중국인들의 야심은 중국 공산 정권 초창기 아주 경제적으로 궁핍했을 때부터 존재했다. 1956년 8월 마오쩌둥은 제8차 전국 인민 대표 대회(전인대) 1차 회의에서 "미국보다 인구가 몇 배 많은 중국이 미국을 따라잡지 못한다면 그보다 비참한 일이 없으며 중국이 미국을 몇십 년 후 따라잡는 것은 반드시 필요하고 우리의 지상 과제다"[68]라고 말했다.

중국 지도부는 마오쩌둥 시대부터 2049년경, 즉 중국 공산 정권 수립 100주년 무렵에 중국이 경제적·군사적으로 미국을 능가하는 최대 강국을 건설한다는 원대한 꿈을 가지고 있었다. 이러한 장기계획은 나중에 '100년의 마라톤'이라고 알려졌다.[69] 마오쩌둥은 연설에서 "동풍이 결국 서풍을 이길 것이다"라고 선언했다. 여기서 말한 동풍東風은 2019년 건국 70주년 열병식에서 미국 등 서방국들을 겨냥한 ICBM '동풍-41'의 등장으로 재현했다. 이러한 중국 지도부의 생각은 그 후 현 5세대 지도자들까지 면면히 이어져 내려와 현 주석인 시진핑 치하에서 '중국몽'의 형태로 나타나게 된 것이다.

중국은 원대한 야심을 품고 있었음에도 이를 미국에 드러내지 않았다. 2000년대 초까지만 해도 국제 여론에서 새로운 G2의 개념이 거론되기만 하면 중국은 미국의 상대가 될 능력도 생각도 없다고 했다. 또한 중국은 국제회의에서 개발도상국이라는 범주에 계속 머무르려 노력했고 서방 국가는 물론 한국으로부터도 경제 원조받기를 마다하지 않았다. 즉 중국의 전통적 지혜를 따라 전체 판세가 중국에 유리하게 변경될 때까지는 최대 적수에게 자신의 의중을 드러내지 않고 상대가 방심하도록 자신을 낮추면서 세력을 키워나가는 방식을 택했다. 이 같은 중국의 의도는 덩샤오핑이 지시한 '도광양회韜光養晦', 즉 '실력을 숨기고 시간을 번다'라는 사자성어에서 잘 나타나고 있다. 중국의 몸 낮추기 방식은 30년 이상 계속됐으며 이 같은 중국의 태도는 미국 등 서방국들이 자만감Self complacency을 가지게 했고 중국의 경제가 발전하면 중국의 정치 체제도 변할 것이라는 희망적 관점에서 중국의 발전을 여러모로 도와주게 했다.

미국은 중국을 구소련에 대한 대항마로 쓴다는 전략에 따라 중국에 무기 성능 개량을 비롯한 군사적 지원을 포함해 과학·기술적 협력을 계속 제공했다. 미국은 1979년 중국과 과학·기술 협력 협정을 체결하고 중국에 수많은 과학·기술 지원을 제공했으며 중국의 유학생들을 미국의 유명 대학에 무제한으로 받아들여 30년 이상 교육을 시켜왔다. 지금도 약 35만 명의 중국 유학생들이 미국 대학에서 고등 교육을 받고 미국 연구소에서 첨단 과학 기술을 연마하고 있다.

심지어 레이건 대통령 시절에 미국은 중국에 10억 달러 이상의 주요 군사 장비를 판매했고 이듬해에는 8개 첨단 산업 분야를 연구하는 중국 국가연구센터에 기술 지원을 제공하기도 했다.[70] 중국의 경제 자유화 정도가 미흡하고 중국 대기업들이 대부분 국영 기업이었음에도 클린턴 행정부 시절 중국의 요청에 따라 중국이 WTO에 가입해 자유무역과 세계화 혜택을 충분히 누릴 수 있도록 허용했다. 이 같은 미국의 중국에 대한 관대한 정책, 즉 패권국이 자국의 잠재적 패권 도전국의 성장을 도와주는 정책을 펼친 사례는 역사상 유례가 없을 정도였다. 미국이 중국을 '젖을 먹여가며 키우는Breast feeding' 일이 가능했던 것은 중국의 미국에 대한 기만계欺瞞計가 미국의 여론 주도층에 잘 먹혀든 결과이고 미국의 중국 전문가 중에 중국의 변화에 대한 낙관적인 견해를 가진 중국 옹호론자Panda Hugger가 대부분이었던 데 기인한다.

미국에 친중파가 많았던 것은 중국의 효과적인 홍보 전략에도 기인하지만, 중국 시장에서 막대한 이득을 거둘 수 있다는 기대로 인해 서방 기업들이 중국의 요구에 스스로 화답하고 중국과 친밀한 관계를 맺으려 했던 측면도 있다. 미국의 국가 전략을 장기적 안목에서 고민하지 않고 단기적인 경제적 이득을 우선하는 것이 주조가 됐다. 다시 말하면 미국의 미래 전략을 장기적으로 고민하는 정책연구소(싱크 탱크)들이 운집해 있는 워싱턴 케이 스트리트K street가 아니라 미국 기업의 주가 상승만 단기적으로 고민하는 월 스트리트가 미국의 대중국 정책을 주도했던 셈이다. 예를 들면 전 세계적으로 큰 인기를 끌었던 〈그래비티Gravity〉(2013)라는 미국 영화는 미국 우주인이 우주 미아가 될 뻔하다가 중국 우주 정거장의 시설을 이용해 지구로 귀환하는 줄거리인데 이 영화에서 러시아인은 악당으로 중국인은 영웅으로 미화돼 있다.

이 같은 설정은 중국이 요구했다기보다는 영화 제작자들이 중국의 이미지를 안 좋게 묘사하면 중국 시장에 진입하지 못하거나 진입하더라도 흥행을 하지 못할 것을 알기 때문에 스스로 자기 검열을 한 결과로 볼 수 있다. 이런 현상은 이 영화사에만 국한된 일이 아니라 상당 기간 미국 기업들 사이에 만연한 사고방식이었다. 이런 요인들이 복합적으로 작용해 미국은 부상하는 중국의 실체를 제대로 파악하지 못하고 중국에 관대한 태도를 취했다. 그러다 미국이 테러와의 전쟁에 몰두하는 21세기 초반 10년 동안 중국이 미국에 도전할 만한 세력으로 급부상한 것을 뒤늦게야 깨닫게 된 것이다.

이런 사례는 대중국 정책 기조에서뿐 아니라 중국과의 교역 관계 설정 과정에서도 발견할 수 있다. 2001년 마침내 WTO에 가입할 때까지 중국은 미국 행정부와 의회는 물론 조야 각계에 중국이 장래에 자본주의 시장 국가로 나아갈 것이라는 점을 적극 홍보하고 다음의 사항들을 장담했다. 우선 중국 정부는 SOE의 의사 결정에 관여하지 않을 것이며, 위안화 가치를 조작하지 않을 것이고, 미국의 지적 재산권을 존중할 것이다. 이런 논지를 펼치며 미국 측을 설득했다.

결국 미국 의회는 오랜 토의 끝에 2000년 중국과 통상 관계 정상화법을 통과시켰다. 하지만 현재 중국의 행태를 보면 WTO 회원국 지위와 시장 국가의 지위를 십분 활용해 자국 경제를 급성장시킨 후

가입 시 약속했던 사항들은 지키지 않고 있다. 오히려 그 반대 방향으로 나아가고 있다. 이런 측면에서 미국은 뒤늦게 중국의 실체를 깨달았다. 오바마 행정부 후반기에 중국에 대한 경계심을 고조시키면서 중국을 견제하기 위한 '아시아로 회귀Pivot to Asia' 전략을 채택했는데 이후 트럼프 행정부에서 본격적인 중국 압박을 시작하게 되었다.

이 같은 미국의 행보는 일시적인 것이 아니다. 중국이 앞으로 제기할 현 국제 질서에 대한 도전의 함의를 파악하기 시작했다는 점에서 지속적인 현상이 될 것이다. 이는 미국, 특히 공화당에만 국한된 현상이 아니다. 서방 국가 전체에서 초당파적으로 대중국 경계론이 힘을 얻는 상황이다. 따라서 미·중 간의 갈등을 넘어 중국 세력권과 서방국 세력권 간의 대립으로 장기적으로 확대될 가능성이 있다. EU도 최근 중국의 행태가 현 국제 질서 안정에 도움이 되지 않고 서방 경제에 경쟁적이고 위협적인 요소가 있다고 판단했다.

중국은 단시일 내 군사적 능력 면에서 미국을 추월하기는 어려우리라는 것을 잘 알고 있다. 그래서 자국의 세력권을 넓히는 동안, 특히 동아시아에서 지역 패권을 수립하는 데 있어 미국이 이를 방해하지 못하도록 미국을 견제하는 군사적 능력을 확보하는 데 주안점을 두고 있다. 이런 관점에서 중국은 육·해·공군의 통상 전력을 현대화하고 증강하는 데도 많은 국력을 쏟아붓고 있지만 이보다는 미국의 막강한 군사적 우위를 무력화시킬 수 있는 비대칭 대응 전력을 개발하는 데 몰두하고 있다.

중국은 고대의 병법과 설화에서도 이런 비대칭 전력 개발의 아이디어를 얻고 있다. 예를 들어 '살수전殺手栓, Assassin's Mace'이란 형태가 있다. 이 무기는 무력 대결에서 힘이 약한 자가 힘이나 무술이 더 강한 상대에게 마지막 사용하는 회심의 병기다. 이것을 사용하면 상대를 효과적으로 격퇴할 수 있다고 알려져 있다. 중국은 이런 무기로 장거리 대함 미사일, 인공위성 파괴 미사일 또는 기생 인공위성, 회피 기동 ICBM, 사이버 공격술, 여타 전자파 장해 무기, 레이저 무기 등을 꼽고 있으며 상당 기간 이러한 무기 개발에 진력하고 있다. 미국의 뉴포트 소재 해군전쟁대학에서는 잠재 적국과의 가상 전쟁 게임을 매년 시행하고 있다. 최근 2030년을 상정한 가상 전쟁 게임에서 통상 전력만 가지고도 미국이 중국과의 대규모 해전에서 패배하는 것으로 결과가 나왔다. 그 후 미국 국방부에 행해진 유사한 시뮬레이션에서도 중국이 살수전을 사용할 경우 중국이 승자로 나오는 경우가 다반사였다.

미국이 우세한 전력을 보유하고 있음에도 미국과 중국의 가상 대결에서 승리를 장담할 수 없는 중요한 요인이 있다. 전쟁에서 승패는 전력이 압도적으로 차이가 나지 않는 한 전쟁 능력보다는 전쟁 의지가 더 중요하게 작용한다는 것이다. 이를 그간 역사가 말해주고 있다. 이 요인이 잘 적용될 수 있는 분야가 핵전쟁이다. 중국의 미국에 대한 가장 심각한 도전과 위협은 핵전쟁에 대한 중국의 개념이 여타 국가와는 완전히 다를 수 있다는 점이다. 핵무기는 절대 무기이므로 핵무기 보유 자체로 그 나라의 국제적 위상을 높여주고 다른 나라들의 선제 공격을 막아주는 역할을 한다. 그러나 핵무기 자체를 실전에 사용할 수는 없다는 것이 핵무기와 관련한 일반적인 전략적 관념이다. 그러므로 핵을 통한 '공포의 균형'이 이뤄지고 있으며 이것을 국제 질서의 안정 요인으로 볼 수 있다.

그러나 중국은 다른 나라와 완전히 다른 국토의 크기·인구수·공산주의 정치 체제를 가지고 있기에 핵무기와 관련해 다른 나라와 완전히 다른 전략적 개념을 가지고 있다고 볼 수 있다. 즉 중국은 필요하면 핵무기를 사용해서라도 다른 패권 국가의 도전을 물리치고 세계 패권을 장악할 수 있다는 복안을 가지고 있다. 이는 1957년 마오쩌둥이 모스크바 국제 공산당 대회에서 "중국은 핵전쟁 발생 시 수억 명의 인민이 희생당하더라도 혁명 도상에서 후퇴하지 않을 것이며 결국은 최후의 승자가 될 것이다"라고 발언해 참석한 다른 나라 대표단을 경악하게 한 데서도 엿볼 수 있다.

이 발언은 혁명 초기의 중국 공산당 지도부의 교조적 태도를 반영한 것이라 볼 수 있지만, 중국의 특수성을 감안한 전략적 계산이 녹아든 것일 수 있다. 중국이 만약 이러한 전략적 계산을 아직도 유효한 것으로 생각하고 필요할 때 이에 따라 미국과 대결 국면에 대처해나가겠다고 결심하면 이는 미국에 심각한 전략적 딜레마를 초래할 것이다. 현재 중국은 핵탄두를 약 250여 개, 미국은 약 4,000개를 가지고 있다고 알려졌다. 그러나 중국의 핵탄두 숫자만 해도 미국을 몇 번 파괴하고도 남을 분량이다. 결국 핵전쟁에서 중요한 것은 핵탄두 숫자가 아니라 2차 보복 타격에서 수백만 명의 인명 희생까지 감내하고 3차 타격을 가하겠다는 의지다. 이 의지를 가진 쪽이 핵전쟁에서 최후 승자가 될 수 있다는 측면에서 핵전쟁에 대한 중국의 전략적 계산은 심각하게 고려해야 할 대상이다.

이에 반해 미국은 점차 전쟁에서 대량 인명 피해가 발생하는 것을 회피하려 하고 있다. 이는 미국 국방장관을 역임한 로버트 게이츠가 "향후 미국 대통령에게 아시아·중동·아프리카 분쟁에 미국 지상군을 파병하도록 건의하는 국방부 장관은 없을 것이다"라고 언급한 데서 잘 드러나고 있다.[71] 이같이 미국 국민과 정치 지도자 사이에서는 전쟁의 승리보다는 국민과 병력의 손실을 회피하는 방향으로 정서가 형성돼가고 있다. 따라서 막대한 인명 손실이 뒤따르는 중국과의 군사적 대결에서 미국은 심리적으로 불리한 상황에서 출발한다고 봐야 한다.

한국전에서 변변한 무장조차 하지 못한 중국 인민해방군의 인해전술에 속수무책으로 후퇴하기만 했던 미군이 앞으로 미국과 버금가는 군사력으로 무장한 채로 여전히 인해전술과 유사한 전술을 구사하기를 마다하지 않는 인민해방군을 어떻게 대적할지 의문시될 수밖에 없다. 이 대목에서 무기의 우위를 가진 쪽이 아닌 희생을 감수하고 덤벼드는 의지를 가진 쪽이 이기는 경우가 많았던 전쟁사의 교훈을 상기해야 한다.

이같이 서로 예외주의의 적용을 당연한 것으로 생각하고 내심 주권 평등의 개념 자체를 중요시하지 않는 데서 공통점을 가지고 있는 미국과 중국이 향후 어떠한 관계를 만들어갈 것인가에 따라 세계 질서 전체의 안정이 달려 있다. 미국은 역사상 한 번도 자국과 필적하는 국가와의 관계를 협조적으로 처리해본 경험이 없다. 중국도 지난 100여 년 동안을 제외하면 자국 역사상 어떤 나라와 대등한 관계에서 외교를 처리해본 경험이 없다. 이런 점에서 미·중 양국이 중국이 현재 주장하고 있는 '신형 대국 관계'가 상정하는 협조적인 관계를 유지해나갈지 아니면 대결적인 관계로 나아갈지 아직 잘 알 수 없지만 후자의 개연성이 더 높아 보이는 것이 작금의 현실이다.

중국이 전 세계적으로 미국의 패권에 도전해 세계 패권국의 지위를 정책적으로 추구할지는 현재로서는 불투명하다. 그러나 현재 중국의 행태로 보면 중국은 미국과 대등한 지위를 누려야 하겠다는 생각을 가진 것으로 보인다. 적어도 동아시아·서태평양 지역에서는 미국의 영향력을 걷어내고 자신의 패권을 우선 확립해야 한다는 정책 목표를 가지고 있다. 미국은 19세기 초 자신의 국력이 신장하던 시기에 유럽의 영향력이 신대륙에 미치는 것을 제어하고자 했다. 먼로 대통령이 독트린을 발표해 "미국이 유럽 내 세력 균형 등에 개입하지 않을 것이니 유럽도 미주 신대륙 내 식민지를 건설하지 말고 개입하지 말 것"을 요구했다. 중국도 이처럼 먼로 독트린의 아시아식 변형판을 추구할 수 있을 것이다.

중국은 미국에 서반구는 미국의 세력권으로 인정할 테니 동아시아·동반구에서는 중국의 세력권을 인정하는 선에서 서로 암묵적 타협하자는 신호를 계속 보내고 있다. 이를 관철하기 위한 정책 수단으로 남중국해의 내해화, BRI 구축 등을 추진하고 있다고 봐야 한다. 남중국의 내해화를 통해 '제1 도련선First Island Chain'이내 해역에 대한 제해권을 장악하려 할 것이고 장기적으로는 '제2 도련선'[72]까지 미국의 제해권을 밀어내려 할 것이다. 중국은 서태평양 해역을 자국의 세력권으로 삼으려는 목적이 있다. 이러한 중국의 도전에 대해 미국이 어떠한 대응을 보일 것인가에 따라 앞으로 미·중 간 갈등의 양상이 결정될 것이다.

중국의 이러한 도전에 대해 미국이 어떻게 응전하느냐는 세 가지 시나리오로 나누어볼 수 있다. 첫째, 중국의 이러한 도전에 대해 강력한 무력을 동원해 그 의지를 처음부터 꺾는 방법이 있다. 둘째, 중국과 타협해 중국의 세력권을 일정 부분 인정하고 양국이 공존하는 방법이 있다. 셋째, 중국의 도전에 응전하지 않고 미국의 전통적 고립주의 방식을 택해 미국의 세력권을 2차 세계대전 이전 부분으로 축소하고 역외 균형자Off-shore Balancer로 회귀하는 방법이 있다.

이 세 가지 방법은 각기 미국에 심각한 전략적 위험성을 내포하고 있다. 어떤 방법을 선택하더라도 미국 정책 결정자 입장에서는 고민스러울 수밖에 없을 것이다. 미국의 입장에서는 중국이 2010년 이전처럼 미국이 구축한 세계 질서하에서 경제적 이득만 취하는 선에서 만족하는 것이 최선의 상황이다. 하지만 중국은 그렇게 하기에는 국력이 너무 신장했고 정치적 야심을 표방하고 있는 상황이다. 미국이 대응책을 선택해야 하는 상황에 내몰리고 있다.

첫째 방법을 선택했을 경우 중국이 아직 자신의 국력이 미국에 대적할 만한 상황이 아니라는 것을 실감하고 스스로 물러나면 미국으로서는 최선이다. 그러나 중국이 이에 굴복하지 않고 미국에 정면으로 저항한다면 미국으로서는 중국과의 전면전을 불사해야 한다는 위험성을 감수해야 한다. 미·중 간 충돌이 발생하면 제한전이 될지 전면전이 될지 아무도 알 수 없는 일이지만 무력 충돌이 발생하면 상승효과Escalation effect를 가져오기 쉽기에 양국은 최악의 경우 핵전쟁을 각오해야 한다. 단, 중국이 아직 미국과 전면전을 벌일 만큼 군사력에 대한 자신이 없다고 판단할 경우, 중국은 미국이 군사적 공격을 할 빌미를 주지 않으면서 후일을 대비하며 지구전에 돌입할 수도 있을 것이다.

핵전쟁의 경우 앞에서 살펴본 바와 같이 인구가 미국보다 압도적으로 많고 현 정치 체제도 공산당을 중심으로 내부 통제가 강하며 밖으로 중화 민족주의의 부활을 꿈꾸고 있는 중국인들의 욕구가 강한 중국 측이 미국보다 전쟁 의지와 내구성이 더 강하다고 볼 수 있다. 핵전쟁은 절대 무기를 통한 심리 게임의 성격이 강하므로 핵전쟁이 실제 발생하기 이전에 어느 나라가 핵전쟁에 실제 돌입할 의지를 가졌는가를 서로 탐색하는 과정에서 전쟁 발발 없이 한쪽의 후퇴를 유도해 분쟁이 종결될 개연성이 높다. 이런 측면에서 미국이 첫째 방법을 선택할 경우 중국의 충격 흡수력이 크다는 점에서 미국의 전략적 위험성이 너무 높아 이를 실행할 가능성이 작아 보인다.

게다가 중국이 미국 측에 자신은 미국의 패권국 지위를 박탈하려는 것이 아니고 자신의 세력권을 일부 인정해달라는 제한적 목적만 가지고 있다는 신호를 계속 보내면 미국 전쟁 지도부는 이를 수용할 것이다. 제한적 전쟁이 임박한 순간에 중국의 제한적 목표란 남중국해의 내해화, 제1 도련선 확보, 제2 도련선 확보 순으로 확장될 수 있다. 전략적 목표를 시기별로 제한하고 이에 자국의 전력을 집중할 경우 미국의 전체 전력이 상당 기간 중국을 압도하더라도 미국이 중국을 억제하기보다는 단계별 요구를 수용하기가 더 쉬울 것이다.

남중국해 경우만 해도 미국과 미국의 동맹국들이 '항해 자유 작전FONOP'을 간헐적으로 수행하고 있지만 중국은 이 지역 몇 개 산호초 섬을 인공 섬으로 개조해 비행장을 설치하는 등 군사 기지화에 착수했다. 이처럼 중국의 남중국해 내해화가 본격 진행되고 있는 가운데 미국은 중국과 영유권 분쟁 중인 필리핀이나 베트남 등을 내세워 양자적으로 해결하도록 유도하거나 다자적 방법, 즉 해양법재판소의 중재 재판을 통하거나 아세안 차원에서 '행동 규범Code of Conduct' 작성을 통해 중국을 제어하려 했으나 크게 실효적인 조치가 되지 못하고 있다. 중국이 자국에 불리한 중재 재판의 결과를 수용할 생각이 없고 행동 규범도 자국에 유리한 방식으로 작성되도록 시간을 지연시키면서 아세안 각국을 분리해 압박과 회유를 병행하고 있기 때문이다. 중국은 오히려 행동 규범 작성을 통해 남중국해에서 미국·일본 같은 제3국의 영향력을 차단하려 하며 아세안을 중국의 품에 안으려 하고 있다.

따라서 남중국해 내에 중국의 세력권 확장을 억제하려면 미국이 해군력을 직접 사용하는 방식만이 실효적일 수 있는데 이런 미국의 항해 자유 작전에 대해서도 중국의 대응이 점차 거칠어지고 있어 미국이 직접 충돌을 감수할지도 미지수다.[73] 최근 들어 중국 해군은 남중국해에서 항해 자유 작전을 수행 중인 미군 함정에 대해 공격적으로 돌진하는 무모함을 보이기도 했는데 다행히 미군 함정이 이에 대해 회피 기동을 함으로써 물리적 충돌이 발생하지는 않았다. 이런 사실은 중국의 남중국해에 대한 결의의 일단과 일촉즉발에 가까운 상황의 심각성을 보여주었다.

남중국해에서 해군력 대결의 경우에도 전체 해군력은 미국이 여전히 압도적이지만 중국을 남중국해에서 후퇴시키기 쉽지 않을 것이다. 중국의 경우 남중국해는 자신의 앞마당과 마찬가지라는 지리적 이점이 있고 전력이 적지만 이곳에 자신의 전력을 모두 투입할 수 있기에 전략적으로 미국보다 유리한 위치에 있다. 심리적으로도 중국은 남중국해를 자신의 내해라고 여기고 그곳까지 자국의 제해권을 확충해야 한다는 결의가 강하기 때문에 전 세계 넓은 해역 전체를 방어해야 하는 미국 해군과는 기본자세가 다른 것이다. 이는 미국이 1962년 쿠바 미사일 위기 시 미국 해군이 소련 해군을 쿠바 해역 인근에서 전쟁 불사를 각오하고 차단하는 데 성공함으로써 미국 뒷마당의 안전을 확보한 사례와 비교할 수 있다. 이를 보면 미국

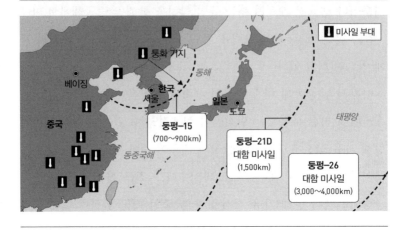

중국의 대함 미사일 공격 능력

툰화 기지

미사일 부대

베이징

동해

한국
서울

일본
도쿄

태평양

중국

동펑-15
(700~900km)

동중국해

동펑-21D
대함 미사일
(1,500km)

동펑-26
대함 미사일
(3,000~4,000km)

과 중국 간의 남중국해에 대한 전략적 입장과 그 대응 방식이 다를
수밖에 없다는 것을 추론해볼 수 있다.[74]

또한 중국은 남중국해 인근에서는 본토로부터 전력을 투사하기
가 용이하고 해·공군 합동 작전을 수행할 수도 있으나 미국으로서
는 항공모함 함대를 통한 작전만 수행 가능하다. 최근 DF-21 같은
장거리 지대함 미사일 등 중국의 대항공모함 공격 전력이 많이 향상
돼 미·중 해군 함정 간의 충돌이 발생했을 경우 미국 항공모함 함대
가 격침의 위험을 무릅쓰고 이 해역으로 진입해 확전을 위협함으로
써 중국의 후퇴를 이끌어낼 수 있을지 의문이다. 중국이 물러서지
않으면 확전 또는 전면전으로 갈 수밖에 없는 전략적 도박을 미국
전쟁 지도부가 남중국해 항해 자유 확보를 위해서 불사할지는 앞으
로 상황 전개를 더 두고 봐야 한다.

2018년 10월 시진핑 주석은 '신남순강화新南巡講話'라고 불리는 중국 남부 지역을 시찰하는 일정을 시작했다. 과거 덩샤오핑도 남순강화를 한 적이 있다. 이때는 경제 개발에 역점을 두고 지방 시찰을 했었다. 이와 달리 시진핑은 중국의 자부심을 고취하고 남부 전구 사령부를 방문하는 등 군사적 준비 태세를 점검하는 모습을 보인 점이 특별하다. 시진핑 주석이 "남부 전구가 책임지고 있는 임무가 더욱 막중해졌으므로 온 힘을 전쟁 준비 추진에 집중하라"고 지시했다고 보도됐다.[75] 이는 남중국해에서 미국과의 일전에 대비하라는 말과 다르지 않다. 역사에서도 자국의 목적을 성취하는 데 더욱 결의에 차고 이를 추구하는 데 무모한 방법을 사용하는 것도 마지않는 국가가 상대국으로 하여금 더욱 고민하게 만들고 결국 양보하게 만든 사례가 많았다는 점을 이 대목에서 상기해봐야 한다.

미·중 간의 세력권 경쟁이 충돌을 야기할 또 하나의 화약고로 대만을 들 수 있다. 대만의 인구 중 많은 부분을, 1949년 중국 본토가 공산 치하에 넘어가자 본국에서 피난을 온 국민당 출신들이 점하고 있지만 본래 대만인들은 중국 본토인들과 인종적으로도 달라 반자치적 생활을 영위하고 있었다. 따라서 대만의 민진당 지지자들은 대만을 중국에서 독립된 하나의 국가로 분리시키려는 운동을 전개하고 있다. 이에 반해 국민당 출신들은 중국 본토와 통일을 희망하지만, 공산주의 정권과 손을 잡을 생각은 전혀 없다. 대만에서는 어느 정당이 집권해도 통일을 추진할 이유가 없지만, 중국 본토에서는 대만을 홍콩을 중국에 편입시켰듯이 1국 2체제를 통해 서서히 편입시키려는 생각을 굳게 가지고 있다.

중국으로서는 대만을 편입시키지 못할 경우 크게 봐 50여 소수민족을 중국의 오성홍기 깃발 아래 묶어두기 쉽지 않게 될 것이므로 대만의 중국 본토 내 편입이 아주 중요한 국가 과제다. 게다가 대만은 미국의 군사적 지원을 받아 전 국토를 잘 무장하고 있고 약 38만 명의 잘 훈련된 병력을 보유하고 있다. 중국이 무력으로 대만을 점령하려 할 경우 점령이 가능하지만, 중국군도 큰 손실을 각오해야 할 상황이다. 중국이 대만을 무력으로 병합하려 할 경우 대만을 방어해주기로 한 미국의 군사 공약이 유효하기 때문에 중국은 미국과의 충돌을 피할 수 없다.

그러나 중국이 남중국해를 내해화하고 이 해역 내에서 미국 해군력의 영향력을 배제하려면 대만을 편입시킬 수밖에 없다. 군사 전략적 관점에서 봤을 때 대만 섬 자체가 중국군에게는 떠 있는 거대한 항공모함으로 비칠 수 있다. 적대적인 군사력이 대만에 존재하는 한 중국 본토도 미사일 공격으로부터 안전할 수 없으며 중국 해군이 남중국해로 진출할 경우에도 대만 해군이 배후에서 항상 허를 찌르고 수송로를 차단할 능력을 보유하고 있다는 사실도 위협적이다.

이런 군사 전략적 가치 때문에 미국도 팽창하는 중국의 군사력을 견제하기 위해서 대만의 독립을 유지시키고 대만을 잘 무장시키는 것이 절대적으로 중요하다는 점을 인식하고 있다. 따라서 미·중 양국 간 대만을 둘러싼 이해관계는 첨예하게 대립한다. 중국이 미국이 대만에 새로운 무기를 판매해 대만의 무력이 증강될 때마다 강한 불만을 미국 측에 제기하는 것은 미국의 이 같은 무기 판매를 중국을 전략적으로 견제하기 위한 적대적 행위로 간주하기 때문이다.

중국이 중화민족의 대단결이라는 명분으로 정치력과 협상력을 발휘해 대만을 가까운 장래에 평화적으로 편입시키지 못한다면 미·중 간의 대립이 격화되면 될수록 대만 문제를 둘러싼 양국 갈등은 첨예화될 것이다. 언젠가는 대만을 둘러싸고 정면 대결이 불가피하게 될 수도 있다. 이런 상황이 도래할 경우 미국의 전쟁 지도부가 어떤 결정을 내릴지는 미지수다. 미국도 대만을 잃을 경우 미국의 영향력이 제2도련선 부근으로 밀려 나갈 것이 자명함을 알고 있기에 중국이 대만을 무력 점령하도록 허용할지 중국과 전면전을 불사할지 양자택일을 해야 하는 딜레마에 봉착할 것이다. 물론 중국이 대만 문제를 무력을 통해 해결하려 시도하면 중국은 전면전을 각오하고 시작한다고 봐야 하고 미국은 이를 기정사실로 보고 대응해야 한다.

미국과 중국 간에 충돌이 일어나고 있고 앞으로 더 심각하게 전개돼 전쟁으로 이어질 수 있는 부분은 바로 사이버 영역이다. 정보통신과 AI 기술 등이 발전하면 할수록 국방 체계 전체와 각급 무기 체계에도 이런 기술 발전이 반영된다. 평시에는 군사력의 효율적 관리, 정보 수집, 정밀 타격 등을 용이하게 해준다. 더 나아가서 군대 전체의 지휘 체계Command & control뿐 아니라 사회 인프라 전체가 AI를 가미한 컴퓨터 시스템에 의해 관리·운영되고 있는 것이 현실이다. 이런 상황에서 미국과 중국은 서로 상대편의 주요 정보나 기술을 탈취하거나 상대편 지휘 체계의 허점을 파악해 이의 기능을 정지시키는 사이버 공격력 육성에 집중하고 있다. 미국 정부가 5G 통신망에 화웨이 제품 사용을 금지하는 이유는 이처럼 통신망을 이용한 사회 기반 시설 교란Social Infra Disruption을 통해 기술적으로 상호 확증 파괴Technical MAD를 할 수 있다는 것을 알기 때문이다.

미국과 중국처럼 엄청난 핵무장을 한 국가 간에는 전면적인 무력 충돌은 엄청난 인명 피해를 수반하는 최후의 수단이기 때문에 가급적 이를 피할 수밖에 없고 그 대신 외부적으로 피해 발생이 쉽게 감지되지 않는 사이버 공격을 상대에 대한 보복 수단으로 자주 사용할 수밖에 없게 된다. 그런데 앞으로 지휘 통제 체제가 더욱 고도화되고 각 시스템 간에 연계성이 높아질수록 사이버 공격에 대한 취약성도 증가하게 된다. 한번 제대로 공격받는다면 자국의 사회와 군사 지휘 통제 체계 자체가 어느 순간 무력화되는 경우가 발생할 수도 있기 때문이다. 상대편에서 전면적인 지휘 통제 체계 무력화를 의도하지 않았더라도 기술적으로 복잡한 연계성 때문에 일부 망에 대한 공격이 전체 망으로 확산될 수 있다. 이때 상대편에서는 이를 전면적인 사이버 공격으로 오인하고 이에 상응하는 보복 공격을 가할 수 있을 것이다.

이 경우 1차 세계대전 발발의 간접적 원인이 됐던 국가 총동원 시스템의 부작용이 사이버 전쟁 체계에서도 발생할 수 있어 우려되는 바가 크다. 즉 사이버전의 경우 현재의 지휘 통제 체계가 너무 고도화돼 있고 연계성이 높아 한번 센 공격을 받으면 이에 대응하거나 보복 공격하는 능력 자체를 상실할 가능성이 있으므로 미·중 양측은 상대편이 선제공격하는 것을 허용하지 않도록 극도로 예민하게 상황을 늘 주시하고 있다. 따라서 상대편이 좀 특이한 행동을 보일 경우 이것을 전면 사이버 공격으로 오인하고 먼저 더 강력한 대응 조치를 취할 가능성이 높고 이를 통해 전면전으로 이를 가능성도 배제할 수 없다. 이런 상황을 '선제 사용하거나 대응 능력을 상실하는 딜레마_{Dilemma of use it or lose it}'라고 부르기도 한다.[76]

이러한 중국의 도전에 대한 미국의 대응 시나리오를 상정하면서 우리는 2차 세계대전 이전 연합 세력들이 독일이 재무장하며 세력권을 유럽 내에서 넓혀가기 시작할 때 대응했던 방식을 통해 몇 가지 추론할 수 있다. 영국과 프랑스를 주축으로 한 연합 세력은 독일이 라인란트 비무장 지역을 무장화하고 결국 독일에 편입시키는 과정에서 전쟁을 회피할 목적으로 독일에 유화 정책을 쓰고 뮌헨 협정을 맺었다. 이때 영국의 체임벌린 총리는 "우리 시대의 평화를 이뤄냈다"라고 했다. 그러나 그 평화는 오래가지 못했다. 결국 독일이 폴란드 전체를 병합하고 체코의 슈테텐 지역을 병합한 후 체코 전체에 대한 공격을 하자 이를 마지막 선을 넘은 것으로 본 연합 세력들이 독일에 선전포고하면서 2차 세계대전이 발발했다.

미국의 경우에 이를 대입하면 미국 전쟁 지도부에게 대만이 라인란트일지 폴란드일지 체코일지 아직은 불분명하다. 동아시아 지역의 다른 미국의 동맹국들, 즉 일본·한국·태국과 유사시 미국의 군사적 지원을 믿고 있는 베트남, 필리핀, 싱가포르 등에게도 같은 의문이 유효하게 적용된다. 미국 전쟁 지도부의 관점에서 어느 나라가 최후의 마지노선이 될지, 어느 정도 사이버 공격이 용인 가능한지 현재로서는 미국도 명백히 밝힐 수 없고 실제 상황이 발생했을 때만 알 수 있게 될 것이다. 그러나 이런 상황 자체, 즉 미국이 방위 공약을 명백히 미리 공언할 수 없다는 사실과 중국의 군사력이 동아시아 내에서는 미국의 군사력에 심대하게 타격을 줄 수 있다는 사실 그 자체가 미국의 동맹국들과 군사 협력국들에는 자국 안보에 불안정한 요소로 작용하고 있다.

트럼프 대통령이 집권한 이후 미국 행정부는 위험을 무릅쓰고 동맹국을 보호하려는 의지가 약화된 것으로 보인다. 미국은 동맹국들이나 군사 협력국들이 자체 군사력을 증대시켜 자국 안보를 스스로 책임지라는 신호를 보내고 있다. 이런 신호 자체가 미·중 간 세력권 경쟁에서 미국에 불리할 것이다. 이런 상황에서 대부분의 국가는 거대한 중국의 군사력 앞에서 자국의 안보를 스스로 책임지기보다 중국과 가까워지는 방향으로 위험을 회피Hedge하려 할 가능성이 크다.

미국이 미국 우선주의에 따라 동맹국들이나 군사 협력국들을 위해 서태평양 지역에서 중국과 전쟁을 감수하기보다는 태평양을 반분해 서태평양을 중국의 세력권에 넘겨주고 동태평양 이내로 미국의 세력권을 축소하는 타협을 중국과 명시적이든 암묵적이든 도출해내는 것이 점증하는 중국의 도전에 대응해 미국이 취할 수 있는 두 번째 전략적 옵션일 수 있다. 미국은 중국과 전면전을 벌일 경우 입을 막대한 피해를 감수하면서까지 서태평양 지역에서 제해권 등 세력권을 유지하면서 동맹국을 철통같이 방어하는 것보다 중국과 타협을 이뤄 태평양을 양분해 관리하는 것이 순수한 자국 이익의 관점에서 볼 때 유리하다는 판단을 할 수 있다. 이 경우 미국은 전면적 대결을 회피하고 체면을 유지하면서 중국을 서태평양 내에서 제한적으로 묶어둔다는 이점을 찾을 수는 있을 것이다. 이렇게 되면 미국은 세계 패권국이라 할 수 없으며 팍스 아메리카나 시대는 저문다. 미국은 중국과 평화 공존하며 세력 균형 체제에 의지해 중국을 견제하고 자국의 이익을 수호하는 베스트팔렌이나 빈 체제하 유럽 주요 강국의 일원 같은 역할로 돌아가야 한다.

하버드대학 그레이엄 엘리슨 교수의 연구 결과에 따르면, 역사적으로 기존의 패권국과 부상하는 패권 도전국은 대부분 갈등 관계로 들어간다. 역사상 16개의 패권 경쟁 과정을 보면 그중에서 12개의 경우가 전쟁으로 종지부를 찍은 것으로 분석된다. 그는 지금 미국과 중국은 17번째의 패권 경쟁 관계에 돌입해 있는 것으로 보고 있다.[77]

이 같은 전쟁을 통한 세력 전이는 양측이 모두 상대편의 의도를 의심하고 이를 억제하려 하기 때문에 발생하는데 패권국은 패권 도전국이 더 강력해지기 전에 견제해 그 세력 부상을 차단하는 것이 자국의 이익이라 생각할 것이다. 마찬가지로 패권 도전국은 패권국이 전속적으로 향유하던 지위를 나눠 가지려 하고 이것을 패권국이 견제하기 시작하면 자국을 계속 종속적 지위에 묶어두려는 의도라고 오해하기 쉽기에 결국 양측 간 충돌이 불가피하게 된다.

엘리슨 교수는 무력 충돌을 수반하지 않고 패권 경쟁이 마무리된 네 가지 경우, 즉 투키디데스의 함정[78]에 빠지지 않았던 사례로 15세기의 포르투갈-스페인 간 패권 교체, 20세기 초반 영국-미국 간 패권 교체, 1990년경 소련과 미국 간 패권 경쟁 종식, 유럽에서 영국·프랑스와 독일 간의 지도권 교체를 들고 있다. 미국과 중국 간에도 양국 간 패권 경쟁이 불가피하게 발생할 것이고 그대로 방치할 경우 충돌 가능성이 크다고 보고 있으나 양국이 양국 간 관계를 전략적으로 재설정하고 공동 도전에 협력해 대응하면서 패권 경쟁보다 국내적 문제 해결에 더 우선순위를 둘 경우 양국 간 충돌을 회피할 수 있는 것으로 제시하고 있다.[79]

그러나 미국과 중국 간의 패권 경쟁은 네 가지 사례 중 세 가지 사례처럼 같은 국제 체계 내 즉, 같은 문명과 문화적 배경을 가진 국가 간의 패권 경쟁과 그 성격이 다르다. 소련과 미국 간의 패권 경쟁은 소련의 경제력 자체가 미국에 애초부터 경쟁 상대가 아니었다는 점에서 적절한 비교 대상이 되지 않는다. 냉전 중에 CIA 등은 구소련의 경제력이 미국의 약 55%는 될 것으로 추산했으나 냉전 종식 후 밝혀진 내용을 보면 소련의 GDP는 미국의 4분의 1 정도에 불과했다. 그중 35% 정도를 군사비에 쏟아부었으므로 경제 체질이 더 허약해져 붕괴의 길을 갈 수밖에 없었다.[80] 반면 중국과 미국 간의 패권 경쟁은 양국의 경제력이 비슷하고 이념적 대립뿐 아니라 문명사적 대립이 가중되는 데다 양국 모두 자국 예외주의 사고를 가지고 있다는 점에서 구조적으로 훨씬 복잡하다. 양국 간 충돌을 회피할 타협책을 도출해내기가 쉽지 않을 것이라고 보는 것이 합리적이다.

　미국도 이 시점이 아니면 중국을 견제할 수 없는 형편에 도달할 것이라는 판단이다. 트럼프 대통령은 중국을 적극 견제하기 시작했다. 2018년 10월 펜스 미국 부통령이 허드슨연구소에서 한 연설의 내용을 보면 중국과의 신냉전 시대 돌입을 선언한 것과 마찬가지다. 중국의 경제 발전이 이뤄지면 민주화도 이뤄질 것으로 기대했던 민주당 계열 인사들마저 이제는 중국을 확실히 견제하지 않으면 미국의 패권 자체가 위협을 받을 것이라는 인식을 공유하고 있다. 중국을 제조업 강국으로 키운 것만 해도 실책이었는데 기술 강국으로 도약하는 것을 방치한다면 미국의 패권을 유지할 수 없다는 미국 조야의 일치된 전략적 판단이 미국의 대중 강공 정책의 배경이다.

　그러나 중국이 이러한 미국의 견제를 잘 버텨내면서 굴기를 계속할 경우 중국은 미국에 더욱 강력한 패권 도전국이 될 것이다. 미국이 중국에 대해 대결적인 정책을 펼친다고 해서 미국의 경쟁력이 향상되는 것은 아니지만 중국의 굴기를 대결적·봉쇄적 정책을 통해 좌절시키지 못할 경우 중국이 더 적대적이고 경쟁력을 갖춘 패권 도전국이 될 수 있다는 점에서 미국의 대중 정책의 딜레마가 있는 것이다. 그래서 미국의 전략가들 간에 트럼프 대통령의 정책과는 달리 미국이 중국을 약화시키거나 미국의 입맛에 맞게 변화시키려 하지 말고 미국이 자신의 경쟁력을 회복하고 미국의 동맹국들과 공동 전선을 펴는 것이 더 현명하다는 제언도 나오고 있다.[81] 그러나 미국 조야가 중국에 대한 유화 정책은 필요하지 않다는 초당파적인 결의를 다지고 있기 때문에 미·중 간의 전략적 경쟁은 앞으로 오래 지속될 것이고 세계는 신냉전의 시대로 돌입할 가능성이 크다. 물론 아직 신냉전 시대가 도래할 것이라고 공식적으로 예측하는 나라가 없고 한국, 오스트레일리아 등과 같이 많은 나라가 미국에는 안보를 중국에는 경제를 의존하는 '이중 의존성의 딜레마'를 가지고 있기에 어느 진영에 속할지를 이 시점에 미리 말하기도 힘들다. 그래서 대부분의 나라가 양분법의 논리를 배격하고 신냉전의 가능성을 낮춰 말하고 있다. 그러나 앞에서 살펴본 바에 따르면 지금부터 내부적으로는 이런 가능성에 대비를 해나가야 할 시점이다.

다자주의 체제의 약화,
체제 지속 가능성 약화

지금의 국제 정세는 다자주의 체제가 미·중 등 주요국으로부터 그 권위를 도전받아 점차 약화되는 과정에 있다고 볼 수 있다. 현재 벌어지고 있는 상황으로만 판단하면 국제 질서를 잘 뒷받침해왔던 다자주의 체제를 그 설계자인 미국이 허물어트리려 하고 그 체제로부터 가장 혜택을 많이 받은 중국이 이를 지키려 하는 역설적인 상황이 벌어지고 있다고 할 수 있다. 미국이 이처럼 다자주의적 질서를 약화시키는 데 앞장서는 양상을 보이는 것은 우선 트럼프 대통령의 '미국 우선주의'가 작동하기 때문인 것이 분명하다. 그러나 문제는 이런 현상이 일과적인 것일지 구조적인 것일지인데 달리 말하면 트럼프 대통령이 재선될 것인지 아니면 트럼프 대통령이 떠나더라도 이런 경향이 지속될 것인지에 대해 전망을 해봐야 한다.

미국은 전 세계에서 자급자족이 가능한 유일한 나라, 지정학적으로도 다른 나라와 별 연계 없이 안보가 유지되는 나라다. 태평양과 대서양 건너 지역에서 벌어지는 일에 관여할 필요도 별로 없고 전통적으로 신경을 별로 쓰지 않는 나라다. 그래서 미국은 굳이 다자주의를 선호할 필요가 없다. 다만 2차 세계대전 후 팍스 아메리카나 체제라는 새로운 국제 질서를 구축하면서 다자 기구를 창설하고 이를 미국의 패권을 유지하는 보조 기구로 삼았기 때문에 다자주의를 확산시키려 했다. 그러나 그런 국제기구마저 기구의 회원 수가 많아지고 그 기구에서 미국의 주도권이 다른 주요국들의 부상으로 인해 약화되면서 미국은 국제기구에서의 활동이 국익에 도움이 되지 않는다는 판단을 하는 경우가 많아졌다. 국제기구마저 미국의 패권 유지에 도움이 되지 않는다고 판단할 경우 미국이 다자주의 질서를 옹호할 필요성은 더욱 줄어들기 때문에 미국이 다자주의 질서를 지키기보다는 자국의 행동 자유권을 우선시하는 방향으로 장기적으로 갈 것이라고 보는 것이 합리적이고 구조적인 분석일 것이다.

미국 국민 중 다자주의적 협조를 지지하는 세력도 적지 않지만, 미국민들은 미국이 예외적인 나라이며 특별 대우를 받아야 한다는 사고를 가지고 있다. 국제 정세가 이를 예전처럼 허용하지 않을 경우 다자주의적 관여를 더 많이 하기보다 오히려 한발 물러서서 미국의 이러한 예외적인 지위를 유지하려 할 개연성이 크다. 즉 미국의 국력이 상대적으로 쇠퇴하는 가운데 미국이 다자주의 질서 속에서 더 축소된 지분권을 행사하는 데 만족하면서 그 질서 안에 남아 있는 것보다 오히려 그 질서 밖에서 선택적으로 다자 질서를 이용하면서Opt in & out 자국의 자존심을 유지하려 할 공산이 크다. 이럴 경우 미국은 범세계적인 다자 질서, 국제기구 활동에 참여하기보다 미국에 유리하고 미국에 친화적인 국가들로 구성된 축소된 소다자주의 활동에 더 관심을 보이고 이를 중심으로 활동할 가능성이 커 보인다.

지금 중국이 현 다자주의 질서 유지를 선호하더라도 국력이 더욱 신장되고 미국과 동등한 경쟁을 하는 단계까지 나아가면 진정으로 다자주의 체제를 선호할 것인가는 두고 봐야 할 일이다. 중국은 단기적으로 미국에 비해 다자주의 질서를 지키려는 현상 유지 세력인 것처럼 보이려 하지만 장기적으로는 중국의 전통적 중화사상이 다자주의와 잘 조화를 이루지 못하기 때문에 다자주의 질서를 경시하는 현상 변경 세력으로 작용할 것이다.

중국이 향후 어떤 행보를 보일 것인가를 예측하려면 중국이라는 나라의 특성 자체를 먼저 고려해야 한다. 생태적으로 중국은 국가의 규모가 다른 나라와 비교가 되지 않을 정도로 크기 때문에 중국을 보통 나라를 판단하는 잣대로 비교하고 어떤 결론을 도출한다면 경솔한 일이 될 것이다. 이런 관점에서 중국을 그 누구보다 잘 아는 싱가포르의 전 수상 리콴유가 "중국의 규모가 너무 커서 중국을 세력 균형의 저울 위에 올리면 전 세계가 새로운 균형을 찾아야 할 것이다. 중국은 그냥 거대 행위자Big player가 아니라 전 세계 역사상 가장 큰 거대 행위자다"[82]라고 말한 것에 주목해야 한다.

중국은 그 거대한 인구로 인해 경제 발전의 첫 단계인 도약 단계로 진입하지 못할 것이라는 예측이 일반적이었다. 거대 인구의 일상 생활에 필요한 기본 수요를 충족시키기 위해서도 엄청난 생산력이 필요한데 이를 넘어 도약 단계로 진입하기 위해 필요한 천문학적인 투자를 조달할 방법이 없다고 본 것이다. 그러나 중국은 개혁·개방 정책을 통해 거대한 외국 자본을 유치하고 생산력을 증대시키는 데 성공함으로써 도약 단계로 진입했다. 이후 자체의 국가 주도 개발 정책과 성공적 수출 정책 등으로 국내 자본 축적에 성공함으로써 중국 경제는 세계 유례가 없는 고도 경제 성장을 이룩했다. 그것도 사회주의 정치 체제를 유지하면서 이런 자본주의적 시장 경제를 성공시켰기에 자국의 발전 모델에 대해 상당한 자부심을 갖게 됐다.

따라서 중국은 나름대로 자국이 지향하는 가치 또는 중국이 성공적으로 수행한 경제 모델들을 전 세계에 전파하면서 자국의 연성 권력을 키우려 할 것이다. 이러한 중국의 노력도 미국의 자국 우선주의와 더불어 다자주의 체제의 약화를 가져오는 원인이 될 것이다. 중국이 수천 년 동안 아시아에서 누렸던 지위, 즉 중화사상을 기반으로 한 국제 질서를 다시금 전 세계에 도입하려 할 가능성이 크다. 중국이 시혜적인 질서 주도국이 되고 다른 나라들은 중국의 지도력에 도전하지 않고 중화 질서 체제에 순응만 한다면 국가 간의 관계는 평화롭고 조화로울 것이라는 사상을 전파하려 할 것이다.[83]

중국은 미국이나 서방 제국주의 국가처럼 약소국을 침탈하고 경제적으로 수탈하지도 않을 것이고 약소국의 내정에 간섭도 하지 않을 것이며 자국의 사상이나 이념을 강요하지도 않을 것이라는 점을 부각시킬 것이다. 더불어 다른 나라들이 중국의 지도력에 저항하지만 않는다면 과거 조공 무역을 통해 주변국에 혜택을 베푼 것처럼 원조·투자 등을 통해 막대한 지원을 해주겠다는 회유책도 제시할 것이다. 중국은 벌써 엄청난 규모의 대외 원조를 개발도상국들에 제공하고 있다. 중국개발은행은 국제 개발 프로젝트에 대한 대출 규모가 IBRD를 능가하며 2016년 한 해 중국의 대외 원조 총액은 1,300억 달러로 서방 선진국 상위 6개국 개발 원조액 총액을 합한 것보다 많았다.

이러한 중국이 상정하는 국제 질서 개념의 기저에는 베스트팔렌 체제 이후 도입된 근대 국가 체제의 핵심 요소인 주권 평등사상이 결여될 가능성이 크다. 중국의 전통적 국제 질서에서 국가 간 관계는 수평적인 것이라기보다는 중국을 다른 나라와 비견할 수 없는 중심 국가라고 보고 다른 나라들은 중국과의 연계성과 문화적 유대 등을 중심으로 차별적인 대우를 하는 수직적 관계가 일반적이었기 때문이다. 고대 중국 문헌에서 발견되는 중국의 국제 질서 개념도에 따르면 중국을 중심으로 지리적으로 외곽으로 나가면서 5개의 동심원적인 권역 구분을 하고 이 권역별로 거기에 속하는 국가나 민족에게는 다른 지위를 부여했다. 이것이 중국의 전통적 세계관이었다. 그 동심권역은 안쪽부터 순서대로 황도, 제후국, 화친 조공국, 친교 변방국, 야만국 순으로 펼쳐진다고 봤다.[84]

중국은 역사적으로 볼 때 베스트팔렌 체제에서 비롯된 근대 국가의 개념이나 민족 국가의 개념에 들어맞지 않는 면이 많다. 중국은 황제의 직접 통치를 받는 지역 내에서도 인종적으로나 언어적으로 서로 다른 민족들이 혼재해 있었다. 그들은 유교라는 정치·사회 사상과 한자라는 공용어를 공유한다는 관점에서 하나의 나라로 간주됐다. 그러므로 중국은 엄밀히 말하면 민족 국가Nation-state라기보다는 문명 국가Civilization-state고 보는 것이 더 타당하다. 저명한 정치사회학자 루시안 파이(바이루신)는 "중국은 국가 집단 중 또 하나의 국가가 아니다. 중국을 보통 국가로 간주하는 것은 서방 문명에서 파생된 근대 국가라는 자의적이고 제약적인 개념의 틀에 한 문명 전체를 억지로 집어넣은 것과 다름이 없다"라고 한 바 있다.[85]

이런 문명 국가라는 시각에서 보면 동양 문명의 정점에 있는 중국으로부터 문명이 전파해나가는 수준이 지리적 거리가 멀어지면서 약화되는 현상을 볼 때 중화사상Sino-centrism은 당연한 것이다. 각국은 다른 문명 수준에 따라 위계질서에 편입되는 것이 자연스러운 것이었다. 따라서 중화사상의 관점에서는 각 국가가 중국의 문명·중국의 기준을 따라 배우는 것이 당연한 일이다. 중국이 중심이 된 질서를 받아들이면 국가 간에는 각자의 위계에 맞는 역할을 하면서 평화롭고 조화롭게 살 수 있다는 생각을 하게 되는 것이다. 이러한 중국민들의 사고는 중국中國이라는 국명을 작명할 때부터 드러났다. 중국이란 전 세계의 중심에 있는 국가다. 글자 풀이를 하자면 중中은 넓은 터의 가운데 깃발을 세우는 곳을 의미한다고 한다.

이러한 생각은 각 사회는 맨 상위의 군주를 중심으로 위계질서가 유지돼야 하고 그 질서는 각 구성원이 최선의 노력으로 지켜나가야 하며 각 구성원이 자신의 위계에 맞는 일을 성의를 다해 수행하면 사회 전체는 조화를 이루면서 태평하게 살 수 있다는 유교의 기본 사상을 반영한 것이라 볼 수 있다. 중국이 공산주의 초기 문화혁명 시대에 그렇게 말살하려 노력했던 유교 사상을 이제 부활시키고 공자를 복권시키면서 중국의 연성 권력을 전파하는 선봉 기관으로 공자학당을 전 세계에 설립하는 데 열성을 기울이고 있다는 점은 이런 중화사상에 입각한 세계 질서를 다시 세우려는 생각을 가지고 있다는 것을 반증한다.

중국이 국력 신장과 함께 자연스럽게 1세기 반 동안의 '치욕의 세기'를 극복하고 잃어버린 지위를 회복하려 할 것인데 이러한 중국의 지향이 향후 국제 정세, 특히 다자주의 체제에 어떤 영향을 미칠 것인지는 잘 살펴봐야 할 것이다. 2세기라는 짧은 기간에 성장한 미국이 특수한 건국 배경과 세계 어떤 국가와도 비견될 수 없을 정도의 압도적인 국력을 가졌다는 점에서 미국 예외주의가 언급되기도 하지만 5,000년 이상의 역사 속에서 중국이 가지는 특수성과 비교하기엔 부족한 면이 있다. 그런데도 미국이 팍스 아메리카나 시대에 미국의 특성을 반영한 세계 질서를 구축했다면 중국도 장차 그런 경로를 밟을 것이라 추정하는 것이 합리적이다.

중국의 경우에 자신의 옛날 지위를 회복한다는 것은 그냥 명예를 회복하는 것이 아니다. 중국이 세계의 중심에 서는 위계적 질서 체제를 회복하려는 것이 될 가능성이 있다. 이것이 현실화될 경우 이는 다자주의 체제에 큰 도전이 될 것이다. 중국은 역사적으로 주변 국가들에 중국 문명을 전파·교화시켜야 한다는 믿음을 가지고 이를 실행했음에 비춰 앞으로도 중국 특색 사회주의의 이념과 체제를 전 세계에 전파하거나 중국적 가치를 널리 앞세우려 할 것으로 보인다. 개인의 인권·정치적 자유·민주주의를 앞세우는 서방의 가치에 대한 대안으로 중국은 경제적 자유, 국가 간 관계에서 약소국의 권리 보장, 시장 방임적인 신자유주의에 대항하는 중국의 정부 주도 시장 경제 발전 모델 등을 내세우려 할 것이다. 이런 중국의 새로운 대안은 개발도상국들에 일정 부분 호소력이 있는 것도 사실이다.[86]

중국은 역사적으로 광대한 영토를 가지고 있었고 자국이 세계의 중심이라고 생각했으며 다른 나라는 자국의 경쟁 상대가 되지 않는다고 보고 위계질서 속에서 조공 관계를 매개로 다른 나라와 관계를 유지했다. 따라서 중국으로서 정치적 이유가 아니고는 영토를 더 넓히기 위해 다른 나라를 침략할 필요성을 덜 느낀다는 점에서 제국주의를 경영한 유럽 국가들과 다르고 미국의 대외 정책과 유사한 점이 오히려 많을 수 있다. 앞으로 중국의 대외 정책은 서방 국가들처럼 공격적이지 않을 수 있지만 자국이 지향하는 세계관과 가치, 핵심 이익을 다른 국가들에 강요하는 데 더 확신에 차고 집요할 수 있을 것이다.

이러한 중국의 노력은 그간 서방 국가들에 의해 창안·유지돼왔던 가치, 즉 '보편적 가치'라는 주권 평등, 인권 존중, 자유 시장 경제, 민주주의, 법치주의 등의 진정한 보편성에 의문을 제기하면서 중국이 중요시하는 유교적 가치, 아시아적 가치를 전파하는 데 집중할 것으로 보인다. 이러한 중국의 노력이 일부 개발도상국들에서 호응을 얻는다면 팍스 아메리카나 질서하에서 융성했던 다자주의 체제를 약화시키는 요인이 될 것이다. 중국은 외교와 국가 간의 관계에서 보편적 가치 문제를 언급하는 것을 기피하고 있다. 한·미 동맹을 가치 동맹으로 표현하는 것도 거부감을 표할 정도로 보편적 가치를 서방적 가치로 간주하고 있으므로 중국의 영향력이 커질수록 보편적 가치를 중시하는 현 다자주의 질서를 약화시키려 할 가능성이 크다.

중국은 지난 30년 동안 기적적인 경제 성장을 이뤄온 자국의 경제 모델을 개발도상국에 새로운 경제 발전 모델로 제시하면서 기존의 다자적 개발 협력 체제를 약화시키는 한편 자국이 주도하는 일대일로 정책에 잘 순응하는 국가들에 막대한 개발 원조 등을 지원하면서 자국의 경제 모델을 모방하도록 유도할 가능성이 크다. 지난 70년 동안 팍스 아메리카나 시대의 서방 경제 모델을 답습해보려다 실패한 개발도상국들, 20세기 중후반 선풍적이던 종속주의 경제 이론에 영향을 받고 20세기 말 세계를 풍미하던 신자유주의의 폐해를 경험한 개발도상국 엘리트들은 중국이 제시하는 새로운 자본주의, 즉 국가 주도 사회주의적 시장 경제 체제가 국가 경제를 자주적으로 발전시킬 수 있는 체제로 보고 이에 매력을 느낄 수도 있을 것이다.

중국의 경우는 집권 세력(공산당)과 정부가 경제 계획을 입안하고 이에 입각해 막대한 정부 보조금을 지원해 주요 산업과 기업을 육성하면서 정부가 정해준 테두리 내에서 기업가와 개별 기업의 창의성을 보장해줘 경쟁력을 확보하는 경제 개발 방식으로 국가가 주도하는 전형적인 개발 독재형 경제 발전 모델이라 할 수 있다.[87] 이러한 경제 모델은 아직 민주화가 덜 진전된 많은 개발도상국 지도자들에게는 정치적으로도 구미에 맞는 모델일 수 있다. 중국은 이러한 점을 노리고 아프리카 54개국 전체의 국가 원수를 베이징으로 초청해 3년 간격으로 중국-아프리카 정상 회의를 개최하면서 중국 모델을 홍보·전파하려 노력하고 있다.

중국의 경제 규모는 경이적이다. 구매력 평가 지수PPP 기준으로 2010년만 해도 미국을 능가하고 있다. 중국은 세계 최대의 공장일 뿐 아니라 세계 최대의 소비 시장으로도 성장했기에 한국을 비롯한 아세안 국가들 대부분이 중국과의 교역액이 미국과의 교역액을 훨씬 능가할 정도로 중국 시장의 변동에 자국 경제 성장률을 의존하고 있다. 따라서 이런 국가들은 중국의 영향력에 취약할 수밖에 없다. 중국이 제시하는 새로운 게임의 법칙에 순응해나갈 수밖에 없을 것이다. 예로부터 중국 사람들이 말하는 '황금의 법칙'이란 '황금을 가진 자가 법칙을 정한다'를 의미한다는 것을 세계는 앞으로 점차 더 깊이 깨닫게 될 것이다.[88]

중국의 지난 35년 동안의 경제 성장률은 경이적이다. 1990년경만 해도 중국 경제 규모는 미국의 10분의 1에 불과했으나 2007년경에 미국의 60%, 2014년경에 미국과 필적할 정도로 성장했다. 2025년경에는 미국보다 오히려 50% 정도 더 커질 것으로 예측되고 있다.[89] 이렇게 급성장한 국력은 당연히 중국의 국방력 증강으로 이어질 것이다. 지금 미국이 중국보다 우위에 있다고 자신하고 있는 군사력도 특별한 변수가 없다면 오래지 않아 중국이 미국과 대등한 위치에 올라설 것으로 보인다.

물론 군사력은 양적인 면은 물론 질적인 면도 중요하지만, 중국의 군사 기술 발전에 가속도가 붙고 있어 미국과의 첨단 기술 격차도 줄어들 것으로 보인다. 미국뿐 아니라 한때 국제 질서를 주도했던 패권국들은 모두 강력한 군사력, 특히 해군력을 바탕으로 전 세계 교역로를 통제하면서 경제적 지배권도 행사할 수 있었다. 그 위에 이들 패권국은 법과 제도, 국제 질서를 자국에 유리한 방향으로 설정해나가는 규범 창설자 역할을 함으로써 자국의 패권을 더욱 공고히 해왔다. 그런데 이러한 패권의 물적 기반인 군사력이 도전을 받으면 경제적 지배권과 규범 설정력도 상대적으로 약화될 수밖에 없다. 중국의 급속한 국력 성장은 미국이 구축한 다자주의 체제 약화에 영향을 끼칠 것이다.

자유화와 세계화에 대한 저항, 극우주의 대두

2차 세계대전 후 미국이 새로운 패권 국가로 등장하면서 팍스 아메리카나 시대를 열자마자 미국은 전 세계에 자유주의 사조를 전파하는 선봉장이 됐다. 미국은 건국 초기부터 자유주의 정신에 입각해 헌법을 만들고 나라를 운영해왔다. 2차 세계대전 후 대두된 구소련과의 냉전 대결에서 공산주의에 대항하는 자유주의 이념을 전 세계에 전파하고 확산함으로써 공산주의의 팽창을 저지해야 할 정치적 필요성이 강하게 작용했다. 이것이 미국이 자유주의 확산의 전도사가 된 이유이기도 하다. 그에 더해 전후 미국이 주도해 구축한 국제 경제 질서도 무역 자유화·외환 거래의 자유화를 표방하고 있었다. 그래서 미국은 경제적 측면에서도 자유주의의 가치를 전 세계적으로 대변하고 옹호할 필요가 있었다.

이러한 자유화의 기조에 더해 1980년부터 급속히 발달한 과학·

기술의 발전, 특히 교통과 통신 기술의 발달은 국가 간의 지리적 이격이 초래하는 불편을 손쉽게 극복하고 국가 간의 관계가 그 어느 때보다 더 긴밀하게 될 수 있는 상황을 초래했고 이로 인해 그 이전에는 지역권 내 국가 간에만 주로 왕래하고 거래하는 범위를 넘어 전 세계적인 거래와 왕래가 손쉬운 일이 되면서 '지구촌'이라는 개념이 생겨날 정도로 전 세계가 하나의 생활권으로 연결되었다.

이에 따라 인적·물적 이동이 전 세계에 걸쳐 더욱 용이해지게 됐으며 정보의 전파도 순식간에 이뤄져 지구 어느 한쪽에서 일어난 일들이 실시간으로 전 세계에 공유되는 현상이 일어나게 되었다. 세계 금융 거래도 24시간 전 세계 금융 중심지를 따라 이동하며 종일 끊이지 않고 이뤄지는 세상이 도래했다. 또한 각국이 자국의 비교 우위에 입각해 자국이 강점이 있는 상품을 특화해 생산하던 국가별 분업 방식에서 벗어나 국경의 테두리를 넘어 전 세계적으로 활약하는 다국적 기업이 등장했다. 이런 다국적 기업은 전 세계에서 가장 값싸게 조달할 수 있는 요소들을 동원해 가장 값싸게 이를 조립·생산할 수 있는 국가에 공장을 설립하거나 하청 생산을 시켜 이를 완성한 다음 전 세계 시장을 상대로 판매하는 형태가 일반화되었다. 즉 전 세계적인 분업 생산 시대가 열린 것이다.

이런 현상으로 말미암아 국가 간에 존재하던 장벽, 즉 물리적 장벽이었던 국경 통제, 제도적 장벽이었던 관세·통관·검역·기술 표준 같은 것들이 전반적으로 낮아지는 경향이 현저하게 증가했다. 전 세계적으로 정보 유통과 물류 이동이 획기적으로 증가했고 국가 보호 무역의 테두리 내에서 경쟁하던 기업들은 전 세계적인 경쟁에 노출될 수밖에 없어지면서 경쟁력이 약한 기업들은 도태되고 전 세계적인 경쟁력을 보유한 소수의 기업만 살아남아 전 세계적인 시장 지배력을 가진 다국적 기업으로 성장하는 현상이 나타났다. 다국적 기업 간의 경쟁도 치열해지면서 누가 더 나은 품질의 제품을 더 싼 가격으로 먼저 생산하느냐가 기업 존망의 관건이 되었다. 이에 따라 최저 비용으로 최고 품질의 제품을 생산해 최대 물량으로 전 세계에 판매해서 최대 이윤을 추구하는 전 지구적인 경쟁이 과열됐다.

경쟁 과열로 인해 개별 국가 단위로 경제 활동을 하는 것으로는 규모의 경제 이익을 누릴 수 없어 기업이 도태될 상황으로 내몰릴 수밖에 없다는 것을 깨닫게 되면서 각국은 자국과 이웃한 국가들과 생산과 소비를 통합해 거대 경제 공동체를 구축하는 일에 매달리게 됐다. 그 결과 유럽에서는 경제 공동체EC를 구축하게 되고 북아메리카에서는 NAFTA 체제, 남미에서는 남미 공동 시장MERCOSUR이 성립하게 된다. 이처럼 지역 블록을 만들지 못하는 개별 국가들은 여러 나라와 중첩적인 FTA를 체결해 공동 시장의 효과를 누리면서 자국의 경제 경쟁력을 유지하려는 경향이 전 세계적으로 확산됐다.

이러한 현상들로 인해 국가 간의 장벽은 급속히 낮아지게 됐으며 지역별·국가별로 존재하던 정보와 문화의 편차도 많이 감소하면서 전 세계는 일일생활권, 하나의 지구촌이라는 개념이 자리 잡는 '세계화'의 시대가 열렸다. 이때부터 기업이 제품을 만들더라도 전 세계 고객을 염두에 두고 만들었으며 어떤 구상을 제시할 때도 전 세계적 반응을 예견하고 그 생각을 가다듬게 되는 시대가 됐다. 이로 인해 새로운 문화 상품을 출시할 때도 품질이 좋으면 전 세계적인 유행을 불러일으킬 수 있는지를 가늠하는 시대, 즉 문화 상품까지도 세계화 가능 여부가 새로운 판단의 가치 척도가 되는 시대가 도래한 것이다. 이런 세계화 현상으로 인해 국가 간 교류와 협력의 필요성은 더욱 늘어났다. 세계화의 부작용으로서 초국가적인 범죄나 환경 문제 등도 덩달아 부상함으로써 이런 문제들에 대해서도 범세계적인 대응을 해야만 하는 필요성이 증대됨에 따라 세계화는 더욱 촉진되는 상호 증강 현상이 발생하기도 했다.

이러한 전 세계적 분업 현상과 세계화 현상에 편승해 전 세계 경제와 교역량은 눈부시게 증가했다. OECD는 세계화를 '상품·서비스·자본·인력의 국가 간 이동을 통한 경제적 통합'이라고 정의하고 있다. OECD 통계에 따르면 1990년 세계 GDP 대비 무역 비중이 30%이던 것이 2015년에는 60%로 2배 상승했다. 세계 GDP 대비 해외 직접투자FDI 비율은 1980년대 0.5%에서 2010년 전후로는 2.5~3%를 넘나든다고 한다. 전 세계적으로 이민자 수도 1980년경에는 연 100만 명 수준이었으나 최근 500만 명 수준에 달한다고 한다. 이런 경제적 효과 외에도 지역별·국가별 발전 격차가 현격히 줄어들고 문화도 보편화되는 현상이 세계화를 통해 이뤄졌다. 저명한 미국의 저술가인 프리드먼은 『세계는 평평하다』를 통해 이러한 편차 축소 현상을 설명하기도 했다.

세계화 현상은 이 현상을 적극 활용하는 국가와 사회 계층들에게는 전례 없는 호황과 실적을 가져다주었다. 세계화의 최대 수혜 국가와 계층은 미국을 비롯한 선진국과 그곳의 기업가와 자본가들이었다. 다음으로는 아시아의 4마리 작은 호랑이라 불리던 한국·대만·싱가포르·홍콩이 이 세계화의 흐름을 타고 경제적으로 급성장했다. 유럽에서는 남유럽과 중유럽 국가들이 EU의 출범을 계기로 서유럽 국가들과의 경제적 격차를 빠르게 축소할 수 있었다.

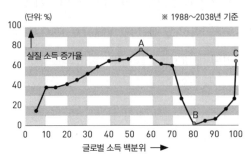

밀라노비치의 코끼리 곡선

(단위: %) ※ 1988~2038년 기준

실질 소득 증가율

글로벌 소득 백분위 →

Ⓐ **글로벌 신흥 중산층**
실질 소득 증가율이 가장 높음
대부분 중국, 인도, 태국 등
아시아 신흥 국가

Ⓑ **고소득 국가의 중하위층**
대부분 고소득 국가인
OECD 회원국 국민
서유럽, 미국, 오세아니아, 일본

Ⓒ **글로벌 금권 집단**
세계 최상위 1%, 고소득 국가
미국이 절반을 차지

마지막으로는 중국이 세계화 흐름의 최후·최대 수혜자로 등장했
다. 중국의 거대 시장과 값싼 노동력을 노리고 전 세계 다국적 기업
과 거대 기업들이 중국에 엄청난 직접 투자를 하고 공장을 건설하
면서 중국에서 대부분의 노동 집약적 제품을 생산하게 됐다. 이렇게
생산된 중국 제품을 전 세계에 공급함으로써 지난 30년 동안 중국
은 전 세계의 공장이라 불렸다. 이후 중국의 임금이 점차 상승하면
서 아세안 국가들에도 하청 생산 공장들이 많이 설립돼 이들 국가
에서도 고용을 증대하고 경제 성장을 촉진시키는 효과를 발휘했다.
즉 세계화를 통해서 세계 전체적으로 보면 경제가 성장하고 국가
간 경제 개발 격차가 축소되는 한편 개발도상국 하위 계층의 소득
이 증가하는 긍정적인 효과를 보여주었다. 중국에서는 지난 30년 이
상의 개방·개혁 정책을 통해 세계화의 물결에 잘 올라탐으로써 약
4억 5,000만의 중국 인구가 절대빈곤의 늪에서 벗어날 수 있었다. 인
도도 최근의 경제 개방 정책의 효과로 약 1억 4,000만 명이 절대빈곤
의 늪에서 빠져나올 수 있게 됐다.

그러나 세계화의 이런 긍정적 효과 이면에는 부정적 효과도 존재했고 그 부정적 효과에 영향을 받는 불만 세력들이 등장했다. 경제적인 측면에서 세계화로 인해 선진국 내 자본가, 화이트칼라, 블루칼라 간 소득 불평등이 급속히 심화됐다. 선진국 내 노동 계층인 블루칼라들은 자신들의 일자리가 개발도상국 노동자들에게로 전이됨으로써 높은 실업률과 임금 감소의 고통을 견뎌야 했다. 실제로 선진국 하위 소득 40% 가구의 소득은 30년 동안 거의 증가하지 않은 반면 상위 10% 계층의 소득과 부는 지속적으로 증가해왔다.

이런 현상을 설명하는 이론으로 미국 경제학자 밀라노비치의 '코끼리 곡선'이 있다. 이것은 지난 20년 동안 세계 소득 증가율을 소득 분위별로 비교해봤더니 선진국 중산층이 속한 8~9분위 소득 증가율은 코끼리 코가 늘어진 것처럼 낮은 데 반해 개발도상국 중산층이 속한 3~7분위 소득증가율은 코끼리 머리처럼 높았다는 소득 증가율 곡선의 모양에 빗댄 표현이었다.[90] 즉 선진국 중산층이 세계화의 영향으로 일자리를 개발도상국 중산층에 빼앗김으로써 개발도상국 중산층의 소득은 급격히 상승한 반면 선진국 중산층의 소득은 거의 정체 상태에 있었다는 것을 반증한다. 이것은 결국 선진국 중산층들이 세계화의 피해자라는 것을 말하고 있다. 이것이 선진국에서 우익 대중 영합주의가 성행할 수 있는 배경이 된 것이다.

이러한 선진국 중·하위층의 소득 불평등과 실업률 증가에 대한 불만은 2008년 세계 금융 위기 이후 세계화를 견인하던 정책 기조, 즉 '워싱턴 컨센서스'에 대한 회의론으로 번져나갔다. 그로 인해 그동안 활발했던 자유화·개방화의 물결이 주춤해지고 경제가 위축되면서 중산층의 불만은 본격적으로 부상했다. 세계화 과정에서 수반됐던 전 세계적인 유동성의 증대와 자본 계층의 소득 집중화 현상, 제조업에서 초과 이윤율이 저하하는 현상 등이 겹치면서 잉여 자본이 금융과 부동산 분야 투자로 몰리는 현상이 발생했다.

세계 경제 체제론의 대가인 임마누엘 월러스타인은 이러한 현상으로 이득을 보는 일부 계층은 있겠지만 전반적으로 세계 경제 체제를 약화시키고 구조적 불안정성을 증폭시키리라고 전망했다. 좀 더 거시적으로 보자면 근대 국가 체제 성립과 비슷한 시기에 자리 잡은 자본주의적 세계 경제 체제가 중상주의→식민주의→제국주의→자유주의→개발주의→세계화라는 변형 과정을 거치면서도 그 기본 골격은 유지해왔다고 할 수 있다. 그러나 그는 자본에 대한 이윤율이 장기적으로 하락하면서 지금 존재하는 형태의 자본주의는 틀 자체를 바꾸어야 할 시점에 이르렀다고 진단하기도 한다.[91]

『21세기 자본』의 저자로 유명세를 탄 프랑스의 토마 피케티는 이와 다른 각도에서 실증적 연구를 통해 자본 수익률이 하락하지 않고 오히려 장기적으로는 유지 또는 소폭 증가하는 경향을 보이고 있으나 자본의 상속으로 자본 축적이 비대화되고 있고 이는 사회 불평등을 심화시켜 사회 불안성을 증폭시킴으로써 자본주의가 위기를 맞이할 것이라는 같은 결론을 내리고 있다. 피케티는 19세기 중반부터 시작된 세습 자본에 의한 사회 불평등 증가는 그간 두 차례의 세계대전을 통해 크게 완화되는 모습을 보였으나 1980년 이후 신자유주의를 바탕으로 한 세계화가 진행되면서 이런 불평등 현상이 다시 심화되고 있다고 봤다. 이런 불평등이 누진 소득세와 범세계적으로 무거운 자본 과세 도입 등을 통해 완화되지 않으면 다른 충격적인 방법으로 해소될 것이라는 점을 시사했다.[92]

이런 관점에서 2020년 대선을 앞둔 미국의 민주당 대통령 후보 토론에서는 소득 양극화 현상을 시정하기 위한 다양한 방안이 제기되고 있다. 어떤 후보는 모든 저소득 계층에게 '보편적 기초소득UBI'을 제공해야 한다고 주장한다. 이 후보는 아마존이나 구글 같은 공룡 IT 기업들의 활동으로 전통 상권이 몰락하고 개인 사업자가 줄어드는 위험 속에서도 이들 기업은 엄청난 이윤을 창출하면서 세금은 아주 적게 내고 있는 점을 양극화의 원인으로 진단하고 있다. 따라서 이처럼 거대 이윤을 창출하는 공룡 기업들로부터 재원을 받아 개인들을 지원해야 한다고 보고 있다. 개인 정보를 이용해 AI와 빅데이터 산업에서 막대한 이윤을 창출하는 거대 기업들이 정작 개인들에게 정보 사용료는 지불하지 않는 모순을 해결하기 위해 이 기업들이 개인 정보 사용 대가로 개인들에게 '기술 수표tech check'를 발행해야 한다는 주장도 대두되고 있다.

잉여 이익을 추구하는 자본이 부동산으로 몰리면서 전 세계적으로 대도시에서 부동산 가격이 폭등하고 이 때문에 중하위 소득 계층의 주거 비용 인상 압박이 가중돼 중하위 계층의 불만이 더욱 증폭됐다. 선진국 중하위 계층들은 이런 구조적인 문제는 이해하지 못한 채 단순히 외국의 노동자들뿐 아니라 자국에 들어오는 이민 노동자들이 일자리를 빼앗아가서 자신들의 소득이 내려간다고 생각하면서 이것을 가능하게 한 세계화에 대한 강한 거부감을 가지게 된다. 그리하여 이들은 정치적으로 보호주의를 내세우고 자국 우선주의를 지향하는 극우 성향의 정치 집단을 선거에서 지지하는 경향을 보이면서 선진국 거의 모든 나라에서 극우 정치 세력이 득세하는 현상을 보이고 있다.

미국에서 미국 제일주의를 내세우는 공화당 후보인 트럼프가 미국 대통령으로 2017년 취임한 것은 전통적으로 민주당 지지 계층인 블루칼라들이 미국 엘리트 계층과 기성 기득권 집단이 추진해왔던 세계화에 대한 반감을 표하면서 가능하게 됐다. 이들은 미국이 패권국으로서 전 세계를 위해 부담했던 공공재 공급을 무상 제공하기를 거부하고 동맹국들에 더 높은 비용 분담을 압박하는 한편 자유무역 원칙을 무시하고 보복 관세를 부과하면서까지 FTA로 해외에 뺏긴 일자리를 되찾아오겠다는 트럼프의 공약에 환호하며 그를 미국 대통령에 당선시켰다. 멕시코 국경에 인위적인 장벽을 설치해 라틴아메리카에서 넘어오는 불법 이민을 차단하고 국내의 불법 이민자도 색출해 추방하겠다는 트럼프의 공약에 백인 우월주의자들의 지지도 가세했다.

영국도 전통적인 '영광의 고립 정책'에서 벗어나 유럽 통합의 일원이 돼 30년 동안 EU를 공고히 하는 데 기여를 했다. 그러나 EU의 개방적인 이민 정책이 가져오는 부정적 효과, 즉 사회 범죄의 증가, 무슬림 증가에 따른 정체성 혼란, 실업률 증가, 테러의 증가 등은 역사적으로 섬나라로서 독특한 정체성을 가지고 있던 영국민들에게는 받아들이기 어려운 도전이었다. 그 결과 영국은 2016년 국민투표에서 EU에서 탈퇴하는 브렉시트 결정을 선택하게 된다. 그 이외 대부분의 유럽 국가에서도 극우 정당들이 정치적 입지를 넓혀나가고 있다. 적게는 독일의 '독일을 위한 대안' 정당의 12%에서 폴란드의 '법과 정의당'의 37%에 이르기까지 대중 지지도를 높여가고 있다.

전통적으로 국제주의적 경향이 높았던 북구, 그중에서도 스웨덴에서까지 극우 정당인 '민주당'이 17% 득표율을 보여 세계를 놀라게 했다. 이 같은 각 국가 극우주의 세력의 대두는 선진국에서 중산층의 불만을 반영한 것이다. 현재의 미국과 마찬가지로 다른 서방국들도 자국 우선주의를 내세울 것이다. 이 경우 당연히 국제 협조주의·다자주의 체제는 약화되고 말 것이다. 전 세계적으로 자유주의와 세계화 물결은 퇴조하게 될 것이다.

우려되는 현상 중 하나는 각국에서 팽배해지는 '반유대주의' 정서다. 2008년 세계 금융 위기 이후 서방 국가의 경제가 위축되면서 금융 위기 뒤에 유대인들의 음모가 있다는 루머가 확산되면서 유대인들이 극우 세력의 표적이 되기 시작했다. 각국에서 세계화의 심화에 따른 불평등과 양극화가 본격화되자 경제적 불만을 가진 계층들 사이에 세계화를 추진하는 세력이 세계 금융권을 지배하고 있는 유대인들이고 세계화는 이들의 이익을 위한 것이라는 인식이 퍼져나가면서 비롯된 일이다. 2차 세계대전 이전 대공황 시기에 전 세계를 휩쓴 경제적 궁핍으로 인해 불만 세력들이 유대인을 표적으로 삼아 반유대주의를 선동했다. 그 결과 독일 나치 정권에 의한 홀로코스트를 초래했다는 점을 상기할 때 이런 현상은 역사가 다시 100년 전의 상황으로 돌아가는 듯해 우려를 자아낸다.

100년 전에는 반유대주의가 유럽에서만 국한됐지만, 지금은 미국 내에서도 유대인에 대한 적개심들이 일부 극우층을 중심으로 확산되고 있다. 미국에서는 유대인들이 금융권뿐 아니라 정계도 장악하고 있어 미국의 대외 정책이 이스라엘 로비에 의해 좌우되고 있다. 그로 인해 미국이 중동 지역에서 이스라엘을 위해 너무 깊이 개입하고 있으며 이 로비는 미국의 진정한 국익에 반한다는 인식이 더해져 좀 더 심각하다.[93] 이러한 반유대주의 정서는 대중의 불건전한 감성을 반영한 것이다. 이러한 정서가 견제 없이 분출될 경우 다른 인종차별주의적 정서들도 힘을 얻게 할 것이다. 이는 국제 질서에 불안정 요인으로 작용할 뿐 아니라 인적 이동의 자유에 큰 제약이 될 것이다.

이러한 극우주의 세력의 대두와 이에 따른 자국 우선주의는 많은 서방 선진국에서 국내 정치적인 분열 요소로 작용하면서 자국을 더 강하게 만들겠다는 동기와 관계없이 이들 국가를 더 약화시키게 될 것이다. 미국 등 많은 서방 선진국은 70년 동안 자유주의와 경제 규모가 확장되던 기간에 부족한 노동력을 보충하는 한편 다문화 포용 정책, 관용 정책 등이 아울러 풍미하면서 다양한 인종의 이민을 받아들였다. 이로 인해 사회 구성원의 인종적 배경이 다양해지고 소수 인종의 숫자가 늘면서 백인 중심의 기성 사회Establishment 내에서 자국의 정체성 상실에 대한 우려가 증대되었다. 이에 더해 이민으로 인한 사회적 알력도 증가하고 경제가 어려워지면서 일자리 경쟁이 치열해지면서 이에 대한 압력 분출구로 이민을 정치적 공격 대상으로 삼는 현상이 발생하게 됐다.

그러나 서방 선진국 내 지난 70년 동안 이민 온 인구 비율이 무시할 수 없을 정도로 증가해 이들을 정치적 공격 대상으로 삼는 것은 사회 내부 갈등을 증폭시키고 종국에는 국가의 존립 기반 자체를 흔드는 심각한 사안이 될 가능성이 크다. 따라서 이러한 폭발성 있는 내부 분열 요소를 가지고 있는 서방 선진국들은 이런 문제를 가지고 있지 않거나 이를 억압할 수 있는 중국이나 러시아의 도전에 대응하는 데 취약성을 드러낼 수밖에 없다. 내부에 분열적 요소를 가지고 있어 사회 통합력이 약화된 국가는 사회 결속력이 단단한 국가와의 대결에서 약세를 보이게 마련인 것이다. 중국은 해외로 나가

정착한 화교에다가 최근 대거 서방국으로 이민을 간 중국인까지 포함하면 세계 각국에 무시하지 못할 수준의 중국 해외 동포들을 가지고 있다. 이들을 활용해 자국에 유리한 여건을 조성하거나 이들이 박해받는다는 것을 빌미로 타국 내정에 간섭할 명분을 찾을 수 있을 것이다. 중국 해외 동포들은 제2의 유대인으로 간주될 가능성이 다분히 있다.

앞서 언급된 바와 같이 자본 수익률의 장기적 하락과 사회적 불평등의 심화로 노정된 현 자본주의 체제의 구조적인 문제를 시정하는 대신, 이들 모순에 대한 불만을 업고 성장한 극우 세력들은 자국 우선주의 정책을 취함으로써 결국 자국을 더 약화시키는 모순된 결과를 초래할 공산이 크다. 이런 극우 정당들은 각국 간 치열한 경쟁에서 자국의 생존을 위해 오히려 자국 자본에 대한 소득세·상속세 인하 등의 조치를 취함으로써 현 자본주의 체제에 대한 모순, 즉 불평등의 심화를 제도화하고 더욱 심화시키는 결과를 초래해 장기적으로 국내적으로는 사회 갈등을 더 유발하고 국제적으로는 자유주의 질서의 지속성에 대한 불안 요인을 제공한다.

서방 국가들에서 이러한 비자유주의적 경향이 증강되는 것은 앞에서 설명한 자본주의 고도화에 수반되는 모순과 세계화 현상에 따른 일자리 이전과 이민 문제 등에 대한 반감이 이유이기도 하지만, 그 외 서방 국가 정치 체제 자체에 내재하는 구조적인 문제에서도 그 원인을 찾을 수 있다. 서방 국가에서 민주주의의 성장이 정치 과정에 대중의 참여를 확대시키고 투명성과 공개성을 제고해온 것은 사실이다. 하지만 시민 의식의 성장이 수반되지 않은 민주주의, 특히 소셜미디어의 발달에 따른 편향된 집단 의견의 분출은 민주 정치 체제에 내재해 있어야 할 자유주의적 요소들을 점차 구축하고 오히려 대중 영합주의와 다수에 의한 횡포, 소수 의견의 무시 같은 비자유주의적 경향을 증대시키는 결과를 초래한 면이 있다.

민주주의가 처음 그리스 도시국가들에서 싹틀 때 직접민주주의를 기반으로 발전하게 됐다. 직접민주주의가 가능한 이유는 정치에 참여하는 시민들의 숫자가 제한적이어서 전 시민이 한 장소에 모여 국가 현안을 토의하고 결론을 현장에서 내리는 것이 가능할 정도였기 때문이다. 이때는 직접민주주의가 적합하고 책임성이 담보되는 정치 방식이었다. 그러나 인구가 증가하면서 유럽 다른 국가들에 전파된 민주주의는 직접민주주의 대신 간접민주주의였다. 즉 대의제 민주주의를 채택할 수밖에 없었다. 시민들은 자신들을 대표할 선량을 뽑는 데만 주권을 행사할 수 있었다. 국정 현안에 대한 결정에서 이들 선량에게 권한을 위임하는 대의제를 택한 것이다. 이런 대의제 하에서 선출된 시민 대표들은 자신을 뽑아준 시민들의 의견을 여과 없이 국정 토론에 반영하기보다는 시민들의 포괄적 위임을 바탕으로 여론에 자신의 식견을 더해 국가 전체 이익에 가장 도움이 되는 방향으로 토론에 참여하고 결정을 내렸다.

그러나 20세기 후반에 들어오면서 과학·기술의 발달로 정보의 공개가 수월해지고 정치적 의사 결정 과정에 대중의 참여를 확대시키는, 즉 민주주의 확산이 시대적 요구가 되면서 서방 국가들의 정치 체제는 점차 직접민주주의를 닮아가는 양상을 보이기 시작했다. 그 이전에는 여당과 야당 간에 쟁점 현안이 있어 국회 의사 일정 등이 경색될 경우 여야 지도부와 중진들이 나서 막후에서 정치적 타협을 통해 현안을 해결하고 민주주의 체제가 원활하게 작동하도록 수완을 발휘하기도 했다. 그러나 언론과 대중의 통제와 감시가 강해지면서 이러한 정치적 타협이 밀실 야합이라는 비판을 받게 되고 그 타협 과정이 공개되면 이 타협에 가담한 정치인들은 다음 선거에서 낙선을 각오해야 하는 상황이 자주 발생하면서 이러한 정치적 타협이 드물어지고 정치인들은 대중의 요구에 직접 반응해야만 하게 됐다. 게다가 대중 전체의 집약된 의견을 주요 이슈마다 파악해서 반영하기 힘들어 이익 단체, 로비스트, 노조, 시민운동 등의 발언권이 강해지고 이들의 의견이나 활동이 정치적 의사 결정 과정에 여과 없이 투입되는 경향이 높아졌다.

이런 상황에서 대중은 장기보다는 단기적으로 이익이 되는 방안, 타협적인 것보다는 파당 이익에 선명하게 부합하는 방안, 체계적이고 이성적인 것보다는 단순하고 감성적인 방안들을 더 선호하게 된다. 정치인들이 이런 대중의 성향을 추종하게 되다 보니 직접민주주의 요소가 더 확산되며 그럴수록 합리적이고 자유주의적 요소는 점차 설 자리를 잃어가고 대중 영합주의적인 요소들이 점차 정치 체제 내에 강하게 뿌리를 내리는 것이다. 경제가 계속 성장하는 팽창기에는 대중의 요구가 잠복돼 드러나지 않을 수 있지만 경제 성장이 정체되는 수축기에는 대중이 좀 어려움을 느끼면 정치권에 빠른 해결책을 강요하게 된다. 그러면 정치권은 장기적으로 시일이 많이 걸리는 해법을 찾기보다는 외부에 책임을 전가하고 일시적으로 증상 완화 효과를 낼 수 있는 단기 처방을 선호하게 된다.

이런 처방들은 대체로 다자 협력주의와 배치되고 비자유주의적 성향을 띠게 된다. 경제의 양극화가 심화되면서 계층 간의 갈등도 첨예화되고 정치도 양극화되는 양상을 보인다. 이런 경우 중간의 이

성적인 타협책은 설 자리가 없어지고 미국 4대 대통령 제임스 매디
슨이 경계한 '다수의 독재Tyranny of majority'가 현실화될 조짐이 나타난
다. 서방 민주 국가 27개국 국민을 대상으로 한 여론 조사에서 21개
국 국민은 선거를 통한 집권당 교체만으로 자신들의 생활에 실질적
인 변화를 체감하지 못했기 때문에 다소 과격한 정책을 취하더라
도 자신들의 입장을 개선시킬 강력한 지도자를 원한다는 답을 했
다. 이제 급변하는 시대에 맞지 않는 기존 정당 정치보다 기업가적
이고 선동가적인 기질을 가진 지도자를 선호하는 '기업가적인 정치
Entrepreneurial politics'시대가 됐다는 진단도 있다.[94] 이런 시대적 흐름이
트럼프를 미국 대통령으로 당선되게 만들었고 이에 편승한 트럼프
의 등장은 자유주의적 질서를 더욱 취약하게 만들고 있다.

　정치 체제에 직접민주주의 요소를 많이 도입할수록 대중 영합주
의가 강해지고 비자유주의적 요소도 증대한다는 것은 최근 여러 서
방 국가 내에서 자국 우선주의를 내세우는 극우 정당들이 약진하고
있는 것을 보면 알 수 있다. 그리스의 도시국가들에서조차 직접민주
주의를 지속할 경우 데마고그Demagogue들의 출현을 방조하고 나중에
는 민주주의는 실종되고 독재가 이를 대체하는 현상이 나타난다는
것을 보여주었다. 자유주의가 결핍된 민주주의는 대중의 불만을 먹
고 성장하는 정치 세력을 키우기 마련이고 그 가운데 탁월한 대중 선
동가가 나타나면 그는 대중의 민주 정치 체제에 대한 염증을 이용해
독재적인 정치 체제를 쉽게 구축할 수 있게 된다.

　이러한 사례는 1·2차 세계대전 사이, 즉 '대전 간 기간'에 유럽에
나타났다. 하나는 구소련의 공산주의이고 다른 하나는 독일의 국가
사회주의(나치즘)였다. 이런 변형된 민주주의, 즉 민주를 사칭하는

비자유적 독재 체제는 국제 사회에 불안정성을 증폭시켰고 세계대전으로 이르게 된 사실을 되새길 필요가 있다. 미국의 28대 대통령이었던 우드로 윌슨은 "20세기는 민주주의가 숙성될 수 있도록 세계를 안정시킬 과제를 안고 있다"라고 100년 전에 설파했는데 이제는 "21세기에는 세계가 안정될 수 있도록 민주주의를 안정시킬 과제를 안고 있다"고 말할 수 있다.[95]

세계화의 진전으로 중국, 인도 등 전통적인 인구 대국들을 포함해 많은 개발도상국이 글로벌 생산 체제의 확산 덕분에 일정한 산업화의 진전과 경제 성장을 경험했고 이런 성장은 이들 국가에 새로운 자신감을 불어 넣어주는 계기가 됐다. 이들 국가에서 생겨난 자신감과 새로운 자아 의식은 식민지와 제국주의 침탈 시대의 치욕을 속히 극복해야 한다는 민족주의를 불러일으키는 효과를 가져왔다. 게다가 서방 국가들 속에서도 기존의 근대 국민 국가 체제에 대한 회의가 대두되고 있으며 근대 국가보다 인종적으로 더 밀접하고 좁은 지역 공동체의 번영을 우선시하는 하위 민족주의Sub-nationalism가 분출하는 사례가 종종 목격되기도 한다.

브레진스키 전 미국 국가 안보 보좌관은 "세계화로 인해 '글로벌한 정치적 각성Global political awakening'이 일어나고 이 각성은 불행한 과거사로 촉발된 기억들을 통해 대중의 감정을 격화시키고 파괴적인 동력을 가지고 기존 질서에 대한 도전을 제기하고 있다"고 분석했다.[96] 이러한 각성은 기존의 서구 중심적 질서와 가치에 대한 도전으로 비서구적, 즉 나머지 국가The rest들 중심의 질서와 가치를 추구하게끔 하는 경향이 있으나 비서구 사회 자체도 하나의 구심점이 없으므로 민족 국가들이 민족주의를 기반으로 개별적으로 움직이는 경향이 강해질 것이다. 이로 인해 국제주의와 다자 협력은 점차 더 쇠퇴하게 될 것이다.

2018년이 끝날 무렵 중국 내외에서 연이어 일어난 여러 현상은 중국의 민족주의가 자국의 자존심을 회복하는 수준을 넘어서 외부에 대해 공격적인 성향을 보이고 있다는 것을 입증해주고 있다. 중국의 급속한 경제 성장기 동안 비교적 유복한 환경에서 좋은 교육을 받고 자라난 중국의 30대들, 즉 중산층의 개념에 잘 들어맞는 지우링허우九零後 계층이 민주적 사고방식을 가지기는커녕 중화 민족주의, 즉 자국의 자부심이 걸린 문제에는 집단 히스테리라 부를 수 있을 정도로 예민한 반응을 보이는 것을 종종 볼 수 있다.

물론 이런 현상은 그들이 받은 폐쇄적 민족주의 교육과 최근 중국 당국의 심한 검열 조치들에 기인하기도 하지만 중국인들에게 '지금과 같은 공산당 통치하에서 사회 안정과 부국강병 정책을 지속해 중국이 세계 제일의 국가가 되는 것'이 하나의 신념과 꿈, 즉 중국인 모두에게 공유되는 가치가 돼 오히려 공산주의 이데올로기 자체보다 더 강하게 중국인들을 결집시키고 있는 데 주된 이유가 있다. 이러한 중국인들의 사고방식과 행동은 브레진스키가 말한 '글로벌한 정치적 각성'이란 관점에서 파악하면 설명이 된다.

중국인을 비하하는 것 같은 광고를 한 것으로 오해를 산 한 이탈리아 패션업체가 주관한 패션쇼에 모든 중국 모델이 갑자기 참석을 거부해 행사를 취소케 한다든지 마라톤 결승점에 들어오는 자국 선수에게 오성홍기를 걸쳐 입히려는 무리한 행동으로 선수의 경기를 방해한 비상식적인 일이 중국몽에 취한 세력에 의해 중국에서 일어나고 있다. 학문의 자유가 존중받는 서방 국가들에 유학 중인 중국 학생들마저 교수들이 중국 국익에 조금이라도 불리한 발언을 하면 집단으로 항의해 서방 대학교수들을 당혹하게 하는 경우도 빈발하고 있다. 유복한 환경에서 자란 중국의 지우링허우 계층이 민주적 시민이라기보다는 오히려 자유주의적 질서에 대한 큰 도전 세력이 되고 있는 것이다.

현재는 미국이 미국 우선주의와 보호주의 정책을 취하면서 중국을 궁지에 몰고 있기 때문에 중국은 이에 대항하기 위해 다자 협력주의와 규범에 입각한 질서를 옹호하겠다고 대외적으로 천명하고 있다. 하지만 중국의 분출하는 과잉 민족주의 정서로 인해 장래에는 중국인들이 중국의 국익과 자존심을 저해하는 다른 나라의 어떠한 정책뿐 아니라 기업·개인들의 태도도 용납하지 않으려 할 것이다. 최근 홍콩 시위 사태를 지지한 휴스턴 로켓 팀 단장의 트윗을 문제 삼아 중국인 전체가 미국 농구를 보이콧한 움직임은 생생한 사례다. 이런 적대적 태도가 객관적인 기준에 근거하지 않고 중국민들의 주관적인 판단에 따라 자의적으로 분출될 것이고 그 빈도와 강도가 더 세어질 수 있다는 전망이다. 이에 따라 국제 사회의 비자유주의적 경향은 더욱 촉진될 것으로 보인다.

이같이 오늘날 세계 각지에서 발현되고 있는 민족주의 재부상 현상은 민족 국가를 중심으로 응집되고 표출됐던 민족주의와는 다른 양상을 보여 더 우려스럽다. 최근의 민족주의는 인종, 종교, 문화 등 다른 정치적 정체성이 기반과 결합하는 하이브리드 현상을 보이고 있으며, 소셜미디어 등을 통해 폐쇄적 집단 내에서 공유되는 부정적 인식, 혐오 감정 등을 확대 재생산해 전파함으로써 파괴적·공격적 성향을 띠고 있어 자유주의적 질서에 심각한 도전이 되고 있다. 이렇게 하이브리드 형태로 결합된 민족주의 감정은 국경 내에 단일하게 머물지 않고 국경 내에서 분열된 민족주의로 나타나거나 초국가적 차원에서 나타나기도 한다.[97]

서유럽과 북유럽에서도 민족주의 포퓰리즘은 특정 국가에 국한된 전통적 민족주의로부터 초국가적인 '유대-기독교 문명주의Judeo-Christian Civilization'로 확장되는 양상을 보이고 있다. 더불어 중국도 아시아 문명 대화 대회 등을 개최하면서 서방에 대항해 아시아 문명 전체를 하나의 연대체로 묶으려 하고 있다. 러시아도 유라시아주의Eurasianism을 내세우면서 슬라브족과 그리스정교, 중앙아시아까지를 엮어서 하나의 문명권을 결속시키려 하고 있다. 더 위험스러운 것은 이슬람 칼리프 국가 창설을 목표로 하는 IS 세력이 중동 지역의 수니파를 결속해 서방에 대항하는 신정 국가를 만들려 하고 있다는 사실이다. 이런 신민족주의 부상 경향은 문명권 간의 소통에 장벽을 세울 것이다. 따라서 자유주의 저항 세력이 될 것이며 궁극적으로 새뮤얼 헌팅턴이 예견한 '문명 간 충돌'을 불러올 수도 있어 우려스럽다.

다극 체제,
협조의 시대 형성기

소련이 무너지고 양극 체제가 붕괴된 1989년 냉전 종식 이후 미국 조야에서는 미국의 승리, 더 나아가서 역사의 승리에 대한 자부심이 넘쳐났다. 미국 정치역사학자 프랜시스 후쿠야마는 '역사의 종언 The End of History'을 선포하고 미국이 주도하고 미국이 구축한 자유민주주의 정치 체제와 전후 국제 질서가 역사 발전의 완결판이며 더 나은 이데올로기나 정치 체제가 등장하지 않을 것이라고 예측한 적이 있다. 그간 인류 역사에서 여러 형태의 국내 정치 체제 및 국제 체제가 시도됐고 다양한 정치 체제와 이데올로기가 경합한 끝에 마침내 강력한 도전 대안이었던 마르크시즘과 공산주의 체제를 굴복시키고 미국식 자유민주주의와 시장 경제 체제가 승리를 거두었음을 선언한 것이다. 그의 예측은 미국식 정치 체제와 정치 사상이 인류 역사상 계속된 지적 진화의 산물이며 경험적으로 그 우수성이 입증됐으므로 이 분야는 진화가 필요 없는 종점End point에 도달했고 이 체제와 주의가 향후 지속될 것이라는 결론에 도달했다.[98]

그러므로 국제 사회에서도 미국을 중심으로 하는 단극 체제가 상당 기간 지속될 것이고 미국에 도전하는 다른 세력은 앞으로 존재하지 않을 것이라는 낙관론이 1990년대를 지배했다. 1990년 조지 부시 대통령은 "모든 국가가 화합해 평화와 번영을 누리는 새로운 세계 질서가 도래했다"라고 선언했다. 아들인 조지 부시 대통령은 2002년 "근대 국가 체제 성립 이후 최초로 주요국 간 전쟁이 아닌 평화적으로 경쟁하는 시대가 열렸다"라고 말했다.[99] 이처럼 인류는 슈퍼 파워 미국이 주도하는 평화로운 세계에 대한 상당한 기대를 가지고 21세기로 접어들었다.

그러나 2001년 9월 11일, 미국 중심부에 대한 끔찍한 테러 공격은 이러한 낙관론과 미국 단극 체제의 지속 가능성에 대한 심각한 의문을 제기했다. 한 번도 외부로부터 본토를 공격받아본 적이 없는 미국이 본토 공격을 받았다. 그것도 국가가 아닌 테러 집단으로부터 당했다. 그 결과 3,000명 이상의 인명이 한꺼번에 희생된 사건은 충격 그 자체였다. 테러 현장을 보고 많은 사람이 앞으로의 세계는 우리가 지내왔던 세계와는 완전히 다른 양상의 세계가 될 것이고 앞으로 다뤄야 하는 안보 위협도 전통적인 안보 위협과는 완전히 다른 성격의 것이라는 것을 처음으로 인식하게 됐다.

그 후 2008년 전 세계가 금융 위기를 겪으면서 금융 자본주의 시대로 진입한 현 세계 자본주의 시장 경제 체제의 취약성이 명백히 드러났으며 이로 인해 서방 세계는 상당한 경제적 위축을 겪었다. 그런데도 중국은 영향을 거의 받지 않고 오히려 전보다 더 강한 경제력을 과시하며 세계무대에 또 하나의 강대국으로 부상했다. 이로 인해 미국 중심의 단극 체제는 예상보다 훨씬 일찍 그 빛이 바래게 됐으며 이 단극 체제 이후 세계는 어떤 방향으로 나아갈지에 대한 의문이 증폭되었다.

중국의 부상과 더불어 EU가 하나의 정치체로서 내부 결속력을 더욱 다져나가는 한편 러시아도 훨씬 적극적으로 국제 문제에 개입하기 시작했고 일본도 '잃어버린 20년 시대'를 마감하고 강한 경제력을 바탕으로 다시 국제무대에서 발언권을 높이려 하는 데다 인도-태평양 시대의 도래와 함께 경제 성장의 가속도가 붙은 인도도 국제무대의 전면에 나설 가능성이 커 보인다. 물론 아세안은 아직 하나의 정치체로서의 결속력이 그다지 높지 않지만, 회원국들의 성장하는 경제와 함께 국제 사회에서 아세안의 중심성Centrality과 발언권이 지금보다는 높아질 것이라는 점은 자명해 보인다.

이런 여러 상황을 종합적으로 고려하면 앞으로 다가올 세계는 여전히 미국이 중심 국가가 되겠지만 미국 위주의 단극 체제도 아니고 미·중 간의 양극 체제도 아니라 여러 주요 행위자 또는 세력들이 병존하면서 서로 간 협력과 경쟁을 해나가면서 공존하는 다극 체제로 나아갈 가능성이 커 보인다. 남아 있는 문제는 다극 체제로 가되 그 다극 체제가 어떤 형태의 다극 체제로 갈 것인가, 즉 베스트팔렌 체제처럼 세력 균형에 따라 합종연횡을 하는 다극 체제인지, 빈 체제처럼 유럽 협조 체제 형식의 다극 체제인지 아니면 이보다 더 무질서한 각 주요 행위자가 자신의 이익만 최대화하려 하는 약육강식의 무정부적인 다극 체제로 갈 것인지인데 이는 아직 예단하기 어려운 상황이다. 단, 한 가지 분명한 점은 지난 70년 동안 우리는 양극 체제를 거쳐 짧은 단극 체제를 경험한 뒤 지금 다극 체제로 나아가는 과정에 있으며 이같이 새로운 질서와 그 질서 내에서 균형점을 찾아 나가는 과정은 혼란스럽고 불안정한 요소가 많으리라는 사실이다.

앞으로 다가올 다극 체제가 어떤 유형의 다극 체제가 될 것인지를 예측해보려면 역사상 존재했던 다극 체제의 성격과 그 체제를 성립할 수 있게 했던 요소들을 분석해보면서 이 같은 요소들이 앞으로 다가올 다극 체제 내에서도 존재하고 작동할지를 점검해보는 과정이 필요할 것이다.

우선 베스트팔렌 체제는 유럽 내 5개의 주요 행위자들이 서로 잘 협조해 80여 년 동안 주요 강국 간 전쟁을 방지하고 국제 질서를 안정적으로 관리했다는 측면에서 앞으로 안정적인 국제 질서 설계를 위해 참고할 만한 모델이라 볼 수 있다. 오스트레일리아 정치학자 헤들리 불은 협조 시대의 특징은 "주요 행위자들인 유럽의 5대 강국이 전체 국제 체제 내의 공동 정책을 모색하기 위해 다자적인 방법을 통해 계속 협의한 것"이라고 설명했다.[100]

이런 협조 체제가 잘 작동되려면 주요 행위자들이 자국의 이익 추구를 극대화하지 않고 상대방의 이익도 고려하면서 자신의 행동을 어느 정도 억제해야 한다. 이 억제를 가능하게 하는 배경은 두 가지다. 하나는 주요 행위자 간의 유사성에 따른 신뢰, 다른 하나는 상대편 군사력 감안할 때 전쟁이 발생할 경우 입을 피해에 대한 우려를 들 수 있다.

첫 번째 요인인 주요 행위자 간의 유사성Similarity을 살펴보자. 이 유사성은 문화적이고 이념적인 유사성을 말하는데 5개국은 모두 유럽 국가이며 기독교를 바탕으로 한 유럽 문화를 공유하고 있어 인종적·종교적·문화적 이질감에 기인한 상대편에 대한 증오가 존재하지 않았다. 여기서 정치적 체제의 유사성은 중요하지 않다. 5개국 중 입헌 군주제를 택한 나라도 절대 왕정을 택한 나라도 있어 국제 문제를 바라보는 데 있어 서로 시각이 다소 달랐지만, 왕정을 존중하고 기존 왕정을 중심으로 국가 간의 관계가 이뤄져야 한다는 점을 지향하고 있다는 점에서는 모두의 이해가 일치했다. 이런 유사성이 존재했기 때문에 이들은 상대편 존재의 합법성을 인정했고 상대를 국제 질서의 합법적 일원으로 인정하고 공존하며 협의해야 할 대상으로 여기며 상대를 정복하거나 파멸시켜야 할 대상으로 보지 않았기에 협조가 가능했다.

프랑스 혁명 후에 등장한 공화제는 왕정과 지향하는 바가 완전히 달랐기 때문에 공화주의가 등장하면서부터 이 같은 왕정을 중심으로 한 유럽 협조 체제는 지속될 수 없었다. 새로운 체제를 모색해나가는 과도기로 접어들게 되는데 이때는 정치 체제의 유사성과 차별성, 그로 인한 갈등이 국제 질서 변동의 요인이 됐다. 이런 상황에서는 협조보다도 견제와 균형이 더 잘 들어맞는 국제 체제의 작동 원리가 되며 상대국의 정치 체제는 자국의 정치 체제에 대한 존재론적 위협이므로 복속 또는 제거의 대상이 돼야 한다고 봤다.

나폴레옹 정복 전쟁을 일으킨 프랑스가 반프랑스 연합군에 의해 패배를 맛보고 이 전쟁을 수습하기 위해 소집된 빈 회의에서 비롯된 빈 체제에서는 '유럽 협조' 시대가 열리게 된다. 빈 체제 전반기 동안 오스트리아-헝가리 제국 수상 메테르니히는 '신성 동맹'과 '5강 동맹' 등 다자 협조 체제를 잘 운용해 유럽 주요국 간 협조에 의해 국제 질서가 유지되도록 수완을 발휘했다.

국제 질서가 협조가 아니라 상호 견제와 균형에 의해 유지된 대표적인 사례는 빈 체제 후반기의 유럽과 2차 세계대전 후 미·소 양국 간 냉전 체제에서 찾아볼 수 있다. 이 체제에서는 상대에 대한 신뢰와 협조가 아니라 불신과 견제가 국가 간 관계 규율의 기본 법칙이었고 상대와 전쟁이 발생했을 경우 모두 큰 피해를 본다는 심리적 공포가 질서를 유지시키는 중심 기제가 됐다. 이 세력 균형 체제에서는 상대 세력과 힘의 균형이 잘 이뤄지고 있는지 예리하게 관찰하고 힘의 균형에 변화가 생기면 즉각 이를 만회하는 반대 방향으로 힘의 결집이나 전이가 발생해야만 질서가 유지될 수 있었다.

2차 세계대전 이후 성립한 냉전 체제에서 미·소는 초기에 서로의 세력권을 넓히기 위한 경쟁을 한 후 양측 진영이 대등한 숫자의 국가군으로 구성이 되면서 세력 균형을 어느 정도 이뤘다. 국가들이 모여 이뤄진 거대한 집단인 양 진영이 전쟁을 할 경우 가공할 3차 세계대전이 벌어질 것이라는 공포감으로 인해 양 진영 간 분쟁은 억제됐다. 그 후 소련도 핵무기를 완성하고 대량으로 핵무기를 보유하게 됨으로써 미·소 양국 간에는 핵무기로 인한 '공포의 균형'을 이루게 됐다. 양국이 보유한 핵무기의 수가 1만 5,000기를 초과해 양국 간 전쟁이 발생할 경우 전 지구를 몇 번 파괴하고도 남을 파괴력을 양측이 보유하고 있다는 것을 인식하고 나서는 양측 간 균형을 일방에게 유리하게 바꾸려다가 전쟁을 감수할 엄두가 나지 않아서 국제 질서가 안정적으로 유지될 수 있었던 것이다.

양극 체제 후반기에 구소련은 자신의 국력이 미국에 비할 수 없고 따라서 미국과 계속 패권 경쟁과 군비 경쟁을 해나갈 수 없다는 것을 감지하고 미국에 양국 간 경쟁을 종식하고 서로를 동등한 상대로 인정하고 공존하자는 제안을 미국 측에 제시했지만 미국이 이를 거부했다. 그러면서 미국은 레이건 대통령 시절 전략 방위 구상SDI: Strategic Defence Initiative을 도입해 대기권 밖 인공위성을 레이저로 격추시키겠다는 대담한 구상을 제시해 소련으로 하여금 미국의 구상으로부터 자국 영토와 국민을 지키기 위해 미사일 방어망과 2차 핵 보복·타격 능력을 갖춰야만 한다는 생각을 하게 만들었다. 이를 위해 지출한 막대한 비용이 구소련의 피폐한 경제에 더 심한 타격을 가했다. 그 결과 구소련은 미국과의 막대한 군비 출혈 경쟁을 하다가 그 체제 자체가 붕괴하게 됐다. 이는 국제 질서에 큰 변화, 즉 냉전 체제의 붕괴를 초래했다.

결국 다극 체제나 양극 체제가 안정적으로 유지되려면 해당 국제 질서 내의 주요 행위자 간 협조 체제를 구축하거나 견제와 균형 혹은 공포에 의한 세력 균형이 유지돼야 한다는 것이 역사적 고찰에서 도출할 수 있는 결론이다. 협조 체제가 붕괴되거나 세력 균형에 변동이 생기면 국제 질서는 불안정해지고 전쟁 등 과격한 방식으로 질서 자체가 변화를 겪는다.

앞으로 닥칠 다극 체제 혹은 신냉전 체제에서 주요 행위자 간 협조 체제는 구축하기가 어려울 것으로 전망된다. 우선 전 세계가 보편적 가치나 규범보다는 자국에 유리하거나 자국에 토착적인 가치나 규범에 더 의존하고 이를 내세우려는 경향이 강해지고 있어서 협조보다 반목할 가능성이 더 커 보이기 때문이다. 근대 국가 체제를 뛰어넘어 지역 통합의 모범을 보여주면서 세계 질서에 새로운 행위자로 등장했던 EU마저 최근 브렉시트에다 각 회원국 내 극우주의 정당의 발호로 인해 그 장래가 불투명해진 것이 국가 간 협조 체제가 약화될 것임을 보여주는 전조일 수 있다. 게다가 미·중 간의 갈등이 고조되고 양 강대국이 자국 우선주의를 내세우는 상황에서 다른 나라들도 자국 우선주의를 따라갈 공산이 높아지고 있어 국가 간 협조에 의한 질서 유지의 전망은 더 어두워지고 있다. 그렇다고 국제기구나 국제 규범 체제가 각국의 자의적 행동을 억제할 수 있을 정도의 권위를 가지고 있지 않다. 최근 오스트레일리아와 같이 다자 협력주의에 적극적이던 국가도 기후 변화 문제 등과 관련 국제기구나 회의의 결정이 각국의 주권적 결정을 억제할 수 없다고 주장하며 이러한 경향을 '부정적인 세계화Negative globalism'의 한 양상으로 비판하는 실정이다.[101]

그렇다고 앞으로 단기간 내 세력 균형 체제가 성립될 것으로 보이지 않는다. 이는 미·중 양국 간 경쟁이 계속 진행되면서 전략적 대립은 더 격화될 것이고 미국이 포스트 팍스 아메리카나 시대에 들어갔다고 스스로 인식할 때야만 새로운 세력 균형과 질서를 위한 모색기로 접어들 수 있기 때문이다. 향후 국가 간의 힘의 전이 현상이나 국력 신장 속도에 있어 상대적으로 편차가 커지는 현상이 계속 일어날 것이므로 힘의 방향이 균형을 향해 수렴하는 것이 아니라 계속 여러 방향으로 요동칠 것으로 보인다. 따라서 국제 질서는 다극 체제에서 계속 유동적일 것이고 무력 충돌의 가능성이 점증하리라고 예측하는 것이 객관적이라 보인다.

앞으로 20~30년 동안은 미·중 간의 전략적 경쟁이 격화되는 시기가 될 것이다. 미국과 중국이 서로 그 경쟁에서 피로 현상과 공포의 균형을 느낄 즈음 양국 간 세력 균점에 대한 필요성이 논의되기 시작할 것이다. 그러는 가운데 유럽이 미국에서 독립된 위치에서 NATO 체제를 대체하는 독자적인 유럽군을 운용할 수 있을 것이고 아세안도 더욱 통합이 진전돼 EU와 유사한 단계로 발전해나가고 인도도 경제 성장을 지속해 다극 체제의 하나의 축을 담당할 만큼 국력이 신장할 수 있을 것이다. 그 외 다른 지역에서도 보조적인 주요 행위자들이 출현해 5극을 중심으로 하는 다극 체제 내에서 세력 균형에서 완충적인 역할을 하리라 예상된다. 이런 구도가 형성되면 미·중을 중심으로 하는 양 진영이 나눠지더라도 다극 협조 체제가 어느 정도 기능할 수 있을 것이다. 다극 체제하에서 주요 행위자 간의 협조 시대가 열릴 때까지 국제 사회는 많은 시행착오를 거칠 것이고 그 과도기에 국제 정세는 계속 요동칠 것이다.

비국가 행위자의 득세,
통제 체제의 약화

베스트팔렌 체제 성립 이후 근대 국가가 탄생했고 그 후 근대 국가는 국제 사회의 기본 행위자였으며 기독교 교황청 조직을 제외하고는 거의 유일한 행위자였다. 물론 18세기 이후 영국 제국주의의 식민지 경영이 본격화되면서 동인도회사가 설립되고 이 회사가 여러 지역에서 국가에 버금가는 영향력을 행사하던 예외적 경우가 있기는 하다. 근대 국가 체제에서 국가는 국가의 규모나 국력에 따라 영향력과 위상에는 차이가 있으나 주권 평등의 원칙에 따라 이론적으로는 동등한 자격으로 국제 사회에 참여해왔다. 이처럼 근대 국가를 기본으로 하는 국제 사회에 2차 세계대전 이후 많은 국제기구가 등장함으로써 국제 사회 행위자의 종류가 다양해졌다. 그러나 국제기구는 그 자체로 별도 법인격과 정체성을 가지기는 하지만 각국의 대표들이 참여해 각 주권 국가들의 의사를 결집해 결정을 내리고 행동을 하는 행위자이므로 국가들의 집단 의사를 반영하는 대리 기관의 성격이 강한 반면 아주 독자적인 행위자라고 말하기는 어렵다.

그런데 1970년 이후 국제 사회에는 더욱 다양한 행위자가 본격적으로 등장하는데 먼저 다국적 기업MNC을 들 수 있고 그다음으로 국제 비정부 간 기구INGO, 알카에다와 IS 같은 테러 조직, 테러와의 전쟁 과정에 부각된 미국 같은 나라의 군사 용역 업체 등이 있다. 심지어 워렌 버펫이나 조지 소로스 같은 헤지 펀드 대표, 빌 게이츠 재단의 게이츠 부부 등은 개인이지만 이들의 결정과 행동이 국제적으로 영향을 끼친다는 점에서 국제 사회의 행위자로 분류될 수 있다.

이러한 다양한 행위자로 인해 국제 사회의 관계망이라든지 질서 유지는 이전보다 훨씬 복잡한 양상을 보이게 됐다. 구소련의 몰락으로 국제 사회가 단극 체제로 아주 단순해질 것으로 예상되던 20세기 말부터 오히려 이러한 비국가 행위자Non-state actor들의 종류와 활동이 더 다양해졌다.

게다가 2008년 세계 금융 위기 이후 근대 국가 체제의 통제력이 약화되고 미국의 패권이 상대적으로 쇠퇴하면서 이들의 활동은 더욱 강화되는 모습을 보이고 있다. 급변하는 국제 사회 현상을 미국 정치학자 조지프 나이는 세 가지 차원에서 분석한다. 가장 높은 수준에서는 군사력의 변화, 중간 수준에서는 경제력의 변화, 가장 낮은 수준에서는 비국가 행위자의 등장을 변수로 보고 있다. 위의 두 수준에서는 '힘의 전이'가 발생하면서 단극 체제가 양극 체제로 또는 다극 체제로 변하고 있지만 국제 사회의 가장 낮은 수준에서는 '힘의 분산'이 일어나고 있다고 본다. 이 수준에서는 양극·다극 자체도 의미가 없을 정도로 힘의 중심이 분산되고 있다고 봤다.[102]

비국가 행위자의 등장과 이들이 힘을 얻어가는 배경을 살펴보자. 우선 지난 500여 년을 지속해온 근대 국가 체제의 적실성과 통제력이 국제 사회에서 점차 약화되고 있다는 점을 꼽을 수 있다. 근대 국가는 영토와 국민, 주권이라는 세 요소를 기반으로 자국 영토 내에서 발생하는 모든 사안에 절대 주권을 기반으로 외부의 간섭 없이 독자적으로 처리하는 것을 전제로 성립했다. 그러나 기술의 발달과 이로 말미암은 세계화 현상 등으로 현재 근대 국가들이 당면하는 문제들은 각국이 개별적으로 해결할 수 없는 범세계적 문제들이 많다. 실제로 이 문제들은 여러 나라에 걸쳐서 발생하고 있다. 따라서 근대 국가가 이런 문제들을 개별적으로 잘 처리할 수 없다는 한계를 드러내고 있기에 이에 대응해 이를 잘 다룰 수 있는 다른 행위자들의 등장이 필요했다고 볼 수 있다.

둘째, 기술의 발전과 근대 국가의 통제력 약화로 근대 국가가 독점했던 정보와 무력, 권위를 더는 독점할 수 없게 되었고 다른 행위자들도 이를 공유함으로써 어떤 이슈들에 대해서는 시민들로부터 근대 국가보다 더 지지와 인정을 받는 경우들도 생겼다. 세계 각지에서 일어나는 일들에 대한 정보를 수집하는 데도 과거에는 국가만이 독점적인 조직과 능력을 가졌으므로 국제 문제에 대해 다른 행위자들이 관여할 여지가 적었었다. 그러나 통신, 특히 인터넷 발달로 요즘에는 전 세계에서 일어나는 일들이 실시간으로 모든 사람에게 전달되므로 이를 기반으로 다른 행위자들도 판단을 내리고 정부에 의견을 피력하거나 독자적인 대응 행동에 나설 수 있게 되었다.

게다가 국가 외에는 해외에 조직을 가지고 있는 행위자도 없었고, 있다 해도 이들과 자주 교신할 방법이 없어 동조화된 활동을 할 수 없었다. 그러나 지금은 통신 수단의 발달로 알카에다 혹은 IS 같은 테러 조직도 그 조직원들과 동조자들이 점조직 형태로 전 세계에 흩어져 있어도 이들에게 지령을 전달할 수 있다. 이에 따라 이들이 동조해서 활동하는 양상을 보이고 있다. 20세기 초 전체주의 국가들이 등장하게 된 배경을 보면 라디오, 신문 등 대중 매체가 나오고 이것을 국가들이 독점하면서 정치적 상징 조작을 통해 권위주의적 통치가 가능했다. 현재는 기술의 진보로 그 반대 현상이 일어나고 있다. 즉 개인이 국가에 복무하는 것이 아니라 국가가 개인에 복무해야 하는 것이 일반 현상으로 부각되고 있으며 개인들의 집단도 충분히 세력화돼 국가에 대항할 수 있는 단계로 나아가고 있다.

예전에는 국가만이 무력을 독점 소유하고 있었으나 요즘에는 테러 집단이나 민간 군사 용역 업체 등도 막강한 무력이 있어 이들의 활동이 국제적인 파장을 가져올 수 있게 됐다. 심지어 핵무기 비확산 체제가 느슨해져서 이들의 수중에 핵무기까지 들어간다면 국제 사회의 게임 규칙은 완전히 바뀔 것이다. 북한 핵 문제나 이란 핵 문제를 평화적으로 해결하지 못한다면 앞으로 이러한 가공할 핵무기의 확산 현상을 목도할 것이다. 인류는 지금 그 임계점에 서 있다고 할 수 있다. 돌이킬 수 없는 하방 핵 확산이 일어날 경우 모든 세력이 다른 모든 세력에 대해 거부권을 가지는 사상 초유의 상황이 도래할 것이다. 그 경우 다극 체제가 아니라 무정부 시대 같은 불안정한 시대로 퇴행할 것이다.

셋째, 자유와 개인 자의식의 발달이다. 과거 개인들은 국가의 부속물에 지나지 않아 국가의 주권적 명령에 절대적으로 복종할 의무만 지는 존재로 간주되어왔다. 이에 비해 현재는 개인들도 필요하다면 자신의 소속국의 정책과 관계없이 독자적으로 국제 사회에서 활동할 수 있는 여건이 마련됐기 때문에 개인 행위자들도 국제 사회의 별도 행위자로 등장할 수 있게 됐다. 식민지에서 해방된 지역, 특히 중동 지역에서는 과거 식민지 국가가 임의로 획정한 국경선에 따라 2차 세계대전 후 새로운 신생국들이 독립했기 때문에 이들 국가에 속한 개인들은 종교적으로나 인종적으로 현 소속 국가에 대한 충성심이 깊지 않아 이들의 행동은 국가의 이익과 다른 방향으로 움직일 수 있는 상황이 만들어져 개인 행위자들의 독자적인 활동을 부추기는 면이 있는 것도 사실이다.

넷째, 세계 시민 의식의 발달로 어떤 범세계적 이슈에 대해서 같은 입장과 공동 목표를 가진 개인들이 자발적으로 결속하는 일이 점차 늘어나고 이들의 결속력과 이슈에 대한 관심은 그들이 속한 국가에 대한 애국심을 초월하는 경우도 많아 이들도 자국의 입장과는 다른 입장을 가지고 국제 사회에 영향을 미치는 일이 자주 일어나게 된다. 예를 들면 그린피스와 같이 환경 문제에 큰 관심을 가진 개인들은 전 세계적으로 연대해 자기 소속 국가의 입장과는 상관없이 환경 보호만을 목적으로 적극적인 활동을 전 세계적으로 펼치고 있다.

알카에다나 IS 같은 테러 조직들도 국가의 벽을 뛰어넘는다. 빈 라덴이 수니파를 기반으로 한 이슬람 공동체 건설을 목표로 급진 테러 선동을 시작할 때 이들 사상의 기반은 사우디아라비아에서 배태된 와히비즘Wahibism에 근거했다. 그러나 그 후 이 테러 조직들이 사우디 왕정 타파를 목표로 삼은 것을 보면 이 개인들이 연대한 조직의 방향이 그 소속 국가들의 방향과 얼마나 다르게 변하는지 알 수 있다.

다섯째, 비국가 행위자들의 능력이 국가를 능가하는 경우가 나타나고 있기 때문이다. 세계 최대 기업 1·2위인 애플이나 아마존 같은 기업의 연 매출액 규모는 GDP 규모로 세계 40위 국가와 맞먹는다. 100위에 해당하는 모건 스탠리의 연 수익도 100위 규모 국가의 연간 세입보다 더 많다. 즉 경제적인 능력 면에서 웬만한 국가보다 더 월등한 기업이나 개인이 등장하면서 국제 사회에서 이들의 영향력과 활동 범위가 커질 수밖에 없다. 1990년경에는 각국의 대외 원조 합계액이 다국적 기업들의 해외 투자액 합계보다 많았으나 20년 후에는 개발도상국에 대한 사적 자본 유입이 대외 원조액의 4배를 초과하며 민간 단체들이 모금한 구호 기금이 각국 정부가 제공하는 인도적 지원 기금보다 3배나 많은 것이 현실이 됐다.[103]

이렇게 국제 사회 내 행위자들의 종류와 숫자가 늘어날수록 국제 사회 내 관계는 복잡해지고 혼돈 엔트로피는 증가할 것으로 예견된다. 이는 국제 사회 내 국가가 유일한 행위자일 경우 우리가 경험한 대로 국가 간의 협상 방식과 국제기구를 통한 국가들의 행위를 통제·제어할 수 있는 방식들이 잘 존재하는 데 비해 비국가 행위자들이 국제 사회에 참여할 경우 이들과 협상하는 방식과 이들을 통제할 수 있는 수단이 제대로 발달하지 않았을 뿐 아니라 어쩌면 그 자체가 가능하지 않을 수 있기 때문이다. 범세계적인 문제들은 더욱 복잡·다양해지는 데 반해 국가의 통제력은 약화되고 비국가 행위자들의 활동은 증가해 범세계적 문제들을 제대로 처리하지 못하게 된다. 미국 외교협회회장 하스는 이러한 현상을 '범세계 통치 간격 Global Governance Gap'이라 불렀다.[104]

비국가 행위자 중에서 가장 심각한 도전을 제기하고 있는 것은 이슬람 테러 조직이다. 이들은 일반적으로는 소수 극렬 분자의 집단이라 간주됐다. 그래서 처음에는 이들을 물리적으로 타격해 괴멸시키면 소멸될 집단으로 보고 미국이 테러와의 전쟁을 10년 이상 수행했다. 그렇지만 아직 그 생명력을 유지하고 있는 것은 이들이 단순히 소수 극렬 분자의 집단이 아닐 수 있기 때문이다. 이들은 식민지 국가들이 2차 세계대전 후 남기고 떠난 중동 지역의 신생 국가들이 세속화하고 부패한 왕정에 의해 운영되는 데 대해 근본적인 반감을 가진 세력들이다. 이 중 극렬 분자들이 테러 행동대원으로 무장 투쟁에 직접 나서고 있지만 배후에는 이들을 지지하는 다수의 근본주의 경향의 대중이 존재하고 있다.

이들은 수니파 전통을 따라 종교 지도자들이 나라를 이끄는 무슬림 공동체 국가, 즉 움마 공동체 국가를 세우는 것을 목표로 하고 있다. 무슬림 국가들이 현 국가 체제를 뛰어넘어 하나로 뭉쳐 옛날의 영광을 재현해야 한다고 믿고 있다. 이런 신념을 가진 개인들이 무슬림 각국에 많이 퍼져 있다면 이들을 단순한 테러 집단으로만 볼 것이 아니라 칼리프 국가를 건설하려는 새로운 세력 집단으로 보는 것이 정확할 것이다. 이들이 지향하는 칼리프 국가는 근대 국가 체제의 기본 틀을 만든 베스트팔렌 체제와는 여러 면에서 다르므로 이들의 등장은 기존 국가 체제 질서에 대한 불안정 요인이 된다. 이들은 칼리프 국가Caliphate를 건설하는 과정에서 베스트팔렌 체제의 기본 전제인 민족 중심 국가와 내정 불간섭·정교 분리·세력 균형 체제를 인정하지 않으려 할 것이다.

유대인들이 전 세계에 흩어져 살면서도 옛 땅으로 돌아와 이스라엘 국가를 건설하겠다는 목표로 시온주의 운동을 펼쳤을 때 시오니즘이 하나의 운동으로 여겨졌다. 전 세계 누구도 시오니즘을 국가 건설 세력이라고 간주하지 않았다. 이스라엘이란 국가가 등장하리라고 예상하지 않았다. 하지만 이스라엘이란 국가가 성립한 것과 마찬가지로 IS 운동을 하는 세력도 언젠가는 칼리프 국가를 세울지 모른다. 이들은 기존 중동 국가 권력들의 통제하에 있지도 않고 오히려 이런 국가들을 전복하려 하므로 국가가 이들을 통제할 수 없다.

미국이 이들을 소탕하기 위해 이라크와 아프가니스탄을 침공하는 테러와의 전쟁을 벌인 것도 상대의 본질을 잘못 파악해 그릇된 대응책을 취한 것이라 볼 수 있다. 이들을 특정 지역에 둥지를 틀고 있는 소수의 극단주의 세력이라고 봤지만 이들은 이슬람 근본주의라는 큰 물속을 돌아다니는 물고기였다. 물이 있는 한 물고기는 어디서나 생길 수 있는 법이다.

영토를 보유하고 있지 않지만, 관념상의 종교 국가 설립을 추진 중인 IS 같은 세력들과 영토를 기반으로 한 근대 국가 간에는 소통하거나 투쟁하는 방법도 달라야 할 터인데 아직 그 방식을 찾지 못하고 있는 것이다. 미국의 경우 냉전 체제에서는 강력한 라이벌 소련과도 소통과 투쟁을 진행하면서 국제 질서를 유지했다. 이때 두 세력이 적대 관계이지만 모두 같은 체스 게임을 했다고 본다면 테러 집단 같은 비국가 행위자들은 바둑 같은 전혀 다른 게임을 하고 있기에 상호 접점을 찾기가 어렵다고 봐야 한다. 따라서 앞으로 이들의 활동 영역이 넓어지는 한 국가와 이러한 개별 행위자들 간의 알력이 증대되고 국제 사회 내 혼돈 엔트로피는 증가할 것이다.[105]

국가 간 합종연횡 횡행,
혼돈 엔트로피 증가

2차 세계대전 후 성립된 팍스 아메리카나 체제에서 국제 질서가 상당히 안정적이어서 개별 국가들은 자국의 안전 보장을 위해 복잡한 보장 장치를 마련할 필요성을 덜 느끼게 됐다. 국제 질서가 자유주의적 사상을 기반으로 구축됐으며 UN 등 국제기구와 국제 규범 등이 국제 사회가 약육강식의 홉스적 사회로 퇴행하는 것을 막아주어서 작은 국가라도 자국 주권이 임의적으로 유린당하는 가능성을 상정하지 않아도 됐다. 1950년 이후 냉전이 본격화하면서 국제 사회에 긴장이 조성되기는 했으나 오히려 양 진영에 속한 국가들은 진영의 맹주인 미국과 소련의 보호를 받으며 집단 안전 보장 체제 속에 있어 역사상 그 어느 때보다 안보에 대한 위협이 적었고 자주 국방에 대한 필요성도 덜 느꼈다. 진영에 속한 어느 작은 국가에 대한 공격은 진영 전체에 대한 공격으로 간주됐다. 진영 밖의 국가로부터 공격 위협이 적었고 진영 내에서도 맹주 국가의 통솔을 잘 따라야 하므로 진영 내 국가 간 분쟁 가능성도 거의 없었다. 개별 국가들이 별도의 생존 전략을 굳이 마련할 필요는 없었다.

그러나 냉전 체제가 종식돼 진영으로부터의 보호는 이전보다 강고하지 않게 됐다. 미국과 동맹이나 군사 협력 관계를 맺고 있던 국가들도 앞으로는 미국의 안보 공약이 이전만큼 견고할 것이라 기대할 수 없다. 그렇기에 각국은 자국 나름의 생존 전략을 강구할 수밖에 없는 환경으로 밀려 들어가고 있다. 이런 현상에 대해 미국의 현실주의 국제 정치학의 대가 미어샤이머 교수는 "우리는 곧 냉전 시대를 그리워할 것이다. 지정학적 현상 변경 세력, 핵무기의 확산, 주요 강국 간 분쟁 등 냉전 시대에 갇혔던 악마들이 목줄을 풀고 앞으로 전 세계를 활보할 것이다"라는 경고를 한 바 있다.[106]

1990년 이후 포스트 냉전 시대만 해도 전 세계에서 발생하는 분쟁과 테러리즘 같은 범세계적 위협에 대해 미국이 이를 관리하거나 혼자서 대처하는 능력이 있었는데 이제 미국도 이 같은 세계 경찰 역할을 거부하고 있다. 따라서 인접 국가 간 분쟁이나 서방 세계 국가 간의 분쟁에도 미국의 개입이나 중재를 기대하기 힘들다. 당사자 간에 해결할 수밖에 없는 각자도생의 시대로 들어가고 있다. 트럼프 대통령이 중동에서 끊임없이 이어지는 전쟁에 미국이 개입하는 것은 국익에 반한다는 생각을 가지고 중동에서 미군의 철수를 공약했으며 실제로 시리아 북부 주둔 미군 특수부대 1,000명이 철수하자 터키가 쿠르드족에 대한 전쟁을 개시한 사실을 보면서 앞으로 국제사회에서 일어날 일들을 예견할 수 있다.

이에 더해 중국과 러시아는 물론이고 일본, 터키, 헝가리, 인도, 브라질, 영국 등 많은 나라에서 점차 부상하는 민족주의적·자국 우선주의적 경향으로 인해 스트롱 맨이라 불리는 강력한 성격의 지도자들이 집권하면서 국가 간의 분쟁이나 이견을 협상이나 규범에 입각해 해결하기보다는 자국의 무력이나 다른 강압적인 수단에 의해 해결하려는 경향이 점증하고 있다. 게다가 북한과 이란, 시리아, 베네수엘라 등에서는 집권자들이 각기 다른 이유로 현재 상황을 타파하려는 경향성을 가지고 모험주의적 행태를 보이고 있다. 이외 아프리카나 다른 지역에서도 권위주의적 지도자가 출현해 현상Status quo을 변경하려는 세력이 더 확대될 가능성도 존재한다.

특히 중국과 러시아는 두 국가의 순수 지정학에 기반했을 경우 국가 전략이 상이해야 함에도 유사한 전체주의적 정치 체제라는 공통점을 바탕으로 미국이 건설한 현재의 국제 질서에 대해 반감을 가지고 이를 변경해야 한다는 데 입장이 일치해 '현상 변경 세력Revisionist'의 중심이 되고 있다. 이 두 국가는 우선 미국이 패권을 장악하고 있는 현 국제 질서하에서 미국의 패권과 영향력의 범위를 축소하는 것을 대외 정책의 첫째 목표로 한다. 가능하면 자국의 세력권을 더 확장하는 것을 두 번째 목표로 하고 있다. 이를 위해 이 두 국가는 연합할 뿐 아니라 이와 비슷한 입장을 가진 국가들을 지원하고 이들이 '현상 변경 세력'의 범주 안에 들어오도록 유도해 '현상 변경 세력'도 늘리려 하고 있다.

이 두 국가는 국내적으로 갈등과 분쟁이 있거나 정치적 분열이 있는 나라들에서 이러한 갈등과 분열을 조장하면서 자국과 유사한 입장을 가진 정치 세력들이 집권할 수 있도록 도와주면서 '현상 변경 세력'의 규모를 확대하려고 도모하고 있다. 이 과정에서 이 두 국가는 레닌이 말한 전략 지침 즉, "갈등과 분열이 있는 곳에는 대검을 꽂아보고 그 속에 금속이 있으면 물러서고 무른 곳이 있으면 파고들어라"[107]에 따라 세계 각지에서 현상 변경을 시도해보고 있다. 그 과정에서 내부 대항력이 강하거나 미국의 개입이 강하다고 판단되면 물러서고 그렇지 않으면 분쟁을 더 키우고 자국에 유리한 집단에 지원을 제공해 세력권을 넓히려 하고 있다.

이외에도 세계 각지에 영토 분쟁이 휴화산처럼 산재해 있다. 이들은 그간 냉전 시대와 미국의 단극 체제에서는 잠복해 있었으나 앞으로 휴화산을 억누르던 여러 압력이 제거되면 활화산이 돼 분출될 것이다. 이 경우 국가 간의 무력 분쟁으로 해결되는 것 이외 다른 해결책이 없을 것이다. 국제 체제는 지속 기간이 오래될수록 체제 내 여러 모순이 축적되면서 엔트로피가 증가하기 마련이다. 이를 낮추려면 더 많은 지도력이 필요하나 패권국의 지도력이 약화되고 현상 변경 세력들의 요구가 점증하면 혼돈 엔트로피는 걷잡을 수 없이 높아지게 된다. 중동 지역에는 수니파와 시아파 간의 뿌리 깊은 종교적 반목이 점차 노골화되고 있다. 양 계파의 후원자 역할을 하는 이란과 사우디아라비아가 경쟁적으로 이를 조장하고 있다. 이 뇌관이 터지면 중동 지역 정세는 걷잡을 수 없는 혼란으로 빠져들 것이다. 이슬람 종교 근본주의에 입각한 '신정 칼리프 국가'를 수립하려는 무장 테러 집단들도 횡행하고 있다. 이들이 분쟁을 촉발하면 국가들이 이들과 연루돼 분쟁에 개입하게 되면서 종족 간 분쟁이 지역 전쟁으로 비화될 소지를 안고 있다.

이 같은 종교적 연대와 국가적 연대가 서로 얽히면서 합종연횡하는 양상이 중동에서 일어나고 있다. 예멘전과 같이 처음에는 내전으로 시작됐다가 국제전으로 번지는 전쟁의 배경에는 이 같은 역학 관계가 작용하고 있다. 중동 지역에는 종교적 갈등에 따라 기존 국가가 더 작은 단위로 분열되는 발칸화Balkanization 현상과 중동 지역을 칼리프 국가로 만들려는 범무슬림 통합 운동 간의 길항 작용이 상당 기간 작용할 것이다. 이에 더해 이스라엘과 다른 외부 세력들도 중동의 '발칸화 현상'[108]을 지원할 것이므로 중동 내에서 합종연횡과 더불어 혼돈 엔트로피도 더 증가할 것으로 전망된다.

이러한 여러 상황을 종합적으로 보면 앞으로 국제 사회에는 질서를 안정·유지시키는 요소들보다는 질서를 흔들어 불안정화시키는 요소들, 즉 혼돈 엔트로피가 더 많아질 것으로 예측해볼 수 있다. 이런 혼돈 엔트로피가 증가하는 가운데 현 질서를 수호하려는 세력, 즉 미국을 비롯한 서방 세계가 단결해 대응할 경우 혼돈 엔트로피를 낮출 수 있을 것이나 현재로서는 서방 세계가 서로 분열·반목하는 양상을 보이기 시작해 그 반대 현상이 나타나기 쉬울 것으로 보인다. 즉 미국 등 서방 세계가 이런 현상 변경 세력의 도전에 대응해 일관성 있고 단호하게 대응하면 현상 변경 노력이 적어질 수 있으나 그렇지 않을 경우 도전 노력이 커지는 데다 미국 등 서방 세계의 대응이 선택적으로 일어나 혼돈은 더 가중될 공산이 크다.

혼돈 엔트로피가 증가하는 이런 상황에서 각 국가는 자국의 안전을 스스로 책임지는 상황에 처하게 될 것이다. 서방국들은 여전히 미국의 안보 공약에 의존하겠지만 공약의 신뢰성에 의문이 가기 때문에 이를 보완하는 다른 방안들을 강구할 것이다. 보완책이라는 것은 자국의 자주 국방력을 강화하기 위해 국방비를 증액하고 군비를 강화하는 방향일 것이다. 다음으로 자국과 유사한 입장에 있거나 인근 지역에 속하면서 도움을 줄 수 있는 국가들과 군사적 협력을 강화하는 방안을 강구하게 될 것이다. 이를 위해 양자적인 군사 협력 관계 설정도 있겠지만 소다자주의Mini-lateralism 형식으로 서너 나라가 힘을 합쳐 군사 협력체를 만드는 방식도 여러 지역에서 시도될 것으로 보인다. 국가 간에 이렇듯 다양하게 얽히는 군사 협력 관계망이 형성될 것이다. 이러한 국가 간 협력 형태는 전국 시대 제후국 간의 합종연횡을 방불할 정도로 복잡하게 전개될 것이며 이는 포스트 팍스 아메리카나 시대의 새로운 양상이 될 것이다.

이런 맥락에서 주요국들이 자국의 국방비를 증액시키는 현상이 나타나고 있다. 서방 국가들 대부분이 GDP의 2% 정도를 국방비로 투입하다가 최근 3% 선으로 증액하는 모습을 보이고 있다. 이는 자발적인 측면도 있지만 미국이 NATO 회원국에게 국방비 증액을 요구하고 있어 각국이 자국의 군비 증강에 나서고 있다. 현상 변경 세력인 중·러는 계속 자국의 국방비를 증액시키고 새 무기들을 개발해왔다. 최근 미국도 이에 대항해 중거리 미사일 개발 금지를 목적으로 하는 INF 조약을 폐기하고 새 미사일 개발에 나서는 등 국방비를 최대 GDP의 6% 수준으로 상향시키려는 계획을 가동하고 있다.

인도·태평양 지역에서 미·중 간 갈등이 고조되면서 이 지역 역내 국가들은 다양한 형태의 소다자주의 군사 협력을 시작하고 있다. 미국·일본·오스트레일리아·인도 네 나라가 모여 쿼드Quad라는 군사 협의체를 운용하고 있으며 이외 인도네시아·베트남을 포함하는 다른 형태의 소다자주의 군사 협력체도 논의되고 있다. 중동 지역에서도 수니파와 시아파 간의 갈등이 심화되면서 수니파인 사우디아라비아·UAE·이집트 간의 군사 협력 조짐이 보인다. 이에 대해 이란·

카타르·시리아 간의 군사 협력도 강화되고 있다. 이들 양 계파 간 갈등의 도화선이 될 수 있는 나라는 바레인과 예멘인데 이 국가들에는 시아파와 수니파의 세력이 백중해 양 계파의 선동 여부에 따라 내전이 발발할 가능성이 있다. 지금 예멘은 5년째 내전 중에 있다. 그 내전은 주변국들의 개입으로 국제전의 양상을 띠고 있다. 시아파는 '시아파 초승달'과 '시아파 말발굽'으로 표현되는 양 지역에 모여 있다. 초승달 지역은 이란-이라크-시리아-레바논 헤즈볼라를 잇는 일대를, 말발굽 지역은 이란-이라크-바레인-사우디 동부-예멘을 잇는 일대를 말한다.[109] 이란은 이 지역 내에서 맹주 노릇을 하려는 것이고 사우디아라비아 등 다른 중동 국가들은 이를 저지하려 하므로 양 계파 간에는 늘 충돌의 위험성이 잠재하고 있다.

국제 체제 자체가 다극 체제로 변하고 있다. 미국을 포함한 주요 행위자들이 자국 우선주의를 내세우는 상황에서 중견국 이하 나라들은 강대국 위주의 동맹이 아닌 새로운 안보 체제를 구축해야만 한다. 중견국들은 각기 혼자 서 있을 때 자주 국방을 이루기가 힘들지만 두 나라, 세 나라가 서로 연대하면 훨씬 안보가 강화될 수 있다. 마치 젓가락 하나는 부러지기 쉬워도 2개, 3개가 합쳐지면 쉽게 부러뜨릴 수 없는 것과 같은 이치다. 이처럼 각국이 새로운 군사 협력체를 만들기 위해 합종연횡을 모색하는 일 자체가 반대 세력에게 군사적 위협이 된다. 반대 세력도 이에 대항하는 결집체를 만들려 할 것이므로 소다자주의 군사 협력 시도 자체가 국제 사회에서 혼돈 엔트로피를 증가시키는 효과를 가져올 것이다.

6부

국제 질서의
안정화 방안

미·중 간의
합리적 관계 설정

포스트 팍스 아메리카나 시대는 앞에서 살펴본 바와 같이 여러 요인으로 인해 기존의 국제 질서를 흔드는 불안정 요소가 점증할 것이다. 따라서 각국은 혼돈 속에서 자신의 생존을 도모하기 위해 각자도생의 방안을 강구해야 할 것이다. 역사의 사례를 봤을 때 힘의 전이가 일어나 기존의 국제 질서가 한번 흔들리면 옛 질서로 되돌아가서 안정을 되찾는 경우보다 새로운 국제 질서가 수립돼야 안정을 되찾는 경우가 더 많았다. 지금은 새로운 국제 질서가 등장하기까지의 과도기적 상황으로서 새로운 질서가 확립되기까지는 여러 번의 동요가 발생하는 것은 불가피할 것이다. 이러한 동요를 줄이고 국제 사회를 그나마 안정적으로 유지해나가기 위해 우리가 어떤 방안들을 강구해볼 수 있는지 논의하기로 한다.

미국은 1차 세계대전 종전 무렵부터 세계 지배권을 확보한 이후 거의 100년 동안의 팍스 아메리카나 시대를 거치면서 독일, 일본, 구소련 등 여러 잠재적 패권 도전 국가들로부터 도전을 받아왔으나 막강한 국력을 바탕으로 이를 제어해왔다. 20세기 말 21세기 초 약 20년 동안은 미국의 지위를 넘보려는 어느 국가도 존재하지 않아 유일 초강대국으로서 지위를 과시하는 냉전 후 시대Post cold war period를 구가하기도 했다. 이 시대의 국제 질서는 미국을 중심으로 한 단극 체제Uni-polar system로 분류되기도 했다.

그러나 미국의 경제력이 상대적으로 쇠퇴해가는 가운데 미국은 2001년 역사상 처음 국가가 아닌 테러 집단이라는 외부 세력으로부터 미국 본토가 공격을 받는 충격적인 경험을 했다. 이에 대한 반사 작용으로 테러와의 전쟁에 돌입했다. 초기에는 단기간에 종식시킬 것으로 믿고 시작했던 테러와의 전쟁이 10여 년을 넘는 사이 미국의 국력은 이 전쟁으로 더욱 소진되었다. 패권 국가의 흥망성쇠 사이클 측면에서 보면 미국의 테러와의 전쟁은 영국이 남아프리카에서 벌인 보어 전쟁에 비견할 수 있다. 영국도 빅토리아 여왕 즉위 60주년을 맞아 대영 제국 절정의 권세를 전 세계에 보여준 지 2년 뒤인 1880년 보어 전쟁을 시작했다. 이 전쟁은 영국의 정규군과 남아프리카의 네덜란드계 소규모 민병 간의 싸움이므로 영국의 낙승이 쉽게 예견됐다. 그러나 영국군이 고전을 면치 못한 끝에 승리하기는 했지만, 상처뿐인 영광이었다. 이 전쟁은 대영 제국 몰락의 전조가 됐다. 테러와의 전쟁도 훗날 역사가에 의해 미국의 패권이 몰락하는 전조로 기록될지 모른다.

반면 이 기간에 중국은 미국 시장에 엄청난 양의 소비재를 수출해 천문학적인 무역 흑자를 쌓고 이를 통해 국력을 획기적으로 증가시킬 수 있었다. 2008년 국제 금융 위기를 통해 미국 등 서방국들의 경제는 위축되는 데 반해 중국은 이 금융 위기를 잘 피해 경제 운용에 대한 자신감을 더욱 쌓았다. 이러한 배경을 바탕으로 개혁·개방 정책 채택 이후 30년 동안 도광양회와 평화굴기를 국시로 삼아 조심스럽게 몸을 일으키던 중국이 유소작위有所作爲를 거쳐 중국몽의 실현을 거론하면서 대외적으로 확신에 찬 외교 정책Assertive diplomacy을 전개했다.

이러한 중국의 새로운 행보는 미국 조야에 뒤늦게나마 중국의 잠재적 위협에 대한 인식을 일깨웠다. 미국은 중국을 점차 경계의 눈초리로 주목하면서 양국 간에 갈등이 고조되고 있는 형국이다. 이전에 미국의 헤게모니에 도전했던 나라들은 여러 국력 평가 지표에서 미국에 실질적인 맞수가 되지 못했기 때문에 그들의 도전은 실패로 끝났다. 패전으로 인해 그들 국가 정체성이 바뀌는 과정도 겪었다. 그러나 중국은 여러 국력 평가 지표 면에서 미국을 왜소하게 보이게 만들 수 있는 유일한 나라라는 점에서 중국의 미국에 대한 도전은 그 이전 어떤 다른 도전국의 도전과 규모나 강도 면에서 비교가 안 될 정도다. 따라서 미국은 자국의 패권 시대에 중국이라는 진정한 맞수를 처음 만난 것이며 이제 양국은 진정한 패권 경쟁 과정에 진입한 것이라 볼 수 있다.

나폴레옹이 200년 전에 "중국을 잠자게 그냥 내버려둬라. 중국이 깨어나면 세계를 뒤흔들어놓을 테니까"라고 정확하게 예언했듯이 중국은 이제 깨어난 정도가 아니라 상당히 막강한 근육을 자랑하면서 큰 기지개를 켜고 있다. 이런 중국의 자신에 찬 행보는 중국의 여러 잠재력을 고려할 때 향후 세계 질서에 대한 근본적인 재편을 요구할 수도 있다. 중국의 의도가 팽창적이든 아니든 중국의 국력이 신장할수록 중국의 일거수일투족은 세계에 영향을 미치기 마련이다. 중국은 사이즈가 너무 크다. 코끼리가 숲속을 지나갈 때 나무를 흔들지 않고 가만히 지나갈 수 없듯이 중국은 사이즈 자체만으로도 그 움직임이 국제 정세에 영향을 줄 수밖에 없다. 만약 중국이 필요로 하는 어떤 자원이 있을 경우 중국의 수요가 있다는 사실만으로도 그 자원의 가격이 상승할 수밖에 없다. 이는 다른 나라에 영향을 미칠 정도로 중국의 영향력은 큰 것이다.

중국은 모든 면에서 그 규모가 너무 크기 때문에 조심하더라도 국제무대에 여러 분야에서 세계의 주목을 받지 않은 채 슬그머니 새로운 자리에 끼어 앉을 수 없다. 더구나 중국이 자신만의 중국 특색 사회주의의 가치를 주장하면서 세계에 적극적으로 영향력을 확장하려는 의도를 보이는 현 상황에서 중국의 부상은 현 국제 질서에 대한 불안정 요인이 될 수밖에 없다. 미국의 국제정치학자 로버트 길핀은 "국가 권력이 증대하면 그 국가는 주변에 대한 통제를 강화하려는 유혹을 받는 법이다. 국가는 자신의 안보를 강화하기 위해 정치·경제·영토적 통제를 확대하려 할 것이며, 특히 자신의 이해관계에 부합되게 국제 시스템을 변경하려 들 것이다"라고 지적했다.[1]

이 지적은 중국의 부상 현상에 대해서도 정확하게 적용되는 것이다. 중국은 자국의 권위와 급팽창한 경제를 영위할 수 있는 확대된 영역에 대한 통제권을 자연스레 필요로 할 것이며 중국인 관점에서는 이는 자국에 당연히 필요한 '숨 쉬는 공간Breathing space'이라고 볼 수 있을 것이다. 하지만 중국의 이 같은 행동은 국제 질서 측면에서는 기존의 '현상 유지'를 변경하는 시도로 간주될 수밖에 없으며 국제 정세에 불안정을 유발하는 요인이 되는 것이다. 독일도 제2차 세계대전 이전 자국이 부상할 때 독일 경제를 지탱할 '생활 공간Lebens Raum'이 필요하다고 했고 일본도 자국 경제를 운용하기 위해서는 '대동아 공영권'이 필요하다고 주장하다가 미국과 전쟁에 돌입하게 된 사실을 상기할 필요가 있다.

　이러한 중국의 도전에 미국이 어떻게 응전할 것인가에 따라 앞으로 세계의 운명이 좌우될 것이다. 미국은 테러와의 전쟁을 수행하던 21세기 초반 부시 행정부하의 8여 년 동안은 중국의 부상에 대해 큰 관심을 두지 않았다. 테러와의 전쟁을 마무리짓는 데만 골몰했기에 특별한 대중국 정책을 고안하지 않았다. 그 결과 중국은 미국 시장을 이용해 급속한 성장을 이룩할 수 있었다. 그 후 오바마 행정부가 집권하면서 중국의 부상에 대한 경각심을 가지게 됐다. 미국 조야에서는 중국의 도전에 어떻게 응전하느냐를 두고 많은 논의가 일어났다. 오바마 행정부는 지난 10여 년 동안 중동 문제·테러 문제에 외교·군사력을 소진한 것을 반성하고 중국의 부상에 대응하기 위한 외교·군사 정책을 '아시아로 회귀'로 집약하면서 아시아 지역에 외교·군사력을 집중 재배치했다.

　이와 동시에 미국 조야에서 논의된 대중국 대응 정책 방향은 세 갈래로 묶을 수 있다. 첫째는 강경론으로 '대중국 포위론China Containment'이고 둘째로는 타협론인 '대중국 위험 분산론China Hedging', 셋째는 온건론으로서 '중국 관여론China Engagement'을 꼽을 수 있다. 강경주의자들은 중국은 공산주의 국가이며 중국이 지향하는 가치는 미국의 가치와 충돌할 수밖에 없으므로 중국이 부상하기 전에 중국을 포위하고 국제 사회에서 격리해 중국의 부상을 막아야 한다는 입장이다. 반면 타협론자들은 중국의 부상에 따른 위험도 인지하지만, 중국이 가져다주는 경제적 이익이 막대하고 중국을 국제 사회로부터 격리하는 것은 현실적으로 가능하지 않은 일이기 때문에 중국과 관계를 잘 유지해나가되 중국의 부상에 대비해 외교·군사적으로 미리 대비해야 한다는 시각을 가지고 있다. 온건론자들은 중국의 부상은 세계화의 한 과정으로 불가피하며 중국의 부상으로 세계 경제가 동반 성장할 수 있으며 중국도 경제 발전 정도에 따라 민주화가 진행될 것이므로 미국이 관여해 중국을 이 방향으로 잘 유도해야 한다는 생각이다.

이런 세 가지 다른 시각과 전략 중에 오바마 정부는 세 번째 관여 정책을 취했다. 국무부 차관이던 로버트 졸릭이 고안한 용어인 '책임 있는 이익 상관자Responsible stakeholder'로 중국을 변모시키도록 미국 정부가 중국과 대화하고 계속 관여해야 한다는 입장을 추구했다. 그러나 미국 정부의 이 같은 '희망적 사고Wishful thinking'에도 불구하고 중국은 국력 신장에 따라 점차 확신에 찬 행보를 보였다. 특히 남중국해 문제에 대해 비타협적인 태도를 취함에 따라 미국과의 갈등의 골은 점차 깊어갔다. 이에 따라 오바마 행정부 말기에 미국은 중국에 대해 '위험 회피Hedging' 전략을 취하면서 일본, 오스트레일리아, 인도 등을 중국에 대항하는 자국의 진영에 포함시키려 노력하는 동시에 태평양 함대의 군사력을 증대시키고 남중국해에 대한 '항해 자유 작전'을 전개하기에 이른다.

이러한 미국의 견제 조치에도 중국은 '일대일로 정책One belt one road'을 펼치며 AIIB를 설립하고 미국을 배제한 중국 중심의 RCEP 등을 추진하면서 미국이 주도해 구축한 기존 국제 체계에 대항하는 별도 체계를 구축하는 지정학적 포석을 전개했다. 이러한 중국의 도전적인 행보를 지켜보면서 등장한 트럼프 행정부는 중국에 대해 '봉쇄정책'을 구사하기로 작정하고 중국에 대해 무역 전쟁을 하면서 압박을 가하고 있다. 미국은 세 가지 대중 대응 방향을 차례로 검토한 결과 지금은 중국 봉쇄 정책이 미국의 패권에 대한 중국의 도전을 막는 유일한 길이라 생각하고 몰두하고 있다. 중국의 급부상을 고려하면 미국이 지금이라도 중국을 봉쇄·억제하지 않으면 패권 경쟁에서 중국이 미국을 추월할 가능성을 막을 수 있는 마지막 시점, 즉 '역사의 변곡점Tipping point'을 지나칠 수 있다는 점에서 미국의 이러한 정책은 미국 조야에서 초당파적인 지지를 받고 있다. 단, 이러한 미국의 대중국 봉쇄·압박 정책으로 인해 중국이 자국의 대외 정책을 수정하고 미국 주도 질서 내에서 다시 평화적 굴기를 한다면 다행이지만 중국이 이에 반발해 미국과 적대적인 경쟁을 할 경우 현 국제 질서는 심하게 요동칠 것이다. 전 세계는 새로운 냉전 또는 세계대전을 향한 암울한 길로 들어서게 될 것이어서 심히 우려스럽다.

미국이 중국을 봉쇄하고 중국의 기술력 발전을 차단해 중국을 굴복시키겠다는 트럼프 정부의 정책들은 오바마 정부 시절 중국에 대한 관여 정책을 통해 중국을 책임 있는 이해 상관자로 만들겠다고 하다 실패한 것과 같은 실패를 초래할 가능성이 있다는 지적이 있다.[2] 오바마 행정부 시절 중국의 내부 사정을 잘 파악하지 못하고 경제 발전과 더불어 중국의 민주화가 촉진될 것으로 생각했던 낙관론의 오류와 마찬가지로 지금도 관세 부과와 기술 수출 통제만으로 중국이 굴복하리라고 보는 것은 낙관론의 오류를 다시 범하는 것일 수 있다. 중국은 미국 민주주의와 대통령 직선제의 약점을 간파한 데다 중국몽을 이루겠다는 의지가 강해 트럼프 대통령이 강하게 압박하더라도 이 시기를 모면하면서 미국에 대한 지구전을 펼치겠다는 각오를 다지고 있다.[3] 긴 지구전을 거치면서 최후의 승자는 중국이 될 것이라는 신념이 있으므로 중국이 압박과 봉쇄 정책에 쉬이 굴복할 것이라 상정하는 것은 또 다른 역사적 오류를 범할 수 있다.

그러면 미·중이 전략적 경쟁을 장기간 이어갈 것으로 보이는데 이 경쟁을 적대적으로 지속할 경우 국제 질서에는 상당히 부정적인 영향을 미칠 것이다. 미국과 중국은 미국과 소련 간의 냉전 시대와 달리 양국이 서로 경제적으로 상호 의존적인 측면이 심해 무역 전쟁을 거쳐 통화 전쟁으로까지 이어질 경우 양국 모두 경제적으로 심대한 타격을 입을 뿐 아니라 세계 경제 자체에도 큰 충격을 줄 것이다. 미·중 간에 무역 전쟁이 지속되고 양국 경제 관계가 분리(디커플링)되면 세계 교역량이 4,000억 달러 정도 감소하고 세계 경제 성장률도 1% 정도 하락할 것이라는 전망이 있다. 미·중 양국이 모두 손해 보는 Lose-lose 게임으로 들어가는 것이다.

구체적인 예를 들면 중국은 자국의 막대한 양의 생산 제품을 소화해줄 미국의 소비 시장이 필요하고 미국도 자국의 무역과 재정 적자를 메꾸어주는 중국의 미국 국채 매입이 필요하다. 마찬가지로 중국은 자국이 보유한 4조 달러 정도의 외환이 달러화이기 때문에 미국 달러화의 가치가 폭락하지 않고 유지되는 것이 자국의 국익에 부합한다. 따라서 중국이 미국의 무역 전쟁에 대항해 자국이 보유한 미국 국채를 투매하는 대항 수단을 사용할 것이라는 관측도 있지만 이런 경우 자국 경제도 같이 무너지는 피해를 각오해야 한다. 이처럼 미국과 중국은 경제적으로 너무 얽혀 있어서 서로가 서로에 대해 결정적인 보복 조치를 취할 수 없다.

냉전 시대에 미국과 소련이 핵무기를 사용할 경우 상호 자멸의 길로 갈 것이 명백하기 때문에 핵무기를 사용할 수 없었던 MAD 상황에 비교하자면 미·중 간 경제적 상호 의존성은 '경제적 MAD'라 표현할 수 있다. 따라서 워싱턴과 베이징은 상호 모두에게 자해적인 대결 정책을 펼치지 말고 서로 협력해 '평화적 공존Peaceful coexistence'을 할 수 있는 현명한 방안을 모색하는 것이 합리적일 것이다. 그러나 패권을 다투는 두 세력 간에 합리적 타협의 수준을 찾는 것은 쉬운 일이 아니다. 그러나 미국과 구소련도 이념상으로 첨예하게 대립했음에도 불구하고 양측이 군축 등 필요한 분야에서는 서로 타협해 협정도 체결하고 일정 부분 협력도 한 것을 감안하면 미·중 간에는 현실주의적 차원에서 타협할 분야가 더 많을 것이다.

문제의 핵심은 부상하는 미국의 관점에서는 중국에 대해 미국이 어느 정도까지 중국의 세력권을 인정해주고 중국을 존중해줄 것이냐 하는 점이다. 중국의 관점에서는 현 국제 질서와 체제를 존중하고 그 범위 내에서 어느 정도 발언권을 확보하는 방향으로 나아갈지다. 이에 따라 미·중 간 평화적 공존 가능성이 결정된다. 양국이 국가 목적을 추구하는 데 있어 힘의 사용을 자제하고 양국 간 경쟁을 정치적·외교적 방법으로 해결하는 데 합의하는 것이 평화를 지키는 첩경이 될 것이다. 미·중은 국제 사회의 다른 주요 행위자들과 더불어 세력 균형의 기제를 활용하면서 양국 간에는 일정 부분 타협을 기반으로 한 파트너십의 개념을 발달시키는 것이 합리적 관계 설정과 평화 유지의 중요한 관건이 될 것이다. 미국의 유명한 전략가인 브레진스키는 "지금 세계 중심축이 서양에서 동양으로 이동하는 가운데 있어 미국이 유일 패권국이 될 수 없으므로 로마 제국이 동서 로마로 분리돼 상당 기간 존재했듯이 미국이 서양을 대표하는 수호자가 되고 동양에서는 균형자의 역할만 하는 것이 국제 질서를 안정시키는 방안이다"라고 주장하기도 했다.[4]

아니면 현 질서를 변경하고 중국이 주도권을 미국과 대등하게 또는 우월하게 확보하는 방향으로 나아갈지에 대해 미·중 양국이 내부적으로 국론을 모으고 이를 상대편과 협상해 어떻게 평화적으로 패권 경쟁을 마무리할지에 미래의 평화가 달려 있다. 중국의 입장에서도 현 국제 질서의 최대 수혜자가 중국이었으므로 이 질서를 전면전으로 개편하는 것이 위험한 도박일 수 있다. 미국에 도전했던 독일과 일본이 패전으로 국가를 해체하는 수준으로까지 갔던 사례에 유념할 필요가 있다. 독일과 일본이 오히려 전후 미국이 주도한 국제 질서에 순응하며 참여함으로써 자국의 국력을 더욱 신장시켜 미국 다음가는 경제 대국을 만들었던 사례를 잘 살펴볼 필요가 있다.

중국이 공세적인 대외 정책을 구사하지만 않는다면 중국은 현 체제에서 국력을 더 신장시켜나갈 수도 있을 것이다. 그런데 독일과 일본처럼 미국 다음의 지위에 만족하느냐 아니면 미국을 넘어서는 것을 지향하느냐의 중국 장기적 국가 목표가 향후 양국 간 관계를 결정하는 좌표가 될 것이다.

지금의 국제 질서와 가치는 물론 미국이 주도적으로 구축했지만 지난 70여 년 동안 유지되면서 국제 사회의 보편적인 질서와 가치로 수용되고 있으며 세계 경제 자체와 많은 국가가 이 질서와 가치에 입각해 혜택을 입었기 때문에 단순히 미국만이 수호하는 가치라고 보기보다는 보편적인 가치로 보는 것이 더 타당하다. 현 국제 질서와 가치 체계를 통째로 전복하려 할 경우 중국은 전 세계적인 저항에 직면할 것이다. 스스로 고립을 자초하는 우를 범할 것이기 때문에 중국은 일정 수준에서 중국몽의 범위를 제한하고 현 질서 내에서 자신의 발언권을 더 확보하는 수준에서 동참하는 것이 현명해 보인다. 아니면 중국이 스스로 자국의 부담하에 새로운 질서를 구축하고 이 질서에 편입될 국가들을 모아 현 질서에 잔존하는 국가들과 서로 분리된 진영을 만드는 것을 대안으로 모색할 수 있을 것이다.

현 팍스 아메리카나 체제가 다 좋은 것은 아니며 미국의 행태에 일방적인 측면도 많아 국제 사회의 불만도 존재하지만, 미국의 패권과 리더십은 지난 100년 동안 국제 사회가 경험했다. 따라서 검증된 것이며 현 국제 사회는 대체로 현 질서 내에서 전쟁 없이 경제적 번영을 확장해왔다는 점에서 미국의 패권 유지, 즉 현상 유지에 대한 지지 세력이 많다. 현 국제 질서와 가치에 대한 국제적 수요는 여전히 강하며 아메리칸드림에 대한 국제적 동경도 여전하다. 반면 "중국이 지배하는 세계에 살고 싶은 아시아인들은 적어도 없으며 여타 국 사람들이 동경하는 차이나드림은 없다"[5]는 지적도 있다. 오히려 중국인들이 주창하는 중국몽에 대해 그 끝이 어디까지일지 의구심을 가지고 경계하는 사람들도 많다는 점을 감안해 중국이 미국과 중국 간의 경쟁 구도에 합리적인 경계선을 설정하는 편이 국제 사회의 안정 요인이 될 수 있다. 이 같은 현상은 같은 중국인이면서도 중국의 직접 통치하에 들어가기를 두려워하는 홍콩 시민들의 태도에서 잘 찾아볼 수 있다.

그러면 '양국 간에 어떻게 합리적인 관계를 설정할 수 있을 것인가'라는 큰 과제가 국제 사회 앞에 남아 있다. 물론 양국이 전략적

대화도 하면서 상호 타협해 평화롭고 점진적으로 양국 관계를 조절해나가는 것이 가장 시급한 과제다. 그러나 두 국가는 서로 경쟁 관계에 있으므로 양자적 차원에서 잘 타협하지 않을 수 있으므로 국제 사회에서 누군가가 이들 국가가 충돌 경로로 가는 것을 방지하는 중재 역할을 해야 할 것이다. 중국은 패권 도전국의 입장에서 미국으로부터 동등한 강대국으로서 지위를 우선 인정받기를 원하기 때문에 '신형 대국 관계'라는 개념을 제시하면서 미국과 대등한 G2의 관계를 설정하려고 한다.

중국은 "태평양은 두 마리의 고래가 같이 살 수 있을 만큼 충분히 넓다"라는 비유를 통해 태평양을 미국과 양분하려는 복안을 가지고 있다. 그 외 여타 분야, 국제 금융 기구, 기축 통화, 세력권, 통상 질서 등에서도 미국 같은 발언권과 지위를 누리려 하고 있다. 반면 미국은 패권국의 입장에서 패권 도전국인 중국에 먼저 유화적인 조치를 취하면서 중국의 지분을 인정해줄 경우 미국의 패권적 지위를 더 빠르게 중국으로부터 잠식당할 수 있다는 경계 심리가 있기 때문에 이런 타협적인 태도를 취하기 어렵다. 어느 패권국도 전쟁 위험성을 무릅쓸지라도 자국의 패권적 지위를 약화시키는 조치를 스스로 취하지는 않는다는 사실을 '투키디데스 함정'은 말하고 있다.

따라서 서로 근본적으로 다른 입장을 가진 미·중 양국이 서로 협의를 통해 합리적 관계를 설정해나가는 것은 기대하기 어려운 일이다. 그러나 국제 사회가 양국 간의 중재 또는 심판관 역할을 하고 양국 중 무리한 주장을 하거나 호전적인 입장을 보이는 국가를 자제시키는 역할을 해나가면서 적극 관여할 경우 큰 충돌 없이 합리적인 관계로 조정해나갈 가능성은 있다. 아니면 큰 전면적 대결 없이 미·

중이 장기적으로 힘겨루기를 하는 과정에서 점진적으로 양국 관계가 조정돼 궁극적으로 양국이 지분을 적정하게 균분하는 합리적 관계가 설정될 수 있을 것이다.

합리적 관계 설정의 최우선적 문제는 서태평양에서 중국의 세력권을 인정할 것이냐 하는 것이다. 이는 남중국해 문제와 대만 문제까지 연계돼 있어 상당히 복잡하다. 중국은 역사적으로 부상했던 여느 강대국처럼 자국 영토 주위의 일정 범위를 자국의 세력권으로 확보하려는 야심이 있다. 부상하는 강대국의 세력권을 인정해주는 것이 역사적으로도 국제 질서의 안정 요인이라는 것이 입증됐고 미국은 냉전 시대 구소련이 동구권에서 자국의 세력권을 설정하고 관리하는 것을 묵인했다.

현재 미국의 입장에서는 미국이 제2 도련까지를 중국에 내줄 경우 미국의 안보에 위협이 되는 것은 물론 남중국해가 중국의 내해가 되고 대만이 중국에 손에 넘어가 미국뿐 아니라 역내 동맹국들의 전략적 이익을 심히 침해하기에 허용할 수 없는 옵션이라고 할수 있다. 그러나 중국은 미국이 카리브해를 자국의 내해화해놓고 왜 남중국해에서 중국의 배타적 영향력을 인정하지 않느냐고 주장하면서 계속 중국의 해군력을 증강시켜 미국 해군의 활동을 제1 도련선 이원으로 밀어내려 할 경우 미국도 전쟁을 하든지 아니면 타협을 하든지 둘 중 하나를 선택해야 할 것이다. 계속 증강되는 중국의 군사력을 고려하면 전면전이 아닌 남중국해에서의 제한전이 벌어진다면 미국의 승리를 점점 장담할 수 없다.

미국 국내에서도 미국의 역할을 '역외 균형자' 수준으로 복귀시켜야 한다는 여론도 점차 강해지면서 미국이 전쟁 대신 타협을 택할 가능성도 커질 것이다. 이런 경우 미국은 서태평양에서 한 발 물러설 수 있다. 그렇지만 남중국해가 내해화되면 직접 타격을 받는 국가들은 해상 수송로를 많이 이용하는 역내 국가들이다. 그러므로 이 역내 국가들이 단결하고 미국과 협력해 남중국해를 자유롭고 개방적인 해역으로 남겨두도록 중국을 압박해야 한다. 대만도 별도 독립 국가는 아니더라도 일국양제를 지속적으로 유지하면서 자치권을 중국이 보장하도록 해야 할 것이다. 이처럼 미국과 중국이 각자 양보를 해 모두에게 수용 가능한 타협을 만들어내도록 국제 사회가 일정한 역할을 해야 할 것이다.

유라시아 대륙, 특히 아시아에서는 중국의 영향력이 점차 확대될 것이고 중국과 러시아가 계속 협력 체제를 유지한다면 유라시아 대륙 중 서유럽을 제외한 지역에서는 중·러 양국의 영향력이 미국을 능가할 것이다. 반면 미국은 서유럽을 포함한 나머지 지역과 해양 지역에서 우월한 영향력을 지속할 수 있을 것이다.

이 두 지역 내에서 각 역내 국가들이 독자적인 외교 정책을 펼칠 수 있기에 일률적으로 말하기 어렵지만 대체로 미·중 간에는 이러한 방식으로 세력권은 아니지만, 영향권은 형성될 것이며 양측이 이를 어느 정도 인정할 수밖에 없을 것이고 그것이 국제 질서 안정에 도움이 될 것이다. 그래서 중국의 일대일로는 일대에 집중해 유라시아 대륙을 연결하는 데 우선순위를 둬야지 일로를 확장해 해양으로 그 범위를 넓혀간다면 해양 세력인 미국과의 마찰은 피할 수 없을 것이다. 마찬가지로 미국도 중앙아시아 인근 지역에서 세력을 확장하려 할 경우 중국의 배후지를 건드리는 것이 돼 중국의 심한 반발을 초래할 것이다.

다음은 기술 패권 문제다. 중국이 급신장한 국력을 바탕으로 4차 산업혁명의 신기술 분야에 엄청난 투자를 하면서 미국을 기술적으로 추격하고 궁극적으로는 넘어서려는 의지를 보이고 있다. 미국으로서는 무역 등에 적자를 보더라도 기술적 패권을 잃게 되면 바로 패권 자체를 잃는 것으로 보고 있기에 이 분야에서는 양측 간 타협이 쉽지 않아 보인다.

현재로서는 미국이 중국의 기술 패권을 방지하기 위해 필요한 제재를 가하고 있다. 중국이 이로 인해 미국의 기술 패권에 본격적인 도전을 하지 못하고 주저앉는다면 양측 간은 상호 의존적인 공급 사슬이 다시 살아날 수 있을 것이고 합리적인 관계가 재설정될 것이다. 그러나 중국이 자체 기술력을 개발해 미국에 필적하거나 능가하는 기술력을 보유하게 된다면 양국 간 경쟁은 더욱 거세질 것이다. 결국 미국과 서방이 중국 측 기술을 표준 기술로 받아들이기보다는 별도의 표준 체계를 설정하면서 양측 기술권이 분리되는 기술적 냉전이 발생할 것이다. 이 경우 양측 시스템은 별도의 시스템이 될 것이고 서로 상호 연동이 되지 않고 필요한 경우 제한적으로 연동되는 방식이 될 것이다. 이 경우도 기술 패권을 둘러싸고 전면 충돌을 하는 것보다는 적절한 선에서 기술 경계가 서로 분리되는 것이 합리적 관계 설정이라 할 수 있다.

기축 통화 문제에서도 미국의 달러화의 기축 통화 기능이 사라질 경우 미국의 패권은 자동 소멸될 것이기 때문에 미국은 이를 허용하지 않을 것이다. 물론 영국의 파운드화처럼 두 차례의 세계대전을 통해 막대한 전비를 지출해 영국의 재정 상태가 악화되면서 시장에서 파운드화의 기축 통화 기능이 자연히 달러화로 옮겨가는 경우도 발생한 적이 있다. 그러나 이것도 전쟁으로 발생한 예외적인 경우이므로 전쟁 없이 달러화의 기축 통화 기능이 위안화로 옮겨가는 일은 현재로서는 상상하기 어렵다.

그러나 중국으로서도 달러화의 기축 통화 기능으로 인해 자국이 미국의 경제적·금융적 제재 등을 속수무책으로 당할 수밖에 없어 자국이 미국과 대등한 지위로 상승하는 데 결정적 장애가 된다는 것을 실감하고 있다. 따라서 중국은 달러화의 기축 통화 기능을 가급적 약화시키려 하고 이를 대체해서 위안화의 기축 통화 기능을 강화하려 하고 있다. 중국의 이러한 노력은 자국이 취하고 있는 정치적 조치, 즉 국가 중앙 권력의 통제 강화 조치와 상충하고 있다. 중앙 통제가 강화될수록 국제 통화로서 위안화의 공신력은 손상을 받게 돼 기축 통화로 만드는 데 장애가 되고 있다.

따라서 중국이 자국의 정치와 경제 체제를 근본적으로 바꾸지 않는 한 위안화의 기축 통화화는 물론 국제 통화로서의 유용성도 제한을 받을 것이다. 중국의 패권 도전에 큰 약점이 될 것이다. 그러나 유럽에서 미국의 금융 제도와는 다른 독자적인 은행 간 결제 시스템을 도입하는 등 새로운 움직임이 있으므로 중국도 이에 편승해 미국이 독점하는 국제 금융 질서를 분점하려 할 것이고 이 과정에서 위안화의 국제 통화화 성격은 더 강화될 수 있을 것이다. 중국과 교역량이 제일 큰 국가들이 50개국 이상이 되는데 이들 국가와의 교역에서는 중국이 위안화를 주요 결제 수단으로 사용하려 하고 있어 일정 국가 간에는 위안화가 달러화를 결제 수단으로 대체할 가능성도 있다. 이런 경우 국제 통화 체계에서도 달러권과 위안화권이 구분되면서 위안화의 국제 결제 수단으로서 기능이 강화될 것이고 미국은 이를 수용할 수밖에 없을 것이다.

최근 중국 정부가 중앙은행으로 하여금 블록체인 기술에 기반한 암호 화폐Cryptocurrenc를 발행하고 유통하도록 한 조치는 달러의 기축 통화 역할에 타격을 가하려는 절치부심의 한 수로 볼 수 있다. 경화로서 위안화의 기축 통화 역할을 확대시키는 데 한계가 있다는 점을 인식한 중국 정부는 정부의 통화 발행권에 가해지는 제약을 감수하면서까지 미래 화폐 분야를 미국보다 선점하려는 계산을 한 것으로 보인다. 이런 중국의 야심이 맞아 들어간다면 미·중 간 기축 통화 경쟁에서도 어느 정도 세력 균점 현상이 발생할 것이다.

이처럼 미국과 중국 간의 합리적 관계 설정은 양측이 협상이나 무력 대결을 통해 서로 관계를 조정함으로써 이뤄지는 것이 아니라 양측의 영향력이 세력권, 기술, 통화 등의 분야에서 점차 분리(디커플링)되면서 서로가 변화된 현실을 받아들이는 방식으로 이뤄질 것으로 전망된다. 미·중 간에 경쟁은 계속하겠지만 경쟁이 심화돼 충돌로 이어지지 않도록 양국이 평소에 갈등 관리·위기 관리 제도를 잘 마련해둘 필요가 있다. 이런 관리 제도들이 잘 작동하면 미·중 양국은 경쟁은 하면서도 공존하는 전략적 경쟁 관계를 만들어가게 될 것이다. 두 진영 간은 구냉전 시대와 달리 완전히 격리된 상태는 아닐 것이므로 분리된 두 진영 간에 상호 소통하거나 거래하는 방안들도 분리가 이뤄지는 과정에서 서서히 만들어야 할 것이다.

다자 협조 체제 복원

다가오는 미래에는 중국, 인도, 브라질, EU 등의 힘이 미국의 힘과 비교해 상대적으로 증가할 것이나 하드 파워와 소프트 파워를 결합할 경우 여전히 미국은 우월적인 지위를 유지하게 될 것이다. 따라서 장래 국제 체제는 미국이 중심에 자리 잡고 다른 세력들이 주위에 포진하는 '중심축과 빗살Hub and Spike' 형상을 띠게 될 공산이 크다. 주요 행위자들이 부상하면 국제 체제는 다극 체제 양상이 될 것이나 완전히 병렬적인 다극 체제라기보다 미국이 상대적 우위를 점하고 다른 세력들은 병렬적으로 존재하는 '일축 다극 체제'가 될 것으로 전망된다. 이 체제에서는 부상하는 주요 행위자와 미국 간에 갈등이 존재하겠지만 이 주요 행위자들 간에도 갈등과 알력이 발생할 것이다.

이런 경우 멀리 떨어져 세력 균형자 역할을 하려는 미국과 손잡고 문제 해결을 시도하려는 노력들이 증가할 것이다. 따라서 세계는 새로운 형태의 세력 균형 체제로 들어갈 가능성이 있다. 그러나 이러한 구도는 중국의 부상이 미국의 턱밑까지 추격하는 정도가 아니고 양국 간의 격차가 어느 정도 존재해야 가능하다. 그런데 현재 미·중 간에 벌어지고 있는 갈등 정도를 보면 일초 다극 체제로 가기보다 이초 다극 체제로 갈 가능성도 엿보여 신냉전적 구도가 형성될 개연성도 있다. 이 갈등 과정에서 중국이 자국의 한계를 인정하고 어느 정도 미국과 타협책을 모색한다면 일초 다극 체제가 가능한 측면이 존재하기는 한다.

현 국제 질서의 중요한 부분을 UN을 주축으로 한 다양한 다자 기구들에 의한 다자주의가 지탱하고 있다고 해도 과언이 아니다. 지금 세계에서 일어나고 있는 중요한 문제들은 어느 특정 국가 영역 내에서 제한되는 것이 아니고 문제가 발생하면 전 세계적으로 쉽게 확산되는 범세계적 문제가 되는 경향이 있다. 이런 문제들은 슈퍼 파워로 불리는 미국까지도 포함해 어떤 개별 국가의 능력으로 해결할 수 있는 범위를 벗어난 경우가 많다. 따라서 국제 사회는 국제기구를 결성하고 이 기구들에서 문제 해결을 위한 중지를 모으고 이에 필요한 수단과 재원을 염출하면서 문제를 공동으로 해결해나가는 다자주의 접근법을 취할 수밖에 없다. 그러나 이런 다자주의 체제는 미국이나 중국 같은 강대국에 자국도 주권 평등의 원칙에 따라 태평양 도서 국가 같은 소국과 똑같이 '1국 1표주의'에 입각한 의사 결정 방식에 참여하기를 요구한다. 자존심도 상하고 자기 국익 관점에서는 불편한 측면이 있을 수 있다. 트럼프 행정부하에서 미국은 '미국 우선주의'를 내세우면서 다자주의 체제에 속박을 받지 않고 '자유로운 행동 선택권Free hand'을 유지하기를 원하고 있다. 미국은 유네스코에서 오래전 탈퇴했고 최근 UN 인권이사회 참여도 거부하는 등 국제기구 활동에서 발을 빼는 경향을 보이고 있다.

중국도 21세기 초 WTO에 가입할 때는 '시장국 지위'를 인정받기 위해 각국에 공을 들여 가입하는 데 성공했지만, 그 후 중국 경제를 시장국Market economy 지위에 걸맞게 운영하는 것이 아니라 국영 기업의 비율을 더욱 높이고 사기업에 대한 정부의 지분 보유분도 높이는 등 국가 사회주의 정책을 시행하고 있으며 자국의 대외 정책에 협조하지 않는 국가들에 대해 무역을 보복 수단으로 사용하는 등 WTO 규정에 위배되는 일들을 서슴지 않고 자행하고 있다.

이처럼 강대국들이 다자주의 체제를 통해 축적된 '규범 중심 질서'를 무시하고 자국의 국익에 부합되는 경우에는 규범을 내세우고 반대의 경우 이를 무시하는 '편의주의적 다자주의A la carte multilateralism' 행태를 보이고 있다. 이는 국제 사회의 예측 불가능성을 높이고 다른 나라들에 부수적 피해를 강요하는 양상을 나타내고 있다. '편의주의'라는 표현은 마치 식당에 가서 미리 정해진 식단을 먹지 않고 자기의 입맛에 따라 하나씩 골라 먹는 방식A la carte을 취하는 것에서 비롯되었다. 즉 국제 규범 중 자국의 이익에 맞는 규범만 필요에 따라 선택적으로 적용하겠다는 행태를 묘사한 표현이다.

이런 강대국의 횡포를 완화하고 국제 질서의 안정성을 회복하기 위해서는 중견국들이 앞장서서 힘을 합쳐 다자주의 체제를 수호하고 손상된 부분을 복원해야 할 것이다. 현 다자주의 체계는 대부분 미국의 주도로 만들어지긴 했지만, 미국의 이익에 봉사하는 국제기구들은 아니며 강대국들이 이 기구들을 자신의 입맛대로 이끌어갈 수 없게 된 것도 사실이다. 현 다자주의 체제의 많은 부분은 다수 국가가 참여해 밑에서 법률적인 규범과 조직, 의사 결정 방식을 결정해나가면서 구축됐기에 그물망처럼 짜인 자체 지속력을 가지고 있어 다자주의 체제 자체가 많은 나라의 지지를 받고 있다.

그러므로 현 다자주의 체제를 계속 유지·보완해나가는 것도 중요하지만 미국, 중국 등 강대국이 참여하지 않을 경우 이들을 제외하고 나머지 국가들이 단결해 다자주의 체제를 유지하는 새로운 방안도 모색해야 한다. 현존하는 국제기구들이 발생하는 모든 범세계적 이슈들을 다 해결하기에는 적절하지 않을 수 있으므로 기후 변화나 해양법 제정 등 새로운 이슈가 발생할 때 이를 해결하기 위한 국제회의체를 발족시키고 이 회의체에서 공통 규범을 작성해나가는 방식, 즉 '주문형 다자주의Tailor made multilateralism'도 적절하게 혼합 운용할 필요가 있다.[6] 즉 어떤 단일한 기구나 제도가 문제를 모두 해결할 수는 없으며 새로운 형태의 도전이 계속 제기되고 있으므로 특정 문제에 맞춤형으로 구성된 국제회의체를 시의적절하게 만들어 국가 이외 다양한 행위자를 참여시켜 문제를 해결해나가는 것이 훨씬 효율적일 수 있다는 것이다.

20세기 후반까지만 해도 국제 질서의 장래에 대한 논의 중에 국민·영토·주권을 3대 기본 요소로 구성되는 근대 국가가 국제 사회 주요 행위자로 그 명맥을 유지하기 점차 힘들어지고 명맥을 유지하더라도 그 지위는 이전과 같지 않을 것이라는 견해가 많았다. 즉 EU 같은 국가 공동체, 더 나아가서는 세계 정부가 들어서게 돼 근대 국가는 그 존재 가치가 미미해지거나 새로운 행위자인 다국적 회사, 초국가적 단체들보다 그 영향력이 두드러지지 않는 상황이 될 것이라는 시각이 많았다. 국제 사회에서 400년 이상을 유지해오던 근대 국가 체제, 즉 베스트팔렌 체제가 상당히 약화될 것이라는 전망도 같은 맥락에서 나오곤 했다.

과학, 특히 통신과 교통 기술의 발달로 국가 간의 장벽인 국경이 점차 희미해지고 국민은 자기 국가 이외에도 자신이 관심을 더 기울이고 직접적인 충성도도 더 높을 수 있는 단체, 즉 다국적 기업이나 이슬람 같은 종교, 국제 구호 기관 등에 더 귀속감을 느끼는 현상이 발생하곤 한다. 따라서 근대 국가의 구성 2대 요소인 영토와 국민의 개념이 이전과는 달라져서 국제 사회에서 주요 행위자로서 근대 국가의 위상이 현저히 약해질 수 있다는 전망도 있다.

최근 테러와 무자비한 전투 행위로 국제 사회에 심각한 불안 요인이 된 IS는 근대 국가의 2대 구성 요소인 영토와 국민이 고정돼 있지 않고 사회 관계망 등을 통해 세계 각지에서 자신의 추종자들을 구성원으로 모집·충원한다. 영토도 미리 정해진 것이 없다. 사회 불안정이 만연해 자신들의 세력을 확장할 수 있는 나라가 생기면 이 나라를 숙주로 삼아 여기에서 활동을 주로 전개한다. 따라서 IS 같은 단체가 많이 생기면 근대 국가 체제는 더 위기에 처할 것이다.

여기에 더해 위로는 근대 국가보다 더 큰, 즉 초국가적인 실체Entity로 국제 사회 행위의 중심이 이동하는 현상과 더불어 아래로 근대 국가보다 더 작은 단위의 실체Sub-state entity로 주민들의 충성도와 귀속감이 옮겨가는 현상도 발생하면서 주요 행위자로서 근대 국가의 위상은 심각하게 하락할 것이라는 전망도 있다. 유럽에서는 주요 전쟁을 겪으면서 주요 강대국 간의 타협에 의하거나 식민지를 경험한 국가들에서는 식민지 쟁탈전에서 당시 제국주의 국가들의 편의에 따라서 국경이 정해지다 보니 같은 근대 국가 체제 내에서도 다양한 민족과 인종 구성이 존재하게 됐다. 그래서 근대 국가의 외부 틀을 지켜주던 외부적 힘, 즉 정치적 통합력이라든지 냉전 체제 압력 등이 약화되면 이들 내부 구성 실체 간에 갈등이 터져나와 근대 국가는 여러 작은 국가·정치체로 세포 분열을 할 수도 있다.

이러한 현상은 공산주의 몰락 이후 유고슬라비아가 해체되면서 심각한 내전을 겪고 세르비아, 보스니아 등 6개의 다른 국가가 생겨난 사실에서 볼 수 있다. 현재도 스페인 내부의 카탈루냐 독립 운동, 영국에서의 스코틀랜드의 분리 운동 등과 같이 많은 나라에서 분리·독립 운동 또는 지방 정부 차원의 자치 운동 등이 진행되고 있어 기존 근대 국가 체제는 많은 도전을 받고 있다.

그러나 21세기에는 20세기 말에 예견됐던 탈근대 국가 체제 현상이 활발히 진행되기보다 근대 국가가 다시 국제 사회의 중심적 행위자로 역할을 강화할 것이라는 전망이 나오고 있다. 물론 20세기 말에 예견된 초국가적 행위자, 국가 하부 정치체들의 활동도 지속되거나 증대되고 있지만 최근 국제 질서는 이들의 활동 영역이 넓어진다고 해서 근대 국가 체제가 와해되기보다 다시 근대 국가 체제를 중심으로, 즉 근대 국가가 주요 행위자가 돼 전개되는 양상일 것으로 예상되고 있다. 이 같은 현상은 20세기 말의 전망과 달리 세계화가 지속적으로 진행되지 않고 오히려 세계화의 부작용에 대한 반감으로 국가들이 자국 이익 우선주의로 회귀하는 성향을 보이기 때문이다. 현대 기술과 통신의 발달에 따라 국경 간 장벽이 약해지고 인적·물적 이동성이 증대되는 세계화가 계속 진행되면 EU 같은 초국가 연합체들이 나타나고 이들 간 합의가 이뤄지면 세계 정부가 등장하는 단계까지 발전할 수 있으리라는 전망도 있었다.

세계화 진전이 가속화되면서 세계화의 그림자, 즉 그 부작용이 전 세계에 널리 드리우고 이러한 부작용은 각국 내 유권자들의 불만을 증대시켜 세계화를 억제하는 경향들이 각국 내에서 관찰되고 있다. 이로 인해 국제기구의 다수결 결정에 승복해 자국의 주권적 이익을 내어주는 국가도 적어질 공산이 커지면서 국제기구를 통한 다자주의 협조 체제의 복원은 어려워질 수 있다. 반면 개별 국가의 주권적 결정은 더욱 정치적으로 지지를 받고 이를 더 조장하는 환경이 도래하고 있다. 이런 상황에서는 다자 협조 체제를 복원하는 데는 국제기구를 통하기보다 주요 행위자들 간의 협조 체제를 구축하는 것이 필요할 것이다. 다자 협조 체제가 잘 작동하려면 국제 사회 내 다수의 주요 행위자가 존재하며 이들 간에 협력적 관계를 유지하는 것이 중요하다. 이런 관점에서 미·중 이외 다른 행위자들의 부상과 이들의 부상이 다자 협조 체제 작동에 어떤 영향을 미칠 것인지 살펴볼 필요가 있다.

세계 최대 인구를 가진 인도가 착실한 경제 성장의 궤도에 접어들면서 경제나 군사 면에서 새로운 강국으로 부상할 가능성이 점차 커지고 있다. 특히 중국이 중진국의 수준으로 접어들면서 중진국의 함정에 빠질 가능성도 있고 중국 내의 많은 외국 투자 기업들이 자의 반 타의 반으로 중국을 떠나면서 새로운 공장 설립 국가를 물색하고 있다. 따라서 인도의 국내 투자 여건이 개선되면 인도가 제2의 중국처럼 돼 외국인 투자 유치를 통한 급속한 경제 성장을 이룰 수 있을 것이다. 그렇게 되면 인도도 새로운 국제 질서하에서 주요 행위자로 등장할 것이고 국제 질서는 더욱 베스트팔렌 체제와 유사한 다극 체제 중심으로 운영될 가능성이 커진다.

영국이 브렉시트를 통해 EU를 완전히 탈퇴해 EU에 27개국이 남더라도 독일을 중심으로 하는 EU는 팍스 아메리카나 동안의 미국 의존형 외교·안보 정책에서 벗어나 영국 같은 해양 국가들과는 다른 대륙 국가 집합으로서 독특한 외교·안보 전략하에 독자적인 노선을 걸어갈 것으로 보인다. 이러한 EU는 새로운 국제 질서의 한 축을 담당하는 주요 행위자가 될 것이다. 영국이 빠진 EU는 오히려 정체성이 더 분명해지면서 독자적으로 다자 협력 체제가 작동하는 데 기여할 수 있을 것이다. 러시아도 전체적인 국력은 여타 주요 행위자에 비해 떨어지지만 여전히 강한 군사력과 자국 주변 지역에서 유독 강한 영향력과 개입 의지로 국제 질서의 주요 행위자로서 기능을 계속해나갈 것으로 보인다.

아세안 10개국도 경제 성장을 지속해나가면서 회원국의 국력이 증강할 것이다. 따라서 아세안 10개국 연합의 대외적인 위상도 높아질 것이다. 그러나 아세안은 지금 국제 질서에서 하나의 행위자로 기능하기에는 회원국 간 이익 공유와 동질성 측면에서 부족한 점이 많다. 그런데 앞으로 중국이 이들 중 내륙국과 해양국 간, 이슬람 다수 국가와 비이슬람 국가 간을 분리 통치Divide and rule하는 정책을 구사할 것으로 보여 아세안 회원국 간 결속력이 오히려 약해질 가능성도 있다. 그렇지만 아세안이 해체될 정도가 아니라면 인도네시아를 중심으로 한 10개국 아세안 연합은 국제 질서에서 일정 역할을 할 수 있을 것이다. 최근 아세안은 사무국 조직을 확대하고 청사를 새로 장만하는 등 아세안 사무국의 역할을 강화해 국제 사회에서 아세안의 중심성을 유지해나가려 하고 있다.

위에서 언급한 주요 행위자 역할을 할 만한 강대국이나 국가 연합체 외에도 여전히 국제 사회에 적잖은 영향을 미칠 일본, 브라질, 남아프리카공화국, 이란 등과 같은 지역별 강국이 존재하고 있다. 오스트레일리아, 캐나다, 한국, 멕시코, 인도네시아 등도 중견 강국으로서 이들만의 협의체인 MIKTA를 만들어 국제 사회에 공동 보조를 맞추며 일정한 발언권을 유지해나갈 것이다.

21세기에 다시 강화되는 근대 국가 체제는 18~19세기 유럽에 존재했던 근대 국가 체제와 그 작동 양태는 비슷할 것이나 규모와 범위 측면에서 큰 차이가 나기 때문에 일정한 국제 질서를 도출해낼 수 있을지도 불투명하고 유럽에서 작동했던 '유럽 협조'와 유사한 형태의 주요 행위자 간 협의에 의한 질서 유지 방식이 제대로 작동할지도 미지수다. 유럽 협조 체제에서 협조 체제에 참여했던 국가들은 유럽의 기독교 문명과 왕정 체제라는 정치적·문화적 공통 기반을 가지고 있었고 국제 질서를 유지하는 것이 모두의 이익이 된다는 인식을 공유했기에 협의가 순조로울 수 있었다. 주요 행위자라고 해봐야 5개국 정도이니 이들 간의 의사 소통과 세력 균형 유지는 크게 복잡한 문제는 아니었다.

그러나 앞으로 도래할 근대 국가 체제는 앞에서 살펴봤듯이 주요 행위자의 숫자도 늘어나고 그 외 행위자들의 영향력도 무시할 수 없는 수준이어서 이들 간 실효적인 협조 체제가 구성되고 잘 작동할 수 있을지가 불투명하다. 물론 현재의 G20 같은 협의체가 존재하지만, 이것은 금융·경제 문제를 협의하기 위한 것이다. 이보다 결속력이 훨씬 강해 외교·안보 문제를 포괄해 논의했던 서방 선진국들의 모임인 G7도 트럼프 대통령 취임 이후 미국 우선주의로 인해 협조 체제에 균열이 심각해지고 있다.

따라서 향후 시간이 경과할수록 미국의 지도력이 더욱 저하되고 중국의 상대적 국력이 커지면서 주요 행위자들이 자국의 국익을 최우선시하는 경향이 강화되면 주요 행위자들 간 협조 체제Concert of Big Players를 구축하려는 시도는 있겠지만 그 체제가 제도화돼 지속되지는 않을 것으로 보인다. 오히려 협조 체제는 특정 사안별로 임시 작동하는 형식이 될 것이고 주요 행위자들은 지속적인 경쟁과 갈등 관계하에 놓이게 될 것이므로 특정한 국제 질서가 형성되기보다 불안정하고 비연속적이며 부분적인 질서만 존재할 것으로 전망된다.

특히 중국의 국력이 상승함에 따라 중국은 미국 주도 질서에 대한 강력한 도전을 제기할 것으로 보인다. 이는 중국이 중화사상에 입각한 중국 중심의 세계관을 가지고 있다는 점과 공산주의 정치 체제를 유지하면서 서방 국가들이 공유하는 가치에 대해서도 반감을 가지고 있다는 점, 500년 동안 지속되었던 유럽 중심의 질서가 아시아 중심의 질서로 전환되려는 과정에 있으며 이런 문명사적 전환기에 아시아적 가치를 대표하려 한다는 측면 등의 요인들이 겹치면서 그 도전은 가열차게 전개될 것으로 보인다.

따라서 21세기 동안에는 새로운 질서가 도출돼 나오기보다 새로운 질서를 모색해나가는 과도기로 미·중 간의 거대한 패권 경쟁이 전개되는 가운데 각국이 자신의 국익과 진로를 약화된 질서와 규범에 의거해 찾아나가야 하는 암울하고 불안정한 시기가 될 것이다. 주요 행위자 간의 협조 체제가 부분적으로 작동하겠지만 국제 질서 자체가 당분간 와해 시기로 접어들기 때문에 국가 간·세력 간 충돌과 분쟁의 가능성이 훨씬 증가할 것으로 보인다.

앞으로 우리에게 다가올 이 같은 다극 체제 국제 질서에 대한 음울한 전망에도 불구하고 미·중 양국을 중심으로 하는 혼합형 다극 체제를 어떻게 하면 가급적 안정적으로 만들어나갈 수 있을까에 대한 고민과 노력을 국제 사회가 같이 해나가야 할 것이다. 우선 국제 질서는 혼합형 다극 체제로 나아갈 가능성이 크고 그 체제가 자리 잡을 때까지는 시간이 걸릴 것이지만 국제 사회 구성원은 이런 체제를 염두에 두고 의식적으로 이런 틀 안에서 사고하고 행동하는 노력을 늘려야 할 것이다. 즉 미국이 자국 국력의 상대적 퇴조에도 불구하고 여전히 패권국으로서 행동 자유권을 행사하려 한다든지 중국이 아직 미국에 버금가는 국제적 위상을 갖추지 못했음에도 미국과의 경쟁심에서 유사한 패권적 행동을 한다든지 할 경우 모두 국제 질서의 불안정 요인이 될 것이다. 따라서 두 국가가 자국의 국력 전이 추이와 국제 사회에서 자국의 위상에 맞춰 절제하는 모습을 보여주는 것이 다극 협조 체제가 작동하는 데 도움이 될 것이다. 더불어 유럽이나 여타 아시아 지역 국가도 미국에 지나치게 의존해왔던 행동 패턴을 버리고 다극 체제에서 자신들의 적절한 역할을 능동적으로 수행할 자세를 갖춰나가야 할 것이다.

EU, 인도, 아세안 10개국과 대화 상대국이 결합된 아세안 플러스가 미국과 중국 사이에서 적절한 균형자 또는 중재자 역할을 해나가는 한편 '규범에 입각한 국제 질서'도 같이 지켜나가는 역할을 할 때 다극 협조 체제는 더 잘 작동할 수 있을 것이다. 이 새로운 축들은 지난 70년 동안 미국이 주도하는 국제 질서의 수혜자라서 이 질서에 너무 익숙해진 경향이 있다. 이들도 이제 독립적으로 외교·안보 정책을 수행한다는 기본 인식을 가지고 중국은 물론 미국에 대해서도 '노No'라고 말할 수 있어야 하고 때로는 미·중 양국의 일방적인 행위를 견제하는 기능을 수행해야 할 것이다.

다가올 혼합형 다극 체제에서 러시아가 어떠한 역할을 할 것인가는 흥미로운 관찰 대상이 될 것이다. 러시아는 현재 중국과 편의적인 협력 관계를 유지하고 있지만, 이는 일시적인 '반미 전선Anti America front'의 일원으로 중국과 손을 잡고 있는 것이지 중국과 전략적 이익이 합치돼 장기적으로 손을 잡을 수 있는 관계는 아니다. 그렇다고 러시아가 다극 체제의 한 축을 독자적으로 담당할 정도의 국력을 가지지는 못할 것으로 보인다.

현재 과거의 영화를 잊지 못하는 국민의 지지를 업고 장기 집권하는 푸틴 대통령이 러시아를 국제 사회의 주요 행위자로 계속 보이려고 하고 있으나 러시아가 독자적으로 일정 지역 내에서 지역 강국으로 영향력을 행사하기에는 한계가 있다. 물론 러시아의 군사 기술력은 아직 건재해 필요한 국가들에 무기를 공급하면서 영향력을 유지하는 정도의 역할을 할 것이다. 독자적으로 다극 체제의 한 축이 되지는 못하지만, 국제 질서에서 다른 세력과 결합할 때 영향력을 발휘할 수 있는 보조 주요 행위자가 될 수는 있다. 그래서 러시아의 행보도 다극 협조 체제에서 한 변수로 고려돼야 할 것이다. 냉전 시대에 동구 진영을 이끌고 세계적 영향력을 행사한 경험을 바탕으로 미국이 직접 개입을 회피하면서 힘의 공백이 생기는 지역에서 미국을 대신해 그 공백을 메우면서 영향력을 확대하려 할 것이다.

아시아 지역은 계속 성장해서 세계 경제의 견인차 역할을 하게 될 것이다. 따라서 아시아 지역이 다가올 국제 질서에서 한 축을 담당해야 하는 당위성은 제기되고 있으나 아시아 지역이 EU와 같이 하

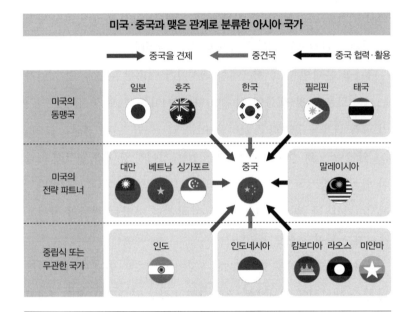

미국·중국과 맺은 관계로 분류한 아시아 국가

→ 중국을 견제   ← 중견국   ← 중국 협력·활용

미국의 동맹국	일본 호주	한국	필리핀 태국
미국의 전략 파트너	대만 베트남 싱가포르	중국	말레이시아
중립식 또는 무관한 국가	인도	인도네시아	캄보디아 라오스 미얀마

나의 정치적 통합체로 나아가기는 현실적으로 제약이 따른다.

우선 중국은 자체적으로 너무 큰 국가이고 그 자체가 국제 질서의 한 축을 담당할 것이므로 중국을 제외한 나머지 국가들이 한 축으로 기능할 만큼 결속력을 가질 수 있는지도 현재로서는 불투명하다. 그러나 아시아 지역은 지리적으로 미국과 중국 사이에 위치하고 있어 양국 간의 각축전의 영향을 바로 받는 곳이어서 역내 국가들이 개별적으로 행동할 경우 양국으로부터 오는 압력을 홀로 감내하기 힘들 것이다. 지리적으로 미·중 양국 간에 있기에 아시아 역내 국가들이 힘을 합쳐 양국 간 완충 지대 역할을 해줄 때 미·중 양국 간 충돌을 방지하거나 완화하는 역할을 할 수 있을 것이다. 이런 관점에서 아세안의 중심성을 존중해주면서 역내 주요 국가들이 아세안과 연대하는 형식의 아세안 플러스ASEAN Plus 형태의 협력 방안이 적극적으로 강구될 필요가 있다. 이러한 현실적 요구로 인해 역내 국가들이 더 결속해야 하는 필요성을 점차 더 강하게 느끼게 될 것인데 이를 위한 방안들이 앞으로 모색돼야 할 것이다.

우선 이 지역의 결속은 아세안을 중심으로 해야 할 것이나 아세안 10개국의 내부 결속력이 강고하지 못한 데다 그 힘만으로는 한 축을 담당하기에 역부족이므로 아세안 플러스의 형태가 돼야 할 것이다. 아세안 플러스가 되려면 아세안 회원국에다 한국·일본·오스트레일리아·뉴질랜드가 참여하는 것이 바람직할 것이다. 아세안 플러스라는 지역 협의체가 발족하면 서태평양 지역을 북에서 남으로 종단하면서 벨트 형태의 국가군이 형성될 것이고 이 벨트권은 남중국해 및 제1 도련 서쪽 해역과도 중첩되는 모양이 될 것이다.

따라서 이 벨트권은 미·중 간의 완충 지대 역할을 할 수 있으며 미국 해군의 영향력이 제1 도련선 밖으로 물러나더라도 이 지역이 자동적으로 중국의 배타적인 영향권이 되는 것이 아니라 아세안 플러스 협의체와 중국이 영향력을 공유하는 형태가 될 것이다. 아직 이 협의체에 대한 공식적인 논의가 없지만, 그 필요성으로 인해 논의가 시작돼야 할 것으로 본다. 이 협의체가 발족하면 14개 국가가 뭉쳐 국제 질서의 한 축을 담당할 수 있을 것이다. 그러면 국제 사회는 혼합형 다극 체제의 틀을 가지고 각 축이 서로 견제와 협력을 교차해나가면서 병존하는 질서를 만들어갈 수 있을 것이다.

미국의 합리적인
대외 개입 정책

중국의 국력이 날로 신장되면서 중국은 자국의 대외 정책의 기조를 초기의 조심스러운 자세에서 점차 공세적인 자세로 바꾸어나가고 있다. 개혁·개방 초기 '도광양회'에서 '유소작위'를 거쳐 이제는 '분발유위奮發有爲'를 내세우고 있다. 이처럼 점차 적극적이고 공세적으로 나오는 중국을 미국은 처음에는 '관여 정책'을 사용해 미국 주도 국제 질서에 한 '이익 상관자Stakeholder'로 편입시키려 했다. 그 후에는 '위험 회피 정책'을 통해 중국을 견제하며 장래 도전에 대비하는 자세를 취하다가 트럼프 정부 이후에는 '억제 정책'을 사용하면서 중국의 팽창을 저지하려는 노력을 기울이고 있다. 이 같은 두 강대국 간의 경쟁 구도가 심화될수록 국제 질서는 요동치고 불확실성이 높아진다. 다른 국가들도 이 두 강대국 간 관계 변화에 따라 각국의 기존 경제·통상은 물론 외교·안보 정책의 재검토를 요구받고 있다.

미·중 간의 관계가 경쟁적으로 악화된다는 것은 70년 동안 유지돼오던 국제 질서, 즉 팍스 아메리카나 체제에 균열이 간다는 것을 의미한다. 향후 국제 질서가 이 균열을 넘어 미·중 간의 패권이 교체돼 새로운 체제가 들어설 것이냐 아니면 현 체제에 어느 정도 수정을 가한 후 타협적인 질서 속에서 양국이 공존할 것이냐는 아직 예측하기에 이르다. 그러나 역사상 패권 교체 과정은 대부분 패권국과 도전국 간의 전쟁을 통해 이뤄져왔으므로 패권 교체가 일어난다면 세계는 다시 참혹한 세계대전을 겪어야 할지 모르고 핵무기로 무장한 국가들이 다수 존재하는 현 국제 상황에서 세계대전이 발발한다면 인류가 멸망할지도 모르는 심각한 상황에 직면할 것이다.

이런 면을 감안할 때 미·중 양국이 출구 없는 대결 정책을 계속해 양국 간 긴장과 갈등이 상승해 무력 충돌로 갈 수밖에 없는 최악의 상황, 즉 '최후 심판의 날Doomsday scenario'을 회피하려면 양국 간 국제 사회에서 책임과 의무를 분담하는, 즉 권력을 분점하는 타협책을 도출할 필요가 있다.

중국은 2005년경부터 "태평양은 두 마리의 고래가 같이 살 수 있을 만큼 충분히 넓다"라는 비유를 사용하면서 미국과 '신형 대국 관계'를 수립하기를 원했다. 이는 미국이 중국에 일정 부분 세력권을 인정하고 국제 질서 주도를 위한 지분을 인정해달라는 요구를 달리 표현한 것이다. 이에 대해 미국은 아직 중국에 미국과 대등하지는 않더라도 비슷한 지위를 인정해줄 마음도 없다. 그리고 중국이 미국의 패권에 도전하지 말고 미국 소비자를 위한 생산 거점과 미국 기술 집약 제품들의 거대 시장으로 남아 있기를 바라고 있어 양국 간의 긴장과 갈등이 계속되고 있다.

물론 중국이 미국과 권력 분점을 하면서 서태평양 지역과 유라시아 대륙에서만 세력권을 인정받는 것으로 국가 목표를 제한할지 전 세계적으로 중국의 힘을 투사하면서 미국을 제치고 세계 제일의 패권국이 되는 것을 궁극적인 목표로 삼을지는 아직 알 수 없다. 중국의 대외 정책이 계속 팽창적이고 공세적으로 나오고 있고 중국이 말하는 국가 핵심 이익의 범위도 계속 확대하는 상황이며 중국민들이 열광하는 중국몽이 어디까지 확장돼야 중국민들이 만족할지도 모른다. 그런데 중국이 동아시아를 기반으로 작동했던 중화 체제를 전 세계 차원에서 복원하려고 집착할 경우 미국의 합리적인 대외 정책을 기대하기 힘들 것이다. 중국은 마오쩌둥 시대부터 내건 '동풍이 서풍을 이길 것'이라는 슬로건을 아직 사용하고 있다. 이것이 중국의 궁극적 목표일 경우 미·중 양국 간 합리적인 타협점을 찾기는 불가능할 것이다. 따라서 중국이 미국을 대체해 패권 국가가 될 만한, 즉 새로운 질서를 창출할 소프트 파워를 가지고 있느냐를 자문하면서 자국의 국가 목표를 합리적 선에서 제어해야 할 것이다.

　미국은 아직 중국이 요구하는 1차적 세력권, 즉 남중국해에서 중국의 제해권마저 인정할 용의가 없어 보인다. 남중국해에서 항해의 자유 작전을 계속 수행하면서 남중국해에서 제해권을 유지하고 대만을 지원하면서 중국의 대양 진출을 견제하려는 모습을 보이고 있다. 그러나 미국도 혼자 중국의 팽창하는 군사력을 계속 억제하는 것이 점차 힘들어질 것이고 특히 중국이 군사력을 집중할 수 있는 남중국해에서 중국과 군사적 충돌이 발생할 때 승리를 장담할 수도 없는 지경에 다다를 수 있다.

　미국은 70년 동안 패권 국가로서 세계 경찰 역할을 하는 것이 전반적으로는 자국의 국익에 도움이 되기도 했지만, 개별 사건을 두고 보면 미국의 개입이 실패로 돌아가고 미국의 국력만 소모한 경우도 많다. 미국 내에서도 세계 경찰 역할에 대한 회의론이 자리를 잡으면서 트럼프 행정부의 대외 정책에 영향을 미치고 있다. 미국이 세계 각지의 분쟁에 개입한 배경들을 유형별로 분석해보자. 미국의 패권 국가로서 책임 의식, 절대적인 안보 추구, 동맹국이나 여타 국가들의 요청과 기대, 건국 역사에 배인 미국의 '역사적 사명 의식Manifested destiny'을 들 수 있다.

첫째 배경으로 인해 미국은 해상 수송로의 안전을 해군력을 통해 지키고 있다. 이는 미국이 아니면 감당할 나라가 없기 때문이다. 둘째 배경으로 인해 미국은 이라크와 아프가니스탄에 군대를 파병해 지상전을 전개하며 테러 집단의 근거지 자체를 뿌리 뽑으려 시도했다. 다른 나라의 경우에는 자국에 테러 분자의 잠입을 막는 방어적 조치를 철저히 하는 데 그칠 것이나 미국은 아예 문제 발생의 소지를 해외에서 없애 미국의 안전을 절대 보장하려는 생각을 가지고 있기에 해외 전쟁을 감수하면서도 자국 안보 위협을 제거하려 했던 것이다. 셋째 배경으로 인한 개입 사례는 우크라이나와 조지아가 러시아와 갈등을 빚으면서 이들이 미국의 개입을 바라고 요청하고 여기에 응한 것이다. 이때 러시아와 무력 충돌까지 서슴지 않았다. 이들이 미국의 개입을 기대하지 못하고 독자적으로 러시아를 대적해야 했다면 대러시아 입장이 좀 더 현실적이었을 것인데 그렇지 않았다. 따라서 미국은 이런 지역 분쟁 문제에 연루돼 국력을 많이 소진하도록 강요당하는 셈이 되었다. 네 번째 배경으로 미국이 해외에서 발생한 사안들에 개입하게 된 경우는 민주주의의 확산과 인도주의적 재난 방지 활동들을 들 수 있는데 이는 미국의 국내 여론에 의해 추동 되는 경우다.

이 같은 여러 배경으로 미국은 세계 각지에서 발생하는 분쟁과 재난에 개입했는데 미국의 경제가 상대적으로 쇠퇴하는 시기에 이러한 개입으로 인해 미국의 경제는 더 위축되고 미국 군대의 피로도가 더 높아지며 미국 국내 정치는 분열되는 결과를 초래해 미국의 패권 쇠락을 더 재촉하는 면이 있었다. 이런 경험을 바탕으로 미국은 앞으로 해외에서 발생하는 사안에 대해 가급적 직접 개입하는 것을 회피하고 지역 기구나 지역 강국이 해결하도록 용인할 가능성이 크다. 직접 개입하더라도 지상군을 보내는 것보다 해군력이나 공군력을 투입하는 방법을 택할 가능성이 커 보인다. 이처럼 미국이 전 세계에서 가장 영향력 있는 국가로 남아 있되 해상과 연안 지역에서만 군사력을 사용하려는 경향성을 '역외 리더십 전략Offshore leadership strategy'이라고 부르기도 한다.[7]

미국의 이러한 경향성은 우크라이나 사태, 시리아 사태 등에서 나타나고 있다. 미국은 미국의 잠재적 적국인 중국이나 러시아의 접경 지역, 즉 그들 국가의 세력권으로 여겨지는 역내 분쟁에 직접 개입하는 것을 회피해왔으며 리비아나 시리아 사태에서 보듯이 지상군 대신 크루즈 미사일 공격과 공중 폭격만으로 군사 행동의 범위를 줄이면서 소기의 목적을 달성하려는 모습을 보이고 있다. 동아시아 지역에서도 오바마 행정부 이후 '아시아로 회귀' 정책을 취하면서 이 지역에 미국의 관심과 군사력 집중도가 높아졌으나 최근 이 지역에서의 주 군사 전략은 해·공군력 복합 구사Mix of Air/Sea Power로서 지상군의 개입보다는 막강한 해·공군력을 앞세워 군사적 우위를 유지한다는 개념으로 바뀌고 있다.

미국이 이 같은 '역외 균형자 전략'을 택하면 미국에 전략적인 이점이 생길 수 있다. 러시아로서는 자국이 생각하는 세력권 이내로 미국의 영향력을 과도하게 확산되지 않는다는 것이 명백해지면 급부상하는 중국에 대항해 미국과 서로 전략적 제휴를 할 가능성도 생길 것이다. 부상하는 중국은 태평양을 사이에 둔 미국에 직접적인 위협이 되기보다 수천 킬로미터에 달하는 국경을 마주하고 있는 러시아에 더 직접적인 위협이 된다. 러시아가 중국에 대한 경계심을 늘 가지고 있음에도 불구하고 중국과 전략적 제휴를 하고 미국에 대한 공동 대응 전선을 구축하는 것은 비정상적인 면이 있다. 이는 미국이 구소련 붕괴 이후 러시아의 국제적 위상이 추락하는 것을 조장 또는 방조한 데 대한 러시아의 반감이 표출된 것으로 파악해야 한다.

통상 지정학에 입각한 전략적 관점에서 볼 때 대륙에 있는 두 세력이 멀리 떨어진 해양 세력에 대항해 전략적 제휴를 하는 것은 부자연스러운 일이다. 특히 러시아와 같이 성격상 대체로 내륙 국가인 경우에는 더욱 그렇다.[8] 과거의 사례를 보더라도 영국은 유럽 대륙에서 일어나는 일에 거리를 두고 직접 관여하지 않으면서 세력 균형을 유지하는 조정자 역할, 즉 역외 조정자 역할을 자임했다. 마찬가지로 미국도 2차 세계대전 이전에는 유럽 전체에서 일어나는 일에 직접 관여하지 않고 역외 조정자 역할을 맡고 있다가 전세가 미국 국익에 불리하게 전개되는 시점에야 직접 개입을 결정하곤 했다.

이처럼 미국이 자국의 지정학적 조건이 명하는 대로 자국의 기본 전략의 틀 안에서 '역외 균형자'로서 합리적 대외 개입 정책을 취하게 되면 상대적으로 쇠퇴하는 미국의 국익에도 더 부합하고 자연스러운 세력 균형 기제가 작동하면서 국제 사회도 더 안정적으로 될 수 있을 것이다. 세계 각국도 미국의 이렇듯 변화한 역할에 따라 자국의 대외 안보 기본 전략을 수정함으로써 국제 질서는 좀 더 변하는 상황에 맞춰 세력 균형 체제로 변환해나갈 수 있을 것이다. 문제는 미국이 이러한 역할 변환을 하면 미국이 기존 패권국으로서 수행해왔던 역할과 기능들이 축소될 것이다. 그로 인해 그간의 국제 질서에서 부분적인 힘의 공백 현상이 일어나면서 국제 정세가 부분적으로 불안정해지는 측면도 있다는 점이다.

핵의 비확산 체제도 미국이 거의 전담해서 유지하다시피 했고 지역적 분쟁이나 인도주의적 재난이 발생할 때도 미국이 이를 억제하는 역할을 주로 해왔는데 미국의 억제력과 영향력이 약화되면 이런 현상이 더 자주 발생하는 것이 불가피해진다. 그러나 미국의 상대적으로 쇠퇴하는 국력과 자국의 패권 수호 의지 간의 격차가 커질수록 미국 자체가 국제 질서 불안정 요인이 될 수 있다. 이런 현실과 능력 간의 간격을 지닌 미국은 부상하는 여타 도전 세력들과 갈등 과정에서 정면 충돌할 가능성이 있다. 이 경우는 공공재 공급 중단으로 인해 국지적 지역 분쟁이나 인도주의적 재난이 발생하는 경우보다 훨씬 심각한 국제 질서 파탄 요인이 될 것이다. 따라서 미국이 퇴조하는 국력에 상응하게 자국이 대외 개입 정도를 줄이고 그 대신 지역 강국이나 지역 안보 협력체들이 미국의 역할을 대신 메우게 할 경우 국제 사회는 훨씬 안정적으로 작동될 것이다. 다극 체제 아래 협조 체제도 작동하기 시작할 것이다.

미국이 이처럼 변하는 국제 정세를 감안해 합리적인 대외 개입 정책을 취한다면 국제 정세 안정에 도움을 줄 것이다. 그러나 미국의 역할이 줄어드는 부분을 미국의 동맹국이나 우방국들이 보완해주는 역할을 해야 하므로 서방 국가들은 자발적으로 자체적인 국방력을 증강시키고 해외 개입 범위도 확대해야 할 것이다. 그러나 지금 트럼프 대통령이 하듯이 NATO를 포함한 자국의 동맹을 경쟁적 관점에서 대우하고 대폭적인 방위비 분담비 증액을 요구하거나 이를 위한 수단으로 NATO 탈퇴 등을 언급할 경우 서방 국가 간 유대는 더욱 약화되어 국제 질서는 더 취약해질 것이다. 이런 갈등 상황을 중·러 양국이 더욱 부채질하면서 미국을 고립시키려 한다면 미국 국익에 손해가 될 뿐 아니라 국제 정세가 아주 불안정해질 것이다.

더 나은 세계를 위한
연대의 강조

미국은 상대적으로 쇠퇴하는 경제력으로 인해 패권국의 역할을 하기가 힘겨워지고 있다. 따라서 미국은 그간 제공해왔던 국제 질서 유지에 필요한 공공재를 혼자서 공급하지 않으려 할 것이다. 미국 국민이 경제력의 상대적 쇠퇴를 인식하게 되면서 미국이 국제 질서 유지를 위해 많은 부담을 떠안는 것을 선호하지 않게 됐다. 이러한 미국 국민의 인식 변화는 미국 정치권에 투영돼 미국의 정치인들도 점차 미국의 불필요한 해외 개입과 의무 부담을 지지하지 않게 됐다. 이러한 변화된 미국민들이 인식을 반영해 당선된 트럼프 대통령은 '미국 우선주의'라는 구호를 내걸고 여태까지 미국이 단독으로 부담해왔던 비용들을 다른 국가들이 공동 부담할 것을 요구하거나 미국이 부담을 아예 하지 않는 방향으로 입장을 선회하고 있다. 미국의 경제력이 쇠퇴하기는 하겠지만 미국의 패권이 중국으로 넘어가지는 않을 것으로 전망하는 정치학자 조지프 나이마저 앞으로 미국은 다자주의에 주로 의존해나가야 하는데 때로는 미국이 일방적으로, 독단적으로 처리해야 하는 사안들이 있어야 한다고 주장한다.[9]

변화된 미국 입장을 대변하는 대표 사례는 미국이 동맹국들에 국방비 증액과 방위비 분담금 인상을 요구하는 데서 찾아볼 수 있다. 최근 미국과 이란과의 갈등으로 걸프만에 긴장이 고조되면서 미국은 중동으로부터 원유를 수입하는 여타 국가들도 걸프만 해상 수송로 안전을 위해 군함을 파견해줄 것을 요청하고 있다. 나아가 기후 변화 협약과 국제 해양법 체제를 유지하기 위한 국제 협력을 미국이 선도하는 것이 아니라 탈퇴 또는 관여하지 않음으로써 이 분야에서 국제 협력은 큰 공백을 마주하고 있는 셈이다. 통상 국제회의와 국제 협력체에서는 "참여하지 않은 자는 항상 논쟁에 질 수밖에 없다"라는 고대 격언[10]처럼 비참여국이 아무런 발언권을 행사할 수 없다. 과거와 달리 특정 국제 협력 분야들에서 미국이 유일하게 비참여국으로 남아 있는 경우가 생기고 있다. 이 같은 미국의 비참여는 국제 협력 체제를 약화시키거나 힘의 공백 상황을 초래하게 된다.

미국이 최근에 빈번히 보여주는 주문형 다자주의나 미국 일방주의 행태, 즉 자국의 국익에 맞는 방식으로 다자 회의가 진행되면 참여하고 그렇지 않으면 회의를 거부하거나 미국의 국익과 상충될 때는 기존에 합의된 국제 규범도 무시하는 행위는 다른 나라들이 이를 모방하는 악영향을 미쳐 미국이 약화시킨 국제 협력 체제를 더욱 약화시키게 된다. 미국이 교토 의정서를 거부하자 다른 나라의 기업이나 보수 진영에서 자국도 기후 변화 협약상의 의무를 회피하려는 주장을 제기하고 있는 것이 이런 현상의 일환이다.

미국이 ICC에 끝까지 가입하지 않자 최근 아프리카 일부 국가들이 여기에서 탈퇴하려 하고 있다. 이는 미군들은 전쟁 범죄를 저질러도 국제 재판을 받지 않는데 일부 약소국가들 전쟁 범죄자들만 처벌을 받는 것이 공정치 않다고 판단하기 때문이다. 최근 일본이 자국의 안보를 이유로 한국에 대해 수출 통제 품목의 수출 금지를 한 것은 미국이 통상법 301조를 근거로 자국 안보에 위협을 가하는 경우 무역 규제를 하는 것을 모방한 행태라 할 수 있다. 사드 사태로 인한 중국의 한국에 대한 경제 보복도 안보적 이유로 통상을 규제한 것으로 여태까지 국제 사회에서 암묵적으로 준수돼오던 정경 분리의 원칙을 파괴하는 사례라 할 수 있다.

이처럼 미국의 패권국 역할 수행이 느슨해지고 중국 등 여타 국가들이 도전함으로써 자유주의적 국제 질서와 국제 협력 체제는 점차 약화돼가고 있으며 이로 인해 '규범에 입각한 질서'가 많이 흔들리는 양상을 보이고 있다. 각 주요국 국내 정치에서 일어나고 있는 극우주의 경향과 자국 우선주의는 국제 규범을 무시하는 경향성을 증가시키고 있다. 이러한 상황을 방치할 경우 국제 사회는 점차 무질서와 혼란, 각국 간 마찰 격화라는 늪 속으로 빠져 들어갈 것이다. 이런 상황이 지속되면 모든 국가가 피해를 보게 되는데 특히 지난 70년 동안 현 국제 질서 속에서 빠른 경제 성장과 경제적 풍요를 누리던 국가들, 자국 우선주의를 쉽게 행사할 수 없는 중견국 이하 국가들이 가장 큰 피해를 볼 것이다.

여태까지는 많은 국가가 미국이 제공하는 공공재, 즉 국제 질서의 안정과 미국의 동맹국인 경우에는 미국이 제공하는 안전 보장 등으로 인해 자국의 비용을 덜 들이고 경제적 번영을 구가할 수 있었다. 그러나 앞으로 국제 사회 불안정성이 증가하고 '규범 기반 질서'가 약화되면 국가 간 거래, 즉 통상 교역에 있어 비용이 증가될 것이고 각국은 자체 국방력 강화를 위해 더 많은 비용을 지불해야 할 것이다. 각국이 개별적으로 이런 노력을 하더라도 중견국 이하 국가들의 개별적 국력은 한계가 있기 때문에 '규범에 입각한 질서'도 혼자서 지켜낼 수가 없을 것이며 자주 국방도 달성하기 힘들 것이다.

이런 상황에서 국제 질서를 더욱 안정화시키고 '규범에 입각한 질서'를 유지해나가려면 우선 미국을 비롯한 주요 행위자들 간 협력과 연대를 강화해야 한다. 미국이 혼자 공공재를 부담하지 못하는 상황이 도래했다는 것은 국제 질서가 다극 체제로 변화해나가고 있다는 뜻이다. 다가올 다극 체제를 대비해 다극 체제의 한 축을 담당할 주요 행위자들이 공공재 생산을 위한 비용을 분담하는 것이 가장 바람직한 방법이 될 것이다. 주요 행위자 간의 비용 분담이 이뤄진다면 이는 새로운 '협조 체제', 즉 '유럽 협조 체제'가 전 세계적으로 확대된 형태의 '범세계 협조 체제'가 새로 성립된다는 것을 의미한다. 이 같은 새로운 협조 체제가 성립하기 위한 전제 조건은 중국과 러시아 등이 현 국제 질서의 근간을 흔들지 않고 현 질서 유지를 선호하는 것이다. 또한 중국이 미국을 대신하는 새로운 패권 국가가 되겠다는 도전을 하지 않고 미국과 어느 정도 세력을 균점하는 데 만족하는 것이 전제돼야 한다.

물론 중국과 러시아는 현재 '반미 연대'를 형성하고 있으며 미국의 패권적 지위를 격하시키는 데 공동 이익이 있지만, 미국이 '역외 균형자'로 물러날 경우 자신들이 패권국이 돼 공공재를 공급하기도 힘들지만, 그것이 장래에 가능하다 하더라도 상당한 공백 기간 동안 혼란을 감수해야 한다는 점에서 미국의 상대적 퇴조에 따라 미국과 협조하며 국제 질서를 유지할 필요성을 느끼게 될 것이다. 강대국 간의 '힘의 전이 현상'도 벌어지고 있지만, 비국가 행위자로 '힘의 분산' 현상도 진행되고 있다. '힘의 분산' 현상으로 발생하는 여러 범세계적 문제, 즉 테러리즘, 국제 조직 범죄, 핵 비확산 등을 억제하는 데는 공통 이해 관계가 있으므로 주요 행위자 간의 협조 체제가 작동할 수 있는 배경을 제공하고 있다.

'유럽 협조 체제'가 잘 작동할 수 있었던 것은 체제 내 주요 행위자들의 국력이 비슷했으며 정치 체제가 다소 달라도 상대의 정치체를 변경하거나 상대를 누르고 우월적 지위를 확보하겠다는 생각이 없어서 협조가 잘 이뤄졌기 때문이다. 유럽은 기독교 문화와 유럽 문화를 공동 기반으로 하므로 주요 행위자 상호 간에 이질감이나 적대감이 약한 상황이었다. 앞으로 '범세계적 협조 체제'가 성립된다면 '유럽 협조 체제'보다 구성 행위자들 간의 문화적·종교적·정치적 동질성이 희박해 협조 체제가 과거처럼 잘 작동할지는 미지수다.

이런 전제로 인해 전 세계 주요 행위자 모두를 참여시키는 협조 체제 구축이 어렵다면 미국이 중심이 돼 EU와 아세안 플러스 협의체와 라틴아메리카 국가 중심 OAS 등이 연대해 '규범에 입각한 질서'를 지탱해나가면서 국제 질서 유지에 필요한 공공재를 공동 분담해 제공하는 방안도 고려해볼 필요가 있다. 미국이 이라크 전쟁 때 보여준 것과 같이 같은 뜻을 가진 국가 간 '유지국有志國 연합'을 구성해 미국이 다 채울 수 없는 공백들을 다 함께 채우면서 현 질서를 지켜나갈 경우 국제 사회는 상당히 안정화될 수 있을 것이다. 이러한 '유지국 연합'은 미국이 다자주의를 선택적으로 수용하기는 해도 다자주의를 경시하지 않고 미국이 서방 세계의 선도 국가로서 역할을 계속한다는 것을 전제로 하는데 이러한 개연성은 그 반대의 개연성보다 높다고 할 수 있다.

그러나 미국과 다른 강대국들의 일방주의적 태도, 자국 우선주의 태도로 '규범에 입각한 질서'가 약화되는 것을 방지하려면 '규범에 입각한 질서'의 유지에 이해를 같이하는 중견 국가 간의 연대도 필요하다. 강대국들은 국제 협상에서 협상력의 우월적 지위에 있기 때문에 양자 간의 관계에서 항상 자국이 원하는 대로 행위를 하더라도 보복이나 피해를 덜 입게 된다. 반대로 중견국 이하 국가가 이 같은 행동을 했을 경우 심각한 보복이나 피해를 감수해야 하기 때문에 이런 일방주의적 행동을 할 수 없다. 즉 "강대국은 자기가 하고 싶은 것을 할 수 있고 약소국은 자기에게 주어진 것 중에서 선택할 수밖에 없다"[11]라는 것이 국제 사회에서 일반적으로 통용되는 명제다. '규범에 입각한 질서'가 흔들리면 교역 등 거래에서 불안정성이 증대돼 비용 상승효과가 발생하므로 중견국 이하 국가들은 이런 현상을 힘을 합쳐 최소화해야 할 것이다.

강대국들이 다른 한 나라와의 양자 관계에서 일방주의적 행위를 할 수 있고 상대국이 이에 반발할 경우 보복 조치 등을 취할 수 있겠지만 이 경우 강대국도 상당한 '연성 국력'의 소진, 국가 신뢰성 저하 등의 연관 피해를 감수해야 하는 것도 사실이다. 이런 상황에서 한 나라가 아니고 여러 나라가 이런 강대국의 일방주의적 행태에 대해 공동 입장을 갖고 공동 보조를 취한다면 강대국이라 할지라도 여러 나라에 대해 모두 보복 조치를 취하기 상당히 부담스러울 것이다. 중견국들이 '유지국 연합'을 만들어 특정 강대국이 허물어뜨린 특정 규범에 대해 이의 부당성을 국제회의 등에서 계속 지적하고 이의 회복을 위한 노력을 강대국이 보이지 않을 경우 공동 대응하면 강대국에도 상당한 부담이 될 것이다. '유지국 연합'이 손상된 규범 체계의 복원을 국제 사회에서 주창하고 이를 공동으로 실천하는 모습을 보이면 강대국에 압박이 될 뿐 아니라 이를 모방하는 행위들이 국제 사회로 번져나가는 것도 사전에 차단할 수 있을 것이다.

과거에는 세계 각지에서 분쟁이 발생할 경우 주로 미국이 개입해 이를 진정시키거나 침략국을 응징하는 역할을 해왔는데 앞으로는 미국이 '역외 균형자 역할'로 회귀하거나 그렇지는 않더라도 아이젠하워 대통령이 주창하던 것처럼 '선택적 개입'을 할 경우 어떤 지역 분쟁은 조기에 진화되지 못하고 주변으로 확전될 경우도 생길 것이다. 아이젠하워 대통령은 "세계 일등 국가라 해도 모든 국경에 병력을 다 배치할 필요가 없고 세계 모든 곳에서 최강자일 필요가 없다"라고 말하면서 베트남 전쟁 개입을 회피했었다.[12]

앞으로 이런 상황이 도래할 때 각 지역 안보 기구들이 미국을 대신해 자기 지역 내에서 발생하는 분쟁들에 책임을 지고 해결하려 한다면 국제 사회는 훨씬 안정적으로 될 것이다. 이러한 역할을 할 수 있는 지역 안보 기구들로는 유럽 지역의 NATO 또는 새로 창설 중인 유럽군을, 라틴아메리카 지역에서는 OAS를 꼽을 수 있다. 유라시아 대륙에서는 SCO가 이런 역할을 할 수 있을 것이고 아시아 지역에서는 아세안 플러스 협의체가 이를 담당하면 좋을 것이다. 아프리카에서 아프리카국가연합AU이 회원국들의 자발적인 병력 공여를 받아 지역 내 내란이나 분쟁 발생 시 병력을 파견해 자체적으로 문제를 해결하려는 노력을 보이고 있는 것도 고무적인 일이다.

7부

앞으로의
국제 질서와 전망

새로운 '팍스'의 도래

앞으로 다가오는 시대는 지금 미국의 상대적인 쇠퇴 현상과 자국 우선주의를 내세우는 고립주의적 경향을 감안할 때 미국이 과거 70년 동안과 같이 전 세계의 패권 국가로서 지도적인 역할을 할 것이라고 보기는 어렵다. 미국이 주도하는 팍스 아메리카 체제는 약화될 것이고 새로운 국제 질서가 등장하리라 보는 것이 합리적이다.

지금 중국이 빠른 속도로 성장하면서 신장된 국력을 바탕으로 미국에 도전하고 있으며 중국의 도전 강도가 구소련의 도전보다는 훨씬 강하고 폭이 넓다는 점에서 미·중 양강 구도, 즉 또 다른 양극 체제가 도래할 것이라고 예견되기도 한다. 하지만 중국의 국력이 미국과 대등하게 겨루기에는 아직 이르기 때문에 양강 구도를 논하기에도 좀 섣부른 감이 있다. 중국이 자국 앞에 놓인 여러 국내외적인 도전을 극복하고 지속적인 성장을 해 미국의 국력에 버금가게 되더라도 그것만으로 미·중 간의 양극 체제가 구성될 것이라고 볼 수 없는데 그 이유는 다른 주요 행위자들이 존재하고 그들의 성장 가능성도 같이 지켜봐야 하기 때문이다.

EU는 1991년 12개 유럽 국가 간에 마스트리히트 조약을 체결해 단일 시장을 만들면서 유럽 통합에 박차를 가한 이래 지금까지 회원국 수가 28개국으로 증가했다. 단일 통화 발행 등 경제 통합 외에도 유럽 헌법을 채택하는 등 정치·사회적인 통합에서도 많은 진전을 이룩했다. 그간 28개국이 EU의 깃발 아래 외교·안보 정책을 공동 수립·집행해왔고 유럽 통합군을 창설하는 작업도 추진하고 있다. 이처럼 유럽은 개별 국가를 뛰어넘어 단일 공동체를 형성함으로써 국제 체제에 새로운 형태의 행위자가 됐고 28개국을 묶은 힘은 세계 질서의 한 축을 담당할 수 있을 만큼 굳건하게 됐다.

최근 영국이 EU에서 탈퇴하는 과정에 있어 EU의 세력이 일정 부분 약화되는 것은 자명한 일이 되겠지만 여전히 독일과 프랑스를 중심으로 한 27개 유럽 국가들이 결속력을 더 다지면서 미국과는 다른 독자적인 행보를 택하기로 하면 EU도 향후 국제 질서의 한 중요한 축이 될 것이다.

유럽이 미국의 안보 공약에 의지하지 않고 유럽 통합군을 설립해 안보 정책을 독자적으로 추진해나갈 경우 세계의 다극화 현상은 더욱 가속화될 것이다. 최근 EU 내부에 각국 우선주의 경향이 증가해 약간의 균열 현상이 노정되기도 했지만, 유럽 문화의 동질성과 1·2차 세계대전을 겪으면서 성장한 시민들의 역사의식, 지리적 여건, 경제적 필요성 등 여러 측면을 고려해보면 EU가 붕괴돼 베스트팔렌 체제로 회귀할 수 있는 단계는 지나왔다고 할 수 있다.

최근 경제 성장에 가속도가 붙은 인도가 경제적 발전을 지속할 경우 인구와 영토 면에서 잠재력이 큰 인도가 하나의 중요한 행위자로 국제 사회에 영향력을 행사하게 될 것이다. 인도는 전통적으로 미국, 러시아, 중국 등 강대국들과 특별한 동맹·협력 관계를 맺기보다는 모든 국가와 등거리 외교를 하면서 독자적인 행보를 해온 역사가 있으므로 인도의 국력이 신장하면 자연스레 하나의 새로운 축으로 자리매김하게 될 것이다.

　최근 모디 총리 지도력하에 인도가 '메이크 인 인도Make in India'란 기치를 걸고 제조업을 중점 육성하고 있어 새로운 생산 기지로 발돋움하고 있다. 특히 미국의 전략적 견제로 인해 중국 내 제조업이 대미 수출에서 비교 우위를 누리지 못하게 될 경우 중국 내 많은 제조업체들이 공장을 인도로 이전할 가능성이 커짐에 따라 인도의 경제 성장은 더 탄력을 받을 가능성이 커 보인다.

　이처럼 생산적 기반이 확충되고 인구도 중국보다 많아지고 있는 인도는 중국의 경로를 밟아 또 하나의 강대국으로 부상할 잠재력을 지녔다고 할 수 있다. 다가오는 인도·태평양 시대는 인도에 더욱 유리한 환경을 제공해줄 것이다. 미국과 일본 등이 중국을 견제하는 차원에서 인도와 전략적 제휴를 더 강화할 경우 인도의 부상은 더욱 촉진될 것이다. 이렇게 국력이 신장하고 있는 인도는 향후 국제 질서의 한 축을 담당할 잠재력을 충분히 가지고 있는 것으로 보인다.

　그러나 인도는 중국보다 인구수나 소수민족 수에서 더 크고 다양하지만, 중국처럼 한민족이 주도하는 전통적 문화 기반이 취약해 앞으로 발전 과정에서 중앙의 구심력과 지방의 원심력이 서로 경쟁적으로 작용할 가능성이 있다. 게다가 중국은 내부의 점증하는 원심력을 공산당 통치 체제 강화라는 구심력으로 제어하고 있지만, 인도는 세계에서 '가장 거대한 민주주의 국가'라는 수식어처럼 민주주의적 정치 체제로 인해 구심력이 제대로 작동하지 못할 가능성도 있다. 인도가 독립운동을 전개하고 있을 때 지배 국가였던 영국에서는 "영국이 인도 대륙 점령 이전에 인도라는 나라 자체가 존재하지도 않았는데 독립운동이란 말 자체가 성립되지 않는다"[1]라는 인식이 있었을 정도로 인도 대륙은 다양한 종교와 언어가 존재하고 소수민족이 분립해 살던 지역이었다.

이런 역사적 배경으로 인해 현재의 인도가 경제적으로 부상하더라도 국제 질서의 한 축을 담당할 만큼 강력한 내부 결속력을 보일지는 더 두고 봐야 한다. 중국과 달리 역사적으로 인도는 하나의 공고한 제국으로 영향력을 주변에 행사한 적이 별로 없다. 독립 이후에도 비동맹 운동에서 어느 정도 두각은 나타냈지만 국제 사회에서 독자적인 목소리를 내거나 특징적인 외교를 전개한 사례는 그리 많지 않다. 따라서 인도는 앞으로 자국의 성장하는 국력을 바탕으로 보다 확신에 찬 외교 정책을 펼쳐나갈 때 다극 체제의 한 축으로 역할을 하게 될 수 있을 것이다.

이 밖에 최근 성장세가 눈에 띄게 빨라지면서 아세안 경제 공동체 AEC를 통해 결속을 더욱 다지고 있는 아세안도 국제 사회의 하나의 행위자로 행동할 가능성이 커지고 있다. 물론 지금도 국제 사회에서 10개 국가가 집단적인 행보를 보이고 있지만 아직은 10개국 총합 국력이 강하지 않고 10개국 간 결속 요인과 함께 분열 요인도 존재한다. 아세안이 아세안 '중심성'을 주장하고는 있지만, 주요 행위자로 나서기에는 아직 그 존재감이 약하다.

그러나 현재 약 7억 명에 가까운 인구가 급속히 증가할 가능성이 크고 경제 성장도 더 가속화될 수 있다. 특히 인도네시아와 같이 잠재적 대국이 계속 발전하면서 아세안을 중심에서 선도해나가면 아세안의 미래는 더 밝아질 것이다. 미국 컨설팅회사 PwC에 인도네시아가 2050년경에는 급격히 늘어나는 청년 생산 인구를 바탕으로 세계 4대 경제 대국으로 부상할 것으로 전망하고 있다. 아세안이 내부 결속을 더 다지면서 적극적인 외교·안보 행보를 보인다면 아세안도 국제 질서에 하나의 주요 행위자로 부상할 가능성을 배제할 수 없다. 아세안이 2015년 AEC 출범을 선포하고 각국 간 인적·물적 이동의 자유의 폭을 더 확대해나가는 과정이므로 각국의 경제 성장은 더 촉진될 것이다. 게다가 각 회원국이 약 6%의 경제 성장을 꾸준히 이루고 있어 아세안 국가들의 경제력 총합은 약 10년에 2배씩 성장하고 있다. 이 상태가 지속된다면 국제 사회에서 아세안이 적지 않은 비중을 차지하게 될 것이다.

아세안도 내부 결속력 강화에 일정한 한계가 있어 EU처럼 공동의 외교·안보 정책을 구사할 정도의 정치·사회 통합을 이뤄가기는 힘들 것으로 보인다. 그렇지만 지난 52년 국제 사회에서 하나의 공동체로 활동해온 경험을 바탕으로 지역 정세 전개에서 아세안의 중심성을 더욱 강화하려 할 것이다. 아세안은 적극적으로 의제 설정을 하고 질서 형성을 주도하지는 못하겠지만 적어도 아세안의 동의를 얻지 않고는 새로운 역내 질서를 구축하기가 쉽지 않을 것이다. 예를 들면 앞으로 다가올 인도-태평양 시대에 적합한 질서 형성에서도 아세안의 참여와 협조가 필수적이다. 그리고 주요국 간의 경쟁이 격화되면 10개국으로 구성된 아세안의 균형자 역할은 더 부각될 가능성이 있다.

  아직은 그 가능성이 크지 않은 것으로 보이지만 이슬람 종교를 기반으로 중동 지역 국가들이 세력을 규합해 국제 질서의 한 축을 자임하면서 등장하는 경우도 생각해볼 수 있다. 지금은 OIC 57개국이 정례적인 회합을 하지만 이슬람 종교 전체에 대한 공격이라든지 팔레스타인 문제 등에서만 입장이 일치할 뿐 그 외 국제적 이슈에 대해 의견 일치를 보지 못하는 분열된 상태에 있다. 그러나 중동 지역은 1세기 전만 해도 형식상 오토만 제국 아래 하나의 정치체로 존재했는데 서구 식민지를 거치면서 현 상태로 분열됐기 때문에 새로 뭉치려는 기운은 항상 존재한다고 봐야 한다. 특히 오토만 제국의 후신인 터키가 최근 에르도안 대통령을 중심으로 이슬람 세력을 규합해 지역 맹주로 부상하려는 야심을 드러내고 있다. 미국의 전략 연구소 스트랫포는 터키가 네오 오트만니즘Neo Ottamansim을 내세우며 역내 영향력을 확대해 2050년경에는 세계의 주역으로 올라설 것이라는 전망을 한 적도 있어 중동 지역이 다극화된 세계의 한 축을 맡을 수 있을지 주목해봐야 할 것이다.[2]

  이처럼 여러 가능성을 고려해본다면 향후 국제 질서는 여러 주요 행위자가 병렬하면서 서로 견제와 협력을 전개하는 다극 체제로 갈 가능성이 크다고 전망된다. 단일한 패권 국가가 존재하지 않는다는 점과 확실한 양극 체제가 아니라는 점에서 다극 체제라는 표현이 적합하지만 그렇다고 여러 행위자가 동등한 수준에서 병렬하는 그런 다극 체제가 아닌 혼합형 다극 체제가 될 가능성이 커 보인다.

  이러한 다극 체제는 단극 체제보다 불안정성이 높고 양극 체제보다 안정적인 경향을 보이겠지만 이와 더불어 국제 사회의 질서 유지가 복잡해지는 양상을 보일 것이다. 양극 체제의 경우 두 세력 간에 경쟁 심리가 작용하는 데다 양 세력이 서로 상대방에게만 신경을 집중하기 때문에 양 세력 간 갈등이 격화되는 경향을 보이기 십상인데 다극 체제로 갈 경우 각 세력 간에 관심과 경쟁 심리가 분산돼 갈등이 완화되는 경향을 보이는 것이 일반적이라고 경험적 분석이 말해주고 있다.[3]

그렇지만 양극 체제의 경우 서로 간 대치 전선이 명확하고 상대방에 대해 잘 알고 있고 분쟁이 발생할 경우 상호 치명적이라는 것을 인식하기 때문에 실제로 분쟁이 양 강대국 간에 발생할 가능성이 희박하다. 그러나 다극 체제의 경우 다양한 방식의 합종연횡을 하면서 세력 균형이 수시로 변하게 돼 국제 질서가 불안정해질 뿐 아니라 상대방 진영의 의도나 능력에 대한 오판을 할 가능성이 커지면서 분쟁 발생의 위험성도 함께 높아진다.

이런 관점에서 일부 학자들은 21세기 이전부터 미국의 쇠락을 예견하면서 미국의 패권 종식 후 등장할 국제 질서가 북아메리카·동아시아·유럽 3대 지역을 중심으로 각 지역이 하나의 구성체가 돼 3각 구도가 정립하는 3극 체제Tripolarity로 될 경우 안정적일 것을 예상하고 이런 체제 정립을 위해 미국이 정책적 노력을 해야 한다고 주장하기도 했다.

이들에 따르면 세계화는 당초 지속 가능한 목표가 아니었으며 세계화를 보장하는 강력한 패권국이 존재하지 않는 한 지역주의 Regionalism가 세계주의Globalism보다 훨씬 결속력이 강하고 지속력도 있다는 관점에서 지역별로 정치 공동체를 만들고 이를 바탕으로 국제 협조 체제를 유지해나가는 것을 현실적인 대안으로 봤다.[4] 그러나 EU도 브렉시트 현상 등에서 볼 수 있듯이 막강했던 구심력보다는 원심력이 강하게 작동하고 있어 3극 체제의 한 축을 잘 담당할 수 있을지 두고 봐야 한다. 동아시아에서도 지난 세기 동안 좌절을 겪었던 민족주의가 이제 부활하는 현상을 보이고 있다. 20세기 초반 1·2차 세계대전을 겪으면서 평화에 대한 갈망이 커진 유럽과는 1세기 이상의 역사 인식의 격차를 보이고 있어 아직 정치·안보 공동체를 형성할 여건이 마련돼 있지 않다고 봐야 한다.[5]

지난 70년 동안 국제 질서를 규정했던 팍스 아메리카나 시대가 저물고 포스트 팍스 아메리카나 시대가 도래하는 것은 어찌 보면 불가피한 일인지 모른다. 그 이유는 하늘 아래 모든 현상 중 불변하는 것은 없고 모든 것이 동적으로 움직이기 때문이다. 현상에 인식이 고착된 대중은 그 현상의 표면적인 것만 보고 그 현상에 함몰돼 그 현상이 지속될 것으로 생각하지만 모든 자연 현상은 그 현상이 정점에 도달했을 때 그 저류에 변화의 기운이 상당히 배태된 것이 일반적이다. 이러한 자연적 힘의 순환론에 따르면 힘이 오히려 정점에 있을 때, 즉 국제 질서 측면에서는 패권국이 패권적 지위를 만끽할 때 그 패권을 약화시키는 반대 현상들이 발생한다고 한다. 다만 패권국이 이를 간과하고 현상에 안주할 경우, 패권 유지에 필요한 비용은 더 증가하고 패권에 대한 반대 세력들이 부상하거나 결집하는 것을 효과적으로 막지 못해서 자신의 패권 몰락을 더 촉진시키게 된다.

달도 차면 기우는 것이 자연의 이치이듯 패권도 정점에 있을 때 기울기 시작하므로 패권국이 이러한 패권 쇠퇴기에 어떻게 대처하느냐에 따라 패권이 좀 더 지속될 수도 있고 몰락을 재촉할 수도 있다. 지금 미국이 취하고 있는 조치들은 미국의 국력이 쇠퇴하는 과정에서 불가피한 측면이 있지만 이런 조치를 시행하는 방식과 수순이 적절한 것이냐 여부에 따라 미국의 패권 몰락을 재촉할 수도 지연시킬 수도 있을 것이다. 이에 따라 안정적 다자 협조 체제가 구축될 여유를 가질 수 있을지 아니면 이런 여유도 없이 국제 사회가 심각한 불안정기로 돌입할지가 판가름 날 것인데 이는 앞으로 역사가 말해줄 것이다.

미국의 역외 균형자 전략

미국 내에서도 미국이 냉전 종식 이후 어떤 방향으로 국제 질서를 꾸려나가야 하는가에 대한 내부 논의가 진행되기 시작했다. 냉전 종식 이전부터 미국의 상대적 국력이 감소하고 미국의 패권 유지 비용이 증가해 이것이 미국 경제에 부담을 주는 징후가 여러 곳에서 나타났음에도 불구하고 냉전 종식 후 미국 내에서는 표면적 현상만 보고 미국 전체가 승리적 도취감에 취했다. 그래서 '역사의 종언'이라는 낙관론적이며 종말론적이 예측이 학계를 풍미했고 국제 질서는 미국 혼자의 '초일극 체제Super Unipolar System'로 갈 것이란 전망이 지배적이었다. 팍스 브리타니카가 절정이었던 1890년경 영국에서 총리이던 솔즈베리 경이 "앞으로 어떤 일이 일어나더라도 현재보다는 더 좋을 수 없다. 그러니 영국의 기본 정책은 가급적 현상을 변경하는 일이 적게 발생하도록 하는 것이다"라고 언급한 것과 같은 생각들이

1990년경 미국의 조야에 널리 퍼진 것이다.[6] 그런데 1890년은 영국 패권의 기반인 산업 생산력이 미국에 의해 심각하게 도전을 받고 있어 패권 전이 현상이 물밑에서 진행되고 있던 시점이었다.

그런 미국 패권의 영속성 현상에 대한 반발감 또는 좌절감에서 이슬람 극단주의자들은 미국의 세계 지배 체제에 경종을 울리기 위해 세계무역센터WTC를 비롯한 3곳에 대해 민간 여객기를 납치해 자폭을 감행하는 기상천외한 테러를 자행한다. 역사상 처음으로 미국 본토에 대한 공격을 받은 미국은 '테러에 대한 전쟁'을 선포하고 테러를 발본색원하기 위해 테러 집단을 양성하는 배후지, 즉 테러의 온상 자체를 없애겠다는 생각으로 이라크와 아프가니스탄에 대한 공격을 감행했다.

이러한 테러와의 전쟁을 기획하고 주도한 세력들은 미국의 네오콘Neo-con이다. 이들은 기존의 보수 세력과 달리 미국이 지향하는 가치, 즉 민주주의와 인권, 자유 등을 전 세계적으로 확산시키는 것이 미국의 이익과 안보에 이롭다고 생각하고 적극적인 해외 개입 정책을 추구했다. 이들은 미국의 세계적인 패권을 공고히 하려면 군사력을 동원해서라도 전 세계 주변부에서도 미국과 유사한 정치 체제를 심어둬야 한다는 '공세적 현실주의Offensive realism'적 세계관을 가지고 있었다. 미국에 대한 테러 공격을 빌미로 이라크와 아프가니스탄에 대한 무력 공격을 해 이슬람 국가들에 민주주의 정부를 수립시키려 한 행위는 그들의 관점에서는 당연한 논리적 귀결이었다.[7]

그러나 그들은 미국의 국력이 공세적 현실주의에 필요한 비용을 감당할 만큼 강성했던 시기를 지나고 있다는 사실을 간과했다. 그 결과 무리한 해외 군사 작전은 예상과 다르게 장기전화되면서 2조 달러 이상이라는 천문학적인 비용의 군비를 소모하게 해 미국의 국력 쇠진을 더 촉진시키는 결과를 초래했다. 2001년 테러와의 전쟁을 시작한 이후 10년 동안 중동 지역에 미국의 외교·안보 역량을 집중하는 사이 중국은 급성장해 미국을 넘보는 패권 도전국으로 부상했다. 미국은 결과론적으로 볼 때 패권을 더 장기적으로 유지하기 위해 하지 말아야 할 두 가지 실수를 저지른 셈이다. 적수를 잘못 선택한 전쟁으로 국력을 소모하는 동안 진짜 경계해야 할 진정한 적수가 그 틈을 이용해 급성장하도록 허용한 것이다.

이러한 공세적 현실주의자들과는 다른 관점에서 미국의 패권을 더 장기적으로 유지하거나 변하는 국제 정세에 대응해 미국의 상대적 쇠락을 지연시키자는 생각을 가진 학파가 있었는데 이들은 '수세적 현실주의Defensive realism'로 불리게 된다. 이들에 의하면 패권국을 포함해 각국은 자국의 세력을 과대하게 극대화하기보다 냉철하게 자국의 이익을 극대화하는 방향으로 움직여야 한다. 이들은 국제 질서는 이익만 극대화하는 방향으로 온건하게 행동하는 행위자에게 보상을 더 많이 해준다고 보았다. 반대로 세력을 극대화하기 위해 과도한 확장Over expansion을 하는 행위자는 오히려 이에 대항하는 세력들을 결집시켜 자국에 불리한 상황을 불러온다고 주장했다. 이러한 과도한 세력 확장을 추구하는 이면에는 인식론적 오류가 있거나 국내 정치적 병적 현상이 작용하기 때문이라고 보고 있다.[8]

이들은 폴 케네디가 유명한 저서에서 지적했듯이 "역사는 어느 한 국가에 영원히 다른 나라들에 앞서서 우위를 계속 점하게 허용하지 않았다"라는 논점을 기반으로 공세적 현실주의의 전제에 대한 오류를 지적하고 이에 대한 대안을 제시하려고 하고 있다.[9] 따라서 수세적 현실주의자들은 포스트 팍스 아메리카나 시대에 미국이 전 세계 모든 곳에서 우세를 점하는 형태의 '압도적 우세Preponderance 전략'에서 벗어나 세력 균형 이론이 지배하던 시대에 영국이 유럽 대륙에 했던 것과 유사한 전략, 즉 '역외 균형자 전략'으로 미국이 대전환을 해야 한다고 주장한다. 미국이 제국 경영의 야심보다는 국가 이익 추구에 더 집중하며 국내적 문제를 해외 문제보다 더 우선하고 해외 개입은 가급적 최소화해야 한다는 것이 이들 주장의 핵심이다. 이들에게는 '미국 우선주의'가 경멸의 대상이 돼서는 안 되고 오히려 필수 명제인 것이다.[10] 이들은 미국의 건국 이념에 입각해 미국의 가치를 전 세계에 전파해야 한다는 소명 의식을 가지고 해외 개입을 주장하는 미국 민주당 기반의 국제주의자들이나 미국의 제도를 힘을 통해서라도 전 세계에 이식시켜야 한다는 공화당 기반의 네오콘과도 그 세계관을 달리할 뿐 아니라 자신들의 주장이 미국의 장기적 국익 관점에서 더 타당하다고 믿고 있다.

이들에 의하면 21세기는 지역주의에 기반한 3극 체제 또는 그 이상의 다극 체제로 변화해나갈 것이다. 그러한 상황에서 미국은 다극 체제의 한 축을 담당하되 가장 강한 축이 되면 다른 축들이 서로 경쟁하고 견제하는 가운데 미국의 협력을 필요로 하고 그래서 자발적으로 미국에 접근해 오게 될 것이므로 미국이 먼저 나서서 전 세계에 동맹 체제를 구축할 필요는 없다. 동맹국 보호를 위한 부담을 질 필요도 없으며 미국의 패권에 대한 반패권 세력이 형성되는 것을 자연히 방지할 수 있는 장점이 있다고 보고 있다. 이들은 압도적 우세 전략의 단점을 다음과 같이 지적한다.

첫째, 미국이 과도한 확장 정책으로 동맹국 보호를 자처하고 나서면 동맹국들은 스스로 국방력 증진 노력을 하지 않고 미국에 안보를 의지함으로써 미국은 국방비 부담이 배가하는 반면 이들 국가, 즉 독일과 일본 등은 국방비를 절약해 경제에 투자함으로써 경제적으로는 미국의 실질적 도전국이 돼 미국 경제에 불리하게 작용하고 있다고 지적한다. 둘째, 미국의 과도한 확장 정책으로 인해 미국이 국익과 아무 관련이 없는 주변부 지역에서 발생하는 국지적 분쟁에까지 개입해야 하는 부담을 안게 되며 만약 이 국지 분쟁에 관여하다가 다른 강대국의 이익과 충돌할 경우 전면 전쟁으로 연루될 가능성이 있다는 것이다. 셋째, 미국이 세계 안정을 유지하고 경제의 상호 의존성을 보호하는 것이 미국의 국익과 경제에 도움이 된다고 하는 주장도 경험적 사실이나 통계에서 입증되지 않는 단지 인식론상의 허구라는 것이다.

이런 이론적 비판을 근거로 수세적 현실주의자들은 21세기 미국이 취할 전략은 '역외 균형자' 전략이라고 주장한다. 이 전략은 미국이 미주 대륙 내에서만 패권국 역할을 하면 유럽과 동아시아 및 여타 지역들에서 지역별로 패권국이 나타나 각 지역 내에서 위계적 질서가 만들어지면서 지역적 안정이 유지되게 된다고 본다. 이렇게 되면 각 지역 간 경쟁이나 세력 균형 문제가 발생할 것이다. 이때 미국은 가장 강한 축으로 남아 있으면서 각 지역 간 경쟁에서 한 지역이 다른 지역을 압도하는 경향이 보이면 약한 지역에 지원을 제공함으로써 각 지역 간 균형이 유지되도록 하는 균형자 역할을 하면 된다는 것이다. 그러니 미국이 유럽이나 동아시아에 미군을 전진 배치해둘 필요도 없고 이 지역 국가들과 동맹을 체결해 동맹국 보호 의무로 인해 미국이 원하지 않는 분쟁에 연루될 필요를 아예 제거해야 한다고 주장한다.

더 나아가 미국의 지리적 특성 및 자체 국력을 볼 때 이러한 '역외 균형자' 전략이 미국의 고유 국가 이익에 더 잘 봉사할 것이라고 본다. 미국은 지리적으로 두 대양으로 인해 여타 대륙 세력으로부터 분리돼 있어 미국 본토가 직접 침략받을 확률이 극히 적다. 미국 본토를 방위하기 위해 유럽이나 동아시아에 미군을 전진 배치해둘 필요가 없다고 보는 것이다. 세계 경제가 상호 의존성이 높고 미국의 경제 이익이 전 세계에 걸쳐 있으므로 어느 지역에서 발생하는 분쟁이나 정세 불안이 미국 경제에 불이익을 미칠 것이기 때문에 미국이 전 세계를 관리해야 한다는 주장도 실질적인 경제 통계로 입증되지 않았다며 비판한다. 미국이 압도적 우세 전략을 위해 필요한 군사비를 국내 경제에 투자할 경우 오히려 국내 경제를 더 잘 운영할 수 있다고 본다. 미국은 자체 국력이 막강하고 자원이 풍부하며 셰일가스 채굴 이후에는 석유 수출국이 됐으므로 중동에서 수입하는 원유 수송로를 보호하는 것이 미국의 국익에 중요한 요인이 아니라고 한다.

19세기 말 빅토리아 여왕 시대 영국이 전성기를 구가할 때 정치가인 로즈베리 경은 "영국 교역망은 전 세계에 퍼져 있어 어느 곳에서 발생하는 어느 사건도 영국의 이익과 관련 없는 것이 없다. 그러나 이 사실은 우리의 행동을 확장시키는 것이 아니라 우리의 행동을 제한해야 한다는 사실을 말해준다. 그렇지 않으면 영국은 항상 40여 개의 분쟁에 어떤 방식으로든 관여해야 하기 때문이다"라고 언급한 바 있다.[11] 수세적 현실주의자들은 공세적 현실주의자들이 이 발언의 요점을 잘못 이해하고 미국이 관여하지 않으면 전 세계에 수없이 분쟁이 발생할 것이고 이런 불안정은 미국의 국익에 해롭다는 막연한 생각을 바탕으로 해외 개입을 부추기고 있다고 비판한다.

이들은 미국이 '역외 균형자' 전략을 취하면 세력 경쟁이 치열해질 지역, 즉 대륙이나 대륙에 인접해 있는 국가들이 오히려 자국의 국방력을 증강시키면서 스스로 안보를 책임지려 할 것이고 이러한 상호 간의 견제와 균형이 전체 국제 질서를 유동적으로 만들지만, 미국의 불필요한 과도한 안보 공약으로 인해 분쟁에 휘말리는 현상을 피하게 해준다고 보는 것이다. 이들 국가가 일선에서 우선 스스로 안보를 책임지고 그 지역 문제를 해결하는 동안 미국은 상황을 관망하다가 상황 전체가 미국에 불리하게 전개될 경우에만 개입하며 문제를 해결하는 2차적이자 최종적 해결자, 즉 균형자 역할을 하면 된다는 것이다. 이들은 미군의 해외 주둔 같은 물리적인 전진 배치나 과도 확장도 필요 없지만 미군이 동맹국에 제공하는 안보 공약, 특히 '확장 억제Extended deterrence'와 같은 정책적 공약도 필요 없거나 실익이 없다고 주장한다.

이들에 따르면 '확장 억제' 정책은 20세기 냉전 시대, 특히 구소련과 지리적으로 명확히 구분된 양 진영 간 대치가 존재하는 경우에 실효성이 있었지만, 지금과 같이 다극화돼가는 21세기에 '위협의 균형Balance of threat'이 이뤄질 정도로 다방면의 위협이 존재하는 상황에서는 실효성이 없다고 보고 있다. 이러한 정책 공약은 미국의 의도·행동 방향을 너무 노출시켜 미국이 자동 개입하게 되는 상황이 되면서 미국의 전략적 입지를 축소시키는 효과를 가져온다고 보고 있다. 이보다는 오히려 미국의 개입 여부를 모호하게 둠으로써 상대방의 전략적 계산을 어렵게 만드는 것이 미국에 도움이 되고 미국도 여러 가지 전략적 옵션을 가지게 돼 운신의 폭이 넓어진다는 것이다.

미국은 1·2차 세계대전에서도 이 같은 '역외 균형자' 역할을 수행하면서 전쟁 초기에 참전을 거부하다가 1차 세계대전 때는 독일이 미국에 대해 먼저 선전포고를 한 다음에, 2차 세계대전 때는 일본이 진주만을 공격한 다음에 본격적인 참전을 했다. 이것을 보면 미국의 기본적인 국가 전략은 '역외 균형자' 전략에 입각해 있다고 볼 수 있다. 2차 세계대전 이후 팍스 아메리카나 체제를 구축하면서 미국은 이 같은 전통적인 국가 전략을 버리고 패권국으로서 '압도적 우세' 전략을 취했다. 포스트 팍스 아메리카나 시대에는 다시 전통적인 '역외 균형자' 전략으로 복귀할 조짐을 보이고 있다. 미국은 지리적으로나 국가 경제 특성상으로도 '역외 균형자' 역할을 하기에 적합한 나라다. 지리적으로 양 대양을 통해 다른 대륙과 격리돼 있어 역외자의 역할을 자연스럽게 할 수 있다. 다른 선진국들이 자국 경제의 평균 25%를 해외 무역에 의존하는 데 비해 미국은 6%의 자국 제품을 해외 수출하므로 해외 시장에 대한 의존도가 낮아서 전 세계 시장의 안정성에 큰 영향을 받지 않는다.[12]

미국이 현재 대규모로 직접 주둔하고 있는 지역은 유럽, 일본, 한국, 중동, 아프가니스탄 등이다. 미국이 역외 균형자 전략에 입각해 전진 배치 부대를 철수하게 되면 제일 먼저 한국이 영향을 받을 가능성이 크다. 미국은 한반도에 큰 전략적 중요성을 부여하지 않고 있다. 동아시아에서 대륙 세력을 견제하려면 주일 미군만 가지고도 충분한 효과를 거둘 수 있기 때문이다. 현재 남한에 주한 미군을 두고 있는 것은 한국전 이후 한미 동맹을 체결한 특수 상황에 기인하는 것이다. 현재 북한과 진행 중인 북·미협상이 일정한 성과를 낸다면 주한 미군 철수 문제가 본격 거론될 가능성이 있다.

미국은 주한 미군을 '압도적 우세 전략'에 따른 과도 확장의 사례로 볼 수 있으며 남한에 지상군을 배치하는 것은 북한이나 대륙 세력과의 분쟁이 발생할 경우 인계 철선이 돼 분쟁에 자동 연루돼 들어갈 가능성이 크다고 여길 수 있다. 따라서 미국 전략가 입장에서는 지상군을 철수하고 필요시 해·공군력으로 대응하는 등 전략적 옵션을 다양하게 가지고 싶어 할 것이다. 이런 전략적 사고에 입각해 한반도는 미국의 기본 전략적 방어선에서 역사적으로 두 번이나 제외됐는데 20세기 초 미국이 일본과 가쓰라-태프트 조약을 맺을 때 한반도를 일본의 재량권에 맡겼던 경우와 한국전 발발 직전 애치슨 라인을 발표하면서 한반도를 미국의 방위선에서 제외한 때다.

미국의 역외 균형자 전략에 따르면 북한의 위협에 대한 방어는 한국군이 맡도록 전시 작전권을 이양하고 미군은 오히려 중국에 대한 견제에 집중할 가능성이 크다. 이 경우 주일 미군의 역할이 더 중요해지고 주한 미군은 보조 역할을 할 것이다. 특히 지상군은 대폭 감축시키고 공군력이나 정찰 자산들만 한국에 남겨두려 할 가능성이 크다. 이런 맥락에서 주한 미군 기지가 용산을 비롯한 수도권 일원에서 평택으로 이전해 험프리 기지에 집결한 것도 대북 견제보다는 대중 견제의 의미가 더 크다.

미국이 역외 균형자의 역할로 되돌아간다면 앞으로 국제 질서는 다극 체제로 변화해갈 것이 확실하지만 수세적 현실주의자들이 20세기 말 예견했던 것처럼 3극 체제로 갈 것인지, 신냉전 체제로 갈 것인지, 순수한 다극 체제로 갈 것인지 아직은 불분명하다. 그러나 3극 체제로 나아갈 가능성이 희박한 것은 동아시아에는 유럽 같은 지역 공동체 또는 안보 협의체가 발달하지 않을 개연성이 현재로서는 매우 높기 때문이다. 중국과 일본이 독일과 프랑스처럼 상호 간 전쟁이 발생하는 것을 회피하기 위해 서로를 한 정치 공동체로 묶어 둬야 한다는 인식을 가지는 것은 동아시아 역사 발전 단계에 비춰 시기상조로 보인다.[13]

그렇다면 1초 다극 체제로 갈 것인지, 2초 다극 체제, 즉 혼합형 다극 체제로 갈 것인지 아니면 순수형 다극 체제로 갈 것인지는 현재 진행 중인 미·중 간의 세력 경쟁과 여타 지역의 부상을 좀 더 지켜봐야 할 것이다. 냉전 종식 후 현재까지 국제 질서는 1초 다극 체제의 모습을 보였으나 2010년 이후 중국이 급부상하면서 중국은 적어도 국제 질서를 2초 다극 체제로 변경시키려는 움직임을 보이고 있다. 미국은 이를 저지하려 하고 있어 양국 간에 여러 면에서 갈등이 표출되고 있다. 이 두 강대국 간의 세력 경쟁에서 미국이 중국의 경제적 급부상과 정치적 야심에 제동을 걸 수 있으면 1초 다극 체제는 좀 더 지속될 것이다. 미국이 중국을 효과적으로 제어하지 못하면 2초 다극 체제로 갈 공산이 커 보인다. 순수한 다극 체제로 변하는 것은 EU나 아세안, 인도, 일본 등 다른 주요국들이 얼마만큼 부상할 것인지, 얼마나 빨리 부상할 것인지에 달려 있다.

치열한 미·중 간 힘겨루기

지금 미·중 간에 벌어지고 있는 세력 경쟁 게임, 즉 전략적 경쟁은 향후 국제 질서를 규정짓는 결정적 변수가 될 것이다. 이 경쟁은 단기간에 승부가 나지 않는 긴 장기전이 될 것이다. 결국 향후 국제 질서가 어떤 형태를 가질 것인가는 현재 진행 중인 미·중 간의 세력 경쟁 게임이 어떤 방식으로 결말을 지을지가 중요한 변수가 될 것이다. 물론 미·중 간의 경쟁 게임이 어떤 방식으로 언제 결말을 낼 것인지 정확하게 알 수 없고 예측하기도 힘들다. 그렇지만 이 게임의 결과를 가능한 비슷하게라도 예측해보는 노력을 해야만 하는데 이유는 그 전망에 입각해 우리의 진로를 조정해야 하기 때문이다.

현재 트럼프 대통령이 때늦은 감이 있지만 중국의 추가 부상, 즉 미국을 위협하는 수준으로 중국의 굴기하는 것을 막겠다는 강력한 의지를 가지고 중국에 공세적인 압박을 가하고 있다. 이에 대해 중국은 아직 미국에 정면 대결을 할 시기가 아니라고 보고 미국에 일부 양보를 하되 그렇다고 미국을 능가하는 대국을 건설하겠다는 중국몽을 포기하지는 않고 수세적인 방어를 하며 시간을 벌려 할 것이다. 최근 중국에서는 국공 내전 중 마오쩌둥이 썼던 「지구전론持久戰論」을 지도부들이 다시 정독한다는 소식이 있다. 이 「지구전론」에는 3단계가 있는데 1단계에서는 우세한 전력의 적이 공격해오면 싸움을 피하고 시간을 끌어 상대방의 힘을 빼는 전략적 방어에 주력해야 한다고 한다.

현재 진행 중인 미·중 간의 무역 전쟁에서도 중국은 순응·적응·대응이라는 세 가지 대책을 가지고 임하고 있는 것으로 알려졌다. 순응이란 미국의 무역 적자 축소 요구를 대체적으로 수용하는 것이고 적응이란 미국의 금융 체제 개방 요구를 일부 수용하는 것이며 대응이란 경제 시스템 개선 요구와 정부 보조금 지급 금지를 위한 입법 요구 등은 주권 침해로 간주하고 수용하지 않는 것을 의미한다. 이처럼 중국은 미국의 압력에 일부는 수용하면서 자국이 양국 간 경쟁에서 우세할 때까지 시간을 벌며 정면승부를 피하려 할 것이다. 미국과 중국 간의 세력 경쟁에서 미국은 체스적 사고를, 중국은 바둑적 사고를 한다고 보는 분석도 있다.[14] 미국은 중국의 특정 분야 성장을 막기 위해 체스 게임에서 한 말을 잡듯이 그 분야를 없애버리려는 전술을 사용하는 반면 중국은 돌 몇 개의 작은 사활에 당장 급급하기보다는 전체적으로 세력을 키워 최종적으로 승리를 확보하는 바둑 게임 방식으로 미국에 대응한다고 보는 것이다.

그러니 1라운드 대결에서 승패가 나지 않고 긴 승부가 펼쳐질 것이다. 중국이 미국의 정면 공격을 피해나가면서 계속 내실을 다지려 할 것이고 미국은 트럼프 대통령이 압박하는 것 이외 카드가 별로 없기 때문에 이번 중국 측의 일정한 양보를 받고 강 대 강의 대치를 일단 거둘 것으로 예상된다. 그러므로 미·중 간에는 다음에 몇 차례의 세력 경쟁 게임 라운드가 벌어질 것으로 예상된다. 다만 그 과정에서 미국과 중국의 내부가 어떤 변화를 거쳐갈지, 즉 이 게임의 결과 중국이 받아들여야 하는 조건들이 중국의 경제 내부에 어떤 영향을 미칠 것인지, 미국은 자국 내부에 잠재한 경제력 약화 현상을 뛰어넘을 새로운 돌파구를 마련할 수 있을지에 따라 게임의 양상은 또 바뀔 것이다.

중국은 앞에서 살펴본 바와 같이 그간 괄목할 만한 경제 성장을 이뤄왔다. 특히 2008년 세계 금융 위기가 닥쳤을 때 서방 국가들까지 경제 타격을 받는 와중에도 이를 잘 극복하면서 사회주의적 시장 경제의 장점을 과시하는 계기로 삼기도 했다. 그러나 중국 경제도 그간의 고도성장 과정에서 내부적으로는 많은 문제의 씨앗을 뿌리며 지금까지 나아왔기 때문에 외부 환경이 악화될 경우 경제 체제 근본이 흔들릴 수 있는 위험성도 내포하고 있다.

중국은 중앙 정부 통제 경제이기 때문에 정부가 소유한 은행을 통해서 유동성을 제약 없이 확장할 수 있는 장점이 있다. 그간 국내 경기가 어려울 때마다 이 점을 십분 활용해 돈을 풀어 경기를 부양해왔다. 그러나 그간 누적된 이러한 통화 완화 정책을 통해 은행의 빚, 즉 정부 부채와 민간 부채가 눈덩이처럼 부풀어올랐다. 이 부채가 상환되지 않는 상황이 발생할 경우 중국 경제 전체를 침몰시킬 수 있는 파괴력을 가진 뇌관을 안고 있다. 중국의 채무 총규모는 현재 약 40조 달러다. 이는 2008년 글로벌 금융 위기 때 7조 달러에 비하면

10년 사이에 5배 이상 불어난 수치다. 그렇지만 지금 미·중 간의 무역 전쟁으로 인해 중국의 경제 성장률이 개혁·개방 정책 이후 처음으로 6%대로 낮아졌고 이런 저성장이 계속되면 중국의 실업률 증가 등으로 사회 불안정이 심화될 가능성이 있다. 이를 두려워한 중국 지도부는 그간 통화 양적 완화 정책을 통해 경기를 부양해온 관행을 끊겠다던 '부채 감축Deleveraging 정책'을 다시 포기하고 양적 완화를 지속할 것으로 예상된다. 이는 중국 경제의 시한폭탄 폭발 시간만 뒤로 늦추는 결과를 초래할 수 있다.[15]

이같이 미·중 양국이 서로 내부적인 모순을 가지고 있으며 이 모순들에다 외부 압력까지 가중될 때 어느 국가가 더 내구성을 가지고 이 대변환 시대를 견뎌나갈지 정확히 예측할 수 없다. 다만 크게 보면 미국의 전반적인 국력이 퇴조하는 양상인 반면 중국의 국력은 상승하는 단계에 있다. 미국의 모순은 만성적이라 한다면 중국의 모순은 급성적 성격을 가지고 있다. 따라서 미국이 현 단계에서 중국의 패권 도전을 꺾기 위해 모든 노력을 경주하는 것은 미국 관점에서 타당한 일이며 이번이 미국이 중국의 추격을 다소 뿌리칠 수 있는 마지막 기회일지 모른다.

미국이 가하는 외부적 압력이 커지고 이것이 중국 내부의 급성적 모순을 더 악화시킬 경우 중국의 무서운 성장세에 제동이 걸리고 중국이 2050년까지 군사력마저 미국을 제치고 명실상부한 세계 최강국이 되려는 중국몽이 좌초되거나 오래 지연될 가능성이 있다. 이런 경우 미국의 우세가 지속되나 미국의 패권이 유효하지 않은 1초 다극 체제가 형성될 것이다. 그러나 중국이 미국의 이 같은 견제를 극복하고 지구전을 펼치면서 서서히 자체 기술에 의존해 굴기를 계속

할 경우 미국이 중국이 바라는 신형 대국 관계를 실질적으로 용인하지 않을 수 없게 될 것이고 국제 질서는 2초 다극 체제로 변해갈 것이다. 중국이 미국을 추월해 새로운 패권국이 될 가능성은 여러 관점에서 가능성이 희박하다고 봐야 한다.

미·중 간의 패권 교체는 전쟁 없이 평화적으로 이뤄지기는 어려울 것이다. 이 전쟁은 핵전쟁으로 이어질 것이기 때문에 미·중 양국이 이를 회피하려 할 것이다. 따라서 중국이 설사 미국을 경제적으로 추월하더라도 핵전쟁을 감수하면서 패권국 지위를 추구하리라 보는 것은 비합리적이다. 게다가 중국은 새로운 질서를 구축할 만한 새로운 세계관이나 공공재를 충분히 공급할 준비가 돼 있지 않아 미국이나 서방국을 포용하며 전 세계를 리드할 수 없을 것이다.

미국과 중국 간의 이 같은 세력 경쟁 게임은 자국과 동조하는 나라들의 수를 확장해 자국의 세력권을 더 확대하는 방향으로도 전개되고 있다. 따라서 다른 나라들도 이 게임에서 방관자로 남아 있을 수가 없는데 현재로는 많은 나라가 양국 간 양자택일하는 상황을 피하려고 하고 양분법적인 언급을 가급적 자제하려 하고 있다. 그러나 앞으로 양국 간 경쟁이 더 격화되면 이 같은 등거리 외교 스타일을 유지해나가기가 힘들 것이다.

이런 상황이 도래하면 각국은 자국 국익에 입각해 더욱 예리한 판단과 입장 정립을 해야 할 것이다. 이를 위해서는 변해가는 중국의 미래상에 대해 통찰력과 상상력을 결부한 전망을 하는 것이 긴요하다. 중국은 이제 세계의 공장에서 세계의 연구소로 변해가고 있고 미국을 제치고 세계 제일의 소비 시장이 될 가능성이 크다. 이런 면만 보면 중국이 제공하는 경제적 기회는 엄청나며 대부분의 국가에게 이것은 쉽게 포기하기 힘든 유혹이다.

그러나 중국이 현 정치 체제를 유지하는 한 중국의 경제적 기회
는 정치적 위험으로 즉시 변할 수 있다는 점에 유의해야 할 것이다.
단기적으로는 중국이 경제적 기회를 제공하지만, 중국이 기술 굴기
에 집중할 경우 거의 산업 모든 분야에서 세계를 주도할 가능성이
있다. 이는 전 세계의 분업 체제 자체를 파괴할 것이다. 다른 나라들
은 중국이 필요한 원자재를 공급하는 것 이외 별다른 역할을 하지
못할 가능성이 크다는 얘기다. 미국이 자국 소비 시장을 열어 다른
국가들의 성장을 도운 것은 비교 우위에 따른 글로벌 분업 체계를
활용한 결과이기도 하다.

그러나 중국은 원자재 이외는 모든 것을 자급자족할 가능성이 있
기에 다른 나라의 산업을 황폐화시킬 수 있는 소지가 있다. 게다가
중국의 세계 최대 소비 시장도 중국 제품으로 대부분 채워질 것이
다. 그나마 틈새시장을 확보한 외국 기업들마저 중국 공산당의 정책
이나 지침에 맞지 않을 경우 공급을 언제든지 중단당할 위험을 늘
감수해야 한다. 중국 시장은 정부의 철저한 통제하에 있기 때문에
개방된 시장이 아니라 언제든지 닫힐 수 있는 시장이라는 점이 중
국 측에는 무기가 되고 다른 나라에는 취약점이 된다는 것을 명확
히 인식해야 한다.

미국 이외 부상하는 다른 주요 축들도 가까운 장래에 미국과 중
국에 비견하는 정도로 성장할 것으로 보여 중국의 리드에 순응하면
서 중국이 형성할 국제 질서에 적극적으로 참여하려는 자발적 동의
를 보여주지 않을 것이다. 따라서 중국이 미국의 견제를 극복하고
미국과 대등한 수준의 국력을 가지더라도 국제 질서는 2초 다극 체

제 양상을 보일 가능성이 가장 크다. 그러나 2초의 지배력이나 영향력이 구냉전 시대 미국과 소련만큼 강하지 않을 것이므로 이런 국제 질서를 '혼합형 다극 체제'라 규정하는 것이 적절할 것으로 보인다. 다극 체제를 담당하는 몇 개의 축 중에서 미국과 중국의 국력이 상대적으로 우월하다는 면에서 순수한 다극 체제와는 차이가 날 것이다. 이 혼합형 다극 체제는 미국과 중국 간의 지속적인 긴장과 갈등, 기술적인 분리 현상으로 냉전 같은 양상도 보일 것이므로 '신냉전하 혼합형 다극 체제'가 가장 개연성이 높은 미래의 국제 질서다.

8부

———

대한민국은
어떻게 나아갈 것인가

어려울 때는
원칙으로 가라

앞으로 다가올 국제 질서는 지난 70년 동안의 국제 질서와는 상당히 다른 양상을 보일 것이며 자유주의적 질서가 약화되는 가운데 많은 국가가 각자도생을 위해 합종연횡을 해나가면서 국제 사회 내 혼돈 엔트로피는 증가해나갈 것이다. 따라서 국제 사회 내 불확실성과 불안정성이 높아지며 국가 간의 마찰과 분쟁의 빈도수도 더 늘어나 국가의 진로를 정하는 일이 쉽지 않을 것이다.

이런 상황은 우리에게 피부로 다가오고 있다. 많은 국민은 지금 우리가 처한 상황이 구한말 처지와 비슷하다는 느낌을 가지고 있으며 그로 인해 국가 장래에 대한 불안감도 커가고 있다. 한국의 진로를 개척하려면 고난도 5차 방정식을 풀 듯 주변 5개국과의 관계를 고도의 지략을 동원해 다뤄도 부족한데 우리는 그런 역량을 보여주지 못해 우리의 외교적 기반이 약화되고 있다. 특히 미·중 간의 갈등이 첨예하게 부딪히는 지역의 하나가 한반도인데 한반도는 분단 상황을 극복하지 못하고 남북한 간에 긴장은 여전해 현재 상황을 우리가 잘못 판단하거나 진로를 잘못 설정할 경우 역사에서 우리가 겪었던 국난을 되풀이할 수 있다는 우려마저 있다.

이런 현상을 방지하기 위해서 우리는 과거와 다른 외교, 지금까지 관례를 답습하지 않는 새로운 외교를 전개할 필요가 있다. 우리 외교는 물론 안보도 우리의 동맹인 미국에 의존해 어찌 보면 단조롭고 편이한 외교와 안보 정책을 펼쳐오던 방식을 벗어나 우리 스스로의 전략적 판단과 우리 자체의 능력으로 앞날을 개척해나가려는 자세부터 갖춰야 한다. 우리에게 닥칠 새로운 상황은 냉엄하고 엄중할 것이므로 낙관적이거나 우리만의 희망적인 사고를 통해 정세를 분석해서는 안 되고 더욱 철저하게 현실주의적이고 객관적인 시각으로 정세를 판단해야 할 것이다. 우리는 현 상황에서 그리스 역사학자 투키디데스가 '멜로스의 대화'에서 아테네인이 남긴 말로 기록한 경구들을 되새길 필요가 있다. 강국인 아테네인들은 멜로스인들과 협상하는 과정에서 "국가 간의 정의는 동등한 힘을 필요로 하는 것이다. 동등한 힘이 없는 곳에서는 국가 간 정의가 없다. 강자가 약자를 지배하는 것은 자연의 이치이고 이것은 우리가 만든 것도 아니며 옛날부터 존재해왔고 이후에도 계속될 것이다. 국가가 죽느냐 사느냐 하는 문제에 자존심이나 명예라는 말들이 끼어들 상황이 아니다"라고 설파했다. 이 같은 아테네인들의 논리는 앞으로 전개될 국제 질서 속에서 더욱 설득력을 발휘할 것이다.

더 나아가 우리 외부 안보 위협과 상대국의 외교 전략은 객관적으로 존재하는 것이며 이것들은 우리가 주관적으로 해석하고 평가한다고 해서 그 자체 본질이 변하지 않는다. 그러므로 국내적으로 진보와 보수 양측에서 주변 정세, 특히 북한의 의도를 보는 시각이 어느 정도 다를 수 있으나 분석 과정에 자신들만의 관념적인 요소를 투입함으로써 그 결과가 상반되게 왜곡되는 현상으로 인해 국내 분쟁과 분열이 더 심해져서 우리 국력이 소모되는 일은 피해야 한다. '내부적인 정쟁은 국내에서 머물러야 하며 국경선을 넘어서면서는 모두가 한뜻으로 단결해야'만 이 험난한 파고를 넘어갈 수 있을 것이다. 상대적으로 국력이 왜소하고 남북한이 분열돼 취약점이 있는 우리나라가 국내적으로 국론을 결집하지 못하고 우리의 진로에 대해 혼선을 겪을 경우 우리가 가진 국력을 그대로 발휘하지 못할뿐더러 주변국으로부터 더 경시돼 입지는 더욱 약해질 것이다.

대변환 시대의 파고를 순탄하게 넘어가는 외교를 수행하려면 국제 정세를 정확히 객관적으로 파악하는 능력부터 길러야 한다. 지금까지 우리의 외교·안보 역량의 대부분이 북한에서 오는 도전에 대응하는 데 집중적으로 소모돼 우리는 국제 질서가 변하는 대국적 변화를 파악하고 이에 대응하는 전략적 사고 능력이 부족하다. 게다가 미국에 의존하거나 미국이 원하는 방향으로 결정하는 수동적인 자세를 견지해왔으므로 이런 자세를 능동적인 자세로 바꿔야 할 것이다. 우리는 여태까지의 질서에 잘 편승해왔기에 현 질서에 익숙해져서 우리의 사고에 관성의 법칙이 강하게 작용하고 있다고 할 수 있다. 이런 관성을 벗어나 우리만의 새로운 시각으로 정세를 분석하려는 노력을 기울여야 할 것이다. 고정관념이나 이념적 편향으로 시시각각 변하는 국제 정세를 면밀하게 읽어낼 수 없는데 이로 인해 변화의 흐름을 놓치면 시간이 흐른 후 갑자기 변한 것 같은 상황에 충격을 받을 수 있다. 국제 정세는 처음에는 작은 변화이지만 이것이 축적되다가 일정 시간이 지난 후에는 큰 방향 전환이 이뤄져 되돌릴 수 없게 되는 경우가 있다. 마치 큰 함선이 서서히 변침하면 좀처럼 느끼지 못하지만, 이것이 지속되면 방향이 어느 순간에 전환되는 것과 같은 이치다.

외교·안보 분야에서 이제는 더욱 능동적일 뿐 아니라 결기가 느껴지는 전략적·정책적 선택을 해나가야 한다. 앞으로 국가 간에 서로 다른 국가 이익을 앞세우며 다툴 일이 많아질 것인데 국가 의지가 맞부딪치는 이런 갈등이 높아지는 상황에서 국가 의지가 결연한 쪽이 기세에서 우위를 점할 뿐 아니라 주변국으로부터 경시를 당하지 않을 것이다. 분쟁이 잦으면 전쟁으로 이어질 수 있으며 전쟁을 상정할 경우 전쟁 수행 능력도 중요하지만, 전쟁 수행 의지가 전쟁의 승패에 큰 변수가 되기 때문에 피할 수 없다면 최악의 경우를 상정하고 선택하는 편이 우리의 전략적 입지를 넓혀가는 데 도움이 될 것이다. 세력이 강한 쪽의 기세에 눌리면 우리가 해야만 할 일들도 하지 못하게 되고 이것이 축적되면 우리의 전략적 입지가 현저하게 약화된 상황을 뒤늦게 깨닫고 통탄할 위험이 있다. 국민의 결집된 의지를 바탕으로 결기를 가지고 대응하는 국가는 그 국력이 미약하더라도 강대국마저 이런 나라를 다루는 데는 부담감을 느끼며 반대로 국론이 분열되고 방향성과 정체성을 분명히 하지 못하는 나라는 국익이 부딪히는 현장에서 쉬운 상대로 여겨지기 쉽다.

앞으로 어려운 전략적·정책적 선택을 해나갈 때 우리가 결기를 가지는 것만큼 중요한 것은 일관성을 유지해나가는 것이다. 우리의 선택이 장기적인 정세 판단과 국가 전략에 입각해 일관성 있게 이뤄질 경우 주변국도 우리의 결정에 대해 압박을 가하거나 우리의 의지를 시험해보려는 경향이 줄어들 것이지만, 그 반대의 경우 이를 되돌리기 위한 압박을 계속할 것이다. 우리가 기회주의적으로 일관성 없는 결정을 하거나 상황에 떠밀려 졸속으로 결정할 경우 상대는 우리의 국론을 분열시키고 결정 번복을 유도하기 위한 술책을 계속 사용할 것이다. 어려운 결정이라도 그 결정을 내리기 위해 여러 요인을 면밀하게 검토하고 내부적으로 국론을 결집한 후, 주변국에 이를 미리 설명해 반발을 최소화하면서 일단 결정했다면 그 결정을 고수하는 강한 의지를 대외적으로 보일 필요가 있다.

이런 일관성 있는 선택을 하기 위해서 우리는 변하는 국제 정세 속에서 상대편의 의도와 향후 행동 방향을 예측하는 가운데 우리의 국가 이익이 지시하는 방향을 향해 나아가면서 우리의 능력과 주변 여건이 허용하는 범위 내에서 그 추진 속도를 조절해야 할 것이다. 우리의 국가 이익이 명하는 것은 당연히 우리의 생존과 번영, 영향력을 확대하는 것이다. 생존 중에서 영토 보존이라는 물리적 생존 이외 우리가 소중히 여기는 가치, 즉 자유, 인권, 주권 평등, 공정 무역, 법치주의 등을 지켜나가는 가치적 생존도 중요하다.

생존과 번영을 확보하기 위해 우리가 해야 할 바를 적절한 시점에 할 수 있는 행동의 자유권을 확보하는 것도 중요하다. 우리가 생존 영역Lebensraum을 말할 때 이것은 영토적 공간만 의미하는 것이 아니라 우리가 편하게 행동할 수 있는 공간을 의미하기도 한다. 우리가 존중하는 가치를 구현할 수 있는 공간이 좁아진다는 것은 우리 행동의 자유권이 없어지는 것이고 우리의 행복이 감소하는 것을 의미한다. 우리의 능력과 주변의 여건을 면밀하게 살펴야 하는데 우리의 능력의 범위를 벗어나 무리를 하거나 주변 여건을 잘못 판독한 상태에서는 잘못된 선택을 할 가능성이 크고 그 잘못된 선택을 지키려 할 경우에는 많은 비용과 희생을 각오해야 하므로 중요한 결정을 앞두고 항상 깊이 있는 성찰이 필요하다.

깊이 있는 성찰과 숙고를 할 때는 당연히 우리의 국가 이익과 전략적 목표, 상대국들의 의도와 능력을 포함하는 주변 여건을 종합적으로 고려해야 한다. 우리의 국가 이익과 전략적 목표의 큰 방향은 다음 파트에 후술하기로 하며 국가 이익의 한 부분인 우리의 가치적 생존을 지키는 점에 대해 좀 더 논의해보자. 가치적 생존을 위해 앞에 예시적으로 열거한 것은 보편적 자유주의 질서의 가치다. 자유주의적 질서가 약화되는 가운데 이 같은 가치를 지켜나가는 것은 우리 같은 중견국들의 입지를 강화시켜준다. 그리고 우리는 그 가치 자체를 귀중히 여기고 있다.

'흔들리지 않는 나라' '휘둘리지 않는 나라'가 되려면 우리 스스로가 무엇을 원하며 우리가 어떤 나라인지를 깨달을 필요가 있다. 우리의 나아갈 바와 우리가 누구인지 그 정체성에 대한 명확한 인식이 없다면 우리의 결정은 항상 어려울 수밖에 없다. 결정을 하고서도 확신이 없으면 외부의 압력이 있을 때 흔들리는 수밖에 없다.

앞으로 각국의 자국 우선주의가 횡행하는 가운데 혼돈 엔트로피가 증가하면 마키아벨리적 선택을 강요받는 경우도 많을 터인데 이런 상황에서 원칙에 입각한 외교, 가치를 지키는 외교를 하기가 어려울 수 있다. 그렇지만 마키아벨리가 주장하는 바도 기회주의적 선택을 하라는 것이 아니라 모든 여건을 감안해 군주가 날카로운 현실주의적 선택을 하라는 것이다. 그 선택으로 군주의 위엄이 증대될 수 있어야 한다는 것이다. 현대에서는 현실주의적 선택을 통해 군주의 위엄 대신 국가의 위엄이 증대해야 한다.

원칙과 가치를 지키는 외교, 우리가 누구인지와 어디로 가야 하는지를 깊이 성찰하고 결정을 내리는 외교, 주변국의 압력보다 우리의 필요를 앞세우는 외교, 한 번 내려진 결정은 지키고자 노력하는 외교, 이러한 외교를 할 경우 우리의 자존감이 높아지고 주변국도 우리의 결정을 존중하거나 적어도 우리를 흔들려는 시도를 줄일 것이다. 경제적 이익도 중요하지만, 우리나라의 정체성을 규정짓는 가치들을 보호하는 것이 더 중요하다. 가장 중요한 것은 우리의 생존, 즉 안보를 지키는 것이다. 경제적 이익은 단기적으로 손실을 볼 수 있어도 생존의 기반이 확보된다면 언제든지 회복 가능한 부분이다. 그러나 가치를 포기하면 우리의 정체성을 부인하는 것이고 생존을 잃으면 모든 것을 잃는 것이다. 경제적 이익도 7부 마지막 파트에서 적시한 것처럼 상대국의 정치적 성향에 따라 경제적 기회로 보이던 것이 정치적 위험으로 전환될 가능성이 있다는 점도 유의하면서 우리의 전략을 수립해나가야 할 것이다.

변하는 국제 정세를 구조적이고 동태적으로 전망하는 능력을 배양하고 이를 바탕으로 중장기적인 외교·안보 전략을 수립해 우리의 진로를 개척해야 할 것이다. 외교에서 주변국들이 강·온 정책을 번갈아 쓰면서 자국에 대한 우리의 대응 의지를 약화시키거나 경계심을 늦추려 시도해올 터인데 이에 휘둘려 표면적이고 단기적인 현상을 따라 움직이다가 물밑 깊은 곳의 근본적인 변화와 상대의 저의를 읽지 못할 때 우리는 전략적 판단 실수를 저지를 수 있다. 이것은 시간이 지나 심각한 결과를 초래할 수 있으니 유의해야 한다.

안보 위협의 분석 및 대응

한반도가 분단된 지 70여 년이 지나고 있고 이 기간 한반도에서는 한국 전쟁이 발발했고 그 후 남북한 간에는 한 치의 양보도 없는 강경 대치 국면이 지속됐다. 그동안 국제 질서는 팍스 아메리카나 시대 속에서 냉전 시기를 거쳤고 냉전 체제가 무너지면서 슈퍼 초강대국으로서 미국의 일극 시대가 풍미할 것이라는 예측도 그리 오래 지속되지 못한 채 사라지고 세계는 포스트 팍스 아메리카나의 시대로 들어서게 됐다. 이렇게 국제 질서가 변화해나가는 동안 남북한은 각기 국제 질서의 변화 속에서 자신의 안보를 지키기 위한 대응 전략을 마련하느라 골몰했고 그 과정에서 한반도에서 핵무장론이 수시로 등장했다.

1975년 베트남 전쟁에서 월남이 패망하고 공산주의인 월맹(베트민) 주도하에 적화 통일이 이뤄지고 미국이 베트남에서 철수하는 일이 발생하면서 박정희 대통령 치하의 남한은 심각한 안보 불안감에 휩싸이게 됐다. 남북한 간의 국력도 북한 쪽이 우세한 것으로 알려진 데다 지미 카터 대통령이 주한 미군의 철수 문제를 거론하기 시작해 한국 정부는 심각한 안보 위기에 직면하게 됐다. 이러한 안보 위기를 타개하기 위해 남한에서도 독자적인 핵무장론이 등장했는데 이를 비밀리에 추진하려던 박정희 정권은 미국의 견제에 막혀 중단할 수밖에 없었다.

북한도 자국의 독자적인 생존권을 확보하려면 핵무기 개발이 필요하다는 판단을 일찍부터 하고 핵무기 개발을 위한 노력을 1950년대부터 비밀리에 했다. 1950년대 중반 북한의 우수한 과학 기술 인재들을 구소련에 대거 유학을 보내 원자력 관련 전문 지식을 습득하게 하고 소련으로부터 연구용 원자로를 도입하면서 관련 지식을 축적했다. 이러한 북한의 핵 개발 노력은 1980년대 말 공산 진영이 와해되고 소련을 비롯한 공산 진영의 지원을 기대할 수 없게 돼 북한이 심각한 안보 불안에 직면하면서 더욱 가속화됐다. 그 결과 이전부터 은밀히 추진해오던 핵 개발 노력을 노골적으로 추진하면서 한반도에서 북한 핵위기가 시작된다.

1985년경 소련은 핵 개발 기술을 북한에 전수해주는 조건으로 북한이 NPT에 가입하도록 했다. 그 결과 IAEA 사찰관들이 북한의 핵실험 시설을 사찰하기 시작했다. 북한이 제출한 핵 물질 신고서와 IAEA가 현장에서 채취한 핵 시료 분석 결과가 일치하지 않는다는 것을 발견하게 됐다. IAEA에 의해 북한이 핵 개발 내용을 은폐하고 있다는 사실이 적발되자 북한은 NPT를 탈퇴하는 초강수를 두었다. 이로 인해 1993년에 1차 북한 핵위기가 발생했다. 그 이후 북한의 핵 개발 노력을 저지하기 위한 국제적 노력이 전개돼 1994년 미·북 간에 제네바 합의, 다른 말로 '골격 합의Agreed Framework'가 체결돼 북한 핵위기가 해결될 것 같은 희망이 일었다.

그러나 그 후 미국과 한국 내의 국내 정세의 변동, 즉 선거 결과 집권 여당 교체로 인해 기존 합의의 지속 필요성에 대한 의문이 국내적으로 제기되는 데다 북한이 제네바에서 합의한 플루토늄 이외 우라늄의 농축도 시도하고 있다는 것이 드러나면서 제네바 합의가 폐기됐다. 이후 25년 이상에 걸치면서 지속돼온 북한 핵위기는 이제 한반도 전체는 물론 세계 정세에도 큰 암운을 던져주고 있다.

한반도에서 남북한 간의 체제 경쟁에서 남한이 괄목한 경제 성장을 이뤄 북한이 남한에 국력 면에서 적수가 되지 못한다는 것이 자명해지자 자신의 체제 보장의 마지막 수단으로 핵무기에 더욱 의지하게 됐다. 북한은 핵폭탄 제조용 핵 물질의 생산뿐 아니라 핵폭탄을 운반할 수단인 미사일, 특히 장거리 미사일 개발에 심혈을 기울이면서 핵폭발 실험과 미사일 발사 실험을 계속 하는 바람에 한반도 긴장은 갈수록 고조됐다.

이처럼 북한의 체제 생존을 위한 위기감과 이를 해소하기 위해 개발하기 시작한 핵무기, 간헐적으로 북한이 감행하는 군사적 도발 등으로 인해 한반도에는 항상 전운이 감돌았고 남북한 간에는 팽팽한 군사적 대치가 계속돼 한반도는 국제 사회에서 화약고로 여겨지게 됐다. 특히 남한에는 3만 명가량의 주한 미군이 주둔하고 있고 한·미 동맹으로 인해 분쟁이 발생할 경우 미군이 자동 개입하게 돼 있어 한반도의 긴장 상태는 동북아 전체에 대한 불안정 요인이 돼왔다.

이같이 날로 악화되는 한반도 정세에 더해 동북아 지역에서의 국가 간의 갈등과 군비 경쟁도 지난 10여 년 동안 점차 악화되고 있다. 우선 동북아 지역 정세에 영향을 미치는 주요국, 즉 한반도를 둘러싼 4대 강국인 미국·중국·러시아·일본에서 모두 강성 지도자들, 스트롱 맨들이 집권하기 시작했다. 이런 강성 지도자들의 출현은 우연한 사실이 아니라 이들 국가 내의 기류가 강성 지도자의 출현을 기대하는 쪽으로 흐르고 있었기에 가능했다고 봐야 한다. 이것은 이들 국가 내부에서 기존 국제 질서를 준수하고 국제 협력을 강화해야 한다는 생각보다는 현 질서를 변경하고 자국의 국력을 더욱 과시해야 한다는 생각이 강해졌다는 것을 의미한다. 이에 더해 상대국의 부상에 대한 불안과 견제 심리가 겹치면서 이 같은 국가주의적 경향이 대두된 결과 각국에서 스트롱 맨들이 집권하게 됐다고 보는 것이 타당하다. 따라서 이들의 등장은 일시적·우연적 현상도 아니고 지속적인 현상이 될 것으로 보인다. 동북아 정세는 앞으로 계속 험난한 파고 속을 헤쳐갈 것으로 예측된다.

이런 전체적 배경 속에서 한국이 당면하고 있는 안보 위협은 크게 세 가지로 정리해볼 수 있다. 우선 가장 큰 위협은 북한으로부터 오는 실제적 위협이다. 이 위협은 다시 두 가지로 분류해볼 수 있다. 첫째, 북한의 100만 명에 이르는 정규군과 100만 명 이상을 상회한다고 알려진 노농적위대 같은 준군사 조직이 우리에게 가하는 재래식 전력에 입각한 위협이다. 둘째, 북한이 2017년 완성했다고 공언하고 있는 핵 무력에 의한 핵전쟁 위협이다. 셋째, 날로 점증하는 동아시아 지역 내 군비 경쟁으로 인해 주변 국가들로부터 가해져오는 잠재적 안보 위협이다. 우리의 활로를 모색하려면 이 세 가지 안보 위협 요인에 대한 분석을 먼저 해봐야 한다.

북한의 재래식 위협

북한으로부터의 위협은 현존하며 실제적인 위협이다. 이 위협은 한국전쟁 종식 이후 70여 년 동안 한반도에서 크고 작은 군사적 충돌을 야기하고 있는 급박한 위협이므로 우리가 이 위협에 대처하기 위해 우리의 군사력을 집중하고 방어 전략을 잘 수립해나갈 필요가 있다. 특히 북한의 재래식 군사력이 우리보다 열등하다고 알려졌지만, 북한은 비대칭적 전력을 집중 육성해왔고 우리는 휴전선에서 불과 40여 킬로미터 떨어진 수도권 지역에 인구와 산업 시설이 밀집하고 있어 북한의 기습 공격에 취약할 수밖에 없다. 특히 북한이 장사정포와 단거리 미사일들을 전진 배치해두고 있어 북한이 개전 초기 이들 화력을 수도권에 집중할 경우 우리는 큰 타격을 입고 전쟁 수행 능력과 의지가 약화될 가능성이 있다.

최근 북한은 이스칸데르 미사일 또는 KN-23이라는 신형 미사일과 대구경 장사포의 개발을 완료한 것으로 보인다. 이 두 종류의 타격 수단은 저고도로 비행하면서 마지막 단계에서 급상승과 급강하를 하는 회피 기동으로 인해 우리의 대공 미사일로는 요격이 불가능한 것으로 알려져 큰 안보 위협이 되고 있다.

북한은 재래식 전력의 열세를 만회하기 위해 전략 로켓 부대의 미사일 전력 강화에 집중해 현재 상당한 성공을 거둔 것으로 보여 우려가 크다. 북한은 특수전 부대를 집중 육성하고 있는데 20만여 명에 이르는 북한의 특수전 부대 전력도 유사시 우리에게 큰 위협적 존재가 되고 있다. 한국 전쟁 시기 김일성이 "특수전 병력 3개 연대만 있었어도 부산을 점령했을 것"이라 한탄한 후 북한은 특수전 병력을 육성하기 시작해 지금은 미국 특수전 병력 전체보다 4배나 많다. 북한의 특수전 병력들은 완전무장을 하고도 산악 지형을 시속 12킬로미터로 행군할 수 있는 것으로 알려져 가공할 침투 능력이 있다 할 수 있다. 전쟁이 발발할 경우 북한은 미사일로 우리의 전략적 요충지를 정밀 타격해 우리의 반격 능력을 파괴한 다음 특수전 병력을 후방에 침투시켜 우리 사회를 교란하고 주요 시설을 점령함으로써 신속히 전쟁을 끝낸다는 전략을 가지고 있어 전체 재래식 전력에서 우리가 우월하다 해도 방심할 수 없는 상황이다.

북한의 재래식 전력이 우리보다 열세인 데다가 경제적 기반이 취약해 전쟁이 발생할 경우 장기전을 수행할 능력이 부족하므로 북한의 재래식 전력만으로는 우리의 생존을 위협할 정도는 아닌 것으로 보인다. 그러나 북한이 공들여 육성한 비대칭적 전력으로 개전 초기 우리에게 심각한 타격을 가할 수 있어 우리가 초기 피해를 딛고 효과적으로 반격을 가하지 못한다면 장기전으로 가지 못하고 단기전에서 의외로 무너질 가능성도 배제하지 못한다는 점에서 북한의 재래식 전력을 간과할 수 없다. 따라서 우리는 북한의 재래식 전력을 제압할 수 있는 군사력을 한반도 평화 체제가 구축되기 전까지는 항상 유지해야 할 것이다. 또한 한반도에서 군사적 긴장을 완화하고 양측의 재래식 전력도 감축하는 노력을 기울여야 한다.

북한 핵 위협

북한은 자신들의 재래식 전력이 낙후돼 있고 장기적인 전쟁 수행 능력이 없으며 한반도 무력 분쟁 발생 시 자국을 지원할 동맹국이 없다는 점들이 자국의 가장 큰 안보 위협, 즉 국가 생존·정권 생존의 가장 심각한 취약점이라는 것을 인식하고 이를 보완할 방법으로 일찌감치 핵 무력 개발에 국력을 집중해왔다. 그 결과 25년 이상의 북한 핵 개발과 협상 과정에서 주변 국가들은 물론 UN 등 국제 사회는 북한의 핵과 미사일 개발을 중단시키기 위해 경제 제재를 비롯한 다양한 견제와 압박을 가해왔다. 제재로 인한 상당한 경제적 손실에도 불구하고 북한이 핵무기 개발에 집착해 2017년 마침내 핵 개발 완성과 핵무기 보유국을 선언한 것은 이 같은 생존 본능이 강하게 작동한 결과로 봐야 한다.

한국의 경제력이 북한 경제력의 50배나 되고 재래식 전력도 훨씬 막강하기 때문에 북한의 위협을 부풀리는 것을 '안보 장사'라 칭하면서 이를 비판하는 시각들도 우리 사회 내에서 존재한다. 그러나 핵무기를 가진 국가와 그렇지 않은 국가 간의 무력 분쟁이 발생할 경우 재래식 군사력이 우세한 국가이지만 핵무기를 가지지 못한 국가는 핵무기 보유국에 적수가 되지 못한다. 핵무기는 재래식 무기와 비교할 수 없는 파괴력을 가지고 상대 국가의 인구와 산업 밀집 지역을 한 번에 초토화시킬 수 있기 때문에 핵무기 공격을 받은 국가는 바로 전쟁 수행 의지를 상실하고 항복할 수밖에 없게 된다. 그러므로 우리의 생존권을 지키기 위해서 북한 핵무기를 완전히 제거하는 것이 최대 안보 과제다.

북한 핵무기를 완전히 제거하는 방법은 두 가지다. 하나는 핵 협상을 통한 제거이며 다른 하나는 군사적 공격을 통한 파괴다. 물론 북한이 스스로 붕괴할 경우 국제 감시단이 북한에 진주해 북한 핵을 외부로 반출하는 경우도 상정할 수 있지만, 가능성이 희박하다.

1994년과 2017년 북·미 간 긴장이 최고조에 달했을 때 군사적 공격에 의한 북한 핵 파괴의 개연성이 높아지긴 했지만 이에 수반되는 비용과 피해가 너무 크기에 우리로서는 이 방법을 쓰는 것을 가급적 막아야 한다. 그러면 남은 선택지는 협상을 통한 핵 폐기다. 지금 북·미 간에 핵 협상이 다시 진행되고 있지만 단지 제재 해제와 미국과의 관계 정상화를 대가로 북한이 핵을 포기할 것이라고 보는 것은 비합리적이고 순진한 시각이라 할 수 있다. 그간 북한의 행태를 고려한 합리적인 분석에 따르면, 북한은 미국이나 국제 사회로부터 자국의 정권 생존을 위한 최대한의 외부 지원을 핵무기와 핵 시설을 일정 부분 폐기하는 조건으로, 즉 미래 핵무기 개발을 포기하는 조건으로 받아내려 할 것이다. 한편 자신들이 보유한 핵무기는 필요한 최소 수량 정도는 자신들이 판단하는 최상의 국제 정세, 즉 북한의 안보와 정권 유지에 대한 보장이 이뤄질 때까지 보유하려 할 것이라는 전망이 지배적이다.

이런 경우 북한의 잔여 핵무기에 의해 최대의 위협을 받는 국가는 한국이고 그다음이 일본이다. 미국은 자국에 도달하는 ICBM의 능력만 제거하면 안보 위협은 일단 제거된다. 중국과 러시아는 오래전부터 북한의 핵무기가 자국을 향하지 않을 것이라는 믿음하에 북한의 신속하고 완전한 핵무기 제거에 중점을 두고 있지 않다. 이들 국가에서 북한 핵 문제는 미국과의 갈등과 대립 등 전체 세계 전략 차원의 한 요소로 고려되고 있으므로 북한 핵 문제의 조속한 해결이 시급한 과제는 아닌 것이다. 이런 상황에서 한국이 상정해볼 수 있는 최악의 안보 상황은 북한이 ICBM이나 SLBM을 가지고 미국 본토에 핵 공격 위협을 가하면서 남한에 제한적 공격을 가하거나 가한다

북·미 강 대 강 대결에 사용될 북한 미사일과 방사포

구분		사거리	탄두	타격 목표	비고
화성-15 ICBM		1만 3,000km	핵	미국 본토 전역	레드 라인
북극성-3형		최대 3,000km	핵	괌, 하와이 등	게임 체인저
스커드-ER		1,000km	핵, 재래식	미국 항모 세력	미국 증원군 거부
초정밀 미사일		450km			
신형 4종 세트	KN-23	최대 690km	핵, 재래식	남한 전역, 일 F-35기지	북한판 이스칸데르
	신형 무기	400km	재래식	남한 주요 표적	북한판 에이타킴스
	초대형 방사포	400km			집중 운영해 대규모 피해
	대구경조종 방사포	250km 이상			

북한 미사일 발사 추세

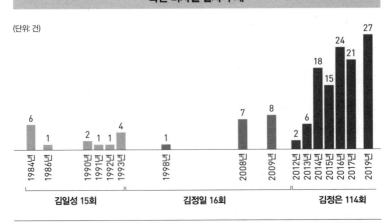

(단위: 건)

김일성 15회   김정일 16회   김정은 114회

자료: 핵위협방지구상

고 위협하면서 정치적 양보를 요구하는 경우다.

이 경우 미국이 한·미 동맹에 의거해 한국을 구하기 위해 북한과의 핵전쟁을 감수하고 병력을 증파하면 다행이지만 미국이 북한과 전면전을 벌이는 것을 포기하고 남북한 간의 상황을 정리하라고 촉구할 때 한국은 최악의 안보 상황에 빠질 것이다. 그러면 한국은 절대 무기인 핵무기를 가진 북한의 요구를 수용하거나 이를 거부하고 핵 공격에 의해 남한이 초토화되는 것을 감수하면서 북한에 재래식 전력으로 반격을 가하는 두 가지 옵션을 가질 수 있을 것이다. 그러나 북한의 핵 위협에 직면해 한국 지도자와 국민은 괴멸적 파괴를 감수하면서 두 번째 옵션을 지지할 가능성은 희박하다. 북한이 핵을 보유하는 한, 이 핵무기를 한국을 강박할 목적으로 쓰려 한다면 한국은 북한에 종속적인 국가 상황으로 전락할 가능성이 크다.

이런 상황을 회피하려면 북한의 '완전하고 비가역적이며 검증 가능한 비핵화$_{CVID}$'가 이뤄져야 한다. 이는 북한의 미래 핵과 현재 핵을 모두 제거하는 것이다. 미래 핵 제거란 북한의 핵 제조 능력과 시설을 해체하는 것이고 현재 핵 제거는 북한이 보유한 핵탄두와 핵 물질, 이를 탑재할 운반 수단 등을 제거하는 것을 말한다. 이런 핵 제거는 국제 사회가 참여하는 검증 가능한 방식으로 이뤄져야 한다.

주변국 위협

안보 위협인 주변국으로부터 위협은 잠재적 위협이고 정세가 계속 유동적으로 변하고 있기 때문에 현시점에서 그 위협을 구체적으로 상정하기는 어렵다. 그러나 주변 국가 간에 긴장이 점증하고 있고 이들 국가가 20세기의 좌절된 민족주의를 회복하기 위한 민족주의적 정서가 각국 내에서 더 큰 정치적 호응을 얻고 있는 시점에서 각국 간 군비 경쟁이 격화되는 상황 자체가 우리에게는 큰 안보 위협으로 대두하고 있다. 이에 더해 미국은 70년 동안 미국이 구축한 질서를 방어하려는 의지가 약해지고 있다. 특히 동맹국에 대한 안보 공약을 조건부로 이행하거나 미국의 국익을 우선해 고려하는 가운데 필요한 경우 선택적으로 이행하려 하고 있다. 이처럼 미국의 동맹 공약 이행 의지가 약화되고 있는 것도 안보를 한·미 동맹에 전적으로 의존하고 있는 우리 안보 기반 자체가 흔들리는 상황으로 봐야 한다.

우리는 한반도 주변 3개국으로부터 모두 안보 위협을 받고 있다고 할 수 있다. 중국은 지난 35년 동안의 급속한 국력 신장을 바탕으로 미국에 버금가는 막강한 군사력을 구축하고 있으며 공세적 외교 행보를 보이고 있어 위협적이다. 중국은 자국의 중국몽을 저해하려는 외부 세력, 자국이 규정한 핵심 이익에 반대하는 세력에 대해서는 강력히 응징한다는 점을 거듭 천명하고 있어 주변국들이 독자적으로 중국에 맞서기 힘든 상황을 만들고 있다. 중국이 명시적으로 의도한 바가 없다 하더라도 이처럼 군비 증강을 해나가는 중국의 존재 자체가 주변국에는 안보 위협이라 할 수 있다.

러시아도 전통적인 군사 대국으로서 동아시아에서 남진 정책을 추구하고 있으며 중국·북한과 연합해 북방 안보 삼각 틀을 형성하고 있어 우리에게는 잠재적 안보 위협을 가하고 있다고 봐야 한다. 러시아는 동아시아 안보 구도를 변경시키려는 현상 변경 세력이고 구소련의 세력권을 재건하려는 야심을 가지고 있다는 점에서 현재적인 위협은 아니지만, 잠재적인 위협으로 부상할 가능성이 있다.

일본은 우리와 적성 국가에 대한 공동 인식을 가지고 있고 미국을 매개로 우리와 간접적인 안보 협력 체제를 유지하고 있으나 일본을 전쟁을 할 수 있는 보통 국가로 만들려는 노력의 일환으로 군비를 증강하고 있어 잠재적인 위협이 되고 있다. 게다가 한·일 간에는 과거사 청산을 둘러싸고 양국 국민 감정이 악화되고 있으며 독도에 대한 영유권 분쟁으로 항상 긴장 관계가 존재하고 있어 잠재적인 위협이 현실화될 가능성을 배제할 수 없다.

주변국의 위협에 대응하려면 우리의 역량과 주변국의 역량을 먼저 비교한 후 그 역량이 대등한 수준에 있을 때는 우리가 대칭적인 전력을 배양하면 된다. 그러나 우리의 역량이 현저히 부족할 정도로 격차가 있을 경우에는 비대칭 전력을 육성해서 대응하는 것이 기본 방책이다. 우리의 주변국들이 강대국임을 감안할 때 우리의 독자적인 자주 국방이 가능하지 않기 때문에 안보를 동맹 외교 등을 통해서 보장받을 수밖에 없다. 따라서 동맹 또는 군사적 협력 관계를 맺을 때 우리의 파트너가 되는 국가의 능력을 보완해주거나 이들 국가에 전략적으로 도움이 되는 전력을 육성하는 것이 안보에도 유리하고 동맹 외교를 공고히 하기 위해서도 필요하다.

우리나라는 지정학적으로 반도 국가이므로 대륙 세력과 해양 세력 모두에게 전략적 효용이 있다. 이에 더해 우리가 동맹과 군사 협력 파트너 국가들에 전략적으로 부가가치가 있는 전력을 보유할 경우 우리나라의 전략적 가치가 더욱 상승한다. 앞으로 미래전의 전개 양상을 예측해볼 때 지상군을 사용한 영토 점령의 개념은 별 의미가 없을 것이란 점을 고려한다면 우리는 지상군보다 해·공군력과 전략 유도탄군, 사이버전 부대 등을 육성하는 데 노력을 더욱 경주해야 할 것이다. 해·공군력 등 앞에 언급한 전력 가운데에서도 좀 더 비대칭적이고 특수한 전력을 개발하고 보유하는 것이 우리에게 유리할 것이다. 해군력 중에서도 잠수함 전력, 공군력 중에서도 스텔스 기능을 가진 강습 폭격기, 회피·은닉 기동을 할 수 있는 중·장거리 미사일 등을 개발하거나 보유하는 것이 우리의 안보를 보장하고 우리의 동맹으로서 전략적 가치도 증대시킬 수 있을 것이다.

한반도 평화 및
화해의 물결

평화와 번영은 모든 인간이 추구하는 보편적 가치다. 전쟁과 살육의 공포에서 벗어나 평화롭게 살면서 열심히 경제 활동을 영위해 번영한 환경에서 사는 것은 모든 사람이 추구하는 꿈이다. 그러나 경제적 번영은 평화로운 환경이 보장되지 않으면 달성할 수 없는 목표다. 불안정한 정세 속에서 경제 활동들이 활발하게 이뤄질 수 없고 혹 평화가 파괴돼 전쟁이라도 발생하면 그간 이뤘던 경제적 번영의 결과들이 순식간에 잿더미로 변할 수 있다. 그러므로 평화를 구축하고 확보하는 것이 모든 국가의 최우선 과제일 수밖에 없다.

그러나 한반도는 한국 전쟁 이래 아직 휴전 상태가 지속되고 있고 남북한 간에는 적대감과 극도의 경계심이 사라지지 않고 있는 데다 북한의 핵무기 개발과 산발적인 군사적 도발로 인해 군사적 긴장 상태가 일상화돼 있다. 이런 환경하에서 민족 전체가 양측 간 사소한 오해나 충돌이 대규모 무력 분쟁으로 곧바로 비화할 소지를 늘 안고 살아가고 있다. 이런 군사적 대치로 인해 한국은 필요 이상의 정책 역량과 정부 예산을 국방 및 안보 분야에 쏟아붓고 있어 경제 발전을 위한 한정된 재원의 효과적 배분에도 역행하고 있다.

현재 진행 중인 국제 질서의 변화 추세와 동북아 정세를 감안하면 남북한이 주동적으로 열심히 노력하지 않으면 한반도에서 화해·협력의 기운보다는 분열과 갈등의 기운이 시간이 갈수록 더 강해질 것으로 예견된다. 한반도에서 또 한 번의 전쟁 가능성을 방지하기 위해서도 남북한 간의 화해·협력은 더 늦출 수 없는 과제가 돼가고 있다. 미국이 주도하던 패권 체제가 점차 쇠퇴하면 세력 균형 기제가 작동하는 혼합 다극 체제로 접어들 가능성이 농후한데 이 경우 각국은 자국의 국방력을 기반으로 타국과 합종연횡을 해가면서 자국의 생존을 스스로 확보해나가야 할 것이다.

이런 상황에서 합종연횡의 파트너, 즉 세력 균형 기제의 한 행위자가 되려면 국가의 규모와 국방력이 일정 수준 이상이 돼야 할 것이다. 유럽의 베스트팔렌 체제나 빈 체제의 사례에서 볼 수 있듯이 주요 행위자의 대열에 동참할 규모의 국력과 국방력을 보유하지 못한 2류 국가들은 전체 세력 균형 기제의 하부 구조에 편입되어 주요 행위자 국가 간의 세력 균형 유지를 위한 거래에서 흥정의 대상물로 전락하기 십상이다. 앞으로도 이러한 상황이 재연될 가능성이 많은데다 모두 강대국인 주변국으로 둘러싸인 우리로서는 남북한 간에 분열돼 있을 경우 더욱 손쉽게 주요 행위국들의 전략적 경쟁 속에 하나의 대상물로 전락할 가능성이 크다는 점을 잘 인식해야 한다.

구냉전 종식 직후 약 20년 동안의 시기가 남북한 화해·협력과 궁극적인 통일 추진을 위한 좋은 기회였으나 우리는 이 기회를 잘 살리지 못하고 허비했다. 앞으로는 이런 기회가 찾아오기 힘들다고 봐야 한다. 국제 정세가 한반도 통일을 더욱 어렵게 만드는 상황으로 전개돼가고 있지만, 지금이라도 한시바삐 남북한 간 화해·협력을 추진해야 한다. 더 늦어질수록 화해·협력을 위한 기회도 줄어들 것이다. 통일은 더 힘들어질 것이며 한반도 분단의 고착화가 장기화될 것이다. 그렇게 되면 남북한 모두 국제 사회에서 부차적 행위자로 취급받을 것이며 우리 민족의 운명을 스스로 개척해나갈 수 없고 주변의 주요 행위자 간 갈등과 타협의 결과에 따라 우리 운명이 직접적인 영향을 받는 신세로 전락할 것이다. 이런 전망을 고려하면 남북한 간 화해·협력은 선택의 문제가 아니라 필수 과제라 할 수 있다.

하지만 여기서 한 번 더 분명히 해야 할 점은 한반도에서 평화와 화해·협력을 달성하기 위해 북한의 비타협적인 협상 자세에 굴복해 북한에 대한 완전한 비핵화를 요구하지 않고 일부분의 핵무기 보유를 묵인한 채 북한과 타협하는 불완전한 비핵화 협상은 하지 말아야 한다는 것이다. 이런 불완전한 타협을 할 경우 단기적으로는 한반도에 평화가 찾아오고 남북한 간에 화해·협력이 달성되는 것처럼 보일지라도 북한이 절대 무기인 핵을 가지고 있는 한 남한에 대해 언제든지 자국의 국익이 맞는 방향으로 정책 결정을 할 것을 강요하거나 최소한 심리적 압박을 할 수 있을 것이다. 이런 경우 남한이 북한의 요구를 수용한다면 평화는 유지되지만, 북한의 요구를 거부할 경우 핵무기를 보유한 북한으로부터 군사적 압력이나 보복 조치를 당하게 될 것을 두려워해야 하는 나쁜 평화 속에 살게 될 것이다.

우리는 이런 압력이나 보복 조치에 맞서 대항할 수단을 가지지 못했기에 속수무책이 되기 때문에 이는 평화를 유지하더라도 잘못된 평화, 나쁜 평화가 될 것이다. 따라서 우리는 이것을 용납해서는 안 된다. 평화 지상주의자들은 평화가 확보되기만 하면, 즉 전쟁을 피하기만 하면 상당한 대가를 지불하는 것도 마다하지 말아야 한다고 주장하지만 이러한 '유화주의 정책Appeasement policy'은 장기적으로 성공하지 못한다는 것이 역사적으로 증명되고 있다. 그러한 상황에서 유지되는 평화는 항상 상대편이 추가 요구를 할 수 있고 요구가 충족되지 않을 경우 전쟁으로 간다는 위협을 계속하기 때문에 추가 양보를 해야 한다. 이런 사례는 2차 세계대전 발발 전 독일과 일본의 세력 확장 정책에서 찾아볼 수 있다. 이러한 평화는 진정한 평화가 아니고 일시적인 평화, 즉 상대편의 힘이나 야심이 더 거대해진 이후 전쟁으로 이어지는 나쁜 평화다. 진정한 평화란 한 국가가 주권적 자기 결정권을 침해받지 않고 심리적인 두려움 없이 이웃 국가들과 화목하게 지낼 수 있을 때 이뤄진다.

진정한 평화를 위해서는 북한의 비핵화를 이뤄가는 과정에서 한반도에 평화 체제를 수립해 북한이 정권 생존에 대한 어느 정도 확신을 가짐으로써 비핵화가 완전히 달성되도록 촉진해야 한다는 것이다. 이와 병행해 남북한 간에 군사적 긴장 완화 조치를 계속 취하고 재래식 군사력 감축 협상도 진행해 한반도에서 불필요한 오해나 우발적 충돌로 전쟁이 발생할 가능성을 제거해야 한다. 그리하여 한반도에서 상호 군사적 신뢰가 구축돼 재래식 전쟁이든 핵전쟁이든 어떤 전쟁도 발생할 가능성을 근본적으로 제거해야 한다.

평화 지상주의가 우리의 안보를 담보해줄 수 없다는 한계를 가지고 있지만, 한반도에서 전쟁 발발 가능성은 한사코 줄여야만 하는 것도 사실이다. 한반도에서 전쟁 발생을 최대한 억제해야 하는 이유는 전쟁이 발발할 경우 생길 막대한 인명 피해에 대한 우려가 가장 크다. 그리고 주변국들이 군비 강화와 국력 경쟁이 가열되는 과정에서 한반도에서 발생하는 전쟁은 60년 동안 힘들게 발전시킨 남한의 산업 시설들을 철저히 파괴해 주변국들과의 경쟁에서 한민족이 영영 낙오되는 결과를 초래할 것이다.

한반도에서 전쟁 방지를 위해 남북한 간 화해·협력을 촉진시켜야 할 뿐 아니라 날로 파고가 높아지는 동아시아 정세를 감안할 때 우리 민족이 향후 주변 강대국들의 전략과 경쟁의 종속 변수가 되지 않기 위해서도 한민족 화해·협력을 촉진시켜야 할 것이다. 한반도 주변에서 남북한 간 화해·협력을 통해 통일을 촉진시키려는 기운보다는 한반도의 분단을 유지한 채 남북한을 자국의 전략적 필요에 따라 활용하려는 기운이 더 강해지고 있기 때문에 더 늦기 전에 화해·협력을 통해 민족 통일의 길로 나아가야 할 것이다. 즉 한반도 분단을 유지하려는 원심력이 더 커지고 있으므로 남북한 간에 통일을 이루려는 구심력이 원심력을 능가해야만 우리 민족이 강대국들의 세력 경쟁에 이용당하는 운명을 피할 수 있을 것이다.

미국은 '미국 우선주의'에 입각해 점차 동아시아 지역에서 직접적인 관여를 회피하려 할 것이고 '역외 균형자' 역할로 되돌아가려는 경향이 강해질 것이다. 이에 반해 중국은 동아시아 지역 국가들이 미국과 맺은 군사 동맹을 냉전 시대의 유물이라 폄훼하고 이 군사 동맹들을 약화시키고 자국 영향력을 확대하려 다양한 노력을 전개하고 있다. 따라서 미국의 관여가 약화된 동아시아에서 힘의 공백이 생기고 이 공백을 중국 등 지역 내 국가 또는 인접 강국들이 메우려 하는 압력이 더욱 점증할 것이다. 즉 동아시아 지역에서 우리 주변 국가들은 우리보다 훨씬 강한 강대국인 데다 민족주의적 성향이 날로 강해지고 있고 군비 경쟁도 가열되고 있어 한반도 안전에 대한 외부 압력과 위협의 정도가 점차 높아지고 있는 것이 현실이다.

이처럼 주변국으로부터 외부 압력이 증대하는 상황에서 한반도에 남북한 간 분단 상태가 계속 남아 있을 경우 남북한 간 통일은 점차 요원한 일이 될 것이다. 또한 남북한이 각기 주변국들의 마키아벨리적 외교와 유동적인 정세 속에서 중심을 잡지 못하고 주변국들에 이용·농락당할 가능성이 더욱 커질 것이다. 주변국들의 민족주의적 압력이 외부로부터 더욱 높아져서 한반도의 분단 상황이 심각해지기 전에 우리의 자주적 노력으로 한반도에서 평화 체제를 수립하고 남북한 간 화해·협력 정책을 지속해 분단을 극복하고 외부 압력에 대처할 수 있는 자주 역량을 강화시켜나가야 할 것이다. 즉 외부 민족주의 압력이 높아질수록 우리 내부 민족주의 압력을 같이 높여나가지 않으면 한반도 분단은 고착될 가능성이 높다.

주변 국가의 민족주의적 압력이 높아가는 가운데 우리 민족만 분단돼 서로 소모적으로 국력 낭비를 할 경우 남북한은 주변국들의 현실주의적 권력 정치와 파워 게임의 희생양이 될 가능성이 매우 크다. 희생양까지는 아니더라도 격화되는 한반도 주변 정세와 세력 경쟁 속에서 우리의 생존과 안보를 담보하기 위한 기회비용이 무척 많이 들 것이다. 이러한 전략적 위기의식을 남북한이 공유하지 못한다면 우리가 앞으로 치러야 할 대가는 값비쌀 것이다. 유명한 바둑 격언인 "내가 산 연후에 타인을 공격할 수 있다我生然後 必殺他"가 말하는 자신의 내부에 약점이 없어야 주변에서 자신을 압박하는 다른 세력들에 대항하거나 공세를 취할 수 있다는 이치와 같은 것이다.

앞으로는 지난 70년 동안 우리가 봐왔던 질서와 상당히 다른 형태의 국제 질서가 현 질서를 대체할 가능성이 농후하다. 그 과정에서 국제 질서는 급격한 재편 과정을 거칠 것이고 주변국 이해관계가 십자포화처럼 작렬하는 한반도에서 주변국들이 남북한을 자기 진영으로 끌어들이려는 강한 인력이나 뜻밖의 원심력이 자주 작용할 것이다. 이때 한반도 내에 남북한 간에 서로 당기는 인력이나 구심력이 부족하면 남북한은 국제 정세의 격랑 속 원심력에 이끌려 더 멀어지면서 한민족 운명 자체가 표류할 가능성이 커질 것이다.

한반도에서 진정한 평화를 정착시키려면 70여 년 이상을 적대시해온 남북한 간에 우선 화해와 협력의 과정을 거치면서 상대방에 대한 신뢰를 구축해야 한다. 남한은 북한이 아직도 적화 통일 야욕을 버리지 않고 있다고 생각하고 북한은 남한이 우월한 국력을 바탕으로 북한 정권 교체를 획책하거나 북한을 흡수 통일할 것이라는 우려를 가지고 있다. 남북한 간에 서로에 대한 이러한 근본적인 불신을 가지고 상대를 자신의 최대 안보 위협으로 간주하는 동안 남북한 간에 의미 있는 화해·협력의 조치가 이뤄질 수 없을 것이다. 물론 신뢰 구축이 하루아침에 이뤄질 수도 없는 일이므로 서로가 신뢰 구축을 위한 화해·협력의 조치를 낮은 단계부터 지속적으로 이행해야 할 것이다.

이 과정에서 가장 중요한 것은 북한의 완전한 비핵화에 대한 진정성을 확인하고 북한이 실질적인 비핵화 조치를 취하는 것이다. 아무리 재래식 전력을 상호 감축하고 화해·협력의 조치를 축적해나간다 해도 북한이 핵무기를 완전히 폐기하지 않는 한 장래 북한이 핵 위협을 가하는 순간 이전의 모든 조치는 물거품이 될 수밖에 없는 취약한 안보 구조가 계속된다. 따라서 북한의 비핵화가 한반도에 평화체제를 수립할 수 있는 전제 조건이 되는 것이다. 남북한 상호 간에 상대를 적화 통일이나 흡수 통일하지 않겠다는 의지를 분명히 천명하고 상당한 기간에 걸쳐 화해·협력 조치를 시행하면서 통일의 과정을 점진적으로 진전시키는 것이 중요하다.

남북한 간 화해·협력 조치는 가급적 신속하게 폭넓게 진행하는 것이 바람직하지만 남한과 교류를 확대할 경우 체제 유지의 취약성이 노출될 것을 두려워하는 북한 측을 배려해 속도와 범위를 조절할 필요가 있을 것이다. 반면 북한도 과도한 방어 심리나 남한을 기만해 최대한의 경제적 지원을 얻어내겠다는 생각에서 전술적으로 자국에 유리하고 필요한 화해·협력 조치만 취하는 행태를 보여서는 안 된다. 북한은 우리 민족이 다시 마주하게 된 존재론적인 위기를 냉철히 인식하고 민족의 비극 재연을 방지하기 위한 전략적 용단을 내려야 한다. 남북한 간에 진정한 민족 화해를 이루기 위해 필요한 조치, 특히 이산가족 문제 같은 인도주의적 조치들에 북한이 전향적 태도를 보일 경우 북한의 진정성이 확인됨으로써 남북한 간 화해·협력 조치들이 더 큰 탄력을 받고 잘 진행될 수 있을 것이다.

남북한 간의 화해·협력 조치는 기능주의적 접근법을 통해 진행되는 것이 바람직하다. 즉 초기에는 인도주의적 사업들이 우선되고 민간 간 교류도 낮은 차원에서 즉, 이산가족 상호 방문이나 관광객들의 금강산 관광 같은 특정 지역 방문 사업들이 별 어려움 없이 상호 간에 잘 진행될 수 있을 것이다. 이런 초기 교류를 통해 남북한 간에 신뢰가 구축되고 상호 교류를 위한 여러 행정 조치들이 제도화되면 더욱 큰 규모의 교류·협력 사업이 가능할 것이다.

예를 들면 개성공단을 재개하고 유사한 공단을 몇 개 더 만들어 가동하면서 남북한 민간인들의 접촉면을 확대하고 남북한 간에 공동 팀을 만들어 주요 국제 대회에 단일팀으로 참가하는 것도 대내외적으로 남북한 간의 화해·협력을 과시할 수 있는 좋은 사업이 될 것이다. 남북한 간의 문화·예술 분야 교류도 상호 간의 이질감을 줄이고 심리적인 통일을 앞당기는 효과를 가져올 것이다. 금강산을 포함한 북한의 명승지들을 관광지로 개방해 남북한 주민들이 직접 접촉하는 기회를 늘리는 것도 필요한 일이다.

그다음 도로와 철도 연결 및 개량 사업을 공동 진행하고 그 결과 남한의 물류와 교통이 북한을 거쳐 대륙과 왕래하도록 할 경우 남북한 간 화해·협력이 심화될 뿐 아니라 남북한 모두 이 같은 사업을 통해 경제적인 혜택을 공유할 수 있게 돼 추가적인 화해·협력 조치를 더 많이 견인할 수 있을 것이다. 이러한 인프라 연결 사업은 남북한 간의 본격적인 경협에 대비한 사전 정지 작업으로 볼 수 있다. 이러한 인프라 준비 없이 남북한 간 원활한 물류 이동을 통한 큰 규모의 경협 사업이 진행되기는 어려울 것이다.

이 단계를 지나면 남한이 북한에 대한 본격적인 경제 협력 사업을 시작할 기반이 구축됐다고 상정할 수 있고 남한의 많은 기업이 큰 위험 부담을 안지 않고 북한에 대한 대규모 투자를 진행할 수 있게 될 것이다. 남북한이 경제 공동체로 연결되고 남한의 투자가 북한 경제 발전을 견인하고 남한도 북한의 양질의 노동력과 풍부한 자원, 더욱 큰 규모의 경제를 통한 혜택을 누릴 수 있을 것이다. 국방비를 절약해 나오는 재원을 북한의 인프라 등에 투자할 수 있는 '평화 분담금_{Peace dividend}' 효과 등을 누리면서 경제에 활기를 불어넣어 우리 경제 재도약의 기회를 잡을 수 있을 것이다.

이후에는 남북한 간 인적 교류를 더욱 광범위하게 허용하는 한편 남북한이 국제무대에서도 공동 협업하고 남북한이 단일한 국호와 단일한 국기를 공유하는 단계로 나아가는 일종의 국가 연합체를 이뤄나갈 필요가 있다. 이때까지 남북한은 당연히 대내적으로는 서로 다른 정치 체제와 행정 관할권을 유지하고 국경도 존재하지만, 대외적으로 하나의 공동체로 활동하는 관행을 축적해나가는 것이다. 이러한 잠정적인 통합 단계를 거치는 것이 양측 간의 상이한 체제로 인해 통합 과정에서 발생할 여러 문제점과 부작용을 줄이는 방안이 될 것이다.

그다음 단계로는 남북한이 대외적으로 아직 독립된 별개의 국가로 존재하지만, 대내외적으로 여러 제도를 통합시켜나가는 낮은 단계의 연방제로 나아가야 할 것이다. 남북한 양측을 통합하는 전국 방송을 시작하고 양측이 공동 화폐를 사용하는 것과 같이 경제 체제를 동화시켜가는 작업이 필요할 것이다. 물류의 자유로운 이동은 물론 광범위한 인적 교류뿐 아니라 거주 이전의 자유도 어느 정도 허용돼야 할 것이고 상대 지역에서 재산권과 소유권 행사도 인정돼야 할 것이다. 낮은 단계의 연방제에 대해서 한국 사회 일각에서 적화 통일의 전 단계라는 의구심을 가지고 있으나 이는 북한도 흡수 통일 가능성이라는 정치적 위험을 마찬가지로 무릅쓸 수밖에 없으므로 어느 한쪽의 유불리를 논하기 어렵다. 그래서 화해·협력 조치를 진행하는 과정에서 상호 간에 적화 통일이나 흡수 통일을 시도하지 않는다는 신뢰를 구축하는 것이 중요하다.

낮은 단계의 연방제를 시행하기 전에 선행되는 전 단계 여러 화해·협력 조치를 통해 이 같은 양측 간 신뢰 구축과 진정성, 통합의 경제적 이점을 확인할 수 있을 것이다. 연방제라는 용어 자체에 대한 거부감이 있는 경우 이것은 일국 양제를 말하는 것과 다름없다는 점을 이해할 필요가 있다. 중국도 대만·홍콩과의 통일을 위해 상대의 흡수 통일에 대한 불안감을 해소해주려고 일국 양제라는 원칙을 견지하며 장기적으로 접근하고 있는 점에 유의할 필요가 있다. 어쨌든 낮은 단계의 연방제를 거치지 않고 급작스러운 통일을 시도하거나 통일이 닥쳤을 경우 남북한 내 혼란과 갈등이 심각해질 것이다.

이러한 전 과정에서 점진적인 군사적 신뢰 구축 조치도 필수로 병행돼야 한다. 지금 진행되고 있는 비무장지대의 비무장화뿐 아니라 양측 수도권 전방에 전진 배치된 중무장 화력들을 후방 배치하고 양측의 병력을 감축하는 등 포괄적인 군축을 단행할 필요가 있다. 동·서해안에서 양측이 공동 어로를 할 수 있도록 해야 할 것이고 양측이 에너지원을 공동 사용하기 시작해야 할 것이다. 이 과정에서 감축된 국방 예산 등은 남북한 간 인프라 연결 사업 등에 재투자돼 경제 재도약의 발판을 마련하게 될 것이다.

화해·협력의 마지막 단계로는 남북한이 높은 단계의 연방제로 나아가는 것인데 이 과정에서 양측은 상호 정치 체제를 동화시켜나가야 하며 동시 선거를 통해 연방 정부를 수립해 이 정부가 남북한을 직접 통치하도록 해야 할 것이다. 이 단계에서는 남북한 간의 경제·사회 체제뿐 아니라 법 체제까지 서로 동화돼야 한다. 양측은 공동군을 창설하고 외교도 단일화하면서 남북한 간 최종 권력만 공유·분점하는 형태를 가질 수도 있을 것이다. 이 마지막 과정에서 통일

정부의 정치 체제와 헌법 등 국가 기본 틀에 관한 결정은 국민 전체가 참여하는 자유 국민투표를 통해 만들어져야 한다.

남북한 간의 통일은 이 같은 기능주의적 접근법을 취하는 장기간이 걸리는 과정이 될 것이다. 이 같은 장기간의 과정이 급속한 통일 과정에서 발생할 많은 부작용과 충격을 흡수하는 완충 기간 역할을 할 것이다. 남북한이 급속한 통일을 시도하거나 통일이 갑자기 닥치더라도 양측 간 이질성과 상호 격차가 워낙 심해 현 상태에서는 통일에 수반되는 사회적 비용이 그 효용을 초과할 가능성이 있기 때문에 통일은 점진적으로 관리되면서 추진되는 것이 바람직하다. 남북한 간에는 서로 경제·사회 발전의 격차가 크고 체제의 이질성이 심할 뿐 아니라 구성원의 사고방식도 완전히 다르므로 급작스러운 통일은 많은 혼란과 부작용을 초래할 뿐 아니라 양측 구성원이 직접 접촉하는 과정 곳곳에서 사회적 혼란을 빚을 것으로 보인다.

비유적으로 말하자면 운하에 설치된 댐에서 양측 수위가 아주 클 경우 수문을 서서히 개방시켜 서로 수위가 비슷해졌을 때 수문을 활짝 개방해야 배가 무사히 지나갈 수 있는 것과 같은 이치다. 저수 댐을 예로 들자면 저수지 수위가 아주 높은 상태에서 폭우 등으로 수문을 갑자기 개방해야 한다면 댐 아래 지역 마을에 많은 피해가 발생할 것이므로 이를 가급적 회피해야 한다. 평생을 다른 정치 체제와 사상, 생활 방식에다 적개심까지 가지고 있는 남북한 주민들이 적절한 조정 기간을 거치지 않고 바로 대면하게 될 경우 사회 통합보다는 분열 현상이 더 심하게 나타날 것이다.

현 상황에서 통일을 이루는 현실적인 방법은 이 같은 점진적·단계적 접근밖에 없다. 북한 정권 붕괴나 전쟁을 통한 통일 방식은 감당하기 힘든 혼란이나 전 국토의 파괴를 가져올 것이다. 되풀이해서 강조하지만, 한반도에서 다시 전쟁이 발발한다면 남북한 모두 괴멸적인 타격을 입을 뿐 아니라 남한이 그간 일궈놓은 세계 속의 한국의 위상, 세계적 수준의 산업과 기반 시설 등이 순식간에 잿더미로 변할 것이다. 이렇게 되면 주변국의 경쟁이 날로 격화되는 현 상황에서 우리가 복구 불가능할 정도로 낙오되는 결과를 초래할 것이다. 역으로 남북한이 화해·협력 조치를 통해 경제 공동체를 서서히 이뤄간다면 양측이 장점을 결합해 시너지 효과를 냄으로써 양측 모두 경제 발전이 가속화되고 남한은 현재 겪고 있는 성장의 한계 상황을 돌파하면서 제2의 경제 기적을 창조할 가능성도 기대할 수 있다.

북한 경제 체제 자체의 구조적 실패에다 오랜 기간 국제 제재를 받은 탓에 북한 주민 대부분이 심각한 영양실조와 궁핍으로 고통받고 있다. 그 결과 북한 유아 사망률이 세계에서 최고 높은 수준에 달하고 있으며 청소년들의 발육 장애도 심각하다. 우리가 북한에 인도주의적 지원을 제공해 이러한 참사가 더 심각해지는 것을 방지해야 한다는 인도주의적 관점에서 남북한 간 화해·협력 조치는 당위적으로 이뤄져야 한다. 이른 시간 내에 인도주의적 지원을 하지 않는다면 북한의 상황은 더 악화돼 북한 청소년들 체형의 왜소화가 고착적인 현상이 돼버릴 가능성이 있다. 민족 간 이질화가 더 심화돼 민족이 영영 분단돼 사는 것이 오히려 정상적인 상황으로 변질될 가능성도 있으므로 이를 방지해야 하는 것이 시대적 사명이다.

화해·협력 초기에 북한에 대한 인도적 지원과 북한 인프라 재건을 위한 투자가 많이 진행돼야 할 것인데 이러한 지원을 제공하면 북한만 이롭게 하는 '퍼주기 사업'이라는 비판이 일각에서 제기될 것이다. 그러나 한반도에 평화만 정착된다면 우리의 북한에 대한 초기 투자는 비용임이 틀림없으나 나중에 그 비용을 회수할 만한 수익성이 충분히 발생할 것이므로 퍼주기라기보다 선행 투자라고 봐야 할 것이다. 이러한 투자와 관련 사업 시행은 우리의 총수요를 증가시켜 우리 경제에도 새로운 활력을 불러일으킬 것이다. 많은 국가가 국내 경기가 하강할 국면에 정부가 재정 투자를 통해 국내 수요를 진작시켜 경기를 회복시키는 '뉴딜 정책'을 채택한 적이 있고 이 정책의 효과성은 많이 검증된 바 있다. 북한에 대한 투자는 우리의 총수요를 증가시키는 '뉴딜 정책'의 하나로 간주해도 무방할 것이다. 특히 세계 경제가 수요 부족으로 인한 장기적 불황 사이클로 들어갈 조짐이 보이는 현재로서는 이 같은 생산적 투자처를 확보하는 것이 경제에 신성장 동력이 될 것이다.

현재 남한 경제는 구조적으로 성장의 한계점에 달해 전반적으로 활력을 잃고 있어 일반적인 경제 정책, 즉 재정 정책이나 금융 정책, 세제 정책 등을 통해 성장률을 3% 끌어올리기 힘든 상황에 처해 있다. 한국 경제의 한계점을 돌파하려면 경제 정책을 뛰어넘는 획기적인 처방이 필요한 시점이다. 우선 한국의 고비용 구조로 인해 국내에서 생산 시설을 증설해 대규모 고용을 창출하기 힘들고 인프라와 주택 건설도 공급이 거의 포화 상태가 돼 신규 사업을 일으키기가 힘들다. 중국의 급속한 추격으로 인해 우리의 주요 수출 품목들의 중국 제품과의 기술 격차는 점차 줄어들고 가격은 2배 정도 높은 구조로 인해 해외 수출 시장에서 시장 점유율을 유지하기도 힘들다. 우리의 노동 인력은 고령화돼가고 출산율도 세계 최저 수준이어서 이대로 방치하면 20년도 못 돼 총인구가 감소하고 젊은 생산 인력이 부족한 상황을 맞이하고 성장 엔진이 꺼져가는 시기가 닥칠 것이다.

이 같은 상황을 타개하려면 두 가지 해법밖에 없어 보인다. 하나는 남한 자체적으로 엄청난 기술 혁신을 수반한 산업 구조를 고도화하는 것이다. 다른 하나는 남북한 화해·협력을 통해 남한 경제에 필요한 활력을 북한에서 찾아 불어넣는 것이다. 남북한 경제 협력체가 출범하면 남한은 규모 있는 내수 시장을 확보해 규모의 경제를 누리게 되고, 북한의 양질의 노동력을 싼값에 이용할 수 있어 수출 제품의 가격 경쟁력이 회복될 것이다. 북한의 자원을 활용할 수 있어 외화를 절약할 수 있으며 북한 인프라에 대한 투자와 이로 인한 경제 유발 효과, 그 밖에 남북한 간 교통로 연결로 인한 물류 허브 효과 등을 누릴 수 있을 것이다. 남북한 간 경제 협력체가 가동한다면 성장 활력을 잃어가는 남한 경제에 제2단계 성장 엔진을 가동하는 것과 같은 효과를 볼 수 있을 것이다.

그러나 이 같은 화해·협력 조치와 대북한 선행 투자와 경제 협력, 평화 정착이 선순환적으로 진행되기 위해서 가장 중요한 전제 조건은 남북한이 서로에게 가지고 있는 불신과 우려의 해소다. 이런 점에서 북한은 핵을 통한 적화 야욕에 대한 남한의 의혹을 완전히 불식시키는 점이 특히 중요하다. 즉 북한이 현재 우리 민족이 처해 있는 비극적 상황과 주변국들의 부상을 심각히 받아들이고 정권 생존 차원을 넘어 민족 생존을 위한 전략적 결단과 현명한 판단을 하는 것이 긴요하다. 북한은 현재 보유하고 있는 비대칭 전력만으로도 정권의 안전을 보전할 만한 충분한 억제력을 갖추고 있다고 보이며 이를 더 강화한다면 그 의도가 자위가 아니라 공격을 위한 것이라는 인식을 심어주게 되고 이는 남북한 간은 물론 동북아에서 군비 경쟁을 불러일으켜 통일은 더욱 난망한 일이 될 것이다. 이를 피하려면 남북한 간의 진정성 있는 대화가 다양한 채널에서 진행돼야 할 것이며 남북한 간의 각급 채널을 통한 대화에서 현재 민족이 처한 상황과 앞으로 민족의 진로에 대한 허심탄회하고 심도 있는 의견 교환으로 남북 화해·협력을 견인해나가야 할 것이다.

북·미 간 비핵화 협상이 조기에 성과를 내는 것도 남북 화해·협력을 진전시키는 전제 조건이 될 것이다. 북한이 진정한 비핵화 의지를 보이지 않는 한 UN의 대북 제재는 해제되지 않을 것이다. 제재가 존속하는 한 남북한 간 화해·협력 조치는 그 범위를 제약받을 수밖에 없을 것이다. 북한이 진심으로 민족 화해를 바라고 경제 재건을 원한다면 남한이 외세의 눈치를 보며 주저한다고 비난만 할 일이 아니다. 오히려 국제 사회가 북한의 진정성을 인정해 제재를 완화할 수 있도록 성의를 먼저 보여야 한다. 그런 여건을 조성해야 본격적인 남북한 경제 협력이 가능할 것이다.

동아시아의
허브가 될 반도

우리 민족은 역사 대대로 한반도에서 반도 국가로서 정체성을 가지고 대륙과 해양을 연결하는 역할을 해왔다. 역사 단계마다 어떤 때는 반도 국가 장점을 좀 더 잘 활용했고 어떤 때는 반도 국가로서의 단점으로 인한 고통을 전 민족이 같이 겪었다. 그러나 우리는 반도 국가로서의 장점, 즉 대륙과 해양 세력을 연결하는 교량으로서 양측으로부터 선진 문화를 흡수해 이를 발전시켜 반대 방향으로 전달하는 문화적 교량이자 양측의 물류가 거쳐가는 경로, 즉 무역 중개지이자 경제 요충지로서 역할을 충분히 수행하거나 활용하지 못했다.

역사상 그리스, 로마, 스페인 등은 반도 국가로서 지위를 잘 활용해 세계를 호령하는 강대국으로 발돋움한 사례로 꼽힌다. 반도 국가의 전략적 이점을 좀 더 꼽아보면 대륙과 해양 세력으로부터 전해지는 선진 문물을 먼저 소화하고 융합해 더 나은 문물을 만들어내고 이를 바탕으로 국력을 키워 대륙과 해양 양면을 통해 외부로 팽창해나갈 수 있다는 점을 들 수 있다. 하지만 반도 국가가 스스로 강해야만 이런 장점이 발휘된다. 국력이 약하면 지정학적으로 대륙과 해양 세력 양측으로부터의 침입에 항상 취약해지며 대륙이나 해양 세력이 반대편으로 세력을 팽창해나갈 때 경유지 또는 진출 경로로 이용되거나 유린되기도 한다.

모든 국가의 외교 정책의 기본 전제는 그 국가가 처한 지정학적 상황이며 어느 국가도 자국의 지정학적 상황에 배치되는 외교 정책을 수립하기 어렵다. 그래서 대부분 자국의 지정학적 상황을 잘 활용하는 외교 정책을 세우려는 노력을 기울이고 있다. 일찍이 나폴레옹은 "한 나라의 외교 정책을 알려면 그 나라의 지정학적 조건을 먼저 살펴볼 필요가 있다"라고 설파한 바 있다.[1] 지정학은 모든 국가의 외교 정책에서 상수적 요인이다. 각국의 지리적 여건에 따라 그 국가가 개방적인 국가가 될 수도 있고 폐쇄적인 국가가 될 수 있으며 외침에 취약한 국가가 될 수도 있고 외침을 잘 견디는 국가가 될 수 있다. 주변이 험준한 산세로 이루어져 천연의 요새 같은 국경을 가진 나라에 비해 바다와 강, 평원이 국경을 이루는 나라는 외침에 대비한 방어 태세가 약하고 군비가 훨씬 많이 투입된다.

또한 주변에 강대국을 많이 둔 국가와 국력이 대등한 국가들과 국경을 마주한 국가 간의 국가 전략과 외교 정책도 다를 수밖에 없다. 내륙국Land locked country과 도서 국가Island country는 지리적 조건으로 인해 국민성부터 다르다. 외교·안보 전략은 물론 경제 발전 계획을 입안하는 과정에서도 그 나라의 지리적 여건을 감안할 때 그 적실성이 높아질 것이다.

국제 사회에서 "동맹국은 선택할 수 있어도 주변국은 선택할 수도 바꿀 수도 없다"라는 말이 있다. 이것은 지정학이 외교 정책에서 기본적 상수 요인임을 의미한다. 지정학은 처음 정해진 그대로 영원히 불변하기 때문이다. 지금 25년 이상 지속되고 있는 북핵 문제도 만약 우리의 지정학적 조건이 지금과 다를 수 있다면, 즉 남북한이 지근거리에 마주 보고 있지 않았다면 이를 해결할 수 있는 옵션이 훨씬 많았을 것이다. 따라서 벌써 해결됐을 수 있다는 추론도 가능할 정도로 지정학적 조건은 국가 운명과 외교에서 중요하다.

　우리는 중동 지역과 아프리카, 흑해 주변 지역에서 분쟁이 자주 발생하는 것을 볼 수 있다. 이것은 주로 1·2차 세계대전과 식민지 해방 이후 국가가 탄생할 때 강, 산맥 등 지리적인 국경선에 의존하지 않고 정치적 타협이나 자의적으로 결정된 국경선을 설정했기 때문이다. 이 같은 인위적인 국경선은 지리적 조건과 인간의 문화적·역사적 유산 등을 고려하지 않아 지속 가능성이 작다. 따라서 정치 세력들에 의해 이 국경선이 자주 부정되면서 국경선을 둘러싼 분쟁이 발생하는 것이다. 인위적인 국경선은 지리·역사·문화를 모두 고려한 자연적 국경선으로 회귀하려는 힘으로 쉽게 허물어질 수 있다는 것이다. 그만큼 국제 질서에서 지리적 조건은 중요하다.

　우리나라는 2차 세계대전 종전과 함께 남북한이 분단되면서 역사적으로 우리에게 주어진 반도 국가로서의 특성을 상실하게 됐다. 남한은 휴전선으로 인해 북한과 분리·고립됨으로써 5,000년 역사 동안 끊임없이 관계를 가져왔던 유라시아 대륙과 육로 교통이 차단되었다. 그리하여 남한은 지정학적으로는 하나의 섬, 즉 도서 국가로서 성격이 더 두드러지게 됐다. 반면 북한은 남한과 분리됨으로써 동·서해안을 연결해 활용할 수 있는 반도 국가의 이점을 상실했다. 따라서 해양을 물류 통로로 활용하기보다는 대륙으로부터 육로를 통해 필요한 물품을 수입하고 교역을 하는 대륙 국가적인 성격을 더 갖게 됐다. 이로 인해 당연히 남한의 경제 발전은 해양 수송로를 이용한 수출 주도형 개발 모델을 택해 혜택을 많이 봤고 북한은 중국과의 국경 무역에 자국 경제의 80%를 의존하며 자급 자족적 경제 개발 모델을 추구했다.

남한은 해양 세력인 미군의 관여하에 정부 수립을 하고 역시 또 하나의 해양 세력인 일본과의 교류·협력을 통해 초기 경제 개발을 추진한 연유로 인해 군사 협력도 해양 세력들과 손을 잡는 해양형 국가 모습을 갖게 되었다. 반면 북한은 사회주의 종주국인 구소련의 관여하에 정부를 수립한 데다 한국 전쟁 시기 중공의 지원을 육로를 통해 받았던 점 등에 비춰 공산 세력이자 대륙 세력인 러시아·중국과 관계를 강화하면서 대륙 국가의 일원으로 자리매김해갔다. 그리하여 한반도는 지정학적으로 해양 세력과 대륙 세력 간의 힘과 알력이 교차하는 전략적 요충지가 되는 것이 자연스러졌다.

한국 전쟁을 통해 북방 3각 세력, 즉 구소련·중국·북한과 남방 3각 세력, 즉 미국·일본·한국 간의 한 차례 군사적 충돌을 한 후 한반도는 이 두 3각 세력 간 대립 구도가 지속되는 현장이 됐다. 이로 인해 한반도는 반도 국가의 특성인 해양 세력과 대륙 세력을 매개하면서 창조적이고 부가적인 가치를 더하는 장점을 상실하고 양 세력 간 대립 구도에 끼어 양 세력의 전위 부대 역할을 하는 단점만 부각되었다. 해양 세력과 대륙 세력은 본질적으로 배척하는 관계에 있기도 하지만 한반도 주변에서 북방 대륙 세력과 남방 해양 세력 간의 갈등 구조는 당분간 해소될 가능성이 희박할 것으로 전망된다. 오히려 중국·러시아·북한 3국으로 이뤄지는 북방 3각 연대는 최근 그 연대 관계가 더 공고해지고 있는 것으로 보인다. 이런 상황에서 남북한이 이 두 세력 간의 대립 구도에 종속 변수로 편입될 경우 한반도의 통일은 요원해질뿐더러 두 세력 간의 갈등이 더 심화되면 폭발을 일으키는 도화선의 역할을 하게 된다. 이런 관점에서 동북아 역내는 물론 세계 평화를 위해서도 한반도에서 남북한 간의 화해·협력이 더욱 절실하게 요구되는 것이다.

남북한 간의 자주적인 노력으로 민족 간 화해·협력을 달성함으로써 한반도의 반도 국가 지위를 회복해 그 결과로 수반되는 경제적인 혜택을 남북한이 같이 누릴 수 있다. 그리고 남북한이 한반도에 평화를 정착시키는 과정에서 두 국가가 앞장서서 북방과 남방 세력 간의 대립 구도를 완화하는 긍정적 역할을 할 수도 있을 것이다. 남북한 간 철도와 도로가 복구돼 연결되면 남한에서 생산되는 물품 외에 넓게는 동남아 지역에서 생산되는 물품들이 시베리아 횡단 철도 TSR를 타고 중앙아시아와 유럽까지 수출되는 물류 교통 혁신의 이점을 누리게 될 것이다. 현재 동아시아에서 생산되는 물품들을 서유럽에 수출하려면 선박으로 약 한 달 정도 물류 기간이 들지만, TSR을 이용할 경우 2주 못 미친 물류 기간으로 서유럽에 물품을 공급할 수 있어 엄청난 시간과 비용을 절감할 수 있다.

게다가 한·일간에 해저 터널을 건설하면 일본의 수출품도 해저 터널과 한반도를 통해 중앙아시아와 유럽으로 건너갈 수 있게 되어 물동량이 대폭 증가할 것이다. 그러면 한반도는 동아시아 물류 허브로 자리 잡을 것이고 이는 한반도에 또 다른 큰 경제적 기회를 줄 것이다. 남북한이 연결되면 옛날 실크로드를 따라 번성하던 유라시아 경제 연결망이 되살아날 수 있다. 특히 중앙아시아 국가들은 한반도와 연결된 TSR을 통해 내륙국으로서 물류상으로 세계에서 가장 불리한 여건을 개선할 수 있게 되며 이를 통해 유라시아 대륙 경제권이 형성될 수 있을 것이다.

우리가 반도 국가의 지위를 회복하고 동아시아 물류 허브 역할을 할 수 있게 돼서 우리 국력이 세계 6위권으로 도약하면 우리는 해양 세력과 대륙 세력 양측 모두로부터 협력 관계 강화를 요청받을 것이다. 그러면 외교 분야에서 우리가 가질 수 있는 선택지가 더 늘어날 것이다. 그간 대북 억지에 집중됐던 우리의 외교력과 국방력을 더욱 창조적으로 다양하게 구사할 수 있게 돼 국가 위상이 더 높아지고 우리와 유사한 입장을 가진 중견 국가들과 연대를 통해 우리 안보 외연을 두텁게 하며 규범에 입각한 현 국제 질서를 같이 지켜나감으로써 국익을 더 잘 지킬 수 있을 것이다.

남북한 간 화해·협력이 이뤄지면 대북 억지에 초점을 맞춘 우리 국방 투자와 군 전력 편성을 변하는 국제 정세와 미래 수요에 상응하게 재조정할 수 있을 것이다. 북한 군사력, 특히 지상 전력과 장거리 화력에 대한 방어 중심으로 편성된 우리 군의 구조와 투자를 반도 국가의 특성에 맞게 해군과 공군력 증강으로 돌릴 수 있을 것이다. 공군과 해군의 장거리 작전 능력과 전략적 무기 보유를 확대해 주변국으로부터의 방어 능력을 확장해야 할 것이다. 더 나아가 우리 군의 이러한 전략적 능력 확장은 군사 협력 파트너로서 우리의 가치를 더 높이게 돼 우리의 외교가 선택할 수 있는 옵션을 더 늘리는 효과를 가져올 것이다.

북한 핵 문제의
완전한 해결

북한 핵 문제의 뿌리는 1950년대로 거슬러 올라가지만, 북한 1차 핵 위기가 발생한 것은 1993년으로 벌써 25년이 지나고 있다. 25년 동안 북한 핵위기를 해결하기 위한 국제적 노력이 북·미 양자 간뿐 아니라 6자 회담이라는 다자간 형식으로 다양하게 전개됐지만, 북핵 문제는 해결되지 않고 오히려 더 악화돼왔다. 급기야 북한은 여섯 차례의 핵폭발 실험과 수십 회 이상의 장거리 미사일 발사 실험을 통해 2017년 핵탄두와 ICBM 개발을 완료하고 핵무기 보유국임을 스스로 선포하기에 이르렀다. 이로 인해 북한 핵 문제는 한반도나 동북아 지역 정세 불안 요인을 넘어 국제 사회 전체에 대한 안보 불안 요인이자 NPT 체제에 대한 중대한 도전으로 부상했다.

현재 국제 사회에는 공식적인 핵무기 보유국 7개국 이외 암묵적인 보유국인 이스라엘까지 포함해 8개국이 핵 공격 능력을 가진 국가로 분류되는데 이들 국가의 핵무기는 적어도 20년 이상 책임 있는 정부의 엄격한 관리하에 보유되고 있어 잠재적인 위험성이 물론 있지만, 현실적인 위험성은 부각되지 않고 있다. 이에 반해 북한은 그간 여러 가지 예측 불가능한 행태와 도발 행위들로 인해 국제 사회로부터 불량 국가Rogue state로 낙인찍혀 있는 데다 북한 정권 존립 자체의 안정성이 의문시되는 상황이어서 책임 있는 핵무기 관리가 의문시되고 있다. 게다가 한반도가 무력 충돌이나 전쟁 발발 가능성이 상존하는 곳이라는 점에서 북한 핵무기의 위험성은 다른 국가의 핵무기 위험성보다 훨씬 심각하다. 특히 인구와 산업 시설이 밀집한 수도권이 북한의 다양한 투발 수단들의 타격 범위 내 존재하는 남한에게 북한의 핵무기는 국가 생존에 치명적인 위협이다.

북한 핵무기가 존재하는 한 남북한 간 화해·협력은 물론 한반도에서 군사적 대치가 종식될 수 없다. 이 문제가 순조롭게 해결되지 않을 경우 한반도에서 전쟁 발발 가능성은 상존하기 때문에 민족의 미래와 생존권을 지키려면 북한 핵 문제는 반드시 평화적으로 해결돼야 한다. 북한 핵 문제 해결에 시일이 더 많이 걸릴수록 NPT의 존립 자체가 도전을 받을 것이다. 북한 정권의 불안정성으로 인해 만약 북한의 핵무기나 핵 물질, 생산 기술이 다른 세력에게 유출된다면 50년 이상을 버텨온 비확산 체제의 기반이 무너질 가능성도 배제할 수 없다. 이 경우 세계 각 지역에서 핵 군비 경쟁이 가열화돼 모든 국가가 모든 국가에 대해 거부권을 행사할 수 있게 되어 그야말로 국제 사회가 홉스적 사회, 무정부적 상태로 돌입하는 끔찍한 상황이 초래될 것이다. 핵무기의 확산으로 말미암아 의도하지 않은 실수나 사고로 인해서더라도 핵무기가 실제로 사용되는 경우가 발생할 것이다. 이는 전 세계적인 핵전쟁 발발로 이어져 인류의 종말을 초래할지도 모르는 일이기에 북한 핵 문제 해결을 통해 핵무기의 전 세계적 확산은 기필코 억제돼야 한다.

북한이 핵무기를 포기하지 않는 한 남북한의 통일은 이뤄지기 불가능하다고 봐야 한다. 북한이 핵을 끝내 포기하지 않을 경우 남한도 궁극적으로 자력으로 나라를 지키려면 핵무장을 하거나 핵무장 직전의 임계점까지 도달할 수밖에 없을 것이다. 절대 무기인 핵을 보유한 남북한은 서로에게 거부권을 행사할 수 있는 상황에 돌입하게 된다. 따라서 남북한은 자신에게 조금이라도 불리한 방향으로 타협을 하지 않으려 할 것이기에 통일을 위한 협상이 불가능하다고 봐야 한다. 우리 주변국들 모두 통일된 한반도가 핵무기 보유 강국으로 재등장하는 것을 바라지 않을뿐더러 한민족과 과거사 문제를 정리하지 못한 일본은 핵을 보유한 통일 한반도의 출현을 자국 안보에 직접적인 위협으로 간주하고 이를 극렬 저지하거나 자국도 핵무장에 바로 착수할 것으로 보인다. 북한이 핵을 포기하지 않는 한 국제 사회의 제재는 지속될 것이다. 이러한 제재 속에서는 아무리 자력갱생을 외치더라도 북한 경제 발전은 요원할 것이다. 그런 상황에서는 북한 경제의 점진적 개방 속에 남북한의 경제 격차를 줄여가면서 통일을 이루려는 관리 통일 방식도 불가능하기 때문에 통일 과정에서 발생할 후유증을 최소화하기 위해서도 북한 핵 문제는 꼭 평화적으로 해결돼야 한다.

북한이 핵을 개발하게 된 동기나 목적에 대해서 그간 여러 주장이 제기돼왔다. 첫째는 북한이 핵 개발을 미국과의 관계 정상화와 이를 통해 자국 경제 개발에 필요한 지원을 해외로부터 조달하려는 목적에서 추진해왔다고 보는 시각이다. 이 주장을 펼친 전문가들은 북한이 핵 개발 프로그램을 추진해 끝까지 완성시키려는 의도가 있었던 것이 아니고 핵 개발 프로그램을 추진하면서 한편으로는 미국과 협상해 이 프로그램을 지렛대 또는 협상 수단Bargaining chip으로 사용해 자국이 원하는 경수로 건설, 원유 공급, 전력 지원 등을 확보하려는 것이 주목적이었다고 봤다.

이들은 지난 25년 동안 협상 과정에서 국제 사회가 북한이 원하는 것을 적시에 제공했었더라면 북한 핵 개발 프로그램이 중단됐을 것이라는 시각을 가지고 있었다. 그러나 그들의 주장은 협상 과정에서도 북한이 플루토늄 프로그램 이외 은밀히 우라늄 농축 프로그램을 추진했고 장거리 미사일 개발 능력을 끊임없이 개선시켜왔다는 점에서 그 신빙성을 많이 상실했다. 물론 그들은 미국 등 국제 사회가 북한이 원하는 것을 제공하지 않았기 때문에 북한의 반발심을 불러일으켜 북한이 추가 도발을 한 결과 현 상황에 이르렀다고 자신들의 주장을 합리화하려 하기도 했다. 그러나 2017년 말 북한이 ICBM이란 장거리 공격용 운반체까지 갖춘 핵무기 보유국임을 선언함으로써 그들의 주장은 처음부터 북한의 의도를 너무 순진하게 보려 했던 친북한적인 시각이었음이 드러났다.

두 번째 시각은 북한이 핵무기를 자위용으로 개발했다는 것이다. 1980년대 말 구공산권 진영이 붕괴하면서 믿었던 구소련이나 중국으로부터 군사적 지원을 받을 가능성이 희박해진 데다 남한이 러시아·중국 등과 교차 수교를 하는 데 대해 위기감을 느껴 핵을 개발했다는 것이다. 북한이 미국과 수교는커녕 적대 관계도 종식하지 못한 상태였기에 가공할 미국의 군사력 앞에 홀로 노출된 북한 정권의 위기감이 엄청났을 것임을 이해하기 어렵지 않다. 이러한 고립무원의 길에서 벗어나기 위해 북한은 독자적인 생존 수단을 개발해야 했고 그 결과 핵이라는 절대 무기에 의존할 수밖에 없었다는 주장이다.

즉 미국이나 남한으로부터 위협에 대응하려면 남한이나 일본 등 이웃 나라를 핵무기의 인질로 삼아 외부 공격이 가해질 경우 이들 국가를 핵으로 공격해 상호 확증 파괴를 한다는 점을 내세워, 즉 자살 공격을 감행할 것임을 암시함으로써 외부 공격을 선제 차단하겠다는 자위적 차원에서 핵을 개발했다고 보는 시각이다.

그러나 이러한 시각은 북한이 핵 개발 프로그램을 1980년대 이후가 아닌 1950년대에 벌써 착수했다는 점과 자위용이라고 하면 필요가 없는 ICBM을 필사적으로 개발했다는 점을 잘 설명할 수 없다. 미국·러시아·중국을 제외한 핵무기 보유국들은 ICBM을 개발하지 않고 있다. 이는 ICBM이 상대국을 공격할 수 있는 공격용 무기인 데다 전략적인 무기이기 때문에 자국에 대한 상대편의 핵무기 공격을 억제하기 위한 자위용 핵무기로는 필요가 없다는 판단을 영국·프랑스·인도 등이 했기 때문이다. 이에 반해 북한이 ICBM 외에 치명적인 은닉성을 가지고 상대를 공격할 수 있는 SLBM까지 개발했다는 사실은 이 무기들이 자위용의 범위를 훨씬 넘어선다는 점에서 북한이 자위용으로 핵을 개발했다는 주장은 설득력이 없다.

다른 가설은 북한이 핵무기를 개발한 것은 남한을 적화하려는 야욕을 버리지 않고 이를 실현할 최종 수단을 갖추려는 의도에서 비롯했다는 것이다. 북한이 엄청난 비용과 국력이 소모됨에도 불구하고 ICBM과 SLBM을 개발해 거의 완성 단계에 도달한 것이 북한이 미국을 견제하고 한·미 동맹을 이간시켜 남한을 핵 무력으로 정복하려는 야욕을 반증한다는 것이다. 북한이 ICBM과 SLBM을 보유한 채 원하는 방식으로 한반도 정세를 변화시키려고 하고 남한에 대해 요구 조건을 제시하고 이에 남한이 순응하지 않을 경우 무력 도발을 하고 남한이 보복 공격을 하려 하면 핵 공격을 위협해 한국의 의지를 꺾고 자신의 의지를 남한에 관철시키려 한다고 보는 시각이다.

이런 상황이 도래할 경우 남한에게 북한의 핵 위협에 단독으로 대응할 수 있는 수단은 없으므로 한·미 동맹에 의존해 미국이 핵우산, 즉 확장 억제 정책을 발동해 북한의 남한의 핵 위협에 대해 북한을 미국의 핵무기로 보복하겠다고 천명함으로써 북한의 의도를 좌절시키는 방법밖에 없다. 따라서 북한으로서는 미국의 이러한 개입을 차단하기 위해서 미국 본토를 직접 공격할 수 있는 ICBM과 SLBM을 개발해 미국이 개입하려 할 때 미국 본토 공격을 위협함으로써 미국의 결정을 어렵게 만들려 한다는 것이다. 이런 상황이 실제로 발생한다면 미국의 대통령이나 조야는 아주 심각한 혼란에 빠질 가능성이 있다. 이는 동맹국인 한국을 북한의 정치적 협박으로부터 구해내기 위해 미국이 북한의 핵 공격을 감내하고 핵무기까지 사용하면서 전쟁에 돌입해야 하는지가 미국에게 아주 심각하고 어려운 정치적 결정이 될 것이기 때문이다.

오랜 기간 미 국방부의 전력분석국ONA 국장을 역임한 앤드류 마샬은 이미 2000년 초 북한은 장래 미국의 안보를 위협할 수 있는 국가로 지목하고 북한을 '거리 싸움꾼Street Fighter' 그룹으로 분류했다. 이 그룹은 비대칭적 전력으로 미국의 안보에 심각한 위협을 가하는 국가로 미국의 대응도 비전통적 방식이 되어야 한다고 보았다.[2]

북한이 비핵화 협상에서 비핵화의 범위를 한반도 전체로 규정하고 미국의 한국에 대한 핵우산을 제거하는 것에 집요하게 집착하는 점도 북한이 남한 적화 의도가 있다는 것을 뒷받침해주고 있다. 북한은 핵 협상 과정에서 줄곧 한반도 비핵화를 주장하고 있다. 한반도 비핵화는 한반도 전체가 비핵 지대가 돼 한반도에 핵무기 반입이 차단되는 것을 의미한다고 본다. 곧 미국의 핵우산 제거와 남한 내 미국의 전략 자산 배치를 배제하는 것이 조선반도의 비핵화를 의미하는 것이라고 주장한다. 비핵화 협상 과정에서 이를 관철시킬 경우 북한은 ICBM이나 SLBM 사용을 미국에 위협할 필요 없이 미국의 핵우산을 제거할 수 있으니 북한으로서는 엄청난 외교 승리이고 장래에 자신들이 핵 재무장을 할 경우 남한에 대한 '핵 공갈Nuclear blackmail'을 할 때 발생할 장애물을 미리 제거하게 돼 아주 유리한 고지를 점유하게 되는 것이다.

미국이 '미국 우선주의'에 입각해 점차 동맹국에 대한 방어 공약의 부담을 줄여나가려는 경향을 보이는 상황에서 미국의 본토, 뉴욕이나 LA 같은 대도시가 북한의 핵 공격으로 100만 명 이상의 인명 피해가 나는 것을 감수하면서까지 한반도의 정치 체제가 북한에 유리하게 변경되는 것을 막기 위해 핵우산을 사용할지가 의문시되고 있기 때문에 북한의 이런 의도가 실현될 개연성이 높다고 할 수 있다. 이 상황은 한국에게는 상상하기도 싫은 악몽 같은 시나리오다. 따라서 한국은 이런 상황이 도래하지 않도록 미연에 철저히 그 가능성을 없애야 한다. 이런 맥락에서 북한의 '완전한 비핵화'는 북한 비핵화 협상의 목표가 돼야 할 뿐 아니라 우리의 생존을 위한 필수 요건이라 할 수 있다.

북한의 핵 개발과 보유 의도가 무엇인지에 대해 앞의 두 가설은 그

간 북한 핵 협상 과정에서 맞지 않았다는 것이 증명됐다. 마지막 가설은 앞으로 북한 비핵화 협상 과정에서 사실 여부가 검증될 것이지만 북한의 핵 개발과 보유 의도는 오히려 위에 말한 세 가지 가설을 다 포함한 종합적인 판단에 기초했다고 보는 것이 타당할 수 있다. 즉 북한은 자위용·협상용·남한 적화용 세 가지 목적을 다 가지고 개발해왔고 그간 비핵화 협상과 국제 정세의 상황 전개에 따라 이 세 가설의 한 가지 성격이 더 부각된 적이 있다. 앞으로 협상과 국제 정세의 전개에 따라 협상용으로 그칠지 나아가 남한 적화용으로 사용할 수 있을지가 판가름 날 것이다. 북한 입장에서는 핵·경제 병진 건설 노선을 주장하고 있는데 이는 자위용으로 핵을 보유하면서 핵을 미끼로 협상을 해 최대한 경제적 지원을 국제 사회로부터 받아내 자국의 경제 발전을 추진하겠다는 복심일 수 있다. 경제 상황이 많이 개선되고 국력이 회복되면 이를 바탕으로 남한에 대한 핵 위협을 사용하면서 남북한 통일 과정을 북한에 유리하게 끌고 가려는 의도가 있을 수 있다. 이 경우 북한의 관점에서 핵 개발은 협상·자위·남한 적화용 세 가지 목적을 모두 달성시키는 수단이 될 수 있다.

북한으로서는 1950년대 핵 인력 양성 및 연구용 원자로 도입에 착수했을 당시 핵을 민수용, 즉 발전용으로만 사용할 생각이 없었다는 것을 북한이 전력 생산용 원자로 건설에 매진한 적이 없다는 사실에서 찾을 수 있다. 북한은 중수로 원자로 건설 계획을 세운 적은 있지만 현실화하지 않았다. 핵 협상 과정에서 남한의 도움으로 경수로 원자로 건설을 성과물로 챙기려 하는 행태만 보였을 뿐이다. 이는 북한이 로켓 발사 실험을 인공위성 발사용으로 주장하면서 국제 사회를 계속 기만하다가 결국 ICBM을 개발한 것처럼 북한의 원자로는 처음부터 연구용이나 민수용이 아닌 핵무기 개발을 위한 것이었음을 부정할 수 없다.

시점이 불명확하지만, 북한이 핵무기 연구에 착수했을 때 국제 정세가 변해 공산권이 붕괴되고 북한이 고립무원이 될 것임을 예견했을 것으로 보기는 어렵다. 북한은 공산권 붕괴가 일어난 시점에 플루토늄 농축을 시작했으며 1차 핵위기가 발생한 시점은 1993년이다. 구소련은 1991년에 붕괴됐기 때문에 이 2년 만에 북한이 농축 기술을 급속 발전시켰다는 것은 과학적으로 개연성이 낮다. 북한의 영변 핵 시설이 서방 국가 정찰 위성에 포착된 시기는 1980년 중반이므로 북한의 핵 개발은 그전부터 진행되고 있었다고 봐야 한다. 그러므로 북한이 자위용으로 핵무기 개발에 착수했다는 주장은 설득력이 떨어진다. 결과적으로 공산 진영이 거의 붕괴한 이후에 북한은 핵 개발을 자위용으로 포장할 수 있었고 상황 논리상 이를 받아들이는 서방 측 전문가들이 존재했을 뿐이다.

북한이 핵을 협상용으로 개발했다는 주장, 그래서 북한이 핵 협상 과정에서 미국 등으로부터 충분한 보상을 받았으면 이를 포기했을 것이라는 주장은 부분적으로 타당하지만 현 상황을 보면 잘못된 분석이었다. 북한은 핵 개발을 하는 과정에서 국력을 이에 집중함으로써 경제가 거의 파탄 지경에 이르자 핵 협상을 하면서 미국 등 서방 국가들의 경제적 지원을 확보하려 했다. 따라서 핵 개발 과정에서 자신이 목적을 달성해 용도 폐기가 된 시설이나 물질들의 폐기를 협상용으로 제시해 이를 토대로 가급적 많은 지원을 받으려는 노력은 보였었다. 하지만 아직도 북한은 우라늄 농축 시설의 존재를 인정하지 않고 있으며 한번도 핵시설 전체를 신고하고 이를 폐기하겠다는 의사를 표한 적이 없다. 현재 진행 중인 북·미 간 협상에서도 북한은 핵과 미사일은 보유한 채 미래 핵, 즉 핵 물질 및 미사일 생산 시설들만 폐기하면서 최대한의 보상, 즉 제재 전면 해제와 경제 지원, 체제 보장을 추구하는 것으로 보인다.

즉 플루토늄 추출 기술을 습득하고 적절한 양의 플루토늄을 확보한 다음에는 플루토늄 프로그램 폐기를 협상의 대상으로 내놓았다. 영변 냉각탑 같은 불필요한 시설은 파괴하는 모습을 전 세계에 보여줌으로써 협상의 레버리지로 적극 활용했다. 지금도 북한은 은닉하기 쉬운 우라늄 농축 프로그램과 그 시설들은 핵 협상의 대상에서 제외시키려는 노력을 하고 있으며 6차례의 핵실험을 통해 필요가 없어진 풍계리 핵 실험장을 파괴함으로써 세계의 이목을 집중한 다음 경제적 지원을 받고 제재를 해제하려 노력하는 것은 과거의 행태와 별반 다름이 없다. 따라서 북한의 과거 핵, 현재 핵, 미래 핵 모두를 완전하게 폐기하는 것이 북한 핵 협상의 대전제가 돼야 한다.

북한이 ICBM을 기필코 개발한 이유는 두 가지로 볼 수 있다. 하나는 미국의 지원을 차단하면서 궁극적으로 남한을 적화시키는 데 최후의 수단으로 사용하겠는 것으로 볼 수 있다. 물론 이것은 향후 북·미 핵 협상에서 북한이 핵을 완전히 폐기할 것인지, 즉 완전한 비핵화를 달성할 것인지에 따라 주장의 신빙성이 가려질 것이다. 다른 하나는 미국 본토를 공격할 수 있는 전략적 무기인 ICBM 개발을 통해 미국의 주의를 끌어 북·미 협상에 미국이 응하도록 하는 협상용 목적을 가졌다고 보는 것이다. 이 주장은 현재 신빙성이 벌써 입증되고 있다. 북한의 최장거리 ICBM인 화성 15호의 시험 발사가 성공적으로 2017년 11월에 끝나 미국 본토가 북한의 사정권 안에 들어서자 미국이 협상에 적극적인 반응을 보이기 시작했다는 것 자체가 이 주장을 뒷받침한다. 그간 미국은 오바마 행정부에서 '전략적 인내'라는 정책으로 거의 8년 동안 북한과 협상을 기피했고, 트럼프 행정부 첫해인 2017년 북한과 험악한 설전을 벌이고 북한을 '선제 타격'하겠다고 하다 2018년부터 북·미 협상에 응한 사실이 이 주장에 무게를 실어준다. 미국이 미국 본토를 위협하는 ICBM이 없었더라면 불량 국가로 낙인찍은 북한과 힘든 협상에 굳이 나서 정치적 도박을 할 필요성을 못 느낄 수도 있었을 것이다.

북한이 완전한 비핵화를 이룰 것인가는 앞으로 협상 결과를 지켜봐야 하겠지만 통상적으로 핵무기 보유국이 스스로 핵무기를 포기한 사례는 남아프리카공화국에 국한된다. 그러나 남아프리카공화국도 ICBM까지는 개발하지 않았다. 핵무기를 사용할 전략적 목표도 없어 포기가 가능했다고 봐야 한다. 북한은 많은 전문가 사이에 핵을 완전히 포기하지 않을 것이라는 전망이 지배적이다. 심지어 북한이 제2차 하노이 북·미 정상 회담에서 미국에 최소한의 핵무기 보유 가능성을 타진한 것으로 알려져 이 시각의 신뢰성을 더 뒷받침해주었다. 북한으로서는 자위 목적에서도 자국 정권의 생존을 위한 모든 안전 보장이 확실시되기까지는 핵을 보유하는 것이 유리하다고 생각할 수 있다. 그것이 용인되면 미국의 태도를 봐가며 최소한 숫자의 핵무기를 협상에서 남겨두었다가 정세가 유리하게 되면 남한을 협박해 적화 야욕을 달성할 기회를 엿보고 싶을 것이다. 이처럼 북한의 핵 개발은 어느 한 가지 목적이 아닌 다목적으로 추진됐고 북한은 정세 변화에 맞춰 다목적으로 사용하려는 의도를 가졌다고 보는 것이 합리적이다.

핵무기를 처음 보유한 5개국, 즉 안전보장이사회 상임이사국인 P5는 핵을 자신들만 가지고 다른 국가로 확산되지 않도록 NPT를 만들면서 핵 독과점 체제를 유지하려 했다. 이들은 핵무기 확산 반대 여론을 조성하기 위해 핵전쟁의 처참함을 과장 홍보했고 2차 세계대전 이후 한번도 실제 사용될 수 없었던 사실을 들어 핵무기 무용론을 주장하기도 했다. 이들의 독과점이 유지됐던 시기를 '1차 핵 시대'라고 한다면 그 후 인도·파키스탄·이스라엘이 핵보유국이 되면서 '2차 핵 시대'가 열렸다고 폴 브래큰 예일대 교수는 주장한다.[3] 그에 따르면 핵무기는 실전에 사용하는 '인명 살상 용도' 이외 다양한 정치적 용도를 지니고 있다. 예를 들면 핵무기 보유국은 핵무기 보유 자체로 인해 국제적 위상이 높아지는 효과를 누리는 것은 물론 이스라엘처럼 소국조차 다른 국가의 선제 공격을 단념시키는 '공격 차단 용도', 상대국에 대한 협상에서 위압적 효과를 발휘하는 '압박 용도' 등 다양한 방식으로 핵무기 보유 사실을 창의적으로 사용하고 있다고 주장한다. 북한도 핵무기를 다양한 정치적 목적에 쓰고 있는 것으로 보인다. 따라서 북한은 핵무기를 완전히 포기하기에는 미련이 많을 것이다. 그 결과 북한이 미국과의 협상에서 성공해 핵 보유를 용인받으면 '3차 핵 시대'가 열리면서 국제적으로 핵 비확산 체제를 유지하기 힘들어질 것이다.

여기서 북한이 정말 남한 적화 야욕을 포기하지 않고 미국과의 핵 협상 과정에서 최소한의 핵 보유를 자위용 미명으로 용인받는 상황이 발생하면 이는 한국에게는 최대의 안보 위협이 될 것이다. 핵무기를 가진 국가와 그렇지 않은 국가 간의 무력 분쟁이 발생할 경우 재래식 군사력이 우세한 국가라고 해도 핵무기를 가지지 못한 국가는 핵무기 보유국에 적수가 되지 못한다. 핵무기는 재래식 무기와 비교할 수 없는 파괴력을 가지고 상대 국가의 인구와 산업 밀집 지역을 한꺼번에 초토화시킬 수 있다. 핵무기 공격을 받은 국가는 곧바로 전쟁 수행 의지를 상실하고 항복을 할 수밖에 없다. 따라서 북한 핵 폐기 과정은 가급적 짧은 시간 내에 진행되고 북한 핵 폐기가 확실한지를 국제 사회가 점검하는 과정을 거쳐야 북한이 일부 핵을 은닉해두고 후일 이를 사용할 가능성을 차단할 수 있을 것이다.

실제 전쟁에서 핵무기가 사용된 것은 2차 세계대전 말기 미국이 일본의 히로시마와 나가사키에 원자폭탄을 투하한 사례가 유일하다. 이때 일본은 미군의 본토 상륙에 대비해 '전 국민 옥쇄' 각오로 최후 결전을 준비하고 있었기에 미군이 재래식 전력으로 일본 본토를 공격했을 경우 승리를 장담하기 쉽지 않았다. 미군도 막대한 피해를 감수할 수밖에 없었을 것이다. 이런 딜레마 상황을 타개하려고 미국 전쟁 지도부는 핵무기를 쓰기로 했고 그 결과 일본은 그때까지의 결사 항전의 자세를 즉시 버리고 무조건 항복하게 된다. 이처럼 핵무기는 재래식 전력과 비교할 수 없을 정도로 전세를 결정적으로 변경시키는 능력을 보유국에게 부여하기 때문에 절대 무기로 불린다.

북한은 핵무기의 이러한 절대 무기적 성격 위에다 핵무기를 실어 적진에 날려 보낼 미사일 개발도 계속해 2017년 말 마침내 캘리포니아 등 미국 서부 지역에는 충분히 도달할 것으로 추정되는 ICBM인 화성 15호를 성공적으로 발사해 미국 안보 전문가들을 바짝 긴장하게 만들었다. 미국은 중·러 같은 강대국으로부터의 핵 공격 위협 아래 있지만, 이 국가들과는 냉전 동안 MAD 가능성 때문에 핵전쟁에 돌입하지 않는다는 묵시적인 합의가 상당 기간 존재하고 있어 심각한 핵 공격 위협을 체감하지 못하고 있었다.

하지만 북한은 예측 가능성이 극히 낮은 국가다. 미국과 외교 관계도 없으며 미국을 불구대천의 원수 국가로 여기고 있어 북한 핵 위협을 방치할 경우 미국 본토가 공격받을 가능성이 현실화될 수 있다는 경각심이 미국 내에 급속히 일어나게 됐다. 이런 미국의 경각심은 북한과 핵 협상이 실패하자 북한의 핵 개발을 거의 방치해둔 오바마 행정부의 '전략적 인내Strategic Patience' 정책과는 달리 트럼프 행정부로 하여금 북한과 핵 협상을 전개해 최소한 북한의 핵 위협이 미국의 안보 위협이 되는 것을 막아야 한다는 생각을 하게 했다. 그 결과 현재 미국과 북한 간에 실질적으로 3차례의 정상 회담을 비롯해 수차례의 실무 협상이 진행되고 있지만, 북한의 완전한 비핵화로 이어질지는 현재로서 가늠하기 어렵다.

50여 년 동안을 핵무기 개발을 위해 경제 제재 등도 무릅쓰고 희소한 국가 재원을 집중해온 북한이 이제 온갖 역경을 딛고 핵무기와 발사 체계를 완성한 마당에 이 절대 무기들을 단지 제재 해제와 미국과의 관계 정상화를 대가로 모두 포기할 것이라고 보는 것은 비합리적이고 순진한 사고라 할 수 있다. 그간 북한의 행태를 감안한 합리적인 분석에 따르면, 북한은 미국이나 국제 사회로부터 자국의 정권 생존을 위한 최대한의 외부 지원을 핵무기와 핵 시설을 일정 부분 폐기하는 조건으로, 즉 미래 핵무기 개발을 포기하는 조건으로 받아내려 하는 한편 자신들이 보유한 핵무기, 즉 현재 핵무기는 가급적 필요한 최소 수량을 자신들이 판단하는 최상의 국제 정세 또는 자국의 전략적 목표가 이뤄질 때까지 보유하려 할 것이라는 전망이 국제 사회에서 지배적이다.

이런 경우 북한의 잔여 핵무기에 의해 최대의 위협을 받는 국가는 한국이고 그다음이 일본이다. 반면 미국은 자국에 도달하는 ICBM의 능력만 제거하면 자국에 대한 안보 위협은 제거된다. 중국과 러시아는 오래전부터 북한의 핵무기가 자국을 향하지 않을 것이라는 믿음 아래 북한의 완전한 핵무기 제거에 중점을 두고 있지 않다. 한국이 상정해볼 수 있는 최악의 안보 상황은 북한이 ICBM이나 SLBM을 가지고 미국 본토에 대한 핵 공격 위협을 가하면서 남한에 대한 제한적 공격을 가하거나 가한다고 위협하면서 엄청난 정치적 양보를 요구할 경우다.

이 경우 미국이 한·미 동맹에 의존해 한국을 구하기 위해 북한과의 핵전쟁을 감수하고 병력을 증파하면 다행이지만 미국이 북한과 전면전을 벌이는 것을 포기하고 남북한 간에 상황을 정리하라고 촉구할 때 한국은 최악의 안보 상황에 빠질 것이다. 그러면 한국은 절대 무기인 핵무기를 가진 북한의 요구를 수용하거나 이를 거부하고 핵 공격에 의해 남한이 초토화되는 것을 감수하면서 북한과 재래식 전력으로 반격을 가하는 두 옵션을 가질 수 있을 것이다. 그러나 한국 지도자와 국민이 두 번째 옵션을 택할 가능성은 희박하며 결국 한국은 북한에 종속적인 국가가 되는 상황으로 전락할 것이다.

북한이 설사 남한 적화 야욕을 가지고 있지 않다고 나중에 판명되더라도 국가 안보에는 만일의 경우, 즉 가능성이 희박하더라도 발생할 경우에 대한 최악의 시나리오를 상정하고 대비 태세를 세워두는 보수적인 태도가 필요하다. 따라서 현재 상태에서 한국이 해야 할 일은 미국과 국제 사회를 동원해 북한이 완전한 비핵화를 달성하도록 외교적 노력을 다하고 북한과도 소통을 통해 북한 핵 보유가 남북한

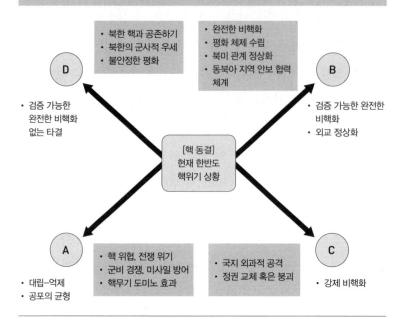

간 경제 협력은 물론 통일에 대한 크나큰 장애물이라는 점을 인식시켜 북한이 전략적 셈법을 바꾸도록 설득·유도하는 것이다.

북한의 완전한 비핵화를 이뤄내기 위해 한국은 북한 핵무기의 최대 피해 대상국이 우리이며 북한 핵무기는 우리 민족의 명운이 걸린 문제라는 인식하에 북한 비핵화 협상에 능동적인 자세로 창의적인 노력을 기울여야 한다. 북한 핵 위협 제거는 북·미 간의 핵 협상에서 해결될 것이며 우리가 직접 당사자가 아니라는 사고방식은 위험하다. 특히 미국이 중국을 최대 위협국으로 생각하고 중국을 견제하기 위해 아시아 전략을 수정하는 가운데 북한을 미국 쪽으로 끌어들이기 위해 북한 정권과 어느 정도 타협할 가능성도 배제하지 못하므로 이를 경계하면서 우리의 입장 관철을 위해 미국 측을 집요하게 설득해야 한다. 미국은 본토가 북한에 의해 위협받지 않는다면, 북한이 미국에 적대적이지 않도록 관리만 할 수 있고 북방 3각 연대를 약화시킬 수만 있다면 북한과 전략적 타협을 할 수 있을 것이다.

2018년 이후 북·미 간의 핵 협상이 시작된 이후 북한의 핵위기는 현재 동결 상태에 있다. 앞으로 협상의 진전 여부에 따라 북한 핵위기는 이론적으로는 네 가지 방향으로 전개될 수 있다. 첫째, 북·미 간의 핵 협상이 외교적으로 타결돼 북한의 완전한 비핵화가 달성되는 가장 바람직한 옵션이다. 둘째, 북·미 간 핵 협상이 실패하되 북한이 모험적 행동을 일으키지 않고 북한의 핵 위협에 남한이 대응하기 위해 핵무장을 해 공포의 균형 속에서 공존하는 옵션이 있다. 셋째, 북한의 핵무장에도 불구하고 남한은 핵무장을 하지 못해 북한의 군사적 우위 속에서 북한에 정세 주도권을 뺏긴 채 공존하는 나쁜 평화 방식이다. 넷째, 군사적 공격을 통해 북한의 핵 능력을 제거하는 것으로 이때 전면전 발생 가능성이 크다. 이것은 마지막 수단으로 가급적 회피해야 할 방식이다.

북한과의 25년 동안의 핵 협상이 실패한 이유로 여러 가지를 들수 있겠지만 그중 가장 큰 것을 둘 꼽자면 첫째는 북·미 간 존재하는 심각한 불신이다. 둘째는 북한이 핵무기와 ICBM을 완성한다는 목표로 이를 달성할 때까지 협상을 진행하면서 시간도 벌고 경제적 지원도 얻어보려는 계산 아래 어느 정도 합의했다가 파탄을 내기도 하는 등 강온 양면 작전, '1보 전진, 2보 후퇴Stop and go'라는 정책을 사용했고 이것이 협상 과정에서 어느 정도 주효한 데도 기인한다.

그런데 지금 북한이 핵무기와 ICBM을 완성했다고 주장한 시점이

라 이제는 시간을 더 벌 필요가 없이 바로 협상하는 것이 유리하다
는 판단하에 협상에 임하고 있다고 봐야 한다. 따라서 두 번째 실패
요인인 지연 작전은 의미가 없으니 북한 비핵화 협상이 성공하려면
북·미 간 신뢰 구축이 최우선 과제다. 북한과 미국은 한국 전쟁에서
교전한 이래 70여 년 동안 여러 차례 군사적 긴장 관계를 형성했고
협상 과정에서도 서로를 불신할 수밖에 없는 여러 상황이 벌어졌다.
특히 북한 인민에게 대미 적개심을 가능한 한 최대로 주입해 이를
정권 유지의 도구로 삼아온 북한 정권은 미국과의 협상에서 미국을
기만해서라도 최대한의 외교적 승리를 얻어내야 정권의 정당성이 유
지될 수 있는 국내 정치적 구조를 가지고 있다. 미국도 북한을 '악의
축' '폭정의 전초 기지'라는 수식어를 붙이며 불량 국가로 규정했고
북한의 기만적 협상 태도를 여러 번 경험한 탓에 북한을 불신하는
인식이 미국 조야에 팽배한 것도 사실이다.

이런 두 나라가 비핵화 협상을 진전시키려면 비핵화 로드맵을 만
들어내는 실무급 협상도 중요하지만, 양국 지도자 간의 상호 신뢰를
구축하는 것이 급선무이다. 실무급 회담으로는 그간에 쌓인 양국 간
의 불신을 해소하기 어렵다. 비핵화 협상을 잘못 추진했다가는 정권
자체의 생존이 불투명해질 가능성이 있는 북한으로서는 최고지도
자가 나서지 않고서는 통 큰 전략적 결단을 할 수 없을 것이다. 미국
에서도 세계의 이목이 집중되는 외교적 현안이나 새로이 국교를 수
립하는 국가와의 협상에는 대통령이 직접 개입하는 경우가 다반사
였다. 북한 비핵화 협상은 아주 복잡한 사안이므로 실무선에서의 협
상은 엄청난 시일이 걸리며 완전한 비핵화라는 목표를 달성해낼 가
능성이 희박하다. 그러는 사이 정권이 교체돼 원점에서 협상을 시작

해야 했던 과거 경험 등에 비춰볼 때 양측 최고지도자가 직접 관여하는 하향식 접근법Top-down approach이 효과적일 수 있다. 이런 의미에서 트럼프 대통령이 이미 합의된 이란과의 핵 협상 결과는 파기하면서 북한과의 핵 협상을 위해 정상 회담을 수차례 개최하려는 의지가 있다는 것은 북핵 문제 해결을 위해 다행스러운 일이다.

물론 하향식 접근법이 효과적이라고 해도 핵 협상은 한 번의 정상 회담으로 단번에 해결될 단순한 사안이 아니다. 양측의 불신이 깊으므로 여러 차례 실무급 협상을 통해 정밀한 비핵화 로드맵을 마련하고 이를 추진하는 순서Sequencing를 정상 회담에서 결정하도록 하는 상향식 접근법Bottom-up approach도 병행해야 한다. 이 실무급 협상에서는 북한의 비핵화 조치와 이에 상응하는 미국의 보상 조치가 균형을 이루도록 잘 배치하고 이를 어떤 과정으로 진행하는 것이 양측 간 신뢰 구축을 추동하면서 비핵화를 순조롭게 진행할 수 있을지를 고민해 순서를 잘 짜야 한다. 실무 협상의 기본 원칙은 첫째 당연히 북한 핵의 CVID가 돼야 하며 둘째는 '행동 대 행동Action for action'이라는 북·미 간의 상호 동시적 조치가 돼야 할 것이며, 셋째 가급적 핵 폐기 과정이 단시간 내 완성되는 '압축적 추진'이 돼야 할 것이다.

북한과의 핵 협상에서는 북한이 가지고 있는 핵 능력 요소 모두를 협상 테이블에 올려놓고 이들 모두를 폐기하는 포괄적인 접근법Comprehensive approach을 택해야 한다. 북한은 항상 가급적 자신의 핵 능력을 전부 노출하지 않고 이미 드러난 시설이나 요소들을 흥정의 대상으로 내놓고 그 흥정을 통해 최대한 많은 반대급부를 받아낸 후 그다음 요소들을 노출해 또 다른 협상을 통해 보상을 받으려는 '잘 게 썰기 전술Salami tactics'을 선호해왔다. 따라서 이런 북한의 전술에 말려들지 않으려면 모든 핵 요소를 한꺼번에 협상 대상에 올려 이들 모두의 폐기를 약속받고 반대급부로 제공할 수 있는 보상을 전부 보장해주는 '일괄 타결 방식Grand bargain, package deal'을 관철해야 한다. 북한은 한국이나 미국과의 그간 협상 과정을 통해 민주주의 국가에서는 선거를 통해 지도자가 교체되면 정책이 변하는 것을 체험했기 때문에 시간을 끌면서 협상을 하다 보면 핵 요소 일부 폐기로 보상을 받은 후 한·미의 정권이 교체돼 핵 협상 동력이 떨어지면 핵 요소를 일부 보유한 채 핵 보유국이 되는 가능성을 노릴 수 있기에 이런 가능성을 처음부터 제거해야 한다.

이렇게 일괄 타결을 달성한 후 합의 사항을 이행하는 것은 양측이 순차적으로 보조를 맞춰 시간을 갖고 단계적으로 추진해도 무방할 것이다. 일단 비핵화 조치의 첫 단계는 북한의 핵물질 생산 시설의 폐기가 돼야 할 것이다. 여기에는 플루토늄뿐 아니라 우라늄 시설도 포함돼야 한다. 특히 우라늄 시설 폐기는 북한의 성실한 신고가 전제돼야 한다. 두 번째는 북한이 보유한 핵무기 생산 물질의 해외 반출 조치가 있어야 할 것이다. 그다음 단계는 북한이 보유한 핵무기와 운반 수단을 폐기하는 수순이 돼야 한다. 북한이 구축한 핵 실험과 생산 인프라도 해체해 북한이 미래에도 핵무기 개발에 다시 착수할 수 없도록 하는 일이 중요하다. 또한 비핵화가 압축적으로 빠른 시일 내 진행돼야 함을 감안, 미래 핵 제거(생산 시설 폐기) 후 현재 핵, 과거 핵의 순서로 진행하기보다 현재 핵(핵무기)과 과거 핵(핵물질)도 일정량 반출 또는 폐기시켜 북한 핵 능력을 신속히 감축시키는 것이 중요하다. 협상이 진전되다 정권 교체 등으로 중단돼 북한이 실질적인 핵 무장 국가가 되는 가능성을 회피해야 하기 때문이다.

결과적으로는 북한의 비핵화 완성과 함께 한반도에 평화 체제가 구축되고 북·미 간에도 완전한 관계 정상화를 달성하도록 해야 한다. 25년 동안 북·미 간 양자 협상, 남·북·미 3자 협상, 6자 회담 등 다자간 협상이라는 다양한 형태의 협상 방식이 시도된 사례에 비춰 볼 때 협상은 북·미 간에 직접 협상 형식을 취하는 것이 신속하게 협상을 진행시키는 장점이 있다는 결론을 도출할 수 있다. 일단 북·미 간 비핵화 협상 결과를 추인하고 한반도와 동북아 지역 평화 협력체를 구축하는 과정의 일환으로 4자나 6자 등 다자간 정상 회담을 개최하는 방식이 바람직할 것이다.

우리는 북·미 간의 직접 협상 방식을 지지하되 그 협상 과정에서 우리가 미국과 긴밀히 협의하면서 우리 국익에 반하는 방식으로 협상이 진전되지 않도록 우리의 입장을 미국 측에 지속적으로 전달해야 할 것이다. 우리는 북핵 위협에 가장 큰 피해를 보는 당사자이므로 우리가 3자적 입장에 머물러 있어서는 안 된다. 또한 우리는 북·미 양측에 중재자 역할을 할 수는 없으나 촉진자 역할은 해야만 한다. 이는 양측이 너무 자기 입장만 고수해 협상이 진전을 보지 못할 경우 우리가 창의적인 제안을 해 협상이 앞으로 나아가도록 돕는 역할을 하는 것이다. 전체적으로 제재를 유지해 북한이 계속 협상의 장으로 나오도록 유도하는 것이 필요하나 북한이 실질적 비핵화 조치를 하면 단계적으로 제재를 해체하고 경제적 지원도 제공해 북한의 비핵화를 더 촉진시키는 촉매 역할을 국제 사회에서 우리가 담당해야 할 것이다. 남북한의 경협이나 인도적 사업 시행은 제재의 큰 틀을 무너뜨리지 않는 한 가능하도록 외교력을 발휘해 남한이 북한의 비핵화 과정에 일정 부분 기여할 수 있도록 해야만 우리의 발언권도 유지될 수 있을 것이다.

북·미 간의 협상에서 양측이 전략적인 셈법을 바꾸어 대담하고 창의적인 접근을 할 수 있도록 우리가 촉진해야 한다. 기존의 안보 구도가 아니라 날로 변화해나가는 안보 상황을 염두에 두고 북·미 간의 적대 관계 청산을 넘어 통일 한반도를 내다보고 미래 지향적인 관계를 설정할 수 있도록 일정 역할을 해야 할 것이다. 미국이 세계 최강대국으로서 북한에 약간의 '의심의 혜택Benefit of doubt'을 주는 아량을 보이고 북한도 미국에 벼랑 끝 전술을 전가의 보도처럼 사용하는 불량 국가로 남지 말도록 설득하는 것이 우리의 몫이 돼야 할 것이다. 북핵 해결을 위해 '당근과 채찍Carrot and stick'이라는 기존 방식을 사용하기보다 '스테이크와 망치Steak and hammer'라는 새로운 접근을 할 필요도 있다. 상호 간 신뢰를 구축해 서로 줄 것을 미리 제공Front loading하는 적극성을 보이고 혹 이것이 효과가 없을 때는 다시 거둬들이는Snap back 방식을 취하고 북한이 국제 사회를 다시 기만하려 할 경우에는 강력한 응징 방안을 예비해둘 필요가 있다.

북한 비핵화 협상 과정에서 한·미 동맹이 이완되거나 우리 군의 자주 국방 역량이 약화되는 현상이 발생하지 않도록 유의해야 할 것이다. 북한은 남한 적화 야욕이 없다면 비핵화 협상 과정에서 주한 미군 철수나 한·미 연합 훈련 중단 같은 요구를 하지 말아야 하고 한·미 측도 이를 수용하지 말아야 한다. 한·미 동맹과 주한 미군·합동 군사 훈련은 단지 대북 억지력 차원을 뛰어넘는 동북아 안보 구도 전체에 중요한 상수다. 그간 동북아 지역 안정에 기여한 역할을 인정받고 있기 때문에 비핵화 협상 과정에서 협상 카드로 사용될 사안이 아니다. 물론 북한이 비핵화 과정에서 이에 대한 안보 불안감을 느낀다면 이를 외교적으로 보장해줄 방안이 다수 있어 이들을 협상 테이블에 올리는 일은 삼가되 북한 측의 우려를 완화할 정도로 규모나 빈도 등은 조정해볼 수 있을 것이다.

북한의 핵 무장 능력은 플루토늄 추출 이외 우라늄 농축 프로그램, 핵탄두와 장거리 운반 수단 제작에 기반하고 있다. 그러므로 북한 비핵화를 위해서는 이 모든 요소를 폐기하는 것이 필요한데 다른 능력 요소들은 이를 제작하기 위한 큰 시설이 필요하므로 이들 소재를 확인하고 폐기를 검증하는 것이 비교적 수월한 편이지만 우라늄 농축 시설은 가볍고 이동·은닉하기 쉽고 큰 면적을 차지하지 않으므로 북한이 완전한 비핵화 의지를 가지고 사찰에 협조하지 않는 한 이를 전부 찾아내 폐기를 검증하기가 거의 불가능하다고 봐야 한다. 그러므로 북한의 전 지역·시설에 대해 무제한적인 강제 사찰을 할 필요가 있고 이를 합의 과정에 확실하게 포함시켜야 한다. 특히 북한이 CVID라는 용어를 극히 싫어하기 때문에 미국이 2018년 이를 반영해 현재는 FFID_{Final, Fully, Irreversible Dismantlement}라는 용어를 쓰지만, 검증 가능_{Verifiable}이라는 단어를 생략한 것이 강제적 사찰_{Intrusive inspection}을 면제해주는 것으로 해석돼서는 안 될 것이다.

다시 강조하지만 북한이 핵무기를 보유한 상황에서는 남북한 간의 화해·협력도 불가능하고 UN 제재 등으로 인해 남북 경협은 더욱더 불가능해 북한이 현재의 열악한 경제 사정을 극복할 길이 전혀 없을 것이다. 통일은 주변국의 견제로 더욱 힘들어지면서 남북한 간 분단은 더욱 고착화될 것이다. 분단된 남북한은 점차 갈등이 고조되는 해양 세력과 대륙 세력 간의 경쟁 구도하에서 민족 운명을 자주적으로 결정할 능력을 더욱 상실하게 될 것이다. 구한말 한반도가 외세의 각축장으로 전락한 이후 국권을 상실하고 일본의 식민지화돼버린 전철을 되밟을 가능성을 안고 있다. 이런 절박한 시대적·역사적 인식을 남북한이 공유하고 북한을 설득해 북한의 비핵화, 더 나아가서는 한반도의 비핵화를 속히 달성하고 그 후 따라오는 남북한 화해·협력과 평화 협력 공동체 달성, 궁극적으로 통일의 길로 나아가야 할 것이다.

그러나 북한이 완전한 비핵화의 의지를 분명히 보이지 않고 핵을 최소한 분량이라도 보유하려고 시도하는 경우에는 우리도 자위권 차원에서 핵무장을 심각하게 고려해야 할 것이다. 미국의 핵우산, 확장 억제 정책에 대한 신뢰성에 의구심이 제기될 가능성과 북한이 핵우산을 제거하려 집요하게 노력하고 있는 점을 고려할 때 절대 무기인 핵무기에 대항할 수 있는 유일한 자위적 수단은 우리도 핵무기를 개발하거나 임계점에 도달해서 남북한 간 '공포의 균형'을 이뤄 북한이 핵 공격 협박을 일삼지 못하게 막는 것이다.

자주 역량을 위한
남북한 통일

앞으로 다가올 국제 질서의 대변환 시대를 감안해 우리 민족끼리 자주적 역량을 결집해 남북한 통일을 이뤄야 하는 당위성에 대해서는 앞에서 설명한 바 있다. 통일 과정에서 여러 부작용이 발생할 것이고 통일 과정에 드는 비용도 천문학적 규모가 될 것인 데다가 통일의 방식이 완전히 남한이 주도하는 자유민주주의 정치 체제로 이뤄지리라는 보장도 확실치 않은 상태에서 통일을 추진할 필요성에 대해 의문을 제기하는 여론이 있는 것도 사실이다. 한반도에 평화 체제가 수립되고 경제 공동체가 성립돼 양측 민간인들의 교류가 허용되면 외부 정보 유입으로 북한 정권 존립 자체가 위험해질 것이므로 북한 집권층들이 통일은커녕 진정한 민간 교류도 허용할 용의가 없을 것이라는 분석도 존재한다.

다른 한편 민족주의적 감상주의에 입각해 통일이 되기만 하면 그 과정이나 방식이 어떤 형태를 취하든 정당화된다는 맹목적 통일 지상주의 주장이 존재하는 것도 사실이다. 그러나 우리 민족이 처한 상황과 앞으로 다가올 국제 질서의 대변환 시대를 감안할 때 통일 지상주의와 통일 비관주의의 양 극단론을 배제하고 민족의 통일을 점진적으로 추진해나가는 것이 민족사적 사명이자 시대적 사명이라고 할 수 있다. 구한말 우리 위정자들이 국제 정세에 무지한 채 기회주의적 태도로 외세들에 의존하려 하다가 결국 나라를 빼앗긴 쓰라린 역사의 실패를 반복하지 않으려면 지금 우리 민족 모두가 각성해 국제 정세의 변화를 냉철히 간파하고 냉전 시대의 사고를 벗어던지고 자주 통일의 길로 민족 역량을 결집해야 할 것이다. 자주 통일의 길이라 함은 우리 민족이 내부적으로 통일의 필요성에 공감하고 우리가 주도적으로 통일을 길을 찾아내 국제 정세를 잘 이용하고 주변국들을 잘 설득해 이를 성취해나가는 것을 말한다.

자주 통일의 길이라고 해서 우리 민족끼리, 즉 남북한 간에 손만 잡는다고 통일이 우리에게 주어지는 것은 아니라는 사실도 직시할 필요가 있다. 통일 과정은 민족 내부적으로도 지난하고 복잡한 과정이 될 것이며 남북한이 공존하면서 통일을 이뤄내려면 엄청난 노력과 인내가 필요할 것이다. 구호가 아닌 진정으로 자주적인 평화 통일을 이뤄가려면 남북한 양측이 각박해지는 국제 정세 속에서 민족의 활로를 같이 찾아나가야 한다는 절박한 인식을 가지고 양측이 서로 신뢰를 바탕으로 성실히 협력해야 한다. 그때 서광이 비칠 것이다. 여기서 중요한 일은 남북한 양측이 전략적 인식을 공유하고 확고한 신뢰 위에서 통일 과정에서 상대를 이용하겠다는 사심 없이 인내심을 가지고 통일을 추진하는 것이다.

한반도는 반도 국가이기에 해양 세력과 대륙 세력 모두에게 지리 전략적인 요충지이므로 한반도의 통일 과정에 주변 강국들이 이해 관계를 가지고 있다. 그러므로 향후 양 세력 간의 갈등이 고조될수록 한반도의 통일은 이들 세력의 협조와 이해 없이는 거의 불가능하다고 봐야 한다. 베를린 장벽이 무너지고 동·서독이 통일됐을 때도 서독이 국제 정세의 변화의 흐름에 잘 편승하는 한편 미국과 긴밀한 협의를 통해 미국의 전폭적인 지원을 잘 이용함으로써 통일이 가능하게 된 사실을 상기할 필요가 있다.

　지금의 우리보다 국력이 훨씬 강한 서독도 통일 과정에서 주도적으로 동독을 설득해 흡수·합병한 것이 아니라 구소련의 붕괴 과정 등 국제 정세를 잘 이용해 통일을 이뤄냈다. 서독은 구소련에 많은 경제적 지원을 제공하면서 동독에서 구소련군의 철수를 유도하는 한편 독일의 통일 과정을 경계의 눈초리로 보면서 새로운 강국의 탄생을 반대하는 영국과 프랑스를 외교적으로 설득해 통일을 이뤄낼 수 있었다. 콜 총리 등 독일 지도층의 냉철한 현실 인식과 역사적 안목, 과감한 추진력, 독일의 경제력 등이 결합된 결과 독일 통일이 아무도 예상하지 못했던 속도로 이뤄진 것이다. 동·서독 간에 심각한 적대감이 존재하지 않아 우리보다 기본 사정이 좋은 면은 있었지만, 통일 직전에 동·서독 간의 화해·협력 조치, 즉 동·서독 양 정부 간 자주적 노력은 그리 많지 않았다. 오히려 공산권이 몰락하는 국제 정세를 잘 이용하고 주요국 중에서 통일 비토 세력이 생겨나지 않도록 잘 관리하면서 신속하고 집중적인 외교적 노력을 경주한 것이 주효해 통일이 이뤄졌다.

　서독 정부의 경제적 능력과 정확한 상황 판단에 입각한 과감한 조치들로 독일의 통일은 예상보다 신속하게 이뤄졌는데 통일 이후 서독이 동독의 인프라 건설과 동독인들의 복지 수준 향상을 위해 엄청난 재원을 투입하게 됐고 이는 막강한 경제력에도 불구하고 서독에 부담이 됐다. 일정한 인적 교류가 있었음에도 막상 통일되고 나니 동독인과 서독인 사이에 화합이 잘 이뤄지지 않았다. 그 결과 동독인은 2등 시민 취급을 받는 현상이 발생하면서 서독인은 동독인을 '오시Ossy'라고 부르며 게으르고 의타적인 인간으로 멸시했고, 동독인은 서독인을 '베시Wessy'로 부르며 오만하고 이기적인 인간들로 경멸해서 한동안 사회적 갈등이 심각했다.[4]

그 외에도 동·서독 간 화폐 통일 문제, 과거 재산권 회복 문제 등 복잡한 경제적·법적 문제들이 발생하면서 독일 통일이 순방향의 효과를 내기까지는 상당히 많은 시간이 걸렸다. 서독의 막강한 경제력이 뒷받침되고 동·서독 간의 동질화 수준이 현재 남북한보다 훨씬 높은 수준에서 이뤄진 독일 통일 경우에도 이러한 사회적 후유증이 심각했음을 감안할 때 한반도 통일 과정은 점진적으로 관리되면서 추진돼야 할 것이다. 북한은 세계 어느 공산주의 국가와도 다른 정치 사상 체계, 즉 주체사상과 유일 수령주의에 입각해 70년 이상 인민들을 세뇌해왔기에 급작스러운 통일은 남북한 구성원 간 심각한 마찰과 사회적 혼란을 야기할 것이다.

현재 우리가 처해 있는 국제 정세는 서독이 통일을 앞두고 직면한 국제 정세보다 훨씬 복잡하고 비우호적이므로 통일을 이뤄가려면 우리의 비상한 민족적·외교적 역량의 결집이 요구될 것이다. 동·서독은 미국과 소련이라는 두 강대국의 이념적 대립 구도하에 편입돼 있었으나 소련·동독을 비롯한 공산권 진영이 몰락하는 과정에 있었기에 공산 진영 쪽으로의 원심력은 많이 이완된 상태여서 통일이 상대적으로 수월했다. 이에 반해 동북아에서는 미·중 간 신냉전적 갈등 구조가 격화되고 있고 해양 세력과 대륙 세력 간의 대결 구도도 엄존하는 상황이기에 양 세력 간 분열의 원심력이 더 강하게 작동하고 있어 통일을 위해서는 남북한 간의 통일의 구심력을 배가시켜야 할 것이다.

당시 유럽은 통합의 길로 착실히 나아가는 중이었다. 영국과 프랑스가 통일된 독일에 대한 갖는 막연한 우려와 경계심에 대해 독일이 이를 해소하는 노력을 했다. 독일은 통일된 독일이 EU의 일원으로 유럽 통합의 중심이 될 것이라는 믿음을 양국에 줘 그들의 우려를 희석시킴으로써 이 국가들이 통일 비토 세력이 되는 것을 방지했다. 미국이 지도력을 발휘해 영국·프랑스의 지도층 내에 존재하던 독일 통일에 대한 반대 여론을 불식시키는 데도 기여를 했다.

이에 반해 현재 한반도 주변 정세는 동아시아 통합이나 평화 공동체로 나아갈 조짐은 보이지 않고 오히려 각 역내 세력 간의 갈등과 경쟁이 더욱 심화되고 있어 한반도의 통일을 진정 바라는 세력이 없다고 볼 수 있다. 특히 한·일 관계, 더 나아가 한민족과 일본·민족 간의 적대 감정이 깊어질수록 일본은 당연히 한반도의 통일을 반대할 것이 자명하다. 미·일 동맹 관계를 활용해 미국에도 통일을 지원하지 말라고 요구할 수도 있을 것이다. 한편 독일 통일이 이뤄졌던 당시는 냉전 종식이 임박했던 시점이어서 미국의 지도력이 막강해 영국, 프랑스, 구소련 등에 미국이 직접 영향력을 행사할 수 있었다. 이에 비해 현재의 미국은 지도력이 점차 저하돼가고 있어 한반도 통일 과정에서 주변국에 영향력을 행사할 만한 여지가 대폭 축소되었다. 이 또한 한반도 통일을 독일 통일보다 어렵게 만드는 요인이다.

서독 정부는 독일이 통일되더라도 독일이 NATO에 잔류할 것이라는 점을 공언함으로써 미국과 서유럽 국가들이 가졌던 안보 우려를 해소했다. 소련에는 독일이나 NATO의 병력이 중유럽을 넘어 소련 쪽으로 확장 배치되지 않을 것을 확약함으로써 소련의 안보 우려도 해소해 통일을 촉진시켰다. 한반도 통일의 경우에도 통일된 한반도가 해양 세력이나 대륙 세력 어느 쪽의 상대방에 대한 견제 목적용 군사 주둔지가 되지 않는다는 전망을 양측에 자신 있게 제시해야 이들이 한반도 통일을 안보 관점에서 반대하지 않을 것이다. 이런 측면에서 통일 과정에서 주한 미군의 주둔 문제는 우리의 장기적 국익을 고려해 재검토해봐야 할 사안이 될 것이다.

한반도가 통일돼 반도 국가로서의 지정학적 성격을 회복하면 한반도가 동아시아의 물류 허브가 돼 대륙 횡단 철도를 통해 동아시아와 유럽의 물류가 손쉽게 왕래함으로써 유라시아 경제권이 새로 창출될 수 있다. 이는 역내 모든 국가에 새로운 경제적 기회를 창출할 것이라는 점을 홍보해 많은 국가가 한반도 통일을 지지하도록 만들 필요가 있다. 한반도가 통일되면 동아시아에서 전쟁 발발 가능성이 현저히 줄어들 뿐 아니라 한반도 평화 체제 구축 과정에서 다자간 평화 협정이 체결될 수 있을 것이라는 점도 중요하다. 이 다자 협정 체제를 더 확장해 동아시아 평화 체제 구축을 시도할 수 있다는 점을 내세워 주변 국가들이 역내 평화 구축의 희망을 한반도 통일을 통해서 보게 하는 것도 통일을 촉진시키는 방법이 될 것이다.

한반도 통일이 이뤄지면 새로이 연결되는 지역들 중심으로 환동해 경제권이 형성될 수도 있다. 이는 중국·러시아·일본 등 주변국에 새로운 경제적 기회를 제공하므로 이를 홍보해 이들 국가를 통일 지지 세력으로 만들 필요가 있다. 중국도 다른 지방에 비해 경제 발전이 상대적으로 낙후된 동북 3성 경제에 활력을 불어넣고 이 지역에서 생산된 상품들이 해양 수송로를 이용할 수 있게 하기 위해서는 나진·선봉항 등을 이용하는 것이 유리하다. 러시아도 블라디보스토크 등 극동 지역 개발을 국가적 목표로 삼고 있으나 자체의 경제 능력으로는 이를 달성할 수 없기에 환동해 경제권이 출범할 경우 그 혜택을 입을 수 있다는 기대가 있다. 일본도 환동해 경제권이 출범하면 중국·북한·러시아와의 교역을 통해 상대적으로 개발 수준이 낮은 서북부 지역 경제를 활성화시킬 수 있을 것이다. 장기적으로는 한일 해저 터널 건립을 통해 대륙의 물류 체계와 직접 연결될 수 있다는 전망도 일본에는 매력적인 요인일 것이다.

중국의 경우 지금까지의 대한반도 정책 제1 목표는 자국의 안정적이고 지속적인 경제 발전을 위해 한반도 정세를 안정화시키는 것이다. 만약 한반도에서 북한 정권이 갑자기 붕괴하거나 미국이 개입한 전쟁이 발발한다면 중국의 국가 이익에 가장 해로운 시나리오가 될 것이다. 미·중 간의 갈등이 격화될수록 한반도가 미국의 영향권에 편입되는 것을 두려워할 것이다. 통일 후 한반도가 중국에 비우호적인 세력으로 변하는 것보다 차라리 한반도 분단 상태를 지속시키는 것이 중국의 이익에 부합된다고 보는 것으로 추정된다. 중국은 한반도가 중국 본토를 향한 해양 세력 진출 발판이나 중국의 해양 진출을 방해하는 저지선 역할을 하는 것을 방지하려 할 것이다.

이러한 중국의 전략적 관점에서 봤을 때 한반도 통일 과정을 중국이 지지하거나 적어도 방해하지 않게 하려면 통일 후 한반도가 중국에 적대적이지 않을 것이라는 점을 중국 측에 인지시켜야 하고 실제로 통일 과정에서 이런 방향으로 노력을 기울여야 할 것이다. 통일된 한반도는 자연스레 반도 국가의 성격을 회복하게 돼 해양 세력·대륙 세력 어느 한쪽에 편입되지 않고 양쪽 세력 모두와 관계가 좋아지면서 양쪽 세력 간 완충과 매개 역할을 할 것이라는 점에 대해 공동 인식을 갖도록 중국과 전략적 대화를 더 깊이 진행해야 한다. 그동안 한반도 분단 상황으로 인해 섬이 된 한국으로서는 해양 세력과 연계할 수밖에 없다는 것을 중국 측에 인식시키고 한반도가 본연의 지정학적 조건인 반도 국가의 성격을 회복하는 것이 중국의 전략적 이익이 된다는 점을 설득해야 할 것이다.

한반도에서 비핵화가 이뤄지고 평화 체제가 구축되고 나면 당연히 정세가 안정돼 중국의 제1 전략적 목표를 충족하게 될 것이고 통일된 한반도에서 새롭게 창출되는 경제 발전 동력은 중국에서 낙후된 동북아 3성의 경제 발전에도 기여할 것이라는 점을 중국 측이 납득하도록 전략적 대화를 지속해야 할 것이다. 한반도에서 평화 체제 구축 후에는 대규모 주한 미군의 주둔 필요성이 상당히 감소할 것이므로 평화 체제 구축과 병행해 주한 미군의 숫자 등을 순차적으로 감축시키면 중국의 최종 전략적 목표가 충족될 수 있다는 점을 중국 측에 내세우는 게 바람직하다. 주한 미군이 철수하면 우리 자체 국방력을 증강시키는 한편 동북아 안보 구조를 보다 안정적으로 변경시킬 필요가 있다.

주한 미군은 대북 억제력 차원에서 주둔하는 것이지 대중국 견제 용으로 주둔하는 것이 아니라는 점을 분명히 하면서 평화 체제가 확실히 자리 잡은 후에는 주한 미군의 단계적 철수도 고려해야 중국이 한반도 통일의 비토 세력이 되지 않을 것이다. 북·미 간 비핵화 협상이 순조로이 진행된다면 종전 선언이 먼저 나오고, 다음에 평화 협정 체결, 양국 관계 정상화 순으로 진행되면서 한반도에서 냉전 체제가 종식될 것이다. 한반도에서 한국 전쟁 당사자인 4개국 간 평화 협정이 체결되면 한국 전쟁에서 한국 지원을 위해 설립된 UN 사령부는 존재 이유가 소멸될 것이다. UN사의 해체는 한·미 간에 진행 중인 전시 작전 통제권 전환 협의와 맞물려서 주한 미군의 한국 주둔을 더욱 어렵게 만들 것이다.

현재 미국은 전시 작전 통제권을 한국에 양도해 한국군 장성이 한·미연합사 사령관이 되더라도 실제 전쟁이 발생하면 다시 UN 사령부가 가동하고 한·미연합사가 UN 사령부 예하로 들어가면 UN사 사령관을 미군 장성이 맡기 때문에 실제 전쟁이 발생하는 순간 여전히 전시 작전 통제권이 미군의 손에 있다는 사실을 하나의 안전장치로 보고 있다. 그러나 UN사가 없어지면 주한 미군은 한국 장성의 지휘하에 있게 돼 자칫하면 미국이 원치 않는 분쟁에 연루될 가능성이 있어 이를 회피하려 할 것이다. UN사 없이 전시 작전 통제권 전환이 이뤄지면 주한 미군을 철수시켜 일본 등 주변 지역에 포진해두려 할 것이다. 이런 관점에서 UN사 기능을 강화하는 방안과 일본에 미국의 동북아 사령부를 창설하려는 논의가 진행 중인 것이다.

중국의 전략적 관점에서는 미국의 영향력을 제1 열도선 밖으로 밀어내는 것이 자국의 동아시아 역내 패권을 확보하는 데 필요한 급선무다. 이를 위해 한반도에서 미군의 지배적 지위를 배제하고 대만에 미국의 지원을 차단하는 것을 중요시하고 있다. 주한 미군이 대북 억제를 위한 붙박이 부대가 되지 않고 다른 지역 분쟁에 차출·투입되는 기동군화된 사실도 중국은 자국을 견제하는 방향이라는 판단이 있을 것이다. 북한의 미사일 공격으로부터 주한 미군을 지키기 위해 사드를 도입한 데 대해 중국이 한국에 대한 경제적 보복 조치를 한 정도를 보면 중국이 주한 미군으로 인해 자국의 전략적 이익이 침해되는 것에 얼마나 민감하게 반응하는지 짐작할 수 있다.

러시아 입장에서도 자국의 극동군 사령부 산하 해·공군 전력이 태평양 지역으로 진출하는 길목에 한반도가 있으므로 한반도가 자국에 적대적인 세력으로 변하는 것을 경계할 것이다. 러시아는 블라디보스토크에 군항을 가지고 있는데 겨울에 항구가 결빙되어 군항으로서 효용이 감소되기에 구한말 시대부터 한반도에 부동항 확보를 원했던 사실이 있다. 이를 견제하기 위해 해양 세력이었던 영국과 일본이 연합해 거문도에 군항을 세우고 독도를 러시아 함대 동향 탐지를 위한 전초 기지로 삼으려 했다. 이런 역사적 사실이 한반도가 러시아의 전략적 이익에 반하는 방향으로 사용될 수도 있다는 점을 입증하기 때문에 러시아의 전략적 우려도 통일 과정에서 고려해야 할 것이다. 러시아는 한반도가 통일돼 한반도와 유럽을 잇는 TSR 이용이 활성화되면 낙후된 시베리아 지방에 경제적 기회가 생기는 것을 기대하고 있다. 한반도에서 가까운 극동 지역도 한반도 통일로 인해 환동해권 경제가 출현하면 여러 가지 경제적 혜택을 볼 수 있다. 이 지역의 개발이 촉진되는 것도 러시아가 바라는 바다. 극동 지역에서 중국의 영향력이 점차 커지는 것을 두려워하는 러시아로서는 통일 한국이 극동 지역에서 중국의 대항마 역할을 하는 것이 한반도 통일을 통해 기대할 수 있는 이점이기 때문에 이런 점들을 러시아 측에 잘 부각시켜야 할 것이다.

이러한 주변국들의 전략적 이해관계와 우리의 장기적 국익을 모두 고려했을 때 한반도 통일은 다음과 같은 점에 유념하면서 추진해야 할 것이다. 우선 남북한 간에는 과거 동·서독보다 화해·협력이나 인적 교류 수준이 아주 낮은 상태여서 급작스러운 통일 시 사회·경제적 혼란이 심각해 통일의 순방향 효과보다 역방향 효과가 더 크게 나타날 가능성이 있다. 따라서 남북한 간 화해·협력의 조치들을 지속적으로 시행해나감으로써 양측의 적대감이나 이질감을 해소해나갈 필요가 있다. 남북한의 경제적 격차를 점진적으로 줄여나가고 한반도의 반도 성격을 회복하기 위해 북한의 철도·도로 여건을 개선시켜 남북한 물류 왕래가 더욱 원활하도록 해야 할 것이다. 북한의 생산 시설과 기반을 복구하기 위한 남북 합작 사업도 진행하고 생산 시설의 원활한 가동을 위한 전력 공급 사정도 개선해야 할 것이다. 개성공단 같은 남북 경협 사업을 더 확대해 북한 주민들이 시장 경제에 적응하면서 생활 수준이 점차 향상되도록 해야 할 것이다. 남북한 간에는 이산 가족 상봉·교육·연수·관광 등 제한된 목적의 인적 교류를 점차 확대해나가는 게 좋다.

통일 추진을 위한 선결 조건은 북한의 비핵화, 더 넓게는 한반도의 궁극적인 비핵화를 달성하는 것이다. 통일된 한반도에 핵무기가 잔존해 핵무장한 통일 한국이 등장하는 것을 주변 강국들은 원치 않을 것이다. 특히 통일 과정에서 통일 한국이 향후 어떤 전략적 경향성을 가질지 알 수 없는 상황에서 통일을 지지하는 것도 부담스러운데 핵무장을 한 통일 한국과 대면해야 한다면 가급적 회피하려 할 것이다. 이런 관점에서 북·미 간 북한 비핵화 협상에서 비핵화가 완전히 이뤄지도록 우리도 노력해야 하며 남북한 대화 채널을 통해서도 북한 측에 이 점을 주지시켜야 한다.

북한이 자국의 안전이 완전히 보장되기 이전에 핵무기를 포기하지 않으려 한다면 북한의 안보 불안감을 줄이기 위해 한반도에서 평화 체제를 구축하고 북·미 간의 국교가 정상화되도록 우리도 지원해야 할 것이다. 한반도 평화 체제 구축 과정에서 남북한 간의 군사적 대치 상황에 따른 긴장도를 완화하는 조치들도 지속적으로 시행할 필요가 있다. 주변국들에도 남북한 간 군사 긴장 완화 조치로 인해 한반도에서 발생할 급변 사태나 전쟁에 자국이 연루될 우려가 없어진다는 인식이 자리 잡을 때 이들 국가가 한반도의 점진적 통일 과정을 지지할 수 있게 될 것이다.

독일 통일 과정에서 상당한 영향력을 보유했던 서독도 통일을 단독으로 추진하지 않고 미국과 긴밀히 연대해 미국을 외부 지원자로 활용했다. 이 전략이 주효했던 점을 우리가 배울 필요가 있다. 앞으로 상당 기간 동아시아에서 미국의 영향력은 여전히 강할 것이므로 우리는 한·미 동맹을 기반으로 미국의 동아시아 전략 운용의 큰 틀 안에서 통일이 추진되도록 유도하는 것이 더 수월할 것이다. 한반도 주변 강국 중에서 그래도 한반도의 평화적 통일을 공식적으로 지지하고 있는 유일한 국가가 미국이므로 미국과 연대하는 것이 당연하다. 미국이 여전히 일본·중국·러시아 등 여타 국가들에 대한 레버리지를 가지고 있다는 점도 간과할 수 없는 사실이다. 특히 미국이 북한과 비핵화 협상 과정의 직접 당사자이자 동아시아 역내 주요 행위자임이 자명하다는 점에서 북한도 협상 과정에서 비핵화를 넘어 미국과 새로운 한반도 미래 비전에 대한 전략적 대화를 할 필요가 있다. 이를 통해 북한이 기존의 전략적 셈법을 바꾸도록 한·미가 공동 노력을 하고 우리도 이런 관점에서 남북한 간 대화를 촉진해야 할 것이다. 이런 점들을 고려하면 우리가 통일 추진 과정을 미국과의 긴밀한 전략적 유대 아래 추진해야 한다는 것은 자명하다.

그렇지만 통일 후 한반도가 미국의 지배적인 영향력 아래 들어갈 것이라는 인식을 주변 강국들이 갖게 되면 통일 과정이 순조롭게 이뤄지지 못할 가능성이 있으므로 통일 후 한반도는 미국과의 군사적 동맹을 유지하기보다는 동맹 수준의 군사적 유대를 유지하는 방향으로 정책을 재검토할 필요가 있다. 이에 따라 주한 미군도 단계적으로 감축되고 한반도 방위는 대부분 우리 자력으로 담당한다는 인식 전환이 요구된다. 미국 측에서도 미국의 세계 전략과 국내 정치적 환경의 변화로 인해 해외 주둔 미군, 특히 주한 미군의 지속 필요성에 대한 정책 재검토가 제기될 것으로 보여 이 방향으로 정책 전환은 미국과 협의하에 가능할 것으로 보인다. 이 경우 미국과의 군사적 유대는 지상 주둔군에 의지하지 않고 한반도 인근에 전개된 해·공군력과 연합 방위 태세를 증강시키는 데 주안점을 둬야 할 것이다.

일본과도 한반도 통일이 가져오는 경제적 효과, 특히 유라시아 대륙을 통한 물류 이동과 환동해 경제권 출범 등에 대한 비전을 공유하는 게 바람직하다. 한반도 통일 이후 새로운 동아시아 질서 창출에 한·일이 협력해나간다는 공감대가 있으면 일본을 통일 지지 세력에 동참시킬 수 있을 것이다. 일본으로서도 최인접국이면서 과거사 문제가 얽힌 남북한과 불편한 관계를 계속 끌고 나가는 데 외교적 부담을 많이 느끼고 있을 것이다. 한반도 통일 과정을 계기로 통일된 한반도와 일본이 미래 지향적 새로운 관계를 수립하고 양국이 민주주의와 자유 시장 경제에 충실한 동아시아 질서를 이끌어가는 쌍두마차 역할을 하는 데 힘을 합칠 수만 있다면 양국 모두에 이익이 되니 일본으로서도 굳이 마다할 필요가 없을 것이다.

한반도 통일 과정에서 분출돼 나오는 새로운 동력을 이용해 한민족과 일본 민족 간의 진정한 화해와 미래 지향적 관계 설정을 시도할 필요가 있다. 정체적 상태에서 해결되지 않던 문제들이 동태적 상태에서는 해결되는 경우가 종종 있기 때문이다. 즉 일본을 통일 지지 세력에 꼭 편입시키는 외교적 노력이 필요한 것이다. 양국 간 과거사 문제로 불편한 부분이 있지만, 이는 양국이 앞으로 같이 만들어야 할 신동아시아 질서를 생각하면 충분히 극복하고 넘어갈 수 있는 문제다. 작은 돌부리에 걸려 마차 바퀴가 앞으로 나가지 못할 때 바퀴의 크기를 키우면, 즉 양국의 공동 이익의 비전을 키우면 그 돌부리를 쉽게 넘을 수 있는 것과 같은 이치다.

중국은 15년 전만 해도 통일된 한국의 출현에 대해 나름의 우려와 경계심을 가졌을 법하지만, 지금은 급성장한 자국의 국력으로 인해 통일된 한반도 자체가 자국의 국익에 큰 영향을 끼치리라는 염려를 하지 않을 정도가 됐기에 한반도 통일 과정을 좀 더 여유를 가지고 대응할 수 있게 됐다. 단, 통일된 한반도가 미·중 간 전략적 경쟁의 틀 속에서 중국에 어떠한 영향을 끼칠 것인가 여부가 중국의 주 관심사일 것이다. 따라서 통일된 한반도가 미국이 중국을 견제하는 전초 기지 역할을 해서는 안 된다고 보고 미국과 군사 동맹을 유지하는 것에도 거부감을 가질 것이다.

전통적인 국제 정치에서 강대국들은 자국 주변 국가들을 자국의 영향권하에 두려 하는데 이는 이 국가들이 자국에 우호적이거나 적어도 중립적인 자세를 취하도록 하기 위함이다. 이러한 경향은 군사 전략적으로 말하자면 이 국가들이 자국 방어를 위한 완충 지대가 돼줘야 한다는 의미다. 자국에 적대적인 국가와 국경을 마주한다면 국방비도 많이 들고 높은 군사적 긴장 속에 지내야 할 뿐 아니라 방어의 종심이 짧아져서 후방을 수비하는 데도 부담이 되는 것이 사실이다. 그러나 21세기 들어와 군사적 기술 혁신RMA이 가속화되고 있어 앞으로 벌어질 초현대전의 양상은 과거 전투와 달리 전개될 것이고 지상군의 역할이 과거처럼 중요하지 않을 것이다. 따라서 전통 군사 전략과 지정학에서 생각하는 완충 지대의 개념과 필요성이 완화될 것이다.

초현대전에서는 적 지상군이 국경을 넘어 일렬횡대로 진격해 들어오는 모습을 보기 어려울 것이다. 특히 강대국 간 전쟁이 벌어지면 강대국의 기술력이 집약된 해·공군력과 우주 전략군이 동원돼 전쟁 초기의 전략적 타격전이 전쟁의 승부를 일찍 갈라놓을 것이다. 전자전·사이버전을 통해 상대방의 군 지휘·통신 체계를 교란시키고 사회 기간망을 차폐Shut down시킴으로써 상대방 사회 내부적인 혼란으로 전쟁 수행 능력을 발휘하지 못하게 하는 양상을 띠게 될 것이다. 이 같은 비전통적 전쟁의 전투 수행에 있어 공간적 제약은 없으며 당연히 완충 지역이라는 개념도 필요 없다. UAV, 드론, 로봇 등을 동원한 전투에서도 전후방 개념이 없이 모든 지역이 최전방이 될 수 있다. 따라서 초현대전의 성격을 염두에 둘 때는 중국이 한반도를 완충 지대로 꼭 확보해야 할 큰 전략적 의미가 없는 것이다. 단, 한반도가 중국을 견제·감시 또는 공격하는 미국의 전진 기지 역할을 하는 것은 가능한 한 회피하는 것이 중국이 한반도 통일 과정에 우호적으로 되도록 하는 길일 것이다.

그러나 중국은 통일된 한반도가 유라시아 대륙의 물류 유통로에 연결되는 것을 원할 것이다. 중국은 중국을 중심으로 한 유라시아 경제권의 출범을 원한다. 이를 위해 일대일로를 추진하면서 역내 모든 국가를 철도·육로를 통해서 연결하려 하고 있다. 그러나 주변 개발도상국들이 일대일로 정책에 대해 중국의 영향권에 편입된다는 부담을 느끼고 있다. 이런 상황에서 한반도에서 통일된 한국이 일대일로망에 연결돼 유라시아 동쪽 끝부터 서쪽 끝까지 실제로 물류 이동이 현실화될 때 유라시아 경제권의 출현을 앞당기게 될 것이다. 중국만 일대일로의 혜택을 받을 경우 이는 중국의 영향력을 국외로 투사하는 통로라는 부정적 인식이 강할 수 있는데 한국과 유럽 국가 등이 참여한다면 그런 인식을 불식시킬 수 있어 중국에 도움이 될 것이다. 현재 중국이 주도해 유라시아 횡단 철도를 통해 운송되는 물량은 해상 운송 물량에 비해 턱없이 적다는 것은 통일 한국의 기여가 필요하다는 점을 반증한다.

　지금도 수출의 대중 의존도가 24% 정도를 차지하는 우리 경제는 중국에 많이 의존하는데 통일된 한반도가 대륙과 연결하면 일반 상품 수출 이외 여행, 합작 투자, 유통 등의 측면에서 양국 간 경제 상호 의존도가 더욱 심화될 것이다. 게다가 거대한 유라시아 경제권의 출현은 역내 국가 간 상호 의존도를 더욱 가속화시킬 것이다. 따라서 장기적으로는 반도 국가 성격을 회복한 한반도 경제는 대륙 경제와 연계성이 더욱 깊어질 것이며 이는 중국의 대외 정책에 중요한 상수로 작용하게 될 것이란 점 등도 중국과의 전략 대화를 통해 공유해나가면서 중국이 우리의 통일 과정을 저해하지 않는 방향으로 설득해나가야 할 것이다.

러시아와 통일 한국은 극동 지역 개발과 TSR을 이용한 중앙아시아 지역과의 물류 이동 등에 공통 이해관계를 가지고 있을 뿐 아니라 러시아의 자원과 인프라 개발 등에 통일 한국의 참여를 원할 것이다. 러시아는 자체 자본력과 기술력 등이 부족해 광대한 영토와 자원을 충분히 개발하지 못하고 있지만, 여타 선진국들과 중국이 자국 영토 내에서 경제 활동을 확대하는 것에 거부감을 가지고 있다. 따라서 통일 한국과 같이 극동 지역과 육로로 연결되면서 극동 러시아에 대해 특별한 전략적 목적을 가지고 있지 않은 나라와 연대해 경제 개발을 추진하고 싶은 것이다. 이런 관점에서 통일 한국의 출현에 대해 러시아는 우려보다 반기는 입장일 것이며 앞으로 변하는 국제 정세를 감안하더라도 러시아와 통일 한국은 전략적으로 연대해야 할 일이 많을 것이다.

지금은 러시아가 중국과 연대해 대미 견제 세력을 구성하고 있지만, 장기적으로 중국의 국력이 성장할수록 러시아의 국익은 중국과 같은 방향으로 움직일 수 없게 돼 있다. 그렇지만 러시아는 현재와 같은 정치 체제로는 미국과도 가까워질 수 없는 상황이 전개될 것이므로 미·중 간 갈등이 격화될수록 미·중 간의 균형자 역할을 하려 할 것이다. 그러나 러시아의 군사력은 강하지만 러시아 자체로 미·중 양국 간 균형자 역할을 하기가 벅찰 것이므로 러시아는 자연히 다른 국가들과 연대를 맺으려 할 것이다. 러시아는 유럽에서 항상 대륙 세력이지만 극동 지역에서 해양 세력의 성격이 더 큰 양면적 성격을 띠고 있어 해양으로 나가는 관문인 반도 국가와의 전략적 연대에 중요성을 두고 있다고 볼 수 있다. 통일 한국과 러시아가 이러한 전략적 비전을 공유할 수 있다면 러시아와 통일 한반도의 관계는 심화될 개연성이 크다. 물론 이렇게 되려면 러시아가 지금 같은 국제 질서 현상 변경 세력의 성격을 완화하고 현상 유지 방향으로 다소 선회하는 것이 전제돼야 한다.

통일 과정에서 주변 각국과 통일 한국이 공유할 수 있는 전략적 이해관계를 내세우며 이들이 통일 과정을 지원하도록 설득하고 그들의 전략적 우려를 해소해나가는 우리의 주도적인 외교 노력이 긴요할 것이다. 북한의 비핵화가 상당히 진전될 무렵에 남북한 간 상호 불가침은 물론 통일 한국의 안전 보장을 보장받기 위해 한반도 평화 체제 구축에 주변국들의 동참을 유도하는 작업이 필요할 것이다.

각국이 통일된 한반도를 자국의 배타적 영향력 아래 두지 않을 것을 확약하고 통일 한국도 모든 주변국과 평화 우호적인 관계를 유지할 것을 약속하며 통일 한반도를 영구 평화 지대로 선포하고 통일 한국과 주변국들과는 상호 불가침 선언을 하는 외교적 대타협을 추진해야 할 것이다. 그리하여 통일 한반도를 중심으로 동아시아에서 평화의 동심원이 점차 확대돼나가 동아시아에서 평화 협력체가 만들어질 수 있도록 통일 한국이 주도적인 외교 노력을 전개하는 것은 큰 의미가 있다.

통일 과정에서 시간적 요소도 중요하다. 통일 과정이 상당히 지연돼서 미·중 관계 갈등 격화 등으로 분열의 원심력이 통일의 구심력보다 더 커버리면 우리의 주도적 노력에도 불구하고 통일이 아주 힘들어질 수 있다. 별다른 변수가 없다면 시간이 지체될수록 남북한 간의 이질화는 더 심화될 것이고 경제 협력체 출범을 통한 시너지 효과도 더 적어질 것이다. 통일을 위한 노력이 금세기 초 햇볕 정책을 도입할 때 적극 추진됐더라면 국제 정세는 통일을 위한 환경 조성 측면에서 지금보다 유리했을 것이다. 지금 거의 20년 이상 경과해 국제 정세가 점차 통일에 불리하게 전개돼갈 것으로 보인다. 그러나 아직도 완전히 기회의 창이 닫힌 것은 아니다. 남북한 간에 유리한 여건이 조성될 때 각국을 적극적으로 설득하며 적절한 시간 내 통일을 추진해나가야 할 것이다. 통일의 완성에 시간이 걸리더라도 통일을 향한 발걸음은 이른 시일 내에 불가역적으로 서서히 진행시키는 것이 중요하다.

신국제 질서형
안보 관계 설정

앞으로 세계가 마주해야 할 새로운 국제 질서가 어떤 형태를 가질
지는 예단할 수 없으나 확실한 것은 현 국제 질서는 유지되지 못하
거나 많은 변형을 요구받을 것이고 새로운 국제 질서는 여러 변수에
따라 많은 조정을 거치면서 그 형태를 갖춰갈 것이라는 점이다. 따
라서 앞으로 우리의 안보 전략은 변하는 국제 질서를 미리 내다보며
어떤 질서가 완전히 고착되기 전에 우리의 국익과 안보를 잘 지키면
서 변하는 질서에 적응하는 방식으로 설정돼야 할 것이다.

　여기서 분명히 해둘 사실은 팍스 아메리카나라고 통칭되는 70년
동안의 국제 질서는 미국의 동맹국들과 우호국들에는 아주 안정적
이고 편안한 환경을 제공해주었으며 이로 인해 이들 국가가 국방과
안보에 대한 고민과 재원 투입을 줄이고 경제 발전에 몰두할 수 있
었던 세계 역사상 가장 긴 평화 시대 또는 '가장 긴 전쟁 간 시대'라

는 점이다. 세계 역사상 이러한 사례는 매우 드물다. 팍스 로마나 시대와 더불어 아주 이례적인 경우인데 이러한 장기간의 평화와 질서는 미국의 막강한 패권력 행사에 의해 뒷받침됐다. 인류 역사상 평화의 시기는 상대적으로 짧았고 전쟁이 다반사였다. 영국 군사사학자 마이클 하워드가 "평화는 전쟁 사이의 짧은 기간을 의미하고 전쟁은 자연적 질서의 하나이며 자동으로 발생하는 활동"[5]이라고 말한 것을 고려해보면 70년 이상 강대국 간 전쟁이 발생하지 않은 것은 극히 예외적인 사례다.

그러나 미국의 국력이 상대적으로 쇠퇴하고 있으며 이로 인해 미국 국내 정치가 '미국 우선주의'를 선호하는 방향으로 흘러가고 있는 데다가 미국의 지정학에 입각한 기본 국가 전략도 미국이 팍스 아메리카나를 유지하기 위해 취한 조치들의 변경을 요구하고 있다. 미국의 기본 지정학적 조건은 70년 동안 전 세계에 미군을 전진 배치하고 미 해군력이 전 세계 해양 수송로의 안전을 보장하는 '과도한 확장 정책Over stretching policy'을 지양하라고 주문하고 있으며 이를 지지하는 학자와 여론이 계속 증가하고 있다. 미국의 전략가 브레진스키 교수도 "로마가 해외에 많은 주둔군을 너무 오래 배치하는 정치적 '과도한 확장'으로 인해 붕괴에 이르게 된 역사적 교훈을 참고해 미국의 지정학적 비전을 바꿔야 한다"고 주장한다.[6] 따라서 미군의 해외 주둔과 미 해군의 해양 수송로 순찰, 주요 지역 분쟁의 미국 개입 등을 당연시하던 70년 동안의 시각은 앞으로 미국 내에서 근본적인 도전을 받게 될 것이다. 그러므로 미국의 우방국들은 자국의 안전을 미국에 의존하던 관행에서 벗어나 자국의 안보를 스스로 해결하거나 새로운 동맹이나 군사 협력 관계를 만들어 독자적으로 지켜나가야 하는 시대가 도래하고 있다.

미국은 해양 세력이므로 해양 세력에게는 육군을 위주로 하는 해외 주둔군 개념이 자국의 국가 전략과 부합하지 않는다. 해양 세력은 고도의 기동력을 가지고 월등한 화력을 가진 군사력을 분쟁 지역에 신속히 투입해 속전속결로 전쟁 목적을 달성하는 것을 선호한다. 따라서 넓은 지역에 지상군을 배치하고 그 지역을 장기 점령하는 것은 해양 세력의 장점인 기동력을 포기하는 것이며 해양 세력은 이런 지역 점령 작전에 능숙하지도 못하다.[7]

그러나 미국은 2차 세계대전 후 팍스 아메리카나 체제를 구축하면서 해양 세력의 장점을 포기하고 패권국으로서 역할에 충실하려고 했는데 이는 미국이 구축한 국제 질서이기 때문에 이 질서를 유지할 의무가 있다는 책임감이 작용한 결과다. 전후 부각되기 시작한 소련과의 냉전 체제로 인한 진영 간 경쟁 의식, 팍스 아메리카나 체제가 미국에 가져다주는 편익 등이 복합적으로 작용해 미국이 '과도한 확장 정책'을 추구하도록 했다. 미국은 소련의 세력권이 확장되는 것을 방지하기 위해 소련을 봉쇄하는 전략을 택했다. 이 전략에 따라 소련의 팽창 통로로 간주되는 서독·터키·남한·일본 등에 미군을 대규모로 주둔시켰다. 미국은 서유럽 국가들을 NATO에 편입하고 NATO 회원국과 여타 동맹국들에 집단 자위권의 개념을 적용했다. 그 결과 미국은 이들 국가에 대한 외부 공격을 미국에 대한 공격으로 간주하고 이들에게 군사적 지원을 약속하는 자동 개입 조항을 동맹 조약에 삽입함으로써 이들 국가의 안보는 미국이 책임지는 것과 마찬가지인 현상이 발생했다.

이로 인해 이 서방 국가들은 자국 GDP의 2% 미만을 국방비로 사용하면서 여기서 남는 재원을 경제 개발에 투입해 고도의 경제 성장을 누릴 수 있게 됐다. 미국이 구축한 자유무역 질서와 안전한 해양 수송로를 통해 미국 시장에 자국 제품을 대량 수출할 수 있는 혜택도 아울러 누렸다. 국제 무역과 투자에 있어 가장 큰 장애물은 불확실성인데 팍스 아메리카나 질서하에서는 정세 안정은 물론 규범에 입각한 제도화로 인해 불확실성이 대폭 감소돼 세계 경제가 지속적인 성장을 할 수 있었다.

미국의 경제에서 해외 부문이 차지하는 비율은 아프리카 미개발국을 제외하고는 세계 어느 나라보다 낮다. 즉 미국의 GDP에 수출 부문이 기여하는 비율은 11% 정도이고 수입이 차지하는 비율은 5%에 불과하다. 미국이 중동에 큰 전략적 비중을 두는 이유가 원유를 확보하기 위해서라고 알려졌지만, 미국은 자국의 원유 매장량이 자급자족에 필요한 이상으로 풍족하다. 최근에는 셰일가스와 셰일유의 채굴로 에너지 수입국에서 에너지 수출국으로 전환하는 과정에 있다. 따라서 미국 국익 자체의 관점에서만 봤을 때 미국이 전 세계 해양 수송로의 안전을 확보하기 위해 전 세계 해군력을 다 합친 것보다 6배 정도 많은 해군력을 유지하면서 해양 수송로를 순찰하고 보호할 필요가 없다.

이제 미국은 해양 세력으로서 자국의 기본 국가 전략이 요구하는 방향으로 군사력 운영과 편성을 바꾸려 하고 있다. 미국의 관점에서 봤을 때 미국이 과도한 국방비 부담을 감수하면서까지 세계 경찰 역할을 할 동안 국방비 부담을 줄이고 안보를 무임승차한 서방 국가들에 비용 부담을 전가하려 하고 있다. 이는 한국 등 미군이 주둔한 국가들에게는 방위 분담금 증가 압박 형태로 나타나고 있다. 장기적으로는 미국이 해양 세력이므로 해군력은 계속 유지하려 하겠지만 미군의 해외 주둔을 상당히 감축할 것이다. 미군이 해외 주둔할 경우 예를 들면 주한 미군이 북한 등 대륙 세력이 침략할 때, 미국이 자동으로 개입하게 되는 인계 철선Trip wire 역할을 하게 돼 우리로서는 안보를 위한 든든한 안전판이 됐지만, 미국으로서는 미국이 원치 않는 무력 분쟁에 휘말려 들어갈 가능성을 높이기 때문에 앞으로 이를 기피하려 할 것이다.

해양 세력의 전략적 장점, 특히 미국의 장점은 국경이 해양으로 분리돼 있어 외부 세력으로부터 침략을 원천적으로 차단해주는 효과를 누리는 것이다. 이로 인해 미국은 굳이 동맹을 맺을 필요도 없고 다른 지역에서의 분쟁에 관심을 크게 기울일 필요도 없다. 그래서 미국은 '역외 균형자' 역할만 하는 것이 자국의 국가 전략에 부합하는데 이 역외 균형자는 해양 세력으로서 어떤 전쟁에 개입할지와 그 시기, 개입할 장소를 스스로 선택할 수 있다. 이로 인해 미국은 1·2차 세계대전 때도 초기에는 참전을 유보하다가 전체 전세가 자국의 개입을 필요로 할 시점에 참전을 결정하는 전형적인 역외 균형자 모습을 보였다.

2차 세계대전 후 팍스 아메리카나 체제를 구축하면서 미국은 이러한 해양 세력으로서 전략적 장점, 즉 자율적 선택권을 포기하고 미국이 행한 안보 공약으로 인해 자국의 안보를 타국의 안보에 기속시키며 '행동 자유 정책Free hand policy'을 스스로 포기한 셈이 됐다. 이제 미국은 이러한 팍스 아메리카나 체제로 인해 부담하게 된 부자연스러운 기속 상태를 벗어던지고 해양 세력으로서 전략적 장점을 회복하려 하고 있다. 미국의 이러한 정책 선회는 자국의 안보에는 큰 문제가 없지만 미국에 안보를 의지해오던 서방 국가들에게는 새로운 도전으로 다가오고 있다.

팍스 아메리카나 질서 속에서 존재했던 또 하나의 하위 국제 질서는 냉전 체제다. 이 냉전 체제는 자본주의와 공산주의라는 적대적 이념을 중심으로 서방과 동구권이라는 양대 진영으로 나뉘어 서로 대립과 견제를 하면서 지탱해온 국제 질서다. 이 양대 진영의 맹주는 자본주의 진영은 미국, 공산주의 진영은 구소련이었으며 양 진영 소속국들의 맹주국에 대한 충성도와 진영 내 결속도는 아주 강했고 두 진영 간은 경계선이 명확해 양 진영 간 교류는 거의 단절됐다. 이 냉전 체제에서 양 진영 간의 긴장과 갈등의 수위는 높았지만, 이것이 무력 충돌, 즉 열전으로 전환되지는 않고 항상 양 진영 간 갈등의 수위를 조절하면서 지낼 수 있었기에 '냉전 시대'라고 했다.

이 냉전 시대는 양극 체제라 할 수 있는데 국제 체제의 안정성 측면에서 볼 때 양극 체제가 가장 안정적이라는 것이 역사적으로 판명됐다. 냉전 체제도 양 진영 간 직접 충돌 없이 안정적으로 유지된 편이었다. 이는 양 진영 간 결속도에 비춰 작은 충돌이라도 발생할 경우 세계대전으로 확전되는 것이 거의 자명한 사실이었다. 그것도 핵전쟁이 될 공산이 확연했기에 양측은 상호 확증 파괴의 길로 나아가지 않으려는 자제력을 발휘한 결과 안정이 유지된 것으로 봐야 한다. 냉전 시대에는 양 진영 간 충돌은 억제된 반면, 양 진영의 주변부나 변방에서 양 진영이 자신의 세력권 확장을 위해 무력 분쟁을 부추기고 경쟁적으로 지원하는 탓에 대리전 양상의 분쟁이 발생하는 경우가 많았다. 따라서 냉전의 주변부에서 국지적인 전쟁은 오히려 적지 않게 발생했다.

구냉전 체제는 구소련의 몰락으로 1991년 막을 내렸다. 그 후 미국의 초단극 체제가 등장했는데 이 체제에서 미국의 패권에 도전하는 국가들이 없었기에 국제 정세는 더 안정적으로 됐다. 단지 미국의 압도적인 지위에 대한 반감을 가지고 미국에 대항하는 테러 그룹들로 인해 미국은 '테러와의 전쟁'만 수행하게 됐다. 그러나 2010년경 중국의 급부상으로 다시 미국의 패권에 대한 도전이 시작되는 G2 시대가 막을 열었다. 아직 미국이나 중국 모두 G2 시대라는 용어를 인정하지 않지만 국제 사회에 최근 일어나는 여러 현상을 보면 G2 시대는 기정사실화되고 있다고 봐야 한다. G2 시대는 세계화의 영향으로 미·중 양국 간 상호 의존성이 높아 냉전 시대로 회귀하지는 않을 것이라는 전망도 많았으나 이제 미·중 양국 간에 격화되는 갈등으로 인해 새로운 냉전 시대가 열리고 있다는 전망도 적지 않다.

미·중 간의 신냉전은 미·소 간의 구냉전과 성격을 달리할 것으로 보인다. 우선 신냉전은 이념을 기반으로 전개되는 것이 아니라 순수한 패권 경쟁·국력 경쟁이라는 점에서 성격이 다르다. 따라서 냉전이 본격화되면 양 진영이 형성될 것이지만 각 진영에 속하는 국가들은 구냉전에서처럼 강한 결속력을 보이지 않을 것이며 진영의 경계가 명확하지 않아 양 진영을 넘나드는 국가들도 많을 것이다. 신냉전으로 인해 양 진영 간 어느 정도 교류의 장벽이 쳐지겠지만 구냉전에서의 '철의 장막' 같은 엄한 격리성을 갖지 못할 것이다. 미·중 간에도 상황에 따라 편의적인 협력과 거래를 주고받기도 할 것이다.

엄격한 격리성이 유지되지 않기 때문에 신냉전 체제가 구축되더라도 구냉전 체제처럼 국제 질서에 안정적인 효과를 가져다주지 못할 것으로 전망된다. 신냉전 체제가 성립되려면 중국이 적어도 일정

수의 국가들에는 맹주의 역할, 즉 지원을 제공해주고 권위의 정당성을 인정받는 역할을 수행한다는 것을 전제로 한다. 그러나 중국이 이 역할을 제대로 수행하지 못할 경우 중국은 미국에 대한 패권 도전국으로는 남겠지만 국제 질서는 신냉전하 양극 체제 대신 다극화 체제로 나아갈 것이다. 결론적으로 불안정한 양극 체제이든 다극 체제이든 새로운 체제는 지금보다 훨씬 불안정할 것이므로 각국은 자국의 안보를 스스로 책임지는 각자도생의 길을 가거나 세력 균형에 입각한 합종연횡을 통해 안전을 도모해야 할 상황이 도래할 것이다.

다가오는 국제 질서는 비자유주의적 질서가 만연할 가능성이 크다. 자유주의 질서는 국제 질서가 국가의 '힘', 즉 군사력에 의존해 형성되고 국가 간 관계도 이 힘의 역학 관계에 의해 결정되던 현실주의적 정치, 즉 세력 균형의 정치가 전쟁을 더 많이 유발한다는 반성에 입각해 2차 세계대전 후 새로이 생성된 질서다. 물론 그 질서의 맹아는 1차 세계대전 후 윌슨 대통령에 의한 '평화의 14개 조항'을 기반으로 국가 간의 관계를 국제법에 의거해 규율하려 하고 '국제연맹'을 결성하고 '집단 안보 개념'을 도입했던 노력에서 찾아볼 수 있다. 그러나 이 이상주의적인 초기의 시도는 국제연맹에 미국이 참여하지 않고 집단 안전 보장을 담보할 장치를 마련하지 못해 실패하고 만다.

2차 세계대전 후 미국이 팍스 아메리카나 체제의 한 축으로 구축한 것이 자유주의적 질서다. 이 질서는 국가 간의 관계를 국제법과 규범, 국제기구에 의해 규율한다. 이 자유주의는 국가 간 분쟁이 발생하는 것은 이 분쟁을 합리적으로 조정할 제도가 없기 때문이며 각국의 이기적인 야욕을 법률적·도덕적 수단을 통해 억제하면 평화적으로 해결할 수 있다고 봤다. 이를 위한 법제화·기구화·제도화를 열심히 진척시켰다. 이러한 자유주의적 질서로 인해 2차 세계대전 후 강대국들이 자의적으로 약소국을 다루지 못하게 됐으며 전쟁 행위도 국제법의 테두리를 벗어나면 국제전범재판소·ICC에 회부될 수 있게 돼 잔혹한 전쟁 범죄를 예방하는 기능을 발휘하기도 했다.

이러한 자유주의적 질서와 제도는 대다수의 국가가 이것이 국제 질서 안정에 기여한다고 판단하고 적극 참여하기에 기능할 수 있지만, 이 질서와 제도가 정상적으로 기능하려면 강대국들의 지원과 자발적 참여도 긴요하다. 국제법이나 규범은 법이지만 국내처럼 이의 집행을 강제할 권위 있는 기관이 존재하지 않기 때문에 강대국들이 자국의 임의 행동권을 포기하고 국제법과 규범에 기속되는 것을 스스로 수용할 때 다른 국가에도 기속력을 가지는 강행 규범화가 가능한 것이다. 자유주의적 질서 유지에 필요한 비용도 패권국인 미국이나 여타 강대국들이 많이 부담함으로써 이 질서가 작동할 수 있게 된 것이다.

그런데 최근 미국을 비롯한 강대국들이 이러한 자유주의적 질서에 대한 국내 정치적 반감 등을 이유로 국제법이나 규범보다는 자국의 임의 행동권을 우선하는 자국 우선주의를 내세움으로써 자유주의 질서는 위기를 맞고 있다. 미국은 UN 등 주요 국제기구에 대한 분담금 납부를 지연시키거나 축소하고 어떤 기구로부터는 아예 탈퇴하기도 하며 자국이 합의했던 다자 협약, 즉 파리 기후 변화 협약, 이란 핵 관련 JOPOA도 파기해 자유주의 질서를 앞장서 허물고 있다는 비판을 받고 있다.

이처럼 비자유주의적 질서가 득세하면 강대국은 자국의 국익에 따라 '상황별로 규범을 취사선택해서 적용하는 행태Cherry Picking'을 하면 그만이니 오히려 유리한 측면이 있지만 여타의 국가들은 국제 정세의 불확실성이 증가해 국가 간 관계가 불안정해지고 안보 비용이 증가하는 불편을 감수해야 한다. 즉 국제법이나 규범에 호소해 강대국이나 자국 숙적의 행동을 제약할 수 없기 때문에 자국 국익에 불리한 상대국의 행동을 스스로의 힘으로 억제해야 하는 부담을 지게 되는 것이다. 비자유주의적 질서가 득세하고 미국도 자국 우선주의에 따라 세계 경찰 역할을 포기하고 '역외 균형자'로 남는다면 국제 정세는 더 불안해지고 각 지역에서 지역 패권을 장악하려는 세력이 나타나는 것을 막을 수 없다. 그 외 테러 집단이나 해적·반군 같은 불법 무장 세력들이 군웅할거할 것이다. 결과적으로 '규범이 지배하던 질서'에서 '힘이 지배하는 질서'로 나아갈 공산이 크다.

이렇게 되면 국제 운송이나 거래 등에 있어 안정성이 위협을 받게 될 것이며 이 안정성을 확보하기 위해 개별 국가들은 문제를 스스로 해결해야 하고 이를 위해 더 많은 비용을 지불해야 할 것이다. 특히 한국과 같이 경제의 대외 의존도가 높은 국가는 원유, 가스 등을 비롯한 에너지는 물론 여타 원자재와 식량을 해외에서 조달해야 하고 이 수입한 자재들을 가공해 해외 시장에 수출하기 위해서도 국제 운송로, 그중에서도 해상 운송로의 안전이 보장되는 것이 정말 중요하다. 해상 운송로Sea lane의 안전이 보장되지 않아 원자재 공급이나 수출품 운송에 장해가 발생한다면 한국 경제는 직격탄을 맞을 것이고 이 문제가 장기간 안 풀리면 국가 안보 자체가 위협을 받을 것이다. 최근 이란과 갈등 속에서 걸프 해역에서 유조선이 공격을 받자 트럼프 대통령이 앞으로 유조선을 보호하는 일은 원유를 수입하는 국가들이 스스로 해야 할 것이라고 말한 것은 앞으로 이 같은 우려가 현실화될 것임을 예고하고 있다.

이러한 새로운 국제 질서가 초래할 각종 불안정성을 감안할 때 우리의 안보를 굳건히 하기 위해 우리가 제일 먼저 해야 할 일은 우리의 자주 국방력을 강화하는 것이다. 새로운 국제 질서하에서도 한·미 동맹이 우리 안보의 근간이 돼야 하겠지만 미국의 상대적 퇴조와 중국의 부상으로 인해 우리는 미국의 한국에 대한 안보 공약이 이전처럼 일방적으로, 어떤 여건하에서라도 제공되리라고 생각해서는 안 된다. 국가의 안보는 항상 최악에 대비해야 하고 최악의 경우에는 주변 강대국에 대해서도 우리가 어느 정도 독자적인 방어력을 갖춰야 할 것이다. 미국에 일방적으로 의존해왔던 우리의 국방에 대해 미국과도 쌍무적으로 비용, 책임 등을 분담해야 하고 미국 이외 다른 국가들과도 다변적인 안보 협력 관계를 구축해나가야 한다. 한·미 동맹도 일방적인 '시혜자-수혜자' 관계를 벗어나 호혜적인 거래 관계, 즉 미국의 안보에도 우리가 기여하는 바가 있어야 동맹이 지속적으로 유지될 수 있을 것이다. 그런 측면에서 미국의 방위비 분담금 인상 요구를 적절한 선에서 수용해줄 필요가 있다.

새로운 국제 질서 속에서 우리의 자주적 국방을 생각할 때 우리는 국방의 전략적 목표는 무엇이며 이를 구현할 전술적 수단은 무엇이고 우리의 지정학적 조건이 국방에 요구하는 기본 전제들은 무엇인지를 확인할 필요가 있다. 앞으로는 북한과의 화해·협력이 진전돼 한반도에서 어느 정도 평화 체제가 구축되는 상황을 전제로 하고 주변국 간 변하는 정세를 감안하면서 우리의 전략적 목표를 재확립할 필요가 있다.

우리 국방의 첫 번째 전략적 목표는 우리의 영토를 주변국의 침입으로부터 방어하는 것이다. 두 번째 목표는 우리의 해상 수송로 등 주변 해역의 안전을 지키는 것이다. 세 번째 목표는 동아시아 지역이 특정 국가의 패권적 지배하에 들어가는 것을 방지하는 것이다. 첫 번째 목표와 관련해서는 한반도의 지정학적 여건상 주변국이 육로·해로 및 공로 세 가지 방면을 통해 우리 영토를 공격할 수 있으므로 모두 대비해야 한다. 두 번째 목표와 관련해서는 한반도의 지정학적 여건상 3면이 바다로 둘러싸여 있고 우리의 경제가 해외 의존형 구조이므로 상품과 원자재의 수송로인 남중국해와 믈라카 해협 등까지 우리의 해군력이 미칠 수 있어야 하므로 해군력을 대폭 증강해야 한다. 세 번째 목표와 관련해서는 우리의 해·공군력의 장거리 투사 능력을 확보해야 하고 비우호적인 지역 패권 국가가 등장할 경우 이에 대항할 수 있는 치명적인 비대칭적인 전력을 확보해나가야 한다.

해외에서 불안정성이 증대되는 환경 속에서 자주 국방력을 강화하려면 우리의 군사력도 해외 지향적으로 변모해야 한다. 그러기 위한 전제 조건이 남북한 간의 군사적 대치 상황이 완화돼 우리의 국방력이 대북 억지에 집중하지 않고 해외로부터 오는 안보 위협에 대처할 수 있도록 각 군 간 자원 배분 비율과 필요한 무기나 장비 체계도 바뀌어야 할 것이다. 한반도에서 북한과 지상전이 발생하는 것에 대비해 집중 육성해온 육군의 비중을 줄이고 지상 무기에 대한 투자를 줄여 여기서 남는 재원을 공군과 해군력을 더 육성하는 데 투자해야 한다. 우리 해군의 원양 작전 능력과 공군의 원거리 정찰 및 작전 능력도 함께 배양돼야 할 것이다.

이를 위해서는 우리 해군도 경항공모함을 중심으로 하는 원양 기동 전단을 최소한 하나 정도 구축할 필요가 있다. 7,000톤급 이상의 구축함과 순양함을 다수 보유해야 하며 군수 지원함과 보급함의 숫자도 늘려야 한다. 그러나 우리의 수상 함대는 대규모 해전이나 대규모 상륙 작전을 할 이유가 없으므로 그런 용도의 함정으로 구성되기보다 원양 전력 투사 능력을 일단 확보한 다음에는 대잠수함 및 대공 방어 작전을 수행할 수 있는 전투함을 많이 보유하는 것이 필요하다. 우리와 연합해 해상 수송로 보호 작전을 수행할 국가들의 군함과 합동 작전에 필요한 수요의 함정은 보유해야 할 것이다. 가상 적국의 '해양 접근을 방지Sea denial'하는 고속 유도탄함, 구축함, 기뢰부설함 등도 상당수 필요할 것이다.

장거리 대함 미사일의 공격에 취약한 수상함보다는 가급적 은밀히 침투해 적 배후를 타격할 수 있는 잠수함의 숫자를 늘려야 한다. 장기간 잠항 기능을 가진 잠수함은 상대국의 함대 전체에 큰 위협이 되므로 적은 비용으로 큰 효과를 발휘할 수 있다. 상대국에 대한 비대칭적 타격 전력으로 핵잠수함을 보유할 필요가 있을 것이나 비용이 막대하므로 최소한으로 줄이고 3,000톤급 정도의 긴 잠항 거리를 가진 잠수함을 다수 보유할 필요가 있다. SLBM은 상대국의 해안 인근에서 불시에 상대국 전략적 목표물을 타격할 수 있다는 점에서 중요한 전략적 무기가 되므로 SLBM 장착 잠수함도 요구된다.

우리가 해군력을 집중 증강시켜야 하는 이유는 3면이 바다를 접한 우리 영토에 대한 침입이나 타격은 해양으로부터 올 가능성이 크며 우리의 생명선인 해양 수송로를 보호해야 할 필요도 있고 장래 지역 패권 경쟁은 주로 해양에서 승부가 날 가능성이 크기 때문이다. 해양으로부터 안보 위협이 온다고 가정하면 가급적 먼 해양에서 우선 해군력으로 그 위협을 1차 차단하는 것이 중요하다. 이것이 뚫릴 경우 해안선에 배치된 대함 미사일 부대와 상륙 저지 전력들이 2차 차단을 하는 2중 방어벽을 구축해야 할 것이다. 이 같은 다중 방어벽 개념은 오스트레일리아의 안보 전문가인 휴 화이트도 미래의 오스트레일리아 국방을 위한 책략에서 제시한 바 있다.[8]

공군도 장거리 정찰기, 해상 초계기, 공중 급유기, 장거리 전략 폭격기 등이 필요할 것이다. 우리의 전력을 장거리로 투사해 우리 영토 인근이 아니라 외곽에서 선제 공격과 방어를 할 태세를 갖추는 것이 필요하다. 주변국이나 군사 강국으로부터 전략적 위협에 대응하기 위해서도 우리도 핵잠수함과 장거리 미사일을 개발해야 할 것이다. 해외에서 우리 국민의 생명과 재산이 위협을 받을 때 이를 보호하고 구출하기 위한 기동 타격대 성격의 원정 부대도 육성해 상황 발생 시 즉각 투입할 수 있도록 준비시켜야 할 것이다. 현재 우리나라가 미사일 기술 통제 체제MTCR란 제약하에 있지만 변하는 국제 정세를 내다보고 장거리 정밀 타격 미사일 개발 능력도 꾸준히 향상시키고 전략 미사일 부대도 창설해 주변국의 위협을 받을 때 우리도 전략적인 타격을 할 수 있는 능력을 갖춰야 할 것이다. 역으로 상대국으로부터 미사일 공격을 받을 경우 우리나라의 지정학적, 인구 밀집적인 여건상 굉장히 취약하므로 다층 방공망을 가진 미사일 방어 체제를 굳건히 세워둬야 할 것이다.

우리가 자주 국방을 위한 노력을 하더라도 주변 강국에 비해 충분히 독자적인 자주 국방 능력을 갖추기는 힘들 것이므로 비대칭 전력을 개발하는 데 더욱 집중해야 할 것이다. 예를 들면 전자전, 사이버전 능력들을 고도화해 상대편의 기술 집약적인 무기들을 무력화 또는 교란시키거나 상대편 사회의 통신·통제 시설들을 교란시켜 전쟁 수행 능력에 큰 타격을 주는 방안을 개발해야 한다. 역으로 상대편으로부터 우리에게 이러한 공격이 가해질 경우 이에 대한 방어 능력도 현저히 제고돼야 할 것이다. 이스라엘·스위스 같은 소국도 어떤 나라와 동맹을 맺지 않고 자체 국방력만으로 주변 국가들이 쉽게 넘볼 수 없도록 무장된 사례를 참고해 우리도 이 같은 길을 가야 할 것이다.

우리의 자주 국방을 보완할 수 있는 또 다른 방법은 안보를 한·미 동맹에만 전적으로 의존하지 않고 한·미 동맹의 약화 가능성을 염두에 두고 우리와 전략적 이해를 같이하는 다른 국가들과 다면적인 군사 협력 체제를 발전시켜나가는 것이다. 우리와 전략적 이해를 같이하며 군사적으로 협력할 나라들은 주로 동아시아·서태평양 지역에 있으면서 미국과 중국 간에 어느 한쪽을 취사선택할 수 없는 이해관계를 가지고 있는 국가로서 규모가 중견국 수준은 돼 서로 군사적 협력을 할 때 시너지 효과가 날 수 있어야 한다. 특히 중국과 국경을 접하는 공통점을 가지고 있는 국가들은 중국의 급부상에 안보적 위협을 느낀다는 점에서 전략적 이해가 일치한다고 볼 수 있다. 이들 국가와는 군사적 협력을 준군사 동맹 수준으로 끌어올려서 우리가 개발한 무기 체계와 방산 장비들을 공급하거나 공동 개발하면 우리 방위 산업 육성에도 기여하면서 각 군대 간 상호 운용성도 높이는 효과가 있을 것이다. 이 국가들은 해상 운송로의 안전에도 공통 이익을 가지고 있으므로 합동 해군 훈련도 하고 해상 구역을 나눠 담당해 순찰하는 역할도 분담하면 좋을 것이다.

미·중 간에 동아시아 지역에서 패권을 둘러싸고 갈등이 격화될 가능성이 크므로 미·중 간의 갈등을 완화하거나 완충할 수 있는 세력 간 연합을 하는 것이 동아시아 지역의 안정에도 도움이 되고 우리의 안보에도 긴요한 일이 될 것이다. 미·중 모두가 동아시아의 지역 패권을 어느 한쪽이 독점하는 것을 용납하기 어려운 상황에서 경쟁이 격화되면 무력 충돌까지 발생할 가능성이 있으므로 이를 방지하려면 이 지역에 연합한 제3의 세력이 중간 지대, 즉 남북으로 펼쳐지는 일정 해역에 존재하면서 완충 지대를 만들어 미·중 양국 해군 세력이 직접 대치·충돌하는 일이 없도록 할 필요가 있다. 이들 연합 세력 국가들은 일정한 해군력을 가지고 있어 연합하면 미·중의 해군이 무시하지 못할 정도의 규모가 되고 미·중 해군 어느 쪽으로부터 압력을 받게 되면 자연히 반대쪽 해군과 연계하면서 상대편을 견제하는 역할을 하면 지역 안정에 도움이 될 것이다. 우리는 이러한 연합 해군 세력에 주도적으로 가담해야 하며 이에 가담할 국가들과 군사적 협력을 강화해나가야 할 것이다. 미국의 전략가인 브레진스키 전 국가 안보 보좌관도 "미국이 동아시아에서 대중국 포위망의 선봉에 선다면 양국 간 갈등은 돌이킬 수 없을 것이므로 동아시아에서 세력 균형은 미국과의 동맹에 의존하기보다 지역 내 자체 충족적인 안보 구도에 의존해야 하고 미국은 균형자 역할만 해야 한다"고 주장했다.[9]

이 과정에서 우리는 "우리가 주변국에 감사하거나 자신을 과대평가한다는 사실은 전쟁터에서 우리 쪽에 한 명의 병사도 더 더해주지 않는다. 오직 우리 실력에 대한 두려움만이 우리 쪽에 힘을 더해준다. 정책은 가능성의 예술이고 상대성의 과학이다"라는 비스마르크의 말을 되새길 필요가 있다.[10] 다면적 군사 협력을 발전시키려면 우리의 국방력에 대해 주변국들이 전략적 유용성을 평가해야 하는 것이 전제돼야 한다. 따라서 주변국의 선의에 의존하거나 우리의 실력을 과신하기보다 냉철한 현실 인식을 바탕으로 기존의 안보 협력 체제를 뛰어넘는 군사 협력 관계를 다면적으로 구축해나가야 할 것이다.

다면적 군사 협력 관계를 구축하는 데 있어 우리가 유념해야 할 일은 우리가 주변 강국을 일대일로 맞서 이길 수 있는 자주 국방력을 현실적으로 갖출 수 없기 때문에 우리의 전략적 가치를 높이는 방식으로 군사력이나 편제를 바꿔야 한다는 것이다. 주변 강국이 우리를 공격하려 할 경우 자국도 막대한 피해를 감수할 수밖에 없다는 것이 명백할 정도의 억지력을 갖추는 고슴도치 전략이 필요하다. 주변 강국이 우리의 군사력이 자국의 전력에 보탬이 되고 자국이 부족한 부분을 메워주는 역할을 한다고 판단하게끔 해 우리를 자국의 진영에 끌어들이려 노력하도록 만들어야 한다. 다양한 형태의 합종연횡, 군사 협력이 전개될 때 우리나라를 포함시키면 '최소 승자 연합'이 된다는 확신이 들도록 해야 한다.[11]

미·중 갈등 관계 속 국익 외교

우리 민족이 겪은 아픈 과거사를 돌이켜보면 우리는 몇 번의 주변 정세 대격변기에 환경 변화를 제대로 파악하지 못하는 바람에 외침을 당하고 민족 전체가 고난 속에서 참담한 결과를 받아들일 수밖에 없는 피동적인 존재로 전락한 적이 더러 있었다. 처음은 조선 초엽 전국 시대를 통일한 일본의 군벌 세력들이 "명나라를 정벌하기 위해 길을 내어달라征明街道"는 요구를 거절해 임진왜란을 겪은 일이다. 이때는 일본에 통신사를 파견했음에도 불구하고 일본의 상승하는 국력과 의도를 제대로 읽지 못하고 준비를 하지 않아 전 국토가 유린당했다. 또 한 번은 조선 시대 중엽 명·청 교체기에 새로이 부상하는 청나라와 기존의 사대 국가인 명나라 사이에서 몰락하는 명나라 편을 들다가 청나라의 침입을 두 번이나 당하고 인조가 삼전도에 나가 청나라 누르하치에게 '세 번 무릎 꿇고 아홉 번 머리를 조아리는三拜九叩頭禮' 치욕적인 일을 당했다. 마지막으로는 조선 말엽 몰려오는 서양 세력과 새로이 부상하는 일본과 몰락하는 청나라 사이에서 정세 판단을 제대로 하지 못하고 표류하다가 국권을 상실하는 씻을 수 없는 수모를 당했다.

우리 역사 속에서 민족이 치욕적인 수모를 당한 세 경우는 공통 원인이 있다. 첫째, 국내 정치적으로 국론이 분열돼 있고 당파적 이익에 몰두해 국내 정쟁에 매달리느라 국제 정세를 바로 분석할 틈이 없었다는 점이다. 둘째, 국제 질서의 변혁기에 누가 부상하는 강자인지를 판단하지 못하고 과거 답습적인 외교와 명분에 얽매인 외교를 주장하다 전쟁을 자초한 점이다. 셋째, 외부에서는 전쟁의 기운이 높아지는데 안일한 평화주의적 발상으로 국방을 소홀히 한 점이다. 자주 국방의 개념 없이 믿고 있던 큰 나라가 우리를 지켜줄 것이라는 외세 의존적 자세를 가지고 있었다. 넷째, 국내 사회와 경제가 피폐해 국방을 강화하고 싶어도 이를 이룰 수 있는 재정이나 제도가 뒷받침되지 않았다는 점이다. 다섯째, 우리의 기본 국익을 지키기 위한 원칙과 결의도 없이 기회주의적으로 처세를 함으로써 전쟁을 피할 수 있는 시기를 놓쳐버린 점이다. 이 같은 역사로부터의 교훈에 비춰볼 때 현재 우리가 지금 어떤 상황에 처해 있고 과거보다 더 나은 대비를 하고 있는지 자문해봐야 할 시점이다.

앞에서 본 것처럼 정세 격변기에 국제 정세를 오판하면 민족 전체가 큰 환란을 당한다는 것을 동서고금의 역사가 증명해주고 있다. 지금 우리에게 닥치는 큰 파고는 다시 국제 질서가 바뀌고 있으며 현 패권국인 미국에 대해 새로이 부상하는 중국이 패권 도전을 하고 있다는 사실이다. 우리나라는 70년 동안 미국이 주도하는 자유주의적 국제 질서하에서 가장 혜택을 많이 받아 성공한 국가의 하나로 꼽힌다. 우리는 한국 전쟁 이후 미국과 동맹 관계를 맺어 우리의 안보를 미국에 의탁함으로써 북한을 비롯한 주변의 위협에도 안전을 보장받으며 경제 발전에 매진할 수 있었다.

그러나 이러한 질서 자체가 바뀌고 있고 미국과 중국 간의 힘겨루기는 어디까지 이어질지도 모른다. 그 결과 미국의 패권이 유지될지 중국이 새로운 패권국으로 등장할지 아직 알 수 없다. 과거의 실패를 되풀이하지 않으려면 국제 정세 변화를 예리하게 주시하면서 우리의 대외 정책을 변하는 정세에 맞춰 잘 조율해나가는 세밀함이 그 어느 때보다 요구된다. 특히 안보는 미국에, 경제는 중국에 주로 의존하는 '이중 의존성의 딜레마Dilemma of double dependency'를 숙명처럼 안고 있는 우리에게는 정세 변화에 따라 대외 정책을 세밀하게 조율하고 기존 입장을 결정적으로 변경하는 것이 말처럼 결코 쉬운 일이 아닐 것이다.

미·중 간의 패권 경쟁이 단순히 '힘의 우위'라는 단순한 척도에 의해 결정된다면 오히려 우리의 선택이 수월해질 수 있으나 이것이 질서 변화를 수반하고 이념과 가치의 문제까지 수반될 때는 우리의 선택은 정말로 어려워질 수 있다. 우리가 청나라의 침입을 받았을 때나 조선 말 척화 운동을 펼쳤을 때도 우리 선조들은 청나라나 서양 세력이 무력만큼은 우월하다는 것을 파악했었다. 그럼에도 불구하고 청나라와 서양 세력은 조선의 지배 계층이 목숨처럼 소중히 여기던 유교 사상, 즉 소중화주의 관점에서 문화적으로 오랑캐 수준이라고 봤기에 이들과 손을 잡을 수 없는 노릇이었다. 따라서 이들에게 순순히 항복하고 문을 여는 것은 유교 세계관에서는 용납되지 않는 일이었기에 정확한 정세 판단과 정책 결정을 하기가 더욱 어려웠다. 우리에게 앞으로 닥칠 대변혁기는 패권국만 변경되는 것이 아니고 질서 자체가 변하는 성격의 것이 될 가능성이 있기에 우리의 더욱 깊은 성찰과 고민이 요구되는 것이다.

따라서 우리는 미국과 중국 양국 간의 국력 경쟁, 즉 누가 더 국력 차원에서 우월적인 패권국이 될 것인지 그 동향을 잘 주시해야 하겠지만 두 국가의 지도력의 성격이 어떻게 변해갈지도 잘 파악해야 할 것이다. 지난 70년 동안 미국은 경성 국력 측면에서도 절대 강자였지만 연성 국력 측면에서도 세계를 주도해왔고 전 세계는 미국의 지도력을 믿고 의지해왔다. 즉 2차 세계대전 후 자유주의적 국제 질서를 미국이 직접 설계하고 국제기구들을 창설했으며 여러 국제 협약과 규범들도 만들고 국제 사회가 협력할 의제들도 정하는 '의제 설정력Agenda setting'도 탁월했다.

그 위에 미국 대중문화의 영향력도 압도적이어서 전 세계가 미국을 모방하려 했다. 따라서 미국의 경성 권력과 연성 권력이 결합돼 기존 국제 질서 속에 잘 녹아 들어가 있었기 때문에 여타 국가들은 별다른 모순 없이 미국의 지도력을 존중했다. 그러나 미국은 최근 국력이 하강하면서 패권국의 책임을 다하기보다 자국의 국익을 먼저 내세우는 '미국 우선주의'를 선호하기 시작해 미국의 경성 국력과 연성 국력이 순방향으로 작동하지 않는 조짐을 보이면서 여타 국가에 미국의 지도력 수용을 어렵게 만들고 있다.

중국도 급속한 국력 신장과 더불어 '중국 특색 사회주의' 이념과 사회 통제를 강화하고 있으며 미국이 주도한 현 국제 질서를 부분적으로는 활용하며 혜택을 받으면서도 자유주의 질서하의 인류 보편적 가치들은 인정하지 않으며 중국 나름의 독자적인 가치를 전 세계에 전파하려 하고 있다. 중국은 자국의 영향력 확대를 견제하거나 자국의 핵심 이익에 반하는 행동을 하는 국가들에게는 국제 규범을 무시하면서까지 막무가내식 제재와 벌칙을 부과하는 '강압 국력Sharp power'를 구사하고 있어 국제 사회에서 경계심을 불러일으키고 있다. 이러한 중국의 강압적인 행태는 현 국제 질서의 수혜국인 대부분의 국가가 중국이 주도하는 새로운 형태의 질서를 과연 수용할 수 있을 것인지라는 어려운 질문을 던지고 있다.

중국은 앞에서 살펴본 바와 같이 자국의 전통적인 '중화주의'의 관점을 면면히 유지해오고 있다. 미국 외교 정책의 근저에 건국 이념인 '미국의 예외적 사명 의식'이 자리 잡고 있듯이 중국인의 사고에도 중국이 세계의 중심이라는 사고가 수천 년의 역사 과정을 통해서 각인돼 있는 것이다. 중국인들이 베스트팔렌 체제가 규정한 '주권 평등'사상을 받아들이게 된 것은 자의적 결정에 의한 것이 아니라 서구 열강의 중국 침탈 시기에 마지못해 '만국 공법', 즉 서양의 국제법 개념을 받아들이면서 타의적으로 이뤄진 것이다. 따라서 중국인들에게는 굴욕의 기억과 연계돼 있는 주권 평등사상을 수용하기가 자연스럽지 않을 수도 있다. 중국인들에게 국제 질서는 동등한 주권을 가진 국가들이 수평적으로 존재하는 것이 아니라 국력의 우열에 따라 권력의 차이가 나는 국가들이 수직적 위계질서하에 존재한다는 관점이 훨씬 자연스럽다. 중국의 국력이 약했을 때 비동맹 운동의 주역으로서 각국의 주권 평등을 강조했으나 이제는 중국 외교 당국자 입에서도 '대국'과 '소국'이라는 잣대로 국가 간 관계를 규정하는 언사가 나오는 상황이다. 한국과 일본도 중국 입장에서는 소국으로 지칭되는 정도니 웬만한 나라들은 중국인의 관점에서는 약소국에 지나지 않다.

게다가 중국은 그 규모 면에서 다른 나라와 비교할 수 없을 정도로 압도적으로 크다. 중국은 전통적으로 보통 국가들의 평균적인 인구수나 영토 면적, 구성 민족 수와 비교할 때 수십 배 이상 큰 국가다. 이제는 경제력 면에서도 보통 국가들과 엄청난 격차를 보이고 있다. 중국이 한족이라는 지배 민족의 인구수가 많고 한족의 문화적 영향력이 커서 그 큰 영토를 한 국가로 묶을 수는 있지만, 한족의 지배적 영향력이 쇠퇴하면 언제든지 여러 나라로 분열될 가능성도 내포하고 있다. 이런 점에서도 중국은 여타 국가들과 본질적으로 국가 성격 자체가 다르며 국가라기보다 한족 문화를 통해 '하나의 문화 공동체가 된 대륙'이라는 표현이 더 잘 들어맞을 수 있다. 이런 중국인들의 관점에서는 주변 국가들과 주권 국가로서 대등한 일대일의 관계보다 상하 관계의 국가 관계가 더 자연스러울 수 있다.

이러한 중국이 미국과의 패권 경쟁에서 앞설 경우 이것은 단순히 패권 국가의 교체가 아니라 현존하는 국제 질서 자체가 변경된다고 봐야 한다. 즉 패권국과 국제 질서가 변경되는 대변환기에 국제 사회가 들어간다고 봐야 한다. 역사적으로 보면 패권국과 그에 수반되는 국제 질서가 변경되는 대변혁기는 평화롭게 패권국만 바뀌는 경우보다 전쟁을 수반하는 등 훨씬 격심한 혼란기를 거치는 경우가 많았다. 우리 민족의 경우에는 이러한 대변혁기에 정세 판단을 잘못해 외침을 불러들여 혹독한 시련을 겪는 역사적 수모를 당하곤 했다. 그러므로 우리는 언젠가는 다가올 것으로 예상되는 대변혁기에 대비해 우리의 생존 방정식을 신중히 모색해나가야 할 것이다.

미·중 간의 갈등·경쟁 시대에서 우리가 등거리 외교 또는 이중 의존성을 계속 유지할 수 있으면 좋겠지만 두 국가 간 날로 격화되는 적대적 경쟁 관계는 우리가 양쪽으로부터 적당한 거리를 유지하면서 중립적인 입장을 취하는 것을 용납하지 않을 가능성이 크다. 아프리카의 속담에 "풀은 코끼리가 사랑을 해도 밟히고 싸움을 해도 밟힌다"라는 말이 있는데 양국이 만약 중국이 주장하는 신형 대국 관계가 성립돼 미·중 양국이 천하를 양분하는 '천하양분지계天下兩分之計'에 합의한다면 우리는 중국의 영향권에 자동 편입돼 불리할 것이다. 양국이 분쟁해도 어느 한편과 연합하게 되면 상대편의 공격을 불러들이는 난관에 처할 것이다. 이처럼 미·중 양국 간에서 우리가 취해야 할 전략적 노선, 즉 양국과의 관계 조정은 우리의 국익에 입각해 자연적으로 도출되는 독립 변수가 아니라 양국 간의 관계 변화는 물론 양국의 국가 성격의 변화에 따라 계속 변해가야 하는 가변적 종속 변수라 할 수 있다.

그 관계 조정에 있어 첫 번째 고려해야 할 변수는 우리의 안보다. 안보에는 적극적 안보로서 우리의 영토와 국민을 지키는 일이 최우선돼야 하지만 앞으로 세계는 일국이 타국을 물리적으로 점령하거나 식민지화하는 일은 발생할 가능성이 적다고 봐야 하므로 소극적 안보, 즉 자국의 주권을 자유롭게 행사할 수 있는 자기 결정권을 지켜내는 것이 중요하다. 미국이나 중국 모두 강대국이므로 이들 국가와의 관계에서 다른 이익을 위해 어느 정도 자기 결정권이 영향을 받거나 일부 침해받는 일은 존재할 수도 있을 것이다. 여기서 펠로폰네소스 전쟁 시 델로스 동맹의 맹주인 아테네 대표단이 중립을 지키려던 도시국가 멜로스를 강박할 때 사용했던 '멜로스의 대화'를 상기할 필요가 있다. "강국은 자국이 원하는 바를 할 수 있고 약소국은 자기가 해야만 하는 바도 못할 수 있다."[12] 이것이 앞으로 국제 정치의 현실이 될 것이므로 우리는 누가 우리가 해야 할 바를 더 못하게 할 것이냐를 잘 예측해야 한다. 우리의 이익이나 의사와 관계없이 특정 국가의 이익을 위해 우리의 주권 행사가 제약되는 일은 막아야 하며 이런 일이 발생할 확률은 미·중 양국 중 한 국가의 정체성이 우리가 추구하는 가치와 거리가 멀어질 때 더 높아질 것이다.

우리나라는 현재의 국제 질서, 즉 자유주의적 국제 질서하에서 잘 성장한 국가이므로 현 국제 질서의 혜택을 많이 누린 국가로 볼 수 있다. 그런데 앞으로 미국과 중국 중 어느 국가가 현 국제 질서가 포용하고 있는 자유주의적이며 보편적인 가치와 멀어질 것인가 여부가 이들 국가와 관계를 조정하는 데 중요 기준이 돼야 할 것이다. 어느 국가가 '규범에 입각한 국제 질서'를 무시하고 자국의 이익이 명하는 대로 상황 변화에 따라 규범을 '변형Rule bending'하거나 자국 편의에 따라 '취사선택'하는지를 잘 지켜보고 이런 경향을 많이 보이는 국가와 거리를 멀리하며 규범에 입각한 질서를 유지하려는 국제 사회의 노력에 동참해야 할 것이다. 미·중 양쪽에서 자기편에 가담해달라고 요청할 때 그 요청에 답할 쪽은 우리가 아니라 상대국이라고 오히려 되받을 수 있다. 우리가 결정하기보다는 양국 중 어느 편이 우리가 가지고 있는 정체성, 우리가 지향하는 가치들과 더 잘 조화를 이룰 수 있느냐가 우리의 판단 기준이 돼야 한다. 상대 국가가 우리의 정체성과 가치로부터 더 멀어진 곳으로 옮겨가면 우리와는 자연스럽게 우호적인 관계를 유지할 수 없게 되는 것이다. 따라서 우리의 선택이라기보다 미·중 양국의 선택에 따라 우리의 협력 상대가 결정되는 것이란 입장을 견지해야 한다.

미·중 양국과의 관계에서 어느 국가와 연계하는 것이 우리에게 더 많은 경제적 이익을 줄지도 관계 설정의 중요 척도가 될 것이다. 그러나 경제적 이익은 단기적인 매출로만 측정되는 것이 아니다. 장기적인 투자 보호와 거래 관계의 안정성도 중요한 기준이 돼야 한다. 지금 당장 시장의 규모가 크다고 해서 장기적으로 투자 보호나 거래 관계 안정성이 담보되지 않으면 투자를 더 많이 할수록 우리에 대한 '주권 위험Sovereign risk'이 더 커지는 것이다. 즉 기존에 투자한 경제적 이권을 지키기 위해서 울며 겨자 먹기식으로 우리에게 불리한 다른 결정들을 수용할 수밖에 없는 딜레마에 빠질 수 있다. 늪에 들어갔다가 뒤늦게 위험을 깨닫고 몸을 빠져나오려 해도 나올 수 없이 빨려 들어가는 것과 유사한 상황이 될 수 있다. 시장 규모가 크다는 것도 앞으로 신냉전이 전개돼 양 진영이 구분될 경우 그 시장의 규모가 어떻게 변할지도 미지수다. 이런 점을 고려하면 단기적 매출 확대를 위해 장기적으로 주권적 의사 결정을 제약받는 상황으로 들어가 장기적인 경제적 이익도 손해 보는 우를 범하지 말아야 한다.

장기적으로 국제 사회의 힘의 중심이 어디로 이동하는지를 예의 주시하면서 힘의 중심이 모이는 지역, 그 지역에서 중심 역할을 하는 국가와 가급적 연대를 하는 것이 유리할 것이다. 세계 역사는 큰 틀에서 보면 문명 동진론이 여전히 진행되고 있는 것으로 해석된다. 문명의 발상지인 중동 지역에서 지중해를 거쳐 서유럽 쪽으로 문명의 중심이 이동하다가 대서양을 건너 20세기 초에 미주 대륙으로 이동했다. 이후 아시아·태평양 지역이 세계 경제를 견인하는 기관차가 됐다가 이제는 인도·태평양의 시대가 도래할 것이라는 예견이 지배적이다. 좀 더 큰 시각에서 보면 15세기 이후에는 유럽의 해양 세력들이 해외로 세력을 팽창하는 패턴이 팍스 아메리카나 시대까지 이어져왔다고 볼 수 있다. 그 과정에서 중국이나 러시아, 중앙아시아 등 대륙 세력은 역사의 큰 흐름에서 소외돼 있었다고 볼 수 있다.

그러나 중국의 부상과 기술의 발전, 중앙아시아 지역 인구의 팽창 등으로 유라시아 대륙이 다시 연결돼 하나의 경제권이 될 기회가 만들어지고 있다. 한때는 미국 해군 제독 마한이 말한 "해양을 제패하는 국가가 세계를 제패한다"는 해양 중심 이론이 통했으나 앞으로는 영국의 지정학자 맥킨더가 심장 지역 이론에서 예언했듯이 "심장 지역Heart land인 유라시아 대륙을 제패하는 국가가 세계를 제패"하는 날이 올 가능성이 있다.[13] 한반도는 스파이크만이 말하는 주변 지대Rim land에 속해 있으며 아시아·태평양 시대는 주변 지대 국가들이 번성한 시기였었고 우리나라는 그 혜택을 받은 국가였다. 그러나 유라시아 시대가 도래하더라도 한반도는 대륙과 바로 연결되는 주변 지대 국가로 유라시아 시대의 번영에 동참하고 혜택을 받을 수 있다는 점을 염두에 둬야 한다. 즉 경제적 번영과 풍요를 가져오는 성장의 엔진 지역과 가까운 관계를 유지해야 할 것이다.

물론 이러한 대변환은 시간이 오래 걸릴 것이다. 언제 이뤄질지 예측하기도 어려운 것이 사실이지만 이런 역사의 큰 흐름을 염두에 두고 이런 현상이 진행돼가는 것에 발맞춰 우리의 양국과의 관계 조정도 이뤄져야 할 것이다. 이러한 큰 지정학적 변화는 장기간에 걸쳐 여러 과정을 거쳐 이뤄질 것이기 때문에 장기적 관점에서 외교 정책의 기조에는 반영하되 단기적 정책 변화의 대상으로 삼아서는 안 될 것이다.

또 하나 고려해야 할 사항은 미·중 양국 사이의 전략적 경쟁에서 한반도의 지정학적 중요성이 어느 편에 더 큰 가치를 부여할 것인지 여부다. 자국에 지정학적·지전략학적으로 한반도가 더 큰 가치가 있다고 보는 편은 한반도에 더 큰 관심과 반대급부를 제공할 용의가 있을 것이다. 반대로 말하면 한반도가 자국의 이익에 반대되는 방향으로 사용된다면 이를 막기 위해 더 큰 강제력을 사용할 것이다. 따라서 한반도에 더 큰 가치를 부여하는 편과 장기적으로는 편안한 관계를 유지해나가는 것이 우리에게 유리할 것이다.

해양 세력인 미국의 경우 한반도는 대륙의 변방부에 돌출된 반도로서 지전략학적 중요성이 높다고 할 수 없다. 같은 반도라도 이탈리아나 크림반도의 경우 강대국인 독일이나 러시아의 중심부를 바로 타격할 수 있는 위치에 있기 때문에 그 가치가 상대적으로 높다 할 수 있으나 한반도는 대륙 세력인 중국과 러시아를 직접 타격할 수 있는 요충지는 아니다. 부동항이 적은 러시아에게는 그나마 한반도가 해양으로 진출하는 교두보가 될 수 있지만 긴 해안선을 가진 중국에는 중요하지 않으므로 중국의 해양 진출을 막는 방파제 역할을 하기도 어렵다. 단지 중국에 근접해 있어 미군이 한반도에 주둔하고 있을 때 중국에 심리적 압박감을 주고 미군의 정찰 자산을 운용하는 정도의 이점만 가지고 있지 주한 미군을 직접 중국에 대항해 사용할 여건도 아니다. 단, 미국이 중국을 겨냥해 중거리 미사일을 전진 배치할 때 이 상황은 달라지는데 이것은 한반도가 미·중 갈등에 돌이킬 수 없이 개입하게 되는 일이 될 것이므로 가급적 회피해야 한다.

해양 세력인 미국에는 중국의 해양 진출, 특히 '제1 열도선First chain of islands'을 넘어서는 세력권 확장을 저지하는 것이 최우선 전략 목표가 될 것이다. 이를 위해서는 일본을 중심으로 한 제1 열도선상의 군사 기지들을 잘 유지하는 것이 중요한 과제다. 이런 전략적 시각을 가진 미국에 한반도는 미국의 기본적 전략 방어선 외부에 존재한다고 보이는 것이 당연하다. 그 결과 20세기 초 미국이 일본과 맺은 '가쓰라-태프트 밀약'[14] 시 일본이 한반도를 자국의 세력권에 편입시키는 것을 용인했던 것이다. 2차 세계대전이 끝난 후 미국은 한반도를 미국이 기본 방어선으로 선포한 '애치슨 라인'[15] 외부에 둠으로써 북한 등 공산 세력이 남한을 공격하더라도 미국이 남한을 구하려 하지 않을 것이라는 오판을 하게 함으로써 한국 전쟁이 발발하는 배경을 제공하기도 했다.

지금 미군이 한반도에 주둔한 것은 냉전 초기 소련의 팽창 정책을 저지하기 위해 한국 전쟁에 참전한 결과이며 해양 세력의 기본 국가 전략에 위배되는 과도한 전진 배치 형태라고 볼 수 있다. 앞으로 미국이 해양 세력의 기본 전략에 충실해 '역외 균형자 정책'으로 복귀한다면 미국은 주한 미군을 철수하려 할 것이고 일본을 중심으로 한 제1 열도선에서 중국의 해양 팽창을 저지하려 할 것이다. 미국 같은 해양 세력이지만, 일본은 오히려 한국 및 중국과의 지리적 근접성으로 인해 대륙으로부터 위협을 더 피부적으로 느낀다. 따라서 한반도의 지리전략적 중요성을 더 높게 여기므로 일본이 미국에 영향력을 행사해 한반도의 주한 미군 주둔을 더 연장시키려 할 수는 있다. 일본에게 한반도는 완충 지대이자 방파제이지만 미국에게는 일본과 제1 도련이 첫 방파제일 수 있다.

반면 중국 입장에서는 한반도가 역사적으로 자국으로 진출하는 해양 세력들이 이용하는 교두보 역할을 했으므로 한반도가 이런 역할을 다시 할 수 있도록 중국에 적대되는 세력의 영향력 아래 두지 않는 것이 자국의 전략적 이익에 부합한다. 따라서 한반도가 자국에 우호적인 세력의 지배 아래 있으면 최고의 상황이겠지만 최소한 중립적인 세력하에 있기를 원한다. 즉 한반도가 해양 세력으로부터 자국을 보호하기 위한 방파제나 완충 지대 역할을 할 것을 기대한다. 이러한 한반도의 지정학적 중요성에 대한 중국의 인식은 임진왜란 때 일본의 침공을 한반도에서 저지하기 위해 명나라가 조선에 원군을 파견하게 했으며 한국 전쟁 때도 UN군의 북상을 저지하기 위해 중공이 인민해방군을 북한으로 투입하게 했다.

한반도는 중국과 국경을 접하고 있으며 중국 수도인 베이징과 연안 주요 도시와 공업 지대를 중거리 미사일의 사정거리 내 두고 있는 유일한 지역이라는 점에서도 중국에는 전략적으로 중요한 요충지다. 한반도는 대만과 함께 중국이 대양으로 진출하려 할 때 중국 해군을 가장 먼저 차단할 수 있는 최일선에 위치할 뿐 아니라 중국의 전략 로켓 사령부 산하 전략 미사일의 동향을 제일 먼저 탐지할 수 있는 레이더 시설들이 위치할 수 있다. 중국 군사 전략가 입장에서는 이런 점을 고려해서도 한반도에 중국에 적대적인 세력이 들어서지 않도록 할 필요가 있다. 이처럼 한반도는 중국의 지전략학적 관점에서는 중요한 요충지다. 이는 미국이 한반도에 두는 가치를 훨씬 능가하므로 중국은 한반도를 자국에 우호적인 상태로 두기 위해 장기적으로 미국보다 훨씬 더 많은 비용을 지불할 용의가 있는 국가라고 간주할 수 있다. 한편 우리로서도 미국의 안보 공약이 지금처럼 강하지 않을 수 있다는 사실을 전제한다면 지리적으로 인접한 강국, 그것도 국경을 마주하는 인접국으로부터 느끼는 안보적 중압

감이 훨씬 더 크다는 사실을 잊지 말아야 한다. 지리적으로 인접한 강국과의 관계에서 약소국은 항상 강국으로부터 오는 흡인력이나 중력이 자국의 안보뿐 아니라 정체성에도 위협이 된다는 것이 엄연한 사실이다. 이로 인해 과거로부터 전략가들은 "가까운 나라는 공격하고 먼 나라와는 손을 잡는다遠交近攻"를 철칙처럼 여겼다는 점도 염두에 둘 필요가 있다. 독일과 러시아 사이에 위치해 양국으로부터 많은 외침을 당했던 폴란드의 외교부 장관이 2차 세계대전 전 양국 간 어떤 국가와 연대해 안보를 지켜야 하는지 절체절명의 고민 앞에 부딪혔을 때 "독일과 연대하면 땅을 좀 잃을 뿐이지만 소련과 연대하면 우리의 영혼을 잃을 것이다"라고 언급했던 사실을 상기할 필요가 있다.

향후 미·중 간의 갈등 속에서 우리의 양국과의 관계를 재조정해나가는 데 있어 고려해야 할 또 하나의 요소는 양국의 리더십과 연성 국력을 비교하는 것이다. 양국의 경성 국력은 머지않아 중국이 미국과 같아지거나 오히려 추월할 것이라는 전망도 있지만, 연성 국력은 여전히 미국이 우위이고 중국이 미국을 따라잡을 수 있을지도 미지수다. 중국은 현재의 국제 질서를 전복할 생각이 없다고 말하고는 있지만 그렇다고 미국 밑에서 만년 2인자로 있겠다는 생각도 없다고 말한다. 그러면서 중국 특색 사회주의와 경제 개발 모델, 원조모델 등을 미국의 모델보다 더 좋은 모델로 내세울 것이라는 의욕을 감추지 않는다. 결국 중국은 미국과 패권국 경쟁을 할 가능성이 큰데 확실히 패권국으로 등극하려면 리더십과 연성 국력을 발휘해야 한다. 미국은 현재 전 세계 40여 개국과 동맹 관계 또는 군사적 협력 관계를 맺고 있지만, 중국은 자국에 우호적인 국가 수가 아직 그리

많지 않다.

즉 중국이 자신의 의욕처럼 미국을 대체하는 모델을 제시하고 이를 통해 많은 국가의 지지를 받고 이에 따라 새로운 국제 질서를 창출하고 이를 유지하는 데 필요한 비용을 부담할 것인가 여부를 잘살펴봐야 할 것이다. 미국도 의욕이 이전보다 많이 감퇴했지만, 세계의 지도국으로서 리더십을 보이고 비용을 계속 부담할 것인지 그래서 중국보다 더 많은 지지를 전 세계 국가로부터 얼마나 더 오래 받을 수 있을지도 눈여겨봐야 할 대목이다. 아무래도 많은 국가의 지지를 받으며 상대적으로 더 나은 패권국의 역할을 하는 국가와 가까이하는 것이 우리의 장기적 국익에 도움이 될 것이다. 새뮤얼 헌팅턴이 『문명의 충돌』[16]에서 예측했던 동양 문명과 서양 문명 간의 경쟁이 현실이 될지 속단하기 이르지만, 세계화의 부작용으로 각국에서 일어나는 우익 국수주의 물결이 거세어진다면 그럴 가능성도 배제할 수없다. 이 점도 우리가 미·중 양국 간 갈등 속에서 진로를 재조정하는 과정에서 장기적으로 고려해야 할 요소다.

우리는 미국과 중국 사이에서 '이중적 의존성'의 딜레마를 겪고있다. 경제는 중국에 크게 의존하고 안보는 미국에 전적으로 의존하고 있는 상황에서 양국 간의 관계가 악화되면 우리는 중간에서 양자택일의 압력을 받거나 그 정도는 아니더라도 일종의 보복·견제 조치를 받게 될 가능성이 크다. 이런 딜레마를 해소할 수 있으면 좋겠지만 구조적으로 당분간 해소되지 않을 것이다. 경제적으로는 유라시아 대륙 시대가 열릴 경우 중국에 대한 의존도는 직간접적으로 더 커질 것이다. 앞으로 가속화될 4차 산업혁명은 새로운 형태의 경제 협력 모델을 가져올 것이다. 이제까지는 국제 거래에서 한 국가에서 생산된 상품을 다른 나라와 거래하는 상품 교역이 주종을 이뤘지만 앞으로 상품 교역보다 데이터, 디자인, 자료 등 지적 재산권을 IT 기술을 이용해 주고받는 전자 교역이 더 큰 비중을 차지할 가능성이 크다.

이러한 전자 교역의 양상은 앞으로 발전할 IT·AI 기술의 발전에 따라 좌우될 것이다. 통상 IT 기술도 세계를 선도하는 1위 업체가 전 세계 시장을 장악하는 막강한 지배력을 발휘하고 있지만, 앞으로 전개될 4차 산업혁명 시대의 AI 기술은 그 집중적 지배력이 더욱 커질 것이다. 그런 연유로 지금 미국과 중국 간에 IT·AI 기술을 둘러싼 경쟁이 치열하며 미국은 중국이 첨단 기술 분야, 신산업 분야에서 우위를 점하지 못하도록 노력을 기울이고 있다. 즉 첨단 기술·통신 분야에서 기술 경쟁이 경제적인 신냉전 구도를 만들어내고 있다. AI와 빅데이터 기술도 일단 기선을 제압하며 비교 우위를 보이는 선두주자에게 많은 이용자와 데이터가 더 몰리면서 이 업체가 기하급수적으로 인프라·자료를 늘려갈 수 있어 시장을 배타적으로 장악할 것이다. 우리 경제계는 이 경쟁에서 우위를 점하는 국가, 그 선발 주자들과 연계를 맺을 수밖에 없을 것이고 한번 연계가 형성되면 연계망에서 분리돼 나오기 어려울 것이다. 이는 다른 나라도 마찬가지여서 신산업 분야에서 두각을 드러내는 국가에 대한 집중도가 가속적으로 확대되고 이 국가를 중심으로 거대한 연결망이 형성될 것이다. 따라서 우리 경제도 새로운 산업 분야에서 어느 국가가 기선을 제압하고 주도권을 행사할 것인가를 면밀하게 살피면서 미국·중국 양국에 대한 우리의 관계를 재조정해야 할 것이다.

미국과 중국이 평화적으로 공존하고 협력하는 신 양극 체제가 형성되면 우리로서는 '이중적 의존성'의 딜레마에서 양자택일해야 하는 곤경을 피할 수 있겠지만 미·중 간 경쟁이 격화되고 신냉전 시대로 돌입할 경우 우리는 심각한 선택의 기로에 직면할 것이다. 그러나 신냉전으로 가는 과정도 시일이 걸릴 것이므로 이 결정의 시점이 우리 앞에 갑자기 닥치지는 않을 것이니 미리 이에 대비해 여러 분야에서 사태의 진전 동향을 예리하게 주시하고 필요한 조치들은 사전에 조금씩 방향 조정을 해나감으로써 우리의 외교·안보와 경제 환경에 급격한 충격을 주지 않는 지혜를 발휘해야 할 것이다. 어느 시점에서 결정이 어렵다고 연기하거나 회피적인 태도로 일관할 것이 아니라 피해가 발생하더라도 필요한 결정은 적시에 해나가서 나중에 갑작스러운 정책 결정을 해 큰 피해를 입는 우를 범하지 말아야 한다.

70년 동안 우리의 외교·안보 환경과 경제 여건은 우리에게 유리했고 단순했는데 팍스 아메리카나 질서에서 기인한 이러한 단순성이 역사 경험에 비춰볼 때 오히려 이례적인 경우다. 따라서 앞으로는 복잡해지는 국제 환경에서 과거의 프레임을 당연하게 여기며 안주하지 말고 예리한 감각과 지혜로서 우리의 살길을 스스로 모색하고 필요하면 복잡한 방식의 위험 분산 외교Hedging diplomacy를 전개해나가야 할 것이다.

미·중 간의 관계에서 우리 진로를 설정해나가는 데 있어 고려해야 할 네 번째 요소로는 미국과 중국이 한반도를 바라보는 전략적 이익과 전략적 프레임이다. 미국은 한반도에 대해서는 전략적 이익을 가지고 있지만, 중국은 한반도에 대해 지정학적·영토적 이익을 가지고 있다.[17] 즉 미국은 자국의 세계 전략적 관점에서 한반도가 자국 전략적 이익에 부합하는 경우만 한반도와 긴밀한 협력 관계를 맺으려 하고 아니면 방치해도 상관없는 지역인 데 반해 중국은 한반도가 자국의 배후를 겨냥하고 있는 중요한 요충지로서 한반도가 적어도 자국에 적대적인 세력에 넘어가지 않도록 해야 하는 지정학적 이익을 늘 가지고 있으며 이것은 한시적 이익이 아니라 상시적인 이익이다.

따라서 미국은 미·중 간의 경쟁에서 미국이 완전히 중국을 제압하는 경우나 중국에 밀려 제2 도련 밖으로 세력권이 축소될 경우 한국이 한·미 동맹을 지속하기를 원하더라도 이에 대해 큰 관심을 두지 않게 될 수 있다. 즉 인근국인 중국의 급부상을 감안할 때 한·미 동맹의 유용성은 우리에게 거의 항시적이지만 미국에는 중국과의 관계 변화 속에서 파악되는 한시적인 것으로 봐야 한다. 따라서 미국과의 관계가 소원해지더라도 우리의 안보를 다른 방법으로 강구할 수만 있다면 우리가 지불해야 할 비용은 많지 않을 것이다. 반면 중국은 한반도에 대해 항시적인 전략적 이익을 가지고 있으므로 한반도 상황에 지속적인 영향력을 행사하는 행위자로 남을 것이다. 따라서 중국과의 관계가 순조롭지 못할 경우 우리는 지속적으로 비용을 지불해야 할 것이다. 이런 점을 염두에 두고 미·중 갈등 관계 속에서 우리 국익 외교를 펼쳐야 할 것이다.

마지막으로 미·중 간의 갈등 속에서 우리의 진로를 모색하는 과제를 앞두고 고려해야 할 또 다른 중요한 요소는 남북한 간의 관계 개선 혹은 통일이 미·중 간 갈등이 본격화되기 이전에 가능한지 여부다. 남북한 간 긴장 관계가 해소돼 우리가 안보를 자주적으로 책임질 수 있게 되면 우리의 선택지는 훨씬 넓어지고 다양해질 수 있으나 이 문제가 해소되지 않으면 남한은 심각한 딜레마에 빠질 것이며 어떤 정책적 변화를 시도해야 할 시점에 많은 비용을 지불해야 하는 어려움에 빠질 것이다. 이런 측면에서 남북한 간에 화해·협력을 촉진시켜 한반도에 평화 체제를 조속히 구축하는 것이 장래 우리 민족의 진로를 바로 잡아나가기 위한 선결 요건이라 할 수 있다.

카터 대통령 안보 보좌관을 역임한 브레진스키 박사는 『전략적 비전Strategic Vision』에서 "미국이 쇠퇴하면서 야기될 세계 패권 질서의 변화로 인해 지정학적 위험에 빠질 가능성이 높은 나라 중 하나가 한국이 될 것"이라고 주장했다. 그는 미국이 쇠퇴해 동아시아에서 영향력이 사라질 경우 한국은 중국의 지역적 패권에 의존해 사는 방법과 일본 등과 연대해 반중국 연합을 형성하는 방법, 자력 생존할 수 있을 정도로 자주 국방력을 갖추는 세 방안을 제시했다. 그 모든 방안이 고통스러운 선택이 될 것이나 역사적 반감에도 불구하고 일본과 연합하는 방안이 가장 낫다고 봤다.[18]

미·중 간의 갈등이 격화돼가는 과정에서 우리의 선택은 현시점에서 양자택일할 수 있는 단순한 문제가 아니다. 미·중 관계도 지속적으로 변할 것이며 양국이 변하는 양상, 여타 상황이 변해나가는 추이를 지켜보면서 우리의 외교·안보 전략을 지속적으로 조정해나가야 할 것이다. 우리의 대미 관계·대중 관계는 그 자체가 독립 변수라기보다 미·중 관계의 변화에 연동되는 종속 변수다. 미·중 관계가 어떻게 변해가느냐, 미국과 중국이 스스로 어떻게 변해나가느냐를 주시하면서 이에 맞춰 우리의 대미·대중 관계를 재조정해야 할 것이다. 그렇다고 모든 것이 확연해질 때까지 결정을 미룰 일도 아니므로 결정해야 할 일들은 때맞춰 결정해나가면서 우리와 입장이 유사한 국가들과 공동으로 이 문제에 대처하는 연합 전선을 구축하는 일도 필요할 것이다. 우리와 유사한 입장에 있는 오스트레일리아와 베트남은 벌써 정세 변화에 맞춰 자국의 대외 관계를 조정해나가고 있으며 두 나라 간의 전략적 협력도 강화하고 있다. 그렇지만 우리 입장을 앞서 명확히 할 필요는 없으며 특히 어느 한쪽을 자극하거나 한쪽을 취사선택하는 언사Narrative들은 자제해야 한다. 정세의 변화에 따라 미세하게 조정해나가면서 전략적 모호성을 유지해 상대가 우리의 의도를 잘 읽지 못하도록 하는 가운데 준비를 돈독히 해나가는 것이 현명한 방책이다.

중강국[19] 역할
주도적 수행

앞으로 다가올 국제 질서는 지금의 국제 질서와 현격히 다른 질서가 될 것이다. 새로운 질서가 등장할지도 불투명하지만, 그 질서가 구축될 때까지의 과정에도 많은 불확실성과 불안정성이 산재할 것이다. 비자유주의적 기류가 전 세계에 퍼져나가면서 모든 국가에 보편적으로 적용되던 규범과 원칙들이 힘을 잃고 각국은, 특히 강대국은 자국에 유리한 방향으로 규범과 원칙을 해석하려 하고 국제 사회·공동체를 위해서 필요한 의무나 비용을 부담하지 않으려는 경향이 더욱 강해질 것이다.

이러한 상황이 도래하면 지금까지 현 국제 질서하에서 잘 발전해온 우리나라는 상당한 어려움에 봉착할 것이고 우리 국익을 혼자서 지켜내기가 점차 힘들어질 것이다. 안보도 전적으로 한·미 동맹에 의존해온 우리로서는 한·미 동맹에 대한 미국의 안보 공약이 약화된다면 이를 보완할 다른 방안들도 마련해야 할 것이다. 우리의 경제력이 더욱 신장되고 더 나아가 한반도에 평화 체제가 구축돼 남북한이 연합할 수 있더라도 우리의 국력으로는 혼자 앞에 닥친 도전을 감당해내기가 힘들 것이다. 따라서 우리와 처지가 비슷한 중견국Middle power들과 연대해 이들과 공동 행동을 취함으로써 국제 사회에서 우리의 위상과 발언권을 높여 국익을 지키고 국제 질서를 우리에게 유리한 방향으로 조성해야 한다.

중견국 간의 연대가 필요한 이유는 미국·중국 같은 국가들이 자국 이익 우선주의를 실현하기 위해 추진하는 일방적인 정책에 반대하거나 자국의 공세적인 세력 팽창 행보에 중견국들이 순응하지 않을 경우 이들 국가들에 보복적 압력을 집중해 이 국가들이 이런 반대를 철회하도록 유도할 것인데 이에 공동으로 대응하기 위해서다. 중견국 간의 연대가 이뤄지지 않으면 다수의 중견국이라도 두 강대국의 '분리와 지배Divide and rule' 책략에 의해 모두 굴복할 가능성이 클 것이다. 중견국들은 개별적으로 강대국과 맞설 수 있는 레버리지가 부족해 일대일 형식으로 협상을 하면 모두 취약할 수밖에 없다. 따라서 여러 중견국이 서로 연대해 같은 입장을 견지하고 국제 사회에 문제를 공론화하면 강대국들의 자의적 행동을 좀 더 잘 견제할 수 있게 될 것이다. 이런 점은 EU나 아세안 같은 공동체에 속하지 않은 한국, 오스트레일리아, 캐나다, 남아프리카공화국 같은 국가들에 더 잘 적용될 것이다.

최근 미국과 중국의 자국 이익 우선주의로 인해 자유주의적 질서가 가장 많이 흔들리는 분야는 통상 분야라고 할 수 있다. 중국은 2001년 WTO에 가입했음에도 불구하고 중국의 주요 기업 대부분을 국가가 소유하고 있다. 따라서 정부 보조금을 무제한 제공해 여타 국가 기업들이 처음부터 적정한 가격으로 경쟁을 할 수 없게 해 시장에서 퇴출시키는 불공정 행위를 일삼고 있다. 자국의 정책에 부합되지 않는 행동을 하는 국가들에는 그 국가 수출품의 통관을 지연시키는 등 교역 통제 수단을 정치적 보복 수단으로 사용하고 있어 WTO 규정을 위반하고 있다. 또한 중국 시장 내 자국 기업과 경쟁하는 외국 기업을 몰아내기 위해 자국 기업에는 세제와 보조금 특혜를 주고 외국 기업에는 불리한 조건 등을 붙여 입찰에도 참여하지 못하게 하는 불공정 관행을 계속하고 있다. 미국도 무역법 301조 내 '미국의 경제에 부담을 주는 조치'라는 구절에 기반해 미국에 많은 물량의 수출을 하는 나라들에 자의적으로 보복 관세를 부과하고 무역 협상에서 미국 상품을 일정액 구매하도록 요구하는 등 WTO 규정에 위반되는 조치들을 내놓고 있다.

미국은 가끔 WTO 자체에서 탈퇴할 것이라는 엄포를 놓기도 하지만 WTO는 미국·중국 모두에게 국제 교역 관계를 규율하고 무역 분쟁 해결을 중재하는 기구로서 효용성이 있기 때문에 WTO 탈퇴는 쉽지 않을 것이다. 그러나 미국은 현재 WTO의 분쟁 조정 절차에 대한 불만을 품고 상소위원회 위원 선임을 막고 있다. 이런 경우 WTO의 분쟁 조정 기능이 마비돼 WTO가 무기력화될 수도 있다. 따라서 중견국들이 연대해 양국이 WTO 규정을 준수하도록 촉구하고 양국으로부터 어떠한 압력에 직면했을 때 개별적 양보를 하기보다 공동 이익을 위해 연대해 대응하고 필요한 정보와 대응책들을 공유할 필요가 있다.

공해에서 항해의 자유 원칙도 확립된 국제법적 관행이지만, 미국이 패권국으로서 전 세계 해양에서 항해의 자유가 보장되도록 해군력을 동원할 의사와 능력이 앞으로 줄어든다면 각 해양에 인접한 역내 국가들이 연대해 인근 해양에서 항해 자유가 보장되도록 공동 노력을 해야 할 것이다. 특히 중국이 남중국해의 영유권을 주장하고 있고 이것이 관철된다면 남중국해는 중국의 내해화돼 여타 국가 선박들이 이 해역을 통과하는 것이 중국 측의 재량에 맡겨질 가능성이 있다. 한국과 일본을 비롯한 역내 많은 국가에게 남중국해는 중요한 해양 수송로이기에 이 수송로에서 자유 항해가 보장되지 않는다면 각국 경제에 심각한 타격을 줄 것이다.

현재는 미국의 해군력이 중국의 임의적 행동을 강력히 견제하고 있으나 미국의 해군력이 제1 도련선 이원으로 물러난다면 역내 국가들에게는 심각한 문제가 발생할 것이다. 따라서 역내 국가들과 아세안 회원국은 모두 연대해 이 해역이 모든 국가의 상생과 번영에 이바지하는 개방되고 자유로운 수송로가 될 수 있도록 중국에 집단 의지를 전달하고 중국이 국제 규범에 부합하게 이 문제를 해결하도록 촉구해야 할 것이다. 중동으로부터 원유 수송로인 호르무즈 해협과 아시아의 주요 원자재 수송 통로인 믈라카 해협 인근의 해상 운송로 안전도 미국이 계속 보장해주지 않을 것이므로 이해관계를 같이하는 국가들이 공동 책임을 분담하는 방안도 고려해야 할 것이다.

인권 평등, 자유무역주의, 민주주의, 개방된 시장 경제 등 보편적 가치들이 강대국들에 의해 자의적으로 훼손되지 않도록 중견국들이 연대해 이 같은 가치를 옹호하고 지켜나가는 노력을 공동으로 할 필요가 있다. 특히 이 같은 보편적 가치는 국제기구를 통해 구현되거나 옹호될 수 있다. 강대국들의 자국 우선주의로 국제기구가 약화될 가능성이 있으므로 중견국들이 힘을 합쳐 국제기구에서 활동을 더 확대하고 국제기구의 역할 증대를 옹호해야 할 것이다. 기후 변화, 해양 오염, 마약·조직 범죄 등 범세계적 이슈 문제 해결을 위해서도 강대국들이 자국에 유리하게 자의적 취사선택을 할 수 없도록 중견국들이 연대해 압력을 넣고 국제 여론을 환기할 필요가 있다.

여태까지는 미국이라는 한 나라가 지도력을 발휘하고 나머지 나라들은 이에 편승하면 되는 구도였지만 앞으로는 안보·통상·국제 질서 유지·범세계적 문제 해결 등에 있어 중견국들의 더 적극적 참여와 기여가 필요한 상황이 도래할 것이다. 중견국들은 국력이나 영향력이 제한적이므로 혼자서는 변화를 만들어내지 못하나 여러 나라가 연대해 움직일 때는 강대국도 무시하지 못할 영향력을 만들어 낼 수 있을 것이다. 중견국들이 스스로 더 큰 역할을 맡을 수 있도록 미리 준비하고 각국이 역량을 더 키울 필요가 있다. 중견국들이 이런 인식을 공유하고 국민의 의식을 일깨우며 자국에 더 큰 국제적 역할을 부과하는 시대적 각성을 해야 할 때다.

그러면 우리는 어떤 중견국들과 연대를 해야 할지를 살펴봐야 할 것이다. 우선 특정 그룹에 속하지 않는 중견국들, 즉 국제 사회에서 연대할 그룹이 없는 국가들은 서로 필요성에 의해 잘 뭉칠 수 있을 것이다. 이런 관점에서 우리나라는 2013년 UN 총회에서 5개 중견국을 묶어 MIKTA라는 비공식 협의체 출범을 주도했다. 여기에는 인도네시아, 멕시코, 터키, 오스트레일리아 등이 포함돼 있는데 인도네시아는 아세안 회원국에 포함돼 있지만, 나머지 국가들은 소속된 국가 공동체가 없어 서로 연대할 필요성을 공유하고 있다. 이외 캐나다, 남아프리카공화국, 아르헨티나 등이 중견국 그룹에 가담하면 지역적 대표성도 높아지고 국제 사회에서 비중이 더 커질 것이다. 아무런 그룹에 속하지 않는 일본도 중견국이라는 범주에는 적합하지 않지만 여러 가치를 공유하고 있기에 보조를 같이할 수 있을 것이다. 더 나아가서 브라질, 인도 등도 국가 규모는 크지만 강대국과 다른 입장을 취한다는 점에서 중견국 그룹과 일정 수준 행동을 같이할 수 있을 것이다.

여기서 좀 더 숙고해야 할 사항은 중견국 그룹은 미·중 양국 간 갈등에서 가급적 보편적 규범과 원칙에 의거해 양국에 대해 객관적이고 공정한 입장을 취해야 행동 기반이 공고화될 것이라는 점이다. 양국 중 어느 한쪽으로 기우는 순간 그 상대방 국가에 의해 배척당해 활동의 근거와 효과가 약해질 것이다. 그러나 중견국 중에서도 지리적 인접성과 공유된 문화 등으로 인해 미·중 간 갈등이 격화될 경우 양국 중 한쪽의 영향권 속으로 자연히 빨려 들어가는 현상을 피할 수 없을 경우도 있을 것이다.

따라서 미국과 당연히 연대할 미주 지역 중견국들을 제외하면 동아시아 역내 국가로서 중국의 압력을 온몸으로 받아내야만 하는 중견국이 많지는 않으며 이들이 연대하더라도 미·중 간에 완충 역할을 할 수 있을지 의문이다. 이런 의미에서 일본과 오스트레일리아의 역할이 중요하다. 이들 국가도 우리처럼 미국과 동맹 관계에 있으며 중국과 긴밀한 경제 협력 관계도 유지하고 있다. 이들 국가가 미국과의 군사 동맹을 바탕으로 중국의 과도한 팽창 정책은 견제해야 하지만 한편으로는 미국에 너무 기울지 않고 중국과도 좋은 관계를 유지하는 노력을 해나갈 경우 우리와도 힘을 합쳐 미·중 간에 완충 역할을 할 수 있다. 이런 의미에서 인도네시아도 중요한 협력 파트너가 될 수 있을 것이다. 미국도 2015년 발간한 『해양 전략 보고서』 등에서 세계 해양 문제 전반에 대처하기 위한 전 지구적 해양 파트너십을 제창했다. 이는 미국 혼자만이 아니고 주요 해양 국가들이 네트워크를 형성해 현재의 자유로운 해양 질서를 유지하자는 구상이다. 즉 미국도 동아시아 지역 중견국들의 해양 연대를 지원하며 이를 활용할 생각을 갖고 있다.[20]

중견국 범주에 들지는 않지만, 인도나 러시아도 인도·태평양 지역에서 미·중 간에 갈등이 격화될 경우 이를 완화해주는 중간자 역할을 할 수 있는 국가들이다. 인도는 국가 규모 면에서, 지전략학적 측면에서 중국에 대항 균형자Counter balancer 역할을 할 수 있는 국가이며 미·중 간에도 등거리 외교를 추구한다는 점에서 미·중 간의 갈등 격화를 진정시키는 역할을 할 수 있다. 미국의 입장에서는 아시아 대륙 인근 해양에서 미국 해군이 물러나더라도 이 지역이 중국 해군의 독점적 영향력에 들어가는 것은 용납할 수 없기에 '중견국 플러스'들이 힘을 합쳐 동아시아 인근 해역에서 항행의 자유가 보장되는 환경을 만들어내는 역할을 담당해야 할 것이다. 이런 경우 미·중 간의 충돌 없이 서태평양 지역에서 세력권 축소를 받아들일 수 있게 되고 미·중 간의 갈등도 순조롭게 조절될 수 있을 것이다.

이런 맥락에서 전 외교부 장관 출신인 윤영관 교수는 앞으로 한국의 책략으로서 한·미 동맹을 기반으로 중국·일본·러시아와의 관계도 중요시하는 중첩 외교를 전개하는 한편 우리와 국력이 비슷한 아세안 주요국 등 중견국들과의 안보 협력도 강화하는 적극적인 중진국 외교를 전개할 것을 제시하고 있다.[21]

단, 중견국의 연대와 협력 관계는 미·중 갈등이 격화되지 않을 때

가능하며 중견국의 역할은 양국 간 갈등이 격화되지 않도록 두 국가의 세력권이 직접 접촉하거나 중첩되지 않도록 이격 공간을 만들고 그 공간에서 중견국 연합이 활동 영역을 넓히는 데 있다. 그러나 만일 미·중 간의 갈등이 어쩔 수 없이 격화돼 신냉전 시대로 돌입하면 각국은 자국의 기본적인 지정학적 계산에 따라 불가피하게 자신의 안전 보장을 담보할 수 있는 대상국을 미·중 중에 양자택일해야 할 것이다. 이런 상황이 도래하면 일본, 캐나다, 오스트레일리아 등은 자신의 기본 국익에 따라 미국과 동맹을 더 확고히 할 것이 분명하나 중국과 지근거리에 있고 중국 경제 의존도가 심한 한국과 인도네시아 등은 더 심각한 고민에 빠질 것이다.[22]

이런 상황이 닥치면 앞에서 설명한 제반 요소들을 고려하고 변하는 정세를 예의주시하면서 어떤 선택을 할지 미리 준비해나가는 지혜가 필요하다 할 것이다. "남의 고구마를 건져내기 위해 불 속에 손을 집어넣는 사람은 없다" "영토는 빼앗겨도 되찾을 수 있지만, 영혼을 빼앗기면 되찾을 수 없다" "물속에 빠졌을 때는 보따리보다 몸이 더 중요하다" 등의 격언을 되새기면서 지혜롭고 용기 있는 결정을 해야 할 것이다.

규범 입각
국제 질서 유지 동참

앞 파트에서 고찰했듯이 현재 세계는 질서 변환기를 거쳐가는 중이며 자유주의적 질서가 점차 퇴조하는 현상을 목격하고 있다. 앞으로 세계는 지난 70년 동안 우리가 살아왔던 세계와 다른 모습의 세계가 될 것이다. 그러나 얼마나 다른 세계가 될 것인지, 그것은 새로운 질서 구축을 수반할 것인지, 새로운 패권국이 출현할 것인지는 불분명하다. 모든 것이 유동적이며 변화 과정에 시간이 오래 걸리기 때문에 지금 단계에서 확정적으로 말하기 어렵다. 그러나 확실한 것은 변화의 동인이 발생했고 그 동력이 작동하고 있다는 것이다. 그결과 세력 분포에 변화가 있을 것이고 현재 국제 사회에서 통용되는 규범과 원칙은 어느 정도 수정이 불가피하다.

자유주의적 질서하에서 안정과 번영을 누릴 수 있었던 우리나라를 포함한 많은 국가, 특히 대외 의존적 경제 구조를 가진 국가들은 규범과 원칙에 입각한 자유주의적 질서가 변하는 정도에 따라 각국의 이익이 많은 영향을 받을 것이므로 이 질서가 크게 훼손돼 자국의 대외 경제 활동이 위축되지 않도록 유의할 필요가 있다. 자유주의적 질서의 훼손은 앞에서 살펴봤듯이 국제적 요인과 국내적 요인이 모두 작용해 발생하고 있는데 국제적 요인에 의한 훼손 작용을 완화하려면 이 질서 유지에 이익을 가진 국가들, 특히 중견국들이 힘을 모아 규범과 원칙에 입각한 질서를 유지하도록 해야 하며 우리나라는 그 노력에 중심적 역할을 하는 것이 바람직하다.

자유주의적 질서를 훼손하는 국제적 요인을 다시 살펴보면 첫째 강대국의 자국 우선주의 현상이고, 둘째는 미·중 간의 갈등으로 인한 분열 현상이며, 셋째는 극단주의적 사고를 가진 세력들의 출현, 넷째는 세계 경제의 저성장으로 인한 경쟁 격화 등이다. 이런 요인들은 앞으로 상당 기간 지속적일 것이고 완화될 수는 있지만 역전될 가능성은 적어 보이므로 자유주의적 질서는 약화돼갈 것이라고 보는 것이 타당하다. 그러나 자유주의 질서 자체가 무너지거나 근본 자체가 흔들리지는 않을 것으로 전망된다. 자유주의적 질서는 미국이 2차 세계대전 후 구축한 질서이지만 미국이 창조했다기보다 그간 국제 사회의 발전 과정에서 병행해 발전해온 이념과 관행들을 집대성한 것이기 때문이다. 즉 미국이 현 질서의 구축자로서 이 질서를 지키는 보장자로서 역할을 잘 수행하지 못하더라도 이 질서는 많은 국가에 안전과 번영을 제공했으므로 많은 국가가 이 질서의 유지에 공동 이익을 갖고 있다.

물론 2차 세계대전 후 일본, 독일 등 경제 강국들과 중국과 인도, 브라질 같은 신흥 대국이 출현하면서 세계 권력 배분 형태에도 이 국가들의 지분이 반영돼야 할 필요성은 대두됐지만, 국가 간의 관계를 규율하는 규범과 원칙에 입각한 질서 자체를 근본적으로 변경해야 한다는 요구는 아직 대두되지 않고 있다. 중국이 최근 국력이 급상승하면서 미국과 대등한 지위를 확보하려 하고 국가 운영 방식으로 '베이징 모델'이나 '중국 특색 사회주의' 등을 내세우면서 무엇인가 기존 질서에 변화를 주려는 움직임도 보이고 있다. 그러나 아직 구체적인 형태를 띠고 있지는 않다.

자유주의적 질서의 많은 요소 중 주권 평등, 내정 불간섭, 영토 존중 등의 원칙은 1614년 베스트팔렌 체제가 성립될 당시로 연원이 거슬러 올라간다. 그 후 나폴레옹 전쟁을 종식하는 1815년 빈 체제가 성립되면서도 세력 균형하에 세력권 인정 원칙, 항해 자유의 원칙이 도입됐고 국제법이 태동하면서 국제법의 일반 원칙들이 받아들여졌다. 1차 세계대전이 종전되면서 들어선 베르사유 체제에서는 윌슨 대통령이 주창한 이상주의적 요소들, 즉 민족 자결 원칙, 집단 자위권 개념, 다자주의, 달리 말하면 국제 사회에서 다수결에 의한 결정 원칙들이 도입된다.[23] 2차 세계대전 종전 후 미국이 주도해 구축한 자유주의 질서에는 경제 분야에서 민주화, 불차별주의, 상호주의 원칙이 반영됐고 사회 분야에서는 개인 인권의 보편적 인정이 하나의 원칙으로 자리 잡았다.[24]

자유주의적 질서는 이처럼 긴 역사적 발전 과정을 거쳐 형성되었고 이 질서의 수혜자가 국제 사회에서 대다수이기 때문에 규범과 원칙에 입각한 질서가 약화는 되겠지만 크게 허물어지지는 않을 것이다. 미국도 취사선택적으로 규범 훼손Rule-bending을 하겠지만 전체적으로는 현 질서를 유지하는 것이 자국에 이익이 될 것이므로 현상 유지에 중점을 둘 것이다. 중국도 자국의 영향력을 확대하기 위해 현 질서에 대한 부분적인 도전을 하겠지만 현 질서에 대한 새로운 대안을 내놓을 정도의 원대하고 새로운 철학적 기반이 있는 것도 아니다. 물론 중국은 독특한 중화주의 사상, 아시아적 가치, 중국 특색 사회주의 등을 결합해 현 질서에 대한 대체 질서를 만들어낼 잠재력을 가지고 있으나 현 단계에서는 현 질서에 반대하는 반명제Anti thesis 는 제기하지만 새로운 합명제Synthesis을 내놓을 단계에 있지 못하며 오히려 현 질서를 유지하는 것이 자국의 이익에 부합하다는 것을 알고 있기에 현 질서의 기본 틀은 유지하려 할 것이다.

규범과 원칙에 입각한 국제 질서는 분쟁을 억제해 안정성을 증가시키고 국가 간의 관계와 거래에 예측 가능성을 증가시키며 국제 경제 거래에서 비용의 감소를 가져오며 국제 사회에서 협력의 범위를 확대시키는 장점이 있다. 강대국들이 국제 관계를 자국에 유리한 방향으로 자의적으로 해결하려 해도 국제 규범과 원칙이 존재하면 아무래도 이에 기속을 받아 일탈 행동의 범위가 제한되는 측면이 있어 중견국 등 국제 사회 구성원 전체에는 이로운 측면이 많다. 국제 사회 일반 구성원에게 규범과 원칙은 자국의 행동 방향을 정해주는 기본 지침 역할을 하게 되는데 무시했을 경우 자국에 돌아오는 불이익, 처벌적 비용이 높아 가급적 이를 준수하려 하고 이러한 구성원의 노력은 국가 간 관계와 거래에 있어 예측 가능성을 높여준다.

따라서 중국 같은 잠재적 패권 도전국도 자유주의적 국제 질서 전반을 교란할 의사도 유인도 발견할 수 없을 것이므로 이 질서를 유지는 할 것이나 단지 미국과의 경쟁 관계에서 자국의 영향력을 확대시키는 방향으로, 자국의 사회주의적 특색을 반영하는 방향으로 현 질서에 변형은 가할 것으로 전망된다. 즉 대체 질서의 주도국이 아니라 현 질서에 대한 수정을 기도하는 수정주의자Revisionist에 그칠 것이라는 전망이 우세하다. 그렇지만 현 자유주의적 국제 질서는 미국이 과거와 달리 현 질서의 보장자로서 역할을 전담하지 않고 자국 우선주의 경향을 보인다는 점과 중국이 수정주의자 역할을 할 것이라는 점에서 앞으로 약화될 것으로 전망하는 것이 합리적이다. 따라서 이 질서의 혜택을 입은 다른 나라들이 이를 유지하기 위한 공동 노력과 비용 분담을 해야 할 것이다.

규범과 원칙에 입각한 자유주의적 질서를 지키려는 노력은 국제기구와 국제 협약 등을 강화하는 노력에서 시작돼야 하는데 국제기구와 국제 협약은 자유주의적 질서에 의해 탄생해 규범과 원칙들을 내부에 포용하고 있는 체제Regime이기 때문이다. 강대국들이 국제기구를 탈퇴하고 국제 협약을 무시하는 경우가 발생하더라도 나머지 국가들이 이 체제를 계속 유지해나가는 노력을 해야 할 것이다. 물론 강대국이 국제기구를 탈퇴하면 당장 그 나라가 납부하던 국제기구 분담금이 줄어들어 국제기구의 활동이 위축되겠지만 여타국들이 분담금을 더 부담하더라도 국제기구 활동을 지지해나가야 할 것이다. 국제 협약 체제도 강대국이 탈퇴하면 체제가 약화될 것이고 강대국들이 솔선수범하지 않고 자국 이익을 우선할 경우 다른 나라들도 협약을 준수할 유인을 덜 느끼게 돼 협약 자체가 와해될 가능성도 배제할 수 없을 것이다. 이런 개연성에 대비해 중견국들이 나서서 '소폭포 효과Cascade effect'의 발생을 미연에 방지해야 할 것이다.

예를 들면 국제적으로 합의된 기후 변화 협약에 미국의 현 행정부가 기속을 받지 않으려 하는데 미국의 일탈 행동을 다른 나라가 뒤

쫓아갈 경우 인류는 기후 변화의 재앙에 직면할 것이다. 따라서 미국이 이 기후 변화 협약에 복귀하는 것을 강제할 수 없지만, 우리나라 같은 중견국들이 힘을 모아 이 협약을 지켜내야 할 것이다. 만약 미국과 일부 국가들이 협약 탈퇴로 인한 산업적 이익을 누리려 한다면 협약 비가입국 생산 제품은 별도의 벌칙 관세 등을 물려서 협약에 가입하지 않음으로써 얻는 산업적 이익을 상쇄하는 방안 등을 강구해 이들 국가가 협약에 복귀하도록 압박을 가해야 할 것이다.

미국은 해양법 당사국이 아니며 ICC의 관할권을 인정하지 않고 있어 규범과 원칙에 입각한 국제 질서에 흠결을 주고 있다. 이는 미국이 패권국으로서 세계 질서를 유지하려는 과정에서 발생하는 일들로 인해 자국이 책임을 져야 하는 상황을 회피하기 위한 측면, 즉 미국 예외주의 성향이 작용하는 데 기인한다. 그러나 장기적으로 미국이 이러한 질서 유지국으로서 책임을 경감하면서 중국을 견제하려면 미국이 이런 협약 체계에 가입하는 것이 유리하다고 판단할 수 있다. 미국이 유일한 초강대국인 단극 시대에 미국은 예외주의를 큰 부담 없이 내세울 수 있었으나 앞으로 세계가 더욱 다극화되면 미국도 다른 행위자들의 예외주의를 막는 것이 자국에 유리하다는 판단 하에 규범과 원칙에 입각한 국제 질서를 선호하고 주요 행위자들과 협조하는 자세를 더 보일 수 있다. 중견국들은 미국이 예외주의보다 가급적 국제 협력주의로 나아가도록 설득해야 할 것이다.

중국도 사회주의 특성상 '법치주의' '인권 존중' '민주주의' '개방 경제' 등 자유주의적 질서에서 통용되는 보편적 가치들을 수용하기가 어렵다. 자국의 대외 관계도 이런 가치에 얽매이지 않고 추진해나가는 것이 대외 관계에서 이런 가치를 중요시하는 미국과의 세력권 확대 경쟁에서 유리하다고 생각할 것이다. 따라서 이런 가치를 내포하는 국제기구나 협약 등에 가입하지 않으려 할 것이고 가입하더라도 자국의 이익과 충돌될 때는 무시하는 경향을 보일 것이다. 그러나 중국의 몰가치적이고 공세적인 대외 정책으로는 자국의 세력 영향권을 넓혀가는 데 오히려 한계가 있다. 결국 자국을 고립시키는 결과를 초래할 것이므로 장기적으로 별도의 새로운 국제 질서를 구축하지 않는 한 규범과 원칙, 보편적 가치를 존중하는 방향으로 선회할 가능성이 있다. 중국에도 중견국을 중심으로 국제 사회가 규범에 입각한 질서를 지키도록 계속 설득해야 할 것이다.

단, 중국이 현 질서를 수정하려 노력하는 데 있어 질서의 기본 틀을 훼손하는 문제와 자국의 영향력을 확대하기 위한, 즉 권력의 배분에서 자국의 지분을 더 늘리려는 노력은 구분해서 대응해야 할 것이다. 국제 사회는 중국이 질서의 기본 틀을 바꾸려는 시도, 즉 주권 평등적인 질서를 위계적인 질서로 바꾼다든지 하는 노력에는 공동 대응해야 할 것이나 동아시아에서 세력권 확대, 위안화의 기축통화화, 국제기구에서 결정권 지분 조정 등과 같은 문제에서는 수정이 가능하도록 신축성을 보이는 것이 정세 안정에 도움이 될 것이다.

중국 이외에도 인도, 일본, 독일, 브라질 등 다른 대국들도 현 국제기구의 의사 결정 구조에 대해 수정을 가하려고 노력하고 있다. 예를 들면 UN 안전보장이사회의 상임이사국 제도는 2차 세계대전 직후 세계의 권력 관계를 반영한 것이다. 그간 국가 간 권력 배분 관계에 적잖은 변화가 있었으므로 이를 국제기구 의사 결정 과정에 적절히 반영할 필요가 있다. 우리나라도 통일 이후를 생각하면 세계 7위권 정도의 위상을 가질 수 있으므로 이를 내다보고 이러한 기존 질서의 조정 노력에 적절히 힘을 보탤 필요가 있다. 그러므로 앞으로 국제 질서의 변경은 현 질서를 유지하려는 세력과 전복하려는 세력 간의 경쟁이라기보다는 현 질서를 그대로 고수하려는 세력과 현 질서를 그간 변화를 반영해 새롭게 하려는 세력 간의 경쟁 속에서 전개될 개연성이 높다. 우리는 현 자유주의 질서의 근간을 유지하면서 이를 새롭게 하려는 세력에 가담해야 할 것이다.

중국과 미국의 비자유주의적 행태는 다른 국가들의 경계심을 더 불러일으키고 다른 나라들에 더 단결해야 할 필요성을 일깨워줄 것인데 이러한 국제적 대응 행동에 우리가 주도적으로 참여해 국제 질서의 안정성을 보완하고 우리나라의 국격도 제고하는 일거양득의 노력을 해야 할 것이다. 우리나라는 아직 국제 사회의 규범 형성 과정에서 주도적 역할을 별로 하지 못했으나 앞으로 한반도에서 평화가 정착되고 난 후에는 우리의 외교적 역량을 다자 무대에서 규범을 만들고 지켜나가는 일에 집중해 국제 사회의 지도적 역할을 해나가서 국격을 높이는 것이 바람직하다.

우리나라는 정부 수립 이후 1990년까지 남북 대치 외교가 계속되는 동안에는 국제무대에서 남북한 간 서로의 정통성, 상대에 대한 우월성을 입증하기 위한 소모적인 표 대결 경쟁을 하는 데 외교력을 소진했다. 다자 외교에서는 항상 수동적인 객체로서 다른 주도 국가들이 만들어내는 새로운 국제 규범이나 원칙을 국내적으로 수용하기만 했다. 그러나 우리의 국력이 신장되고 국내적으로 민주화가 이뤄지고 남북한 대결 상황도 공산권의 몰락으로 남한 쪽의 우세가 확실해지자 다자 외교에서 우리의 발언권이 높아지면서 수동적인 객체에서 능동적인 주체로 변화해나가고 있다.

우리가 주도적으로 노력해 국제 체제를 만들어낸 사례를 보면 1989년 APEC이 창설될 때 한국은 APEC의 필요성을 미리 강조하면서 오스트레일리아와 협력해 이 협력체가 출범하는 데 산파 역할을 했다. 2008년 세계 금융 위기가 닥치면서 국제 금융 시장의 위기를 극복하는 데 G8만의 힘으로는 역부족이라는 인식을 갖고 캐나다와 협력해 G8을 G20으로 확대하는 데 주도적인 역할을 하기도 했다. 첫 G20 정상회의에서 한국은 각국이 자국 금융 시장 안정을 위해 보호 조치를 취하는 것은 상황을 더 악화시킨다는 판단하에 보호 조치를 취하지 않는 '정지Standstill 정책'을 제안해 이 제안이 정상 선언문에 포함돼 이후 국제 금융계의 하나의 원칙으로 통하게 하는 데 기여하기도 했다.[25]

이처럼 우리는 국제 체제와 규범, 원칙을 제정하는 과정에 중견국으로서 기여하고 있으며 이런 기여는 우리의 국익에도 도움을 준다. 최근 국제 사회에서 한국의 연성 국력과 위상은 많이 상승돼 우리가 이러한 주도적 역할을 하겠다는 의지만 있으면 가능한 여건이 형성되고 있다. 자국의 국력이나 위상을 넘어서는 역할을 하려는 것도 과욕이지만 자국이 할 수 있는 역할을 스스로 방기하는 것도 바람직하지 못하다. 즉 자국의 위상에 걸맞은 역할을 적절히 하는 '실물 크기 외교Life size diplomacy'를 할 필요가 있다. 특히 통일 후를 내다보면 우리나라의 국력과 위상은 지금보다 훨씬 상승해 있을 것이고 우리의 이익이 자유주의적 질서를 유지하는 데 있으므로 이를 위한 국제 공동 노력에 우리가 적극적으로 참여해야 할 명분은 충분히 있다. 다만 우리의 의지와 이를 수행할 역량을 길러야 하는데 이는 지금부터 착실히 준비해야 할 것이다.

주석

1부

1 엘리슨Graham Alison 교수는 *The Destined War*에서 500년 동안 신흥 강대국이 기존 패권국을 위협한 사례가 16번 있었는데 그중 12번이 전쟁으로 귀결됐다고 분석한다.
2 Alice Amsden, The Rise of The Rest, 2003.
3 이런 현상을 엘리슨 교수는 '투키디데스 함정'이라 명명했다.

2부

1 Thomas Hobbes, *Leviathan*, Chapter 13.
2 Hal Brands & Charles Edel, *The Lessons of Tragedy*, Chapter 2.
3 Reinhold Niebuhr, *Moral Man and Immoral Society*.
4 묵자, 앞의 책.
5 Headley Bull, *The Anarchical Society*, p. 62.
6 Immanuel Wallerstein, World System Analysis.
7 Ibid, p. 10.
8 Immanuel Wallerstein, World System Analysis, pp. 16-17.
9 Ibid, p. 13.
10 Antonio Gramsci, Selection from the Prison Notebook.
11 Charles Kupchan, After Pax Americana International Security, Vol 23. No. 2, p. 46.
12 A.F.K Organski World Politics.
13 Robert Gilpin War and Change in World Politics.
14 진병운, 「루소의 사회 계약론」, 《철학사상》, 제2권 5호, pp. 2-3.
15 Ibid, pp. 27-28.
16 Charles Kupchan, Op. cit., p. 5.
17 Charles Kupchan, Op. cit., p. 71.

3부

1 Peter Tuchin, 제국의 탄생, pp. 228-232.
2 Adrian Goidaworthy, *Pax Romana*, pp. 134-136.

3 Ibid, p. 139.

4 Ibid, p. 143.

5 Ibid, p. 9.

6 Peter Tuchin, 제국의 탄생, p. 92.

7 Walter Goffart, "Rome, Constantinople and Babarians", American Historical Review, Vol. 86. No. 2, pp. 286-289.

8 Ibid, p. 111.

9 Henry Kissinger, *World Order*, p. 14.

10 Henry Kissinger, *World Order*, p. 20.

11 Henry Kissinger, *World Order*, p. 2.

12 Charles Devenant, *Essay on Balance of Power*, p.1701. 세력 균형 개념이 최초 등장했다.

13 Henry Kissinger, *World Order*, p. 65.

14 Hugh White, *The China Choice*, pp. 134-136.

15 Henry Kissinger, Op.cit., p. 75.

16 솔즈베리 수상의 정책으로 강요된 것이 아니라 자발적인 고립이기에 영광의 고립이라 했다.

17 Henry Kissinger, Op.cit., p. 82.

18 Ibid, p. 84.

19 Hals Brands & Charles Edel, *The Lessons of Tragedy*, Chapter 2.

20 Hals Brands & Charles Edel, *The Lessons of Tragedy*, Chapter 3.

21 '베르사유 체제', 『위키피디아』.

22 Ibid, Chapter 4.

23 Ibid, Chapter 5.

24 달러화의 가치를 유지하기 위해 35달러를 금 1온스와 교환해주는 제도.

25 최윤식, 『앞으로 5년 미중 전쟁 시나리오』, 지식노마드, 2018, pp. 212-215.

26 Speech 'Equal Opportunity and Dollar Diplomcay' by Molotov.

27 "List of Conflicts related to Cold War", *Wikipedia*.

28 김봉진, 「화이질서의 재해석」, 《전통과 현대》 겨울호, pp. 244-245.

29 이정남, 「중국의 동아시아 질서구상」, 《아연》, 2009년 12월호.

30 John Fairbank, *The Chinese World Order*, p. 8.

31 Ibid, pp. 4-5.

32 Ibid, pp. 76-78,

33 타밈 안사리 지음, 류한원 옮김, 『이슬람의 눈으로 본 세계사』, 뿌리와이파리, 2011, pp. 208-209.

34 타밈 안사리 지음, 앞의 책, p. 76.

35 Ibid, p. 104.

36 Henry Kissinger, *World Order*, p. 104.

37 Ibid, pp. 107-108.

4부

1 Anne-Marie Slaughter, "The Return of Anarchy", Journal of International Affairs, June 2017, Special Issue, p. 15 재인용.

2 *Headley Bull, Op cit.*, pp. 66-74.

3 피터 터친 지음, 윤길순 옮김, 『제국의 탄생』, 웅진지식하우스, 2011, p. 17.

4 Evelyn Goh, *The Struggle for Order*, p. 10.

5 피터 터친 지음, 『제국의 탄생』, pp. 163-165.

6 Thomas Friedman, *The World is Flat*.

5부

1 17세기 초 청교도 목사 존 윈스럽John Winthrop이 보스턴으로 출항하기 전, 아벨라호에 동승한 이주자들에게 다음과 같이 연설했다. "우리는 언덕 위의 도시City on the Hill가 될 것이오. 모든 사람의 눈이 우리를 향하고 있소." 신대륙에서 청교도들이 이뤄야 할 사명은 세계가 주목하는 '언덕 위의 도시'를 건설하는 것을 지적한 것이다.

2 Henry Kissinger, *World Order*, p. 276.

3 Paul Kennedy, *The Rise and Fall of the Great Power*.

4 Hals Brands & Charles Edel, Op. cit., Chapter 5.

5 Robert Keohane, "After Hegemony", Anne Marie Slaughter, *The Return of Anarchy*, p. 15 재인용.

6 Hals Brands & Charles Edel, *The Lessons of Tragedy*, Chapter 4.

7 Mancur Olson, *The Rise and Decline of Nations*, p. 74.

8 Kori Schake, *America and the West*, p. 65.

9 Hals Brands & Charles Edel, Op. cit., Chapter 6.

10 '비자유주의적 국제 질서', 아산정책연구원, pp. 6-9.

11 John Mearsheimer, "Bound to Fail", International Security, Vol. 43 No. 3, pp. 7-50.

12 Richard Haas, "Liberal World Order", CFR, 2018. March.

13 Frederic Hof Washington Post, "The Return of Anarchy", Journal of International Affairs, 2017, p. 12. Anne Marie Slaughter 재인용.

14 Kori Schake, *America vs the West*, pp. 27-51.

15 Ibid, p. 54.

16 성정민, 「중국이 주도하는 혁신적 공급망」, 《매일경제》, 2019년 5월 14일.

17 Joseph Nye, *The Paradox of American Power*, p. 56.

18 Graham Allison, *Destined for War*, p. 126.

19 성정경, 《매일경제》, 2019년 4월 30일, p. 37.

20 Odd Arne Westad, "Are Washington and Beijing Fighting a New Cold War", Foreign Affairs, Vol. 98. No. 5.

21 Samuel Huntington, *Clash of Civilization*.

22 Mark Lenard, 'New Tyranny of Dollar.'

23 최윤식, 『앞으로 5년 미중 전쟁 시나리오』, 지식노마드, 2018, pp. 114-116.

24 Roland Rajah, East Asia's Decoupling Lowy Institute, Jan. 2019.

25 Ibid, p. 3.

26 Ibid, p. 4.

27 「팔로군이 먹던 샤오미… 이젠 AI · 사물인터넷의 상징」, 《중앙일보》, 2019년 10월 1일.

28 Hals Brands & Charles Edel, *The Lessons of Tragedy*, Chapter 6.

29 Zbigniew Brezinski, *Strategic vision*, p. 1674.

30 미국 청교도 지도자 존 윈스럽이 처음 사용한 표현이다.

31 조지프 나이Joseph Nye 해외석학칼럼, 《한국일보》, 2018년 9월 10일.

32 Fareed Zakaria, *Post American World*, p. 88.

33 Ibid.

34 조지프 나이, 「트럼프 시대 미국의 소프트 파워」, 《한국일보》, 2019년 5월 13일.

35 Joseph Nye, "American national interest and global public goods", International Affairs, Vol.78 No. 2, p. 240.

36 《문화일보》, 2019년 4월 9일.

37 Anne Marie Slaughter, The Return of Anarchy Journal of International Affairs, 2017, p. 13.

38 2005년 미 · 중 관계 위원회 연설에서 당시 미 국무부 부장관 로버트 졸릭Robert Zoellick이 처음 사용한 용어다.

39 Kurt Cambell & Ratner Ely, "The China Reckoning", Foreign Affairs Vol 97 No. 2, p. 63.

40 Zachary Karabel, *Super Fusion*.

41 Goerge Friedmann, *The Next 100 Years*.

42 Martin Jacques, *When China Rules the World*.

43 Robert Fogel, "China's Estimated Economy by 2040", Foreign Policy, Vol 1, 2010.

44 Paul Kenndy, *The Rise and Fall of Great Powers*.

45 Hugh White, *The China Choice*, p. 33.

46 2019 World Investment Report.

47 파리드 자카리아Fareed Zakaria, 《서울경제》, 2019년 5월 7일, p. 39.

48 Martin Jacques, *When China Rules World*, p. 157.

49 《동아일보》, 2019년 7월 4일, p. 32.

50 Ibid. pp. 158-160.

51 Ibid. p. 159.

52 Fareed Zakaria, "Is the US a country at the Apex", The Washington Post.

53 숲속에 들어간 소녀 골디락스가 곰의 집에서 따뜻한 죽을 먹었다는 전래동화에서 비롯되었다.

54 하버드대학중국연구소 지음, 이은주 옮김, 『하버드대학 중국 특강』, pp. 179-187.

55 외교안보연구원, 「동아시아 해군력 증강의 동향과 함의」.

56 《문화일보》, 2019년 5월 13일.

57 후안강 지음, 이은주 옮김, 『2020년 중국』, 21세기북스, 2011. p. 52.

58 Niall Ferguson, *The Ascent of Money*.

59 Graham Allison, *Destined for War*, p. 121.

60 Jack Snyder, *The Soviet Strategic Culture*, 1977.

61 David Kelly, "Winding back the China Solution", The Interpreter Lowy Institute, July 2017.

62 Henry Kissinger, *World Order*, p. 220.

63 《중앙일보》, 2019년 4월 9일.

64 Wiiliam Callahan, "Chinese Visions of World Order", International Studies Review, Vol. 10, 2008, pp. 749-761.

65 Ibid, p. 756.

66 Henry Kissinger, *World Order*, p. 222.

67 Ibid, pp. 221-225.

68 Ibid, p. 81. 『마오쩌둥 선집』 재인용.

69 Micheal Pillusbury, *The Hundred Year Marathon*, p. 25.

70 Ibid, p. 78.

71 Graham Alison, *Destined for War*, p. 162.

72 제1 도련은 캄차카반도-일본-오키나와-필리핀-구단선 남부를 잇는 해역, 제2 도련은 오가사와라-괌-마리아나 제도를 잇는 해역이다.

73 2018년 9월 30일, 미국 구축함 디케이터함이 중국의 인공섬 인근 항해 중 중국 구축함의 공격기동으로 회피 기동을 하는 사례가 처음 발생했다.

74 Hugh White, *Without America*, p. 37.

75 《동아일보》, 2018년 10월 29일.

76 Graham Allison, *Destined for War*, p. 164.

77 Graham Allison, *Destined For War*.

78 그리스 역사학자 투키디데스는 패권 경쟁이 시작되면 양국은 서로의 의도를 오해해 무력 충돌이 불가피하다는 것을 아테네와 스파르타 간의 펠로폰네소스전쟁 발발을 분석하며 지적했다.

79 Graham Alison, *Destined for War*, pp. 189-201.

80 Andrew Krepinevich, *The Last Warrior*, L. p.3351.(E-Book)

81 Kurt Cambell & Ratner Ely, "The China Reckoning", Foreign Affairs, Vol. 97. No. 2, p. 70.

82 Graham Allison, *Destined for War*, p. 6.

83 Ibid. p. 23 재인용.

84 Martin Jacques, Op cit. p. 242.

85 Lucian Pye, *The Spirit of Chinese Politics*. p. 235.

86 서방과 중국의 경제 발전 모델의 차이는 '워싱턴 컨센서스'와 '베이징 컨센서스'로 잘 대비된다.

87 Martin Jacques, Op cit. p. 185.

88 Graham Allison, Op cit. p. 24.

89 Belfer Center 예측, IMF World Economic Outlook 통계 기반.

90 이대희(주 OECD 참사관),《나라경제》, 2017년 7월호.

91 Immanuel Wallerstein. Op. cit. pp. 85-89.

92 Thomas Piketty, *Capital in 21th Century*.

93 John Myrscheimer & Steven Walter, "Israel Lobby and American Foreign Policy".

94 Fareed Zakaria, 「Trump Style Malfunctioning Leaders」,《서울경제》, 2019년 10월 1일.

95 Fareed Zakaria, *The Future of Freedom*, pp. 254-256.

96 Zbigniew Brzezinski, "the Dilemma of the Last Sovereign", The American Interest, 2005.

97 김태환, 「최근 민족주의 재부상과 한국 외교에 대한 함의」,《IFANS 주요 국제 문제 분석》, 2019년 11월.

98 Francis Fukuyama, *The end of History and the Last Man*, 1992.

99 Hal Brand & Charlew Edel, *The Lessons of Tragedy*, Chapter 2.

100 Hadely Bull, *The Anarchial Society*, pp. 225-227.

101 Scott Morrison, "In our Interest", Speech at Lpwy Institute, 2019. 10. 10.

102 Joseph Nye, "The 21st Century Will Not Be 'Post-American' World", International Studies Quarterly, Vol. 56 No. 1, p. 215.

103 Michael Cohen, "Privatizing Foreign Policy", World policy Journal, Vol 22 No. 3, p. 40.

104 Richard Haas, *A World in Disarray*, p. 150.

105 Garrett Pierman, "The Grand Strategy of Non State Actors", Strategic Security Vol. 8 No. 4, pp. 72-77.

106 John Mearsheimer, "Why We Will Soon Miss the cold War", Atlantic Monthly, 1990. Aug.

107 Hal Brands & Charles Edel, *The Lesson of Tragedy*, Chapter 7.

108 Oded Yinon, "A Strategy for Israel in the 1980s".

109 인남식, 「다시 뜨거워진 호르무즈」,《조선일보》 2019년 8월 19일.

6부

1 Fareed Zakaria, *The Post American World*, pp. 84-85.

2 Kurt Cambell & Jake Sullivan, "Competition without Catastrophe", Foreign Affairs, 2019. Oct.

3 최병일의 『미중 전쟁의 승자, 누가 세계를 지배할 것인가?』(책들의정원, 2019)에 따르면 중국·미국과 무역 협상에서 '숫자는 협상 가능, 시스템은 협상 불가능'이라는 입장을 가지고 지구전을 구사 중이라고 분석하고 있다.

4 Zbigniew Brezinski, *Strategic Vision*.

5   Ibid, p. 346.

6   Richard Haas, "Paradigm Lost", Foreign Affairs, Vol. 74, No. 1, pp. 43-58.

7   Dong Sun Lee, "America's International Leadership in Transition", Journal of International and Area Studies, Vol. 24. No. 1, pp. 1-19.

8   Idid, p. 4. Levy & Thompson, "Balancing on Land and Sea", International Security, Vol. 35, pp. 7-43 재인용.

9   Joseph Nye, "Seven Test", The National Interest, No. 66, p. 13.

10   Jim Hogland, Washington Post, Sept. 6, 2001.

11   투키디데스, 「멜로스의 대화」.

12   Joseph Nye, 'The 21st Century Will Not Be Post American' World International Studies Quarterly, Vol. 56. No. 1, p. 217 재인용.

7부

1   Mounbatton. 인도 영국 총독이 독립운동을 이끈 간디와의 협상에서 언급한 표현이다.

2   George Friedman, "Turkey's Geopolitical Ambition", Geopolitical Weekly, 2014. 8.

3   K. Deutsch & D. Singer, "Multipolar System & International Stability", World Politics, 16, pp. 390-407.

4   Charles Kupchan, "Post Pax Americana International Security", Vol. 23. No. 2, pp. 73-79.

5   이백순, 『신세계 질서와 한국』, 21세기북스, 2006, pp. 80-118.

6   Christopher Layne, "From Preponderance to Offshore Balancing", International Security, Vol. 22. No. 2, p. 123.

7   이백순, Op. cit. pp. 135-142. '네오콘의 세계관' 참조.

8   Ibid. p. 93.

9   Paul Kennedy, The Rise and Fall of Great Powers, p. 533.

10   Ibid. p. 124. 미국 우선주의는 이 논문이 작성된 1997년부터 미국 내에서 태동되기 시작했다.

11   Henry Kissinger, World Order, p. 340.

12   Christopher Layne, Op. cit, p. 114.

13   이백순, Op. cit. pp. 94-98. '동아시아 민족주의 발흥' 참조.

14   최영진, 「투기디데스 함정이 오류」, 《세계일보》, 2019년 5월 13일.

15   《동아일보》, 2019년 2월 7일.

8부

1   이백순, 『신세계 질서와 한국』, 21세기북스, 2009, p. 235.

2   Andrew Krepinevich $ Barry Watts, The Last Warrior e Book 4328.

3   Paul Bracken, The Second Nuclear Age.

4   이백순, Op. cit. p. 187.

5   Hals Brands & Charles Edel, The Lessons of Tragedy, Chapter 2.

6   Zbigniew Brezinski, *Strategic Vision*, p. 2720.

7   Peter Zeihan, *The Accidental Superpower*, p. 130.

8   Hugh White, *How to Defend Australia*, p. 122.

9   Zbigniew Brezinski, *Strategic Vision*, p. 2815.

10 Henry kissinger, *World Order*, p. 76.

11 이백순, 『신세계 질서와 한국』, 21세기북스, 2009, pp. 401-402.

12 Hals Brands & Charles Edel, *The Lessons of Tragedy*, Chapter 6.

13 John Mackinder, *Democratic Ideals and Reality*. 맥킨더는 "동유럽을 지배하는 자가 심장 지역을 지배하고 심장 지역을 지배하는 자가 세계 섬World island을 지배하며 세계 섬을 지배하는 자가 전 세계를 지배한다고 주장했다. 세계 섬이 곧 유라시아 대륙이다."

14 미국 전쟁부 장관이 태프트와 일본 총리대신 가쓰라 사이에 1905년 맺은 밀약이다. 한반도는 일본의 배타적 영향력 아래, 필리핀은 미국의 배타적 영향력 아래 두는 것을 상호 묵인하기로 한 합의다.

15 1950년 미국의 국무장관인 딘 애치슨이 선언한 극동 방위선. 알류샨 열도-일본 열도-필리핀 열도를 연결하는 선을 방위선으로 삼았다.

16 Samuel Huntington, *Clash of Civilization*. 헌팅턴은 저서에서 비슷한 문화를 가진 민족과 국가들이 서로 뭉치는 현상이 나타날 것이라 예측하고 이런 문명 집단 간 대립이 불가피할 것으로 전망했다.

17 이춘근, 『미중 패권 경쟁과 한국의 전략』, 김앤김북스, 2016, p. 322.

18 Zbigniew Brezinski, *Strategic Vision*, pp. 92-93

19 중강국은 현재 통상 사용하고 있는 중견국에 비해 자신의 위치를 자각하고 능동적인 외교를 전개해 국제 정세에 일정한 영향력을 행사할 수 있을 정도의 중견국을 의미한다.

20 Comprehensive Strategy for 21th Century Seapower, 이춘근, Op. cit p. 309. 재인용.

21 윤영관, 『외교의 시대』, 미지북스, 2015, pp. 332-334.

22 Bruce Gilley, "Middle Powers during Great Power Transition", International Journal, Vol. 66. No. 2, pp. 254-259.

23 John Ikenberry, "The Future of the Liberal World Order", Foreign Affairs, Vol. 90. No. 3, pp. 60-61.

24 Shah Tarzi, "The Role of Principles", Norms and Regimes in World Affairs International Journal on World Peace, Vol. 12. No. 4, p. 22.

25 하영선·남궁곤, 『변환의 세계 정치』, 을유문화사, 2012, p. 470.

KI신서 8982
대변환 시대의 한국 외교

1판 1쇄 인쇄 2020년 2월 19일
1판 1쇄 발행 2020년 2월 26일

지은이 이백순
펴낸이 김영곤
펴낸곳 (주)북이십일 21세기북스

출판사업본부장 정지은 **서가명강팀장** 장보라
책임편집 안형욱 **서가명강팀** 강지은
서가명강사업팀 엄재욱 이정인 나은경 이다솔
디자인 제이알컴 **교정** 제이알컴
영업본부이사 안형태 **영업본부장** 한충희 **출판영업팀** 오서영 윤승환
마케팅팀 배상현 김윤희 이현진
제작팀 이영민 권경민

출판등록 2000년 5월 6일 제406-2003-061호
주소 (10881) 경기도 파주시 회동길 201(문발동)
대표전화 031-955-2100 **팩스** 031-955-2151 **이메일** book21@book21.co.kr

(주)북이십일 경계를 허무는 콘텐츠 리더

21세기북스 채널에서 도서 정보와 다양한 영상자료, 이벤트를 만나세요!
장강명, 요조가 진행하는 팟캐스트 말랑한 책 수다 〈책, 이게 뭐라고〉

페이스북 facebook.com/jiinpill21   **포스트** post.naver.com/21c_editors
인스타그램 instagram.com/jiinpill21   **홈페이지** www.book21.com
유튜브 youtube.com/book21pub

서울대 가지 않아도 들을 수 있는 명강의! 〈서가명강〉
유튜브, 네이버 오디오클립, 팟빵, 팟캐스트, AI 스피커에서 '서가명강'을 검색해보세요!

ⓒ 이백순, 2020

ISBN 978-89-509-8664-3 03350

책값은 뒤표지에 있습니다.
이 책 내용의 일부 또는 전부를 재사용하려면 반드시 (주)북이십일의 동의를 얻어야 합니다.
잘못 만들어진 책은 구입하신 서점에서 교환해드립니다.